国家出版基金项目
NATIONAL PUBLICATION FOUNDATION

中国社会科学院近代史研究所中华民国史研究室
总编 李 新

中华民国史
人物传
第四卷

李 新　孙思白　朱信泉　赵利栋
严如平　宗志文　熊尚厚　娄献阁　主编

中 华 书 局

第四卷目录

L

林　白　水

钟碧容

　　林白水,原名獬,又名万里,字少泉,号宣樊,又号退室学者,中年自号白水。福建闽侯人。生于 1874 年 1 月 17 日(清同治十二年十一月二十九日)。祖先在贵州为吏,父剑泉是纨绔子弟。林白水少年从母读十三经及古诗文,十四岁随从舅家私塾读书,爱好古文,擅长写作,惟不屑于科举功名。他受塾师高啸桐及其友人影响,向往日本明治维新的道路,恨清廷腐败,力求改革。

　　林白水二十岁时离开福建到杭州,在林伯颖家教家馆。同时阅读新书,博览报刊,眼界更加开阔。1898 年,杭州知府林迪臣创办蚕桑学堂,聘林白水执教。知府幕府的知名之士,有林纾、高啸桐、高梦旦兄弟等,常与林白水交往,他们都很尊重他。林年假回闽,与表兄黄翼云、表弟黄展云创办福州蒙学堂,后又返回杭州。1901 年林白水任求是书院总教席,经常夜间召集学生一二十人,启发学生的爱国思想,进行革命宣传。

　　同年 6 月,林白水在《杭州白话报》任主笔,撰写《论看报的好处》为发刊词,署名"宣樊子"。他说:"现在各省是什么风气,有了报看,自然一目了然","农工商三等的人,能多看报,都有好处"①。他倡导用白话文写社论和中外新闻,文字力求通俗易懂,使大家都看得明白。他在报上撰文,鼓吹民族主义,提倡办学校、立报社。这年冬天,林白水到了上

---

　　① 《杭州白话报》第 1 册,光绪二十七年五月初五日。

海。1902 年春,与蔡元培、蒋观云等成立中国教育会,以编订教科书改良教育为己任,并推动各地兴办教育。11 月,南洋公学发生学生退学风潮,林与蔡元培、吴敬恒、黄宗仰等人又成立了爱国学社,集南洋公学及南京陆师学堂退学的爱国青年于一堂;并出版《学生世界》杂志,鼓吹反清革命。

1903 年初,林白水东渡日本。不久,俄国胁迫清政府允其独占东北。留日学生大愤,五百余人集合商讨应付方法,决定成立拒俄义勇队,公举陆军士官学校学生蓝天蔚为队长,“日日操练,备赴疆场”①。5月 2 日,义勇队定名为学生军,分甲、乙、丙三区队,每区队分为四个分队,林白水任丙二分队队长。不久,拒俄义勇队被迫解散,他们随即组织了军国民教育会,以“养成尚武精神,实行民族主义”②为宗旨,进行革命活动。林白水为会员,曾捐款。后因清使馆出面干涉,林白水愤而返国。

同年 12 月,林白水与蔡元培、刘师培等人在上海创办《俄事警闻》,反对帝俄侵略中国东北,宣传俄国虚无主义。翌年改为《警钟日报》,宣传爱国主义思想。与此同时,林白水又创办《中国白话报》,对清末白话文运动的发展起了一定的作用。《中国白话报》分论说、历史、传记、实业、教育、新闻、小说等栏,以宣传民主主义革命为宗旨,抨击清政府的专制统治,并鼓吹暗杀。林以“白话道人”署名,发表《论刺客的教育》一文,说可以把暗杀作为革命的过渡手段。1904 年 11 月,上海发生万福华暗杀前广西巡抚王之春未遂案件,万被逮捕。林白水、蔡元培、刘师培等奔走营救,延请律师为万福华出庭辩护。林白水因此受清政府注视,离沪返闽。不久,他自费再渡日本,入早稻田大学法科,兼习新闻。

1905 年 12 月,应清政府要求,日本文部省颁布《取缔清韩留日学生规则》。留日学生强烈抗议,八千人实行总罢课,二百余人离日回国。

---

① 冯自由:《革命逸史》初集,上海商务印书馆 1947 年版,第 104 页。

② 冯自由:《革命逸史》初集,上海商务印书馆 1947 年版,第 111 页。

林白水也返回福建,与表弟黄展云共同编写《高等小学修身课本》八册。后来他去上海,以译著投稿度日。1908 年翻译出版了《日本明治教育史》。

辛亥武昌起义后,11 月 9 日福建独立,设军政府。林白水回闽,任都督府政务院法制局局长,并任共和党福建支部长。1913 年初,被选为国会众议院议员。林到北京后,被袁世凯聘为总统府秘书兼直隶省督军署秘书长。1914 年 1 月 10 日,袁世凯下令解散国会,宣布停止参、众两院议员职务,一律资遣回籍。林白水奉命回闽,帮办军务善后。不久,因与督办意见不合,辞职入京。1915年,袁世凯阴谋称帝。林白水的友人刘师培是"筹安会"发起人之一,公开鼓吹帝制。另几位朋友薛大可、梁鸿志等亦为帝制活动积极奔走。林白水受他们的影响,也随声附和,撰表劝进,成为帝制派。10月,林白水被袁世凯委任为参政院参政。

1916 年 3 月,袁世凯被迫取消帝制,6 月死去。8 月,国会复会。林白水辞去议席,从事新闻工作。9 月 1 日,与王士澄、黄秋岳、梁鸿志等创办《公言报》,充当安福系的言论机关,鼓吹段祺瑞的"武力统一"政策,林任主笔。

1919 年 2 月,南北和平会议在上海举行。会议开幕的当天,林白水主持的《平和日刊》在上海创刊。该报代表北京政府,紧密配合会议的进行,积极鼓吹"和平"。当时有人评论林白水:"昔日白水,极力主张武力解决","今则一变而主张和平……朝三暮四,覆雨翻云,志在觅食耳"①。由于北京政府并无诚意,5 月和平会议宣告破裂。林主办的《平和日刊》也就成了昙花一现的刊物。他又从上海回到北京,仍主持《公言报》。1920 年 7 月,直皖战争爆发,皖系一败涂地,段祺瑞被迫下野。《公言报》于 21 日发表紧要启事,借口印刷机器损坏,暂行停刊,其

① 中国社会科学院近代史研究所近代史资料编辑组:《一九一九年南北议和资料》,中华书局 1962 年版,第 280 页。

实是"合肥败,公言报亦为战胜者所毁"①。

1921年春,林白水在财政总长周自齐的支持下,与胡政之在北京创办了《新社会报》,林任社长,胡为总编辑。该报宣称愿"树改造报业之风声,作革新社会之前马"②。翌年2月10日,《新社会报》因刊登吴佩孚搬运飞机炸弹及盐余公债黑幕等消息,被北京政府警察厅勒令停刊三个月,5月1日复刊,改为《社会日报》。1923年10月,曹锟贿选总统,林白水撰文攻击议员受贿,报馆又遭封闭,林被禁三月余。待曹锟坐稳了总统宝座以后,始准《社会日报》继续出版。

《社会日报》的要闻、时评都是林白水撰述,每隔一日必有署名"白水"的文章。他写作的范围很广,文章"尖刻突兀,易于动人","喜议论个人长短,甚或揭人隐事"③,"涉及权贵私德问题,形容备至,不留余地"④。他特别注意刊登社会新闻,该报的许多内容,成了人们街谈巷议的谈话资料。

1924年9月,第二次直奉战争爆发,冯玉祥回师北京发动政变,邀请孙中山北上。林白水在《社会日报》连续发表《吾人对中山先生之敬意》、《时局与孙中山》、《欢迎孙中山》等时评。1925年,上海"五卅"惨案后,林白水受反帝爱国运动的影响,在《社会日报》发表特别启事,拒绝刊登英、日两国的广告。

同年夏,林白水为《社会日报》增印副刊《生春红》,自称"为社会留此公共言论机关,为平民作一发抒意见代表"⑤,"专以提倡风雅,导扬文化,发挥艺术为宗旨"⑥。副刊分有社会新评、人物月旦、都市新闻、近代艺文、金石见闻、白水读书日札等十二门类,每三日发行一小张,每

---

①　《社会日报》1924年5月6日。
②　《新社会报》1921年3月1日。
③　《民国日报》1926年8月8日。
④　刘以芬:《民国政史拾遗》,台北文海出版社1971年影印版,第98页。
⑤　《社会日报副刊》,《生春红》,1925年7月3日。
⑥　《社会日报副刊》,《生春红》,1925年7月12日。

刊必登《林白水卖文字办报》的广告,希望社会人士资助。

1926 年 4 月初,奉鲁军阀在帝国主义支持下,进攻冯玉祥所部国民军。15 日,国民军撤离北京退往南口,林白水对国民军寄予深切同情,在报道中赞扬国民军"秩序井井"、"态度从容",几个钟头之内全行撤退,北京全城未受惊扰。这个报道遭到奉直军阀的忌恨,成了他们日后杀害林白水的"罪证"。

国民军退出北京后,段祺瑞宣布下台。4 月 21 日,林白水在《社会日报》发表时评,略述他与安福系的始末,宣布与段祺瑞决裂。此时,林白水对军阀的反动本质已有初步认识。他在《社会日报》撰文说:"军阀既成阀,多半不利于民,有害于国。"[1]还说,凡有天良的记者,应该替老百姓说话,哪有去献媚军阀的道理。在《代小百姓哀告》一文中,他指责帝国主义和封建军阀以"讨赤"为名,行向革命人民进攻之实。他说:"时至今日,若犹以讨赤为言,兵连祸结,则赤党之洪水猛兽未见,而不赤之洪水猛兽先来。"[2]他抨击奉直军阀的倒行逆施,言语激烈,毫无顾忌。有的亲友劝告他,不要以言论招祸。他回答说:"世间还有公道,读报的还能辨别黑白是非,我就是因为文字贾祸,也很值得。"[3]

奉鲁军阀张宗昌等人进入北京后,疯狂镇压爱国运动,屠杀共产党人与进步人士,钳制舆论,封闭报社,"立言稍不悧其意者,必扑杀之而后快"[4]。在异常恐怖的气氛下,新闻界人人自危,林白水没有惧怕,他用犀利的笔锋,揭露奉鲁军阀结党营私、贪赃枉法的罪行。

8 月 5 日,林白水在《社会日报》登载《官僚之运气》一文,讽刺一心想当财政总长的潘复和张宗昌。潘、张原是赌场中的朋友,由于潘复的介绍,张宗昌投奔了张作霖,从此才飞黄腾达起来。林白水在文中把潘

---

① 《社会日报》1926 年 4 月 26 日。
② 《社会日报》1926 年 5 月 17 日。
③ 《社会日报》1925 年 12 月 20 日。
④ 《民国日报》1926 年 8 月 10 日。

复与张宗昌的关系,比喻为"肾囊之于睾丸"。潘复恼羞成怒,恨之入骨,要求张宗昌把林白水处死。

　　6日凌晨一时许,京畿宪兵司令王琦奉张宗昌之命,带副官、弁兵数人,去《社会日报》社找林白水,诡称张邀请叙谈,由副官挟林上了汽车,直接开往宪兵第二营,并立即审讯,以"通敌有证"之罪名判处死刑。林挥笔遗书:"我生平不作亏心事,天必佑我家也。"①清晨四时许,林白水在北京天桥被杀害。

---

① 《民国日报》1926年8月11日。

林　柏　生

黄美真　张　云

　　林柏生,号石泉,广东信宜县人。1902年(清光绪二十八年)出生于一个地主家庭。1915年就学于高州中学,课余向一美国神甫学习英语。1920年赴广州,入美国教会学校岭南大学读书。

　　1923年初,林柏生在岭南大学因参加罢课活动,被学校开除。旋执教于广州执信中学。1924年第一次国共合作后,汪精卫任国民党中央宣传部长,次年7月又出任广州国民政府主席,林由执信中学校长曾醒引荐,任汪精卫秘书。从此,他长期追随汪精卫,成为汪的亲信。

　　1925年10月,林柏生由汪精卫保荐,偕其妻赴莫斯科中山大学留学,并与陈春圃同被指定为国民党方面选派的学员以及国民党中央党部的联络人。1926年9月,林柏生离苏返穗,任黄埔军官学校政治教官。

　　1927年12月,汪精卫因国民党内部派系争斗,被迫宣布"引退"去法国,林柏生随同前往。在旅法期间,林创办《留欧通讯》(后改称《欧美通讯》),这是他编办刊物之始。其时,汪精卫为争夺国民党中央的最高权力,打出维护国民党"法统"的旗号,鼓吹重新改组国民党。林柏生于1928年5月在一封信中提出应当使国民党"成为一个超阶级"的政党,"即非代表任何单阶级的政党,更非各阶级的大联盟"①,深得汪精卫的赞赏,说这是"反共以后清厘本党理论的一篇重要文字"②。同年底,国

---

　　① 《林柏生先生致汪精卫先生函》,《汪精卫文集》卷2。
　　② 《汪精卫先生复林柏生先生函》,《汪精卫文集》卷2。

民党美洲总支部所属之两大机关报——旧金山《美洲民国日报》与纽约《民气报》要求派人指导宣传,林柏生即衔汪精卫之命前往,在美洲华侨中宣传汪的政治主张。1929年冬,林柏生奉汪精卫之命到香港创办南华通讯社,次年2月又创办《南华日报》,林亲任社长,不遗余力地为汪精卫的反蒋活动大造舆论,扩大其政治影响。

1932年1月,蒋、汪合作,汪精卫出任国民政府行政院长,拨款20万元交林柏生在上海创办《中华日报》。由于汪精卫的提携,1933年林柏生任立法院立法委员。

抗日战争爆发后,上海、南京相继沦陷,《中华日报》被迫停刊。林柏生带了报社主要成员到香港,除主持《南华日报》外,兼任国民党中央宣传部特派员。1938年2月,国民党内以周佛海为首的"低调俱乐部"在汉口成立了"艺文研究会",以宣传"反共媚日"为宗旨。林柏生即在香港成立了一个"国际编译社"和一个蔚兰书店,与周佛海的宣传相呼应。同年12月,汪精卫由重庆逃到河内,草就叛国降日的"艳电",交陈公博等带往香港,林将电文在12月29日《南华日报》上刊出。接着,《南华日报》又连篇累牍发表社论,为汪精卫的投降主义谬论张目,说"历史上无不和之战,否则双方须有一方灭亡",汪之"艳电"是出于"爱护国家之苦心"①,是为中国"打出一条光明而充满希望之生路"②。林由于积极参加汪精卫的叛国投敌活动,被汪指定为汪伪集团八个"首义"分子之一。

1939年5月9日,汪精卫由河内到上海,开展所谓"和平运动"。不久,林柏生也带了《南华日报》、国际编译社和蔚兰书店的朱朴之、古咏今、胡兰成等一帮人到上海,为汪精卫摇旗呐喊。8月30日,汪精卫在上海召开"中国国民党第六次全国代表大会",林柏生被汪指定为"中央委员",并任"中央宣传部副部长"。9月10日,上海《中华日报》复

---

① 《南华日报》社论《汪先生之重要建议》,《南华日报》1939年1月3日。

② 《南华日报》社论《我们的立场》,《南华日报》1939年1月5日。

刊,林柏生仍任社长,并派穆时英出版《民族日报》、古咏今出版《国际晚报》,共同为汪精卫筹建伪中央政权制造舆论。然而,《中华日报》等一出版,立即为抗日民众所识破,报贩拒绝售卖,人们将这类报纸撕成碎片。连日本驻上海海军特务机关首席武官野村也不得不哀叹:《中华日报》在市场上"陷入不能销售的境地"①。1940年3月20日,汪精卫在南京召开"中央政治会议",组织伪中央政治委员会,拼凑伪中央政府班底,林任政治委员会委员。30日,汪伪国民政府"还都"南京,林当上了伪行政院宣传部长。

林柏生上任后,接管了沦陷区文化宣传机构,先后成立了伪中央电讯社、"中国广播事业建设协会"、"电影检查委员会"和"国际宣传局"等机构,钳制沦陷区舆论,鼓吹"抗战没有把握,战争是国家民族毁灭的死路"②,应"强化中日和平轴心"③,"创造建设东亚新秩序,确立永久和平"④,等等。林还创办"宣传干部讲习所",诱骗青年学生受训。

1941年初,汪伪决定对其统治地区进行所谓政治、军事、思想三位一体的"清乡"运动,林柏生任"清乡委员会"委员。随着"清乡"向苏、浙、皖等省展开,"清乡"宣传活动也逐步加紧。在林主持下,伪宣传部特设"清乡委员会宣传委员会",采用流动剧团、电影队、书报流通队、歌咏队等组织形式向"清乡"地区民众进行欺骗宣传,"告以清乡必定成功"⑤。他曾多次到"清乡"地区"视察",鼓吹强化汪伪政权是"现阶段和平运动的中心任务",扬言要把"清乡"运动扩展到汪伪"力所能及的每一寸土地"⑥。

---

①　[日]野村:《在上海的汪精卫一派的活动》,《日中战争(5)》(《现代史资料》13),第246页。

②　《林柏生谈话》,《中华日报》1941年7月21日。

③　林柏生:《对重庆广播》,《中华日报》1941年6月21日。

④　林柏生:《对日广播讲话》,《中华日报》1941年6月15日。

⑤　汪伪:《国民党中央执行委员会宣传部工作报告》1941年10月11日。

⑥　林柏生:《扫除复兴建设的障碍》,《中华日报》1941年10月11日。

同年冬,汪伪发动了一个所谓"新国民运动",颁布《新国民运动纲要》,成立"新国民运动促进委员会",林柏生任该委员会常务委员兼秘书长,主持实际工作。他向汪精卫献策:"新国民运动"应从青少年入手,然后推广到社会上去。在汪精卫支持下,林先后成立"模范青少年干部学校",组织"青少年团",举办"青少年集训营",自任干部学校教育长(校长汪精卫)、"青少年团"总监、集训营营长,把争夺和毒害青少年作为一个重要目标。1943 年 1 月 9 日,汪伪国民政府发表对英、美的《宣战布告》,并决定设最高国防会议,林柏生任最高国防会议委员。同年 11 月,林控制的伪宣传部宣布"确立战时文化宣传体制,动员文化宣传总力"。自此以后,林以广播、报刊、电影、戏剧等做工具,鼓吹在"大东亚战争"时期要加强"反共"、"反蒋"和"反英美"的思想决战,"务使思想上之决战与武力上之决战相互辉映"①,表示"吾人之笔即吾人之枪杆","虽效死疆场亦所弗辞"②。

林柏生是汪伪集团中以陈璧君为首的"公馆派"的中坚人物,他凭借汪精卫夫妇的信任,极力在汪伪集团内部扩展自己的势力,特别想插手特工工作。他先是拉拢原汪伪特工总部南京区区长、伪首都警察总监苏成德,办了一个"东方通讯社",由苏任社长。该社表面上是一个新闻组织,实际上是一个特务机关。不久,林又勾结伪淮海省省长郝鹏举、伪中央军事委员会政治部长黄自强,秘密组织一个"政治工作局",以苏成德为局长,下设情报、组织、训练、侦查、行动各股,并设有看守所,与李士群为首的伪特工总部分庭抗礼。"政治工作局"以宣传、情报工作名义出现,其重要任务之一是"反共"。它假造共产党的《新路东报》,散发于苏北解放区;又编写《关于第三国际之解散》、《苏北黄桥事变》、《山子头事件》等十几种小册子,分发给汪伪政府各级军政伪官及

---

① 《中华日报》1944 年 1 月 9 日。
② 《中华日报》1943 年 11 月 23 日。

各地党部,"以增加反共情绪"①。

1944 年冬,日军在太平洋战争中败局已定,汪精卫又病死于日本名古屋,南京伪政权面临树倒猢狲散的局面,大小汉奸纷纷准备后路。林柏生于 1945 年 1 月辞去伪宣传部长之职,带了一批亲信出任伪安徽省长,兼任伪蚌埠绥靖公署主任,企图占据一个实力地盘,待价而沽。8 月 15 日日本帝国主义宣布无条件投降,林柏生于 19 日发表《告全省父老书》,诡称"六年以来,吾人所含辛茹苦效命是间者,其本愿在真正永久之和平",并令"全省军警保安队及公务人员,务必严守纪律,尽忠职务,确保防地,候命交替"②,欲向国民政府献殷勤。但是到了 24 日,林还是随陈公博等同机逃往日本,躲藏于京都金阁寺,妄图逃避历史的惩罚。这时,全国人民掀起了惩办汉奸的怒潮,林柏生于 10 月 13 日被解送回国,关押于南京老虎桥监狱。1946 年 5 月 31 日,国民政府首都高等法院以通谋敌国、图谋反抗本国之犯罪行为,判处林柏生死刑,同年 10 月 8 日处决。

---

① 苏成德:《自白书》(1945 年 9 月)。
② 《中华日报》1945 年 8 月 19 日。

林 葆 怿

刘传标

　　林葆怿,字悦卿,福建侯官(今福州市)人。1863年(清同治二年)生。族叔林绍年是清末御史,曾上疏谏慈禧太后不要移用海军军费修颐和园,受"严行申饬"。1886年8月,林葆怿毕业于福州船政学堂第九届驾驶班,奉派威远舰见习。此后供职于北洋水师,历任二副、帮带、大副等职。

　　1894年甲午中日黄海海战爆发,林葆怿随北洋舰队参战。1898年,清政府重建北洋海军,林奉召北上,旋奉派赴英国接驾海容等舰回国,充任海容舰大副。1910年3月被授海军副参领,升任海容号管带。同年12月,林调任新成立的海军部军法司司长,授海军正参领。翌年春奉派赴英任驻阿摩士庄船厂肇和舰监造官。

　　中华民国成立后,林葆怿于1912年9月被任命为北京政府海军部参事,12月授海军少将。翌年7月林被委任为练习舰队司令,负责训练海军。同年11月任第一舰队司令。在袁世凯镇压"二次革命"中,曾奉命率海圻、应瑞、海琛、海容、肇和等舰协同北洋陆军参加"南京之役",协攻狮子山炮台等地。随后又奉命率舰队到广东、福建、山东烟台等地配合地方当局维持统治。1914年5月,林晋升海军中将。

　　1916年6月,段祺瑞出任国务总理后,拒不恢复《临时约法》和国会。林葆怿与海军总司令李鼎新等毅然通电全国,宣告海军独立,拥护《临时约法》。林葆怿宣称将率第一舰队加入"护国军"。6月29日,北京政府在各方面压力下,宣布恢复约法,召开国会。7月15日,李鼎新、林葆怿等率海军北归,宣布取消独立。

1917年春,北京政府在酝酿对德、奥宣战事宜时,段祺瑞利用手中实权向国会及总统黎元洪施压。林葆怿对于段祺瑞的所作所为十分不满,随同海军总司令程璧光等响应孙中山的号召,拥护护法运动。他于7月8日派应瑞舰首先护送孙中山等到汕头,再转由海琛舰护送到广州,揭开了护法运动序幕。7月21日,林葆怿与程璧光等在上海发表《海军护法宣言》,宣布海军讨逆三大目标:"一曰拥护约法;二曰拥护国会;三曰惩办祸首。"宣称:"我海军将士,既以铁血构造共和,即以铁血拥护之。"表示"所求者共和之实际,非共和之虚名"。这是响应孙中山护法号召之第一声。他们督率海圻等七舰向南进发,宣告海军独立,8月5日各舰全部抵达黄埔。林葆怿等人的行动沉重打击了段祺瑞的北京政府,7月26日北京政府下令免去林葆怿第一舰队司令职。

8月6日,林葆怿等参加广东各界数万人的欢迎集会,在会上发表演说,表示坚决拥护约法,反对国会解散后的北京政府。他说,海军要当共和的中流砥柱,决不做独裁的帮凶,"有破坏大局者,海军惟有准备武力对待"。孙中山在会上高度评价了林葆怿等人的行动:"向来革命之成败,视海军之项背。此次文率海军主力舰队南来,已操制海权矣。"9月1日,护法军政府在广州成立,孙中山任海陆军大元帅,程璧光任护法军政府海军总长,林葆怿任海军总司令兼舰队司令,授海军中将加授上将衔。至此,中国出现了南北对峙的政府、南北两个海军部。

护法战争起,11月成立"讨闽军陆海联军"以抗击福建督军李厚基,林葆怿兼任征闽海军总司令,协同征闽粤军总司令陈炯明、征闽桂军总司令林虎、征闽滇军总司令方声涛,兵分四路向福建进逼。11月7日,林葆怿派护法海军海圻等五舰由广州向潮汕进发。这时,盘踞在琼州的龙济光,为北京政府所收买,出任"两广巡阅使",趁粤防空虚之际,派兵占领了雷州半岛及沿海数县。林葆怿奉命率部回师广州进驻琼州海峡,海圻舰于19日进驻北海,海琛舰、永丰舰进驻闸坡,楚豫舰进驻崖门,堵截了龙济光部队的运输线,使龙军首尾不能相顾。讨龙海陆联军迅速捣毁了龙济光老巢,龙军溃败,护法根据地粤省暂获稳定。

1918年2月26日,海军总长程璧光被刺于海珠码头,林葆怿继任护法军政府海军总长。5月,唐继尧等利用国会非常会议通过的"修正军政府组织法案",废大元帅制为七总裁制,选唐绍仪、伍廷芳、岑春煊、陆荣廷、孙中山、唐继尧、林葆怿七人为政务总裁,组成政务会议行使军政府行政权。但军政府实为桂系军阀所把持,孙中山愤而离粤;林葆怿虽列名七总裁之一,并无实权。此后,林葆怿虽千方百计想维持海军"独立性"传统,但因军饷受制而被迫依附于桂系。

由于海军军饷常被拖欠,林葆怿等怨声迭起。桂系军阀为将海军挤出广东,竭力鼓动林葆怿向福建地方扩张,并推林为福建省督军,而此时福建大部分地区仍为北洋军阀控制。为筹措军费,林葆怿也热心于这个"督军"的虚位。他先派方声涛为帮办军务、孙葆容为福建督署特派员,到仙游筹划。但陈炯明等不予合作,海军孤掌难鸣,林葆怿无法去闽主政。1919年9月,林葆怿与莫荣新领衔西南全体将领联名发出了"军人不干政"的通电,使护法军政府徒有其名。

此时,在粤之海军内部矛盾加剧,非闽籍将士支持孙中山,而闽籍中下层将士则获桂系的实惠转而支持桂系。林葆怿眼看闽系海军有被西南军阀吞并的可能,为"保住闽系海军之根本",乃与北京政府海军协商"统一"的步伐,决心再率海军北归。林葆怿先于1919年2月派其参谋长饶鸣銮为全权代表赴上海协商。7月,他亲自率永丰舰到东山澳与北京政府派来的练习舰队司令蒋拯等面议"统一"事宜。后因护法舰队海军中下层军官坚决反对北归而未果。

自从孙中山离广东后,广东七总裁军政府在桂系军阀把持下,假护法之名,行害民之实,已成为护法运动的严重障碍。孙中山决定回粤驱赶桂系。1920年8月,孙中山命令出征援闽之陈炯明部回师广东讨伐。时林葆怿因军饷受制于桂系,不得不奉命率领海军往诏安配合桂军作战。由于粤军节节胜利,林葆怿"决定中立",并积极奔走调停粤桂战争。为避免战火肆虐广州,林上下奔走筹措50万元巨款作为桂系莫荣新所部"开拔费",并联合岑春煊、陆荣廷等以四总裁名义宣布撤除军政府。面对广东局势动荡,加以各舰年久失修,林葆怿寻求海军南北"统一"之心更炽。10月,林葆怿与北京政府海军总司令蓝建枢等再次协商南北海军统一,但仍遭到海军官佐的反对。迫于海军形势不稳,群情责难,林葆怿愤将余存的税款悉数发给官兵,发表了一份"拥护中央"(指北京政府)的个人声明后离粤北返。11月由上海回广州的孙中山重组军政府,以汤廷光为海军总长。

　　林葆怿离粤后,因手无兵权而长期闲居上海。1930年因病医治无效卒于寓所。

主要参考资料

　　张侠等编:《清末海军史料》,海洋出版社1982年版。

　　杨志本等编:《中华民国海军史料》,海洋出版社1987年版。

　　《海军大事记》,福建省政协未刊本。

　　高子厚:《护法军政府海军始末》,中国人民政治协商会议全国委员会文史资料研究委员会编《文史资料选辑》第24辑,中华书局1962年版。

　　严寿华等:《海军南下护法和夺舰事件》,中国人民政治协商会议福建省委员会文史资料编辑室编《福建文史资料》第3辑,福建人民出版社1964年版。

　　李世甲:《我在旧海军亲历记》、《我在旧海军亲历记》(续),中国人民政治协商会议福建省委员会文史资料编辑室编《福建文史资料》第1、8辑,福建人民出版社1962年、1984年版。

林　虎

李　微

林虎,原名荫清,字隐青,广西陆川县人。1887年10月1日(光绪十三年八月十五日)出生于广西万冈县(今巴马瑶族自治县)。其父林寿裳,汉族,1875年以秀才去百色厅(今百色县)充当驻军黄统领的文案。母亲系万冈县的壮族女子。林寿裳和刘永福为友好,时刘永福在台湾领兵抗击日军侵略,林寿裳去台助刘抗敌。林虎母亲在万冈县久久得不到寿裳的信息,便挈子东下寻夫,在广州遇到了寿裳。这时寿裳已报捐了县丞,被指派去江西省候补,乃挈同林虎母子一同去江西省南昌候差。

林虎十五岁时,在南昌考取了江西武备学堂,与李烈钧、李思广等同班同学。林十七岁将在武备学堂毕业时,某日晚饭后和同学李思广等四人同去南昌东湖散步,路遇恶少四人在东湖桥上调戏妇女,林虎等为鸣不平,双方动武,恶少不敌,抱头鼠窜。恶少中有一人是候补知县,又是武备学堂监督陈伯文的亲戚,当夜去武备学堂告了林虎等人的状。第二天武备学堂监督问明情况后,竟认定李思广等四人在外滋事,开除学籍,林虎以成绩特优,从轻记大过两次,打手心三十,留堂察看。林虎以打架是由自己带头,而自己反得留校,于心不安,乃决定和李思广等人一同离校。

李思广的族侄和江西常备中军统领郭人漳熟识,乃向郭请求介绍工作。郭任李思广四人为营见习官。因郭人漳只有四个营,无法安排林虎,乃转介绍林虎去九江找江西常备前军统领岳凤梧,岳委林虎为第二营见习官,不久接任该营哨官。

1905 年,郭人漳被广西巡抚李经羲调往广西,郭以林虎是广西人,调林虎同去广西。郭人漳任亲军四营和健字两营统领,林虎则任亲军四营督操官。稍后,由郭人漳兼任新练军营长,以林虎为队官,负责训练,六个月后经检阅合格,改任林虎为营长。

1906 年,黄兴到桂林发展同盟会组织,林虎、蔡锷、赵声、郭人漳等九人入盟成为会员。黄兴以林名"荫清",与同盟会的宗旨"推翻满清,建立民国"格格不入,便对林说:你有虎相,不如改名林虎;虎隐青山,就以"隐青"为字,既避免"荫清"的恶名,更符合你个人的实际情况,岂不更好。林接受建议,就以"林虎、字隐青"的名号入会,"荫清"之名从此不用。

1907 年,林虎随郭人漳调到广东供职。这时广东钦州三那(那黎、那思、那彭)地区发生抗税斗争,广东总督张人骏命令郭人漳率领林虎、赵声所部去进剿或招抚。事平后,郭人漳被任命为钦州边防督办,林虎为钦州边防前路四营督带,驻扎在防城县属那良圩。

1911 年武昌起义后,广东响应,宣布独立。黄兴在武昌电请广东迅速出兵援鄂,广东派林虎率领两个步兵营、两个机关枪连,由海路至长江换船直到南京。这时南京临时政府已经成立,黄兴任陆军部长。林虎到南京后,黄兴把自己从武汉带来的卫队与林虎带来的部队合并为陆军部警卫混成团,林虎任团长。

1912 年 4 月,孙中山辞去临时大总统,由袁世凯继任。临时政府北迁,黄兴留守南京。驻南京的军队一部分发生哗变,林虎带来的部队平息了南京兵变之后,所部并入新成立的第八师,但遭到第八师领导人的歧视,不发给粮饷。这时李烈钧任江西省都督,接林虎及其部队到了江西,任林虎为江西陆军第一师旅长。1913 年 3 月,袁世凯派人刺杀宋教仁,江西、安徽、江苏、广东、湖南五省都督酝酿独立,起兵讨袁。林虎率所部在南昌至九江间的南浔路布防,并表示不怕牺牲,愿意做向窃国大盗袁世凯打第一枪的人,对安徽等五省的宣布独立起了一定的促进作用。7月11日,李烈钧到湖口就任江西讨袁军司令,并任命林虎为江西讨袁军左翼司令,方声涛为江西讨袁军右翼司令。12日拂晓,林虎率领所部向进入九江布防在辰子岭的袁军李纯部发起攻击,"二次革命"起。李纯的兵力为一个师,林虎的兵力仅为三个团,而进攻的部队仅为三个营。双方相持十日,袁世凯派段芝贵率兵八营增援李纯部,段芝贵的全部兵力和李纯的一部分兵力转而进攻右翼军方声涛部,方部一个旅,寡不敌众,湖口、姑塘、吴城相继失守,段芝贵、李纯直入南昌,李烈钧出走。李出走前,密电林虎,说南昌不能守,决定出走湘赣边境,令林虎相机向南方撤退。在撤退途中,李纯派一名参谋和林虎的内弟陈颂阁追来,传达李意:要林虎保存这支军队,编为一个混成旅,保林虎为中将旅长,林虎严词拒绝,把部队带到萍乡遣散,自己则化装潜往日本。

1913年11月,林虎在东京谒见孙中山,加入中华革命党。时黄兴与孙中山在组党等问题上意见分歧,林虎从中调解无效。在日期间,林虎和李烈钧、柏文蔚、黄郛等创立法政学校,请日本法学博士寺尾亨任校长,使"二次革命"失败后亡命到日的知识分子有一个学习的地方。林虎等人还在大森办"浩然庐",收容亡命日本的军官。

1914年欧战爆发,林虎和章士钊等组织"欧事研究会"。1915年,林虎和熊克武等去新加坡,宣传反袁,参加黄兴在新组织的反袁秘密机关。林赴新途中曾写信给旧桂系广西都督陆荣廷,请他注意袁世凯的动向。陆接信后派曾彦去新加坡和林虎联系。同年下半年,袁世凯帝制运动起,林虎应陈炯明邀,和一些朋友回到香港,意图运动广西、云南两省讨袁。先由方声涛发动云南讨袁,云南因顾虑广西袭击其后方,未敢贸然行动。于是林虎和钮永键两次分头进入广西,陆荣廷派马济和林虎等联系,马对林等说:广西赞成云南的讨袁行动,但要在适当的时候才能响应。林、钮回香港将其结果告知云南。恰逢李烈钧、蔡锷分头到香港,林虎等将此情况告知二人,李烈钧与蔡锷乃先后取道越南入云南,12月25日宣告独立,出兵讨袁,护国战争开始。1916年3月,广西亦宣布独立。在此前后还有广东陈炯明惠州起义及林虎接洽的潮、汕陈德明，江门、新会黄任寰起义，林并电促钦廉镇守使隆世储独立。4月岑春煊从日本借款二百万元，用该款一部分购买军械运到广东肇庆，组织两广护国军都司令部，自称都司令，任林虎为护国军第六军军长。不久附袁并勾结段祺瑞的龙济光被桂系逐出广州，退往海南岛，陆荣廷出任广东督军，同年9月派林虎为高雷镇守使，带领所部防备龙济光，护国第六军的番号取消，缩编为十个营。

1917年下半年，桂系军阀为逼走广东省长朱庆澜，夺取朱所率领的警备军，又调林虎为警备军总参议，林虎原有部队编为广东陆军第二军，仍由林任军长。时西南军阀为维护地方割据势力，一方面与北方主和派勾结，一方面继续坚持"自主"立场，反对湖南易督，假"护法"援湘名义，于同年9月调林虎部一部分入衡山（林仍留广州，未入湘）。10月，南、北两军战于衡山、宝庆一带，互有胜负。翌年春，龙济光趁机从海南岛渡海进攻雷州半岛，高雷镇守使隆世储战死。林虎建议派李烈钧为讨龙总指挥，并率部会同沈鸿英部进行反击，血战八十一日，把龙济光军击败，复驻守高雷，后改任肇罗阳镇守使。

1918年5月，桂系操纵非常国会，改组军政府，废大元帅制，选出政务总裁七人，以岑春煊为首席总裁，逼走孙中山。7月，总裁制军政府成立，林虎被任为陆军部次长。1920年，孙中山命在福建的陈炯明所部粤军回师广东，驱逐桂系在广东驻军，各地群众纷纷响应。粤军回师前，孙中山传语林虎：最好倒戈反击，至少也要做到不抵抗而撤退，林虎却反抗最力。孙中山曾说林虎是个将才，又说广西籍的同盟会员中，文以曾彦、武以林虎最可惜。在粤军攻势下，桂系的部队很快撤回广西。林虎退至玉林，部队由黄业兴代管，自己则离开部队他去。黄业兴是广东钦廉人，打算把部队开到钦廉去。广西籍军官如梁史、李宗仁、尹承纲等都反对跟黄业兴到钦廉，于是他们拥李宗仁为首，把部队开到六万大山去隐匿起来。李宗仁为林部营长，借此联合黄绍竑、白崇禧的部队，打败陆荣廷、谭浩明、沈鸿英、刘震寰等旧桂系部队，统治广西达二十多年。

1921年,桂系取消护法旗帜,同北方妥协,反对孙中山就任非常大总统,孙中山决定讨伐桂系,陆荣廷曾派林虎去湖南,请求赵恒惕援助广西,赵发起湘、川、滇、黔四省联合调停两广冲突,未成。陈炯明背叛孙中山后,于1922年冬约林虎到香港会面,林受陈的嘱托,再去湖南和赵恒惕联络,推行联省自治。未几,陈炯明被拥护孙中山的滇、桂、粤联军打败。陈急电林虎回广东,并将林的旧部黄任寰、黄业兴、王定华拨归林虎率领,退往东江。陈任林为潮梅总指挥,会同副总指挥洪兆麟与许崇智部战于梅县、潮州、石龙、博罗等地,一度进入闽南,占漳州。林为解决给养,多次派人赴浙江、江苏请孙传芳、齐燮元接济饷械,所得无多,靠卖官鬻爵、抽捐度日,军纪极坏,当地百姓苦不堪言。林因厌战,于1923年8月托病赴沪,陈炯明将林部调回攻增城、河原。1924年夏,惠州陈部再次被围,电林虎回粤,11月林曾率部入赣援助方本仁。1925年1月,陈下令攻广州,黄埔军校组织东征,林虎迅速赶回东江,同年3月在广东兴宁县被东征军打败,残部逃往赣边,林本人离开部队去上海居住。1926年夏,应吴佩孚邀前往汉口,吴有意新编一旅交林指挥,林没有接受。

1927年,北伐军占领上海,第七军军长李宗仁曾去探望林虎。林虎认为蒋介石是睚眦必报的人,故问李:我前因与蒋在广东东江作战过,蒋会不会算旧账? 李回答:旧账是不会算的,但是目前你在军政界露面还是不大适宜的。李宗仁劝林虎出国住一些时候,生活费用由李出面邀约在林虎部下工作过的旧人筹措,每月三两千元是不成问题的。林虎接受这个建议,去法国住了一年多。1929年蒋(介石)桂(新桂系李宗仁等)战争爆发,桂系失败,林虎恐生活来源断绝,乃急忙回国,有时住香港,有时居上海。1936年两广发生名为抗日实则反蒋的"六一"事变,蒋介石采纳杨永泰的建议,派人到香港找林虎,要林出面收买陈济棠的部队。其条件是:所任官职和名义,由林虎提出,蒋即发表;用款在300万元以内的,不必请示,电到蒋即如数将款汇去。蒋介石认为,陈济棠属下的几个师长,如黄任寰、巫剑虹、杨鼎中等都是林虎的旧部,如林虎肯出面活动,容易收效。林虎拒绝了蒋介石的要求,离开香港回到广西,以防遭蒋方特务暗算。

1937 年抗日战争爆发后,"国民参政会"成立,林虎被聘为参政员。林虎原在广西柳州沙塘办了一所新式农场,除了国民参政会开会和参加国民党军风纪视察外,都在该农场居住。1947 年林虎当选为国民党政府立法院立法委员。1949 年广西解放,林仍留广西。1951 年,林虎响应中国共产党的号召,作为广西省直属土地改革工作队第五中队队员之一,去北流县参加土地改革工作。1953 年被任为广西省人民政府参事室参事,1956 年被推选为人民政治协商会议广西省委员会副主席。1958 年广西省改为广西壮族自治区,林虎仍任广西壮族自治区政协副主席,并为中国人民政治协商会议全国委员会常务委员。1960 年2 月 8 日因病去世。

主要参考资料

林虎:《往事片断》,中国人民政治协商会议广西壮族自治区委员会文史资料研究委员会编《广西文史资料选辑》(一),1961 年版。

林虎:《我参加辛亥革命的经过》,中国人民政治协商会议全国委员会文史资料研究委员会编《辛亥革命回忆录》(一),中华书局 1961 年版。

林虎:《陆荣廷讨袁的经过》,中国人民政治协商会议广西壮族自治区委员会文史资料研究委员会编《广西文史资料选辑》第 22 辑,1984年版。

林虎:《西南事变时蒋介石利用我倒陈济棠的一幕》,中国人民政治协商会议广西壮族自治区委员会文史资料研究委员会编《广西文史资料选辑》第 17 辑,1983 年版。

魏继昌:《林虎所处的时代和他在当时的活动》,中国人民政治协商会议广西壮族自治区委员会文史资料研究委员会编《广西文史资料选辑》第 3 辑,1963 年版。

林 建 章

陈贞寿　刘传标

　　林建章,字增荣,又名述瑞。1874 年(清同治十三年)生于福建长乐县一个世代为民间郎中的家庭。父林继蒲,母任氏。林建章幼年就学于私塾,少怀壮志。中法马江海战中,福建水师惨败,林建章愤慨万分,立志服务于海军。1891 年他只身到南京,考入江南水师学堂第一届驾驶班。五年后毕业,被派往舰艇见习。嗣后升为大副,继以其熟练的驾驶技术升为宿号鱼雷艇帮带。数年后调任飞鹰、通济等舰帮带、大副及宿号鱼雷艇管带,授海军副参领。

　　辛亥革命武昌起义爆发,清廷震惊,急令陆军大臣荫昌率军南下攻打武汉;同时电令海军统制萨镇冰率巡洋、长江两舰队二十余艘舰艇溯江而上,进逼武汉协助弹压,林建章督带的"宿"号鱼雷艇也在其列。由于清军占领汉口后,冯国璋下令纵火焚城,市民死伤无数。海军官兵目睹清军暴行极为愤慨,林建章等官兵乃于 11 月 9 日在上海高昌庙易帜起义。11 日黎明"宿"字鱼雷艇等到达镇江,时值上游各起义的舰艇军火不继,而南京以上各要塞尚未光复,清军防御甚严,海军几次派舰艇输送均失败。林自告奋勇,督率南深舰装运军火给养冒险上驶,终于到达目的地,使上游各舰得以接济。因参加光复有功,林于 11 月 29 日升任南深舰管带。

　　1912 年 1 月,中华民国临时政府成立,海军组成北伐舰队,林建章的南深舰作为主力舰之一,从南京下关口出发,经上海向烟台北驶。北伐舰队协助光复登州等沿海重镇,到达烟台后,各舰艇轮番游弋于鸭绿江口、大沽口、秦皇岛等地,截击由海外运来接济清军的军火。清廷下诏退位后,林建章等率北伐舰队南返。1913年1月林被授予海军中校,8月晋为海军上校。1917年8月林调任海容巡洋舰舰长。

第一次世界大战后期,北京政府对德奥宣战,加入协约国。其时西方列强组织"干涉军"进攻新生的苏维埃政权,北京政府决定派海军和陆军参加。林建章被任命为代将,负责节制参战的海军及陆军宋焕章团。1918年8月,林率领海容号及随行人员李世甲等抵达海参崴,设立中国驻沿海州海军代将处。此时,协约国海军齐集海参崴,俘夺俄国海军驻海参崴四艘驱逐舰后,继续向西进犯。林建章命令宋焕章陆军团暂驻中俄边界的五站、双城子,仅派两个营进驻海参崴、一个连分驻伯力。林对中国的"干涉军"严肃军纪,不许趁火打劫;还努力保护中国商民和侨民不受侵害。1919年德国战败投降,林建章率领海陆军撤回中国境内。1921年1月林建章任海军第一舰队代理司令。

在北洋军阀混战的旋涡中,林建章与安福系成员梁鸿志交往甚密,进而归附段祺瑞皖系。1922年第一次直奉之战爆发,依附于直系的第二舰队司令杜锡珪主张海军参战。但林建章听命于皖系,主张海军中立,两支舰队形成对峙,杜锡珪以"大局为重"等辞说服第一舰队主力舰海容、海筹、永绩三艘协同第二舰队北上至秦皇岛,炮轰驻山海关之奉系张作霖部,加速了奉败直胜的结局。杜锡珪因助直有功,升任海军总司令,而林建章则被免职。随着直、皖两系间矛盾激化,皖系军阀卢永祥以金钱与装备支持林建章东山再起。林利用北京政府拖欠海军粮饷数月而造成官兵的不满情绪,以45000元运动永绩、海筹两舰长,促使两舰于1923年4月8日自青岛南下到上海,与在上海江南造船所修理的驱逐舰建康号及列字鱼雷艇四位舰长,以及江南造船所所长刘冠南等人联名发出"庚电",宣布脱离北京政府,反对"武力统一",拥护林建章为海军领袖,实行"闽人治闽"。林于4月9日发出通电,表示接受拥戴,并在海军总司令部旧址成立"海军领袖处",宣告海军沪队成立。此后,林建章等人利用同学、同乡等关系或以金钱收买,先后策动靖安舰、辰字鱼雷艇及杜锡珪的副官张日章归附上海。林在海军中另树一帜,客观上有利于遏止直系势力的扩张。当时孙中山曾致电林:"文迭次宣言,标明主旨,凡赞成和平统一者皆吾友,反对和平统一者皆吾仇,如执事之明达与沪海军之彻悟,文当竭其绵薄,相与戮力同心,共纾国难。"

齐卢战争于1924年9月爆发,杜锡珪电令驻闽的练习舰队司令杨树庄率舰队北上入吴淞口,同时令第二舰队沿江而下协同进击卢永祥部。林建章当即派辰字鱼雷艇赴吴淞口巡防,令海筹、永绩、建康三舰驻防于吴淞口。当战局不利于卢方时,沪队司令周兆瑞暗中与杨树庄联络,利用海筹、永绩两舰长离舰上岸之机,夺取两舰归附杜锡珪。齐卢战争以卢永祥惨败告终,沪队的靖安、建康、辰、列等舰艇先后脱离林建章而归附杜锡珪,林领导的沪队与"海军领袖处"随即解散,林失势而闲居上海。

第二次直奉战争于1924年9月爆发后,冯玉祥于10月回师北京发动政变,直系控制的北京政府垮台。段祺瑞以临时执政名义,组成北京政府。11月24日林建章被任命为海军总长,12月被授中将加授海军上将衔。林建章上任后,任命杨树庄为海军总司令、李景曦为练习舰队司令,许建廷为第一舰队司令、陈季良为第二舰队司令。林在主持海军大政期间,严惩海军在福建的恶势力——海军陆战队第一混成旅旅长杨砥中,得到闽省百姓的赞扬。

1926年1月,北京政府改组,杜锡珪取代林建章海军总长之位,林再度闲居上海。此后,林潜心研读佛教经典,不愿再过问政治。南京国民政府海军部成立后,特聘林为高等顾问。1937年11月日军占领上海后,林身陷敌区,屡受日伪威胁利诱;原安福系骨干分子梁鸿志投靠敌伪后,亦曾以同乡和朋友的旧谊,多次以高官厚禄相诱,竭力拉林下水出任汪伪政府海军部长。但林不为所动,严厉斥责梁等人的无耻行径,而宁以变卖家什为生。

1940年6月14日,林建章因肋膜炎复发去世。

主要参考资料

林天福(林建章次子)口述记录。

长乐县《六里志》。

张侠等编:《清末海军史料》,海洋出版社 1982 年版。

杨志本等编:《中华民国海军史料》,海洋出版社 1987 年版。

《海军大事记》,福建省政协未刊本。

林 觉 民

范启龙

　　林觉民,字意洞,号抖飞,又号天外生。1887 年(清光绪十三年),生于福建闽县(今福州市)南后街杨桥巷口①。他的生父林孝颖,字玉珩;叔父林孝颖,字可山。林觉民从小过继给叔父为子②。林孝颖是当时福建有名的学者,以诗赋著称。林觉民幼时体弱多病,八岁时,母亲病逝,从此吃睡和嗣父在一起,跟随嗣父学习语文。他天资聪明,读书过目不忘。

　　林觉民少年时就厌恶科举,十三岁那年嗣父要他应考童生,他不愿违背父命,怏怏赴试。但等试卷到手,他挥笔写了"少年不望万户侯"七个大字,头一个交卷出场③。

　　1902 年,林觉民考入陈宝琛新办的全闽大学堂(后称全闽高等学堂)文科学习。那时,西方的新学说已传来中国,青年学生大都沉醉于自由平等的理想,林觉民便自号为抖飞。他在同学中颇具威信,学堂里

---

　　①　林家原宅的大门面朝南后街,由于宅北为杨桥庵已辟为宽阔的杨桥路,原来朝东的大门已被改建为商业大楼,现将大门改为朝北,是杨桥东路十七号。近年已辟为"林觉民故居",并定为"福州辛亥革命纪念馆"。是福州市爱国主义教育基地,为市级文物保护单位。

　　②　陈遵统等编:《福建编年史》第 10 辑(油印本),藏福建省图书馆和福建师范大学图书馆。

　　③　林秀慧:《碧血殷殷红,黄花岁岁香——忆大哥林觉民》,《福建日报》1981 年9 月 24 日第 2 版。

闹过几次风潮,同学们都推举他出来领导。因为他具有不畏强暴的个性,又善于言谈,师生多爱同他攀谈。"总教习叶肖韩独爱其倜傥,尝优容之。①"曾对他的嗣父说过:"是儿不凡,曷少宽假,以养其刚大浩然之气。"②

林觉民对官立学堂的腐败很不满,便和思想一致的朋友在城北创办一所私立小学,又在城南魁辅里谢氏宗祠内创设阅报所,既鼓吹革命,又是校外同志之集聚所。他又热心于社会的公共福利事业,朋友如遇到困难,他都尽力帮助。课余他常和同学们议论时事,认为中国不走革命的道路就不可能自强,慷慨激昂,声望大著。他"好演说,语极动听,某晚在城内锦巷七星君庙参加爱国社演说,题为'挽救垂亡之中国',说至沉痛时,痛哭流涕,拍案捶胸,闻者感动。适学校某学监在后窃听,归语其同侪曰:'亡清国者必此辈也'"③。随着年岁的增长,林觉民为革命而献身的志愿越来越坚决。

1905年,林觉民奉父命同陈意映结婚,婚后夫妻的感情很好。次年,生一个男孩,取名伯新,他俩非常珍爱。他曾写过一篇名为《原爱》的文章,阐述青年男女对爱情应有的态度,读过此文的人都赞成称好。有位朋友写信对他说:"读大著《原爱》,理义公正,才情高绝,乃知文学家自有真也。"④

林觉民在家庭中,也反对封建思想对妇女的禁锢,为了帮助她们的觉醒,他和堂兄在自己家院子里办了一所家庭女校,动员妻子意映参加,堂嫂谦修、堂妹孟瑜及部分亲友的家属也入学。他亲自授课,提倡

---

①　吴适、林家洚:《黄花岗纪事》,福建省政协文史资料编辑室编《福建文史资料》第6辑,福建人民出版社1981年版,第17—18页。

②　郑烈(天啸生):《林觉民传》,朱执信、邹鲁等编《黄花冈七十二烈士事略》,广州1923年版。

③　吴适、林家洚:《黄花岗纪事》,福建省政协文史资料编辑室编《福建文史资料》第6辑,第17—18页。

④　郑烈(天啸生):《林觉民传》,朱执信、邹鲁等编《黄花冈七十二烈士事略》。

男女平等,反对妇女缠足。他说妇女要解放就必须走出家门。在他的教育帮助下。秀琼、秀慧两个妹妹就没有缠足①。

那时,去东邻日本留学成为中国青年的时尚。1907年,林觉民在全闽高等学堂毕业以后,经嗣父同意,也自费去日本,先学习日语。一年后,带去的钱已用完,刚好有一位丁姓官费生蹈海死,觉民得以补上此缺额,进庆应大学文科,攻读哲学,同时兼修英语和德语。他孜孜力学,夙夜不懈。

当时,外国侵略中国、清廷腐败无能的凶讯不时传来,留日中国学生常常聚在一起,互相流泪叹息。林觉民悲愤地说:"中国已处危险关头,大丈夫只有一死报国,为何要仿效古人那样相对哭泣呢? 我们既然是革命志士,就应该站起来仗义执剑,争取解决根本问题。只有这样,或许可以挽救危如累卵的局面。凡是有血气的中国人,谁还能忍受和坐视第二次亡国的惨状呢?"大家听完他的话,都肃然起敬。他对"于国文爱庄骚,逼肖其笔意,辞藻超逸,美词气,谈笑风生。每登坛演说,左顾右盼,久而弥壮"②。由于他和陈与燊齐名,人们称呼他们为"陈林",又因为他和林文及族弟林尹民共住一房,被人称为"三林",按照年龄的顺序排列,他是"中林"。

林觉民早已加入同盟会,嗣父听说他在日本的要好朋友都是同盟会的成员,便写信提醒他多加留意。他复信说:"大人所不安者,恐儿学非所用,将有杀身之祸。今习文科,文科主心理、伦理诸学,岂有学心理、伦理之人而得祸者?"③以此来宽慰嗣父。

1911年初春,林文收读黄兴、赵声的香港来信,知在港同志正筹备广州起义。留日福建学生当即开会研究,决定由林文去香港参与筹备

---

① 林秀慧:《碧血殷殷红,黄花岁岁香——忆大哥林觉民》,《福建日报》1981年9月24日第2版。

② 黄季陆主编:《革命人物志》第2集,中国国民党中央委员会党史史料编纂委员会1967年版,第446页。

③ 郑烈(天啸生):《林觉民传》,朱执信、邹鲁等编《黄花冈七十二烈士事略》。

起义事宜;林觉民则回福建发动响应。他们两人于3月3日离开日本回国,同船赴香港。黄兴看见林觉民来到,高兴地说:"意洞来,天赞我也! 运筹帷幄,何可一日无君。"①于是决定暂时取消他在福州响应的计划。

接着,按照林文的意见,林觉民秘密回福建召集革命志士到广州参加起义。嗣父见他突然回家,感到很惊异,他解释说,学校正放樱花假,应邀陪几位日本同学去参观江南一带的山水风光。他也没有把真情告诉妻子,虽然他明白这很可能是最后的诀别,但为了实现为"天下人谋永福"的理想,他极力控制自己,进行掩饰。他得到福建同志的大力支持,在家乡只停留十天,即邀冯超骧、刘元栋、刘六符、吴适等人同赴香港。

4月23日夜,林觉民和林文、陈可钧、陈更新、冯超骧等人先入广州。第二天,听说林尹民和郑烈已从日本到香港,觉民又邀更新同回香港为林、郑作引导。这一天晚上,陈更新和郑烈入睡后,觉民独自点灯,为家中亲人写绝笔书,直到天快亮时才停笔。第二天早晨,他拿着所写的书信嘱托友人说:"我死后,幸为转达。"便偕同林尹民、郑烈重入广州。在船上,林觉民和郑烈同睡一房,他轻声地对郑说:"此举若败,死者必多,定能感动同胞。……使吾同胞一旦尽奋而起,克复神州,则吾辈虽死之日,犹生之年也,宁有憾哉!"②

林觉民抵广州后,因为26日还有同志从福州来到香港,需要引导。所以他于25日晚再度赶到香港,直至27日早晨,才同陈与燊、陈更新等人率领全部福建志士同行,和林文等在广州会合。故是役闽人就义之多,仅次于粤。

4月27日(农历三月二十九日)下午五点半,起义爆发,林觉民和全体福建来的同志随同黄兴往攻督署。原定分十路进攻,因故改为四

---

① 郑烈(天啸生):《林觉民传》,朱执信、邹鲁等编《黄花冈七十二烈士事略》。
② 郑烈(天啸生):《林觉民传》,朱执信、邹鲁等编《黄花冈七十二烈士事略》。

路,结果只有黄兴所率百余人第一路贸然发动,他们人人臂缠白布,腰束炸药,手持刀枪,奋勇冲击。可是,在总督衙门内却找不着早已逃遁的总督张鸣岐等人,知道中了敌人的奸计。觉民怒不可遏,横目奋击,所向披靡。这时,广东水师提督李准派亲兵卫队赶来督署围攻,双方展开激烈的巷战,觉民不幸中弹,力竭倒地被俘。当时报纸上刊登消息称抓获一个剪短发、穿西装的美少年,指的就是林觉民。

　　林觉民被水师提督李准等人提讯于水师提督衙门内。他本来普通话讲得很好,可是在座的多是广东人,怕他们听不懂,而当时广东官吏一般都会英语,他便讲英语,问他们是不是能够理解? 他侃侃而谈,综论世界大势和各国的时事,宣传革命思想。敌人们专心倾听,也好似为之动容。林觉民起初坐在地上讲,这时敌人为他打开脚镣手铐,请他坐在椅子上谈。接着,又送上笔墨纸张让他书写,他走笔疾挥,立尽两纸洋洋数千言,大有文不加点之势。当他写到激烈的地方,便敞开上衣,用手捶胸,激动不已。他写满一张纸,李准马上郑重其事地取去,捧到张鸣岐面前,张随即阅读,故作叹息的姿态。当林觉民写第二纸时,临笔稍为停顿,状似欲呕,犹恐污地未遂吐,以早受文明教育,性嗜洁故也。李准亲持唾盂近前始吐①。他写完以后,又在堂上演讲,谈到时局险恶的地方,便咬牙切齿,捶胸顿足,并且劝诚清朝官吏们应该洗心革面,为自己的祖国献身,革除清朝暴政,建立共和民国。他说,只有这样才能使国家富强,人民安乐,那么,自己虽死也瞑目了。

　　林觉民被关押了几天,一勺一水都不肯入口。赴刑场的时候,他面不改色,泰然自若,从容就义,时年才二十五岁。后与广州起义死难烈士共七十二人合葬于黄花岗。

　　林觉民的岳父陈陶庵当时在广州供职,最先得到他牺牲的消息,星夜派人送噩耗回福州,林家立即迁移住处。一天早晨开门,发现门缝中

---

　　① 黄季陆主编:《革命人物志》第2集,中国国民党中央委员会党史史料编纂委员会1967年版,第446页。

已塞进一包东西,打开一看,原来是林觉民生前托友人带回家的亲笔信,也就是他 4 月 24 日深夜所写的绝笔书:一张给父亲,只有简短的几句话:"儿死矣,惟累大人吃苦,弟妹缺衣食耳,然大有补于全国同胞也。"另一张给爱妻陈意映,写在一大块白色正方形手帕上,一千多字,语句悲怆婉转,十分动人。他首先说:"吾作此书,泪珠和笔墨齐下,……忍悲为汝言之","语云,仁者'老吾老以及人之老,幼吾幼以及人之幼'。吾充吾爱汝之心,助天下人爱其所爱,所以敢先汝而死,不顾汝也。"接着,他以生动感人的笔触回忆历年夫妻间的恩爱生活,"吾与汝并肩携手,低低切切,何事不语,何情不诉"。虽然,眼前的小家庭是幸福的,但是,"第以今日事势观之,天灾可以死,盗贼可以死,瓜分之日可以死,奸官污吏虐民可以死,吾辈处今日之中国,国中无地无时不可以死! 到那时使吾眼睁睁看汝死,或使汝眼睁睁看我死,吾能之乎! 抑汝能之乎!"最后他说:"汝幸而遇我,又何不幸而生今日之中国! 吾幸而得汝,又何不幸而生今日之中国,卒不忍独善其身!""吾今死无余憾,国事成不成,自有同志者在。依新已五岁,转眼成人,汝其善抚之,使之肖我。汝腹中之物,吾疑其女也,女必象汝,吾心甚慰:或又是男,则亦教其以父志为志,则我死后,尚有二意洞在也,甚幸甚幸!"①陈意映得知噩耗,几次昏死过去。后来生了一个男孩,取名仲新②。

①　林觉民给父亲和妻子的绝笔信,原件藏中国革命博物馆。
②　林仲新毕业于上海光华大学,曾任福建漳州市粮食局副局长,现已病逝。

林　康　侯

汪仁泽

　　林康侯，名祖潽，以字行。1876 年 12 月 10 日（清光绪二年十月二十五日）生于上海。父亲林景周，为上海著名绅商。林康侯少年时就读私塾，二十岁时参加科举考试，中秀才。1898 年戊戌变法后，入上海南洋公学师范院就读，两年后转任该校附属小学堂教习。1902 年由南洋公学派赴日本考察教育事业半年，回国后向校方提出改革建议，受到重视。1904 年提升为该校小学堂长。他仿效日本学制亟力改进增设训导教员，健全各项制度。后南洋公学又增设中学部，林改任中学部教习兼学堂总教习，对确立新式学校的制度颇多建树。

　　1911 年辛亥革命后，林康侯辞去南洋教学职务，转而从事实业，与张謇共同创办江苏铁路公司（简称苏路公司），任该公司营业所长。1914 年铁路收归国有，林康侯进入金融界。是年，中国、交通两银行拨款开办新华信托储蓄银行在北京成立，林康侯参与了该行的筹备工作，随后任该行发行所主任。1919 年 4 月该行增资扩展业务，在上海设立分行，林康侯任沪行首任经理。林经营手腕灵活，多方设法吸收存款，如设点代收高校学费；参酌国外有奖储蓄办法，创设公共储金等。是年末，全行储蓄总额达九百万元，几达上年末三百多万元的三倍①，因而

---

　　① 王志莘：《中国之储蓄银行史》，生活书店版。1934 年 9 月第 103 页，据载：1918 年末新华银行储蓄存款总额为 3281417.41 元，1919 年末激增为 8936322.68元。但此后数年又降为四五百万元间。

蜚声沪地银行界。但次年因内部意见不合,林退出该行,1921年转任中日合办的中华汇业银行华方经理①。

1927年3月,国民革命军到达沪、宁后,上海总商会改组,林康侯任该会主席委员。4月国民政府在南京成立,林被聘为财政会议委员、经济委员、二五库券保管基金委员会常务委员兼坐办、交通会议委员、国定税则会委员、上海特别市政府参事会委员等职,为国民政府摊派二五库券、筹集款项奔走甚力。又经上海公共租界纳税华人会选举为工部局华董,并任教育及公用专门委员,曾力争增加华人教育经费补助额。是年9月,宁汉合流,国民政府改组,孙科任财政部长,林康侯平素与孙科友善,任财政部次长。次年2月,国民政府再度改组,孙科改任建设部长(未到任),林也随之离职。

此后,上海银行公会以林康侯在金融界卓有声望,推他为理事兼秘书长,主持该会日常业务。林善于交际,交友广阔。其时新闻记者欲得金融消息,辄群集银行公会,林接待应付,态度和蔼,从无忤色,颇获报界好感。他又善于调停同业间的争执,平息事端,排难解纷;且与国民政府和租界当局都有联系,乐于受人请托;并在商界广收门生。林逐渐在地方上形成一定势力,一时与袁履登和闻兰亭同为海上"三大闻人"。

1930年,林康侯发起组织"全国商会联合会",成立后被推为该会主席。此时中华汇业银行已停业,林除投资与史量才等合资开设合记教育用品社,任董事长外,并在其友好、生徒所开设的众多企业中,如中法油脂化学制造厂、上海标准味粉厂、新一行股份有限公司、环球企业股份有限公司、大中华橡胶厂、中国奶粉厂、上海灯泡公司、美龙酒精厂等先后任董事长;并兼任中国名人年鉴社社长,中国红十字会、中国经济研究会、中国航空公司、航空协会等理事,上海特别市商会常务监事,中央银行、东南信托公司、上海商业储蓄银行监察人等职。林还是光

---

①　《中华全国中日实业家兴信录(上海之部)》,上海兴信所昭和十五年(1949年)版(日文),第283页。中华汇业银行至1929年停业,林任华方经理达十年之久。

华、震旦、圣约翰大学、上海美术专科学校、侨光、南洋模范中学等校校董。1936 年初,林曾以副团长身份率领中国红十字会代表团,访问泰国。

1937 年初,日本帝国主义侵华日亟,全国人民积极准备抗战。林康侯应约在当时国内舆论界颇有影响的《东方杂志》上发表《中日问题》一文,称:"中日系同文同种和地理历史关系,必须提携","至于中日所以不能亲善,实系日本当局错认事实,意存侵略为之障碍"。"倘使中日谈判,两国不能在平等互惠的精神下进行,如无英、美、苏等国持平的远东政策,那末前途是很悲观的。"①不久,"八一三"淞沪抗战起,上海军民奋起抗敌,林康侯作为中国红十字会总会常务理事,参加抗日后援会,从事救济难民等工作。1938 年初,第二十四届国际劳工大会召开,林康侯以中国雇主代表身份,与中国劳工代表朱学范同赴瑞士日内瓦参加大会。继又赴英国伦敦,以中国代表身份,参加世界红十字会第十六届大会。会后游历欧美各地,于年底返沪。此时日本侵略者谋组伪政权,林康侯成为物色对象之一,日方曾以伪财政部长相诱,并一度予以软禁,林佯言允予考虑得以脱身,匿居亲友处,致遭日方通缉。1939 年初,林潜赴香港,任中国国货实业服务社理事长。1941 年 12 月太平洋战争爆发,日本侵略军侵占香港,林康侯被日军搜获,次年 4 月被押解回沪,经短期羁押逼其就范。

1943 年 3 月,林康侯出任敌伪时期最大的资敌机构——全国商业统制总会理事兼秘书长。该会专门从事棉粮、日用品统购统销等工作,并为敌方搜集军用物资,控制战略资源。此时,林康侯继续在沪从事商业、金融业活动,1942 年与友人在沪开设民丰银行和利工银行,并任该两行董事长。此外还任利民药房、新一行、华一工程及合群化学厂等董事长。

1945 年抗战胜利后,林康侯以汉奸叛国罪于 10 月被捕。1948 年

---

① 《东方杂志》第 34 卷第 1 号,1937 年 1 月版,第 429 页。

10月,以其尚能在日本投降时保存大量物资,被从轻判处有期徒刑二年又六个月。因已被押三年,乃于当庭开释。11月林康侯离沪赴香港定居,其后因肾病曾去台湾就医治疗。

1964年9月22日林康侯在香港病逝。

主要参考资料

上海市档案馆藏档案全宗号27号卷宗号122号。

乌崖琴:《关于海上三老》(1963年12月6日),上海市工商业联合会史料第322号。

沈葆昌访问记录(1981年4月18日);林之蕊访问记录(1986年4月10日);陆允升访问记录(1986年7月20日)。

林 可 胜

陈 民

　　林可胜,英文名 Robert Lim,1897 年 10 月 15 日(清光绪二十三年九月二十日)生于新加坡,祖籍福建海澄县(今龙海县)。父亲是新加坡著名医生、社会活动家林文庆,母亲黄端琼是著名老同盟会员黄乃裳之女。林可胜八岁时被送往英国,读完中学后即考进爱丁堡大学,专攻医科。第一次世界大战期间服兵役,被分配在英国南部朴茨茅斯附近的印军医院当外科助理医生。战后复学,1919 年以优异成绩连续获得医学内科学士和外科学士的学位,并留校当生理学讲师。1920 年与 1924年,又先后获得哲学博士与科学博士的学位。1923 年,曾以美国罗氏基金会研究员之衔,赴芝加哥大学从事研究工作。

　　1925 年,林可胜回祖国,应聘任北京协和医学院生理学教授兼系主任,为协和第一个华人教授,一直任教到 1937 年抗日战争爆发。十几年间,他于教学研究之余,殚心著述,多次在英、美各国生理学刊物上发表学术论文,蜚声国内外。1926 年他创建中国生理学会,第二年又创刊《生理学杂志》并任主编。1928 年至 1930 年,任中华医学会会长。他在消化生理学和痛觉生理学两方面都是先驱,是我国现代生理学的奠基人。

　　1937年"七七"事变,林可胜携带子女去新加坡①,安顿后又只身回到武汉,组织中国红十字总会救护队。后在贵阳图云关创设救护总站,除办战时卫生人员训练所及训练示范病房外,还附设药品及医疗器材制造厂。当时的卫生人员训练所,实际上集中了医学各方面的专门人才,如荣独山、容启荣、张先林等协和早年毕业生,其规模之大,人才之众,远远超过国内任何一所医学院。由于林的国际声望,救护总站得到国际进步团体、个人以及爱国华侨的广泛支持。救护总站先后派遣一百多个救护队分赴各战区,并在五个战区设立分站。抗战初期,前线由于缺医少药,伤兵往往轻伤致重,重伤致死。救护总站在前线设立临时医院后,情况有所改进,伤兵运到后立即医治,轻者医至痊愈,重者经过紧急处置后转移到后方医院。有一年圣诞节傍晚,一大批伤兵转来救护总站。工作人员因时间已晚,推说病房已满,不予收容。伤兵们只得瑟缩地躺在医院门口。时近半夜,林得知这一情况后,立即下山探视,当场大发脾气,命令立即停止圣诞联欢晚会。全体医护及事务人员紧急集合,打开训练示范病房,安置全部伤兵,并煮粥给他们吃,一直忙到第二天黎明。林的作风及其救死扶伤的责任感,由此可见一斑。爱国华侨陈嘉庚于1940年率领南洋华侨慰劳团回国视察,对林的专心任职及其"努力之精神"颇为赞许,并自动应承逐月由南侨总会捐助一万元给救护总站②。

　　1942年至1944年,林可胜奉命随中国远征军出国到缅甸,任中缅印战区司令官史迪威的医药总监,多次得到我国政府的嘉奖和英、美政府的授勋。1945年抗日战争胜利后,他出任国防医院院长,创立军医

---

　　①　林可胜的第一个夫人玛格丽特(苏格兰人),1936年在北平病故,遗下一子一女。1937年,林可胜把子女安置在新加坡林文庆家。一个月后,他只身回国参加抗日战争。他这一爱国行动,在新加坡华侨中颇得好评。1946年,他和张静江的女儿张蒨英在上海结婚。

　　②　陈嘉庚:《南侨回忆录》(上),(新加坡)南洋印刷社,1946年版,第211—212页。

中心教育制度，培训中国自己的军医，同时还负责筹建中研院医学研究所。

1948年，林可胜当选为中研院院士。同年，蒋介石拟委任他为国民政府卫生部部长，林可胜坚辞不就。1949年5月林去美国，先后任伊利诺斯大学客座生理研究教授、克雷顿大学医学院生理学与药理学教授兼系主任。1952年后，又受聘于印第安纳州迈尔斯实验所，负责生理、药理研究工作及医学科学研究指导。

林可胜一贯治学勤勉，作风严谨，于生理学与药理学方面贡献尤著。早在30年代他就因发现"肠抑胃素"①而著称于国际医学界。晚年在国外，对于疼痛及止痛机制作了比较深入的研究，先后发表了十几篇论文，具有重要的理论意义和实用价值。世界各国不少研究机构和学术团体，聘请他为名誉成员。1961年香港大学曾授予他科学博士名誉学位。

1969年8月7日，林可胜因食道癌逝世于牙买加的金斯敦。

---

　　①　肠抑胃素是一种胃肠激素，是由食进脂肪后在肠内引起的。林可胜发现了这个物质，并为它以英文命名"Enterogastrone"，至今仍被胃肠学家广泛引用。

林 砺 儒

郭 烙

　　林砺儒,原名林绳直,广东信宜人。1889 年 7 月 18 日(清光绪十五年六月二十一日)生。幼年丧父,由祖母抚养成人。其叔教家馆,他童年随叔父读书。1905 年至 1911 年在广东高州高郡中学堂学习。毕业后,考取公费留学日本,就读于东京高等师范学校。1918 年 3 月回国。1919 年 4 月至北京高等师范学校担任教授。此后终其一生,一直坚守教育岗位,被誉为"最有恒心"①的教育家。

　　五四运动时,他支持学生运动,曾指导北京高师学生举办平民夜校、识字班等活动。1921 年,他积极参加北京八所国立高校的罢课索薪斗争。

　　林砺儒对德国《威玛宪法》编列的教育章十分欣赏。北洋军阀时期,他于 1922 年和 1925 年两次向当时的国会提出教育章草案,想为教育事业争得宪法上的保障,但都没有结果。

　　我国学制从清末开始基本上是抄袭日本的。1922 年,教育界提倡仿照欧美学制进行改革。改小学七年、中学四年为小学、中学各六年。一时学制改革成为教育界讨论的中心问题。这一年,林砺儒开始兼任北京高师附中主任(即校长),决定立即试行新学制。林砺儒组织各科优秀教师自编新教材,当年秋季即按新学制招生。许多中学纷纷向高师附中索取试行新学制的教材及经验。高师附中还在教育杂志上介绍

---

①　林砺儒:《我们的特约撰述》,《教育杂志》第 24 卷第 4 号,1934 年 12 月。

试行新学制的情况,对全国有一定的影响。

　　学制改革开始后,关于教育的目的,众说纷纭。当时有一种流行的见解:认为大学教育是目的地,普通教育不过是过渡到目的地的一道桥梁。林砺儒不同意这种看法,他认为,教育应以生活为主,以学生生活的环境为中心,而生活是"全人格"的活动。他说:"中等教育的任务,就是引导少年人格之放射线到各方面去。例如文学的陶冶,并非要把少年立刻造成一位名家,也不是准备将来卖文讨饭,乃是要引导他的人格的活力往文学方面去,科学的陶冶……乃是要引导人格的活力往科学方面去,艺术的陶冶也是一样的理由。譬如一株树,要他十分发育,就要让他的根四面八方蔓延,若堵住几向,单让一向给他伸张,就不能完全发育。所以我认定理想中的中等教育,是全人格的教育,绝非何种职业之准备。要全人格的陶冶受得圆满,那么将来个性的分化才算是自然的。"①林砺儒的教育思想,注重联系中国教育实践,博采众长,颇有独到之处。

　　1931年7月,林砺儒应中山大学校长许崇清的邀请,到广州担任中山大学教授兼教务长,其后又兼任广州师范学校校长。1933年,广东当局为纪念已故的国民党监委古应芬(字勤勤),创办勤勤大学,林砺儒参加筹办工作。勤勤大学成立后,他担任该校教务长兼教育学院院长。

　　"九一八"事变后,抗日运动高涨。国民党政府公布了一系列教育法令,企图用繁重的功课、严格而频繁的考试来束缚学生。林砺儒发表《从批评中学新法令说到未来的改造》②一文,对教育法令提出异议,主张废除中学毕业生的会考制度。1935年国民党提倡"尊孔读经",他又提出反对,说办教育应有两个基本原则:一是民众化,二是现代化,读经不符这两个原则。与此同时,他还主张废除中学的军训课程。

---

①　林砺儒:《我的中等教育见解》,《教育丛刊》第3卷第5集,1922年9月。

②　《教育杂志》第24卷第4号,1934年12月。

抗日战争前,两广一直保持着半独立状态。勤勤大学是这个时期广东地方势力与蒋介石的中央势力相对抗的产物。抗战爆发后,勤勤大学改组,其教育学院于1937年9月独立为广东省立教育学院,林砺儒任院长。该院先迁广西梧州,继迁藤县、融县和广东乳源县。1939年9月改名为广东省立文理学院,再迁连县。历经五度搬迁,图书仪器均完整无损地转移至粤北。而当时广东其他院校图书仪器在搬迁中损失惨重。对比之下,该院声誉更高。林砺儒得到全院师生的爱戴,利用两广特殊的政治环境,担任院长达八年之久。他拒绝国民党特务插手学院。曾对学生说:"国民党顺来,应付他,硬来,就对付他!"①国民党政府规定高等院校要设训导处和国民党区党部。1939年至1940年,他便在校内物色人选担任训导长和国民党区党部书记,挂上训导处和国民党区党部的牌子,以便"挡风",拒绝国民党派人到校。

林砺儒的办学思想是"兼容并包"。教员只要学有专长,言之成理,持之有故,他都请来任教。郭大力、张栗原、尚仲衣、高觉敷、李平心等教授都曾先后到文理学院执教。皖南事变后,搬迁到桂林的江苏教育学院解聘了一些进步教师,开除了一批进步学生。林砺儒欢迎他们到文理学院来任教和学习。在文理学院,教师可以公开讲授马列主义,宣传抗日救亡的主张;学生可以研究各种学术问题,组织各种进步社团,进行抗日救亡活动。

文理学院的进步自由风气,引起国民党特务的嫉恨。张栗原教授讲课时,特务学生竟将左轮枪摆在课桌上,进行威胁。特务对林砺儒更视为眼中钉,说文理学院是"红色学院"、"小延安",要求改组,并以停发经费相威胁,迫使林砺儒不得不于1941年5月提出辞职,前往曲江。此时以地下共产党员为核心的全院师生展开挽留林砺儒的斗争。他们召开全院"挽林"大会,发表通电,派出师生请愿代表团前往韶关向省政府请愿,使拟取代林砺儒的国民党CC派不敢上任。学生们还高唱林

---

①　当时广东文理学院学生、中共地下党支部书记林敬文的回忆。

砺儒撰写的校歌寄托对他的怀念。一时,不少学生被捕、被开除,一些进步教师也被迫离校。林砺儒愤慨地写了一首诗:"黄石出任乘小骥,闯入榴园杀桃李;三人贯耳七人鞭,园公闻讯心惘然。"①心情极为沉痛。

1941年10月,林砺儒到桂林担任广西教育研究所导师。次年4月,担任国立桂林师范学院教授兼教务长。那时国民党特务也插手该院,他深为烦恼。在家门口写上一副对联:"读书幸未成君子,学圃犹堪作小人。"此后他写了许多辛辣的文章,讽刺教育界的黑暗面。5月,他在桂林《文化杂志》上发表《精神剃须论》一文,讽刺国民党对青年的训练和控制,轰动一时,导致该杂志被迫停刊。

1944年日军进犯湘桂,桂林师范学院于6月撤退到柳州。其后又沿桂黔边境转移到贵州省平越,继续上课。林砺儒随校转移,坚持讲课,并初步运用马列主义观点写成《教育哲学》一书。抗战胜利后,他随桂师回到桂林,积极参加民主活动。1946年他参加了民主同盟,收到不少匿名信。国民党特务恐吓他说:"李公朴的下场就是你的下场。"后来CC派要把桂林师院迁往南宁,而他又患肾炎,遂提出辞职,回广州治病,因而脱离民盟。林砺儒在广州时生活贫困,用不起盘尼西林,桂师教授张毕来等汇了一笔款给他,他回信说:"庄子有云:'涸辙之鲋,相濡以沫。'诸君盛情可感,亦复可哀,不如相忘于江湖。"后来有人将这封信贴在桂师布告栏上,引出不少师生的热泪。

1947年8月,林砺儒到厦门大学担任教授。他运用马克思主义观点讲授国民教育、西洋教育史等课程,宣传社会主义制度的优越性;加之他学识渊博,立即成为该校教育系最受欢迎的教授。他支持学生的爱国民主运动,参加罢课、罢教、罢工的斗争。

1949年4月,林砺儒离开厦门,经香港到北平,参加政治协商会

---

① 新任院长为教育厅长黄麟书兼任,训导主任为徐家翼,第一句指此二人。勷勤大学抗战前校址在广州郊区石榴岗,故称"榴园"。

议,当选为政协第一届全国委员会委员。中华人民共和国成立后,被推
选为第一、二、三届全国人民代表大会代表,历任北京师范大学校长,中
央教育部中等教育司司长、副部长等职。

　　林砺儒的著作有:《文化教育学》、《伦理学要领》、《教育哲学》、《教
育危言》。他有一百多篇论文,散见于《教育杂志》、《教育丛刊》、《中华
教育界》、《教育新时代》、《文理月刊》以及《新华月报》、《人民教育》等报
刊上。

　　1977 年 1 月 20 日,林砺儒因胃癌在北京逝世。

林　森

娄献阁

林森,字子超,号长仁。1867年3月16日(清同治六年二月十一日)出生于福建闽侯一个商人家庭。三岁时随父林道炳移居福州,六岁开始读书。1877年入美国教会办的培元学校。1881年入鹤龄英华书院,1884年结业后离开福州,赴台北电报局工作。

1895年台湾被日本帝国主义侵占,林森返归大陆。1898年复去台湾,一度任台南法院嘉义支部通译。不久加入革命组织兴中会,1900年春仍回福州。

1902年,林森考入上海江海关工作。他继续从事革命活动,曾与林述庆等组织福建学生会,传播反清反外国侵略的思想,被选为主席。不久,学生会同闽籍留日进步学生林文、方声洞等建立了联系,并在福州设立了学生分会。1905年同盟会成立后,林森与学生会会员均入同盟会。

1909年,林森由上海调九江关任职员,曾与吴铁城等设立浔阳阅书报社宣传革命,还着手创办商团,举办军事训练班和进行联络新军的活动。1911年辛亥革命爆发前,他们即与上海的陈子范、湖北的詹大悲建立联系,10月10日武昌起义后,便立即策动九江的新军标统马毓宝于10月23日宣布独立。随后成立九江军政府,马为都督,林任民政长,吴任总参议官。他们曾联系海筹等海军舰艇起义,并共同商定了统一江西和援鄂、援皖等决策。

同年11月中旬,各省都督府代表联合会先后在沪、汉、宁开会,林森为江西代表,曾参加上海、南京会议,同其他代表一起制定了"临时政府组织大纲",并选举孙中山为临时大总统。

1912年1月,临时参议院在南京成立,林森是福建省选派的议员,出席会议,被选为议长。2月上旬开始制定《临时约法》的工作。不久清帝退位,袁世凯假意表示赞成共和,孙中山被迫向参院提出辞呈,荐袁自代,但要求把首都设在南京,袁必须服从《临时约法》并到南京就职。参院很快选袁继任临时大总统,4月又在袁的要挟之下决定将临时政府和参院迁往北京。在迁都问题上,参院内有过激烈的斗争,林赞同孙中山的意见,反对北迁,因而辞职。是年秋,林回福建设立国民党支部。

袁世凯为加强独裁统治,1913年3月指使其爪牙暗杀了国民党代理理事长宋教仁。4月,第一届国会在北京开幕,林又作为福建省选派的议员出席参议院会议,被举为参议院全院委员长。面对袁世凯的种种反动行径,7月,孙中山发动"二次革命",少数国民党议员南下参加起义,多数人(特别是所谓法律派)仍留在国会中,林也是留在国会的一个。不久"二次革命"失败,孙中山亡命日本。国会进一步屈服于袁世凯的压力,于10月选袁为正式总统。而袁世凯实行专制的野心仍不满足,11月竟下令解散国民党,取缔国民党议员,随之国会也停止活动。林取得了出国护照,随即东渡日本。

林森在日本东京会见了孙中山,加入了中华革命党。1914年春转赴美国旧金山,任民国维持会会长。该会是国民党美洲总支部按照孙中山的指示,为起兵讨袁而设立的筹饷机关。民国维持会曾派员巡游美洲各埠开展工作,林亲往古巴进行募捐。同年冬美洲总支部改选,林当选为支部长。在他任职的三年间,总支部在阻止袁世凯借款、召开全美国民党恳亲大会,特别是在筹款方面,成绩显著,被孙誉为"领袖支部"①。

---

① 石映泉:《林森》,胡适等撰《林森纪念集》,台北传记文学社1969年版,第92页。

1916 年 6 月袁世凯恚恨成疾而死。黎元洪继任总统,段祺瑞任内阁总理。8 月,国会复开,林森自美赶回北京与会。在国会中张继等原国民党议员曾组织"宪政商榷会",与原进步党议员即后来的研究系对立。研究系主张中央集权,拥护段内阁;商榷会则主张地方分权,省长民选。国民党议员中除入阁的谷钟秀、张耀曾等人外,多对段内阁持反对态度。林属于商榷会中比较激进的一派,即"丙辰俱乐部"系。

1917 年 6 月,黎元洪为张勋等所迫,再次解散国会,孙中山率海军南下广东,揭举护法旗帜。林森和其他一些国会议员响应孙中山号召,聚集广州,8 月,在广州举行非常国会,选孙为军政府大元帅。林曾一度任大元帅府外交部长。这时,西南军阀多借护法以自重,而非常国会则为实力派桂系军阀所操纵。1918 年 5 月,桂系军阀改组军政府,排挤孙中山,孙愤而辞职赴沪,专门从事著述。8 月,护法国会开第一次正式会议,林是拥护孙的少数议员之一。稍后他又当选为护法国会参议院议长,并以议长名义募捐修建黄花岗七十二烈士墓。

1920 年春桂系军阀为了谋求同北洋军阀政府妥协,停发国会维持费,大部分议员离粤,林森亦于 4 月去上海。在赴沪途中,他写信给海外友人,谈到广州情况,谓今武人违法,南北皆然,桂系压迫国会更毒于袁氏,表现了对桂系的极端愤懑。11 月,陈炯明率粤军回粤,孙中山再至广州重整军政府。1921 年 1 月,国会复在广州开非常会议,林为议长。4 月,非常会议选孙中山任非常大总统,孙于 5 月 5 日就职,林代表国会授印并致词。10 月,孙中山开始计议北伐,林曾为此致书海外筹款。

1922 年 6 月,陈炯明叛变,孙中山被迫停止北伐。10 月,许崇智回师入闽。11 月,林森接任福建省长。1923 年 2 月,许率军回粤,福建为北洋政府控制,林被迫辞职。同月,陈炯明退走惠州,孙中山返广州就大元帅职。7 月,林被任命为大本营建设部长,兼治河督办。

1924 年 1 月,孙中山在广州主持召开国民党第一次全国代表大会,确定了"联俄、联共、扶助农工"三大政策,在中国共产党的帮助下,

改组了国民党。林森被选为中央执行委员,但他却反对孙中山的三大
政策。1925年3月孙中山逝世,11月国民党右派谢持、邹鲁等人,在北
京西山碧云寺召开所谓四中全会,即"西山会议",通过了"取消共产党
员加入本党者党籍案"、"俄人包尔丁(鲍罗廷)顾问解雇案"、"中央委员
会暂移上海案"等决议①。参加这次会议者被称为"西山会议派"。林
森是这次会议的重要人物之一,并多次担任会议主席,又被推举为"西
山会议派"的中央常委兼海外部部长。1926年1月,"西山会议派"的
一些成员受到广州国民党第二次全国代表大会的处分(林森受到警告
处分)。但他们不承认广州大会,同年3月仍继续在上海召开非法的国
民党第二次代表大会,林再次当选为所谓中央执行委员。

　　1927年蒋介石、汪精卫相继叛变革命后,9月宁、汉、沪三方合流,
在南京成立特别委员会,林森是该委员会委员。但由于国民党内部派
系斗争加剧,到11月底特委会无形解体。特委会成立前,蒋介石本已
下野,1928年初重新上台,随即在南京召开国民党二届四中全会,改组
国民政府,林任国民政府委员。同年10月,国民政府实行五院制,蒋为
国民政府主席,胡汉民任立法院院长,林任副院长。1929年3月,国民
党召开三全大会,林被选为中央监察委员。6月孙中山遗体移葬南京,
他是陵墓建筑的主持人和迎榇专使之一。

　　1931年2月下旬,胡汉民因同蒋介石发生矛盾被扣。3月,国民党
中央常会决定由林森任立法院院长。事前他已出国考察,院长职务由
邵元冲暂代。4月,邓泽如等四监委弹劾蒋介石,林列名四监委之内
(当时他尚在国外)。5月,一些国民党政客与西南实力派在广州组成
"非常会议",同蒋分庭抗礼,由于林和粤方几个要人关系较密,粤方曾
把他的名字列在里面。10月林从国外回来,这时宁、粤双方正在和谈,
他采取超然态度。"九一八"事变之后,蒋介石对日本帝国主义采取不

---

　　①　中国国民党中央执行委员会编:《清党实录》,江南晚报社1928年版,第51
页。

抵抗政策,遭到全国人民的坚决反对,粤方乘机倒蒋,12月,蒋介石被迫第二次下野,林被推为代理国民政府主席。不久,宁、粤联合,国民党召开四届一中全会,确定国民政府主席为国家元首,不负实际政治责任,选林森为国民政府主席。林于1932年元旦就职。

林森任主席不久,发生"一二八"中日淞沪之战,国民政府暂迁洛阳。同年3月,蒋介石东山再起,任军事委员会委员长,掌握国民党统治的党政军实权。林森本来就不具有实际职权,此后更形同虚设。1933年5月"塘沽协定"后,国民政府迁回南京。1937年抗日战争爆发,国民政府又迁往重庆,林于11月入川。

他连任主席长达十二年,安于"典守印信"、"垂拱而治"。1943年5月林森因车祸受伤卧病,于8月1日逝世。他性喜山水,尤好古玩。其言论文章多收入《林子超遗集》和《青芝老人遗墨》中。

林 述 庆

王学庄

　　林述庆，字颂亭，又作松亭，福建闽县人。1881 年 4 月 8 日（清光绪七年三月初十）生。父亲林耀源是一个普通农民。他小时没有读过多少书，因家境困苦入营当兵。1902 年被选拔进福建武备学堂，毕业后充长门练营督操官，常备军帮带。他在武备学堂读书时，就接受了反清革命思想，曾加入革命团体福建学生会。

　　1906 年春，林述庆到江宁（今南京）投入新军第九镇统制、原福建武备学堂总办徐绍桢部下，任第十七协三十三标三营管带。徐绍桢是貌似开明的官僚，他的部队，有革命党人渗入，三十三标统带就是著名的资产阶级革命家赵声。林述庆积极参加了赵声组织的秘密革命活动。同年冬，调任第三十四标二营管带，奉命随徐绍桢开赴江西镇压萍浏醴起义。他与赵声等密谋率部响应起义，未成。1908 年，参加南洋新军太湖秋操，中途被调到安庆，要他们去镇压熊成基起义。1909 年，改任第十八协三十六标一营管带，驻江阴。这时，他加入了中国同盟会。

　　1911 年 10 月武昌起义爆发后，三十六标被调到镇江与同协三十五标会合。官兵得到起义胜利的消息异常兴奋，纷纷试图响应，统领和统带都借故逃走。于是，林述庆便联络各营军官，秘密准备起义。他奔走于沪、宁之间，积极配合，得到同盟会上海机关的大力支持。同盟会派李竟成回镇江加紧活动，联络巡防营、会党和士绅。林与李取得联系，完成了起义的布置。当时，徐绍桢见革命虽已爆发，但清朝势力仍很顽固,立意观望,他派孙铭来镇江接任协统,企图控制部队,被林述庆顶了回去。11月7日,林述庆率新军在京岘山起义,次日入城,驻防旗兵被迫缴械。镇江光复,成立军政府,林述庆任都督,李竟成任军务部长,绅士杨振声任民政长。随后,林派人劝说被阻截在镇江江面的清军舰队起义,得到海军官兵响应,全体投向革命。他还派部将臧在新到淮安镇压谋害起义领袖周实的反动官绅。他又和李竟成支持反正的清朝军官、盐枭徐宝山去光复扬州,徐宝山镇压了贫民孙天生起义后,成立了扬州军政分府。

随后,徐绍桢迫于形势,也率新军起义了,谋占江宁,但被早已做好准备的清将张勋击败。江、浙、沪各革命军组织联军会攻江宁,上海都督陈其美推举徐绍桢为苏浙联军总司令。林述庆不满意徐在起义前后的表现,通电要求改推司令,后来经人调解,才勉强接受徐的指挥。镇军收容了第九镇溃兵和起义的部分海军,成了江浙地区革命军中较强的一支队伍。11月26日,林述庆自任镇军司令与许崇灏率镇军一支队出发攻江宁,柏文蔚、李竟成率二支队从江北包抄浦口,并派人策动沿江炮台起义。12月1日,林指挥镇军会同浙、沪军发起猛攻,占领钟山上的据点天堡城,从而控制了战局。张勋见大势已去,与两江总督张人骏等连夜率军北逃。次日,镇军从太平门首先入城。

林述庆初担任参谋长时,曾特聘他过去的上司、本地人陶骏保为他的参谋长。陶是个参加过反清活动,后来投靠两江总督端方,任江宁宪兵司令的变节分子,到任后为林出了许多坏点子,并一再怂恿林自称江苏都督。进入江宁后,林述庆驻进两江督署,占领银行、电报局,用"临时江宁都督"名义安民,陶署临时参谋总长。结果,浙军方面认为林独霸战果,和镇军发生武装冲突,徐绍桢也借机公开表示不与林合作。林述庆感到处置失当,立即通电请江苏都督程德全来宁莅任,并宣布取消镇江都督名义,专心北伐。随后,镇军即撤出江宁,开赴浦口、临淮关一线,林述庆就任北伐临淮总司令。但徐绍桢却不肯罢休,跑到陈其美处诬告林述庆,说江宁起义失败是因为林扣押了上海支援的子弹。陈也认为林在通电中要求取消江苏几个都督并立状态是和他为难,就借林述庆赴沪与黄兴会商北伐事宜的机会准备对林下毒手,结果捣乱的陶骏保被陈诱杀,林述庆、柏文蔚脱险乘兵舰逃回浦口军中。

林述庆激烈反对同袁世凯讲和,要求北伐,他将部队向北推进,监视清军行动。但是,因为得罪了陈其美等,得不到军费和军火,以致柏文蔚不肯开拔;他迫不得已赶到扬州向徐宝山求助,遭到冷遇;又到南京、镇江设法,也毫无结果。江北都督蒋雁行还不让镇军驻在他控制的地区里;镇江地方势力也阴谋驱逐留守的镇江军政使、老革命党人郑权。林述庆处处碰钉子,灰心丧气,只好于1912年1月8日通电下野,回乡闲居。归途中,写成了记叙起义和北伐经过的《江左用兵记》。

袁世凯上台后,看到林述庆在革命军内受过排挤,生活又很贫苦,便加意笼络,1912年9月,授予陆军中将加上将衔。当时,沙俄策动外蒙古王公叛乱,林述庆想劝袁出兵讨伐,于10月到北京,被推为各团体联合国防会副会长。这时,袁世凯任命他为总统府军事顾问,国民党也推他为名誉理事。但他看到袁处心积虑镇压革命势力,对时局很担忧,却又找不到出路。次年2月,孙毓筠等发起国事维持会,以超越党派、调解纠纷为号召,林述庆应邀参加发起,出任理事。但该会实际上是袁的工具,处处以调解为名遏制反袁活动。

不久,国民党领袖宋教仁在沪遇刺身死,案情披露,主凶就是袁世凯。林述庆对此非常激愤,不断当众拍案为宋鸣不平,表示要回南方号召旧部反袁复仇,因而遭到袁党的仇视。4月10日,袁世凯心腹、总统府秘书长梁士诒单独宴请林述庆,林归家后突然发病,满身浓痘,七窍流血,延至16日逝世。

主要参考资料

林述庆:《江左用兵记》,郑权编《福建三烈士传》,1935年版。

林述庆:《林松亭遗诗》,郑权编《福建三烈士传》,1935年版。

郑权:《林烈士述庆传》,郑权编《福建三烈士传》,1935 年版。

郑贞文:《闽贤事略初稿》,福建省政府教育厅 1938 年版。

扬州师范学院历史系:《辛亥革命江苏地区史料》,江苏人民出版社 1961 年版。

中国人民政治协商会议全国委员会文史资料研究委员会编:《辛亥革命回忆录》(四),中华书局 1963 年版。

林　文

闻少华

林文，黄花岗烈士之一，字广尘，初名时塽。福建侯官（今闽侯）人。1887 年（清光绪十三年）生①。幼年丧母，靠姐姐抚育长大。父林聂是个举人，曾在浙江做过官。林文十五岁随父到浙江，进了学堂，能诗文，善书法。在校中和林尹民（黄花岗之役另一烈士）最友好，后林文赴日，使林尹民"有失侣之感"。

1905 年，林文到日本留学，开始进成城学校学军事，后改学法科。他到日本后，受革命思潮的影响，痛恨清廷的腐败，决心参加革命，挽救祖国的危亡。8 月，同盟会成立，他参加同盟会，积极工作，担任同盟会福建分会会长，还参加《民报》的经理工作。林文自参加革命后，和黄兴、赵声等人往还密切。因他身材魁梧，力气过人，在革命党人中，大家都称之为"林大将军"。林文二十岁后，有人劝他娶亲，他曾说：亲爱的祖国就要遭到瓜分了，人民也快要当奴隶了，在这种情况下，我们有什么理由追求小家庭的幸福！表现了一个革命者的高尚情操。

同盟会发动的武装起义，林文多半参加了。他频繁地往返于南洋、香港之间，做了大量的革命工作，深为孙中山所器重。

1909 年，汪精卫由于多次起义的失败，对革命前途丧失信心，决计到北京冒险行刺摄政王载沣，林文不赞成这种行险侥幸的活动，曾"极

---

① 林文的生年没有直接记载，他死于 1911 年，《林文传》的作者天啸生说他这时二十五岁。据此推算，去掉虚岁，他应生于 1887 年。

力谏阻”，无效①。

1910年2月广州新军起义失败后，林文住在香港，因经济来源断绝，和黄兴、赵声等人"佣耕自给"②。以后他同赵声等返回日本，日本警吏知道林文是革命党的重要分子，非常注意他的行动，但他满不在意。同年夏，谭人凤、赵声、宋教仁等初步提出以长江流域为中心，组织中部同盟会进行革命的主张，林文很赞成这个意见，参加了酝酿。

同年11月，孙中山从美国到槟榔屿，召集同盟会重要骨干黄兴、赵声等人开会，号召革命党人不怕失败，继续斗争。会上，决定筹集巨款，集中力量，挑选革命党五百人组织"选锋"（敢死队），在广州举行一次大规模起义。当时，林文在日本正生病。第二年春接到黄兴、赵声等人来信，要他集合留日同志前往广州参加起义；林闻讯感奋，于3月5日同林觉民、陈可钧、陈更新等人一道赴香港。临行，他对同志们说："我辈行军，志在'吊民伐罪'，慎勿戮及无辜。"即使对满族人，他也主张"亦仅当歼其抗我者"③。

起义日期统筹部原定于4月13日，不料4月8日发生了温生才刺杀署广州将军孚琦事件，敌人加强了戒备，加上起义准备工作也未就绪，急需的军械款项又未能完全运到，因而起义时间一再变动，林文等于4月23日才得以潜入广州。

原定起义队伍分十路进攻，临时又改成四路：第一路由黄兴亲自率领，进攻两广总督衙门。第二路，由姚雨平率领，进攻小北门，占飞来庙，接应巡防营新军进城。第三路，由陈炯明率领，攻巡警教练所。胡毅生则率领第四路起义军，把守南大门。由于种种原因，有三路起义队伍未能及时发动；所以，实际行动起来的只有黄兴领导的一百多人的队

---

① 谭人凤：《石叟牌词叙录》，《近代史资料》1956年第3期，第40页。

② 天啸生：《林文传》，朱执信、邹鲁等编《黄花冈七十二烈士事略》，广州1923年版，第8页。

③ 天啸生：《林文传》，朱执信、邹鲁等编《黄花冈七十二烈士事略》，广州1923年版，第8—9页。

伍。4月27日下午5点20分,起义开始。林文随同黄兴率领队伍,自小东营出发,他左执号筒,右挟小枪,身怀炸弹,腰佩短剑,走在最前列,杀了路上的巡兵,攻到总督衙门,和战友们一起用炸弹炸死门前守卫数人,攻入督署。黄兴率领十余人也由侧门攻入,他们由投降的清兵引路,直入内院,总督张鸣岐已闻风逃遁,没有捉住。于是黄兴、林文等就放火烧总督衙门,又从里边冲杀出来。接着,起义军到了东辕门,遇上水师提督李准的卫队。林文曾听赵声、姚雨平等人说过,李准的部下有很多是革命党人。他就上前去打招呼,高喊:"我们大家都是同志,不要打,不要打!"①不料话还没有喊完,头上已中了敌人的子弹。这位年青的革命党人就这样英勇地牺牲了。那时,他还不足二十五岁。

①　胡国梁:《辛亥广州起义别纪》,中国史学会编《中国近代史资料丛刊·辛亥革命》(四),上海人民出版社1957年版,第271页。

林 文 庆

陈 民

林文庆,字梦琴,原籍福建海澄,1869年9月5日(清同治八年七月二十九日)生于新加坡的一个华侨家庭。父亲林天尧,当时是鸦片种植园的助理管理人员。林文庆童年入福建会馆附设书院,读"四书"、"五经",后改入官立英文学校,不久升入莱福士学院学习。1887年,林因学习成绩优异,获得英女皇奖学金,入英国爱丁堡大学医学院。1892年获得医学内科学士和外科硕士学位。以后,香港大学又授予名誉法学博士学位。林文庆虽受英国教育,但对汉语也有较深的造诣,并熟谙闽、粤方言。他还精通马来语、泰米尔语、日语等,这对他开展社会活动是很有帮助的。

1893年至1921年,林文庆在新加坡挂牌行医,并一度担任爱德华七世医学院讲师。这期间,他还积极热情地研究和传播中国传统文化。1897年与新加坡著名律师宋旺相合作创办了《海峡华人杂志》,与《天南新报》创办人邱菽园组织"好学会"等社团,开设中国古典文学讲座。林文庆热心于新加坡华人社会和华人教育的改革。早在辛亥革命之前,他就排除众议,劝说一些友好剪掉辫子。1899年,他又是新加坡第一所女子学校——中华女校的创办人之一。他的夫人黄端琼在女校任教。为了在华侨中推广汉语普通话,林文庆首先在自己的家里开办华裔普通话学习班。此外,他还积极参加创办新加坡华人商业银行和华侨保险有限公司,垦殖马来亚的橡胶园。他先后担任过新加坡市政局委员、立法院华人议员、内务部顾问,以及中华总商会副会长等职务。

鉴于他对这一英属殖民地的贡献,1918年,英皇特授予他不列颠帝国勋章。

林文庆早年在英国就结识了孙中山,1900年6月,孙中山的日本朋友宫崎寅藏到新加坡为孙中山与康有为的合作进行活动,被当地政府拘捕。孙中山特由西贡赶到新加坡营救,也遭逮捕,经林文庆等人代向英国当局疏通,使孙与宫崎很快获释出境。义和团运动后,列强搬出德皇威廉二世捏造的所谓"黄祸"论,作为侵略中国的口实。林文庆在《新加坡自由报》发表文章,针锋相对地提出"白祸",并以列国强加在中国人民头上的一系列不平等条约所造成的灾难论据,说明"白祸"比"黄祸"更为可怕。他援引英人托玛斯·杰克逊的话"条约只有平等,才能持久",指出当外来者(指教会与洋行)终止享有特权,中国人民对他们的仇恨也就随之过去,从而也就不会再有排外的暴动①。

1906年2月,孙中山到新加坡组织同盟会分会,林文庆欣然入会。

1911年,林文庆到欧洲游历考察了九个月,对几个主要国家的政治与社会状况进行研究,并作为中国代表,先后出席了在伦敦召开的世界人种第一次代表大会和在德国德累斯顿召开的卫生会议。在伦敦时,林一度担任中国代表团秘书。

1912年初,林文庆应孙中山的聘请,到南京担任临时政府内务部卫生司司长。不久,孙中山辞去临时大总统,政府北迁,林文庆返回新加坡,继续从事医务和教育等方面的活动。

1921年4月,陈嘉庚创办厦门大学,聘请林文庆当校长。厦大开学后,林文庆亲自对学生进行英语口试,并通报全省各公私中学,对推动福建省外语教学起了积极作用。一直到1937年厦大改为国立,林才辞职回新加坡。他用《大学》中的"止于至善"四个字作为厦大的校训,以培养学生"人人为仁人君子"。学校经常组织尊孔祭孔活动,孔丘的

---

① *The Chinese Crisis From Within*, by Wen Ching, edited by G. M. Reith., P294,London, G. Richards, 1901.

生日被列为重要节日，全校放假，"以示恭视"。他反对学生参加爱国运动，认为学生不应"为爱国运动而抛弃自己的职务"①。正如当时在厦大任教的鲁迅所指出的，"校长是尊孔的"，"这里是死气沉沉的，也不能改革，学生也太沉静，数年前闹过一次，激烈的都走出，在上海另立大夏大学了"②。1926 年，厦大成立国学研究院，林文庆亲自兼任院长，自称"对于国学，提倡不遗余力"③。他除了主持日常校务之外，还从事儒家伦理的研究以及其他多方面的著述活动。1929 年，林完成屈原《离骚》的英译。英国著名汉学家翟理斯（H. A . Giles）认为，该书是外国人研究汉学的佳作，印度著名诗人泰戈尔（R. Tagore）曾为之作序推荐。1930 年，林文庆兼任上海出版的英文期刊《民族周刊》主编。他的主要著作有《从内部发生的中国危机》、《东方生活的悲剧》④和《新的中国》等书。

　　林文庆又是英国爱丁堡皇家医学会会员，英国医学会马来亚分会会员，比利时根脱医学会通讯会员，日本京都医学会会员。

　　1941 年底，太平洋战争爆发，林文庆已退休在新加坡。日本侵略军占领新加坡后，年逾古稀的林文庆被迫出面组织了"维持会"——"华

---

　　①　林文庆 1926 年 4 月 6 日在厦大五周年校庆会上讲话。《福建师范大学学报》1978 年第 3 期，第 54 页。

　　②　《鲁迅全集》第 7 卷，人民文学出版社 1973 年版，第 166、245 页。

　　③　陈梦韶：《鲁迅在厦门》，作家出版社 1954 年版，第 7 页。

　　④　《民族周刊》(The Chinese Nation)，1930 年 1 月创刊，1931 年 12 月停刊。创刊时曾标副题"致力于中国进步的刊物"。《从内部发生的中国危机》(The Chinese Crisis From Within)是林文庆于 1900 年先后发表在英文《新加坡自由报》(Singapore Free Press)的文章汇集，由里思(G. M. Reith)编辑并作序。文集分三部分，主要是介绍中国在西方文明影响下发生的改良运动，揭露以慈禧为首的清廷的反动性，阐述著者对中国今后对外关系的主张。《东方生活的悲剧》(Tragedies of Eastern Life, An Introduction to the Problems of Social Psychology, by Lim Boon Keng, Shanghai, The Commercial Press, limited, 1927)是林文庆 1927 年在上海商务印书馆出的一部介绍社会心理学问题的中篇小说。

侨协会",但他并不积极开展活动,所以在第二次世界大战结束后,英国当局豁免对他的谴责。

由于晚节欠佳,林文庆孤寂落寞地度过余年,于 1957 年 1 月 1 日在新加坡病故。

林 义 顺

陈 民

林义顺,字发初,号蔚华,又号其华,祖籍广东省澄海,1879 年 11 月 12 日(清光绪五年九月二十九日)生于新加坡,是当地第一代侨生。父亲林炳源,早年南渡谋生,在新加坡经营小杂货铺。林义顺八岁丧父,由外祖父张理(新加坡著名商人)抚养成人,从小得到较好的中英文教育,十七岁毕业于英人办的圣约瑟学校。经舅父张永福介绍,到陈楚楠经营的"合春号"任职,由于做事勤勉、谨慎,很得到陈楚楠的器重。张永福与陈楚楠私交甚笃,他们与新加坡名士邱菽园交往,受当时祖国维新思想的影响很深。林义顺在他们的影响和带动下,于 1903 年为陈楚楠、张永福筹办《图南日报》(南洋最早鼓吹革命的报纸)奔走出力。《图南日报》以《图存篇》为名,翻印邹容的《革命军》,林义顺曾携带千余册回潮州,沿途分送,广为宣传①。

1905 年 6 月,孙中山由欧洲赴日本途经新加坡时,林义顺曾陪同陈楚楠、张永福到船上拜会孙中山。次年 4 月,新加坡同盟会分会成立,林义顺与陈楚楠、张永福同时首批加盟,林被推选为交际股主任。他精通英语、善于交际的才能得到了充分的发挥。

1907 年 7 月,新加坡同盟会机关报《中兴日报》创刊,林义顺任司理。翌年,受孙中山委派,先后与陈楚楠、李竹痴、许子麟等人,到马来半岛各埠及缅甸的仰光等地创设同盟会分会,并招募《中兴日报》股款,

---

① 张永福:《南洋与创建民国》,上海中华书局 1933 年版,第 88 页。

颇有成绩,深得孙中山赞赏。后来,孙中山在寓居新加坡期间,对外事务多交由林义顺办理。林义顺的工作能力和政治思想水平,因受孙中山的直接指导,得到很大的提高。由于工作关系,林义顺也见知于著名社会活动家林文庆。1908年,林文庆集资创办三巴旺树胶有限公司,从马来半岛引种橡胶树,聘请林义顺为第一任总经理(共任职五年)。

1911年,林义顺独立创办垦殖农场"林义顺公司",吸收广东黄冈之役失败后逃亡新加坡的革命党人余通、陈涌波等为助手,廉价收购菠萝山,试行树胶与菠萝间种,双双获得丰收,事业蒸蒸日上。为了不断扩充农场,林义顺先后在新加坡和马来半岛的柔佛州购置园地。林义顺又开设菠萝罐头厂,自行加工,远销欧洲,成为名噪一时的"菠萝大王"。1913年,祖国南方各省讨袁失败,革命党人多逃往南洋,李烈钧、柏文蔚、陈炯明、谭人凤、邹鲁、黄兴、张继等人都先后到过新加坡,住在林义顺的"湛华别墅",受到热诚款待,并以林义顺的"通美行"作为革命党人的秘密通讯处。林义顺迎来送往,毫无吝色,因此他的"菠萝大王"又多了一层"交际大王"的含义。南洋华侨称"交际"为"往来",称菠萝为"旺莱"(黄梨),二者谐音,故"菠萝大王"又有"往来大王"的含义。第一次世界大战期间,国际市场上的橡胶价格猛涨,"林义顺公司"除菠萝外,橡胶又获丰厚利润,林义顺也成为与黄仲涵(糖王)、陈嘉庚(橡胶王)等人齐名的百万富翁。

1917年8月,护法南下的孙中山在广东就任临时政府大元帅,委任林义顺为大本营参议。第二年,林义顺回国游历华北各地,先后拜会了黎元洪、冯国璋、段祺瑞等北洋政要。当时正遇上华北大水灾,林义顺向南洋华侨募捐了十多万元赈济灾民。北京政府特授予嘉禾勋章,段祺瑞还聘他为高等谘议。

林义顺历任新加坡中华总商会会长(1921年—1922年,1925年—1926年先后两届)、潮州八邑会馆主席、英殖民政府农林委员会委员、米粮限制局委员、鸦片限制委员会委员、和平审判官等职。他也热心于当地的文教卫生事业,曾任莱佛士学院和圣安德鲁医院的董事。1919

年与陈嘉庚联合创办华侨中学，自任董事会财政。华侨中学在当时是南洋华侨的最高学府，培养造就了不少人才。

1927年，南京国民政府成立，林义顺被聘为华侨事务委员会委员。

1931年，林义顺再次回国，遍游西北各省，目睹祖国的西北地区宝藏满地而民生凋敝。为谋祖国的富强，他回到南京时，曾详具开发大西北的计划，呈献政府当局。次年1月，林义顺以华侨领袖身份，与陈嘉庚、胡文虎、张永福等人应聘为国难会议委员。同年4月，他抱病出席汪精卫在洛阳召开的国难会议，但会议并不商讨如何抗日救国，而是议论所谓安内攘外方案①。林义顺大失所望，忧心忡忡地返回新加坡。此后，林曾迭电国民政府，促请抗战图存。

1936年3月初，林义顺回上海疗养，因胃病复发，于21日逝世。国民政府追念其前功，在南京举行公葬，并发公报特予褒扬②。

主要参考资料

Song Ong Siang：*One hundred years' history of the Chinese in Singapore*，London，J. Murray，1923，pp34、364、473、516—517、536。

冯自由：《革命逸史·林义顺事略》，中华书局1981年版。

---

① 刘绍唐：《民国大事日记》第1册，台北传记文学出版社1973年版，第483页。

② 公报称林义顺早年"参加革命，于宣传主义，筹集捐款，以及维护患难同志，靡不义勇为，殚诚赞助，光复以后，关怀国事，素志弗谕"。见《国民政府公报》第2043号（1936年5月8日）。

林　纾

闻少华

　　林纾,原名群玉,字琴南,号畏庐,别署冷红生,以字行,晚年自称蠡
叟、补柳翁、践卓翁,1852 年 11 月 8 日(清咸丰二年九月二十七日)生
于福建闽县(今福州)。父亲林国铨客游台湾经商,因不善经营而亏本,
家境贫困。林纾靠叔父资助得以上学,九岁入私塾,十一岁从薛则柯学
古文辞和杜甫诗。他自幼喜读书,从叔父家藏书中寻到《毛诗》、《尚
书》、《左传》、《史记》等,苦读不倦;又从旧书摊上买到《汉书》和一些子、
史的残本,不几年即积藏书籍三柜,并立下"读书则生,不则入棺"的誓
言。十三岁改从朱韦如习制艺,他很崇拜韩愈的文章,对桐城派的文章
亦颇喜爱。

　　林纾十八岁与刘琼姿结婚。其岳父刘有棻是个科场失意的知识分
子,但对道学源流等颇有见地,向林纾讲授甚多。翌年,林的祖父、祖
母、父亲相继去世,家庭经济极度拮据。但林纾刻苦攻读之志不移,并
开始作诗,渐有文名,被人目为"福州三狂生"之一。1872 年开始在村
塾授徒,其后从陈文台学习绘画,入门甚快,颇得陈的赏识。他自称"以
画自娱",数十年来未有间断。其花鸟画淡墨薄色,山水画浑厚淋漓,后
者更受人们称颂和喜爱。

　　1882 年秋,林纾在福州参加乡试,一举成名,得中举人。他还想考
进士,苦读不辍,但六次入京赴礼部会试,均名落孙山,遂对仕途灰心
绝望。

　　在此期间,林纾先后结识了李宗言、李宗袆兄弟。李家藏书甚富,

林纾借阅不下三四万卷,广泛涉猎中国古代典籍。林又认识了高凤岐、高而谦、高凤谦兄弟们,遂与他们及陈衍、周长庚等十九人组成诗社"福州支社"。诗社诸人以撰写七律互相唱酬探讨,延续达十年之久。林纾之诗以题画诗为上,陈遗石称他"寓意工切,隶事渊博"。林还于1885年向谢章铤学经学,研习汉、宋两代的儒家经典;继又对唐宋小说兴致很高,为他后来译述西方文学作品和自己创作小说打下良好的基础。

中日甲午战争后,林纾对清廷签订割地赔款的《马关条约》痛心疾首,在北京曾同陈衍、高凤岐等人联名上书清廷,抗议日本野蛮侵占我国领土的行为。他对海军将士为国牺牲的事迹十分敬佩,曾撰《徐景颜传》加以表扬。

林纾虽然在科举考试中屡试落第,难以进入政界,但他对光绪帝十分尊崇,视其为一位有为的君主,尤对他勇于戊戌维新变法倍加赞颂。他和友人畅谈新政,作《闽中新乐府》五十首,主张改革儿童教育,兴办女子学堂,宣传爱国思想,反映了他当时的思想倾向。只因他始终主张保皇、维新,不能跟随时代前进,思想逐渐趋于保守。

1897年3月,林纾的妻子刘琼姿病逝。中年丧偶,郁郁寡欢。其友人王寿昌精通法文,邀林纾合作翻译法国作家小仲马的名著《巴黎茶花女遗事》,由王口述、林笔译,速度很快,"口授手追,声已笔止"。小说内容曲折感人,为国人所初见,加上林纾译笔凄婉而有情致,一时风行海内,备受赞扬。初译的成功,大大激发了林纾的翻译热情,从此一发不可收拾。继《巴黎茶花女遗事》后,林纾又与魏易合作,翻译斯土活撰写的《黑奴吁天录》,记述美国农场主虐待黑奴的故事,震撼人心。此后,林纾又与王庆通、王庆骥、李世中等人合译法国文学作品,与曾宗巩、陈家麟、毛文钟等人合译美英文学作品,其中译得最多的是英国哈葛德的作品《迦因小传》、《鬼山狼侠传》等,计二十种。

由于林纾不懂外文,仅靠合作者的口述,他不能对原著进行比较选择,因此耗费了大量精力,却译了不少西方二三流的作品,甚至将莎士比亚和易卜生的剧本也译成了小说,还出现了把易卜生的国籍误成德国等谬误。对此他不无遗憾地说:"鄙人不审西文,但能笔述,即有讹错,均属不知。"但是他的译笔有其独自的特色,轻快明爽,多能传出原著之神韵。尤其是凭其深厚的文学素养,时时能补某些原作之不足,使其译作竟胜过某些原作。林纾一些成功的译作,至今仍具有生命力。惟其于1913年译完《离恨天》后,译笔逐渐退步,色彩枯暗。

经过二十余年的辛勤笔译,林纾翻译的外国文学作品达一百八十余种二百七十余册,包括四十多种世界名著,多由商务印书馆刊行,被誉为我国翻译西方文学之嚆矢。他的有些译作,还蕴含着他的爱国热诚。例如他在《黑奴吁天录》的序言中说:"其中累述黑奴惨状……触黄种之将亡,因而愈生其悲怀耳。"他又在《不如归序》中说:"纾年已老,报国无日,故曰为叫旦之鸡,冀吾同胞警醒。"林纾小说不仅影响了清末民初的中国文坛,还使近代知识分子有机会广泛接触西方文化,打开了眼界,对后来"五四"新文化运动也不无影响。

1906年,林纾应京师大学堂校长李家驹之聘,任大学堂预科和师范馆的经学教员;同时他还继续在五城中学堂任总教习。他取孙奇峰《理学家传》中诸理学家语录,诠释讲解,历时三年编成《修身讲义》两卷。他还应张菊生、高梦旦之请,编选《中国国文读本》,由近代上溯至古代共十卷,是一部较为系统的古文选读本。他的古文造诣受到时人的推重,著名桐城派大师吴汝纶赞其文"是抑遏掩蔽,能伏其光气者";而另一桐城派古文家马其昶则称道林的古文比吴汝纶有过之而无不及,誉其为桐城派的古文大家、"老宿"。

辛亥革命在武昌爆发,清廷慌乱,林纾亦惶惶不安,于11月偕眷避居天津。翌年2月溥仪被迫退位,林黯然神伤。他对民国新政抵触甚大,对时局深表不满,在《畏庐诗存·自序》中说:"革命军起,皇帝让政。闻闻见见,均弗适于余心","惟所恋恋者故君耳",他誓以清举人终其身。1913年4月,林纾往易县清西陵拜谒崇陵(光绪墓),此后十年先后谒崇陵十次,并曾以半年时间绘成《谒陵图》,又撰《谒陵图纪》,表明他对光绪帝的尊崇和对清室的忠心。1915年袁世凯加紧复辟帝制,曾征聘林纾为高等顾问和参政。林严词拒谢。他对"洪宪"人物多所不满，曾在"四谒崇陵"后赠梁鼎芬诗中叹息："眼底可怜名士尽，那分遗臭与流芳。"

林纾对亡清的忠心，博得溥仪及遗老们的赞赏，溥仪曾于1913年岁末特地书"赐"春联一副给林。张勋上演复辟丑剧时，林纾认定"定武（张勋曾被袁世凯封为定武上将军）言尊王，心本异谋逆"，担心张勋此举"孤注一掷"而危及溥仪，故未贸然响应。1918年国会议员中有主张裁减优待皇室经费者，林纾赶紧给参、众两院议员上书，为溥仪分辩说："少帝无罪，未尝趣召外兵；皇室奇穷，何可遽减经费。"他向议员们呼吁："留他年皇子皇孙啖饭之地。百凡如旧，一切从优。"在溥仪结婚时，林纾特地精心绘画四镜屏作为贺礼。溥仪题写"贞不绝俗"匾额回赠，林纾受宠若惊，作《御书记》。

林纾的思想日趋保守，与时代格格不入，尤表现在崇尚古文、崇尚旧道德，反对新文化运动上。他于1913年5月为京师大学堂文科毕业学生送行作序中，特地勉励大家"力延古文之一线，使不至于颠坠"。他也十分看重自己的古文成就，批评康有为的赠诗只称赞他的译文而未说他的古文是"舍本逐末"。其后，陈独秀、胡适、钱玄同等人倡导新文化运动，林纾以"复古派"自任，挺身而出连续撰文反对。他于1919年初在上海《新申报》上特辟"蠡叟丛谈"专栏，连载其文言小说《荆生》和《妖梦》，影射攻击陈独秀等人。在小说《荆生》中，林辱骂反对孔孟的人是"禽兽"，说他们的言论是"禽兽之言"，幻想有一个"伟丈夫荆生"将反对孔孟的人斩尽杀绝。在小说《妖梦》中，林纾强调纲理伦常的重要性，说"吉莫吉于人人皆知伦常，凶莫凶于士大夫甘为禽兽"。他尤反对白话文，说"若尽废古书，行用土语为文字，则都下引车卖浆之徒所操之语，按之皆有文法"，"凡京津之稗贩，均可用为教授矣"。在五四运动后不久，他写信给北京大学校长蔡元培的信中，说新文化运动是"覆孔孟，铲伦常"，"叛亲蔑伦之论"，被蔡元培逐点批驳。但他仍在《公言报》上发表《腐解》一文，坚持其"卫道"立场，表示愿"甘断吾头，而付诸樊于期之函,裂吾胸,为安全藏之剖其心肝"。1921 年春,他在为其子写帖中仍云"新道德是盗贼的道德;旧学术是保种的学术"。1923 年撰《续辨奸论》,继续表白他对新文化运动深恶痛绝,把提倡新文化运动的著名人物概斥为"巨奸"。

1924 年 6 月,林纾患病,体质日趋衰弱。他抱病往孔教大学讲最后一堂课,并撰《留别听讲诸子》一诗,诗中云:"学非孔孟均邪说,语近韩欧始国文。荡子人含禽兽性,吾曹岂可与同群。"10 月 9 日,林纾终因心力衰竭而逝世。

林纾在 1921 年七十寿辰时曾作自寿诗云"移译泰西过百种,传经门左已千人",又说"余年七十,以画赡其家"。他把翻译、教书、作画看作自己一生的主要内容。其实林纾的著述甚丰,除前述翻译西方文学作品一百八十余种外,文有《畏庐文集》、《续集》、《三集》;诗有《畏庐诗存》、《闽中新乐府》;小说有《京华碧血录》、《巾帼阳秋》、《冤海灵光》、《金陵秋》等;笔记有《畏庐漫录》、《畏庐笔记》、《技击余闻》等;传奇有《蜀鹃啼》、《合浦珠》、《天妃庙》等;还有古文研究著作《韩柳文研究法》、《春觉斋论文》以及《左孟庄骚精华录》、《左传撷华》等。

主要参考资料

朱羲胄:《林畏庐先生字行谱记四种》,世界书局 1949 年版。

林纾:《畏庐文集》、《续集》、《三集》,商务印书馆 1923、1922、1924年版。

薛绥之、张俊才编:《林纾研究资料》,福建人民出版社 1983 年版。

林 语 堂

张　梁

　　林语堂,原名和乐,入大学时改名玉堂,又改名语堂。1895 年 10 月 10 日(清光绪二十一年八月二十二日)出生于福建龙溪板仔村一个基督教牧师的家庭。六岁在本村从师启蒙,十岁入鼓浪屿一所基督教教会办的小学就读。越三年,免费入厦门寻源书院(教会旧制中学)读书。家庭的熏陶和学校的教育,使林语堂从童年时代起就成为一个热忱的基督教徒。

　　1912 年秋,林语堂中学毕业后,到上海入圣约翰大学文科学习。这是一所美国基督教教会办的学校。在大学的四年学习生活中,他除了学习一些中外语文、历史等课程外,还广泛地接触了西方的政治、经济、哲学和自然科学方面的著作。当时的美籍校长卜舫济(Francis Lister Hawks Pott)和一些外籍教师的思想观点和生活态度,使林语堂受到了潜移默化的影响,对他以后的思想发展和生活道路发生了很大的作用。他后来回忆说:"圣约翰对于我有一特别影响、令我将来的发展有很深感力的,即是它教我对于西洋文明和普通的西洋生活具有基本的同情。"①

　　1916 年秋,林语堂在圣约翰大学毕业后,由校方荐举到北京清华学校任英文教员,并兼授圣经课。直到 1919 年的三年中,他主要从事教学工作,偶尔也在当时的《新青年》杂志上发表一些关于汉字研究的

---

①　林语堂:《林语堂自传(二)》,工爻译,《逸经》第 18 期。

文章。"五四"新文化运动中,在科学与民主的影响下,他的宗教信念和热情,曾有所削弱和减退。

按照清华学校规定:凡任职期满三年以上的教员,可由校方资助出国深造。林语堂遂于1919年秋赴美入哈佛大学,专攻文学,1920年取得文学硕士学位。林语堂后因经济支绌,于1921年离美赴法,在巴黎华工青年会工作。稍有积蓄后,又于同年夏天赴德,入殷内大学,半年后转入莱比锡大学,专攻语言学,并潜心于中国古代语言学之研究,1923年取得该校语言学博士学位。同年夏天,取道威尼斯、罗马、那不勒斯等地回国。

林语堂回国后,仍在清华学校任教,并于1923年11月开始,为《晨报副镌》撰稿,发表一些汉语古音韵的研究文章和德国诗人海涅等诗歌的译作。1924年五六月间,还发表过诸如《幽默杂话》、《征译散文并提倡幽默》等短评。

1924年11月,《语丝》(周刊)在北京创刊。林堂语被邀集为该刊长期撰稿人。1925年应聘为北京大学英文系教授,又任北京女子师范大学英文系教授兼教务长。与鲁迅同事,并开始往来。

这一年,北京爆发了以"女师大风潮"为中心的进步学生运动;5月,上海爆发了震撼全国的五卅运动,全国范围内掀起了革命高潮。在大革命浪潮的推动和鲁迅等人的影响下,林语堂在政治、思想上倾向革命。在"女师大风潮"中,他站在进步学生一边,参加学生的示威游行,曾与反动警察搏斗。同时,在《语丝》、《京报副刊》和《莽原》等报刊上发表《谬论的谬论》、《咏名流》、《祝土匪》等短评、杂文,声援进步学生的斗争。1926年"三一八"惨案后,他参加了对死难学生的吊唁、慰问,并在《语丝》第72期上发表了《悼刘和珍、杨德群女士》等文章,对死难者表示哀悼,对镇压学生的军阀及其帮凶文人——"现代评论"派进行了揭露。

1925年11月间,全国范围内革命形势高涨,北京市民不断举行示威游行,要求打倒段祺瑞执政府,张作霖的地位也发生动摇,"女师大风潮"随之而取得了暂时的胜利。就在这个重要时刻,林语堂和岂明(周作人)倡和,在群众中宣扬西方的"费厄泼赖(Fair Play)"精神,主张"对于失败者不应再施攻击……以今日之段祺瑞、章士钊为例,我们便不应再攻击其个人"①。特别是林语堂把这种"费厄泼赖"精神当作"语丝派"的共同精神来提倡时,就不能不引起鲁迅的警惕。鲁迅曾及时地撰文予以纠正,这就是著名的《论"费厄泼赖"应该缓行》一文的发表。

由于鲁迅及时地针砭、教育,以及"三一八"惨案中死难者的血的教训,林语堂对他所宣扬的论调逐渐有所认识。惨案发生后一周,林语堂画了《鲁迅先生打落水狗图》。不久,又在《打狗释疑》一文中不无内疚地承认:"……而事实之经过,使我益发信仰鲁迅先生'凡是狗必先打落水里而又从而打之'之话。②"并连续写了《闲话与谣言》、《讨狗檄文》、《一封通信》、《"发微"与"告密"》等文,主张来一个"打狗运动",表示要继续讨伐当局势力和"叭儿狗"们的决心。

"三一八"惨案后,林语堂受到段祺瑞执政府的通缉,即于当年5月携眷返闽,在厦门大学任文学系主任兼国学院秘书,并先后荐请孙伏园、鲁迅、川岛等人至厦门大学文学系任教。年底,因国学院经费问题与校长林文庆意见相左,又因教职员中"现代评论"派势力不断膨胀,虽有鲁迅等进步教师的支持,但林语堂在教务、人事等方面的开展过程中,总感时被"掣肘",1927年春,终因厦门大学发生学潮而被迫辞职离闽。3月,应陈友仁之请至武汉国民政府任外交部秘书。4月,蒋介石在上海发动政变。7月,宁汉合流,汪精卫公开背叛革命。林语堂回到上海,应聘为开明书店编写《开明英文读本》,发行全国,因以致富。12月,鲁迅在上海接编《语丝》,不久又主编《奔流》、《朝花周刊》,林语堂为这些刊物撰稿。

1928年11月,林语堂写剧本《子见南子》,发表在《奔流》上,此剧

---

① 林语堂:《插论〈语丝〉的文体——稳健,骂人,及费厄泼赖》,《语丝》第57期。
② 林语堂:《剪拂集》,上海书店1983年影印北新书店1928年版。

对孔子作了嘲讽。同年 12 月,在英文杂志《中国评论周报》上发表《鲁迅》一文,对鲁迅在中国思想界、文化界的重要地位和战斗业绩,作了如实的评价。

"四一二"政变后,林语堂所希冀的西方社会的"民主"、"自由"难于实现,他在大革命时期的那种"满以为中国的新日子已现曙光"①的政治愿望,也遭到破灭。1931 年"九一八"以后,蒋介石对外妥协、投降,对内加紧了军事"围剿"和文化"围剿"的政策,把国家与民族带进了黑暗的深渊,濒临极其危险的境地。当时,以鲁迅为代表的革命文艺工作者,在中国共产党的领导下,成立了左翼作家联盟,与国民党当局展开了英勇斗争。但林语堂却游离于斗争之外,不敢正视现实,企图逃避、躲藏。他对当时左翼文艺运动的高涨,采取了"偏憎人家说普罗"②的态度;他慑于国民党当局的白色恐怖,采取了"胆小只评前年事,才疏偏学说胡卢"③的畏缩立场。

1932 年 9 月,林语堂主编的杂志《论语》(半月刊)创刊。他在创刊号上明确宣布该刊以提倡"幽默"为宗旨;并宣扬所谓"人生在世还不是有时笑笑人家,有时给人家笑笑"④的处世态度。

1933 年 1 月,林语堂参加中国民权保障同盟。鲁迅对他采取了既团结又批评的态度。鲁迅应约为《论语》撰写过几篇文章,但同时声明,不赞成林语堂提倡的"幽默"文学,严肃地指出在民族危机日益严重、阶级斗争异常尖锐的时刻,广大人民求生且不暇,所谓"幽默"文学,在政治上只能起到"将屠户的凶残,使大家化为一笑"⑤的作用。另外,还多

---

① 林语堂:《林语堂自传(三)》,工爻译,《逸经》杂志第 19 期。
② 林语堂:《四十自叙》,《论语》第 49 期。
③ 林语堂:《四十自叙》,《论语》第 49 期。
④ 《论语》第 50 期封面题词。
⑤ 鲁迅:《〈论语〉一年》,《南腔北调集》。

次写信进行规劝,希望林语堂做一些于人民于国家有益的文化工作①。对于鲁迅的严肃批评和忠告,林语堂漠然置之。

《论语》出至第 27 期时,林语堂辞去编辑职务(由陶亢德接编),于 1934 年 4 月另创刊《人间世》(半月刊),1935 年 9 月又创刊《宇宙风》(半月刊,与陶亢德合编)。在《人间世》的发刊词里,林语堂提倡所谓"以自我为中心,以闲适为格调"的"性灵"小品文,主张"宇宙之大,苍蝇之微,皆可取材"。他吹捧晚明公安竟陵派的"性灵"文学,鼓吹半文半白的"语录体",攻击白话文,反对大众语;纠集周作人、邵洵美等人乱点古书,重抄笑话,吹拍名士,拉扯趣闻。后来,他更连篇累牍地发表一些公开反苏反共、攻击左翼文艺运动的文章。《人间世》第 25 期上还译载了宋美龄在国外杂志上发表的一篇攻击工农红军"杀人放火"以及吹嘘国民党军的军事"围剿""战绩"的文章。

《人间世》创刊后不久,鲁迅就与林语堂断绝了关系,并连续写了一系列文章,对林语堂进行了批判,揭穿了他的"倚徙华洋之间,往来主奴之界"的"西崽"相。

1936 年 8 月,当民族危机极其严重的时刻,林语堂以著作为名,携家移居美国。就在这一年,林语堂第一部向西方世界介绍中国历史和中国民族的英文著作《吾国与吾民》在美国纽约出版。在这本书中,林语堂大讲所谓"八百年一治一乱"的"历史循环论"和所谓"世故"、"忍耐"、"冷漠"、"老猾"是中国民族的"特性",对中国历史和中国人民作了自己的判断和理解。林语堂这一行径,受到了国内外革命作家和进步人士的谴责。其后,还在美国出版了一部以 1900 年后北京一个官僚家庭为题材的英文长篇小说《瞬息京华》,并转译成中文在国内出版。1964 年,林语堂的英文小说《逃向自由城》在美国出版。这本小说对中国革命持抵触的态度。

---

① 鲁迅:《致曹聚仁》,《鲁迅书信集》上卷,人民文学出版社 1976 版,第 615—616 页。

　　林语堂居美期间,曾长期任教于哥伦比亚大学,并主持该校的"中国讲座",大肆宣扬所谓中国的"固有文化"。

　　以后,林语堂长期定居美国。1943年林语堂曾一度回到抗战时期的重庆,曾在沙坪坝讲演,劝告青年学生读《易经》。郭沫若当时以《啼笑皆是》(见《沸羹集》)为题,撰文予以抨击和嘲讽,指出他对《易经》的根本无知与可笑。

　　1947年由国民党政府推荐他出任联合国科教文组织艺术文学组组长。1966年6月携家自美返台湾定居。1967年受聘为香港中文大学研究教授,主持词典的编纂工作。1972年编成《林语堂当代汉英词典》。

　　1976年3月26日,林病故于香港。

林 长 民

萧 良

　　林长民,幼名则泽,字宗孟,自号苣苓子,又号桂林一枝室主,晚年门栽双栝,亦称双栝庐主人,福建闽侯人。1876 年 9 月 16 日(清光绪二年七月二十九日)生于官宦之家。父亲林孝恂系翰林,曾任官浙江金华、孝丰、仁和、石门诸州县,会医术、习技击,颇能接受西方思想,曾在杭州创办包括国学、西学两科的家塾,并延林纾(琴南)、林万里(白水)分别主讲,促成林长民师从林纾打下国学基础,并交万里为友。1897年林长民考中秀才后,请加拿大籍教师华惠德在家教授英文,延日人嵯峨峙教日文。1901 年,林长民与林纾、魏易等人主编《译林》月刊。两年后译《西方东侵史》。1906 年赴日本留学,旋回国,入杭州东文学校学习,毕业后再赴日本早稻田大学,专攻政法专业,在日留学时曾获学士学位。林与日本名人中野正刚、风见章等人同班,并担任留日福建同乡会会长;与日本名流犬养毅、尾崎行雄及中国名流张謇、岑春煊、汤化龙、孙洪伊、刘崇佑、徐佛苏、杨度、宋教仁均有交往,为当时法学界知名之士。

　　1909 年林长民学成回国,痛感清廷以伪宪蒙民,痛感国民教育程度低下,决心从事政治教育,以为根本之途,乃却四方之聘,就任福建官立法政学堂教务长兼咨议局书记长。林厘定学规,革除积习,取得显著成绩。因年少锐进,革除对外县学生入学不平等的陋习,与学校监督意见不合,加上保守分子构谗被迫去职。随后林长民以福建咨议局书记长身份出席在上海召开的各省谘议局会议,组织国会请愿同志会,被推为书记。吁请清廷召开国会,未成,即赴北京与徐佛苏等人组织宪友会,鼓吹宪政,迫使清廷缩短预备立宪期限。这时,福建九州二府贤俊汇集闽垣,对林长民被免去法政学堂教务长一事不满,并认为官校腐败,不足以有为,乃决定创设私立法政专门学堂及附属中学,推林长民为堂长,与官校对抗。一时闻风来学者达数百人。不久,该校升格为福建学院,办学成效显著,受到各方称赞。

1911 年辛亥革命爆发时,林长民在上海《申报》馆任职,被推选为福建代表,与浙江代表屈映光同赴南京,至下关车站遇刺未中。林参加南京各省都督府代表会议。依照《中华民国临时政府组织大纲》,选举孙中山为中华民国临时大总统。后林长民被推为南京临时政府内务部参事。

1912 年 1 月,他与张謇、程德全等人组织统一党,任干事。5 月共和党成立,亦任干事。1913 年被选为众议员。5 月兼任袁世凯支持的进步党政务部部长,后被选为众议院秘书长,兼宪法起草委员,参加宪法研究会,在天坛议宪。他在北京从事政务活动的同时,仍兼任福建私立法政学校校长,决策校中大事,筹集巨额资金,维持学校日常开销。

1914 年,林长民任袁世凯总统府办事机构政事堂参议,为八名参议之一,参与审议法令等活动。同年 5 月任袁世凯立法机构参政院代理秘书长,协助院长黎元洪审议重要政务。1915 年任徐世昌国务院参议,被袁世凯封为上大夫。同时任法制局局长,未几辞职,仍任众议院议员兼进步党政务部长。其间,林赴欧美考察政治教育,以考察所得,改造福建法政学院,力谋扩建为福建大学。

1917 年 7 月,林长民任汪大燮内阁司法部总长,11 月因内阁总辞,连带去职。1918 年任总统府外交委员会委员兼事务主任。1919 年任国际联盟同志会理事,注视巴黎和会动态。当中国在和会上主张收回山东利权的交涉失败后,他撰《山东亡矣》一文刊于北平《晨报》,较早报道了这一令国人愤怒的消息,引起北京学界激愤,遂掀起五四运动,成为"民族觉醒的始基"。1920 年到伦敦,与梁启超、汪大燮组织讲学社。

1921年5月林被推为中国国联同志会首席代表，出席在意大利米兰召开的国际联盟会议，并发表演说，10月回国。1922年第二次恢复国会时再任众议院议员，6月，补选为宪法起草委员会委员。1923年反对曹锟贿选，避居上海。1924年撰《敬告日本人》小册子，批判日本军阀侵华谬论和黩武主义，并将私立法政学院改为私立福建大学，自任校长。同年10月，冯玉祥发动北京政变，将贿选总统曹锟囚禁。是年冬，林任段祺瑞政府善后会议会员。1925年5月任段祺瑞执政府宪法起草委员会委员。11月，驻军京榆的奉军将领郭松龄与冯玉祥签订"反奉密约"后，率七万大军倒戈反奉，郭将所部改为东北国民军。郭经李孟鲁之介绍，礼聘林长民为秘书长，出关相助。林应召于11月30日晚乘郭所派专车秘密离开北京赴锦州会见郭松龄，并随军至新民县苏家屯。12月24日，郭率部进攻白旗堡遭伏击，大败，全军尽溃，郭氏夫妇被俘后遇害，林长民在乱军中被流弹击中，遂遇难于小苏家屯，时年五十岁。

林长民在北京期间，曾任中国大学校长，创办亚洲文明协会；林死后其家属仰承遗愿，将所藏书万余册捐赠私立福建大学图书馆。林生前著有《铁路统一问题》、《敬告日本人》等著作。

主要参考资料

梁敬镎：《林长民先生传》，《传记文学》第7卷第2期，台北传记文学杂志社1965年8月版。

田子渝、刘德军主编：《中国近代军阀史词典》，档案出版社1989年版。

徐友春主编：《民国人物大辞典》，河北人民出版社1991年版。

贾逸君：《中华民国名人传》，《民国丛书》第1编第86辑，上海书店1989年影印版。

凌 鸿 勋

娄献阁

凌鸿勋,字竹铭,祖籍江苏常熟,1894年4月15日(清光绪二十年三月初十)生于广州。凌家先祖中有数人为官。其父凌佩秋多年执教,擅长经史,曾得中乡举。凌鸿勋五岁起识字,稍后读"四书"、"五经",尤爱好《孟子》《左传》。他家贫寒,父亲曾书"贫不足羞,可羞是贫而无志;贱不足恶,可恶是贱而无能"①,予以勉励。

1905年初,凌鸿勋考入广州府中学读书。这是一所新式学校,其前身为越华书院,先后由名儒陆尔奎、丘逢甲等人任监督,学制五年,课程除国文外,还有英语、数学、地理、博物诸科。凌在班上年龄最小,开始尚不知用功,两年后学业猛进,跃为全班之冠,1909年毕业时,名列优等。翌年春参加复试(相当于全省会考),被奖以优贡。父亲对他抱有很大期望,在家门口贴了一副对联:"毕五年蛾术,起万里鹏程。"

1910年夏,凌鸿勋由广东省官费送上海高等实业学校(属邮传部,原名南洋公学)就学。先入附中四年级补习英文,一年后进土木科学习。民国成立后,上海高等实业学校改名南洋大学(一年后又改称上海工业专门学校),隶属交通部,监督(后称校长)唐文治比较开明,拥护辛亥革命与共和政体,并极力提倡各种新学。凌在该校读书五年,刻苦勤奋,从未请假缺课,成绩突出,每个学期均被评为品学兼优的学生,毕业时获第一名。此外,他还积极参加课外活动,一度任学校体育会的书

---

① 凌鸿勋:《七十自述》,台北三民书局1969年版,第4页。

记;又两次参加国文会考,得银牌、金牌各一枚;并发起南洋学会,印行南洋学报,被推为总编辑。

1915年,凌鸿勋自上海工业专门学校毕业后,得校长唐文治推荐,由交通部派往美国桥梁公司实习,一道赴美实习的还有同班同学陈体诚。他们先后在费城桥梁工厂和纽约总公司参与绘图、设计、厂内装配、工地建筑等项实际训练。工作之余,凌曾在哥伦比亚大学选修两门功课。这期间,他还两次参加美东中国同学会年会,结识了黎照寰、胡适等不少中国留学生;又同张贻志、吴承洛诸人发起组织中国工程学会(后迁回国内,与中华工程师学会合并为中国工程师学会)。1918年6月,他因父亲病故归国。

同年7月,凌鸿勋抵北京,由交通部派任京奉路唐山段工务员。1919年,调回交通部路政司考工科,不久补为技士,并署副科长。考工科主管各条铁路的工务、机务、电务及材料的购备等工作,凌在工作中开始接触全国铁路的技术事项。当时交通部为将先前向英、法、德、日等国借款修筑之各路的技术标准、运输规章及会计制度加以统一,特设一个铁路技术委员会,由交通部技监詹天佑任会长,凌奉派兼任该会委员。他在这项工作中得以窥知各路建设和运用的概况,同时常偕外国顾问赴各路实地视察,获益甚多。

1920年2月,凌鸿勋应唐文治之邀,南下至母校上海工业专门学校任教,讲授应用力学、材料力学、桥梁设计、混凝土学等数门课程。同年秋,唐因病告假,凌奉命代理校务。不久,上海工业专门学校、唐山工业专门学校、北京邮电学校及交通传习所合并成立交通大学,他被任为筹备委员和沪校副主任。

翌年春,凌鸿勋复返北京,继续在交通部任职。5月出任京汉铁路桥梁工程师,专办加固桥梁事宜。由于京汉铁路黄河铁桥屡次出现险情,交通部决定重修,特设黄河新桥设计审查会,凌兼任该会工程师,协助美国顾问华特尔博士(Dr. J. A. L. Waddell)进行审核计算等项工作,后因经费无着而作罢。1922年3月,凌受交通部派荐任技正,仍为考工科副科长,并兼任铁路路线审查会会员,曾赴上海接洽修建沪杭甬铁路曹娥江桥及前往踏勘龙烟铁矿专用线,复勘京奉铁路锦朝支线。同年6月,鲁人高恩洪接掌交通部,部中凡广东籍者均被免职,凌也是其中之一。凌鸿勋遂举家南移上海,帮助华侨办理实业与地方建设工作,同时着手编撰《市政工程学》和《铁路工程学》两书,后由商务印书馆出版。

1923年9月,凌鸿勋再次至母校任教。时成立未满一年的交通大学又分为唐山、上海两校,沪校改称交通部南洋大学。他初任教授,自1924年12月起接任校长。他办学认真负责,力求保持学校固有传统,"程度维持日渐提高的水准"①。凌十分重视教学秩序,提高学生学业成绩,严格考勤,按期考试;但反对学生参加政治活动。1925年"五卅"惨案时,曾一再劝阻学生参加罢课和上街游行的运动。他对学校建设甚为热心,为筹措经费四处奔走,迅速建成新体育馆、游泳池和疗养室,并着手筹设工业研究所。1926年10月,为纪念建校三十周年,凌举办了一次工业展览会,除陈列各种机械仪器外,还铺设了一条小铁路。凌任南洋大学校长两年多,行政上隶属于北洋政府交通部,1927年北伐军进占上海前,他不愿为保持校长位置去与南方接洽,只想到时候再行引退,以全终始。5月,该校由李范一接收,凌交卸后即离校,在家从事编写《桥梁学》及《工厂设计学》等书。

同年秋,凌鸿勋应邀到广西梧州任市工务局长。此时桂省正值休养生息,颇着力地方建设。凌在梧州一年多期间,努力进行市政改良和建设:首先拆除全部旧城墙,开辟和扩展了几条主要马路,全铺柏油路面,同时建有下水道系统;其次是整顿电厂,安装了新发电机,由仅能夜间供电改为全日供电;再是着手兴办自来水厂,以电厂收入作抵向德国西门子公司订购器材。同时,他很注意与学术界的联系。桂省在梧州筹设广西大学,凌被邀为广西大学筹备委员会委员;他还发起组织了一

---

① 凌鸿勋:《交通大学十年忆旧》,台北《传记文学》第1卷第5期,第23页。

个中国工程师学会梧州分会。

1928年10月,南京国民政府新设铁道部,以孙科为部长,并聘华特尔博士任顾问。凌鸿勋应召于1929年春离梧州到南京,任铁道部技正,参加旧有线路的整理事宜。他奉命组织平汉路桥梁勘查队,逐一检验北平到保定间二百八十余座钢桥。7月,凌被派任为陇海铁路工程局长,负责赶修灵(宝)潼(关)段工程和筹划潼(关)西(安)段工程。陇海路原系借比利时银行款项修筑的项目,因受战乱影响长期停工,此时政府利用比利时退还的庚款购买了一批材料,重新复工。凌到职后立即沿线视察,确定在潼关城下凿一千零七十米长的隧道,解决了铁路如何通过潼关的难题。10月,蒋(介石)冯(玉祥)冲突加深,西北军东进,唐生智亦在郑州通电反蒋,灵潼段工程难以进行。凌遂携带文件、账册暂回南京铁道部,在工务司代理工程科长职。

1930年7月,凌鸿勋奉铁道部与工商部派遣,偕铁道部工务司帮办孙谋等人赴欧洲,考察比利时、德国、英国有关机车车辆、钢轨、桥梁、号志等制造情况,并出席在比利时召开的国际三合土会议、工业教育会议和在瑞士召开的国际应用力学会议。嗣后凌又去美国出席第六届国际道路会议,历时五个半月,于12月中旬回国。

凌鸿勋回国后,重返西北陇海线主持灵潼段工务,经过一年的努力,至1931年12月终于竣工通车,使陇海路进入了陕西的大门。前此铁道部已决定兴筑潼关至西安间的铁路,并另设潼西段工程局,任凌为工程局长兼总工程师。该段工程工款全部自筹,不受过去陇海铁路向比利时借款合同的约束,完全由中国人设计、修建,不雇用任何外国人。测定路线后,即于1932年上半年首先在潼关至华阴间开工,但因工款不济,工程进展迟缓。其时,凌对开发西北颇为热心,曾与陇海铁路管理局长钱宗泽一起发起陕西实业考察团,亲赴秦岭、安康、汉中、宝鸡等地察看农、林、矿产、交通的情形,筹谋铁路通达西安后如何进一步推动陕西建设的问题。

同年11月,凌鸿勋奉调任粤汉铁路株(洲)韶(州)段工程局长兼总工程师。粤汉路由广州至武汉全长近一千一百公里,早在清末即已开工,南北各修若干公里,而中间株洲到韶州共有四百五十六公里之遥,停工长达十三年之久。铁道部为了及早接通这一南北重要干线,决定借用英国退还的庚款作路费,遂于1933年7月正式同中英庚款董事会达成协议,限期四年修成该段。凌鸿勋受此重任,很快赶到工地,先用半年时间修建了韶州至乐昌间五十公里路程,然后南北对向施工。为便于指挥,他把工程局由广州迁到衡阳,全力以赴,专心工事,并提出"一人做两人的事,一日做两日的事,一个钱做两个钱用"①的口号。他对工程质量也很重视,始终严格按照颁布的技术标准之最新规定行事。株韶段在湘粤边界处有一百多公里为南岭山脉,系长江和珠江流域分水岭,地形复杂,经过技术人员细心选线,最后确认尚需开凿大小山洞十六座。凌主持株韶段有责有权,他带领全体工人和技术人员,想方设法以最好的技术、最快的速度、最经济的方法进行兴筑,终于提前一年于1936年4月完成铺轨任务,9月1日正式通车,对沟通湖广和促进沿线建设以及后来抗日战争的军事运输都有重要作用。

1936年,粤汉全路管理局成立,凌鸿勋被任命为第一任局长。他除进一步整理株韶段路基及补充有关设备外,又在广州将粤汉路和广九路接轨,使两路客货车可以直达通过。同时,凌还兼任湘桂铁路工程处处长,筹划修筑衡阳至桂林铁路,以便使广西与粤汉路相连。他接受任务后,立即组织测量队,出发勘察路线。

1937年卢沟桥事变后对日全面抗战开始,日本侵占平津不久,又先后占领上海、南京。鉴于沿海港口已被敌人封锁,必须在内陆开辟国际交通线,铁道部决定将湘桂线由桂林延长到镇南关(今友谊关),分衡(阳)桂(林)、桂(林)柳(州)、柳(州)南(宁)、南(宁)镇(南关)四段加紧施工。凌鸿勋为南镇段工程处长兼总工程师,翌年夏又兼管柳南段,后桂柳、柳南两段合并为桂南工程局,仍由他任局长兼总工程师。正当工

---

① 凌鸿勋:《十六年筑路生涯》,台北传记文学出版社1968年版,第40页。

程顺利进展之际,不料广州、武汉于1938年10月相继沦陷,广西形势转急,日军不断派飞机至南宁、柳州一带骚扰。凌多次遭到空袭,但他不顾个人安危,指挥所属技术人员和工人日夜赶筑,南端至1939年10月在国境之内修竣八十公里抵达明江,北段到1939年12月迅速铺轨到柳州,使抗日军队能沿新修之路源源南下迎敌。

1940年1月,凌鸿勋调至成都,任天成铁路工程局长兼总工程师。在他主持下的六个测量队,经过一年勘测,最后定线由天水到成都全长为七百五十公里;同时并奉令勘测成都至康定以及至西昌的线路。但由于无法筹措巨额筑路经费,各种材料亦难以获得,因此未能兴工,大量资料皆束之高阁。

同年底,凌鸿勋被派兼任西北公路管理处处长,移居天水。半年后改任西北公路工务局局长,统管陕、甘、宁、青四省四千余公里公路的修筑维护、行车监理与养路费的征收,凌曾走访西宁、宁夏、兰州、武威、哈密等地接洽有关事宜。为了减少夏季山洪暴发时交通被阻的状况,他还主持修筑了一些永久性的桥梁。

1942年1月,陇海线宝(鸡)天(水)铁路工程局成立,凌鸿勋仍任局长及总工程师,同时继续兼管西北公路事,稍后又被派为甘新公路会办。宝鸡至天水约一百五十公里,地处渭河狭谷,线路曲折弯绕,工程艰巨,须开凿山洞一百二十余座。时值抗战相持阶段,筑路的经费、材料和其他物质条件都十分困难。重庆政府当局不能如数拨出资金(甚至一度下令停建),只能"就款计工"。在人力物力日益枯竭的情况下,工程时断时续,一直拖延到1945年底才勉强通车。这期间,凌还派队测量天水至兰州、兰州至西宁、兰州至宁夏的铁路线,并进一步勘测规划兰州到新疆乌苏的全线铁路,亲至中苏边界霍尔果斯(今霍城)进行视察。时以罗家伦为首的西北建设考察团组成,凌作为考察团一员陪罗等人到新疆、甘肃、宁夏许多地方,对发展西北交通提出了不少建议。

凌鸿勋自1929年至1945年从事筑路工作达十六年,经手兴建新路约一千公里,测量路线约四千公里,管办公路约五千公里,对民国时期的铁路公路建设,尤其是在开发西北、西南交通事业方面,成绩显著。他获得了丰富的实践经验,在工程界享有相当声望,曾被选为中研院评议员、中国工程师学会会长、美国工程师学会会员等。

1945年2月,凌鸿勋升任国民政府交通部常务次长,先后在部长俞飞鹏、俞大维手下分管铁路、公路、电讯等行政事务。抗战胜利前后,凌积极筹划修复铁路和恢复交通之事。在负责督修津浦路的过程中,他曾多次奔走重庆、南京、北平之间,并亲自沿路查察。1946年上半年,美国总统特使马歇尔主持"军事调处",凌曾代表国民党政府方面参加有关交通问题的谈判;同年11月,他又当上了国大代表,涉足所谓制宪活动。

此后,凌鸿勋在交通部的职责逐渐加重,常代表部长出席行政院会议,曾去东北和台湾视察交通实况,以谋解决交通统一管理等问题;又赴欧出席在瑞士召开的国际铁路协会第十四届会议,被推选为大会副会长和第四组出席,会后并访问英、法、比、意诸国。1949年1月,他改任交通部政务次长,代理部务。3月下旬,因国民党政府改组而辞职。

国民党统治集团自南京撤往广州后,凌鸿勋亦暂居广州,旋至九龙,一度在华侨工商学院任教。同时替王云五筹办的华国出版社翻译《科学与战争》、《现代武器与自由人》等书。1950年10月,应傅斯年之邀到台湾,任台湾大学教授,又被蒋介石聘为"国策顾问"。1951年并充"行政院设计委员会"(后改称"光复大陆设计委员会")委员。同年3月,凌转业石油,任台湾"中国石油公司"董事长,连任二十年之久。1971年退休,1982年8月15日病逝于台北。

凌鸿勋撰有中文著作十六种、英文著作两种及短文多篇,主要著作有《中国铁路志》、《中国铁路概论》、《詹天佑先生年谱》、《十六年筑路生涯》、《七十自述》等。

刘 柏 森

朱复康

刘柏森,原名树森,字柏生,以字行,江苏武进人。1869 年 5 月 2 日(清同治八年三月二十一日)出生。祖父刘养浩,是个秀才,教书乡里。父亲刘凤书经营商业。刘在兄弟六人中行四。长兄刘树屏,字葆良,光绪年间进士,授翰林院庶吉士。五弟刘厚生(垣),民国初年任北洋政府农商部次长,后随张謇办大生纱厂。从兄刘可毅,光绪壬辰会元,庚子义和团起事时,在河北通县被杀。

刘柏森十八岁时在家乡设馆授徒,二十五岁那年到上海,经人介绍在德商信义洋行工作。二十九岁入美商茂生洋行从事机器军械部门的贸易推销业务。1899 年秋末,刘赴日本长崎、神户等地考察煤产运销。回国以后,欲自设煤号运销东瀛,未及实行。翌年受闽浙总督许应骙及福州将军善联的委托,向外国订购大炮二十门,价银三十余万两,赚到佣金数千两。接着善联又汇银三千两,托他在沪代办进呈慈禧太后的贡品多种,其中第一号贡品名“万年青”①。由于名称的吉祥,深合慈禧之意,刘也因此获得了善联的赏识。于是刘柏森怂恿善联和他合股投资,开设慎泰恒字号,经销烟煤和兼营进出口贸易,获利甚厚。刘旋即从事股票投机,先后获利二三十万两。

1904 年,刘伯森与盛宣怀合资创设三星香烟公司。开业以后,因受英美烟草公司的排挤,勉强维持了四年多,终于宣告停业。1908 年

---

① “万年青”是一种多年生常绿的草本植物,可供观赏,根茎可入药。

刘与粤商刘问刍、唐少义、夏瑞芳等人组织贸易集团，出资收买怡和轮船股票，意图将怡和轮船公司从英商手中收回自办，旋因粤商中途变计售出所收股票，事遂未果。刘柏森因此亏蚀三十余万两，以产相抵，尚有不敷，所设慎泰恒号因而宣告停业清理。

刘柏森于1909年重新集资设立宝兴长号，仍旧经营燃料、纱、布等业务，并在天津设立分号。1911年刘与张謇集资组织大维公司。通过湖广总督瑞澂的关系，租办湖北官办纱、布、丝、麻四局。在沪招来女工及机匠等数千人，先从纱、布两局着手。7月开车，刘任总经理[①]，不久，辛亥武昌起义爆发，刘将所带机工临时乘轮避往上海，纱、布局遂为前租办人粤商韦紫封以应昌公司名义接办。迨刘率领机工人员赶回武汉，已经来不及，官司打到北京，终于无法收回。

刘伯森返回上海，继续经营宝兴长号。1913年他与北洋政府交通部订立阳泉白煤经销合约，运沪销售给日本用户，仅三井洋行一家年销就达十万吨。通过这些经营，刘又积累了一定的资金。在1915年至1918年间，刘先后租办了伦章造纸厂改名为宝源纸厂，租办了苏州苏纶纱厂改名为宝通纱厂，租办了裕通纱厂改名为宝丰纱厂。第一次世界大战期间，由于欧洲一些国家在战事期间生产缩减，刘柏森所办各厂连年获利颇丰。至1919年棉纺业盈利益厚，刘所经营的宝通、宝丰两纱厂日产纱百余件，每件可盈利四五十两，当时有一件棉纱赚一只"元宝"的说法[②]。刘氏至此获利既多，更锐意力谋进取。

1919年4月，刘伯森又在上海创设宝成纱厂，向美商慎昌洋行订购纱机四万锭，至下半年开工。同年12月又向慎昌续订纱机六万锭，创设宝成第二厂，1921年才全部开车。当时棉纱的盈利高峰已经过去。然而刘所经营的其他纱厂和纸厂，仅在1920年就获利达三百余万

---

①　据《刘柏森年谱》，张謇任大维公司总经理，刘任其副。另据湖北纱布局协理张松樵的回忆和其他的文献，都说刘任总经理。

②　据1959年7月上海市工商联主任委员刘靖基访问谈话。

两。这使他热衷再建新厂，于是续向慎昌订购纱机五万锭，在天津设宝成三厂。又向日本三菱公司收买在上海陆家嘴的华章造纸厂，改名为宝源纸厂东厂，把原来的宝源纸厂改为宝源西厂。至此，刘主持经营的企业，已有五个棉纺织厂和两个造纸厂，成为上海颇有实力的资本家。他花十余万两购进了上海有名的"愚园"作为住宅，请名画家陆廉夫绘"愚园家庆图"以志其盛，又在北京香山建造"玉华山庄"，费银二万余两，作为别业。这一时期，可说是刘柏森的全盛时期。

20 世纪初期，刘柏森就约集商业界人士发起过商学会，"欲合群智群力与外侮相抵抗，勉为自存之计"①，继又发起改组了上海总商会。1917 年他和祝大椿、荣宗敬等人发起组织全国华商纱厂联合会，目的为联合同业抗御外资侵略。但是好景不长，刘所经营的企业灾祸沓至。宝丰纱厂和宝源东厂相继遇到火灾，厂房、机器、原材料等毁损颇重。刘在创办天津宝成三厂时，所订购之纺机五万锭，及向英商订购的两座发电机之价款，未曾结汇，战后镑值汇价在短期内大幅度回升②，因此损失达二百余万元。而英商通用公司却不守信用，以旧机充新，为此刘柏森向法院提出起诉，涉讼经七年之久，以致耗费不赀③。

1922 年秋初，长江南北受到大风暴雨袭击，棉花歉收，棉价暴涨，形成了花贵纱贱的局面，上海纱价从 1919 年的每件银二百两跌落至一百二十四两④。影响所及，上海遂有宝成等十一家纱厂停开夜班，减缩生产。刘柏森等人为了维持纱价，通过"纱联会"决议，自 1922 年 12 月 18 日起各厂停止工作四分之一。这是中国棉纺工业有史以来第一次限制生产的集体行动。可是这个决议并无多大效果，因为外商纱厂根

---

① 刘树森：《序六》，《茂新、福新、申新总公司三十周年纪念册》，1929 年版。
② 中国银两对英镑的汇价，1920 年 2 月最高价为九先令三便士，暗盘还可多结七至八便士，而同年 12 月银两的最低价为三先令一便士，高低差距颇大。时人称为"先令风潮"。
③ 据前宝成三厂厂长兼工程师陆绍云访问谈话（1980 年 6 月 29 日）。
④ 据前华商纱厂联合会议董聂潞生访问谈话（1959 年 7 月）。

本不受这一决议约束,反可坐收其利。

在纱价不断下跌而原棉市价不断提高的情况下,刘柏森最先仿效日厂的办法,掺用印度棉花,但也无法挽回颓势,至1924年末,纱业萧条达于顶点,宝成营业愈感困难。刘柏森从经营商业起家,带有较大的投机性和冒进性,不重视企业的科学管理和技术改进。更由于宝成连年扩展,营运资金早已不敷周转。早在1921年冬,刘就向日商东亚兴业株式会社举借厂产押款日金五百万元,经过几年的盘剥,负息越来越重。至1925年2月欠东亚兴业本息五百三十万日元,无力偿付,终于被迫将宝成第一、二两厂拍卖,为日商日华纺绩株式会社购去,改为喜和第一、二厂(1931年后又改称为日华第五、六、七厂)。

刘柏森在天津的宝成三厂,因为所欠慎昌借款未能清偿,开工后暂归镇昌洋行经理所有。刘所租办的苏州宝通纱厂,也因花纱比价采算不利而停工,之后因无法筹集资金复工,只得于1926年退租。

至此,刘柏森所经营的棉纺工厂几乎完全丧失。他过去办厂,一再标榜为了抵御外货的侵入,而他所手创的几个纱厂企业,几乎全部为外商所吞并。经此失败后,晚年意志消沉。由于棉纺厂所需资金较巨,他已无力经营,只能经营造纸厂,先把宝源东西两厂改组为天章纸厂。1934年又租办了徐家汇的源泰纸厂,改名森记纸厂。

1931年9月,刘柏森另组大同公司,向中国、浙江兴业和上海三家银行借款,用以偿还宝成三厂的慎昌欠款,并亲自赴津解决,将厂收回自营。但不久"九一八"事变发生,东北市场丧失,天津纱销呆滞,营业困难,虽经勉力维持到1935年,仍被迫停工。宝成三厂所欠中国、浙江兴业、上海三银行的借款,利息滚利益重,终于由债权人拍卖,为日商东洋拓殖会社和大阪伊藤忠商务会社所合组的天津纺绩会社购去,1937年改名天津纱厂。上海天章纸厂受津厂影响,浙江兴业银行不允继续贷款维持,亦只得停工清理偿还债务。

刘柏森至此债务丛集,经济艰窘,仅赖森记纸厂盈余维持生活。

不久中日战争爆发,刘柏森益感老境颓唐,常常回忆往事,不胜感慨。1940 年 5 月患胃癌,12 月 4 日病故于上海。

主要参考资料

《刘氏宗谱·刘柏生先生年谱》(1869 年—1921 年刘柏森自订,1922 年—1940 年其子刘卓勤补订)。

刘厚生:《先兄柏生公墓志铭》。

《全国华商纱厂联合会会议录》(1917 年—1926 年)。

《茂新、福新、申新总公司三十周年纪念册》,1929 年版。

上海市工商联主任委员刘靖基访问谈话(1959 年 7 月)。

《武汉裕大华纺织集团张松樵回忆录》(1957 年 5 月)。

前宝成三厂厂长兼工程师陆绍云访问谈话(1980 年 6 月 29 日)。

刘 半 农

娄献阁

刘半农,原名寿彭,改名复,字半农,号曲庵,后以字行。1891 年 5 月 27 日(清光绪十七年四月二十日)生于江苏江阴县。父宝珊是个秀才,曾教书多年。

刘半农四岁从父识字,六岁入塾,1904 年入本城翰墨林小学,1907 年入常州府中学,1911 年辛亥革命爆发,学校停闭辍学。

刘半农离开学校后,江阴已为革命势力所控制,有人发起组织青年团抗清,其弟天华入团进行革命活动,刘半农亦"北走靖江,以书牍翻译之事佐戎幕"①,旋回乡参加演文明戏,筹款支援革命。

1912 年刘半农去上海,先任《中华新报》特约编译员,1913 至 1916 年又任中华书局编辑员。居沪期间他专心从事翻译和创作,发表了《玉簪花》、《髯侠复仇记》等才子佳人小说。鲁迅说刘有"红袖添香夜读书"的思想,也有人称他为鸳鸯蝴蝶派或礼拜六派人物,但他自己是不承认的。

1917 年,刘半农应陈独秀之邀赴北京,任北大预科教员。此时陈和胡适等人发起了革新文学,提倡白话文,反对文言文的运动,刘积极参加了这一运动。同年夏,继胡适的《文学改良刍议》和陈独秀的《文学革命论》之后,刘在《新青年》上发表了《我之文学改良观》及《诗与小说

---

① 刘半农:《书亡弟天华遗影后》,《半农杂文二集》,上海良友图书印刷公司 1935 年印行,第 300 页。

精神上之革新》两文。阐述了对改革散文、韵文、诗歌、小说、戏曲等方面的意见。他赞成以白话文为正宗,但认为白话中应吸收文言的优点,同时提出不用不通之字、破坏旧韵重造新韵、增多诗体、提高戏曲在文学中的地位、注意分段、采用标点符号等主张,尤其强调"非将古人作文之死格式推翻,新文学决不能脱离老文学之窠臼"①。刘认为诗与小说是文学中两大主脑,做小说要有"根据真理立言自造一理想世界"或"就所见世界为绘一惟妙惟肖之小影"的本领;写诗"只须将思想中最真的一点用自然音响节奏写将出来,便算了事,便算极好"②。他斥责那些专讲声调格律、拘执平仄的诗为假诗,为虚伪文学,与虚伪道德相互推波助澜,在社会上起了很恶劣的作用。

1918 年春,为了扩大新文化运动的影响,更好地同旧派作战,刘半农与钱玄同一起在《新青年》上合演双簧。他们都是《新青年》的轮流编辑,由钱化名王敬轩写信给《新青年》,提出旧派的各种谬论,再由刘写《奉答王敬轩先生》一文,从正面逐条驳斥守旧顽固派的观点,尖锐地指名批判了林纾。另外,刘还创造了"她"、"它"字的用法,受到了鲁迅的称赞。鲁迅肯定刘的这种斗争勇气和首创精神,说他"是新青年里的一个战士","他活泼,勇敢,很打了几次大仗",尽管浅,有失之无谋的地方,但"要商量袭击敌人的时候,他还是好伙伴"③。

当时刘半农在北大教授应用文,讲中国文法等课,颇重视实用及反对八股程式,发表有《应用文之教授》,又著有《中国文法通论》一书。他还努力创作新诗和进行征集歌谣的工作。他的白话诗、无韵诗写得很好,颇受群众的欢迎,如《学徒苦》、《卖萝卜人》和《叫我如何不想她》等,语言明快,内容有一定的进步性,一度广为流传,后大部分收在《扬鞭

---

① 刘半农:《我之文学改良观》,《新青年》第 3 卷第 3 号。
② 刘半农:《诗与小说精神上之革新》,《新青年》第 3 卷第 5 号。
③ 鲁迅:《忆刘半农君》,《鲁迅全集》第 6 卷,人民文学出版社 1973 年版,第 74、75 页。

集》和《瓦釜集》里。刘在征集歌谣方面也取得了显著的成绩,数年内收到了几千首,经他亲自整理发表了一百四十多首,开创了研究民间文艺的先河,颇为人们所注意,后在北大歌谣研究会主编的《歌谣周刊》上发表过许多首。

刘半农在"五四"时期的新文化运动中是很活跃的,但作为小知识分子,也有局限性,1918年9月写作的《作揖主义》一文,就表现出不抵抗、听其自然的消极倾向。正因为如此,所以他很快便离开运动转向专搞学术方面去了。

1919年4月,国语统一筹备会在北京成立,刘为北大代表出席会议,被推选为会员。会上通过了由他起草的《国语统一进行方法案》,提出改国文为国语及编纂辞典等意见。1920年5月国语会开第二次大会时,组织了一个国语辞典委员会,他是该会委员之一。

会后不久,刘半农由北京政府教育部派遣出国留学。初至英国,入伦敦大学的大学院。1921年夏,转入法国巴黎大学,兼在法兰西学院听讲。出国前他本想同时研习文学和语言学,但到了国外,觉得二者不可得兼,经过再三考虑后选定了实验语音学。由于他能刻苦攻读和钻研,终于成为我国著名的语言学家。

1921年10月,刘写了《国语问题中一个大争点》一文。那时国语学界有"国音"、"京音"两派,他主张"国音乡调",即希望"在无数种方言之上,造出一种超乎方言的国语来"①。刘半农不同意以北京音调作统一的标准,认为只要达意,字调可以不管,任其带有家乡口音。

1922年冬,巴黎大学准许刘半农应法国国家文学博士试。1923年刘撰《守温三十六字母排列法之研究》和《实验ㄕㄘㄓㄔ四母之结果》两文。1924年出版的《四声实验录》是一本较有价值的著作,除介绍有关语音知识和实验方法外,主要记录了他邀约侨居国外的北京、南京、武

---

① 刘半农:《国语问题中一个大争点》,《半农杂文》第1册,北平星云堂书店1934年6月版,第139—140页。

汉、广州等十二个地方的华人进行实验的结果,并对四声的本质做了探讨。1925年春,刘又用法文写了《汉语字声实验录》《国语运动略史》两书当做论文提出。另外他还发明有"刘氏音鼓甲种"与"声调推断尺"(即所谓刘氏尺)等测算语音律的仪器,获得博士学位,被巴黎语言学会推为会员。同年夏,刘又获法兰西研究院之伏尔内语言学专奖。

同年秋刘半农到北京后,担任北京大学中国文学系教授及研究所国学门导师,除在校讲授语音学外,同时更努力从事学术研究。他与魏建功商定了一个调查方言同音字的计划,着手收蓄方音等工作,并发起"数人会"研究国语罗马字。

1926年刘半农任中法大学国文系主任,又兼任师范大学讲师。他曾拟定了一个精细周到的编纂中国大辞典计划概要,提交北大研究所,但由于经费短绌,根本无法实现。6月起主编《世界日报》副刊,约半年时间。11月撰《打雅》一文,节录登在《世界日报》副刊上,此为他编写辞典的最初尝试。同年瑞典考古学者斯文赫定(Seven Hedin)来华,同中国学术团体订约,共组西北科学考察团,刘为该团理事会常务理事。刘所译《茶花女》剧本也于这年出版。

1927年奉系军阀控制北京政府之后。为表示对教育部长刘哲的不满,刘半农辞掉了国立各校讲席。10月北新书局被反动当局封闭,《语丝》也被迫停刊。刘半农、周作人因与北新书局、《语丝》杂志有密切关系,曾一度避难于友人家。

1928年春,东方考古协会在日本东京开会,刘半农作为中国代表前往出席。不久,国民党南京政府任命刘为特约著述员和中研院历史语言研究所特约研究员。他还是北京临时文物维护会和古物保管委员会委员。年底,原国语会改组为国语统一筹备委员会,刘与黎锦熙、钱玄同等人都是该会委员。翌年,刘又加入中国大辞典编纂处为编纂员。

1929年春,刘半农再任北大国文系教授,同年夏,兼任辅仁大学教务长。1930年5月,又兼任北平大学女子学院院长。由于他渐据要津,"五四"时期的那种热情也已经消失。因此他对女院学生发表谈话,表示不同意学生参加群众运动,反对学生互称"密斯",并布告禁止学生入公共舞场,颇引起了社会上的非议,鲁迅也很反感,"以为这些事情是不必半农来做的"①。

1929年至1930年间,刘半农利用从国外带回来的仪器在北大布置起了一个语音乐律实验室,并在魏建功、白涤洲等人协助下,用孙中山的"总理遗嘱"做材料,记录了七十多处方言。1930年夏,他们又借河北民众教育人员养成所开办之便,记下了河北各地的读音。他们先后调查方音达二三百种,在此基础上由刘编成了《调查中国方音音标总表》一册,同年还出版了《宋元以来俗字谱》一书。刘又着手鉴定故宫所藏乐器的音律,并进一步把"刘氏音鼓甲种"和"声调推断尺"改良为"刘氏音鼓乙种"与"最简音高推断尺",使研究测算大大节省时间,也更加准确。

1931年夏,刘辞去兼职,专任北大文学院研究教授,主管研究院文史部事。

"九一八"事变发生不久,刘半农撰写《反日救国的一条正路》一文,顺着官方意思,表示赞成反日救国,抵制日货,但反对游行示威呼口号,要人们照常进行所谓的正业,并说"所谓不抵抗,实在只是不能抵抗"②,主张暂时忍辱求全、卧薪尝胆,准备将来去和敌人拼死活。"一二八"抗战之后,他的态度略有改变,在《与张溥泉》一文中对国民党政府的投降行为有所批评。

在这前后,刘半农主要是搞语音学等研究和大辞典编纂工作,陆续发表了《释吃》、《释来去》诸文,1932年写成的《"一"字稿本》达三百多页。此外又撰《北平方音析数表》一文,分字音为"头"、"面"、"颈"、"腹"、"尾"、"神"六项,用六位数字表示一个字的切音,这可说是他多年

---

① 鲁迅:《忆刘半农君》,《鲁迅全集》第6卷,人民文学出版社1973年版,第76页。

② 刘半农:《反日救国的一条正路》,《半农杂文二集》,第248页。

研究的心得。

1933 年 5 月,刘半农编成了一部《中小字典》,并附有他自己创造的"点直曲检字法",后由北新书局出版。同年暑假,他曾走访河南、上海,亲测古乐器音律,并在巩县石窟市及洛阳龙门发现北朝和唐代乐舞造像。同年冬,刘立意给名妓赛金花作传,与商鸿逵一起邀赛聚谈十数夕,草稿写成一半,后经商续编成《赛金花本事》一书。与此同时他还常做打油诗、弄烂古文,致使鲁迅为之长叹。

1934 年,刘半农发表有《西汉时代的日晷》等文章。同年瑞典地理学会为斯文赫定博士七十岁生日,向刘征文,刘准备写一自己专门研究的东西来纪念斯氏,遂利用暑假时间,沿平绥线去调查西北地区方言。刘与白涤洲等一行五人,自 6 月 19 日从北平出发,先往包头,中经归绥、百灵庙、大同,最后到张家口,7 月 10 日回抵北平。他们在短短二十余日内,跑遍数十县,除记录方音,还收集了不少民歌,成绩很大。但刘不幸染上了回归热,医治无效,于 7 月 14 日去世。刘在世时,曾自编《半农杂文》集,他的主要著作大部分收在里面。

刘 成 勋

魏煜焜

刘成勋,字禹九,四川大邑人,生于 1883 年(清光绪九年)。父刘朝玉(号荣庭),以经营纸张、蜡烛为业,家境小康。刘成勋在青少年时,入武备学堂速成班。四川总督锡良调任云贵总督时,刘成勋等一批武备生被带去担任军职。后锡良推荐刘成勋到东北赵尔巽幕下任职,因军功升至营长。辛亥革命时,刘成勋率全营官兵参加了奉天城(今沈阳)独立战斗。

1912 年 3 月,刘成勋自东北回四川,被武备学堂同学第四镇统制刘存厚任为第四镇参谋长。7 月,刘成勋随四川都督尹昌衡出征西藏,所率支队官兵左臂上都佩戴"勋"字袖章,称为"勋字营"。刘在边疆作战调度有方,战斗勇敢,收复失去各县,立功边陲。

1914 年,刘成勋被川边镇守使张毅任命为讨逆军总司令。他奉命围剿边军营长陈步三之叛乱,缴获枪数百支,大炮数门,军威大振。1915 年初,刘成勋率部开往前方之际,陈步三复叛,挟忿戕官,袭占打箭炉,刘因此受到褫官、戴罪立功之处分。后得张毅谅解,复任讨贼军总司令,于 3 月 13 日率部与叛军鏖战一昼夜,擒毙陈步三部官兵二百余,夺获一批军械,打箭炉完全恢复。刘成勋受到嘉奖,得赏银二万两。嗣后刘会同陈遐龄部,在炉城一带全部肃清陈步三余部。

是年 12 月,讨袁护国军兴,刘成勋与谭创之、刘国孝等人在雅安响应。时刘成勋任刘存厚第二师第一混成旅旅长兼左翼总司令,率部随蔡锷、刘存厚转战于泸州、纳溪间,出力颇多。1916 年 10 月,北京政府授予刘成勋三等文虎章,11 月晋给二等文虎章。

1917 年 4 月,刘存厚与滇军罗佩金为争夺川省政权而诉诸武力,刘成勋之第一混成旅驻彭山,奉刘存厚命对眉州激烈战事驰援急救,协同第三步兵旅旅长舒荣衢部,经数日激战将滇军击溃,即驻新津、双流。7 月,刘存厚与黔军戴戡之战事又起,刘成勋率部进驻成都青羊宫、草堂寺一带,迫使黔军退出成都。在驱逐客军之刘罗、刘戴之战中,刘成勋率部奋勇作战,为刘存厚立下战功。

1918 年 1 月,北京政府任命刘存厚为四川督军兼陆军第二十一师师长,刘成勋得任第二十一师二十二混成旅旅长。但不久刘存厚被熊克武打败而撤向陕南,刘成勋率部留驻川中,观望局势。2 月 18 日,他偕同刘湘等人通电共推熊克武为四川靖国军总司令。熊克武进驻成都后,刘成勋接受熊所委之川军第四师师长,驻新津。

企图霸占四川的唐继尧,见到熊克武实力日益壮大,遂命令滇黔军联合部分川军,于 1920 年 5 月发动倒熊之战。同年秋,熊克武以驱逐客军相号召,委但懋辛、刘湘和刘成勋为第一、二、三军军长,分路向驻在成、渝两地的滇黔军进攻。但懋辛、刘湘两军作战甚力,终将滇黔军逐出川境,但刘成勋佯为拥熊,实则按兵不动,冀部队坐大,控制川局。是年 7 月,刘成勋接受广东军政府委任帮办四川军务。

嗣后,熊克武被联军打败,退出成都,倒熊各军推吕超为川军总司令,刘成勋未参加这次战事,只得事后对吕表示亲近,所部得以仍回原防新津驻扎,实力丝毫无损。8 月,熊克武联合退驻陕南之刘存厚组织靖川军入川,反攻倒熊联军,几经战斗占领成都,刘成勋立即加入靖川军行列。刘成勋虽未参加倒熊战争,但熊克武仍任他为第三军军长兼成都卫戍司令。12 月 30 日,刘又接到北京政府委任为建昌镇守使,未到职。

回川之刘存厚军驻成都附近东路一带,与熊克武军渐生龃龉,愈演愈烈。1921 年 2 月,熊克武与刘成勋、刘湘联名通电刘存厚之罪状,川战又起。刘成勋奉命率部由西路进攻,但他虚张声势,只在新津、双流至成都间布置重兵阻止刘存厚部西撤,并未接战。而在刘存厚被逐之后,他亦分享战胜者之利,可谓名利双收。由于在几次军阀之战中,刘成勋大多圆滑应付,坐观成败,壮大实力,在川军将领中绰号"水漩",时人称之为"刘水公"。

1921年6月,四川各军将领集会共推刘湘为川军总司令兼省长,刘成勋在这次会议中未被举任新职,郁郁不乐。8月,川军组织援鄂军,刘成勋以边防重要为由,未出一兵一卒。后援鄂军失败,刘未有任何损失。

1922年7月,第一军熊克武、第二军刘湘之战爆发。熊克武为增强实力,联合第三军共同作战,刘成勋被推举为临时总司令。刘就职后坐镇成都,通令邓锡侯、石青阳、赖心辉、田颂尧、刘斌各师,会攻第二军驻地泸州、重庆各地,将刘湘打得溃不成军。刘湘败后下野回籍,刘成勋表示绝不投井下石,通令沿途驻军妥予保护。10月,刘成勋被四川善后会议推为川军总司令,并以总司令名义暂摄民政。11月13日,刘又接受北京政府晋给一等文虎章。12月复被四川省议会推举为临时省长。其时刘曾派代表去上海谒见孙中山,与南方政府发生联系。孙中山复电、函勉其舍弃武力,趋向实业,为国家立不朽功业。但刘认为川中群雄竞长,势非有强大军力做后盾不可,进而谋政治权力,因而对孙中山忠告未予置理。

刘成勋虽然一时炙手可热,位高权重,但并不能控制全川各派军队,而军阀之间是莫能相安的。刘存厚之旧部第七师师长陈国栋因收编何金鳌部引起纠纷,刘成勋不满陈之所为,以至1923年1月演变成熊克武军、刘成勋军、赖心辉边防军联合对付刘存厚旧部第三师邓锡侯、第七师陈国栋和第二十一师田颂尧之战。战事初期,刘成勋方面势众力大,尤其是4月初赖心辉指挥之第六师重重围困邓、陈、田部,胜券在握。邓锡侯等部商定出奇兵偷袭成都,刘成勋指挥之部队受到威胁,成都又无可用之兵,乃被迫订立城下之盟,退保新津。5月,熊克武战胜邓、陈等部,进入成都,希望刘成勋出兵全歼邓、陈、田各部,但刘以省城空虚为由,将主力留守成都不再参战,熊、刘、赖合作之势于是解体。刘成勋率部退到川南双流、新津、彭山等地。

1923 年 11 月,刘湘在吴佩孚援助下东山再起,发动"倒熊"战争。刘成勋慑于吴、刘之势,与赖心辉中途背信,倒向刘湘。熊克武孤军失援,于 1924 年 2 月败退广东。刘成勋自知在川中角逐难敌各军,在受领北京政府任命之四川边防督办职后,即向川边发展。1924 年 3 月,他出兵一举击败陈遐龄军孙涵部,夺占雅安、汉源、荣经各地,并以敖集生部攻占打箭炉。1925 年 2 月刘成勋被北京政府委任为西康屯垦使兼办民政事宜。时受吴佩孚扶持的杨森,在四川发动统一之战。杨先已派军袭击刘成勋部,刘不敌,败守雅安、打箭炉一带。杨森继于 4 月命何金鳌、白驹及边军孙涵、羊清泉等向雅安、荣经等地进攻,刘成勋节节败退。至 6 月,反对杨森之各将领云集重庆开会,组织反杨联军,刘成勋出兵东进,协同友军战败杨森,乘势夺回雅安、荣经各地,实力有所恢复。

1926 年 7 月,广州国民政府兴师北伐,捷报频传。11 月,刘成勋亦通电拥护北伐,被委任为国民革命军第二十三军军长,12 月 1 日在雅安宣誓就职,并设政治部,对部队进行政治训练。

当时,四川各个军事实力派虽然先后挂上了国民革命军的番号,但并不出征北伐,仍在四川境内你争我夺,割地称雄,刘成勋极力靠拢刘湘。被蒋介石倚为四川重心的刘湘,曾拟以其武力对抗刘文辉部,刘成勋乃电刘湘表示甚愿亲率全军将士加入前线,实行"革命"工作。但刘湘与刘文辉是叔侄关系,反而暂时形成合作,图谋夺取刘成勋的川南。1927 年 6 月,刘文辉分兵三路向刘成勋部发动猛烈攻击。刘成勋之第二十三军虽然也做了一些抵抗,但终因实力悬殊,节节败退,仅半月时间,防区全失。刘成勋逃出雅安,率部仓皇退至距雅安四十里之青子岗时,又遇匪徒袭击,损失甚巨。他乘匪徒抢掠之际逃逸,脱险至荣经,但从此一蹶不振,残存将领亦不愿随行,被迫于 6 月 29 日发出下野通电,第二十三军军长职务交第二师师长孙涵暂摄。

刘成勋从此脱离政坛,回原籍大邑息影林泉。1929 年以其田百余亩辟为果园,雇人栽培柑橘、板栗等,并开设烧酒坊。1933 年在大邑县城内开设戏院,并将本宅后院租赁别人开餐馆,前院留给自己作为公馆,每日车马盈门,阔绰一时。1944 年 12 月,刘病死于大邑。

主要参考资料

周开庆编:《民国川事纪要》,台湾四川文献研究社 1974 年版。

四川省文史研究馆编:《四川军阀史料》第 1、2、3 辑,四川人民出版社 1981 年版。

大邑县县志。

刘 存 厚

邵桂花

刘存厚,字积之,1885年1月24日(清光绪十年十二月九日)生于今四川省简阳县。先祖为盐商,父刘廷辅为光绪己丑恩科武举。

刘存厚幼入私塾启蒙,后读经,欲步入仕途。1902年应郡院试,榜上无名。1903年进新设的四川武备学堂就读。1907年7月毕业,与周骏、尹昌衡等人被该学堂首批选送至日本留学,入士官学校中国学生队步兵科第六期,同期同学有孙传芳、阎锡山、唐继尧等人。1908年12月毕业归国,参加北京军谘府陆军部考试,授陆军科举人,旋被推荐给云贵总督李经羲,调往昆明训练新军,任云南讲武堂战术教官。这期间,经罗佩金、李根源介绍,刘存厚加入了同盟会。1911年辛亥革命前,刘任新军第十九镇三十七协七十四标第二营管带,唐继尧任同标第一营管带,雷飙任第三营管带。三十七协协统蔡锷有反清革命思想,刘存厚也附和进步潮流,但又不时与清军督练公所总参议靳云鹏相周旋。同年10月10日武昌首义后,刘存厚参加了蔡锷、李根源等人领导的28日云南昆明起义,攻下督署,众举蔡锷为云南都督,刘存厚任参谋部第一部部长。蔡锷令唐继尧进军贵州,唐派韩建铎为援川滇军司令,刘存厚为总参谋,率队进驻四川叙府(今宜宾)、泸州。11月,四川光复,尹昌衡继蒲殿俊任四川都督,决心以武力驱逐滇军,经蜀军政府与四川大汉军政府代表一起同滇军交涉,礼送滇军出境。刘存厚感到重返滇省仍无出路,密电尹昌衡表示愿意返蓉,尹复电表示欢迎,刘存厚遂以父命归川为由,于1912年3月初离开滇军返回成都。

同年4月27日,成、渝两军政府合并,宣告四川统一,成立四川军政府。尹昌衡已将川军扩编成三个镇,为安置刘存厚,特意增第四镇,委刘任统制。不久,改镇为师,刘仍任第四师师长。1913年7月,尹昌衡出康定平叛,由胡景伊代理川督。胡是袁世凯的党羽,共和党四川支部常务理事,胡排挤和打击革命党人,但对刘存厚极拉拢,刘和周骏遂加入共和党,转而投胡拥袁。8月,川军第五师师长、重庆镇守使熊克武和老同盟会员杨庶堪宣布独立,响应孙中山发动的讨袁"二次革命",分兵西进讨伐胡景伊,胡命令刘存厚迎击熊克武,熊军败退。9月,刘存厚署理重庆镇守使,"大肆搜捕国民党人,株连无辜,查抄财物,得银二十多万元,旋师成都"①。川军第二师师长彭光烈因与熊克武暗通,全师被解散,遂将第四师番号改为第二师,刘存厚仍为师长,晋陆军中将衔。

1915年初,陈宧受袁世凯之命,率北洋三个师入川会办军务,在全川实行大清乡,排除反袁力量,为袁称帝铺平道路。陈派刘存厚为川南清乡总司令,率兵两个团驻守泸州。袁阴谋称帝,于12月册封刘为二等男爵以笼络之。同月25日,蔡锷等人在云南宣布独立,组织护国军举兵讨袁,蔡自任总司令,罗佩金为总参谋长,进兵四川叙永县。蔡、罗与刘有深厚的历史关系,极力争取他反袁,刘手下第二旅旅长雷飙也赞成附蔡讨袁,但另一旅长拥袁。叙永县知事为刘二弟,同情护国军,刘父也支持其义举。护国军在争取雷飙的同时,授意四川人李宽文向刘存厚投递了一封匿名信,说:"我从北京方面得来一个秘密消息,袁世凯疑心你暗通蔡锷,将指示你的部下对你进行暗杀。②"刘便急忙同雷飙计议,派人与护国军联系,于1916年1月31日在纳溪以"护国川军"总司令名义发表讨袁檄文,宣布独立。2月1日,护国军到达纳溪,刘率

①　徐正唯:《刘存厚传》,中国人民政治协商会议四川省简阳县委员会文史资料研究组编《简阳文史资料》第13辑,1987年版,第17、18页。

②　陶菊隐:《北洋军阀统治时期史话》(上),三联书店1983年版,第386页。

部配合护国军会攻泸州,占领益田县、月亮岩,与张敬尧的北洋先遣军和熊祥生部隔江对峙。3月7日,刘存厚的护国军在前线失利,他惊恐万状,认为弹尽兵疲,便不顾蔡锷反对,撤离纳溪退往安宁桥。当时川滇护国军仅有七千余人,而袁世凯的北洋军有五万多人。双方在泸州、纳溪西南棉花坡、大州驿一带的激战持续两个多月。继后各省纷纷响应护国军,袁被迫于3月取消帝制,陈宧也随之宣布四川独立。6月6日,袁世凯死去,刘存厚所部恢复原番号,仍称四川陆军第二师,继续任师长。

　　袁世凯死后,黎元洪继任大总统,段祺瑞出任国务总理兼陆军总长,蔡锷被任命为四川督军兼省长。7月20日,刘存厚率部进驻成都,摄行军、民两政。29日,蔡锷抱病入成都,刘率众迎接。8月,蔡锷电保刘存厚为第二师师长,权委川军第一军军长,请授陆军上将衔。9月,蔡锷赴日"养疴",病逝异国。同月北京政府电令滇军将领罗佩金、黔军将领戴戡分别署四川督军与省长。刘存厚仍维持原职,10月授陆军中将衔、崇武将军、勋四位,12月加陆军上将衔。

　　1917年3月,刘存厚与四川督军罗佩金因裁军问题发生冲突,领衔通电指控罗调动滇军准备作战。4月18日,滇军与刘存厚的川军在成都城内展开巷战,死伤数百人。北京政府电令罗、刘立即停止战斗,来京供职,川督由戴戡暂兼,但罗、刘不遵令北上,分别率部退往仁寿、简阳和凤凰山。

　　戴戡利用刘、罗混战之机,通过进步党梁启超等人的关系,向段祺瑞靠拢,得以集省长、督军、会办三个头衔于一身。在戴、刘互相怨恨之时,张澜亦不甘心戴独占权位,遂与刘存厚合作。7月1日,张勋拥清逊帝溥仪复辟。同月3日,溥仪伪谕授刘存厚为四川巡抚。刘存厚对溥仪谕旨并未立即表态,而是通过关系在京奔走于段、张之间,以观时变。4日,刘通电声讨张勋复辟,拥护共和,指责戴戡把持邮电以及陷害他人。5日,戴以讨伐"叛逆"为名对刘存厚用兵。当日夜,川、黔两军在成都北校场、西校场一带激战。8日,黔军败守皇城,戴戡求助罗佩金未果,粮弹告罄,不得不交出三颗大印,撤军出城。刘存厚深知戴意在与滇军会合后卷土重来,假意应允,暗中派队驰赴龙泉驿、山泉铺一带埋伏,阻击由资、简、荣、威西上的黔军。21日,戴戡在溃退途中遭伏击自戕,随行将领多被俘被杀。

张勋复辟失败后,段祺瑞重新上台,梁启超等人对戴之死表示悲痛,要求严办刘存厚,但段置之不理。北京政府任命川军第一师师长周道刚暂代四川督军,张澜暂行护理四川省长。刘存厚又与川军周道刚、钟体道等人为伍,集合一、二、三师兵力,在成都周围地区,同滇黔军进行更大规模的"资简阻击战"、"青眉攻防战"、"资内争夺战"①,再次打败滇、黔军。北京政府遂于11月任命张澜为四川省长,刘存厚会办军务。12月刘升任督军,成为称雄地方的小军阀。

时熊克武借护法名义进兵四川,于1918年1月就任四川靖国各军总司令。受黔、滇、川军压力,刘存厚、张澜于2月19日退出成都,往绵阳与钟体道会合,不久又逃离绵阳,经广元、昭化,于6月进驻陕西宁羌(今宁强)。刘在绵阳暂住月余,竟预征一年田赋。7月,南方军政府任命熊克武为四川督军。与此同时,北京政府发表刘存厚为二十一师师长,划汉中等七县为刘、钟两部防区,军械饷糈均由北京政府供给,刘还在汉中设四川督军行署。刘在陕南实行暴政,逼农民毁田种植鸦片,城乡遍设烟馆,遍摆赌场,奸淫妇女,无恶不作,激起当地民众公愤。陕西省议会电告北京政府,公布刘祸陕罪状十二条,请求调刘离陕,严加惩处。1920年2月间,陕督陈树藩先后七次电控刘的暴行,要求将刘调离惩处。4月,陈终于对刘下了逐客令,限期离陕。

同年5月,熊克武在川、滇、黔战争中败北,被赶出成都,退守保宁。熊、刘同病相怜,弃嫌修好,共同组织靖川军,联合起来驱逐滇黔军,分别攻打重庆,收复成都,相约战事未了,二人均不用督军名义,公推刘湘护理川督。8月,刘存厚就任靖川军总司令。9月,刘、熊联合攻克成都。10月,熊又占领重庆,并在渝设川督公署。11月,刘返回成都也挂起四川督军公署招牌。一时南北政府分别任命的两个督军在成渝对峙,分庭抗礼。后经刘活动关节,北京政府于12月30日命令刘存厚督川,熊克武为四川省长,企图把四川纳入北洋政府统治之下。

刘存厚虑及此次回川兵力不足以统驭全川,遂有北结陈树藩,南联黔、滇,以牵制川东南各军,复施其纵横捭阖之手腕,离间川中各师旅,使其互相猜忌,辗转以就己范围之阴谋,然事与愿违,所定计划尽成画饼。1921年2月18日,川军二十三名将领联名通电否认北京政府的任命,并公布了刘存厚阻挠自治的十条罪状。后来熊克武、但懋辛、刘湘、刘成勋等人联合起来,分路向刘存厚进攻,刘见势不妙,遂伪装自治,同时密电北京政府表明拥护中央之态度,说明迫于形势,不宜公开表态,请中央谅解。北京政府把刘存厚的密电公布出来,刘立即成为众矢之的,骂他口是心非,是北京政府的走狗。刘被主子出卖无地自容,于3月22日通电,自动下野解除靖川军总司令职,复出灌县,重返宁羌。

1923年2月,四川再次发生内乱,吴佩孚乘机援助杨森回川,并令刘存厚由陕南进兵川北。刘于2月19日进驻绵阳,5月败走。1924年5月27日,北京政府令裁撤四川督军,刘改任川陕边防督办。川陕边防督办公署设于绥定(今达县),辖绥定、万源、宣汉、城口四县。刘存厚在绥定近十年,兵力由不足五千人,逐步扩大到二万五千人。刘无休止地剥削搜刮,引起民众强烈不满,共产党员李家俊曾领导四川农民抗租,建立抗租军及四川第一路红军,遭到残酷镇压。刘对在当地活动的国民党也同样进行压制。刘信奉国家主义,国家主义分子在绥定活动猖獗。

1928年10月底,国民党政府指定刘湘为川康裁缩军队委员会委员长,邓锡侯、刘存厚副之,负责川康军队缩编事宜。此前吴佩孚在北伐军的打击下,大势已去,不得不入夔门投杨森、刘存厚。刘不顾南京国民党政府"讨吴除杨"的通电,将吴一行安置在绥定与开江交界处檀木场陈济川的大院内居住。他对吴的供应、警戒甚是周到谨严。吴曾写诗赠刘:"方寸纠纷俗累萦,无端怅触笔花生。人间落魄寻知己,诗写牢怨见性情。孝水梦回千里曲,蜀山月挂一钩轻。枕边莫恼鸡声恶,催起刘郎趁早行。"①抒发对刘的感激之情。同年末,刘又迎吴佩孚至距绥定三十里之河市坝居住,且为吴设"行辕"于绥定城内,要为吴招兵买马组织警卫旅。

1929 年 3 月 21 日是吴佩孚五十七岁生日,时值蒋桂战争爆发的前夕,吴佩孚亟思乘机出山,刘存厚与吴合谋,事前发出通启,大摆寿宴,广为招徕。段祺瑞、曹锟、蒋介石、阎锡山、李宗仁等人纷纷派代表前来祝寿,川省各军阀也都馈赠厚礼,刘存厚赠寿银五千两。10 月,段祺瑞派代表来河市坝促吴再起,各方军阀残余代表云集河市坝,与吴密商局势。刘存厚更与吴拟定了组建"兴国军"计划。刘还派代表赴南京谒蒋介石,请准许吴佩孚回籍山东,吴三次通电试探之后,于 1930 年 6 月 4 日由绥定起程赴蓉,刘存厚盛宴欢送,赠路费银二万元,后吴出川受阻,刘又劝吴移驻汉小镇下八庙。

1933 年 5 月,蒋介石任命刘存厚为陆军二十三军军长(空头番号)。10 月又任命刘为四川"剿共"军第六路总指挥,负责"围剿"川北红军,结果受到红四方面军徐向前部的迎头痛击,损失甚众。10 月 20 日刘弃城逃跑。翌日,红军正式入城,结束了刘在绥定近十年的统治。蒋介石于 10 月 28 日以"轻弃防地"的罪名,将刘撤职查办,其残部由刘的副军长刘邦俊改编。

此后刘存厚长期赋闲,他在成都置园林一处,修饰一新,名为"榆园",又在故里简阳买下庄园一处,名为"桂里山庄"。1948 年刘任国民党"行宪国大"代表。1949 年新中国成立前夕,刘存厚被当时任国民党行政院长的阎锡山"接往"台湾,受聘伪总统府"国策顾问",但刘生活潦

---

① 徐正唯:《刘存厚传》,中国人民政治协商会议四川省简阳县委员会文史资料研究组编《简阳文史资料》第 13 辑,1987 年版,第 17、18 页。

倒。刘在诗中自况:"蹉跎容易又三春,一事无成唯虑贫。谁知路旁卖瓜客,曾为麟阁画图人。"①刘存厚于 1960 年 6 月病逝在台北②。

　　刘喜书法,好吟诗,收藏图书、碑文、名画颇丰。著有《云南光复记》、《护国川军战纪》、《蜀军志》、《榆园诗存》等。

---

① 　徐正唯:《刘存厚传》,中国人民政治协商会议四川省简阳县委员会文史资料研究组编《简阳文史资料》第 13 辑,第 17,18 页。
② 　刘的卒年依据《刘存厚小传》,台北《传记文学》第 38 卷第 2 期。

刘 道 一

李静之

刘道一,字炳生,原籍湖南衡山,1884年(清光绪十年)生于湘潭县。父亲刘方尧原是农民,太平天国时被征募为湘军乡勇,因基于民族大义放走一个太平军俘虏,触犯军法,逃至湘潭乡间匿居,改名明远。后在湘潭县衙门担任差役,称籍湘潭①。刘道一早年就读于私塾,稍长入湘潭的一所教会中学,英语学得很好。由于受革命潮流和哥哥刘揆一的影响,思想激进。读《汉书·朱虚侯传》,中有"非其种者,锄而去之"的句子,便自号"锄非"。

1904年2月,黄兴、刘揆一等人组织的革命团体华兴会在长沙正式成立,刘道一随哥哥参加。华兴会决定这年冬天发动长沙起义,刘道一曾参与起义的准备活动②。3月,他东渡日本,入清华学校③。由于反清的共同革命志趣,他结识了秋瑾,并与秋瑾、刘复权、王时泽等十人,组织秘密团体"十人会",以反抗清政府、光复中华为宗旨。秋天,又

---

① 刘安萧:《回忆我的父亲刘揆一》,中国人民政治协商会议湖南省委员会编《湖南文史资料选辑》第10辑,1978年版。

② 《革命先烈先进传》,《革命人物志》第6集,台北1971年2月版,第436页。

③ 《清国留学生会馆第五次报告》,清国留学生会馆编辑发行,光绪三十年十月,第127页。

参加冯自由等人在横滨组织的"洪门天地会",受封为"草鞋"(将军)①。

　　1905 年 8 月,同盟会在东京成立,刘道一参加,被推任书记、干事等职②。他长于口才,又精通英语,同盟会对外交涉方面的事务,他很尽力,被黄兴认为是"将来外交绝好人物"③。

　　同盟会成立后不久,留日会员纷纷被派回国运动新军和会党,酝酿武装起义。刘道一因父亲年老多病,请求回国从事革命活动。1906 年秋,他和蔡绍南等人被派回湖南"运动湘军,重振会党"④,在湘赣边境开展活动,准备武装起义。他抵达长沙时,曾邀集革命同志数十人在水陆洲的一只木船上秘密开会,传达黄兴意见:这次武装起义,应以军队与会党同时发动为上策。如若会党首先发难,军队立即响应。会议认为,为攻取省城长沙,须将会党集合在萍、浏、醴各县,和运动成熟的军队联合,方可举事。如果这个方案实现不了,则由会党在浏、醴发难,直扑长沙,军队反戈相应,占领省城,会党再组织便衣敢死队,阻止敌人的后援部队。会后,刘道一留在长沙掌握起义全局,并负责与同盟会东京本部及各方面联系,蔡绍南则往萍乡一带联络会党,计划待军队运动成熟,在阴历年底清吏封印时举事。

　　同年 12 月 4 日,蔡绍南、龚春台、姜守旦等领导的萍浏醴起义提前爆发了。起义声势浩大,参加者包括萍乡、醴陵、浏阳的会党、防营兵士和工人共三万余人。起义队伍很快占领了浏阳的高家头、金刚头及萍乡的高家台,进据萍乡上栗市,以及宜春、万载各县的一些地方,屡败清

---

①　冯自由:《革命逸史》第 2 集,中华书局 1981 年版,第 177 页。王时泽:《回忆秋瑾》,中国人民政治协商会议全国委员会文史资料研究委员会编《辛亥革命回忆录》(四),中华书局 1963 年 2 月版,第 225 页。徐双韵:《记秋瑾》,《辛亥革命回忆录》(四),第 209 页。

②　《革命先烈先进传》,《革命人物志》第 6 集。台北 1971 年 2 月版,第 437 页。

③　刘揆一:《黄兴传记》,中国史学会主编《中国近代史资料丛刊·辛亥革命》(四),上海人民出版社 1957 年 7 月版,第 28 页。

④　刘揆一:《黄兴传记》,中国史学会主编《中国近代史资料丛刊·辛亥革命》(四),第 284 页。

军。清政府急调湘、鄂、赣、苏等省驻军四五万人前往会剿,相持一月余,起义被镇压下去。萍、浏、醴起义爆发时,刘道一正在长沙做起事的最后部署,新军还没有运动成熟。他听到萍、浏、醴已经举事的消息,日夜加紧准备,以便起义队伍攻取长沙时,新军及防营能开城响应。不幸他的活动为清政府发觉而遭逮捕,12 月 31 日,在长沙浏阳门外就义。他是留日学生中因反清革命被杀害的第一人,也是同盟会会员中为革命流血牺牲的第一个烈士。刘道一牺牲后,其亲友被株连者很多,其父被捕,瘐死狱中。

萍浏醴起义失败和刘道一牺牲的凶耗传到日本后,留日同盟会员痛心疾首,纷纷请缨归国杀敌。黄兴悲愤不已,作诗哀悼:"英雄无命哭刘郎,惨澹中原侠骨香。我未吞胡恢汉业,君先悬首看吴荒。啾啾赤子天何意,猎猎黄旗日有光。眼底人才思国士,万方多难立苍茫。"[1]孙中山对刘道一的牺牲也深为悲痛,曾作挽诗:"半壁东南三楚雄,刘郎死去霸图空。尚余遗孽艰难甚,谁与斯人慷慨同? 塞上秋风悲战马,神州落日泣哀鸿。几时痛饮黄龙酒,横揽江流一奠公。"[2]

刘道一就义后,遗体运回湘潭。1912 年 3 月南京临时革命政府追认他为烈士,迁葬于长沙岳麓山。

---

① 刘揆一:《黄兴传记》,中国史学会主编《中国近代史资料丛刊·辛亥革命》(四),第 28 页。

② 《革命先烈先进传》,《革命人物志》第 6 集,第 435 页。

刘 复 基

刘复基,字尧澂,后易名汝夔,生于 1884 年(清光绪十年)①,湖南常德人。少年时曾就读于常德县立高等小学堂,成绩优异。他幼读黄梨洲、顾亭林、王船山诸人书,感受民族主义思想,深恨清廷统治腐朽黑暗,慨然有推翻清廷之志。这时,他认识了刚从日本回国不久的黄兴,两人常在一起议论反清革命事宜。

1904 年秋,黄兴等人密谋于 11 月 16 日西太后七十岁生日当天在长沙起义,常德、衡州等五路同时举事,刘复基积极投入了这次行动。10 月,他受黄兴的派遣,与宋教仁一道负责主持常德一路。他们在常德筹措经费,聚集同志,联络会党,颇著成效。不意事机泄漏,起义未经发动即遭失败。刘复基匿于常德柳叶湖,幸免于难。

11 月,参与起义的哥老会首领马福益又潜回湘西洪江,图谋再举,刘复基毅然前往参加。不料起义前马福益被捕,于 1905 年 4 月就义于长沙。刘复基悲愤交集,但斗志弥坚。不久,他东渡日本探索革命道路,同年 8 月在东京加入同盟会。

1906 年春,刘复基受同盟会派遣,回湘开展工作。他在长沙筹设报刊代派所,运销《民报》及各种革命宣传书册,同时还负责湘、鄂两省的联络工作。同年夏,他积极参与禹之谟倡导公葬留日革命青年陈天华、姚宏业于岳麓山的活动。事后,清吏竟将禹之谟逮捕下狱。刘复基

---

① 刘复基生年无准确记载,此系按其牺牲时的年龄推算的。

无比愤懑,乃与蒋翊武奔走沅、澧之间,招纳会党,以民族大义相号召,得敢死之士数百人,准备起义。他们设革命机关于常德祇园寺,不料又被清吏侦破。刘复基避走上海,在那里与杨卓林创办《竞业旬报》,以通俗文体宣传反清革命。1907年3月,杨卓林被捕下狱,《竞业旬报》被迫停刊。

1908年春,刘复基应胞兄刘星澂函召,与蒋翊武赴汉口办《商务报》。12月,他们得知武昌成立了革命团体群治学社,便以报社采访员名义前往联络,结识了新军中的群治学社负责人蔡大辅。通过蔡的介绍,又与武昌群治学社负责人李六如取得了联系。此后,《商务报》成为群治学社的机关报,进行革命宣传,反清色彩十分鲜明,被视为"汉口报界革命之急先锋"①。

1910年4月,长沙发生抢米风潮,群治学社决定乘机发动起义,嗣因抢米风潮很快被镇压下去而作罢。但风声已经外露,《商务报》被清政府封闭。不久,群治学社改名振武学社。这时,刘复基深感革命的胜利非发动军队不易成功,便毅然投笔从戎,入湖北新军第四十一标三营左队当兵。

1911年1月,振武学社因革命活动暴露,改名为文学社,刘复基被推为评议部长。文学社的宗旨是:"推翻清朝专制,反对康、梁的保皇政策,拥护孙文的革命主张。"②组织发展很快,3月15日召开第一次代表大会时,社员达四百余人。7月,文学社社员猛增到近三千人。这时,该社的机关报《大江报》因连续发表激烈的反清言论,被湖北当局查封。刘复基不断奔赴各营报告情况,告诫同志加倍慎重,保守秘密,准备革命时机到来。

刘复基很重视文学社与湖北的另一革命团体共进会的联合问题,

---

① 章裕昆:《文学社武昌首义纪实》,三联书店1952年版,第11页。
② 万鸣阶:《辛亥革命酝酿时期的回忆》,中国人民政治协商会议湖北省委员会编《辛亥首义回忆录》第1辑,湖北人民出版社1957年版,第123页。

一再在代表会上提出。他说:"我们两团体宗旨、目的都是一致的,合则两美,离则两伤;譬如风雨同舟,大家只期共济,到达彼岸就得了,有什么不可商议?"①9月14日,文学社、共进会举行联席会议,集中讨论一起在武昌发难的计划,决定建立统一行动的机构,刘复基被推为军事筹备处常驻筹备员。

9月下旬,起义的准备工作已大致就绪。24日,文学社、共进会联合举行会议,预定10月6日(中秋节)起义,制订了总动员计划,推举了起义负责人。正在这时,传来了南湖炮八标士兵于前晚(23日)发生暴动的消息,暴动士兵要求立即起义。刘复基冷静地估计了形势,说如果仓促起义,由于"百无一备"、"功亦难幸成",反而打乱了原定起义的整个部署②。根据他的正确意见,会议坚持原来的起义计划。但原起义日期因准备不及,要往后推,一时又定不下来。

10月9日上午,孙武等人在汉口总机关制造炸弹失事,总机关被破获,党人名册被抄走,并有多人被捕。在严讯下,有人畏刑吐实,于是武昌革命机关及领导人均被暴露,军警大肆搜捕,形势十分危急。当天下午刘复基与蒋翊武等人正在武昌机关聚议发难日期,听说孙武失事的消息,刘复基愤然倡议:"事已至此,正是我们和满奴铁血相拼的时候了。与其坐而被捕,不如及时举义,成败利钝,非所计也。"③蒋翊武问:"炸弹制就否?""地图若何?""方略已定否?"刘复基说:"炸弹制就者,已分发各营。"④他又将地图和方略交蒋翊武。蒋阅后,以总指挥名义,草命令一道,派人分送各标营,约定当晚十二时,以南湖炮台鸣炮为号,各营同时并举。

9日晚10时,刘复基等正在机关等候南湖发动起义的炮声,军警

---

①　杨玉如:《辛亥革命先著记》,科学出版社1957年版,第40页。

②　李西屏:《武昌首义纪事》,中国人民政治协商会议湖北省委员会编《辛亥首义回忆录》第4辑,湖北人民出版社1961年版,第24页。

③　杨玉如:《辛亥革命先著记》,第55页。

④　章裕昆:《文学社武昌首义纪实》,三联书店1952年版,第32页。

破门而入。刘复基临危不惧,挺身而出,手持炸弹,下楼拒敌。他连掷数弹,仅第一枚爆炸,爆炸力不大。敌人一拥而进,将刘复基等人逮捕,漏夜提审。刘复基步入公堂时毫无惧色,敌人问他何故造反,他厉声道:"吾矢志驱除鞑虏,还我河山,复扬州十日仇,雪嘉定三屠恨,何谓造反? 今既被执,夫复何言,请速予死。"①

　　次日清晨,武昌起义爆发的当天,刘复基就义于武昌湖广总督衙门外,年仅二十八岁。临刑前,群众闻讯拥至,填街塞巷,他向悲愤的群众大呼:"同胞呀! 大家起来革命!"②

　　　　　　　　　　　　　　　　　　　　　

① 邹鲁:《中国国民党史稿》,中华书局 1960 年版,第 5 册,第 1405—1406 页。

② 杨玉如:《辛亥革命先著记》,第 58 页。

刘　公

朱信泉

　　刘公,原名耀宾,又名湘,字仲文,革命时又号"非非子",湖北襄阳人,1881 年(清光绪七年)出生。刘有兄弟六人,他行二,故字仲文。刘家是襄阳三大富室之一,有土地万余亩,专对票号、钱庄、商店放款。

　　刘公素有远志,见清廷内政日非,外患日迫,慨然起革命之思。1902 年东渡日本留学,肄业于东亚同文书院。课余则联络同志,鼓吹民族革命。其时关于革命之宣传品,如《警世钟》、《猛回头》等书,留日人士莫不人手一册,而国内则罕见。刘公于是出资翻印数万册,输入内地,申警国人。同文书院毕业后,入东斌学堂,攻军事学。

　　1905 年秋,中国同盟会在东京成立,刘公率先加入。不久与孙中山等人议设民报社,鼓吹革命,刘慷慨出巨资,始得成立。《民报》出版,风行一时,自是中山先生的三民主义,便广为国人所知晓。

　　1906 年萍浏醴起事,孙中山派他回国谋划响应,事败复回日本,入明治大学政治经济专科学习。1907 年 8 月,刘公和川人张百祥、湘人焦达峰以及赣、粤、苏、浙诸同志组织共进会,谋策动在长江流域起义,舍鼓吹而重实行。该会以同盟会的纲领为纲领,采用同盟会的誓词,但将同盟会誓词中"平均地权"改为"平均人权";又以同盟会总理为总理,另设会长和各部部长,张百祥任第一任会长,张回四川,由邓文辉继任,邓回江西则由刘公继任。

　　1909 年,刘公于明治大学毕业,因奔走国事,积劳成疾,遂以返里调摄为名在本县疗养;他潜往豫西、鄂北一带进行革命活动,吸收同志入会,鼓吹青年当兵。刘在日本时常对人说:"君等努力革命,费用我想法子。"

1911年夏,武汉地区革命运动迅速发展,共进会同志急盼有人领导革命并解决经费问题,刘公遂以捐官需款为名,从家中索得二万两银票,以一万两捐充革命活动经费,另一万两托表兄陶德琨保管。从而使共进会的活动更为积极,所有设置机关、分途部署、运动军队及制造旗帜、印刷钞票、制造炸弹、派代表赴沪迎黄兴、宋教仁来鄂的旅费等用途,方有着落。革命机关设在汉口俄租界宝善里十四号,刘为了能就近照料,迁居同里一号。

1911年9月24日,共进会和文学社在胭脂巷十一号第三次开联合大会,会议确定了起义计划、日期及起义后的军队领导机构,并初步定下10月6日(中秋节)为起义日期及动员计划等。推蒋翊武为临时总司令,刘公为军政府总理。但就在此次会议后的当日下午,南湖炮营发生了自发的暴动,引起清政府当局的戒备;起义总指挥部遂决定改期于10月11日(阴历八月二十日)起事。10月9日却又发生了一件意外的事,那天孙武在宝善里十四号装配炸弹时受伤,虽得同志救护脱险,却被俄租界警察发觉前来搜查,刘公诳以他辞得免,避往汉口汉兴里,刘公之妻及刘弟却以嫌疑被捕;而党人名册及军器等项,尽遭搜去,驻汉俄国领事敖康夫随即将人员及证物立即引渡给湖广总督署,清总督瑞澂遂加紧搜索革命党机关,党人三十余人被捕。彭楚藩、刘复基、杨洪胜三烈士首先遇害。当此危急存亡间不容发之际,新军党人怀着不是鱼死便是网破的想法,决心冒险发难,遂于10月10日晚各营先后起事。

11日上午武昌为革命军占领,一江之隔的汉阳、汉口也在11日和12日相继光复。刘公没能参加战斗,黎元洪却被推为鄂军都督,直至10月13日刘公赶到武昌,被任命为都督府总监察处总监察,上以监察都督,下以监察群僚。由于得不到孙武等人的支持,难有作为。

11月27日,汉阳被清军攻陷,武昌危急,30日黎元洪出奔葛店,刘公以总监察名义守武昌，其后，对黎元洪弃城不守，仅提出一纸弹劾案了事。

武昌编组北伐军时，刘公被黎元洪任命为北伐左翼军总司令，所部约为两千人，1912年3月20日刘率本部抵达襄阳，准备向北推进，黎元洪以为妨碍议和，来电阻止。南北议和成，袁世凯继任中华民国临时大总统后，经黎元洪副总统保举，刘公被授勋二位并任命为总统府高等顾问，刘不愿就职，后经黎元洪促迫于9月入京，所部左翼军被黎元洪的嫡系王安澜部收编。

1913年3月宋教仁被刺案发生后，7月湖口起兵，刘公借故离京赴沪。袁世凯称帝，他通电反对并在汉口积极组织武装力量反袁。袁死，黎元洪继任总统，任命刘公为高等顾问，刘未就，旋丁内忧回籍。1917年7月，孙中山南下护法，12月刘公回到襄阳，号召旧部组织护法军并敦促襄郧镇守使黎天才宣告自主，全鄂震动。后北军吴佩孚率部援鄂，黎天才部战败西退，刘公所部数百人亦随之西退。此时刘所患肺疾日重，犹辗转于秭归、巴东、巫山一带，草履徒步，军旅艰辛，后终因病体无法支持，才接受同志的劝告赴沪就医，卧床经年，医药罔效，竟于1920年4月12日在上海病逝。

主要参考资料

胡汉民：《刘公》，黄季陆主编《革命人物志》第6集，(台北)"中央文物供应社"1971年版。

贺觉非：《刘公》，《武昌首义人物传》上册，中华书局1982年版。

冯自由：《共进会长刘公》，《革命逸史》第6集，中华书局1981年版。

曹亚伯：《武昌革命真史》，中华书局1929年版。

贺觉非、冯天瑜：《辛亥武昌首义史》，湖北人民出版社1985年版。

刘 冠 三

郭天佑

刘冠三,名恩赐,字冠三,以字行。山东高密人,1872年2月16日(清同治十一年正月初八)出生于贫困的农民家庭。他幼年天资聪慧,家境虽贫困,其父仍将他送往县城塾学就读,十三岁即应童子试,得到家人器重,在乡里亦小有名声。

1897年11月,德国借口"钜野教案",派军舰侵占我胶州湾,霸占青岛,并强迫清政府签订"胶澳租界条约",租借胶州湾九十九年,并享有在山东修筑铁路权,使山东成为德国的势力范围。1899年6月,德国开始修筑胶济铁路,当路基经过高密时,因强占良田,挖掘坟墓,拆毁房屋,激起当地农民的不满,经多次交涉无效,遂酿成一场农民群众抗击德国侵略者的武力斗争,年轻的刘冠三亦加入了这一斗争的行列。当地群众被枪杀三百余人,斗争失败。刘深感政府腐败和侵略者的凶残,人为刀俎,我为鱼肉的局面再也不应继续下去了。

刘冠三赴济南在友人处寄住年余。1902年他考入山东优级师范学堂,仍然关心国事,阅读进步书刊,赞成孙中山的革命主张。1905年夏,由留日学生谢鸿焘介绍加入中国同盟会,成为早期的同盟会员之一。他集资创办了《白话报》报馆,开山东革命宣传之先河。

1906年春,刘冠三集资创办山左公学,收学生二百余人,除对学生进行一般文化教育外,大力宣传同盟会的主张,发展同盟会员,不久学生入盟者逾半数。他聘请革命党人徐镜心等人到校讲课,聘留日学生齐树棠、左汝霖等人任教员,山左公学不断扩大,后来在校学生有四五千人之多，一时声名远播，清政府惊疑，山东巡抚杨士骧寻机将其查封。1908年春，刘冠三被迫离济南去青岛暂避，学生随同前往者数十人。他与同盟会员陈幹等人在青岛创办震旦公学。该校专门招收爱国青年，发展同盟会员，成为宣传反清和储备革命力量的基地。同年秋，他与陈干等人联络全省各界，组织保矿会，反对德国侵吞山东矿权，抵制德货。由此，震旦公学引起清政府的嫉视，派人与青岛德当局交涉，引渡刘冠三等人并查封该校。

刘冠三在山东难以立足，遂决定环游各地宣传革命。为了避开清政府侦伺，他乔装成农夫，推一独轮车于1909年春由诸城出发，沿途宣传民主革命思想，发展同盟会员。吴大洲、刘溥霖、隋理堂等人均经他介绍入盟，成了革命志士。他经临沂去曹州（今菏泽）然后到河南开封，经同盟会员杨勉斋介绍在中州公学演说，深受学生的欢迎。刘冠三游历河南后入陕西，再由陕徒步去山西，然后赴蒙古，饥寒交迫，幸遇山东老乡张某资助，才渡过难关。1911年夏由蒙古抵北京，此行历时两年，行程万里。他在一首诗中写道："一程风，一程雪，前行不怕虎狼恶。"①

刘冠三因长途跋涉，积劳成疾，抵京后养病于山东会馆。同年秋，山东同盟会推吕子人赴京问疾并结伴返鲁。不久，爆发武昌起义，在济南的同盟会员徐镜心、丁惟汾等人联络同志积极响应，并有清兵第五镇协统贾宾卿等军官从中活动，迫使山东巡抚孙宝琦宣布山东独立。其时，刘冠三正在家乡高密养病，当获知山东独立后虽感高兴，但预见到孙宝琦一类"官僚不足恃也"②。他病体稍有好转后，即前往青岛积极联络同志，购买武器，拟在胶东数县发动起义。由于孙宝琦与清廷仍暗通信息，十二天后又宣布撤销山东独立。袁世凯派其爪牙张广建、吴炳湘来山东，大肆镇压，革命形势逆转。对此，刘冠三毫不气馁，他辗转去

①　台湾《山东文献》第12卷，第143页。
②　台湾《山东文献》第12卷，第143页。

上海，谒见孙中山，报告山东情况并请示策略，经孙中山委以山东军事重任。

刘冠三由沪返青岛后，先后发动了青州、即墨、安邱、高密、诸城各县的独立活动，其中尤以诸城义举令人瞩目。同盟会员王永福率领山左公学学生为骨干的起义军六十人攻占诸城，宣告诸城独立，成立了山东军政分府，推王永福为司令，臧汉臣为民政长。后因驻沂州之清军巡防营赶来镇压，虽经激烈战斗，终因敌我力量悬殊，革命军遂失败，臧汉臣以下三百余人遭清军杀害①。

民国成立后，同盟会分会在济南成立，刘冠三任副会长，同时出任山东省议会副议长。1912年9月，孙中山来山东视察，刘陪同视察了济南、青岛等地。同年冬，刘当选为国会议员。次年3月发生宋教仁被刺案，袁世凯复辟帝制的阴谋逐渐暴露，刘冠三拒绝袁的重金贿赂，并劝导其他议员不要受骗上当。"二次革命"失败后，11月4日袁世凯下令解散国民党。1914年1月，袁下令通缉刘冠三，刘在友人的帮助下避往陕西，幸免于难。

1917年9月，孙中山发起护法运动，在广州建立护法军政府。刘冠三、丁惟汾等人投入护法斗争②。刘被委为山东招讨使，遂赴沪组织招讨使办事处，以薄子明、孙楚云、陈成功、宫锡德、丁德金等人为各路司令，邓天乙为前敌总指挥，在山东收拢旧部，招募民军，很快组织起五万余人的队伍。其中以第一路司令薄子明的队伍战斗力最强，战绩可观，在鲁南、鲁西南一带屡次挫败北洋军。在邹县东南之两下店的作战中，山东护理督军张树元险些被俘。当山东护法军不断取得胜利之际，广东方面则发生了桂系军阀陆荣廷排斥孙中山改组军政府的事件，1918年5月孙中山被迫辞去大元帅职，护法运动归于失败，山东的护

---

① 中国史学会济南分会编：《山东近代史资料》第2分册，山东人民出版社1958年版，第252、396页。

② 丁惟汾：《山东革命史稿》卷13，山东党史编纂委员会1930年版。

法之役也遂告结束。

　　刘冠三长期为民主革命奔波，积劳成疾，以致经常咯血。1923年，直系军阀曹锟操纵国会进行贿选，刘虽发现内中有诈，却因身染重病未曾离京。贿选后刘心情更加抑郁，病情日益恶化，1925年7月1日病逝于北京。

刘 冠 雄

陈贞寿　　刘传标

　　刘冠雄,字子英,又字资颖,福建侯官(今福州市)人,1861年6月7日(清咸丰十一年四月二十九日)生。父刘穆庵,以箍桶为业。1875年春,刘冠雄考入马尾船政后学堂驾驶班第四届,四年后校课毕业,派登"扬武"练船见习枪炮、驾驶诸战术。次年舰课毕业,复入校习高等课程,不久被派充"镇南"炮舰驾驶官、管带。1883年调补"扬威"快船帮带。1884年8月中法马江海战,刘冠雄奉命驾"扬威"援闽,后因朝鲜东学党举事,中途改赴朝鲜,事平升尽先候补把总。1885年秋,调任"定远"铁甲舰大副。

　　中法马江海战后,清政府为加强海军建设,于1886年3月选派第三届出洋留学生,刘冠雄等二十人入选赴英,先入"抱士穆"军舰,后入武理炮厂学习枪炮等技术。翌年12月,刘冠雄奉命帮同英将琅威理(William M. Lang)驾驶在英定制之"致远"、"靖远"、"经远"、"来远"四舰回国,任"靖远"舰佐,擢升千总。

　　刘冠雄有文才,善交际,足智多谋,人称既有大将风度,又肯尽忠效力。1894年中日甲午海战时,他任"靖远"舰帮带,随军酣战。在大东沟战役中,"靖远"舰中弹数十处,前后三次火起,死伤十八人。为扑灭大火、修补漏洞并牵制敌人,刘冠雄协助管带叶祖珪驾"靖远"且战且退,转至大东沟西南的大鹿岛附近,背靠海滩,据有利地形。敌舰尾随而来。刘冠雄专用舰首重炮轰击敌舰,敌舰不敢逼近,"靖远"舰赢得扑灭大火及修补漏洞时间,并拖住敌舰队部分力量,减轻了敌舰对"定远"

等舰的压力。下午5时,"靖远"舰抢修毕,带伤归队。旋见督船桅折断,无旗宣令变阵,指挥失灵,形势危急,刘冠雄当机立断,急请管带叶祖珪悬旗,统率余舰变阵,绕击日舰,并号召港内诸舰艇出口助战。时日舰已受伤不少,及见我队散而复整,且惧有雷艇暗袭,即向东南退却。这场海战,北洋舰队虽损失惨重,但中国官兵英勇战斗,粉碎了敌人"聚歼清舰于黄海中"的狂妄计划。袁世凯后来在《奏萨镇冰请破格擢用折》中说"我国自甲午一役海军歼焉,然大东沟一战,胜负相当,以视陆路诸军犹有生色",对刘评价亦高。

1895年1月,日军继续大举进犯威海卫,水陆并进,清陆军且战且退,"靖远"及四艘舰艇驶近南帮迎击。2月9日,"靖远"被敌炮击中沉没,刘冠雄等人获救脱险。

威海战败,清政府将北洋海军官兵全部罢遣。刘冠雄因在大东沟海战中建议"靖远"升帅旗,得以号召各舰继续再战反败为胜,获留营效力。6月,刘冠雄奉命赴德接带"飞鹰"猎舰回国,同年底顺利抵达。

1898年6月,光绪帝发动"戊戌变法"推行新政,上谕军机大臣"国家讲求武备,非添设海军,筹造兵轮无以为自强之计",同时下诏广求人才,破格录用。这时先后向德国购买的"海容"、"海筹"、"海琛"及向英国订购的"海天"、"海圻"两舰和"辰、宿、列、张"四雷艇先后到华,叶祖珪、萨镇冰等人都开复革职处分。刘冠雄先出任"飞鹰"管带,后调带"海琛"舰。及至"海天"、"海圻"两舰到华,时为中国最大的军舰,刘冠雄被袁世凯派为"海天"舰管带。八国联军侵犯北京,清廷调集军舰聚集于大沽口,时"海天"等九舰泊于山东庙岛。刘冠雄听从山东巡抚袁世凯之命,率舰驶入长江以避敌锋,并与盛宣怀、沈瑜庆及各国驻沪领事正式会商,炮制了《东南保护约款》。自此,刘冠雄更为袁世凯所器重。

1904年2月日俄战争爆发,刘冠雄奉令驾驶"海天"舰由秦皇岛赶赴江阴接运军械,途遇大雾,又遇大风,灯塔浮标一无所见,刘冠雄不听大副杜锡珪之建言,手转号针,连催速进,结果在吴淞口洋面顶星岛触礁沉没。按照清律,刘冠雄当正法不赦,刘畏罪亦几欲轻生,后经北洋大臣袁世凯奏保,仅以革职了事,嗣后由两江总督周馥咨留江南筹备海军。1906年,刘被袁世凯任为德州兵工厂总办,从此成为袁氏亲信。1908年,刘冠雄被赏予工科举人出身,次年调充会办北洋海防营务处,1911年秋改任广东水师营务处总办。

辛亥革命后,刘冠雄由粤赴沪,被上海都督陈其美聘为沪军都督府海军高等顾问。1912年1月,中华民国临时政府成立,刘被聘为海军部顾问,协助海军总长黄钟瑛颁制军纪十二条。其时南京临时政府部署北伐,海军部派"海容"、"海琛"、"海筹"、"南琛"及练习舰"通济"等舰组成"北伐舰队",以海军部次长汤芗铭为舰队总司令,以"海容"(舰长杜锡珪)为旗舰,由上海出发北上烟台。刘冠雄赶赴烟台,策动汤芗铭、杜锡珪赴北京,归附了袁世凯。

是年3月,唐绍仪内阁成立,刘冠雄被任命为海军总长,汤芗铭任海军次长。刘冠雄接收各地海军机构,集海军大权于己手,并制定了民国海军部体制、官制、海军司令处、舰队司令以及地方调用军舰等各种条例,还着手整顿海军教育,制定海军学生考选章程、海军留学生管理规章等等。6月,交通总长施肇基辞职,刘冠雄兼代交通总长。此后在陆徵祥、赵秉钧、熊希龄、徐世昌内阁中,刘冠雄均任海军总长。1912年11月被授海军上将。

在孙中山领导"二次革命"反袁的斗争中,刘冠雄部署海军次长汤芗铭率"建安"、"飞霆"、"楚周"、"江利"、"江亨"、"湖鹏"等舰艇抵湖北镇压江西讨袁军;命令海军总司令李鼎新驻沪调度第一、第二舰队;自己则亲率舰队及陆军第七旅编为海军陆战队南下,参加攻打吴淞炮台之战。继后被袁任命兼南洋巡阅使,率各舰及海军陆战队会同陆军赴江苏镇压讨袁军。刘冠雄效忠袁世凯镇压"二次革命"有功,被奖给一等文虎章、一等嘉禾章等奖章。

同年8月14日,刘冠雄又被袁世凯派往福建"裁兵"。他到福州后,即以"编遣"为名,把曾宣告独立之许崇智第十四师解散;裁去"义勇"、"巡防"、"防卫"、"护卫"等营;同时把马尾船政局及长门各炮台收归海军部管辖。12月5日,福建都督孙道仁前往北京"请训",都督一职由刘冠雄兼领。刘即令省会警察厅解散国民党福建支部、中华同盟会俱乐部、丙午俱乐部以及福州桥南社等进步组织,并追缴全省各地国民党员证书、证章等,国民党地方组织遂告中断。翌年2月刘奉袁之召回京。

1915年夏,袁世凯图谋帝制日急,全国人民公愤,赣、苏、浙闽各省革命党人纷纷筹谋举事。刘冠雄奉袁之命巡视长江,招安反侧。他看到民心所向,帝制不可为,回到北京之时,筹安会等团体纷纷推戴袁世凯为皇帝。有人问刘冠雄"何独不然",刘说:"未可也,强而图之有三不利:一、强邻挟以求请,将穷于应付;二、党人怨毒方深,召之为乱,将不可治;三、军人推戴,所求必奢,且藩镇势成觊望,激变之局随时而有。兹事殆难苟同也。"不久,内务部请设大典筹备处,袁世凯以为海军必定赞成,派人示意刘冠雄。刘回答"余于元首自极爱敬,然不敢踞之著炉火上"。刘暗询国务总理陆徵祥问外交界意向,陆答"视为内政而已",刘冠雄遂不再语。

12月12日,袁世凯在居仁堂粉墨登场,发表了大批授爵封王的命令,刘冠雄被封为"二等公"。对此封授,刘深感从之则祸在日后,不从则祸在目前,日夕忧虑,夜不成寐,须发顿白。1916年1月14日,刘冠雄离京南下,以加强对海军之控制。4月入闽,5月返京时袁世凯已病深,刘亦请病假,始终不与袁一面。直至袁世凯出殡,刘犹在假期中,迄未入府,旋即卸任居津。

段祺瑞在张勋复辟被粉碎后重任国务总理,遣使请刘冠雄再掌海军,刘一再以病躯难以负重相辞。但段在7月15日新阁员的任命中,已把刘冠雄的名字列在其中,刘坚请收回成命亦无效。此后在王士珍、钱能训内阁中,刘均任海军总长不变。直至1919年11月靳云鹏组阁,12月3日萨镇冰出任海军总长,刘冠雄才去职。刘冠雄在其任内,力谋改变我国海防力量薄弱的现状,增添海军装备,并先后接管了各地与海军有关的造船机构,以更新和维修海军装备。他曾制订出"置舰计划",强调发展海军的重要,认为中国是陆海交错之国,呼吁当局应当重视海军的建设与发展。他对海军建设规模的设想,认为以中国国土之大、海岸线之长,海军发展规模"最下亦须求与最近最强之邻国相埒,方能并列于强国之间"。他主张中国海军"应取攻守兼营主义",但鉴于财力、人力之两难,目前着重做好"巡弋防御与守卫防御二端"。他从战略守势出发,制订了十年发展计划,第一期五年为"守防计划",第二期五年为"巡防计划"。前者总计配置舰、艇、船二百一十九艘,营、库、厂、坞六十六所;后者拟设巡防舰队三队,总计配置战斗巡舰(每艘二万六千吨)、装甲巡舰(每艘一万吨)、穿甲巡舰(每艘五千吨或三千五百吨)共五十四艘。总艘数由现有五十艘增至三百二十三艘,总吨位由四万五千吨增加到四十万四千八百吨,并以日本为假想敌。由于北京政府热衷于内战,并不重视海防建设,刘的"置舰计划"连同后来的"理想扩张案",都变成一纸空文。刘冠雄还将海军部卫队改编为海军陆战队,并筹造飞机、潜艇,在马尾创办飞潜学校和飞机工厂,制成了中国第一架海军飞机,培养了中国第一批海军飞行员,对中国海军建设作出了一定的贡献。

1920年元旦,刘冠雄因赞助参加欧战有功,晋授勋一位。1921年6月至7月刘冠雄被北京政府委任为福建等省查勘烟禁大员。1922年11月,黎元洪特派刘冠雄为福建镇抚使,率舰入闽,冀图控制闽局。此时福建形势相当复杂,既有北京政府黎元洪委任的省长萨镇冰,又有为各界推选并受孙中山加委的省长林森和总司令王永泉,以及孙中山领导的许崇智讨贼军。刘冠雄的临时镇抚使署刚设,国民党福建支部长兼福建盐运使、自治军总指挥黄展云与闽海道尹陈群等人即通过学生会首领等连日发动举行福建各界各团体大会,纷纷通电拒绝刘冠雄入主闽政。学生军还电刘提出警告。刘冠雄难在福州立足,遂乘"靖安"舰赴厦。

1923年1月,掌握北京政府的直系首领曹锟、吴佩孚派第五师师长孙传芳、第十二师师长周荫人率部入闽,支持萨镇冰为省长主持闽政,下令萨镇冰、刘冠雄为办理福建善后事宜职,与孙传芳协商办理所有闽境主客各军善后事宜。不数日,北京政府即以"闽局已定",明令刘冠雄"即日回京",改任刘为闽粤海疆防御使。是年 11 月刘请辞海疆防御使职。

此后,刘冠雄退居天津,终日以栽花植树自遣。1927 年 6 月 24 日因病去世。

主要参考资料

刘懋勋等修、刘君翰等纂:《凤岗忠贤刘氏族谱》第 2 册,《敦诚公纪事》,1920 年版。

张侠等编:《清末海军史料》,海洋出版社 1982 年 5 月版。

杨志本主编:《中华民国海军史料》,海洋出版社 1987 年 5 月版。

《海军大事记》,福建政协未刊本。

王家俭:《清末海军留英学生的派遣及其影响》,《中国近代海军史论集》,台湾文史哲出版社 1984 年版。

李鸿章:《海军要缺拣员补署折》(清光绪十五年正月二十一日),吴汝纶编录《李文忠公奏稿》第 64 卷。

刘 桂 棠

刘述和

刘桂棠,山东巨匪,平邑县南锅泉村人。1892年(清光绪十八年)生于贫寒农家。其父刘相云以打更看青为生。刘桂棠没有念过书,从十二岁就给世绅家放羊,干了八年。1912年他曾去青岛做装卸工,一年之后仍回村为世绅放羊。1915年,他约本村两个恶少,弄了一把鬼头刀、一支小土枪,潜入山中,干起土匪勾当。不久,他们又联合当地流氓地痞夏兴德、李满、苏四等共八人烧香结盟。刘桂棠行七,肤色又黑,因而得了"刘黑七"的诨号。从此八匪以"刘黑七"为首,抢劫绑票,打家劫舍,日益猖獗。

民国以来,土匪蜂起,鲁南山区已成为土匪啸聚的场所,抱犊崮更以悍匪巢穴而闻名,刘桂棠就活动在这一带。袁世凯帝制自为破灭之后,军阀连年混战,天灾人祸层出不穷,民不聊生。刘桂棠乘机扩大势力,1919年有了三百多人,武器换上了钢枪。1925年发展到一千多人,自封为"刘团"。

同年张宗昌派一个团官军到鲁南山区剿匪,名为剿匪实乃资匪,当时刘桂棠在蒙山上,官军打上山,土匪一个反击,官军丢下武器弹药便逃,土匪收缴了武器后,留下许多银元。官军再打上山,发现了银元,便胡乱打一阵枪,放下武器,带上银元,自动下山。土匪再收武器,再留银元。结果官军发财而归,刘桂棠则以这些武器大大装备了自己。

随着土匪势力的扩大,活动方式逐步发生了变化。起初,主要是抢劫绑票,后来发展为烧杀虏掠,土匪公然向所控制的农村派款、要粮、要枪,如抗拒缴纳,即残忍地进行烧杀。1925年至1928年,蒙山前怀百里之内被土匪烧杀的竟有一千多村庄,烧毁房屋二十多万间,杀害群众一万二千多人。在土匪严重摧残下。这一带村落凋敝,田园荒芜,许多村庄绝了人烟。同时邹、滕、泗水、蒙阴、莱芜以及淄博也无不遭其蹂躏。1927年3月,刘桂棠率匪数千窜到莱芜,仅在红山寨一处就杀了一千三百多口,还有一批男女被虏。被虏的青壮男子除被逼入伙从匪外,其余则当做勒赎之肉票,从此土匪势力得以扩张,到1928年急剧扩展到一万多人。

刘桂棠人多势大,引起了国民党有关当局的重视。1928年初,河南省主席韩复榘,以银元一万七千元、面粉二千袋相赠,意欲收买这股势力,刘收其礼而不从其愿。同年国民党继续北伐,何应钦率蒋介石的嫡系部队到鲁南,也看上了刘桂棠。刘羡慕国民党以及蒋介石的招牌,于是投靠何应钦,被编为新编第四师,做了师长。随后该部以北伐先遣军名义,从鲁南开往胶东。济南惨案以后,又开往河南禹县一带。

1929年10月,蒋、冯战争爆发。何应钦命刘桂棠向冯玉祥部进攻,刘率部在禹县一带击溃了冯军一部,获得蒋介石电贺,电称该部为"铁四师",这年冬刘奉命开往临汝一带。1930年4月蒋、阎、冯中原大战爆发,阎锡山派人以高官厚禄拉刘桂棠,刘在禹县战斗后,未得升官发财本已不满,经阎一拉,便倒蒋投阎。阎以大炮四门、重机枪十二挺、冲锋枪一百四十四支、现金二百万元为欢迎礼,把该部编为第二十六军,刘做了军长。10月阎、冯失败后,阎锡山怕东北军占其老巢,命所属各部开回山西。刘不听调动,脱离阎锡山,带兵北上。1931年7月到达河北大名,即派人与东北军联系,张学良将该部编为第六混成旅,刘任旅长,仍驻大名。

刘桂棠的朝秦暮楚,使蒋介石又恼又恨。刘部驻大名以后,蒋命刘峙指挥三个师、一个旅围攻,血战多日,匪大部被消灭。刘桂棠带残匪二千突围跑回山东,驻高唐一带。这时韩复榘任山东省主席,派幕僚陈席之进行拉拢。陈、刘是同乡,老相识,经陈劝说,刘桂棠决定投韩。同年

12月,韩委刘桂棠为山东新编警备军副指挥,所部编为四个警备旅,仍驻高唐一带。但是,由于匪部不听调遣,不到半年就摩擦起来,韩停止了对匪部的供给,并密谋解除其武装。刘侦悉了韩的意图,于1932年6月从高唐一带撤出,再次北上,到河北霸县,挖了韩复榘的祖坟,即跨过河北,打败汤玉麟的防军,进入热河,并迫汤让出开鲁、林西一带地盘给刘匪驻扎。1933年春,当日本叫嚷长城是伪满国界的时候,刘派部下去东北联系投靠日伪,讨得了伪满"第三路军总指挥"的头衔,下设三个军。刘部曾积极配合日军茂木骑兵旅团侵占沽源等地。5月下旬,察哈尔民众抗日同盟军成立后,宋哲元的幕僚田家斌与刘桂棠联系,刘于6月26日通电参加同盟军。8月同盟军失败后,刘部为何(应钦)、宋(哲元)改编,刘任察东剿匪司令。不久,由于与汤玉麟部冲突,刘又率部南窜,一直窜至河南南阳地区,次年2月窜回山东。韩复榘派重兵袭击,曹州一战,大汶口又一战,刘匪大败,带残匪四千东窜,在诸城县境被包围。激战二十昼夜,残匪基本被消灭,刘只身逃亡天津,在日租界潜居下来。

刘桂棠寓天津一年,这时他的旧部刘德胜带残匪少许在宣化活动,1935年秋,刘桂棠从天津到了宣化,指挥残匪大力扩充,不到半年,有了三千多人。1936年初,刘匪窜到保定、石家庄等地活动。2月,窜到东光县境,遭宋哲元、商震两部袭击,三千土匪基本就歼。3月,刘再回天津,投靠日本侵略者。1937年"七七"事变爆发,刘桂棠联络潜居各地的散匪,于年底向日军讨得了"皇协军前进总司令"的头衔,带上喽啰,跟上日军到了山东。他从鲁北辗转到了胶东,1938年他在掖县、即墨等地扩充队伍,至年底又有了三千多人。刘有了势力,对其日本主子的调遣便不那么顺从了,日军因而要解除其武装,主奴之间动了干戈,刘率部撤出胶东,打着"反正抗日"的旗号开进鲁中山区,与国民党苏鲁战区司令于学忠取得联系。于将该部收编为新编第三十六师,刘重新做了国民党的师长,1939年春移驻平邑县——刘的老巢。

平邑广大地区自抗战爆发后,在共产党的领导下,已建成抗日根据地。刘桂棠这时以"反正抗日"的名义进入鲁南,共产党执行抗日民族统一战线的政策,取欢迎态度。但是刘的所谓"反正抗日",不过是骗术,当他脚跟站稳以后,从1940年春便开始疯狂地向抗日根据地进攻。当年的柘沟战斗,刘匪袭击八路军津浦支队三团,二百多指战员牺牲。同年冬,刘匪曾纵火把费南六十多个村庄烧成灰烬,制造了蒙山无人区。1941年5月,刘匪又勾结日伪袭击费南①二区,区中队和工作干部五十多人牺牲。同年秋,刘匪再次配合日伪袭击抗日根据地一干校,鲁南三团为保卫干校安全转移,一百多人牺牲。刘匪对抗日人民极其残忍,凡被认为有共产党、八路军嫌疑的人,捉到必定活埋,仅大井村一处就活埋了二百多人。

刘桂棠匪徒的疯狂进攻受到了抗日军民的英勇反击,1943年人民武装集中力量打击该匪。这年秋,刘见势不妙,破坏了老巢的一切军事设施,把家眷秘密送往天津,开始了流窜活动。人民武装跟踪追击,不断削弱其力量。11月,匪部窜到上下柱子(两个山村),八路军鲁南部队发起了歼灭刘匪的战斗,全歼残部,刘桂棠被击毙。

主要参考资料

李钟豫修,亓因培等纂:《续修莱芜县志》卷38"大事记",济南善成印务局1935年版。

陈沂:《奔袭刘黑七》,《红旗飘飘》第6集,中国青年出版社1958年版。

---

① 抗日战争时期,山东根据地建有费南、费北两县,解放后合并为平邑县。

刘　国　钧

史全生

　　刘国钧,1887年4月2日(清光绪十三年三月初九)出生于江苏靖江县一个塾师家庭。1893年,他父亲刘㿬堂因科场失意,患了精神病,不能坐塾,靠他母亲给人家帮佣度日。刘国钧少时因得不到母亲的照管,常常踯躅街头,稍长后以贩卖水果、酒酿和拾柴辅助家计。十岁时曾进私塾读了一年书。1900年,刘到靖江县城一家糟坊当学徒,因不堪繁重的糟坊劳动,一年后即离去。1901年春,他去常州埠头镇谋生,7月入奔牛镇刘吉升京货店当学徒。次年中秋,刘吉升京货店倒闭,他又入元泰京货店当学徒。

　　常州奔牛镇地处大运河畔,后来沪宁铁路又经过这里,交通便利,商业繁盛。刘国钧在元泰京货店三年满师后继续当伙计,常去附近各地批货,出入各家货栈,逐渐熟悉市场行情,萌发了自己开店的念头。为筹集资本,他一方面在外出批货时广拉生意,获取佣金;同时由其母亲和妻子编织辫须(清时男子扎辫子用的一种丝带),送到店里代销;又搭了一个互助会,筹集起六百元资本。1909年刘与人集资一千二百元,号称二千元,合伙开办了和丰京货店,并附设土染坊印染布匹。两年后,合伙者因负债,把股份让给了刘国钧。

　　1911年10月武昌举义,11月上海、苏州、无锡、常州、镇江相继光复。清廷江南提督张勋盘踞南京,扬言将东下镇压革命,一时人心惶惶,奔牛镇上各店家害怕战祸,纷纷关闭歇业。刘国钧原也准备歇业,但见其他各店歇业后,生意集中到和丰一家,便壮着胆子继续营业。不久,革命党人组织江浙联军光复南京,张勋率部退至徐州以北,社会秩序迅即安定,和丰京货店非但没有受到战争破坏,反而赚了一大笔利润,到年底盈余五千余元。次年,刘又接盘了同丰京货店。到1915年,他拥有资本二万元。

第一次世界大战爆发后,欧洲各国忙于战事无力东顾。当时,日本强迫袁世凯签订了丧权辱国的"二十一条",全国掀起抵制日货运动,"实业救国"呼声甚高。刘国钧见国货畅销,民族工业一时获得迅速发展,遂开始弃商从工,投资一万元,与蒋盘发等人共集资九万元,创办了大纶机器织布厂,蒋任经理、刘任协理。

1917年,刘国钧退出大纶织布厂,于次年独资开办了广益织布厂,拥有木机八十台,悉心经营。由于熟悉市场,又有经营大纶的经验,头年就盈余三千多元。1922年,刘又创办了广益二厂,拥有木机一百八十台、铁帽子布机三十六台,成为当时常州最大的织布厂。

刘国钧为求在纺织工业上有所成就,于1924年访问了日本。他发现日本厂商的经营管理讲求实效、节减工序、费用少、成本低。回国以后,便不断改进经营管理。首先采用了以筒子纱代替盘头纱的先进方法,节减了工序。同时,他根据市场需要改变经营方向,由原来生产斜纹布和白平布为主,改为以色布为主,生产蓝布、绒布、贡呢、哔叽等等。1927年,刘将设备陈旧的广益一厂停歇,全力经营广益二厂,淘汰旧式木机和铁帽子布机,购置了一百八十台电动式布机,改进技术,产品质量不断提高。其"征东牌"和"蝶球牌"色布远销海外,获利甚厚。到1930年,刘国钧除了广益厂固定资产以外,已拥有二十余万元流动资金。

刘国钧退出大纶布厂以后,蒋盘发在1921年集资六十二万元创办了大纶纺织厂①,拥有纱锭一万枚,布机二百六十台。但是,大纶纺织厂开办伊始,恰值欧洲各国回到亚洲市场,所以"开车未久,纱市败坏,

----

① 《新武进报》1922年3月13日。

连年亏损甚巨"①。1925年出盘给沪商顾吉生经营,改名为大纶久记纺织公司,同样连年亏本。1930年,刘国钧投资二十万元,招股二十万元,又向钱庄借款二十万元,以五十万元接盘大纶久记纱厂,以十万元用于修配和更新机器,将大纶久记改名为大成纺织染公司,自任经理,刘靖基为副经理。随后,他又以厂基作抵押,向上海银行借款四十万元作流动资金,开工生产。

就在刘国钧经营大成纺织染公司的前后,欧美各国和日本爆发了一次空前严重的经济危机。"九一八"事变后,各地又掀起抵制日货运动,为民族工业的发展提供了广阔的商品市场,国产纱、布销路大增。因此,大成公司自1930年夏开工以后,半年即盈利十余万元,第二年又盈余五十余万元。1933年以后,纺纱业由于受欧美经济危机的影响开始萧条,而织布、针织和整染各业,则因进口货锐减,反而呈现繁荣景象。刘国钧乃向织染方面发展,1932年将自己独资经营的广益布厂并入大成公司,改名为大成二厂,使大成公司"实行自纺自织自染之一贯工程",废除工头制度,"聘用专家管理,厂务日有起色"②,资本从1930年的五十万元(实收四十万元)增加到1931年的一百万元,1932年增为一百四十万元。

刘国钧1932年和1934年又两次东渡考察日本纺织工业,参观丝绒和灯芯绒的生产程序。开始时,他以上海协祥批发号董事的名义出现,日本厂商为了招揽生意,争相延请。不久身份暴露,参观受阻,刘就改到盛产灯芯绒和丝绒的滨淞县,深入农村参观割绒技术。回国时,还从日本买回一套丝绒和灯芯绒生产工具设备,聘请一位日本工人来试制。

由于日本不断加快它对中国的侵略步伐,在我国沿海城市大量开办工厂企业,控制了当时我国最大的三个棉纱纺织中心上海、天津和青

---

①　《棉业月刊》第1卷第4期(1937年),第597页。
②　《棉业月刊》第1卷第4期(1937年),第597页。

岛,刘国钧和其他纺织工业家纷纷向内地发展。1936 年,刘国钧与已经亏本停产三年、急待出租的汉口震寰纱厂股东商定合作办厂:大成出资三十六万元,震寰以机器折价二十四万元,由大成公司经营,改为大成三厂,定期六年①。年底,大成公司增加资本至四百万元,订购了当时最负盛誉的瑞士里特纱锭三万二千枚、布机一千零八台,并将汉口大成三厂改名为大成四厂,另在常州东门外筹建大成三厂②。

　　1937 年夏,常州大成三厂厂房已经建成,正在安装试车。“七七”事变爆发,日本侵略军大举入侵,形势险恶。刘国钧将大成三厂纱锭分批运往上海租界贮藏,二百台布机运至汉口。次年 1 月常州沦陷,大成公司遭受严重破坏,一厂所存物资被抢掠一空,二厂被炸成废墟,三厂被日军当做马厩。这时,上海租界成为“孤岛”,许多未及内迁的工厂纷纷移入租界,刘国钧亦于 1938 年将贮存在上海的资金设备,以英商名义注册,开办了安达纺织公司,自任总经理,刘靖基任经理。

　　这时,由于日本的疯狂进攻,武汉风声日紧,刘国钧提前结束了与震寰纱厂的合作关系,将四厂的二百台布机和从四厂分得的二百余万元物资运至四川,与民生实业公司总经理卢作孚合作,在重庆北碚创办了大明纺织染公司,月产布七千匹。他并先后在重庆开办了批发字号;在香港开办了经销原料的大孚商行;在重庆、昆明、河内、仰光等地设立了办事机构,经常来往于渝、沪、港之间,组织指挥生产和贸易。

　　1944 年,中国棉纺织学会成立,刘国钧被推举为候补监事。这时,抗日战争胜利在望,刘写了一篇《扩充纱锭计划刍议》,设想在抗战胜利以后的十五年内,全国纺织工业发展至一千五百万枚纱锭,并对筹集资本、织机制造、人才培训、原料供应、工厂布局和管理经营等等,都逐一

---

　　① 刘寿生、刘梅生:《震寰纱厂遭受帝国主义掠夺记》,中国人民政治协商会议全国委员会文史资料研究委员会编《文史资料选辑》第 44 辑,中华书局 1964 年版。

　　② 《棉业月刊》第 1 卷第 2 期(1937 年)。

作了全面规划和设想①。对于自己的企业,他计划十五年内发展至五十万枚纱锭,并向毛、麻纺织发展。为了做好准备,同年夏他赴美国访问,以后又转道加拿大参观棉、毛纺织厂,向美国订购了二万枚纱锭、三万担棉花。

抗日战争胜利后不久,刘国钧从美国回来,立即投入工厂的修复工作。经过三个月的整修,大成公司基本恢复,三个工厂拥有纱锭三万二千一百枚、线锭四千八百枚、布机七百五十六台,资本为一千五百万元②。他在国外订购的设备,结汇和分期付款需要银行担保,便在自己名下划出五万元给上海银行陈光甫,并聘陈任大成公司董事长以取得上海银行担保。1946 年,又与彭浩徐等人创办了中国纺织机械公司。由于刘锐意经营,大成公司迅速发展,到 1949 年,已拥有五万余枚纱锭、一千一百八十台布机和日产五千匹(二十万米)布的印染设备。

1948 年 8 月,蒋介石下令实行"币制改革",强迫收兑黄金、银元、外币,大成、安达两公司在上海所存的黄金、美钞被勒逼一空;再加上国民党政府"限价"失败,物价狂涨,两公司损失惨重。刘国钧为了避免进一步的损失,将私人存款和大成公司部分现金转移到香港储存。

1948 年底,国民党统治摇摇欲坠,全国新政权建立在望。刘国钧不了解共产党的政策,害怕"共产",便将大成公司二百台布机经台湾运往香港,又以转移到香港的存款购买了六千六百枚纱锭,在香港开办了一家东南纱厂。此外,他还在美国购买了十万美元的公债,储蓄二十万美元,在巴西投资橡胶园,以做退步之计。新中国成立前夕,他携眷移居香港。

中华人民共和国成立后,国民经济获得迅速恢复和发展,常州大成公司所属各厂的生产也蒸蒸日上。刘国钧逐渐消除了对共产党的疑

---

① 《中棉纺织学会会刊》第 2 期(1944 年)。

② 正平:《胜利后全国棉纺织业设备概况》,《纺织工程》第 8 卷第 1 期(1946 年),又见大成纺织染股份有限公司 1946 年 11 月登记表,表存江苏省档案馆。

虑,开始把转移到香港的现金逐步汇回,支援祖国的建设。1950年春,他冲破重重阻挠,毅然返回祖国大陆,继任大成公司总经理兼董事长,安达公司副经理兼副董事长。1954年6月1日,大成公司在江苏省棉纺织系统中,首先实行公私合营,刘任总经理兼副董事长。以后,刘国钧历任江苏省人民政府副省长、全国工商联副主任委员、民主建国会和工商联江苏省主任委员、第四届全国人民代表大会代表和江苏省人民政治协商会议副主席等职。1978年3月8日,刘国钧在南京病逝。

刘　海　楼

邢汉三

刘海楼,湖南长沙人,1875年(清光绪元年)出生于一个官僚家庭。其父是清代进士,在河南居官多年,宦囊充裕,在开封、武汉、长沙等地广置田产。刘海楼自幼苦读经史;稍长,目睹清王朝政治腐败、丧权辱国,加以受戊戌变法影响,遂不再留恋仕举,转而研读西学,醉心于欧美国家的民主制度,主张振兴实业、发展经济。1912年,他与当时在武汉电业公司任职的好友魏子祥合作,在开封创设普临电灯公司,由武汉电业公司分派技术人员,并调拨各种应用器材,作为股金,数额占全部股金三分之一,余额由魏、刘各出半数。魏子祥任经理,刘海楼任副经理,武汉电业公司派人任技术主任。普临电灯公司作为武汉电业公司的子公司在开封创设后,营业相当兴盛,为刘海楼以后成为河南实业界知名人物打下基础。

刘海楼在政治上也相当活跃。民初南北议和期间,为促成和议成功,北京有人组成国事共进会,呼吁南北团结,并号召各省成立分会。刘在河南组成分会,多方奔走,后被选为该会参议。他还创办了《开封实业日报》,以经济报道为主,面向商界,受到河南工商界的欢迎。报纸编写以白话文为主,曾受到孙中山和黄兴的赞赏。

以后数年中,刘海楼相继在开封新创设的面粉厂、卷烟厂等企业中投入大量资金,同时独资创办大中火柴厂,自任总经理。他把大部分精力用于经营火柴厂,由于管理得法,工厂发展很快,利润倍增,他被选为开封商务会副会长及河南全省工商业联合会副会长。

1925年上海发生五卅惨案,举国愤慨。河南全省各界人士迅速组成沪案后援会,反击英日侵略者,支援上海受难同胞。6月19日,开封各界以学生为先导,举行大规模的示威游行,发起募捐运动,接济上海受难同胞。各校青年学生推出代表二十余人,要求商会捐款五万元。刘海楼出面接待,对学生要求慷慨承诺,表示愿追随青年及各界人士之后,与敌人周旋到底,不获胜利决不罢休。

1927年,国民政府在南京成立后,官僚资本逐渐侵入河南。刘海楼因在开封经营多年,颇著成绩,在开封市商会及河南工商联组织中,仍能保有一定地位。普临电灯公司和大中火柴厂等虽均照常营业,但营业额及利润已大不如昔,他在工商界的发言权也不断削弱,已有形势日非之感。为另谋发展,他得悉西安火柴业生产技术比较落后,产量少,供不应求,乃派其亲信冯尚文到西安,筹建陕西中南火柴厂,投入大量资金,除由开封大中火柴厂调拨一部分器材外,又从上海、武汉等地购入不少新设备。中南火柴厂开业后,生产率及年产量均超过大中火柴厂,刘海楼经常往返于开封、西安间。

1937年“七七”事变发生后,日本大举入侵,刘海楼为确保资产安全,设法将一部分资产转往长沙。时刘虽已年逾花甲,但对其在开封的部分资产,仍未忘情。1938年秋曾潜至开封,欲收回被日本军管的大中火柴厂,但不敢公开露面,经月不得要领,又秘密返回西安,勉维旧业。

刘海楼于1949年初返回长沙,在长沙病故于家中。

主要参考资料

河南《实业日报》。

《晨报》1925年6月21日。

开封市轻工业志总编室调查材料。

刘　海　粟

陈祖恩

　　刘海粟,原名槃,又名九,字季芳,江苏武进人,1896 年 3 月 16 日(清光绪二十二年二月初三)生。其曾祖父刘镛、祖父刘清严曾是清末翰林学士。父亲刘家凤,字伯鸣。母亲是乾嘉时代著名诗文家洪亮吉的孙女,娴熟诗文,是刘海粟幼时的启蒙教师。刘海粟六岁入私塾读书,写字习画。他不愿受规矩束缚,常常信手作画,不久即被塾师借故退学。其母每天晚上花两小时教他,主要讲解洪亮吉的诗词,在他幼小的心灵中产生影响。十岁时入刘家在常州义庄办的绳正书院学习,除子、史、经、歌赋外,还读了一些西方书籍。在一次书院游艺会上,他当众画了一幅画,并书写"逢源会委,勇智宏辩"的对联,笔力刚挺而有奇气,被称为"神童"。

　　1909 年,刘海粟的母亲病逝,他异常悲痛,要求到日本去留学,但被父亲拒绝。为寻求知识,他到上海入"背景画传习所"学画。课余时间刘海粟大量阅读介绍欧洲文化的书籍,大大开阔了视野,还临摹欧洲名家画作,兴致很高。他还常到沧浪亭画会参加海上画家的诗画兴会。半年后,他回常州开办图画传习所。

　　刘海粟目睹中国美术的衰落,萌发了创办美术学校的志向,"冥想枯索,发愿一面尽力发掘吾国艺术史固有之宝藏,一面尽量吸收外来之新艺术,求所以转旋历史之机运,拓将来之新局面"[1]。1912 年 11 月,

---

[1]　《上海美术专科学校概况》,1946 年上海美专自编,第 1 页。

与乌始光、张聿光在上海乍浦路创办了"上海图画美术院"(上海美术专科学校的前身)①,十七岁的刘海粟出任校长。他们提出的办学宗旨为:发展东方固有的艺术,研究西方艺术的蕴奥;尽宣传艺术的责任,谋中华艺术的复兴;有研究和宣传的诚心。是为我国近代第一所正规美术学校,揭开了中国现代美术教育的序幕。该校于次年7月在静安寺张园安垲第召开第一次作品展览会,引起中外人士的瞩目。1914年,刘改绘画科为西洋画科,次年3月在西洋画科三年级设置人体模特儿写生课,以锻炼学生的造型基本功。他让学生走出校门,走向社会,师法自然,于1918年赴各地旅行写生。1920年,刘扩大学校规模,设中国画、西洋画、工艺图案、雕塑、高等师范及初等师范六科,同时兼收女生,是为上海学校男女同校之始。7月,为普及艺术教育,开办第一期暑期学校,来学者多为苏、宁、沪、杭各地担任艺术课的教师。1925年,刘海粟改订新学制,设造型美术院,分中国画系和西洋画系。师范院分图画音乐系和图画手工系,并设图音专修科和图工专修科。

在"五四"前后的新文化运动中,刘海粟创办这所新型学校得到多方面的支持。1918年4月,蔡元培书"闳约深美"四字匾额一方赠刘,以资鼓励②,并邀请刘到北京大学举行画展、演讲近代艺术思潮等课题,还撰文《介绍艺术家刘海粟》。1922年3月,上海美术专门学校推蔡元培为校董会主席,蔡元培欣然答应,并委黄炎培为驻沪代表。鲁迅曾在陈独秀、李大钊主编的《每周评论》第一号(1918年12月)上发表题为《美术杂志第一期》的文章,对上海美专创办《美术》杂志表示关注和支持。

1919年9月,刘海粟与友人发起创立新美术团体"天马会",定期

①　创办于1912年11月的上海图画美术院,1915年改称为上海图画美术学院,1918年称上海图画美术学校,1920年改名为上海美术学校,1921年起称上海美术专门学校,1930年被教育部定名为上海美术专科学校,简称"上海美专"。见袁志煌、陈祖恩编《刘海粟年谱》,上海人民出版社1992年3月版。

②　袁志煌等:《刘海粟年谱》,第14页。

举办画展,以期宣传艺术,谋求中华艺术之复兴。在一次天马会举办的画展上,刘海粟结识了康有为。不久,康出所藏书画,为刘口说指画,复与之议论书法,并授擘窠大字悬腕诀。刘海粟还与梁启超、章太炎、叶恭绰、吴昌硕、柳亚子、郭沫若、胡适等人交谊甚深,他的艺术才华和创新精神,得到他们的支持和推重。

刘海粟崇尚"不饰不伪,向着本心要动的方向而动","既不能敷衍苟安,尤不能妥协因循"①,在绘画实践和艺术教育中具有强烈的创新精神,开拓了中国近代美术的新路,博得进步人士的盛赞,同时也引起社会守旧势力的顽强反对。早在 1917 年上海图画美术院选出学生习作举行展览时,其中陈列的人体素描,就遭到某些思想顽固者的不满,斥责"刘海粟是艺术叛徒,教育界的蟊贼",并上书江苏省教育厅下令取缔制裁。但刘海粟并不害怕,1919 年 8 月又联合同好在静安寺展出人体油画,勇敢地向旧势力挑战。翌年 7 月,他开始雇用女模特用于教学。1925 年,上海闸北市议会议员姜怀素等人又一次掀起取缔模特的浊浪。次年春,上海知县危道丰公然严禁美专裸体画。刘海粟在《申报》发表文章,强调美术学校设置人体实习课的必要性。时任五省联军司令的孙传芳写信给刘"去此模特儿",但刘不畏强权,复信驳孙,说明人体模特写生为艺术学校绘画之必需,并符合政府所颁新学制的规定。孙传芳恼羞成怒,发出"通缉刘海粟"的密令,并指令封闭上海美专。上海知县危道丰还向上海法院控告刘海粟"侮辱人格,毁谤名誉",要求赔偿损失。刘海粟在法庭上据理力争,使那些卫道士十分狼狈。历时近十年的模特事件是艺术和礼教的冲突,刘海粟以"身许艺学,本良知良能,独行其是,谗言毁谤,无所顾惜","提倡艺术之志不能夺"②的态度慨然处之。

---

① 刘海粟:《欧游随笔》,湖南人民出版社 1983 年 11 月版,第 120、129—130 页。

② 《关于评刘海粟画展的总答复》,《申报》1936 年 7 月 16—23 日。

1927年4月,刘海粟东渡日本,受到画家们的热忱欢迎,数万人参观他的画展,日本天皇及许多著名人士购置他的作品,并赠予象征最高荣誉的银杯。日本著名画家桥本关雪称他为"东方艺坛的狮子"。1928年12月,刘被蔡元培任院长的国民政府大学院委派赴欧洲各国考察美术。在法国,他组织美术界同行在卢浮宫摹绘文艺复兴以来的世界名画,以备将来开办国立美术馆之用;同时集合四十余人组织中华留欧艺术协会,"一方面宣扬吾国固有之艺学,一方面研究现代新兴之美术"[①]。刘在法国除考察美术外,还创作了大量绘画。1929年和1930年的法国秋季沙龙分别选中他的《北京前门》、《向日葵》、《休息》,被法国文豪赖鲁阿教授赞誉为"东方文艺复兴大师"[②]。1931年6月,他在巴黎克莱蒙画院举行旅欧个人画展,四十余幅作品受到众口称赞,《卢森堡之雪》被法国政府购藏。刘在欧洲期间,还往瑞士、比利时、意大利、德国等国考察美术。1931年3月,应德国法兰克福大学之聘,讲演中国画学。同年9月他旅欧回国,将考察所及和研究所得致书教育部,建议建立博物馆,设立美术院,改善美术学校学制等,以复兴中国艺术;同时在上海美专增聘教授,改进校务,并开设绘画研究所。

1933年11月,刘海粟第二次赴欧,代表我国主持中国美术展览会。先在德国柏林,继后在汉堡、杜塞尔多夫、斯图加特及瑞士伯尔尼、日内瓦,荷兰阿姆斯特丹、海牙,捷克斯洛伐克布拉格、英国伦敦等十五个地方展出。每到一地,刘均作学术报告,如《中国画之变迁》、《何谓气韵》、《中国画家之思想与生活》、《中国画与诗书》、《中国画之精神要素》、《中国绘画上的六法论》等,介绍中国传统绘画之精妙特点。同时他在各国写生和创作不辍。归国后,在上海举行"刘海粟二度欧游作品展览会",展出了他的中国画和油画等三百幅。他将上海美专音乐系改为主副科制,并恢复雕塑系。上海美专还举办各省市初级中学劳作科

---

① 刘海粟:《欧游随笔》,第120、129—130页。
② 《海粟艺术集评》,福建人民出版社1984年4月版,第30页。

教师暑期讲习会及劳作专修科,以推动全国中等学校美育教育。

卢沟桥事变后,刘海粟以艺术为武器,投身于抗日战争。1939年1月,刘海粟组织上海美专师生举行接济难民书画展览会,捐画四百幅,得款悉数拨充上海难童教养院建筑经费。同年4月,又为上海医师公会主办中国历代书画展览会及吴昌硕遗作展览,展览先民遗迹,弘扬民族精神,两次收入都作为抗日医药救护经费。同年末,刘海粟应侨胞邀请,离上海赴雅加达、万隆、三宝垄、玛琅、新加坡等地举办中国现代名画筹赈展览,得款总计一千二百余万元,全部寄回祖国支援抗日。太平洋战争爆发后,刘海粟化名罗赫,避居爪哇,于1943年5月被日本侵略军俘回上海。日伪以"中日文化协会"之类的文化机构作招徕、劝诱他出任伪教育部长,刘海粟一一严正拒绝。刘闭门不出,埋头写字作画,曾写《落泊歌》曰:"懒向豪门作乞儿,闲来写幅丹青觊","素描写出家国悲,泼墨狂扫风云壮",表达了坚守民族气节的决心。

刘海粟勤于绘画,创作丰硕。他主张在艺术上学习传统,学习生活,兼收并蓄,大胆创新。他幼年学画,从"常州恽(南田)派",印摹白描花卉,后来潜心探索传统,融会吸收,而又不拘一格,在师法前人的基础上另辟蹊径,因此,他的中国画上溯宋元,下至三石(沈石田、石涛、石溪)、梅清诸家,融会贯通,根据对自然的不同感受和思想境界的提高,不断有所创新。1924年作中国画《虞山言子墓》,使八十三岁高龄的吴昌硕极为赞赏,欣然题曰:"吴中文字传千古,海色天光扫古墓,云水高寒,天风瑟瑟,海粟画此,有神助耶。"郭沫若谓刘"别开蹊径作奇画","落笔如翻扬子江,兴来往往欺造化"。

刘海粟画油画是从青年时代在上海开始的。他受印象派和后期印象派影响,笔触奔放而凝练,色彩浓郁强烈,不加修饰,一气呵成。他认为类似后期印象派这样的艺术手法,是受东方造型艺术的启发,最适合于表现作者的豪迈性格和火热情感。从30年代后半期起,他的油画往往运用中国画的云气,表现空间层次,有时恰到好处地留出空白,令人感到意境无涯,耐人寻味。其晚年的油画,运用篆隶和行草笔意,注入中国画写意表现手法,线条凝练,色彩错综富有变化。

　　刘海粟在绘画理论和美术史方面的研究,有几百万字的著述,如《画学真诠》(1919 年,商务印书馆版)、《日本新美术的新印象》(1921年,商务印书馆版)、《海粟丛刊》(1932－1936 年,中华书局版)、《欧游随笔》(1935 年,中华书局版)、《十九世纪法兰西的美术》(1935 年,中华书局版)、《刘海粟艺术文选》(1987 年,上海人民美术出版社版)等十几种。他的画集出版有几十种。

　　中华人民共和国成立后,刘海粟历任华东艺术专科学校校长、南京艺术学院院长、中国书法家协会名誉理事、全国文联委员、全国政协第五届委员和第六届常委。他多次登上黄山写生作画,耄耋之年仍登山作画不辍。他多次在国内外举办书画展览,受到很高赞誉。意大利国家艺术学院聘他为通讯院士,并授予他金质奖章。

　　1994 年 8 月 7 日,刘海粟病逝于上海。

刘 航 琛

伍志安

刘航琛,四川泸县人,生于 1897 年(清光绪二十三年)。其父刘子休系天主教徒,在泸县经营"爱仁堂"酒厂,酿造大曲酒。以教会关系,向法国人学得"花酒"酿造技术,取名"露酒",并改罐装为玻璃瓶装。刘航琛 1915 年就读于北京大学经济系,1922 年毕业后回泸县任泸县中学校长。

1926 年,四川烟酒税征收局把玻璃瓶装酒一律视为"洋酒",课以重税。为此,刘航琛到重庆申诉,在呈文中讥诮局长王用九:"钧座所订规章,不问酒之洋不洋,只问瓶之玻不玻,若如钧座穿西装,着革履,遂谓之为洋人,可乎?"王大怒,要查封"爱仁堂"重庆分号,逮捕刘航琛,后以说情送礼了事。刘航琛受此刺激,发誓要进入仕途。

1927 年,国民革命军第二十一军第三师师长王陵基兼任重庆铜元局局长,因亏累不堪,束手无策,刘航琛由北大同学陈学池(时任王陵基所办《大中华日报》负责人)推荐,任铜元局事务所所长。刘到职后,把流通的二百文值铜元改铸为"新二百文",缩小体积和重量;并拉拢上海巨商汤壶峤,由汤垫款在沪购铜,铸成铜元后交汤经营的字号包销,付还垫款。此举迅即扭转了铜元局的亏损局面,大获其利,刘因此深得王陵基的赏识。其时,刘湘的第二十一军为了扩充武力,争夺地盘,急需军费,经办财政的人员一筹莫展。王陵基乃把刘航琛推荐给军长刘湘,充任第二十一军财政处的科长,不久升为副处长、处长。

刘航琛承办第二十一军财政,一变过去军阀强索硬派的办法,从捐税、公债、发行钞票等方面广为搜括。他以"加重税捐,争取盐税,整顿特税"为解决财政问题的根本之计,成立重庆税捐总局,请刘湘兼总办,使第二十一军各部属不敢恣意截留税款;又把当时名目繁多、关卡林立的苛捐杂税合并稽征,做到他所谓的"苛而不扰"。四川盐税稳当可靠,向为军阀所垂涎,而川盐的产区与销区,时由第二十四军和第二十一军分别割据,两军为向两区轮流提取盐税,争论多寡,时生矛盾。1928年成立两军财务统筹处,刘航琛代表第二十一军担任副处长,两军以"产运结合"的办法瓜分盐税。刘航琛所谓整顿特税,是以"寓禁于征"为名,广行搜括之实。对鸦片烟产区固然大抽烟税,对不产烟的地区,也一律派以烟苗捐。他还在各地成立禁烟查缉处或稽征所,名曰收缴税捐,实则办理烟土的外运内销。1930年,刘航琛建议成立了第二十一军总金库,自任收支官。刘以金库名义发行粮契税券,规定纳粮必用,实际上是变相的发行钞票,至1934年发行额达数百万元。金库还大量发行各种库券、公债,交由金融业推销。从1932年3月到1933年10月,发行债券高达四千一百余万元。以上措施从财政上有力地支持了刘湘,使刘湘得以打败第二十四军刘文辉,独霸全川。

刘航琛为了取悦于刘湘,早在1928年即从财政处按月拨出十万元存入刘湘账上,供其自由支用,既为刘湘提供了方便,又杜绝了第二十一军将官借刘湘名义向财政处任意索取。刘航琛又将购买武器所得回扣二十余万元,全数交账,不入私囊,以求取信于刘湘。刘湘对刘航琛聚敛有方,十分赞赏;但又认为他居心叵测,难以驾驭。1933年,刘湘受任四川省政府主席兼川康绥靖主任,在筹组四川省政府时,财政厅长一席没有提刘航琛。这时,刘担任第二十一军的驻南京代表,千方百计结交国民政府的达官显贵,取得了财政部长宋子文的赏识。在宋的支持下,1935年2月他终于当上了四川省财政厅长。

刘航琛就任四川省财政厅长后,兼四川省银行总经理。为整顿四川财政,他开办了"财训班",培植一批亲信,派往省内各地财税机关。他亟力整顿田赋,当时各县的钱粮,全川每年共可以收得七百多万元,加以从"统一田地买卖和典当税率"中的收益,征收验换契纸费,加重屠宰税附加,继续征收禁烟税等等,一年共搜括四五千万元。从1936年起,又征收营业税,按照各企业的营业额提取百分之三为省地方收入。其时,国民政府已推行法币政策,地方银行不得发行纸币。但刘航琛仍以四川省银行名义发行大量辅币,到1937年10月,实际发行额已近一千万元。从省政府成立到抗战开始,还先后发行了各种名称的公债达一亿四千五百余万元。刘航琛多方搜括,扭转了四川财政的困难局面,做到收支平衡,还有结余。

刘航琛力图以经济实力作为自己的政治资本,再以政治势力来维护和扩张他的经济实力。初进第二十一军即对刘湘献策:搞财政不能不同金融业和商帮打交道,要利用他们的实力。1930年9月,他请准刘湘创立川康殖业银行,宣称资本额为四百万元,实则只是从禁烟款下拿出六十万,另加一点商股,不过一百万元。从此他亦官亦商,在金融界扩展实力,利用刘湘交付的军火款,在川康殖业银行经销公债,发行无息存票,攫取一般商业银行所不易得到的厚利。抗战爆发后,他又趁势合并了重庆平民银行和四川商业银行,改组成为川康平民商业银行,自任董事长,集股三百五十万元,资本额冠于川帮银行。他对重庆盐商组织的川盐银行早存觊觎之心,通过他与滇行董事长吴受彤的关系而入股为董事,1937年吴受彤病危,力荐刘航琛继任,刘如愿以偿,担任了该行董事长,逐步攫取了该行百分之七十以上的股权。刘从此控制了川康、川盐两行,俨然成为重庆金融界的大亨,声势煊赫。

1935年,聚兴诚银行存户向财政厅控告该行舞弊,刘航琛也早想插手聚兴诚,借此事件即以财政厅长名义,密令重庆市长张必果提走聚行账簿,迫使该行总经理杨粲三接纳刘航琛入股,担任了该行常务董事。1937年,重庆商业银行因赌公债失败,发生挤兑风潮,向川康、川盐告急。刘不但拒不借款应急,反要求有关当局下令关闭重庆商业银行。刘航琛挟持川康、川盐两行的资金,大量投资工商企业,几年中攫取了重庆金融工商界董事长、董事、总经理等七十多个头衔,控制了重庆电力公司、自来水公司、四川水泥厂、和沅猪鬃公司、兴华保险公司等重要经济事业，还掌握着《商务日报》、《益世报》、《新民报》等新闻机构。

1938年1月刘湘死去，王缵绪代理四川省政府主席。王对刘航琛素有恶感，下令彻查财政厅账目，并拟逮捕刘航琛，刘闻风逃往香港。次年王缵绪下台，刘航琛在杜月笙、顾嘉棠支持下回到重庆。他大力整顿川康、川盐两行人事，大搞黄金、棉纱、药材等投机买卖，不断壮大自己经济实力。

1941年，重庆粮食供应出现危机，国民政府粮食部长徐堪委刘航琛为粮食部特派员，去四川各地催调粮食。刘带领川康、川盐两行亲信，分路巡视各县，利用过去分布在各地的"财训班"人员和袍哥势力，筹集到了一批粮食，从而当上了陪都民食供应处长。1942年刘航琛升任粮食部常务次长，但不久受到排挤而下台。

抗日战争胜利后，刘航琛认为今后上海是金融业的前线，重庆是后方。他立即将川康银行总管理处迁往上海，并在上海成立了川盐、川康、和沅、电力公司等单位联合办事处。为了使"业务日臻现代化"，又在重庆以川康、川盐两行，联合宝沅、沱江、华西、电力等十八家银行、厂矿、公司，设立一个"联合经济研究室"，拨资两万美金，搜集有关经济情报。

1946年，刘航琛到上海，伙同四川旅行社总经理汪代玺，拉上杜月笙、顾嘉棠，筹组利济轮船公司，希图开办海运事业。天主教南京主教于斌答应把天津教区的一部分海船交给他，李宗仁也表示愿意把正在筹办的一家海运公司交与他经营。1948年4月，李宗仁竞选副总统，刘竭力为李宗仁拉选票，耗费颇巨。1949年1月，国民党政权面临全面崩溃，蒋介石被迫下野，李宗仁代行总统职务，6月，刘航琛在广州当上了经济部部长。他见该部所属香港国外贸易事务所存有钨、锑、锡外销矿产品，总数约值美金五六百万元，遂见财起意，一面诱使该所所长郭子勋出国"考察"，一面组织商号，企图将全部矿产品收买过来，予以吞没。该所员工识破骗局，成立保护矿产品委员会进行抵制。刘航琛为此控告到香港法院,经法院判决,该矿产品暂时冻结。以后由香港当局移交给了新中国。

不久,国民党政权全面崩溃。利济轮船公司两艘旧船靡费甚多,而李宗仁、于斌的许诺都不兑现。公司尚未组成,即告破产。刘航琛的老巢川康、川盐两行,由于投资多,亏空太大,特别是大量资金被抽到利济轮船公司,难以周转。刘曾挪用经济部资源委员会港币二百万元汇渝解救,亦无济于事。刘航琛后去重庆,10月中旬携眷去香港,以后又到了台湾。蒋介石借口刘航琛对经济部事务交代不清,下令逮捕惩办,后经何应钦、张群等人说情,取保释放。

1975 年 9 月 28 日,刘航琛在台北病故。

主要参考资料

周开庆:《民国川事纪要》,四川文献研究社 1974 年版。

四川文史研究馆编:《四川军阀史料》第 2 辑,四川人民出版社1983 年 4 月版。

刘航琛口述、章君谷执笔:《戎幕半生》(附自订年谱),《近代中国史料丛刊续编》第 49 辑,台北文海出版社 1966 年版。

《刘航琛》,戚再玉主编《上海时人志》,展望出版社 1947 年版,第204 页。

邢世同:《我所知道的刘航琛》,中国人民政治协商会议四川省委员会、四川省省志编辑委员会编《四川文史资料选辑》第 15 辑,1964 年版。

宁藏村等:《亦官亦商的刘航琛》,中国民主建国会重庆市委员会、重庆市工商联合会文史资料工作委员会编《重庆工商人物志》,重庆出版社 1984 年版,第 215 页。

刘 鸿 生

熊尚厚

刘鸿生,祖籍浙江定海,1888 年 6 月 14 日(清光绪十四年五月初五)生于上海。父亲刘克安原是招商局一艘客轮的总账房。他七岁时父亲病故,家道中落,母亲做杂活供他继续求学。1901 年,刘鸿生入上海美国基督教圣公会办的圣约翰中学,1905 年入圣约翰大学。他读书用功,头脑聪敏,以优异成绩获得奖学金,在校与宋子良同学。二年级时,校方决定把他培养成牧师,让其去美国留学,他没有答应,即被无理开除了学籍。刘离校后先在英租界老闸捕房当教员,两年后转到会审公廨做翻译,又半年改入意籍牧师穆安素(Giuseppe Domenio Musso)事务所工作。

1909 年,刘鸿生经其父的挚执友周仰山介绍,进了英商开平矿务局上海办事处当跑街。当时,开平煤炭在南方销路不佳,他先后在上海及江浙地区的窑业中为开平煤打开了销路,1911 年升为上海开平矿务局(次年改称开滦矿务局)买办。他在上海设立开平公司售品处,开设账房(后称刘鸿记账房),独家经销开滦煤炭,接着建设开平码头,设置煤炭堆栈,又与义泰兴号合作销售开滦煤斤,并组设义泰兴码头公司。未及三年,使长江下游成了开滦煤的重要销售区,刘鸿生备受开滦英商的赏识。

第一次世界大战期间,国内工商业得到发展机会,江浙地区对煤的需求大增。从 1916 年起,刘鸿生自租轮船由秦皇岛运煤销往江浙,两三年间赚银一百万两。为了扩展煤斤的经营,1917 年他与义泰兴煤号投资十余万元,接办柳江煤矿;在浦东设义泰兴董家渡煤栈(即北栈);接着又于南京下关筹办码头,于上海、苏州、南通等地与人合伙设煤号,从而在长江下游建立起煤炭供应网点。由于经销有术,到大战结束前后,刘鸿生已成了拥资百万的煤业巨子。随后他被举为旅沪宁波同乡会会长,加入了上海"洋人俱乐部",闻名于上海工商界。但他感到自己虽发了财,可"外国人瞧不起中国人","觉得中国人之所以受气,是因为没有工业,没有科学"①。于是,他决心创办工业,走实业救国的道路。

上海燮昌火柴厂总经理叶世恭是刘鸿生的岳父,因此他对火柴业早有一定的了解。当时市场对火柴的需求甚殷,经考察后刘鸿生认为火柴厂投资少,能赚钱,1920年,他与杜家坤等人集资十二万元,在苏州创办了鸿生火柴厂,自任总经理。该厂创办后,初因竞争激烈连年亏蚀,几濒于危。后经努力提高产品质量,减轻成本勉力竞争,情况才有好转。1925年"五卅"爱国运动高涨,日商猴子牌火柴遭到抵制,瑞典商凤凰牌火柴的销量也骤减,国产火柴获得暂时的优势。鸿生火柴趁机打开销路,转亏为盈。同年他收买了于上年倒闭的上海、苏州两家燮昌火柴厂。1926年鸿生火柴厂增资至五十万元,改组成股份有限公司。翌年聘留美化学博士林天骥为工程师改进产品,生产安全火柴,年获利十万余元。鸿生火柴厂成了江苏第二家火柴大厂。

在创办鸿生火柴厂的同时,刘鸿生鉴于第一次世界大战后上海地区各行业大兴土木、市场上水泥供不应求的情况,1920年9月与朱葆三、李拔可等人集资一百二十万元,在龙华筹办华商上海水泥厂。为了掌握生产水泥的知识和经验,他亲自前往欧洲考察学习,1922年自兼水泥厂总经理。次年8月象牌水泥投产,当即碰到外货和北方启新洋灰的竞争,1925年6月与启新达成划分销区、稳定价格和联合对外的协议。1927年8月,他倡议扩大联营,邀请南京中国水泥公司参加,终于在1931年达成协议。上海水泥公司产量连年大增,产品行销江浙地

①　杨友:《民族资本家刘鸿生自述》,1957年《新华月报》第1号。

区。由于同业联营和共同提价,获利颇厚。

随着鸿生火柴厂和上海水泥厂开办获利,刘鸿生展开了广泛投资活动。在煤业方面,有元泰股份有限公司、上海煤业公栈、镇江安丰煤业公司、南京煤业公司、中华煤球公司、华东煤矿公司;码头业有中华码头公司;搪瓷业有华丰搪瓷公司;毛纺织业有章华毛绒纺织公司;金融业有中国企业银行、中国煤业银行、华东商业储蓄银行、惠工银团及义兴联记、志裕和五丰等钱庄;保险业有大华保险公司;航运业有崇明轮船公司、舟山轮船公司、宁绍商轮公司,以及英商美灵登公司、华贸外贸公司等等。至1931年投资总额即达七百四十余万元①,刘鸿生遂由买办起家的商人,转变为知名的民族工业资本家。在这些企业中,章华毛绒纺织公司的投资尤为突出。

章华毛绒纺织公司开办于1930年,资本额八十万元,刘鸿生任总经理。初以生产粗呢为大宗,后以资金不足,经营管理不善,加之上海"一二八"事变停工三个月,至1932年底,计亏蚀达二十五万元,处境十分困难。为了改善经营管理,刘鸿生经考察认为只有更新设备聘用专家,出产高级呢绒方可摆脱困境。于是,他辞去总经理改任董事长,聘请程年彭任总经理。章华在程的主持下改用电力马达,使梳纺间加开夜工,又用现存纱线多制细货及生产纱线驼绒,还改用进口毛纱织造精纺呢绒。从此章华产品质量堪与外货媲美,价格却比外货低廉。上海呢绒商人为迎合一般用户迷信洋货的心理,将章华标头剪去冒充洋货扩大销路。其后,刘又打通孔祥熙、宋子文及朱家骅等人的门路,取得供应蒋军军服用料及邮电部制服用料之权。1933年章华营业突飞猛进,产品行销长江流域,推及华南、华北,虽日夜开工仍供不应求,翌年春在天津添设毛纺分厂。刘鸿生的毛纺织业办得生气勃勃,产品在国

---

① 上海社会科学院经济研究所编:《刘鸿生企业史料》上册"前言",上海人民出版社1981年版。

内享有盛誉,被称为"毛纺织业的权威"①。

　　火柴业方面,在外货倾销和国货贬价的激烈竞争下,刘鸿生发起一系列的联合行动。1928年联合上海萤昌火柴厂,成立江苏火柴同业联合会。翌年11月进而组成全国火柴同业联合会(任主席)。1933年7月以鸿生厂联合中华、萤昌合组大中华火柴公司,加强竞争力量,刘任总经理。"九一八"事变以后,大中华营业获得进展,先后合并了九江裕生火柴厂、杭州光华火柴厂,收买了汉口燮昌(改名炎昌)、芜湖大昌、扬州耀扬和其他一些小厂;并新建东沟梗片厂。大中华公司以统一行动、划一价格等办法抵挡了一阵洋商火柴的倾销,使所属火柴企业得以维持不坠。1933年,大中华资本额增至三百六十五万元,年产火柴十五万箱,约占华中地区火柴产量的百分之五十,产品畅销长江流域及南方各省。刘鸿生被称为"中国火柴大王"②。

　　刘鸿生办企业获得成功,重要原因之一是他在经营管理上有一套办法。如重视创办新企业前的市场调查和对市场需求的了解;重视技术和管理人才的任用,以及注重引进先进设备和技术等;在经营上,各企业实行独立自主、各负盈亏制度;在资金融通上,则把截余补缺作为不把"鸡蛋放在一个篮子里"③的实际运用。1930年他在上海修建了企业大楼,计划设立中国企业经营公司组成托拉斯组织;翌年8月又设顾丽江采办事务所。

　　在北伐战争前后,刘鸿生一方面同情反军阀斗争,一方面又畏惧工人运动,尤怕共产革命;一度幻想美国会协助中国实行关税自主;对蒋介石的南京政权持合作态度,与宋子文、孔祥熙等人日趋接近。1929年工商部长孔祥熙邀他出掌招商局,蒋介石亦电孔促刘就任。1932年11月,当财政部长宋子文答应帮助他解决企业资金困难后,刘始就招

---

　　①　书报简讯社编:《上海概况》,1949年版,第442页。

　　②　倩华:《火柴大王刘鸿生》,1947年《经济导报》第13期。

　　③　上海社会科学院经济研究所编:《刘鸿生企业史料》下册,第11页。

商局总经理职,对招商局进行了改革整顿。在此期间,他还担任了南京国民政府的全国经济委员会委员、全国财政委员会常务委员、农村复兴委员会委员等职。

20世纪30年代,由于世界经济危机冲击到中国,日本侵华的加剧以及国内政治经济等原因,民族工业大都陷入困境。刘所属各企业负债达五百六十万元以上,全部资产抵押殆尽,原拟设立中国企业经营公司搞托拉斯的计划也成泡影。刘鸿生为了渡过难关,曾分别向美国花旗银行和宋子文掌握的中国银行请求借款;又同虞洽卿、荣宗敬等人联名呈请南京政府救济实业;并以全国火柴联合会名义呈请实行火柴统制等,但均无结果。山穷水尽,他只好另辟蹊径,从解决火柴同业间倾轧着手。1935年7月与汉口、上海等九家火柴厂,联合组成“国产火柴制造同业联合办事处”,厚集资力一致对外;接着再以“联办处”同上海美商美光火柴公司等合组华中地区“火柴产销管理委员会”,联夷制夷对付日商;翌年3月与日本在华磷寸同业联合会谈判,迫使其妥协,组成“中华全国火柴产销联营总社”,从而维持了国产火柴的销售市场。至1936年下半年起,刘氏所属企业营业遂先后好转。

1937年“八一三”淞沪战役打响后,刘鸿生积极从事上海前线伤员的救护与物资的募集与调度工作,热情支持抗战。但由于国民党内部时常出现对日妥协求和的暗潮,使他对抗战前途信心不足,在企业的牺牲与苟全的尖锐矛盾面前,曾一度踌躇观望。他曾提出在芜湖创设“自由港”的意见,并寄托外商洋行的庇护以保存自己在上海地区的企业。日本侵略者曾多次威胁利诱,要求刘与之“合作”;并要刘鸿生出任上海伪商会会长。1938年冬他迫于环境离沪去港,由次子刘念义、三子刘念礼留沪看管企业。到港后,经过调查以及和刘氏企业骨干人员的商议,随后计划在四川筹办火柴和毛纺厂,在香港和抗战后方创办其他新企业。

1939年4月,刘鸿生投资十四万元,与重庆华业合记公司合组大中国火柴公司,资本港币三十万元,宋子良任董事长,他任总经理,翁文灏任总工程师,生产氯酸钾、赤磷等火柴原料。9月,他以大中华火柴公司联合川黔火柴商,投资二百万元在重庆创办中国火柴原料股份有限公司,自任董事长,聘林天骥为总经理,潘履洁为总工程师,在长寿设厂生产氯酸钾、磷、牛皮胶、脂肪酸等火柴原料。12月,蒋介石电邀他去重庆,并面允由政府赔偿其在沦陷区的财产损失一千多万元,如在内地办厂保证将予以支持①。刘鸿生颇受鼓舞,于是在重庆与宋子良、钱新之、翁文灏等人发起组织中国毛纺织公司。翌年在李家沱设厂,资本额四百万元,由宋子良任董事长,刘任总经理。此后他以华业合记公司名义,先后投资贵州火柴公司、洪泰火柴厂、裕丰火柴公司;在昆明创办磷厂;广西八步创办广西化学工厂;将杭州光华厂迁诸暨再迁龙游,改组成龙游火柴厂;在四川巴县创办四川水泥公司,并在贵州设第二厂、乐山投资嘉华水泥厂;与董志卿在重庆合办永安电磁厂;由中国毛纺织公司与富华贸易公司在兰州合办西北洗毛厂;与孔祥熙、杜月笙、胡宗南等人创办西北毛纺织公司等等。刘鸿生在抗战后方投资总额约一千万元,其中规模最大、生产发展很快的火柴原料公司和毛纺织厂,产品垄断了整个战时后方的市场,年获利甚丰,也引起官僚资本的觊觎之心。

战时,刘鸿生在西南、西北地区创办了大小十多家企业,而资金却十分短缺。为了获得长期贷款,他只好向国民党官僚资本求援,被迫接受了孔祥熙提出的苛刻条件:(一)由刘出任火柴专卖公司总经理,替重庆政府每年增加几千万元的财政收入;(二)允许官僚资本投资中国火柴原料厂和中国毛纺织厂;(三)两厂改组为特种股份公司由宋子良任董事长;(四)两厂"各主要部门由孔、宋派员监督经营";(五)两厂资产一律按账面价值计算,不得提价增值②。1942年4月,刘任火柴专卖

---

① 刘念智:《实业家刘鸿生传略——回忆我的父亲》,文史资料出版社1982年版,第90页。

② 刘念智:《实业家刘鸿生传略——回忆我的父亲》,第94—95页。

总公司总经理(后改组成火柴烟草专卖事业管理局,仍任局长),重庆国民政府财政部、经济部、交通银行及中央信托局等单位,也先后向两厂投资。刘氏所持股份比例逐年下降,抗战胜利前夕仅占五分之一,他从大老板沦为官僚资本控制下的小伙计。

1945年8月抗战胜利后,刘鸿生任国民政府行政院善后救济总署执行长兼上海分署署长,11月再任招商局董事长,并为全国船舶调配委员会主任、经济部计划委员会委员、全国工业协会和毛纺业全国联合会理事长。是年秋,他在上海创设中国企业物产保险公司,任董事长。次年春收回了被日伪侵占的全部企业。他亦官亦商左右逢源,企图利用蒋、宋及美国"盟友"的关系,加以自身拥有的经济力量,恢复和发展原有的企业,并开创新局面。但事与愿违,战后官僚资本的无情掠夺和美货的大量倾销,使他重整旗鼓谋求大发展的幻梦很快破灭;西南地区的企业因受"复员"影响,一直处于减工或停顿状态;上海水泥厂贷款复工后受美货倾销等影响,不久被迫停工,厂房改作仓库;章华毛绒纺织公司因受美货充斥市场的影响,销售困难;大中华公司一度虽有发展,但因管制进口,原料供应不足而被迫减产;青岛火柴厂因产销两难而出让;中华码头公司营业一度尚称发达,然在进口和救济物资减少后,业务亦趋衰落。为了维持刘氏各企业的生存,他只好被迫去搞商业投机。当时整个时局,由于蒋介石挑起内战,国民经济遭到严重摧残,通货恶性膨胀,民不聊生,民族工业纷纷破产。1948年8月蒋介石发行"金圆券",限期收兑民间黄金、白银和美钞,对蒋管区实行经济大掠夺。他被迫交出黄金八百条、美钞二百三十万元及大量银元兑成"金圆券",刘氏企业再次受到沉重打击。这给多年幻想依靠官僚资本来发展自家企业的刘鸿生很大教训,开始对蒋帮不信任,但对共产党也有戒心,他踌躇彷徨。上海解放前夕,他决定留在上海,但蒋帮特务却逼迫他飞往广州,之后潜去香港。

上海解放后,周恩来总理曾派专人去港阐明共产党的政策,劝他和留港的上海工商界人士回沪。同时,刘鸿生又看到党和政府实行保护民族工商业政策和生产得到恢复的情形,加之其子女由沪去港劝导,乃于 1949 年 11 月离港转经天津回沪。途中由津至北京受到周恩来的接见,回到上海又受陈毅市长的邀请,希望他在上海工商界起带头示范作用。刘氏所属企业此后获得恢复与发展。他先后任华东军政委员会委员、华东行政委员会委员、中国人民救济总会上海分会副会长,并当选为全国第一届人大代表、上海市人大代表、全国工商联第一届常务委员。此外,还是全国政协第一、二届委员、民主建国会中央常委兼上海市副主任委员,以及保卫世界和平委员会上海分会副主席。

刘鸿生艰苦奋斗一生,建立起一个规模可观的民族资本集团,被称为"中国的企业大王"[1],对中国民族工业的发展作出过一定的贡献,在经营管理企业方面积累了许多有益的经验,是一位著名的爱国实业家。

1956 年 10 月 1 日,刘鸿生病逝于上海。

---

① 严谔声:《刘鸿生先生事略》,《上海工商》1956 年第 20 期。

刘 积 学

朱信泉

刘积学,号群式,河南新蔡县人,1908年3月15日(清光绪三十四年二月初五)出生。刘幼年家境清贫,靠祖父刘拱宸设私塾课徒和父亲刘启模经营酱醋业微薄收入,维持一家生计。刘七岁时从祖父读书,能刻苦学习,十六岁考取秀才,二十岁补廪膳生。刘与胞兄刘芬佛均能课徒,收入渐多,家境渐宽裕。1903年刘积学中癸卯科举人。由于受新学影响,1902年他和车钺、王梅溪、王钟远、蒋立、朱奋武、安诏白等在开封成立了一个民办半日学堂,后来成为学会,除传授知识外,主要借以传播革命思想。1904年他考入河南武备学堂,学习军事,科目有战法学、步兵操典、野外演习、炮学、水旱雷学、绘图学等。

1906年2月,刘积学由清政府派往日本留学,初入东京弘文学校,预备日语;原拟投考军事学校,以身体较弱,虑难录取,随改入小石川区实科学校理化专修班学习理化,毕业后考入东京法政大学专门部政治科,1911年6月毕业。

1906年2月,刘积学到东京后,即经同盟会总部书记曾昭文(字可楼)介绍加入同盟会。不久同盟会河南支部成立,公推曾昭文为支部长,刘积学为书记,掌握开会时记录及保管文件等。其时,河南同学曾以同乡会名义集资创办《豫报》,主持人有革命派也有改良派,故常发表不利于革命的文章。为此同盟会河南支部派曾绍文、刘积学调查了解后,决定停办《豫报》。1907年12月在河南旅日女志士刘青霞资助下创办《河南》杂志,张仲端任总经理,刘积学任总编辑。该刊旗帜鲜明地宣传民主革命思想,批驳改良主义;提出除以武力革命推翻清廷的专制统治、建立民主共和,别无他路可走。该刊行销国内外,对辛亥革命起了相当大的推动作用;清政府则下令在国内严防查禁,并指示驻日使馆勾结日本警署封闭该杂志社并扣压了第十期,因此发行到国内的只有九期。辛亥革命前印发的《河南留日学生讨满清政府檄》,即为刘积学执笔。

1908年,同盟会河南支部为了在国内发展力量,派人在开封成立了同盟会河南分部,初设在中州公学,很快就发展了二百多名会员。1911年7月31日,中国同盟会中部总会在上海成立,确定在长江流域准备起事的中策,并在南京、安徽、湖北、湖南等地设立分会。铁路风潮发生后,国内革命形势迅速发展,在同盟会中部总会的推动下,湖北革命团体文学社、共进会乘机筹划武昌起义。为推动南北各省起而响应,豫、鲁、陕、甘在日本的同盟会员组织四省协会,筹划策动北方起义。

同盟会河南支部派刘积学回开封执行此项任务。刘到开封后,向同盟会河南分部党人传达总部的决策,经分部会议决定除在开封联络会社义士和策动新军外,并分派会员到省城外联络会社武装组织和绿林豪侠准备起义。会议还决定在开封、北京筹办《国是日报》和《国维日报》做舆论动员。会后刘积学即去北京。

武昌起义爆发后,刘积学从北京回到开封,被分配担任新郑、密县、叶县、南阳一带的起事联络工作。旋因策动新军失败和开封城外农民武装也被清军所击败,分会决定刘积学去上海向上海军政府请援。11月下旬刘到达上海,与河南同盟会员刘炎基、陈伯昂、贺升平等筹划组织河南北伐军,当即得到陈其美、黄兴等的积极支持,后经南京临时政府批准成立河南北伐军。以张国威为司令的北伐军经由长江西上,曾到达河南光州与阎子固、任芝铭的淮上军会合。南北议和,方才停止军事行动。

1912年2月,刘积学当选中华民国临时参议院参议员。1913年3月当选国会参议员。“二次革命”失败后,孙中山在日本组织中华革命党，刘积学率先参加。1917年7月孙中山南下广州领导护法，刘前往广州参加。孙中山虽几次受挫，刘始终忠实追随。

1921年，刘积学由广东返回上海休养一个时期，1923年被北洋政府河南省长张凤台邀至河南，任河南自治筹备处处长，制定河南县市自治条例。而两湖巡阅使吴佩孚则谓刘积学假借自治名义，树党营私，冀图颠覆，下令将刘扣押在巡阅使署参谋处，后被释出。同年底，省长张凤台亦被免职，改由吴的参谋长李济臣继任。

1925年春，国民二军胡景翼督豫，刘积学应邀担任河南省政务厅长。同年11月下旬，国民党右派邹鲁、谢持、居正、张继等在北京西山碧云寺召开所谓"国民党一届四中全会"后，居正、张继来到开封介绍刘加入西山会议派。1926年3月国民二军在河南失败，刘遂回上海寓居。4月，"西山会议派"在上海环龙路召开伪国民党二大，刘当选为中央执行委员。同年7月广州国民政府开始北伐后，曾任命刘积学为河南宣抚使，刘遂前往信阳南柳林设立宣抚使署，与驻扎该处的建国豫军樊钟秀合作，进行北伐意义的宣传。翌年宣抚使名义被撤销，刘再次赴上海赋闲。9月刘被推为国民党中央特别委员会候补委员。1928年11月7日，刘积学等四十七人被国民党政府任命为第一届立法委员。立法委员两年改选一次，五次改选刘积学都获得连任。

1937年7月抗日战争起，南京政府迁往武汉，再迁重庆，刘积学请假未去，随河南省政府移居南阳。1939年5月河南省临时参议会成立，刘被选为议长，并辞去立法委员，专任河南省参议会职务。1946年11月，刘当选南京国民党政府"制宪国民大会"代表。

刘积学对河南国民党当局一些权要人物种种祸害地方、乱捕滥杀的罪行，虽无可奈何，但在思想上是愤恨不平的。如对1942年河南大旱灾，饿死民众以百万计，而国民党政府仍向河南征购粮食；1944年日军进犯中原，汤恩伯拥军殃民，临战望风而溃；又如军统特务赵理君活埋河南第十二区行政专员韦品方案，以及一些发国难财、贪污渎职的官吏等，省参议会提出弹劾议案，刘积学都是支持的。

　　面对国民党政府的消极抗战,八路军、新四军在敌后坚持抗敌这样的事实,使刘积学渐寄希望于中共。刘曾对友人说:抗战胜利后国家将会长期陷于内战,最后共产党必将胜利,这是无疑的。由于国民党在内战中损兵折将,以及中共地下党对刘的教育争取,他决定靠拢共产党。1948年5月,中共派人去信阳策动国民党"华中剿总"副总司令兼第五绥靖区司令官张轸起义,刘曾为此写了亲笔信,促张轸早日起义;其后并曾多次劝张。在同年12月下旬,白崇禧召集豫、鄂、皖、湘、赣五省议长在汉口开会,让他们联名电蒋请暂回奉化,由李宗仁代行职权与中共议和时,刘坚决主张蒋介石必须引咎下台,以谢国人;由于白崇禧不支持这一主张,刘只得在返回信阳后于12月31日发出轰动一时的"亥世电"。信阳的国民党特务叫嚣要逮捕公审刘积学,幸赖张轸派兵保护,得免无事。其后,河南国民党党政军机构纷纷从信阳南撤,刘积学则率领省参议会留在信阳迎候解放。1949年4月1日信阳解放,刘将参议会的全部文卷档案交军管会接收。刘积学单独起义的愿望至此实现。5月15日,张轸率部二万余人在金口起义。

　　1949年6月,刘积学接到河南省人民政府通知去开封学习。9月,刘以中国国民党革命委员会代表之一出席中国人民政治协商会议第一届全体会议,参与中国人民政治协商会议共同纲领的制定,选举中华人民共和国中央人民政府委员会,并参加了中华人民共和国开国盛典。

　　1950年,刘积学当选为河南省各界人民代表会议副主席、河南省人民政府委员、中南军政委员会委员。1952年被选为河南省人大代表、省人民委员会委员、省政协副主席、省政治学校校长。1958年任河南省文史研究馆副馆长,并为民革河南省筹备委员会召集人、民革河南省委副主任委员。

　　刘积学关心祖国的统一大业,曾多次写信和广播稿,对在台湾的亲朋故旧宣传党的政策,晓以民族大义,希望他们对祖国统一大业作出贡献。

　　1960年11月12日,刘积学在河南逝世。生前著有《老子要义注释》、《程伊川实践哲学论》等。

主要参考资料

刘积学:《刘积学自传》,中国人民政治协商会议河南省委员会文史资料研究委员会编《河南文史资料》第 8 辑,河南人民出版社 1983 年版。

李静之:《刘积学传略》,《河南文史资料》第 6 辑,1981 年版。

夏一图:《刘积学事迹片段》,《河南文史资料》第 6 辑。

刘 纪 文

许小青

刘纪文,原名兆镕,字兆铭,祖籍广东顺德,1890 年 10 月 19 日(清光绪十六年九月初六日)生于广东东莞横沥镇下车岗村。

由于家境清贫,又信仰孙中山的三民主义,刘纪文二十岁就投身于革命到处奔走。1910 年参与倪映典等人领导的广州起义,后为清朝广东水师提督李准所败,"失败后出走澳门,后赴香港"①。同年他加入同盟会,和邓铿一起从事秘密工作,"在中山故里的石岐果栏街,开了一家所谓'庆利商店',作掩护革命工作"②。黄花岗起义前,与郑岸义、刘作忠等人在香山以谋响应。1912 年冬,刘纪文由临时稽勋局选派赴日本留学,入东京志成学校。1914 年,中华革命党在东京成立,该党对党员的吸收非常严格,要求立誓约,按指模,并要绝对服从总理的领导。刘纪文毅然参加,并担任总务部的干事。同年,他考入早稻田大学深造。1917 年,刘毕业于日本政法大学,随后返国。在日本留学期间,刘纪文主要学习政治经济专业。

刘纪文回国后,"上海环龙路的四十四号革命党事务所的创立,他是总管事务兼司财政的一员"③。1917 年 9 月,孙中山回驻广州,任中

---

① 刘国铭主编:《中国国民党百年人物全书》,团结出版社 2005 年版,第 482 页。
② 童轩苏:《刘纪文的生平及其他》,台北《传记文学》1979 年 6 月号。
③ 童轩苏:《刘纪文的生平及其他》,台北《传记文学》1979 年 6 月号。

华民国军政府海陆军大元帅,刘纪文随孙中山到广州,被任为广东军政府财政部佥事,不久又任广东省金库监理、广州市审计处处长。1920年任广州国民政府陆军部军需司司长。1923年3月2日,广州大本营设立五部三局,任审计局局长,9月27日辞职;同年又任大本营军需处处长。1923年,"由广东省政府派赴欧洲考察第一次世界大战后的经济状况,于伦敦经济研究学院研究两年,入剑桥大学研究一年,后奉派赴欧美考察市政"①。1926年底归国,被任命为广东省政府委员兼农工厅厅长。同年,国民革命军誓师北伐,因北伐战事紧急,刘纪文赴前方任国民革命军总司令部经理处处长。

1927年初国民政府定都南京。4月24日南京成立市政厅,6月1日改称市政府,6月26日,国民政府颁布特别市暂行条例,正式规定南京为特别市,直隶行政院。"南京市政厅二十四日行开幕礼,市长刘纪文宣誓就职"②,具有且接受西方近代市政思想的刘纪文成为南京建市后的第一任市长。后来"由于受到冯玉祥的攻击,8月被迫辞去市长职务,由何民魂继任"③,刘纪文则任江海关监督。其时,由于蒋介石兵败徐州,又遭桂系逼宫等原因,被迫下野。回家乡后不久就往日本向宋美龄求婚,刘纪文于9月随蒋介石前往日本,11月返回。蒋介石复职后,1928年5月国民政府正式任命刘纪文为国民革命军总司令部经理处处长一职。后来,中央政治会议决议省政府委员与特别市市长不得由一人兼任,于是何民魂专任江苏省政府委员并辞去南京特别市市长职务。1928年7月20日,刘纪文就市长职,继任为第三任市长。在他任市长期间,还兼任了其他职务。1929年任南京特别市第一届市党部执行委员兼常务委员。同年还历任国民政府建设委员会委员、秘书长,首

---

① 刘廷芳:《刘纪文(1890—1957)》,《民国人物小传》第7册,传记文学出版社1985年版,第468页。

② 《南京市政厅开幕》,《申报》1927年4月26日。

③ 刘廷芳:《刘纪文(1890—1957)》,《民国人物小传》第7册,传记文学出版社1985年版,第469页。

都建设委员会委员、秘书长,赈灾委员会常务委员,总理陵园管理委员会常务委员等职,当选国民党第三届中央执行委员。

刘纪文担任南京市长的时间不长,总共两年左右,但在他任职期间,南京的城市面貌发生了很大变化。刘纪文非常重视市政建设,一上任,就"于二十八日下午三时,在本厅招集各报新闻记者开谈话会,征求改良市政方法"①。在他的努力下,其在南京的建设至今仍为人所称道。

铺建中山大道。中山大道原名为"槟迎大道",始建于1928年8月,长12千米,宽40米,铺有沥青路面。刘纪文就职不久,就批云"查南京马路之狭窄,不利于行,不特南京人知之,即各省人士亦知之……本市长奉令抵任,其责即改造南京,而改南京,自非先从修筑马路入手不可"②。但当时是南京设市之初,财政拮据,刘纪文就抓住国民政府筹备孙中山奉安大典的机会,谓"届时中外人士来京者必众,道途湫隘,有失首都观瞻"③,于是提出修筑槟迎大道的建议,得到采纳。在筑路的过程中,困难重重。不仅施工条件恶劣,如道路闭塞、天气寒冷等,而且引起民众的不满,怨意四起。主要原因有二:"一为征收土地,二为拆卸房屋"④,因为沿路不仅有普通民众的房子,也有很多名公巨卿的房屋,这些房屋都要拆。面对困难,刘纪文不为所动摇,亲自向媒体发言解释,并坚持按时完工。为了起示范作用,"先拆蒋总司令的总司令部和官邸,一分为二使中山路从中通过"⑤。终于在1929年5月中山大道第一期竣工。刘纪文还从上海法租界购得第一批悬铃木(法国梧桐)数千株,种植在大道两旁,成为南京第一批行道树。中山大道至今仍为南京的主干道。

① 《刘纪文征求南京市市政意见》,《申报》1927年5月2日。
② 《刘纪文整理南京市政之决心》,《申报》1927年7月10日。
③ 《首都建筑迎槟大道破土典礼》,《申报》1928年8月30日。
④ 《为兴筑中山大道告首都民众》,《申报》1928年9月3日。
⑤ 童轩荪:《刘纪文的生平及其他》,台北《传记文学》1979年6月号。

筹建自来水。针对南京市供水困难且水质量差的情况，7月20日才上任的刘纪文就在7月23日召集市各团体开茶话会，报告规划市政方针，"公共卫生，拟将大树城城墙拆去一部，以吸取清洁饮料"①。认识到"讲求卫生，是从兴办自来水始"，"自来水之创办刻不容缓"②。1929年8月，刘纪文下令组织自来水筹备处，负责筹备一切工程计划。1930年3月26日开工。刘纪文非常重视自来水的建设，他"亲自前往查勘，并令工人加紧工作"③。刘纪文对自来水的筹建为后来的南京自来水的供给奠定了重要基础。

保护城墙。南京城墙是历史留下的重要古迹，但自民国以来，一直就有不少人主张拆掉城墙。刘纪文则指出"自始即没有拆除的主张，并且预备作种种的作用"④。基于市政府的明确立场，南京城墙作为历史古迹一直保留至今。刘纪文还以保留下来的城门旧有名称含有守旧思想，不合革命时代为由，促请国民政府改城门名称，得到批准。于是朝阳门改为中山门，仪凤门改为兴中门，聚宝门改为中华门，神策门改为和平门，丰润门改为玄武门，洪武门改为光华门，海陵门改为挹江门。次年刘纪文还邀请蒋介石、于右任、蔡元培、谭组庵、胡展堂、戴季陶六人为新城门的名称题写匾额。

在城市建设方面还有其他表现。如1928年刘纪文下令将玄武湖正式辟为公园——五洲公园，并以世界五大洲的名称重新命名玄武湖上的五洲，分别陈列世界五大洲物产，使游人在半天的游程之内"可以晓五洲"。此外，还着手整理秦淮河、进行卫生宣传、装置时钟、开办市民银行等等城市建设。总体来说，南京城面貌有了很大的改观。刘纪文在任南京市长期间完婚。1928年10月18日下午4点，刘纪文与许

① 《刘纪文规划京市政》，《申报》1928年7月25日。
② 《建筑创办本市自来水为市民告》，《申报》1929年10月20日。
③ 《自来水厂厂址开工》，《申报》1930年4月7日。
④ 《南京拆城问题》，《申报》1929年2月4日。

淑珍在市府大厅堂举行结婚礼。当时刘纪文身居要官,道贺的人既多亦非同一般,"蒋介石、胡展堂、谭组庵等为证婚人,各致箴词,到中央各委及各部长暨驻京各国领事夫妇各界来宾千余人"①,婚礼状况盛极一时。这时的刘纪文已三十九岁,他和汪精卫两人在国民党里都以礼姿伟俊为世所称。他本"乃是古应芬之准女婿,古婉仪自与纪文订婚后,卧病经年,未过门而溘逝"②,刘、许两人是后经张岳公、孙鹤介绍认识的。他们完婚后,"先至广州探扫古婉仪小姐的墓园,再到北平碧云寺祭奠孙总理灵寝"③。

1931年2月28日,蒋介石设下圈套,以请宴为名,扣押胡汉民,3月1日胡被迫提出辞呈,且被蒋介石禁于汤山。消息传出,舆论哗然。刘纪文认为由于自己"奉命赴粤迎胡北上,中央乃任胡氏为立法院长"④,于是深感歉疚,即辞职以谢罪。辞市长一职后,刘仍被任为国民政府财政部江海关监督。在任期间,他奉命到山东视察,考察了青岛、济南、烟台等地的党务,并于1931年4月13日的会议上作关于山东党务的报告,并提出了募修孔林的意见。他和中央党部常务委员戴传贤"致教育厅长何思源并传全体省委一函修葺曲阜圣庙陵、邹县圣庙陵、增修嘉祥宗圣庙陵,并制定承祀官条例,以传久远"⑤。

在胡汉民被幽禁时,他的亲信古应芬就悄悄离开南京,4月30日古串联邓泽如、林森、萧佛成,以国民党中央监委名义发出弹劾蒋介石的通电。5月27日,刘纪文辞江海关监督一职,南下广州与古应芬等人在广州召开国民党中央执监委员非常会议,发表反蒋宣言。次日,组成与南京国民政府相对立的广州国民政府,6月2日广州国民政府召开国务会议,汪精卫任主席,特任陈济棠为国民革命军第一集团军总司

① 《京市长刘纪文昨日结婚》,《申报》1928年10月19日。
② 刘廷芳:《刘纪文(1890—1957)》,《民国人物小传》第7册,第468页。
③ 刘廷芳:《刘纪文(1890—1957)》,《民国人物小传》第7册,第469页。
④ 童轩荪:《刘纪文的生平及其他》,台北《传记文学》1979年6月号。
⑤ 《戴林对募修孔林意见》,《申报》1931年4月17日。

令,刘纪文、区芳浦、郭泰祺等人为广州国民政府政务委员会委员,同时还担任中央执监委委员。12月当选为国民党第四届中央执行委员,革命债务调查委员会委员。当刘纪文离开江海关监督一职时,曾有报道称他亏空一事,"检查刘经手款项内,共有二百数十万无着落"①。后经记者调查,接任监督的唐海安秘书唐兆师称"对账款案卷,甚属清楚","至于亏款一事,更属不确"②,这才证实了刘的清白。

　　正当宁粤对峙,国民党内部纷争不休时,日本发动了"九一八"事变,激起了全国人民要求停止内战,一致抗日的浪潮。形势迫使国民党各派系由纷争转为和平谈判。1932年1月5日,广州国民政府宣布取消,接着成立了西南政务委员会和西南执行部,刘纪文任西南政务委员会委员。1933年1月12日,"西南政务委员会是日起,连日在广州开联系会议,刘参与会议,会议决定:'(一)促中央履行三中全会决议,出兵抗日,收复国土。(二)拟西南大联合,筹组西南国防委员会'"。1933年7月20日,胡汉民、陈济棠、刘纪文等人电国民党中央、南京政府及北平军分会,要求"速将入察之师,停止前进,如仍抑内媚外,西南决取断然处置"。这体现了刘纪文的抗日主张。但1933年10月9日,日驻粤领事迫刘纪文取缔抗日运动,并解散抗日会时,"刘命广州新闻检查员将各报'暴日'、'东夷'、'灭日'等字样删去"。10月18日,广州抗日会被迫停止活动③。1932年3月28日,刘纪文接任广州市长一职,尽管当中有几度辞职,但遭拒绝并慰留,一直担任至1936年。在这期间,他的政绩是有目共睹的。上任初期,"即饬令成立城市建设委员会,从事规划。经长期的研究,制定了全市的道路系统和交通规划,并绘成系统图,然后请专家进行讨论。方案确定后,报省政府批准并转西南政务

---

　　① 《刘纪文交代未清》,《申报》1931年5月23日。
　　② 《谈刘纪文舞亏欺事》,《申报》1931年5月24日。
　　③ 广州市委员会文史资料研究委员会编:《广州百年大事记》,广东人民出版社1984年版,第438—450页。

委员会备案。于1932年向全市公布"①。此后市内道路建设逐年按规划进行。每年开辟一条新路,都要由工务局作具体测量和完成技术设计工作才能动工。在陈济棠掌控广东期间,"及至刘任内,合计修建了马路三十九万英尺,连前所建共为四十二万余英尺。当中属于市内的是二十八万英尺,属于市郊的是十四万余英尺。从1932年至1935年内完成市内和郊区路线共计有三十余条"②。刘纪文还对市内在建工程采取多方筹措或追加经费的举措,督促加快工程进度。广州海珠桥是在1929年春,林云陔任广州市长时开始的建桥工作,刘纪文接手后督促赶工,终于在1933年建成。2月15日下午举行开幕仪式,当时"观礼者数万人,有刘纪文引导老人九十四名先行,来宾鱼贯而进"③。中山图书馆也在1929年开始兴建,但由于经费等原因一直没完成,于是由市政府呈请省府追加费用6万元,在1933年10月落成,10月19日举行开幕典礼。至1934年,中山图书馆"藏书共有九万八千五百余册,报章杂志共二百多种,成为一座规模完备的藏书丰富的图书馆"④。

1936年5月12日,胡汉民病逝于广州,6月17日,国民政府主席林森令褒扬国葬,特派居正、萧佛成、孙科、刘纪文等人为国葬典礼筹备委员,7月13日下葬。蒋介石借胡汉民之死,立即宣布五条建议,此五条建议意图将广东权力收归中央。五条建议一出,立即引起陈济棠的强烈反弹。陈济棠不愿坐以待毙,立即联络新桂系,决定共同出兵,北上反蒋,从而引发了两广事变。后因余汉谋、黄光锐等人投蒋,陈济棠失势,"林云陔、刘纪文闻切,认为大势已去,当即商决,秘密离省,不再供陈济棠傀儡"⑤。后来,广东归政中央,曾养甫就任广州市长。1936

---

①　林克明:《广州市政建设几项重点工程忆述》,《南天岁月》,广东人民出版社1987年版,第217页。

②　林克明:《广州市政建设几项重点工程忆述》,《南天岁月》,第217页。

③　《广州海珠桥已落成》,《申报》1933年2月16日。

④　林克明:《广州市政建设几项重点工程忆述》,《南天岁月》,第211页。

⑤　《刘纪文等到港访萧》,《申报》1936年7月18日。

年 7 月 29 日,刘纪文改任为广东省政府委员,次年 2 月 6 日调任审计部政务次长。

由于刘纪文卷入到国民党的派系纠纷中,仕途不可避免地受到影响。抗日战争时期,国民党政府迁都重庆,1941 年 2 月成立陪都建设计划委员会,该会主要职责是促进陪都所在地重庆市区的地方建设,刘纪文任陪都建设计划委员。1942 年 1 月奉行政院训令,该会宣告结束。1945 年 5 月 5 日至 21 日,国民党在重庆召开第六次全国代表大会,刘纪文当选为第六届中央执行委员。1947 年,任行宪国民大会代表。1948 年,升任审计部部长。1948 年 3 月 29 日至 5 月 1 日正式召开行宪后第一届国民大会选举中华民国总统和副总统,刘纪文为广州市代表。

1949 年后刘纪文初居日本,后赴台湾定居,被聘为"总统府国策顾问"。1954 年 7 月 16 日,蒋介石依照"动员戡乱时期临时条款"给予的法源,以"光复大陆设计研究委员会组织纲要"行政命令宣布成立"光复大陆设计研究委员会",同日并任命副总统陈诚兼任该委员会主委,刘纪文任"光复大陆设计委员会"委员。1956 年,因患有肠癌,刘纪文由夫人许淑珍陪同赴美国医治,1957 年 4 月 12 日,因病不治,于美国洛杉矶望城医院逝世。

主要参考资料

刘国铭主编:《中国国民党百年人物全书》,团结出版社 2005 年版。

童轩荪:《刘纪文的生平及其他》,台北《传记文学》1979 年 6 月号。

刘廷芳:《刘纪文(1890—1957)》,《民国人物小传》第 7 册,传记文学出版社 1985 年版。

广州市委员会文史资料研究委员会编:《广州百年大事记》,广东人民出版社 1984 年版。

林克明:《广州市政建设几项重点工程忆述》,《南天岁月》,广东人民出版社 1987 年版。

李源:《南京特别市第一任市长刘纪文》,《江苏地方志》2004 年第 5 期。

佟银霞:《刘纪文与民国时期南京市政建设及管理(1927—1930)》,东北师范大学 2007 年硕士学位论文。

刘国铭主编:《中华民国国民政府军政职官人物志》,春秋出版社 1989 年版。

刘 建 绪

谌　震

　　刘建绪,字恢先,1892年10月3日(清光绪十八年八月十三日)生,湖南醴陵人。早年就读于长沙长郡中学,辛亥革命后曾入伍湖南陆军第一师。嗣后入陆军第二预备学校,1914年毕业后,升入保定军官学校,为第三期炮科,与何键为同乡同学。1916年,刘建绪从保定军校毕业后,与何键一同回湘,分派在第一师第一旅见习。

　　其时,掌握北京政府的段祺瑞推行武力统一政策,于1918年3月派北洋军大举南下,湘军败退。刘建绪随同何键回到老家醴陵,组织游击队抗击北军,并击溃湖南督军张敬尧的进剿。何键被湘军总司令程潜委为浏醴游击队司令,刘建绪为营长。翌年,游击队被湘军第一师第二旅第三团团长唐生智收编,改为骑兵营,何任营长,刘为连长。在张敬尧被逐后,所部进驻岳阳、桃源等地。在参加了1921年7月湘军援鄂之役后,何键升任骑兵团团长,刘随之升为营长。1923年秋,骑兵团参加"护宪军",在与赵恒惕、谭延闿之战中,击败了谭系蔡巨猷部。战后,何升任第九旅旅长,刘升任第二十七团团长,隶属于唐生智第四师。刘在历次战役中,听从何的指挥,率部奋勇作战,深为何所倚重。

　　1926年夏北伐战起,唐生智被广州国民政府任命为国民革命军第八军军长兼北伐前敌总指挥,何键升任该军第一师师长,刘建绪先任团长后升任旅长。收复湖南后向武汉进攻时,第一师隶属江左军直趋汉阳,在攻占龟山和汉阳兵工厂的战斗中,刘建绪身先士卒,立有战功。攻克武汉后,唐生智第八军扩编为第八、第三十五、第三十六共三个军,何键任第三十五军军长，刘建绪为该军第二师师长，后兼副军长，先驻汉口，后进兵河南。1927年8月唐生智东征讨蒋，何部与刘兴第三十六军奉命夹长江东进，占取芜湖、安庆。何键被唐生智任命为安徽省主席，刘建绪率领三十五军为后盾。11月桂系讨唐，唐生智因战事失利通电下野。1928年3月4日，何键、刘建绪向桂系求和，得以退居湖南，保留第三十五军建制集结湘西。同年夏，刘任湖南清乡第三区代指挥官，负责邵阳、芷江、麻阳、晃县等十六个县的"清剿"任务。10月，第三十五军缩编为第十九师，刘为副师长。1929年1月，兼湘赣两省"剿匪"总指挥部第五路司令，进犯湘赣边区工农红军。

自上次与桂系交手失利后，何键、刘建绪认定今后只有跟蒋介石走才有出路。同年2月，何键虽经桂系任命为湖南省主席，刘建绪被提升为第十九师师长，但在同年4月发生的蒋、桂战争中，刘担任蒋介石的讨逆军第四路军第二纵队司令，南下对桂系作战；9月率部去宝庆一带堵击张发奎军；翌年初又入桂参加讨伐张、桂联军。此后刘建绪率部参加对工农红军的"围剿"。1930年秋，刘升任第二十八军军长。同年12月第一次"围剿"时，刘率部在修水、铜鼓一带协助"进剿"；1931年四五月第二次"围剿"，则在湘东南堵击红军；嗣后参加了对湘赣、湘鄂赣根据地的"扫荡"；1933年7月任赣粤湘鄂"剿匪"西路军第一纵队司令，参加第五次"围剿"。红六军团1934年7月从江西永新遂川进入湖南后，刘部奉命进击，一直尾追至贵州石阡。10月，中央红军退出瑞金西撤长征，突围至赣湘粤边，刘部奉命在湘江东岸堵击。11月，刘被任命为"追剿军"第一路司令，率章亮基第十六师、李觉第十九师、陶广第六十二师、陈光中第六十三师等部开赴贵州追击红军，直至云南。在何键主湘时期，刘还兼任湖南省政府委员、省保安副司令、省清乡会办等职衔。

1935年9月，蒋介石剥夺了何键军权，任命刘建绪为第四路军总指挥，率部调赴江浙，与湖南脱离关系。11月，国民党第五次全国代表大会上，刘被选为候补中央执行委员。翌年9月被授予陆军上将。是年冬兼闽浙赣皖边区绥靖主任,驻衢州,指挥所部"围剿"留在东南坚持游击战争的工农红军。

抗日战争爆发后,刘建绪任第十集团军总司令,担负浙江海防。1937年9月下旬,奉命增援上海,参加淞沪会战,10月继张发奎任右翼军总司令。由于执行蒋介石的防御战、消耗战战略,虽然将士斗志高昂,英勇杀敌,但在敌人强大炮火轰击下伤亡甚众。加以守卫海防的兵力只剩陈光中第六十三师,第六十三师于11月5日拂晓奋力阻击强行登陆金山卫的日本侵略军,坚守竟日,终因寡不敌众,伤亡惨重,旅长李伯蛟阵亡。日军大举登陆,淞沪我军后方受到严重威胁,被迫全线撤退。刘率部撤往浙江,担负浙西防线,司令部驻衢州,12月并兼第二十三军团军团长,所部最盛时达十八个师,为第三战区兵力最多之集团军,但自进入战略相持阶段后,刘部与日军接触甚少。1940年7月,刘被任命为第三战区副司令长官。他驻江浙数年,与浙省主席黄绍竑相处融洽。黄在浙江曾重用进步人士和青年学生发动民众抗战,后被蒋抑制。刘对黄深表同情。1941年8月,刘建绪被任命为福建省主席,改任第二十五集团军总司令,所属仅一个军。翌年由李觉继任,刘仅保留第三战区副司令长官名义。刘上任后,废除了前任省主席陈仪试行的"统制经济"政策,取消由"公沽局"专卖粮食及由"运输公司"包揽全省运输的做法。同时,他继续奉行陈仪推行的人事制度,省、县级公务人员均由省政府人事室统一管理,各县县长赴任时只带秘书、总务,不得随意更换其他人员。委任级公务员都须在省训练团受训,保证具有相当文化程度和业务能力。

刘建绪自知本人资历和经验均不如陈仪,和蒋介石的关系更不如陈仪,鉴于陈仪因侨领陈嘉庚的抨击而失败,他上任伊始,即以"清、慎、勤、实"自律,处事谨慎,谦和待人,力求俭朴。为节省财政开支,他将省保安团由八个团逐步编减成五个。他对于CC系、军统以及地方各派,也尽可能求得平衡。对于一些前来投奔的旧部,或在省政府任专员、参议等闲职,或安排到各县担任田粮处副处长、国民兵团副团长、军民合作站副站长(以上均由县长兼正职),负责征粮、征兵、派伕工作。有些人利用职权敲诈勒索,因此民间有"三副三腐"之说。但许多旧部还有"三寡"的怨言,说刘"优柔寡断、轻诺寡信、刻薄寡恩"。当时国民党和三青团之间的"摩擦"甚剧,各县参议员、乡镇长等职位以及屠宰税、渔业税等,均由党团瓜分,各县县长穷于应付,刘亦只能听之任之。1943年,刘任程星龄为秘书长,程星龄为程潜的族弟,曾以"战地党政委员会"专员名义访问华北敌后区,会见朱德、刘伯承,常向刘建绪谈到共产党在敌后抗战情况,并向刘建绪引荐王亚南、杨潮等学者。1945年7月,"永安大狱"发生,程星龄受牵累被押送重庆(1947年始释放,后参加湖南和平起义)①。

抗战胜利后,刘建绪满心希望能恢复侨汇和获取美援,在福建大兴建设,乃规划修建福州厦门公路,疏浚沙溪,结果皆因工款不济、人事不协而拖延无法完工。更为难堪的是全省财政收入告绌,省级各厅、处局机关仅千余人,但工薪常不能按月发给。各部门的行政经费奇缺,地方财政局的预算在1948年折成金圆券只抵五角。公教人员主要依靠每月配给的平价米维持生活。刘建绪虽然处处精打细算,压缩开支,但杯水车薪,无济于事。

刘建绪在闽曾试行"保农社",各保以佃农与自耕农为主体,组织农业生产合作社,向世绅集体租地、纳租,按土地法规定,实行二五减租。这在龙岩(原闽西苏区)试行尚有效,后在全省推行,即受到地富豪绅的明顶暗抗,最后只办起了三百多个,平均每县不过四五个。

自1946年起,福建进步人士和爱国青年学生强烈反对蒋介石的内战政策和专制统治,集会、游行此起彼伏,刘建绪采取息事宁人的态度

① 永安大狱:起因于美国新闻处永安分处于1944冬派遣周璧,赴浙东游击区搜集敌后军民抗战资料,1945年春返闽时在浙江龙泉被扣,牵连到省政府参事杨潮、秘书谌震等二三十人被捕。1946年1月旧政协开会前夕,杨潮病死狱中,曾激起文化界抗议,以后被捕人员陆续释放。

力加疏导。1947年4月,福州中学师生与警察发生冲突,刘令警察向师生道歉。翌年6月,福建农学院两学生被宪兵打伤,保安司令部发布新闻又错怪学生,刘为平息事态,由省府登报道歉,并批评了保安司令部。随后,协和大学学生进城请愿,刘命令军警徒手站岗,派总务科长招待茶水。同时调人送来到农学院,把前来响应的学生半途劝阻回去。他在向学生讲话中说学生有参政权,但希望学生不要感情用事,不必和当局造成对立情势。有人说省府向学生道歉有失威信,刘说政府错了便已失了威信,再不认错岂不更失威信?! 由于刘的疏导,福建没有发生捕人杀人等流血事件。

　　1948年秋,解放大军包围济南,刘建绪认为国民党大势已去,蒋介石如退守台湾,必不容他留在福建,因此向蒋辞职,并于9月9日任职七周年之际,在报端公开向福建人民告别,希望由此促成闽人治闽的愿望。蒋介石于1948年9月任命闽籍的第十二兵团副司令李良荣继任,任命刘为战略顾问委员会委员。李良荣任职不过数月,即为朱绍良所代。1949年初,刘建绪返回长沙,不久移居香港。同年8月13日,他与龙云、黄绍竑等四十四名国民党中委、立委在联名通电上签名,拥护中国共产党召开新政协。1951年秋,刘携眷属赴巴西定居,即专心于子女的培养教育,彼等均学有所长。长子刘奇凯是地球物理博士、教授;次子奇立是电力专家;三子奇曙是电脑博士、教授;四子刘明是水利工程博士、教授;女儿友珍为著名妇科医生,曾任福建省政协委员。

　　1978年3月22日,刘建绪病逝于巴西。

主要参考资料

　　曹伯闻:《回忆何键统治湖南时期的几件事》,中国人民政治协商会议湖南省委员会文史资料研究委员会编《湖南文史资料选辑》第7辑,1964年版。

　　张慕先:《何键利用蒋桂矛盾取得湖南政权》,中国人民政治协商会议湖南省委员会文史资料研究委员会编《湖南文史资料选辑》第 5 辑，1963 年版。

政协全国委员会文史资料研究委员会《八一三淞沪抗战》编审组编：《八一三淞沪抗战——原国民党将领抗日战争亲历记》，中国文史出版社 1987 年版。

程星龄：《刘建绪主闽的片断回忆》，中国人民政治协商会议福建省委员会文史资料研究委员会编《福建文史资料》第 9 辑，1985 年版。

《福建时报》社论：《刘主席治闽七年》1949 年 9 月 9 日。

《闽局将动》，《观察》第 5 卷第 4 期（1948 年 9 月）。

潜乾：《从刘建绪到李良荣》，《时与文》杂志 1948 年 9 月号。

刘　静　庵

李乾三

刘静庵,亦作敬庵、敬安,原名贞一,1875年(清光绪元年)出生于湖北潜江县。父刘淇,务农兼商,初通文墨,有子四人,刘静庵居长。刘少时随李凤亭(李书城父)就读。

1903年夏,同乡李书城偕黄兴从日本回国,到潜江省亲,向刘静庵宣传民主革命思想,给他介绍日本的物质文明和科学技术,并赠给《湖北学生界》、《黄帝魂》和《革命军》等进步书刊,使刘静庵大开眼界,激发了他的爱国思想,加深了他对腐朽的清王朝的憎恨。嗣后他随李书城到武昌,认识了吴禄贞,又经吴推荐给护军马队第一营管带黎元洪,帮办文案。

1904年7月初,刘静庵与宋教仁、吕大森等人在武昌多宝寺街组织反清革命团体"科学补习所",会员共四十多人。科学补习所对外是一个文化补习学校,会员借研究科学为名,以革命反清为宗旨,开展反清政治宣传,不断输送知识青年加入新军。刘静庵在护军马队黎元洪属下任书记,正有利于做介绍入伍的工作。是年7月23日,黄兴在长沙成立华兴会,准备在长沙起义,写信给刘静庵,要他在湖北响应,信被文案刘稚亭截获,送呈黎元洪。黎大惊失色,将刘开除军营。刘离开军营后,寓居武昌水陆街。同年10月黄兴准备在长沙起义之事泄,科学补习所受牵连,刘静庵等人得长沙日知会长黄吉亭预先通知,得以逃逸。

1904年秋至1905年初,清政府户部侍郎铁良至苏、浙、皖、赣、鄂等地活动,刘静庵与王汉等人密谋诛杀之,但因铁良随从严密戒备,虽尾随至河南,终未得下手机会。王汉愤而投井自杀,刘静庵闻之悲痛不已。科学补习所的被封,王汉的自杀,更加坚定了刘静庵推翻清王朝的决心。

先是,刘静庵经常到武昌美国基督教中华圣公会设办的日知会读书看报,与日知会会长胡兰亭相识。科学补习所遭搜查时,刘曾避入圣公会中。刘离开军营后,被胡兰亭聘为日知会司理。刘同时还兼任武昌文华书院神学系中文教席。他更名贞一为静庵,并接受教会洗礼,取教名(道号)保罗。

刘静庵到日知会工作后,悉心整理书报,订立规则,应接尤为周至。数月之间,来日知会看书读报者日众,阅览室为之改观。刘静庵以日知会为阵地,积极宣传革命。他用教会名义,从上海及日本订购了大量革命书报,如《湖北学生界》、《猛回头》、《警世钟》、《黄帝魂》和同盟会的机关报《民报》等,供人阅读,开导民智;每周末还举行演讲会,亲自登台讲演,历数清廷暴政,号召国人起来将它推翻。1906年春,胡厚斋在武昌听了刘静庵声泪俱下的演讲后,回到九江就创办了阅览室并附设平民学校,为革命呐喊鼓吹。日知会已由一个圣公会的阅览室,逐渐演变成反清革命活动的阵地。

由于来日知会看书报的人日益增多,登记入会的人也纷至沓来,有的还主动捐资充作经费。刘静庵一时忙不过来,筹议增设干事和评议员协助。1906年2月,日知会召开成立大会,会上公推刘静庵为总干事,李亚东、辜天保等人为干事,陆费逵、冯特民等人为评议员。在刘静庵的领导和同人们的共同努力下,日知会从单纯的宗教宣传机构变成了宣传反清的革命团体。在这之前,同盟会在日本东京已经成立,不少日知会会员陆续参加了同盟会,日知会帮助转发同盟会的机关报《民报》。辜天保、吴崑、冯特民、徐竹平、郝可权、梁耀汉等人在日知会十分活跃,革命思想不断增长。刘静庵还创办了江汉公学和东游预备科以训练革命人才。

1906 年 7 月,法国人欧几罗由同盟会会员乔义生陪同来到武汉,刘静庵亲自到江边迎接,并发表了热情洋溢的讲话,公开宣讲革命,引起清政府当局的注意。由于欧几罗是外国人,加之又在教会处演说,清吏自然不敢轻举妄动。然而清廷对日知会,尤其是对刘静庵,则欲置之死地而后快。同年 10 月,萍醴浏起义爆发,孙中山派朱子龙、梁钟汉、胡瑛等回鄂,与刘静庵商议,准备联络武昌革命党人响应。12 月 26 日,他们在汉阳伯牙台开会筹划,留日学生郭尧阶亦与会。会后郭向湖北巡警道冯启钧告密,结果冯设陷先后捕捉了朱子龙、胡瑛、季雨霖、李亚东等人,刘静庵避居黄陂乡下学生家中,亦被叛徒郭尧阶带领军警前往捕获。当时,清廷正悬赏缉拿萍浏醴起义的党羽,其中有被称为湖北全省会首的哥老会首领刘家运。郭尧阶为了冒功领赏,诬告刘静庵即刘家运。

刘静庵被捕后,清吏组织会审,强迫他供认是刘家运。刘静庵承认自己革命属实,矢口否认自己是刘家运。清吏为逼供定罪,对刘鞭笞达一千四百下,打得他遍体鳞伤,皮开肉绽。湖北巡警道冯启钧为了冒功领赏,乃捏造供词七条,趁刘静庵不省人事之际,强行按捺指印,判处死刑上报。

刘静庵等人的被捕,为湖北庚子以后的一次大狱,引起社会各界的广泛同情,革命同志竭力营救。基督教会中同情革命的主教吴德施等人也亲自出面交涉,并电请驻北京的美国公使向清政府外务部施加压力,提出抗议。吴禄贞、程家柽向清肃王善耆建议“勿杀党人,免增满汉憎恶”。清廷慑于外人的压力,于 1907 年 11 月 28 日电令湖广总督张之洞“从缓办理”。因此此案久悬不决,直至 1909 年夏才重新宣判,刘静庵和胡瑛被判处长期监禁。

刘静庵在狱中,仍念念不忘革命,暗中组织“铁血军”,还预拟了起义檄文。他每日都作祈祷,常用古代哲学配合圣经上所讲的道理,来教育难友,连狱卒也被感化,拜他为师。他身陷囹圄,仍勤读书,广览经史、音韵、训诂和程朱理学,并一丝不苟地写下大量读书笔记,书法遒劲。在狱中他吟诗言志,字里行间充满革命激情和对清王朝的刻骨仇恨。

恶劣的牢狱生活,加之伤病的无情折磨,1911 年 7 月 7 日刘静庵瘐死于武昌模范监狱。

刘静庵死后,遗体由教会安葬。1928 年,湖北省政府为了褒扬先烈的功绩,将其公葬于武昌优虎山麓。

主要参考资料

冯自由:《日知会首领刘敬安》,《革命逸史》第 2 集,中华书局 1981 年版。

居正:《辛亥札记》,武汉大学历史系中国近代史教研室编《辛亥革命湖北史料选辑》,湖北人民出版社 1981 年版。

张难先:《新撰刘静庵烈士墓志并跋》、《新刻烈士刘静庵先生碑阴》,湖北省图书馆辑《辛亥革命武昌首义》,书目文献出版社 1981 年版。

刘 开 渠

王晓珏

　　刘开渠,原名大田,1904年10月1日出生于安徽萧县(今淮北市杜集区)刘窑村一个薄有田产的农家,在这个只有二十几户人家的小山村里度过了自己悲苦的童年。

　　七八岁时,大田开始在家族办的私塾中启蒙。后来邻村远房伯父的孩子要到二十多里外新成立的王寨庄初小去读书,愿意代缴学费,让十三岁的大田伴读。上了新式小学后,老师为他改名为刘开渠。次年,刘开渠考入萧县高等小学,他的绘画天赋得到了美术老师王子云的赞赏,举荐他报考成立于1918年的国立北京美术学校,并为他向县方申请了两年的"萧县学生留外贷金"。

　　1920年秋天,十六岁的刘开渠带着父亲典了两亩地凑够的单程路费来到了北京,以第四名的成绩考取。虽然先上的是中等部,但授课老师都是著名画家,他们的精心传授为刘开渠打下了坚实的绘画基础。第二年,国立北京美术学校设大学部,并改称北京美术专门学校,刘开渠升入本科西画系,开始接受正规的西画训练。他潜心学习,进步很快。

　　十七岁的暑假,刘开渠回家探望祖母,才知母亲已为他定亲,与从没见过面的徐氏仓促成婚,这段婚姻到1936年才正式中止。开渠不满包办婚姻,假期未完就返回北京。此后不久,祖母病逝,扯断了他对故乡和家庭唯一的思念,开渠从此六十余年再没回过家乡。

　　刘开渠的求学生涯异常艰辛。因为得不到家里的任何资助,前两年还能靠县里的"贷金"生活,到了第三年,就必须完全依靠自己的力量了。未满十八岁的刘开渠代刻蜡版,代教美术课,同时开始为报刊写文章,靠卖文卖画挣点微薄的收入勉强维持学业。

1923年,刘开渠与同学李有行、陈宗向等人组织"心琴画会",反对守旧,提倡写生,每半年举行一次肖像、风景等创作展。这一年,刘开渠参与了抗议校方无理辞退五名教师而导致的学潮。

1925年,他的油画《孙中山先生遗像》在为孙中山开追悼会时悬挂在北京中央公园的祭坛前。1926年,刘开渠在北京中央公园举办了个人画展,博得了观者的热烈好评,但他越来越感到画笔和画布、宣纸并不能承载自己全部的艺术憧憬。一个偶然的机会,开渠在书市上看到几张云冈石窟塑像的照片,爱不释手,从此萌发出学习雕塑的强烈愿望。

此时正值五四运动后期,刘开渠因亲身的遭遇对专制思想深恶痛绝,积极参加学生运动。他写标语、刻传单,参加游行示威,在《现代评论》、《晨报》副刊上发表了不少有分量的艺术评论和具有进步思想的小说、诗歌。在"三一八"惨案中,刘开渠的同学姚宗贤惨死。1927年4月28日,他最要好的朋友谭祖尧又与李大钊等人同时被绞刑处死在陶然亭,他冒着生命危险去收尸送葬。

1927年,刘开渠以优异的成绩毕业后,辗转来到南京,在蔡元培所主持的南京大学院从事抄写和刻蜡版的工作。一天,他在庭院里与蔡邂逅,鼓起勇气说出自己想出国学习雕塑的心愿。蔡先生沉吟片刻,说:"你的想法很好,我国公派学绘画的人不少,而学雕塑的还没有,有机会可以考虑。"翌年,他随林风眠先生去杭州创办国立艺专,不想突然收到蔡元培先生的出国委派信,是以"驻外著作员"的身份派往巴黎,月薪八十元,还为他预支了部分薪金作为路费。

1928年8月,二十四岁的刘开渠从上海乘船赴法留学。到达巴黎后,他迫不及待地参观卢浮宫美术馆,流连在纪念馆、广场、街道上数不清的雕塑和各式各样的画廊中。补习法文后,刘开渠考入巴黎国立美术学院雕塑系师从让·朴舍(Jean Boucher)先生,专攻雕塑。1929年,他把自己在国内画的《流民图》做成了浮雕,苦难深重的中国人民成为刘开渠平生第一件雕塑作品的题材。刘开渠的同学中有马克思的外孙龙盖,按照他提供的照片,刘开渠于1930年塑成圆雕《马克思像》。同时与刘交往比较密切的共产党人林铁等人,刘帮助他们做了一些工作。

刘开渠在巴黎的生活非常俭朴,他常常给装修公司画水彩画,为印染公司设计图案。由于他出色的成绩,还被导师朴舍聘为助手,每日工作半天。开渠每天亲眼看着老师工作,得到的启发和提高是课堂上得不到的;而且工作之余,朴舍还会带着他参加巴黎艺术家的聚会。当时巴黎的咖啡馆是艺术家交流的场所,有着浓厚的艺术氛围,在这里,开渠的视野日渐开阔。

正当他学业有成,离自己雕塑家的梦想越来越近的时候,"九一八"事变爆发了。刘开渠历经十年辛苦编著的《艺用解剖》一书,本已由蔡元培先生交商务印书馆出版,三十多万字的书稿却在"一二八"日军的炮火中灰飞烟灭。蔡先生在信中说国内发展雕塑事业需要人才,希望他回国担此重任。此后不久,开渠就收到了杭州艺专林风眠校长的信和聘书。

1933年1月,刘开渠和吕思百等人在巴黎发起成立了"中国留法艺术学会",参加者有曾竹韶、王临乙、李韵笙、唐一禾、常书鸿等三十多人。他们把文章和美术作品寄给国内的《艺风》等杂志,介绍西方美术。刘开渠发表了《雕刻篇》和《布德尔的雕刻教学》。到意大利的罗马、佛罗伦萨参观了文艺复兴以来的建筑、雕刻、绘画之后,刘开渠踏上了归国的征程。

1933年6月初,一到上海,刘开渠就去看望蔡元培先生,在那里与鲁迅先生邂逅。鲁迅历来关心美术,说了许多勉励开渠的话:"过去中国的雕塑只做菩萨,现在该轮到做人了。"7月,开渠来到杭州艺专,雕塑系师生一共只有十余人。由于患了伤寒病,他到年底才开始教学。学校无员工宿舍,他租赁西大街武林村1号居住,在仅有两平方米的小天井顶上装几块玻璃作为工作室,这里成为刘开渠雕塑事业的起点。

经郁达夫介绍,开渠为一位文人逝世的母亲做了浮雕像,郁达夫在像后面亲笔写了铭文,铸铜后交付主人,不想却是殉葬品,成为"被活埋的艺术"。20世纪30年代初的中国,雕塑品就是指佛像、菩萨或死后做的寿像,人们愚昧地认为塑像会把活人的灵魂摄去。开渠被人们称为"做泥菩萨的",甚至被当做耍手艺的人遭到警察的盘查。找不到模特、没有钱买材料、作品不被理解和欣赏、教学方法受到一些学生的诟病……尽管身陷困境,开渠还是利用教学之余在狭小的工作室里做了两女青年像、一男青年像和一裸女像。

1934年底,为纪念"一二八"淞沪抗战牺牲的八十八师将士,刘开渠开始制作《淞沪杭抗日阵亡将士纪念碑》。在窄小的工作室里,他精心构思反复修改,完成了比真人大得多的一官一兵两位军人的立像和《纪念》、《冲锋》、《抵抗》、《继续杀敌》四块座上浮雕。这是我国第一座表现抗日战争的纪念碑,是最早的由中国现代雕塑家创作的纪念碑,也是刘开渠的成名作。1935年,纪念碑建成,立于西湖边第六公园内,后于"文革"期间被毁。这一年,刘开渠还完成了《李朴园像》、《雷圭元像》、《蔡元培像》、《曹振声像》。还参加了几次扶轮社的聚餐会,向大家介绍雕塑艺术的历史和一件雕塑品完成的全过程。

1935年,在国立杭州艺专,刘开渠结识了聪明美丽、多才多艺、活泼可爱的绘画系学生程丽娜。程小姐出生于中国最早的一批工程技术人员的家庭。父亲程锡培,号贯如,广东香山县人,是北洋大学工程系第二届毕业生、詹天佑先生的高足,毕业后曾参与粤汉、川汉铁路的设计修建,后在杭州就任沪杭甬铁路总工程师。母亲杨秀姬女士也是名门闺秀。刘开渠与程丽娜历经坎坷,在战乱中的1938年结为伉俪,从此终生相依,饱经磨难,不离不弃。

1936年,刘开渠编译《艺人伦勃朗》发表于杭州艺专校刊《亚波罗》第四期。创作孙中山先生像。《淞沪抗日阵亡将士纪念碑》上的战士头像和其他一些作品参加第二届美展,获得好评。

1937年,"七七"事变爆发后,刘开渠随艺专内迁,由贵溪而长沙,1938年又迁往湖南沅陵。后来艺专决定迁往成都,中途却改迁昆明。开渠因妻子怀孕,先行到了成都,脱离了艺专。

经徐悲鸿和熊佛西介绍,1939年,承制王铭章骑马铜像。王铭章是在滕县保卫战中殉难的川军将领,雕像高三米多,是刘开渠在艰苦危险的环境中亲自翻砂铸铜完成的。3月8日,刘开渠得长女微娜。在成都遇旧友赵其文,进而结识萧军、陈翔鹤、周文、李劼人,组成中华文艺界抗敌协会成都分会,并任理事。抗敌分会活动场所多设在开渠的工作室。

1940年,二女儿米娜出生。因环境险恶,接生人员医术水平低并处理不当,落下残疾。9月的一天晚上,周恩来到访,托刘开渠转递一封信,促膝而谈,希望他多为抗战做些工作。经刘开渠介绍的人,皆可去延安。

1941年,历尽磨难铸就的王铭章铜像立在成都少城公园,雕塑家已经一贫如洗。艺专由昆明迁重庆,刘开渠再次应聘任教。1942年,全家随校搬迁至重庆市沙坪坝区,小女儿出生,因地取名刘沙平。1943年,经友人介绍,开渠前往成都为纪念川军出征抗日阵亡将士做无名英雄铜像,制成后立于成都东门外广场。为生活所迫,接受几家富商订货,做伊仲熙、蓝文彬、邓锡侯肖像。1944年,完成孙中山先生铜质坐像立于成都春熙路,至今保存完好。1945年,刘开渠承包制作牺牲于洛阳的川军将领李家钰骑马铜像。同年,完成多年构思的大型浮雕《农工之家》,被誉为中国用浮雕形式表现工农生活的第一个大型作品。

面对抗战胜利后国民党的专制统治,刘开渠在郭沫若起草的《文化界对时局进言》上签名,要求国民党结束独裁统治,实行民主,团结抗日。抗战胜利后刘回上海,因雕塑品太多太重无法带走,只得寄存,后多散失或被毁。

1946年,刘开渠任上海工务局园场管理处技正,负责园林和广场的美术设计工作。春天,与陈秋草、吴作人、丁聪、张乐平等进步画家组织上海美术作家协会,对抗国民党组织的"美术协会"。参加闻一多先生的追悼会。

1947年,刘开渠制作叶恭绰像、蔡元培像、鲁迅先生头像和一件女人体,做《春耕》、《秋收》浮雕草稿。

1948年,刘开渠积极投入上海人民反饥饿斗争中。接受了宋庆龄发起的对"贫病作家"的救济。承制爱国实业家范旭东像,还创作了《劈山开路》、《篮球运动员》等作品。国民党特务追捕地下党员曾庶凡,刘开渠将他的进步书刊掩蔽在家中。

1949年5月,刘开渠受地下党员陈白尘之托,迎接上海解放。6月去北平参加第一次全国文代会,被选为全国文联委员、美协常务委员。8月初返回上海,被推选为上海市美协主席。9月到杭州,任华东美术学院(即原杭州国立艺专)校长,全家随之迁往杭州。12月,被选为杭州美协主席。1950年,刘开渠申请加入中国共产党。1951年6月参加中国民主同盟。

此后,刘开渠身兼杭州市副市长、浙江省文联筹备会主任、杭州市美协分会主席、浙江省人民政府委员、浙江省抗美援朝委员会副主席、中央美术学院华东分院院长、中国美协副主席、华东美术工作者协会主席等职。此时刘开渠个人创作较少,只完成了鲁迅浮雕像(1949)、《任弼时胸像》(1950)、毛主席大型立像和半身像(1951)、《马克思恩格斯选集》封面马恩浮雕像和一件《工农红军》圆雕立像(1956)。

1953年2月,刘开渠奉调进京,担任人民英雄纪念碑设计处处长及美术组组长。除了整体设计和协调工作之外,他还亲自完成了《支援前线》、《欢迎解放军》、《胜利渡长江》三块大型浮雕。纪念碑于1957年完成,耸立于天安门广场中央。1959年4月刘开渠任中央美术学院副院长,主要负责雕塑系。1963年任中国美术馆第一任馆长。1976年后任中国美术馆馆长、中国美术家协会副主席职务,同时还担任了毛主席纪念堂雕塑小组组长。1980年,七十六岁的刘开渠加入中国共产党。

1993年6月25日,刘开渠逝世。遵照其遗愿,夫人程丽娜和女儿刘米娜将他的一百多件作品及手稿全部捐赠给中国美术馆。

刘开渠有句名言:"人生是可以雕塑的。"他雕塑了自己不平凡的一生。

主参参考资料

纪宇著:《青铜与白石——雕塑大师刘开渠传》,人民文学出版社1986年版。

许良廷:《刘开渠的事业与家庭》,《江淮文史》2004年第6期。

刘 揆 一

李静之

刘揆一,字霖生,原籍湖南衡山,1878年12月3日(清光绪四年十一月初十)生。其父刘方尧务农,太平天国时被征募为湘军乡勇,后充湘潭县知事公署刑房差役,称籍湘潭。由于职务关系,他和会党常有接触,同情他们"反清复明"的宗旨。刘揆一也因此和哥老会早有交往。义和团运动失败后,在湘潭附近活动的哥老会首领马福益遭清政府搜捕。刘揆一奉父命向马报信,马得免于难,二人从此建立了友谊。刘也因而成为以后华兴会、同盟会和会党之间的一个联系人。

刘揆一幼年入私塾,后就读于长沙岳麓书院。1903年春自费留学日本,入东京弘文学院速成师范科。在这里与黄兴结识,经常在一起讨论问题,进行反清活动,并一起参加留日学生反对沙皇俄国侵占我东北三省而组织的"拒俄义勇队"(以后改组为"军国民教育会"),成为志同道合的好友。

同年6月,军国民教育会推举黄兴等人回国运动起义。黄与刘揆一商量进行办法,刘说:"种族革命,固非运动军学界不为功,而欲收发难速效,则宜采用哥老会党。以彼辈本为反对满清而早有团结,且其执法好义……足为吾辈革命所取法。"①并且介绍了马福益的情况。黄兴认为言之有理,当即决定由刘揆一与马联络,相约三个月后会于长沙。

---

① 刘揆一:《黄兴传记》,中国史学会主编《中国近代史资料丛刊·辛亥革命》(四),上海人民出版社1957年版,第276页。

　　黄兴、刘揆一相继回国后,11 月 4 日在长沙发起组织革命团体华兴会,决定采取"雄据一省与各省纷起"的方针,首先在湖南发动起义。为了便于联络会党,又建立了外围组织同仇会,邀马福益等会党头目参加。1904 年春,刘揆一、黄兴与马福益在湘潭秘密会晤,共同制定了发动长沙起义的计划。他们决定 11 月 16 日(阴历十月初十)西太后七十岁生日那天,在长沙祝寿会场安放炸弹炸死到场的文武官员,乘机攻占长沙。起义主力为省城武备学堂学生中的华兴会员及其联络的军队,同时发动各地会党分五路响应。会后,刘揆一到醴陵渌江中学担任监督,暗中负责调度会党及联络军队。他和黄兴等人还变卖家产,充作这次起义活动的经费。他们仿照日本军制,将会党编成革命军旅,黄兴以同仇会的会长兼任大将;刘揆一为中将,掌理陆军事务;马福益为少将,掌理会党事务。

　　9 月 24 日(农历八月十五日),浏阳普集市例开牛马交易大会,参加者达数万人,半数是哥老会员。哥老会把这天作为拜盟宣誓的日子。同仇会选定这一天为马福益举行少将授予仪式,由刘揆一代表黄兴给马长枪二十支,手枪四十支,马四十匹,并监督宣誓。"仪式庄严,观者如堵","自是哥老会相继入会者,不下十万人"①,革命声势大振。

　　正当起义准备工作积极进行的时候,不幸因事机不密,为湘抚陆元鼎侦知。黄兴和刘揆一被通缉,11 月初相继逃亡上海,马福益亦逃往广西。起义未经发动,即遭失败。黄、刘抵沪后,在英租界余庆里十二号华兴会秘密联络机关,重新聚集党人,共谋再举。不料 11 月 19 日在上海发生了万福华枪击广西巡抚王之春事件,余庆里机关遭破坏,黄、刘又被迫离沪,亡命日本。

　　1905 年 7 月,孙中山由欧洲到日本,在东京与黄兴会晤。为了适应革命形势的发展,他们都认为有必要将兴中会、华兴会等革命团体联合起来。但东京的华兴会成员对合并有不同看法,黄兴在 7 月 29 日邀

---

　　①　冯自由:《中华民国开国前革命史》上编,上海革命史编辑社 1928 年版,第 165—166 页。

集宋教仁、陈天华、刘揆一等人商谈，刘"主张不入孙会"。由于意见不能统一，最后决定入会与否，听任个人自由①。刘揆一因持异议，同盟会成立时没有参加，直至1907年1月他才加入。2月，他代理东京本部执行部庶务干事。同年，孙中山与黄兴先后到安南（今越南）组织中国南方的武装起义，刘以庶务干事代行总理职务，留驻东京，直到辛亥革命。其主要工作是筹划会务，发展会员，为前方武装起义调遣人员和购运枪械等。

　　这时，同盟会领导涣散，内部几次发生分裂，刘揆一为顾全大局，做了一些排难解纷的工作。1907年6月，章炳麟、张继等人在东京就孙中山离日前接受日人赠款及潮、惠起义失败等事攻击孙，要求刘召开会议罢免孙的总理职务，改选黄兴继任。刘揆一认为，孙中山"留给《民报》社维持费二千元，余悉以供潮惠党军急需，诚非得已"，而且孙、黄当时正筹划在广东发动新的起义，"万一因'总理'二字而有误会，使党军前途顿生阻力，非独陷害孙、黄二公，实不啻全体党员之自杀"②。因而力排众议，没有同意罢免孙中山的总理职务。接着刘师培又提议改组同盟会本部，援引日本社会党员北辉次郎、和田三郎充本部干事，刘揆一又予以制止③。面对同盟会东京本部日益严重的混乱状况和倒孙风潮，刘揆一曾写信给冯自由、胡汉民，请他们劝孙中山向本部引咎道歉，遭孙拒绝④。这时，黄兴也给刘揆一等人写信，解释经费的用途，维护孙中山的威信，同时拒任同盟会总理，倒孙风潮才暂平息。1909年9

---

　　①　《宋渔父遗著》，《近代中国史料丛刊》第53辑，台北文海出版社1971年版，第109页。

　　②　刘揆一：《黄兴传记》，中国史学会主编《中国近代史资料丛刊·辛亥革命》（四），上海人民出版社1957年版，第289页；冯自由：《中华民国开国前革命史》上编，第201—202页。

　　③　冯自由：《中华民国开国前革命史》上编，第202页。

　　④　刘揆一：《黄兴传记》，中国史学会主编《中国近代史资料丛刊·辛亥革命》（四），第289页。

月,因经费问题陶成章联合李燮和等人发表"七省同盟会员匿名书",列举孙中山"罪状",进行攻击。11月,刘揆一和黄兴、谭人凤联合致函李燮和,逐条为孙中山申辩,又以同盟会庶务名义,发表致各报社通函,否认陶等人函件的效力,使陶等人谋划未能得逞。

1911年10月武昌起义爆发,刘揆一从日本回国。10月28日,黄兴由上海赶到汉口,亲赴前线督师,刘也到汉口前线任督战员。

武昌起义后,同盟会中不少人认为革命已经成功,同盟会的任务已完成。刘揆一也提出"自今以后,务皆以提倡共和民国政体、组织中华民国政党为共同统一之宗旨",主张把同盟会和各立宪派组织的名义"一律取消,化除畛域,共建新猷"①。1912年3月,同盟会转变为公开的、以从事议会政治为目的的"政党",刘为十干事之一。同盟会阁员与袁系阁员一起,组成了民国第一任以唐绍仪为总理的"混合内阁"。袁世凯就任临时总统后,公然违背《临时约法》,破坏内阁制度。宋教仁为了坚持政党内阁的主张,辞去农林总长职,同盟会其他阁员也一齐退出内阁。刘揆一不同意这种做法,8月2日,他接受袁世凯的任命,当了陆徵祥内阁的工商总长。为了不受同盟会关于会员不得参加非政党内阁的决定约束,他在8月8日登报脱离同盟会。启事称"此次置身国务员中,虽实行个人主张,亦以国势所趋,别有苦意。惟格于党议,只得自请脱党"②。25日,同盟会改名国民党,9月,陆徵祥辞职。国民党推举袁世凯的亲信赵秉钧组阁,以全体阁员加入国民党为条件,力图组成国民党的"政党内阁",刘揆一继续留任工商总长。他又表示"我本系老同盟,若全体加入,我自然复党"③。

1913年3月,袁世凯指使人暗杀了宋教仁,刘揆一南下上海吊唁,

---

① 荣朝申辑:《缔造共和之英雄尺牍》卷2,中华民国元年上海朝记书庄印行,第3页。

② 《亚细亚日报》1912年8月8日。

③ 《远生遗著》卷2,商务印书馆1927年版,第156页。

遭孙中山、黄兴及其他国民党员冷遇。返京后他另组"相友会",表示不与国民党合作①。后来由于内阁改组,又因工商部私借外债受到攻击,7月,袁世凯准他辞去工商总长职。

1915年12月,护国战争在云南发动,全国纷起讨袁,刘揆一也响应参加。1916年初,他在天津创办《公民日报》,刊登反帝制的言论。3月,报馆因此被查封②。

同年6月袁世凯死后,黎元洪继任总统,刘揆一曾一度担任国会议员,到1918年国会解散。此后便没有固定职务,

五四运动前后,刘揆一赋闲家中,但接触了进步书刊,同情学生的革命行动和孙中山的护法运动,为留法勤工俭学筹集过经费。北伐战争前夕,他曾赴广州投入革命洪流,和国民党及共产党领导人都有接触和往来。大革命失败后,他思想彷徨,莫知所从,寓居北京,闭门著书,1929年出版了《黄兴传记》,记述了黄兴革命活动的历史。1932年他到南京,受聘为中国国民党党史编纂委员会纂修。

1933年,蒋介石邀请一些名流、学者参加政府工作,刘揆一被聘任行政院顾问。"九一八"以后,他不满国民党政府的不抵抗主义,常写诗词加以讽刺。1934年,他在天津《大公报》上发表《救国方略之我见》,主张恢复"联俄、联共、扶助农工"三大政策,停止内战,共同抗日,挽救民族危亡。这引起蒋介石的反感,不久即被解除顾问职务。从此,他隐退家园,和国民党军政人员绝少往来。

中华人民共和国成立后,他被聘为湖南省军政委员会顾问。

1950年11月1日,刘揆一在湘潭病故。

① 谢彬:《民国政党史》,中国史学会主编《中国近代史资料丛刊·辛亥革命》(八),上海人民出版社1957年,第593—594页。

② 《民国日报》1916年3月12日。

刘　芦　隐

贺　渊

　　刘芦隐，江西永丰人，1894年。辛亥革命前后，刘芦隐就读于江西南昌省立第一中学。1912年孙中山辞去临时大总统之职后游历全国，10月到达南昌，刘芦隐聆听孙中山先生的讲演后，主动前去拜访，开始投身革命。1915年刘芦隐加入中华革命党。1918年刘芦隐考入美国加利福尼亚大学，1922年毕业。刘芦隐在美国留学期间，曾担任国民党美国支部总干事，经常给林直勉主编的旧金山《少年中国晨报》投稿，1921年林直勉离开美国，刘芦隐担任该报的主编。1923年刘芦隐与杨仙逸在美国开办飞机学校，同年5月刘芦隐被孙中山任命为国民党加拿大总支部总干事。在北美洲的五年多时间里，刘芦隐以极大的热情参加了孙中山领导的革命活动，展现了政治宣传和组织才干。

　　1924年，刘芦隐作为美洲华侨的代表回广州，出席国民党第一次全国代表大会。会后，风华正茂的刘芦隐身兼数职，十分忙碌。他担任国民党第一届中央执行委员会宣传部秘书，在宣传部部长戴季陶麾下展开教育和宣传工作，他不但从事制定军校、农校的教育计划，审查宣传书籍的常规工作，还参与校对孙中山《三民主义》的演讲稿。5月，刘芦隐作为广州大本营法制委员会委员，参与制定大本营组织条例，规划考试制度的性质范围，其中考试院实行院长制还是委员制，考试条例实施后现任官员的甄别这一类具体问题均属于考虑范围。6月，因黄埔军校党代表廖仲恺提议，刘芦隐出任军校政治部副主任。邵元冲曾经想请刘芦隐担任粤军总司令部秘书，但刘"以宣传部、市党部、高等师范等职务纷集,极少暇晷"①为由婉言拒绝,这席话说明,刘芦隐除了服务于党政部门外还在高校任职。8月,三十岁的刘芦隐与奇女子最早的女同盟会员之一李佩书在广东结婚。

1924年9月底,刘芦隐离开广州前往上海,他和戴季陶、马超俊等国民党内的所谓反共"先进"十分接近,并与他们一道在沪开展国民党对青年工作,涉足工人运动。刘芦隐和戴季陶等人以调人的身份自居,穿梭于工人和资本家之间进行调解游说。1925年7月下旬,刘芦隐受吴稚晖、戴季陶等在沪国民党党员的派遣,前往广州磋商政治委员会议决方针实施办法。刘芦隐在广州时,发生廖仲恺遇刺身亡一案,以及胡汉民因廖案被迫出洋一事。回到上海后,对于广州的变故,刘芦隐向戴季陶等作了汇报,他认为整个事件是汪精卫为了排斥胡汉民,故意罗织各种罪名,其目的是取胡汉民之位而代之。刘芦隐同情胡汉民,愤恨汪精卫等人分裂国民党的行为。在上海期间,刘芦隐的另一个重要身份是教授,他出任复旦大学社会学系主任,兼上海大学教授。

1927年南京国民政府成立后,刘芦隐先后出任国民党中央宣传部秘书、副部长,《中央半月刊》主编,国民政府立法院编译处处长等职务。刘芦隐在《中央半月刊》上发表不少文章,其中的《革命与反革命》一文,表达了当时他的基本政治态度。他把中国革命与法俄革命相比较,得出中国革命已经走入法国革命的坏路,同时兼有走入俄国革命的绝路的结论,他认为形成中国革命现状的原因是孙中山的逝世和共产党的渗入,他提出革命和反革命的界线就在于是否忠实于整个的三民主义。他的这篇文章,显然是为了澄清人们的思想,实现思想上的"分共"。

1928年1月,胡汉民率队出国游历,刘芦隐一路相随,前往菲律宾、新加坡、马来西亚、锡兰、印度、埃及、土耳其、意大利、德国、法国、英国等。回国后,刘芦隐在《中央半月刊》连载《国际考察记》共计二十余篇。《国际考察记》介绍此次出游的动机在于迎接即将到来的建设,为

---

① 《邵元冲日记》,上海人民出版社1999年版,第9页。

实施训政寻找经验,并称有两个具体的考察目标:一是落后的但是新近发生过革命且革命后成绩斐然的国家,比如土耳其;二是欧洲文明发达国家的政治制度,特别是宪政议会。在旅途中,胡汉民和孙科向国民党二届五中全会提出《训政大纲提案说明书》,该文对南京政府的建制起到了关键的作用。伴随胡汉民左右的刘芦隐在其中也起到一定的作用。从刘芦隐的考察文章可见,意大利的法西斯主义引起了刘芦隐、胡汉民等人的注意,他们较早对于法西斯主义的专制本质进行了揭露。

1929 年,民国史上的一件大事是举行奉安大典,将孙中山先生的遗体由北京运往南京中山陵安葬。刘芦隐具体负责宣传部的工作,包括指导编纂出版孙中山的生平及《哀思录》,征集关于孙中山的史料,对内对外宣传奉安大典实况等。其中,《哀思录》封面上的三个字由刘芦隐题签。同年,中国国民党第三届全国代表大会召开,刘芦隐当选为中央执行委员。

1930 年中原大战前后,刘芦隐发表《怀仁堂的扩大会议为阎逆筹安》等文章,对以汪精卫、阎锡山为首的反蒋势力口诛笔伐,这年刘芦隐正式被任命为国民党中央党部宣传部长。1927—1930 年,刘芦隐积极支持南京政权,并认真积极地投入工作。

1931 年 2 月,国民政府委员、立法院院长胡汉民被蒋介石囚禁,直接影响了刘芦隐以后的政治道路,他追随胡汉民而远离甚至反对蒋介石。事发后,由于胡汉民在国民党内具有很高的威望,蒋介石尚未能够一手遮天,属于胡派的刘芦隐仍然担任一些重要的工作:1931 年 3 月,国民党中央第一百三十次常务会议通过《国民会议应确立本党与全国人民共同遵守之约法案》,并推定十一人为约法起草委员,刘芦隐为起草委员之一,4 月起草委员完成《中华民国训政时期约法》并送交国民政府,由国民政府交即将召开的国民会议讨论通过;5 月刘芦隐出席国民会议;11 月在广州召开的国民党第四届中央全会上刘芦隐当选为中央执行委员;同年,刘芦隐一度被任命为考试院代理副院长、考试院副院长等职务,并继续担任宣传部长。

1931年10月胡汉民被释放，他联合西南的陈济棠和桂系地方实力派，以两广为根据地，坐镇广州、香港，提出抗日、倒蒋、反共的政治口号，并展开积极活动，刘芦隐则是胡汉民的主要助手。1932年初，胡汉民等人为"使党成为真的革命党"，决定"重新建立党的组织"即"新国民党"。"新国民党"以西南执行部为中央机关，胡汉民为主席，邹鲁为书记长。为了扩大组织，在两广以外设立"部"、"分部"、"支部"等。1932年，刘芦隐辞去考试院副院长等职务赴香港，被推为西南政务委员会委员，担任"新国民党"长江交通部书记长，负责苏、浙、皖、赣、湘、鄂、川七省的党务工作，随后，他回上海从事工作。一直以来，刘芦隐并不赞成国民党内的分裂，他之所以参与西南的反蒋，除了亲近胡汉民外，更主要的原因是他认为蒋的独断专行直接造成了国民党的分裂。

1933年1月，刘芦隐被胡汉民从上海召到广州，创办以胡汉民为主编的《三民主义月刊》，作为"新国民党"的机关刊物。刘芦隐在《三民主义月刊》上发表了近二十篇文章，包括《不抵抗主义的末路》、《讨蒋救国》、《国际现势的演变与太平洋争霸的趋向》，以及《从三民主义批判法西斯蒂主义》等，旗帜鲜明地要求实现全民族的抗日，反对以蒋介石为首的南京政权的专制独裁统治。

1935年，刘芦隐担任广州市仲元中学校长一职，该校是胡汉民为了培养"新国民党"的干部而设，胡汉民让刘芦隐起草学校组织章程，并在校内办了一届政治经济讲习班，学员由拥有革命意志并有大学学历的青壮年组成，他们一般由西南各地及其他与西南有关系的人士秘密保送到广州，再经过考试甄别录取。1935年2月开学，学期为一年，以政治经济知识的学习为主，同时，接受军事训练。结业后回到原地，从事宣传抗日、反蒋的政治活动。

1934年以后，中日民族矛盾上升，蒋介石、胡汉民之间的矛盾略有缓和，刘芦隐等在上海与南京方面的戴季陶、叶楚伧等人接触，寻求蒋胡间的和解，观察国民党其他要人比如孙科等人的倾向，并将情况随时向胡汉民汇报。1935年11月，刘芦隐和其他一些西南方面的人员一起到达南京,出席国民党第五次全国代表大会,刘芦隐当选为第五届中央执行委员,12月再任国民党中央宣传部长。

1936年5月,胡汉民突发脑溢血在广州去世。胡派人士,一时群龙无首,"新国民党"、仲元学校等渐渐消失,刘芦隐的政治命运再度发生变化。1936年9月《中央党务月刊》登载:"中央宣传部部长刘芦隐迄未到部,以致部务无人主持,兹经第二十一次常会议决以副部长方治代理部长,积极整理。"①然而,刘芦隐被罢免宣传部长一职,还只是噩运的开始。

1937年初,刘芦隐在上海突然被捕,其罪名是教唆刺杀湖北省政府主席杨永泰。1936年10月25日,杨永泰在武昌遇刺身亡,凶手成蠁超当场被抓,该案因蒋介石的震怒很快告破,挖出的背后指使人居然是刘芦隐。1937年6月,武汉地方法院判处刘芦隐有期徒刑十年,剥夺公民权五年。由于判决依据不可靠,所得供词有刑讯逼供之嫌,外加主要证人和作案关键之人没有找全,判决书所定之罪显然证据不足,刘芦隐当即不服上诉,后来始终否认犯有此罪。无论当时还是现在,人们一般认为刘芦隐被人陷害,陷害之人正是蒋介石及其领导下的特务。解放以后,沈醉的回忆肯定了上述猜测。但是,也有人认为杨永泰就是刘芦隐指使他人所为。于是,杨永泰被杀一案即成悬案。

刘芦隐上诉被驳回后,先后被关在武汉、成都,1938年日本飞机滥炸成都,他得到西康省主席刘文辉的关照,又被送到雅安。在雅安,刘芦隐敬佛诵经、作诗写字,过着隐士一般的生活。他的字刚柔相济,常有人来求字,刘芦隐将卖字得来的钱用于修缮古刹金凤寺。至今寺内还存有他的不少墨宝。1948年,刘芦隐回到成都,此时,蒋介石下野,李宗仁邀请他任国策顾问,他婉言拒绝。为躲避炮火,他回到雅安仍然过着逍遥的日子。

1950年春天,刘芦隐回到成都定居。1951年,刘芦隐被安排在四

---

① 《中央党务月刊》第98期,第969页。

川省教育厅工作,后来由教育厅推荐到四川省文史研究馆当馆员,编撰《杜甫年谱》一书。1953年,刘芦隐当选为四川省政协委员,1955年后当选第二至四届全国政协委员。在政协会议上,刘芦隐自称是一个失败的人,真诚地表示要彻底地改造自己,并对解放之初的中共知识分子政策满怀感激。他认真地学习马克思主义的著作,参加公私合营、增产节约等一系列社会运动。1969年刘芦隐因肺心病发作去世。

刘芦隐有勇有谋,正直不阿,学问字画造诣很深,生前以"诸葛亮"自诩,懊恼不遇"刘备",一生颇具传奇色彩。刘芦隐原配夫人李佩书因刘芦隐被判有罪,郁闷吐血而死。1947年,刘芦隐娶周佩芳女士为妻。刘芦隐育有四子。

刘 茂 恩

郭熙生　宋　岑

刘茂恩,字书霖,河南巩县人,生于1898年6月8日(清光绪二十四年四月二十日)。父刘惟永是小商人,长兄刘镇华系民初军阀,曾任陕西督军、省长。刘茂恩幼读私塾,后入小学,1913年入洛阳河南省立第八中学。1915年10月被刘镇华保送到北京袁世凯办的混成模范团第二期辎重科受训,1917年7月毕业后,入保定陆军军官学校学习。1919年3月毕业,到陕西刘镇华军中,先在军官教育团执教,后任连长、营长、团长等职。

1925年4月胡、憨战争中,刘镇华支援憨玉琨,被胡景翼击败。刘茂恩参加了这次战争,战后随刘镇华逃到山西,投靠阎锡山。1926年春,刘镇华企图重返陕西,决定攻打西安。4月,刘茂恩参与刘镇华率领的镇嵩军,围攻西安八个月之久。11月被国民联军抄袭,败退河南陕州。1927年4月,刘镇华率部加入冯玉祥的国民联军,被编为第二集团军第八方面军,辖五个军,刘茂恩任第四军军长。1928年5月,刘茂恩参与北伐,先后在山东、河北打败直鲁联军和奉军。6月,第八方面军改编为第十一路军,名义上直属中央,实际上归阎锡山节制,驻防豫西。

1930年5月蒋、冯、阎中原大战爆发后,刘镇华出国游历,刘茂恩代理第十一路军总指挥兼第十五军军长,受阎锡山令,到豫东参战。其时,第六路军总指挥万选才率部东进抵开封后,被阎锡山任为河南省主席。刘茂恩与万选才有宿怨,8月,冯、阎军在陇海路失利后,万选才部向后退却经过刘的防地时,刘派人将万扣押,送交蒋介石,并在蒋重金收买下率部倒戈投蒋,使冯、阎军受到沉重打击。刘投蒋后,先后任陇海路左翼军第四守备区司令、平汉路左翼军第四纵队指挥官。蒋介石战胜冯、阎后,对刘茂恩奖赏有加。

1933年5月,刘镇华任安徽省主席,不久兼鄂豫皖边区"剿匪"总司令;刘茂恩任安徽省第三区行政督察专员,兼保安司令。他所率领的第十五军成为刘镇华部参加"围剿"红军的主力。1934年10月,方志敏率领工农红军北上抗日先遣队经皖南北上时,刘茂恩部进驻屯溪阻截,于1935年1月24日将方志敏俘获。以后,刘又率部入川追击工农红军。1936年刘兼任豫鄂皖边区第二绥靖区司令官。

1937年抗日战争爆发后,刘茂恩任第十三军团军团长,奉命率部由六安开往石家庄。9月入山西增援大同。师至怀仁,大同失陷,乃奉命掩护友军及兵站物资的转移,苦战五昼夜。旋在忻口战役中率部血战逾旬,重创日军板垣师团一部。10月受命守备汾河,掩护石家庄、太原以北地区友军的转移,刘率部力战,使友军得以安全转移。

抗日战争初期,中国共产党曾先后派遣郭晓棠、杨章武等人参加刘茂恩部,晓以民族大义,增强其抗日民族统一战线的意识。1938年3月临汾失守以后,刘部进抵晋西北。在这期间,他与八路军一一五师代理师长陈光常常见面,还资助一部分被服、弹药。同年夏,刘部进入中条山绛县以南地区,与日军对峙。八路军人员通过刘部防区时,皆能顺利过境。

1939年10月,刘茂恩晋升第十四集团军总司令,率部与日军鏖战于安泽、浮山、晋城、阳城一带,击退敌军多次进犯。1941年春夏,日军调集重兵猛攻中条山,刘部苦战近月,一时军饷供给困难,军中马匹都杀以为食,终被迫退渡黄河,守备豫西河防。

1944年春,刘茂恩率第十五军防守洛阳,兼任豫西警备司令。日军进犯中原时,刘部死守洛阳四十六天,孤军无援,后突围至卢氏、淅川一带休整。7月,刘茂恩任河南省主席,兼省警备总司令。1945年3

月,日军再次西犯,刘率部进驻伏牛山区,阻敌入陕。5月,在国民党第六次全国代表大会上,刘被选为中央监察委员。

抗日战争胜利后,国民党政府亟谋发动内战。1946年3月,郑州绥靖公署主任刘峙在郑州召开绥靖会议,颁发"绥靖手册",筹划编组地方反动武装,清查保甲户口、构筑工事、训练军警等,并计划使用优势兵力击溃晋冀鲁豫和豫鄂区解放军主力,分区隔离,逐步实行清乡。刘茂恩带领省辖保安团及地方武装积极配合。刘还成立了泛东"剿匪"指挥部和豫北办事处,就近指挥专员、县长构筑防御工事,严密保甲组织,建立还乡工作队。他的床头装有电话,日夜听取各地报告,进行指挥。

1948年3月,国民党军第二零六师被人民解放军围歼,洛阳解放。与此同时,刘茂恩所属第十五军也在鲁山被击溃,军长武庭麟被俘。河南省政府所在地开封处于解放军包围中。6月17日,人民解放军开始进攻开封,20日下午攻入河南省政府大院,刘茂恩在卫兵护拥下由后侧门潜出,化装逃出开封城。26日解放军主动撤离开封后,刘随整编第五军进城,一面办理善后,一面电请辞职。7月27日,河南省政府改组,由张轸接任省主席。9月2日,刘茂恩离开封到南京,任战略顾问委员会委员,11月又任徐州"剿匪"总司令部政务委员会常委。

南京解放前夕,刘茂恩携眷前往台湾,曾任蒋介石的"总统府国策顾问"。1981年4月24日,病死于台北。

主要参考资料

文公直:《最近卅年中国军事史》,太平洋书店1930年版。

贾逸君:《中华民国政治史》,北平文化学社1929年版。

米暂沉:《刘镇华的一生》,中国人民政治协商会议全国委员会文史资料研究委员会编《文史资料选辑》第2辑,中华书局1960年版。

刘 师 培

万仕国

刘师培,字申叔,号左盦,江苏仪征人。1884年6月24日(农历闰五月初二)生于扬州,小字闰郎。曾祖父刘文淇、祖父刘毓崧、伯父刘寿曾三世共疏《春秋左氏传》,并入《清史儒林传》。刘师培幼年由母亲李汝谖授《尔雅》、《说文解字》、《诗经》等,后随从兄刘师苍问学,八岁开始学习《周易》,十四岁开始研读《晏子春秋》等子部著作,打下了扎实的国学根柢。十八岁参加府试,以"木兰已老吾犹贱,笑指花枝空自疑"警句名噪一时。1902年赴南京参加江南乡试,中第十三名经魁。并游历南京,与缪荃孙等交往。

刘师培少年时代,中国社会动荡,内忧外患不断。他十分关心时局,写下了《湘汉吟》、《燕》、《宫怨》等诗作。1903年3月,刘师培赴开封参加会试,行前慨然于"苟安旦夕"、"墨守旧习"的学术风气,撰写《留别扬州人士书》寄给《苏报》,强调建立少学基础,实行欧化主义,革保守之旧习,生兼善之念,鼓励出洋留学,组织师范学会,广募教育经费,兴办新式女学。会试落第后,刘师培往来于南京、扬州,与缪荃孙、杨文会、桂蔚丞、方尔谦、方尔咸等名流交往,并接受王钟麒(郁仁)等进步人士的影响,筹办扬州师范学会,协助扬州乡人出洋留学社,以联合教师,改良教法,鼓励留学。针对清政府《密谕严拿留学生》,发表了《论留学生之非叛逆》,强调:"抚我则后,虐我则仇。政府甘为公敌而不辞,于学生何尤?""中国者,汉族人之中国也!叛汉族之人,即为叛中国之人;保汉族之人,即为存中国之人!"在《黄帝纪年论》中,要求废除帝王纪年,改用黄帝纪年，公开提倡排满反清。秋，与王钟麒同赴上海，结识章太炎、蔡元培、章士钊、林獬、陈去病、汪允宗、林宗素等人，改名"光汉"。作《中国民族志》，详细论述汉族扩张、异族入侵和各族融合的历史；编撰《攘书》，强调"夷夏之防"，宣传"非我族类，其心必异"，鼓吹民族革命。同时，加入中国教育会、对俄同志会，参与爱国学社工作，与蔡元培等人创刊《俄事警闻》，并积极为林獬创办的《中国白话报》撰稿，用白话文向普通民众宣传革命理论。写成《驳泰誓答问》、《小学发微》。

1904年2月，《俄事警闻》改名《警钟日报》，刘师培任编辑主任。2月29日，刘师培致信湖北巡抚、署湖广总督端方，劝其"举两湖之疆，归顺汉族"，并参与对俄同志会改组为争存会的工作。5月，刘师培因"苏报案"回扬州暂避，后赴南京等地。次月与何班结婚，不久夫妇同赴上海，何班改名何震，入爱国女校，接受革命思想，成为当时著名的革命夫妻。7月，所著《中国民约精义》出该书"举吾国前哲所言，凡有与西儒民约之旨相合者，悉加采录，而每条之后，悉加后案，以与《民约论》相印"，使"改革政治之阻力，亦无从而生"。11月，光复会在上海成立，刘师培由蔡元培介绍入会。此时，广西总督王之春来沪，刘师培与万福华等人策划暗杀王之春，行动失败后，万福华等人被捕。刘师培与林獬四处筹资，延聘律师为万福华辩护，最终万福华被判监禁十年。

1905年初，刘师培与邓实、黄节等人在上海发起成立国学保存会，附设藏书楼，发刊《国粹学报》，"以发明国学、保存国粹为宗旨"，增强民族自信心。3月25日，清政府查封《警钟日报》，并通缉刘师培等报社人员。刘师培化名金少甫，逃往浙江嘉兴，协助敖嘉熊处理光复会温台处会馆事宜，同时从事中国学术史研究，发表《古学起原论》、《古政原始论》、《群经大义相通论》、《两汉学术发微》、《汉宋学术异同论》、《理学字义通释》、《文说》等研究成果，综合运用西方社会学理论和扬州学派的传统治学方法，研究中国经学、诸子学、文学等学术思想的起源、继承和发展关系。8月，孙中山在日本东京成立中国同盟会，刘师培以光复会会员身份加入上海分会。同时，刘师培先后编写了《经学教科书》、《中国历史教科书》、《中国地理教科书》、《中国文学教科书》、《伦理学教科书》等教材，以近代西方社会学理论为基础，按照种族革命的需要，以进化论的观点对历史文献进行全面的审视，得出了许多新的结论。特别是《中国历史教科书》，突破了传统的纪传体方式，采用专题史的形式，突出了对古代社会生活的阐述，表现出新史学的生气和活力。

1906年春，刘师培由嘉兴赴上海，结识柳亚子等人，旋回扬州。应陈独秀之约，偕母亲李汝蕠、妻何震同赴安徽芜湖，任皖江中学、安徽公学、赭山学堂等校教师，与柏文蔚、陶成章、张通典、谢无量等同事，参与岳王会活动，并邀请苏曼殊、敖嘉熊、徐慕达等革命志士来芜湖，以教师身份做掩护，继续宣传革命。秋，刘师培肺病发作，11月初，由芜湖经南京赴上海治病。由于刘师培在学校公开宣传反满革命，引起清吏关注。刘师培由上海返还芜湖后，托胡渭清将一百名新近吸收的同盟会会员名册送往上海交蔡元培，举家迁回扬州。不久，与何震再赴上海，筹建国粹学堂，未果。这期间，刘师培还发起编辑乡土教科书，并抱病编成了《江苏乡土历史教科书》、《江苏乡土地理教科书》、《安徽乡土历史教科书》、《安徽乡土地理教科书》等教材，激发爱乡爱国、保族保种的热情。同期完成的还有陈庆林、黄节等人编写的湖北、直隶、江西、广东等省乡土历史教材。

应章太炎的邀请，1907年2月13日刘师培夫妇与汪公权、苏曼殊同赴日本，参与《民报》编撰工作，并结识孙中山、胡汉民、宋教仁、黄侃、钱玄同等东京革命党人和宫崎滔天、幸德秋水、和田三郎、北辉次郎等日本志士，与章太炎等人发起成立亚洲和亲会，"宗旨在反对帝国主义，期使亚洲已失主权之民族，各得独立"以"韦裔"、"豕韦之裔"的笔名参与革命宣传，发表了《普告汉人》，强调排满不是革命的目的，"今日之讨满，乃种族革命与政治革命并行者也"。在《辨满人非中国之臣民》中，详细考证了满人历史沿革，驳斥《新民丛报》关于明朝亡于清，"其国虽亡而不曰亡"的论调，当时有"二叔"（章太炎字枚叔，刘师培字申叔）的说法。这时，章太炎与孙中山等人因日商赠款问题发生矛盾，掀起"倒孙"风潮。刘师培介绍北辉一郎、和田三郎入同盟会,并提议改组同盟会本部,由于刘揆一的反对而中止,同盟会内部矛盾加剧并公开化,刘师培、章太炎等人在思想上产生了动摇。

刘师培夫妇到东京后,很快看清了社会发展中民众生存危机的严峻现实,对民族主义革命产生了怀疑,开始接受当时盛行于日本的社会主义和无政府主义思想的影响。1907 年 6 月,何震与友人发起成立女子复权会,出版机关刊物《天义报》,"以破坏固有之社会,实行人类之平等为宗旨,于提倡女界革命外,兼提倡种族、政治、经济诸革命"。刘师培与张继、汪公权等人创办了社会主义讲习会(后更名"齐民社"),先后举办十五次集会,与幸德秋水、堺利彦、北辉次郎、和田三郎等日本无政府主义者互通声气。

刘师培在《民报》发表《悲佃篇》,主张"尽破贵贱之级,没豪富之田,以土地为国民所共有"。在《天义报》上,提倡"人类均力说","扫荡权力,不设政府,以田地为公共之物",把中国固有的大同理想与西方无政府主义思想相联系,认为中国人民具有无政府主义思想的传统,中国政府的统治形同虚设,"故世界无政府,以中国为最易,亦当以中国为最先"。立宪派提出的"新政","虽名曰图强,实则利于上而不利于下。若今日中国之新政,则尤为病民之根"。刘师培把革命的希望寄托在农民革命上,组织"农民疾苦调查会",征集"穷民俗谚",反映农民生活状况,唤起大家对农民问题的关注。1908 年 6 月还出版了《衡报》"农民专号",胪陈中国田主之罪恶,认为"中国农民果革命,则无政府之革命成矣。故欲无政府革命,必自农民革命始。所谓农民革命者,即以抗税诸法反对政府及田主是也"。刘师培还组织翻译了克鲁泡特金《面包掠夺》、托尔斯泰《致中国人书》以及马克思、恩格斯等人著作,刊载于《天义报》。

何震则集中宣传妇女革命,倡导男女平权,父母姓氏并重,提倡妇女从事社会活动,摆脱对男子的经济、政治、人身的依附,投身无政府主义革命活动。由于《天义报》发行一直靠捐款维持,经费十分紧张。

1907 年 10 月，李汝谦东渡日本后，刘师培夫妇生活更加困难，何震于11 月上旬回国筹款。此时，章太炎有赴印度研究佛教的意向，便托何震利用其兄与张之洞女婿卞纬昌的亲戚关系，向张之洞筹款，未果。12月上旬，刘师培也由日本回上海，参与柳亚子等人筹建南社的活动，并通过杨仁山关系，与貌似开明的端方联络，作《上端方书》，向端方输诚，提出"弭乱之策十条"，成为端方的侦探，而章太炎赴印度路费因支付方式上发分歧而未果。

　　1908 年 2 月中旬，刘师培夫妇再渡日本，出版《天义报》第 16 至 19卷合册，刊载民鸣译《共产党宣言》，刘师培为之作序，称"欲明欧洲资本制之发达，不可不研究斯编；复以古今社会变更均由阶级之相竞，则对于史学发明之功甚巨，讨论史编，亦不得不奉为圭臬"，此后该刊停刊。次月，社会主义讲习会改名齐民社，先后举行六次活动，研讨无政府主义和社会主义理论。4 月，刘师培夫妇创办《衡报》，托名澳门出版，以"颠覆人治，提倡共产；提倡非军备主义及总同盟罢工；记录民生疾苦；联络世界劳动团体及直接行动派之民党"为宗旨，继续提倡无政府主义，举办世界语讲习班，讲授世界语知识，吸引了景梅九等二十多名中国留学生参加。这时，刘师培与章太炎因学术名声之争而关系紧张，何震遂与一向与章太炎交恶的吴稚晖联系，提供章太炎运动张之洞的证据，希望刊布。上海《神州日报》登出伪造的《炳麟启事》，有人怀疑是刘氏夫妇所为。章太炎发表《驳中国用万国新语说》，公开反对刘师培正在从事的推广世界语工作，双方矛盾进一步加剧。章太炎即函请孙诒让从中调停，因孙逝世未果。

　　1908 年 6 月中旬，何震再度回国筹措办报及生活经费，数月未有进展。应清政府的要求，8 月 21 日和 31 日，日本警察两次传唤刘师培，要求补齐《衡报》发行的相关手续，并交纳足额保证金，方可发行《衡报》。9 月初，刘师培夫妇仅筹得一半费用。这时，日本警察注意到了《衡报》托名在澳门出版而实际在日本出版的事实，进一步加强了监视活动。9 月 15 日，刘师培筹足保证金，获得《衡报》的正式发行手续。

但 10 月 10 日，该报仍然被日本政府查封，9 天后，《民报》社也被查封。刘师培全家在日本无法继续生活，便迁回上海。刘师培将章太炎运动端方的五封信函拍成照片，广为散发，引起革命党人的混乱。同时，刘充当端方的暗探，出卖张恭，破坏江浙革命党人起义。王金发查得为刘师培、汪公权所为，将汪公权暗杀于上海。

刘师培背叛革命暴露后，往南京，任两江督辕文案兼三江师范学堂教习，为端方考订金石及伯希和送的敦煌卷子照片，称"匋斋师"；同时，从缪荃孙、李瑞清、樊樊山、陈庆年等人游，利用端方收藏的善本，专注于诸子校勘工作，先后完成了《老子》、《荀子》、《晏子春秋》、《吕氏春秋》、《韩非子》、《鬼谷子》、《黄帝内经》、《素问》、《贾子新书》、《春秋繁露》、《法言》、《白虎通义》等校辑专著和《敦煌新出唐写本提要》。端方调任直隶总督兼北洋大臣后，刘师培携何震随之北上天津，任直隶督辕文案、学部谘议官。章太炎得知后，致信刘师培，希望他洁身远引，先迷后复。这时，《新世纪》、日本《日华新报》等刊载了刘师培揭发章太炎运动端方的信函，革命党人内部产生了巨大混乱。

1910 年 2 月，刘师培得一女，不幸早夭，悲痛万分。11 月，在北京白云观京师图书馆筹备处，潜心研读《道藏》，作《读道藏记》，为三十七种道藏撰写了提要。同时，刘为修正先人《春秋长律》中的错误，折节拜同幕徐绍桢为师，学习历法。1911 年，四川爆发保路运动，清政府派端方南下镇压，刘师培随行。何震由南桂馨推荐任山西女子师范学校教员，并由南桂馨介绍，到阎锡山家做教师。

辛亥革命爆发后，端方在资州被杀，刘师培被拘押。章太炎、蔡元培先后发表宣言和《求刘申叔通信》，并致电大总统府，要求保释刘师培；安徽都督府秘书科邓艺孙、陈独秀等人也致电大总统府，保释刘师培。临时大总统府即电令四川军政府，护送刘师培赴南京。而此时，刘师培已应谢无量邀请至成都，入四川存古学堂。民国改元，刘师培作《废旧历论》，坚决反对。四川都督尹昌衡改枢密院为四川国学院后，吴之英任院正，刘师培任院副，楼黎然、曾学传、廖平、曾瀛、李尧勋、谢无量、杨赞襄、圆乘为院员。刘师培兼任四川国学学校教员,讲授《春秋左氏传》,从学者十一人。同时,创办《四川国学杂志》(后改名《国学荟编》),发起成立四川国学会,与吴虞、谢无量等人论学。何震得知刘师培滞留成都后,千里南下寻夫,并随之居蜀中近一年。1913 年 6 月底,刘师培夫妇离开成都沿江东下,经扬州、转上海,11 月至山西,由南桂馨介绍,刘师培任山西都督府顾问,何震做阎锡山家庭教师。1914 年春,山西都督府改编为将军府,裁撤顾问,阎锡山推荐刘师培赴北京,经袁克定引觐袁世凯,任公府谘议。

1915 年 8 月,杨度等人发起成立筹安会,刘师培参与其中,并召集学者名流,为袁世凯称帝鼓吹,因黄侃反对而失败。8 月 18 日和 31 日,黄节两次致信刘师培,希望“深察得失,速为罢止”。刘师培置之未复。同时,金永密告阎锡山反对帝制,引起袁世凯猜疑。阎遂派南桂馨赴京,刘师培即代为疏通。10 月,袁世凯任命刘师培署参政院参政,旋授上大夫,刘师培上折谢恩,时人讥之为“莽大夫”。1916 年 1 月,刘师培与杨度等人迎孔令贻入京,袭封衍圣公加郡王衔,并与康宝忠创办《中国学报》,发表《君政复古论》和《联邦驳议》,公开为帝制张目。帝制失败后,刘师培、严复列为帝制祸首,属严惩之列,因李经羲“爱惜人才”获得宽免,流落天津,生活无着。

1917 年秋,北京大学校长蔡元培聘刘师培为北京大学文科教授,兼文科研究所国文门指导教师,先后担任中国文学、中国古代文学史、中古文学史等课程,并指导文、文学史、经、史传、中世文学、诸子等科目的研究。黄节鄙薄其为人,致书蔡元培,表示坚决反对。这时,北京大学文科中文选派与桐城派对立严重,刘师培作为文选派大家,因肺病日益严重,置身事外,专心治学。1918 年,北京大学附设国史编纂处,刘师培在该处兼职,负责文明史和政治史志的编辑工作。1919 年 1 月,刘师培、黄侃、陈汉章与北大学生陈钟凡、张煊等人发起成立国故月刊社,创办《国故》杂志,“以昌明中国固有之学术为宗旨”,刘师培、黄侃任总编辑。这时,《公言报》发表《请看北京学界思潮变迁之现状》,认为北大有新旧两派，《国故》与《新青年》、《新潮》、《每周评论》相对立，"纯以恶声相报复"。刘师培即致函《公言报》，称"虽主大学讲席，然抱疾岁余，闭关谢客"。"《国故》月刊由文科学员发起，虽以保存国粹为宗旨，亦非与《新潮》诸杂志互相争辩也"。此时，黄侃仰慕刘师培学术，折节行师生礼，刘师培将《周礼古注集疏》等著作转交黄侃整理，并传治学心得。6 月 11 日，陈独秀在北京散发传单时被捕，已经卧病不起的刘师培联合北京大学、民国大学、中国大学马叙伦等知名教授数十人致函京师警察厅，要求"将陈独秀交保省释"。11 月 20 日，刘师培因肺病在北京和平医院去世。

刘师培身后萧条，由蔡元培经纪其丧，次年 2 月由刘文典等抚棺归葬。其妻何震精神失常，后取名小器，削发为尼。1936 年，钱玄同等人搜集其著作，编成《刘申叔先生遗书》，凡七十四种，其中有关经学小学的论著二十二种，讨论学术文辞的十三种，群书校释二十四种，诗文集四种，读书札记五种，学校教科书六种。他的著作涉及经学、史学、美学、历法、音乐、文字学、音韵学、训诂学、校勘学、文学史、政治学、社会学、逻辑学、伦理学、方志学等许多方面，而学术成就最大的，集中体现在《周礼》和中国古代史研究方面。正如蔡元培在《刘君申叔事略》一文中所指出："向使君委身学术，不为外缘所扰，以康强其身，而尽瘁于著述，其所成就宁可限量？惜哉！"

主要参考资料

赵尔巽等撰：《清史稿》列传 267，儒林 3，中华书局 1977 年版。

钱玄同编：《刘申叔先生遗书》77 种，宁武南氏 1936 年版。

王森然：《刘师培评传》，《国风》半月刊第 4 卷第 9 期。

方光华：《刘师培评传》，百花洲文艺出版社 1996 年版。

李妙根编：《刘师培论学论政》，复旦大学出版社 1990 年版。

刘 天 华

严如平

刘天华,原名寿椿,江苏江阴人,1895年2月4日(清光绪二十一年正月初十)生。父亲刘宝珊,清末秀才,倡导新学,在本县与人合办翰墨林小学,刘天华幼年与兄刘半农均就读于该校。刘天华1909年入常州府中学堂。他为人朴实厚重,学习勤奋刻苦,为同学所尊重。辛亥革命爆发,学校停闭,他辍学归里。时民主革命浪潮波及江阴,他基于爱国热情,曾加入本邑青年团体,参加抗清活动。

刘天华从小喜爱音乐。他十分爱听当时江阴民间和尚道士吹奏的乐曲,每遇寺院春秋丁祭和僧家佛事活动,或邻里婚丧喜庆演奏笙箫弦笛,他总是听得入神。在常州府中学求学时,他参加校内的军乐队,学习吹奏军笛军号。1912年春,他跟刘半农到上海,入开明剧社,在乐队工作,开始接触钢琴、小提琴和其他西洋乐器。他热情学习,坚毅专心,常常练到深夜,孜孜不倦。

1914年,开明剧社解散,刘天华回到江阴,在华澄小学任教。他买了一把竹筒二胡,爱不释手,苦练不已。翌年春丧父,又失业,贫病交加。他每日拉奏二胡,表述自己内心的忧愤和抱负,逐渐形成《病中吟》的旋律。同年秋,刘受聘于常州母校(时已改为省立第五中学)为音乐教师。他组织学生成立军乐队和丝竹合奏团,热心训练和指导他们学习乐器。在授课之余,他走出学校,虚心向民间艺人求教,学习琵琶、二胡、箫、笛、唢呐等民族乐器。在常州五中执教的历年暑假,他不顾生活颠沛之苦,外出寻师学艺和采风。1917年暑期,他向本地著名的二胡能手周少梅学习二胡;翌年暑期,去南京向崇明派琵琶演奏家沈肇洲学琵琶《瀛洲古调》;1919年暑期,他去河南学古琴。1921年暑期,他回故乡江阴,联络同好和学生,组织暑期国乐研究会,公开演奏,互相切磋,共同研讨江南丝竹和吹打乐。这一时期,他除了精心提高琵琶、二胡的演奏技艺外,并开始创作《病中吟》、《月夜》、《空山鸟语》等二胡曲。

刘天华渴求进一步提高自己的音乐修养,十分向往北京,曾多次写信给在北京大学执教的刘半农,"羡都中专家荟萃,思欲周旋揖让于其间"①。1922年,他应北京大学附设音乐研究会之聘,到北京执教。同年秋,北大音乐研究会改组为音乐传习所,刘为琵琶导师,并任教于北京女子高等师范学校音乐科。1926年又兼教于北京艺术专门学校音乐系。他高度评价我国民族音乐,曾说:"声音之纯正与精微,举世当推吾国音乐第一。他日西方乐师,必来吾国研究。吾人从事国乐者,毋自馁也!"②他把二胡、琵琶纳入高等音乐院校器乐教学之中,引导学生学习掌握民族乐器。他说:"有人以为胡琴上的音乐,大都粗鄙淫荡,不足登大雅之堂。此诚不明音乐之论。要知音乐的粗鄙与文雅,全在演奏者的思想与技术及乐曲的组织。故同一乐器上,七情俱能表演,胡琴又何能例外?"③他编写二胡练习曲四十七首和琵琶练习曲十五首,由浅入深,循序渐进,开创了民族器乐的科学的教学体系。他教学认真,严格要求,指导学生重视器乐的基本功练习。

刘天华在教授国乐的同时,又悉心钻研西洋音乐乐理及和声作曲法,开阔视野,提高音乐理论水平。1923年起他师从俄籍名家托诺夫学习小提琴,直到罹病去世,近十年从未间断。平时利用一切空隙时间

---

① 刘半农:《书亡弟天华遗影后》,《半农杂文二集》,上海良友图书印刷公司1935年版,第300页。

② 萧友梅:《闻国乐导师刘天华先生去世有感》(1932年),《刘天华先生纪念册》,北平1933年版。

③ 刘天华:《〈月夜〉及〈除夕小唱〉说明》,《音乐杂志》第1卷第2期,国乐改进社1928年2月刊行。

练琴,学生、友人去他家访问,常是未进门而先闻琴声。由于他的小提琴造诣很深,北京大学、北京女子高等师范学校和北京艺术专门学校三校除了聘请他为琵琶、二胡导师外,还都聘他授小提琴课。他在音乐会上演奏小提琴,也得到很高的赞誉。

刘天华由于受到"五四"前后新文化运动的影响,立志改进和发展我国民族音乐。他珍视我国古老的音乐传统,教学之余潜心于二胡、琵琶等民族乐器的研究和改革。经过长期的演奏实践,并参考西洋乐器的构造原理,他和北京文兴斋乐器店老乐工合作,设计制作了新型的二胡,调整了琴弦的粗细,明确规定内弦定 D 调、外弦定 A 调,使之有固定音高定弦法则。他对已传世一千四五百年之久的四相八品琵琶,大胆进行改革,设计制作了六相十二品的十二平均律琵琶,采用了活动品位装置,既可按传统音律演奏,又可按十二平均律演奏。刘天华富于创造性的改革,为后来二胡、琵琶的定型奠定了基础。1927 年,他与友人成立"国乐改进社",翌年国乐改进社编辑出版《音乐杂志》,积极倡导民族音乐的革新。

刘天华创作二胡和琵琶乐曲,既反对全盘西化论,也反对排斥西方文化的国粹主义,主张:"一方面采取本国固有的精粹,一方面容纳外来的潮流,从东西的调和与合作之中,打出一条新路来。"①他借鉴西洋音乐的理论及作曲法,表现我国音乐旋律的特征,丰富和发展了民族音乐艺术的表现手法,也表达了他振兴和改革我国民族音乐的实践和理想。1918 年创作并于 1928 年定稿的二胡曲《空山鸟语》,既充分发挥了二胡的特性,又在很多地方大胆采用了小提琴的弓法和指法,取得了很好的效果。1927 年春创作的琵琶曲《歌舞引》,吸取了民族歌舞的旋律,借鉴西洋音乐的表现手法,充分表达了人们载歌载舞的生动情景。二胡独奏曲《除夜小唱》(一名《良宵》),是 1928 年 1 月 22 日除夕之夜,他与友人守岁时即兴创作的,乐曲轻快,旋律优美,具有浓郁的民族风格,

---

① 周宗汉:《国乐泰斗刘天华》,香港《镜报》1980 年 10 月号。

在表现手法上,圆阔的长弓和轻快的短弓相间而奏,精巧完美。1931年创作的《光明行》,则是一首冲破黑暗、向往未来,具有蓬勃朝气的进行曲调的二胡独奏曲。此曲旋律铿锵有力,感情热烈充沛,表现了作者勇敢向前的毅力,开创了二胡演奏雄壮乐器的新路,而大段落的颤音也是首创。具有独特的风格和气派,给人强有力的鼓舞,一扫某些外国人说我国民族音乐萎靡不振的成见。刘天华一生创作的十首二胡曲、三首琵琶曲和一首民乐合奏曲,出色地表现了20世纪20年代前后中国人民不满现实黑暗和渴求光明进步的思想情感,深受广大人民的喜爱。

刘天华为了振兴和改革我国民族音乐,对于我国民间音乐、戏剧音乐以及宗教音乐都表现出很大的兴趣,热心于民族音乐遗产的发掘和整理。他常常走出书斋向民众求教。到北京大学执教不久,就开始学习北方民间器乐三弦拉戏。在北京艺专兼教后,又与学生一道聘请老师学习昆曲。他还把街头流浪艺人请到家里,向他们学习民间锣鼓等艺术。他曾专门向民间艺人及和尚道士学艺,记录整理了《安次县吵子会乐谱》和《佛曲谱》。1929年,他听写了梅兰芳演唱的十出皮簧戏和八出南北昆曲的曲谱,印行《梅兰芳曲谱》,开创了用五线谱记录整理戏剧音乐的先河,为梅赴美国演出和传播我国戏剧艺术作出了贡献。

为继承和发展我国民族音乐,刘天华主张"把音乐普及到一般民众中去"。他说:"我希望提倡音乐的先生们,不要尽唱高调,要顾及一般的民众。否则以音乐为贵族们的玩具,岂是艺术家的初愿?"①他不顾军阀混战、学校欠薪、生活拮据的困难,为普及民族音乐做了大量有益的工作。他倡议举办了暑期音乐学校,尽量少收学费,帮助那些经济困难而又爱好音乐的人学习,并且亲自向青年工人传授二胡演奏技巧。他组织音乐界同人和学生凑集了一笔钱,开设"乐友社",直接从国外订购乐器和乐谱,平价销售,方便音乐爱好者学习,不遗余力地推动和普

---

① 刘天华:《〈月夜〉及〈除夕小唱〉说明》,《音乐杂志》第1卷第2期,国乐改进社1928年2月刊行。

及音乐事业。

　　刘天华演奏二胡、琵琶的高超技艺,受到人们特殊的赞誉。他纯熟而精巧的拨弄弹挥,深刻地表达了人们病痛中的呻吟、苦难中的悲愤、欢聚时的喜悦以及向往未来的激情。对于月夜的清妙、林中的鸟语、舞姿的婆娑、兵刃的铿锵,也能绘声绘色地表现出来。他在音乐会上的演奏,常常使中外听众对我国民族音乐获得新的认识。德国音乐家雷兴感叹地说:"人们总觉得他这演奏是生疏的但却又这样熟习,是别致的但却又能令我们完全了解。"①有的外国听众说:"今天听了刘天华先生的演奏,才知道中国还有这样优美动人的音乐,这确实是没有语言文字的世界语,是心的语言。"②1931 年,他为高亭唱片公司灌制二胡曲《病中吟》、《空山鸟语》和琵琶曲《歌舞引》、《飞花点翠》等唱片;并应美国一音乐团体的邀请,准备赴美演出③。

　　1932 年春末夏初,刘天华为了采集民间乐曲,进一步研究我国民族音乐,到天桥一带去搜集说书人、卖唱者的锣鼓点,回家整理编谱,日夜不休,不幸于 5 月 31 日染患了猩红热,6 月 8 日即去世。

①　[德]雷兴:《纪念刘天华先生》,《刘天华先生纪念册》。
②　田柳、李晖:《江阴二刘》,江苏《群众》杂志 1981 年第 1 期。
③　陈振铎:《南胡说略》,《刘天华先生纪念册》。

刘 王 立 明

李援朝

刘王立明,原名王立明,乳名扬顺,曾用名李梦梅、邝志洁,1897年1月2日(清光绪二十二年十一月二十九日)生于安徽太湖县。其父悬壶行医,家道殷实。王为长女。七岁从父读《本草纲目》、《汤头歌诀》等医典以习字。九岁时父得急病而逝,全靠母亲做针线活抚养。王幼小就在艰苦环境中磨炼,不但会做家务,还干上山砍柴和打猪草等粗活,养成坚忍不拔和刻苦耐劳的品格,亲邻皆交口称赞顺姑娘能干懂事。

1907年,教会于太湖县办起一所福音小学,免费接纳部分无力向学的男孩。王立明和同龄小姐妹很眼热,不时去找校长软磨硬缠,居然破例收录了她们。王立明幼小从父习字,天资聪颖又勤奋,连年考试皆中头名,屡受校方表扬。她接受新知识懂得妇女缠足是束缚女子的枷锁,毅然不顾母亲的责骂和邻里的讪笑,扯下裹脚布。十二岁的她竟然成了全县第一个放脚的女人。王立明知道只有认真读书学本领,闯出生路,才能摆脱妇女的悲惨命运,站起来做人。校长非常赏识这位品学兼优的女孩,学业期满,学校将其保送九江儒励书院继续学习。该书院是当时皖、鄂、赣三省交界方圆独一无二的女中,学生成绩优异者,可免交学杂费和膳食费;母亲为女儿继续学习,求助娘家支助得到允诺。

王立明入学后,发奋读书,考试连连夺冠。四年修业期满,名列全校榜首,留校任教。她第一次领到工资时,首先寄给母亲。王立明在儒励书院读书时,参加国际妇女运动组织——世界妇女节制会,并任职中华分会,开始从事妇女运动。1916年,王代表中华妇女节制分会赴美参加世界妇女节制会议。同年,她考取公费赴美留学。

王立明入美国伊利诺伊州西北大学攻读生物学,在校四年,除专注生物学外,还参加其他活动如讲演比赛,曾参赛得冠。在美期间,她与读女中时就相识的刘湛恩相遇,并订下终身,后于1923年结婚。

1920年,王立明以硕士学位毕业归国。经过深思熟虑,她没有从事生物学的研究,而全身心地投入妇女解放运动。留美时,她就被世界妇女节制会聘为远东区干事,并代表该会巡视过中国、日本、菲律宾、朝鲜及澳洲等地分会。实践使王认识到推进中国妇女解放运动已刻不容缓。她担任的中华妇女节制会总干事时,跑遍国内十五省、市,帮助建立妇女节制分会,会员达一万多人,被推为会长。王反对堕落人格的烟、酒、赌、邪等不良嗜好,提倡使人生活幸福的慈、孝、贞、俭等美感。为此,她创办《节制》月刊,并著书立说,宣传妇女解放,打击封建礼教和专制。1924年,上海妇女界为响应孙中山召开国民会议的号召,成立了上海妇女界国民会议促进会。王立明同向警予、杨之华、刘清扬等人共同领导了这次运动。王主持促进会的成立,并提出争回女权,同参国政的号召,对妇女解放运动的产生良好影响。

1928年,刘湛恩出任教会所办的上海沪江大学校长,王立明对刘的校务予以大力支持。1931年"九一八"国难发生后,全国兴起抗日救亡运动。在中共领导与支持下,平、津、沪等大中城市各界人民的救亡运动如火如荼。王立明夫妇大声疾呼救亡图存,力主停止内战,一致对外,团结抗日。1935年12月24日,中华妇女节制会员集体加入上海妇女解放救国联合会。王负责该委员会救护工作。此后中华节制会成员更加积极投身抗日救亡工作,曾参加1936年"三八"国际妇女节纪念会后的游行以及声援"七君子"的活动。

全民族抗战爆发前,王立明在上海设立的妇孺教养院,收容了数百名无家可归的妇孺、乞丐以及婢女、弃妇等,给予一定职业培训和文化教育。她还为职业妇女运动解放者解决公寓,组织"女声社",发行《女声》半月刊,促进了妇女解放运动的发展。1937年7月7日,日本侵略者向中国开始全面进攻,王立明除日夜奔波募集衣物支援前线、救护伤员,并负责主持梅园难民救济所,安顿平津流亡学生外,还积极支持刘湛恩的抗日救亡工作。同时中华妇女节制会参加了何香凝领导的中国妇女抗敌后援会、中国妇女慰劳抗日自卫将士上海分会,王任该农村妇女组织委员会主任委员,专门从事农村妇女投身救护工作。同年11月,上海陷落,她一家随沪江大学迁往租界。期间,王立明夫妇冒死保存的"南京大屠杀"照片。

1938年春,南京伪维新政府初定刘湛恩为伪政府的教育部长,遇到刘的断然拒绝,刘的行动得王立明的坚决支持。敌伪当局见利诱不成,随之以暴力相威胁。王的宅前屋后,经常有可疑之人徘徊,不时有电话辱骂和恐吓,还多次收到内装子弹的恐吓信。随着上海形势的恶化,王立明夫妇的处境更加险恶。亲朋故旧劝其离沪,王立明夫妇则表示决不临难离沪脱逃,后来刘同意将王及三个子女送走,未及成行,而刘湛恩于4月7日在沪被刺。

刘湛恩牺牲后王立明也被日伪列入黑名单,但她没有被吓倒,决心继承丈夫遗忘,写下了《先夫刘湛恩先生之死》(中英文),并在自己名字前冠以"刘"字,以示永远哀悼和纪念。由于日伪的不断迫害,王已无法于上海活动,只得携子女离沪转移。同年夏,王立明一家辗转武汉至重庆。她被选为一、二、三届国民参政会参政员,利用合法身份大力宣传抗战到底,反对投降分裂。直言不讳地揭露国民党顽固派祸国殃民罪行,一再指名打击国民党权贵的专制残暴和贪婪腐败,痛切陈述百姓的苦难生活,被当时中外记者称之为最敢于向当局挑战的女参政员。

1943年9月,国民参政会三届二次会议于重庆开会之时,正是蒋介石掀起第三次反共高潮之日。军委会参谋总长何应钦到会场作报告,对中共及其领导的抗日武装极尽攻击诬蔑之能事,中共代表董必武当即予以严词驳斥。话音刚落,王即登台责问何应钦:为何避而不谈八路军及其他前线将士浴血奋战的英勇事迹,却别有用心制造摩擦,破坏团结？何被诘问得哑口无言，特务群起搅散会场。许多进步人士和外国记者纷纷来访，对其敢冒政治风险、仗义执言表示由衷敬佩。结果王硬是被挤出参政会。有人劝其言语谨慎，王不以为然地说：我为的是国家和人民，怕什么！大不了杀头坐牢就是了。期间，王立明同中共驻重庆办事处的周恩来、邓颖超以及进步人士来往密切，周公馆给她送来陕北红枣，小米和粗呢。

王立明在重庆期间，到叙府创办湛恩难童教养院，收养从襄樊抢救出来的数百名难童；又在重庆李子坝为职业妇女专门设立胜利托儿所。1944年，王立明在重庆加入民主同盟，是最早的个人会员之一，并当选民盟中央委员。她同李德全、史良、刘清扬等发起组织中国妇女联谊会，宣传民主，反对独裁专制。她还担任宜宾难童教养院院长、华西女子职业学校校长等职。她在各地所创办的妇女教育和福利事业机构坚决抵制国民党反动势力的渗透。

1946年，政治协商会议开会期间，她受民盟中央之托，出面于胜利托儿所宴请以周恩来为首的中共代表团。抗战胜利后，王立明返沪并恢复了华东妇女节制会，设立夜校，继续开展争取民主、反内战、反独裁的斗争。同年7月，李公朴、闻一多相继于昆明遭特务暗杀的消息传到上海后，王立明与陶行知等爱国人士与民盟在沪中委召开紧急会议，抗议当局践踏人权，要求严惩肇事凶手，并筹划追悼李、闻二烈士事宜。同时，积极参与中国国际人权保障会筹备工作。10月该会正式成立，推选李济深为主席，王立明为理事之一，兼任总干事，会址设在中华妇女节制协会办事处内。同年12月，北平发生美国士兵强奸北大女学生沈崇案，王立明立即以中华妇女节制会名义发表抗议书。

1947年10月27日，国民党政府内政部宣布民盟为非法，强令其解散。12月，王立明摆脱国民党特务的监视，潜行离沪赴港。中国国际人权保障会随着王立明的离沪而停止活动。同月22日，王立明同到港的李济深、沈钧儒、郭沫若等十一人举行会议，决定该会在港继续开展活动以及吸收新会员，会址设在王立明领导华南妇女节制分会内，实际上该会的具体工作也是由华南妇女节制分会的工作人员担任。同时，王还参加了1948年初召开的民盟一届三中全会，会议否认伪令，主张取革命方法与中共合作，她被推为民盟中央财务委员会主任委员，参加筹办进步刊物《远东通讯》(英文版)，曾先后在报刊上发表一系列揭露国民党当局丧权辱国、镇压民主运动的文章。遭到香港警察的监视和国民党特务的跟踪盯梢。

中国国际人权保障会于1948年6月举行在港理事会第一次会议，王立明作为总干事出席会议，会议决定该会在港继续开展揭露国民党反动当局制造的一系列血案暴行，并对东南亚一些国家的殖民政府迫害华侨的流血事件提出抗议。该会就国内外反动势力践踏人权的事实，先后致函联合国巴黎会议、联合国人权保障会，得到同情和支持。但王立明为此遭港警署两次传讯，警告其在港停止一切活动。11月，为纪念中国国际人权保障会成立两周年，王立明等不顾香港当局禁令，由李济深主持举行纪念会，并将该会搜集到历年国民党反动派蹂躏人权的罪行资料汇集成册，印行为该会纪念特刊《血账》。后因该会理事相继到解放区，遂停止活动。

1949年初，王立明由港赴平，代表民盟主席张澜参加政协筹备会议，并被推为政协第一届代表参加开国大典。3月，中华全国民主妇女联合会成立，中华妇女节制会成为该会团体成员之一，王任全国妇联第一、二届执委会常务委员。中华人民共和国成立后，王立明是政协第二、三、四届全国委员会委员，二届三次会议会选常委，曾任政务院政法委员会委员。"文革"期间王立明受到冲击。王立明于1974年4月15日逝世。1981年3月，全国政协、民盟中央、全国妇联为她举行了隆重的追悼会，肯定了她的爱国行动。

主要参考资料

《人民日报》1981年3月19日第4版。

刘王立明:《中国国际人权保障会的活动》,全国政协文史资料委员会编《文史资料选辑》第143辑,中国文史出版社2000年版。

刘光华:《我的母亲刘王立明》,《人物》1981年第6期。

何鹏等:《杰出的当代妇女界战士——刘王立明传略》,金其恒、范泓编《统战群英》第7分册,中国文史出版社1991年版。

汪新主编:《中国民主党派名人录》,江苏人民出版社1993年版。

刘 文 典

张文勋

刘文典,原名文璁,字叔雅,安徽合肥人,1889 年 12 月(清光绪十五年)生。父亲刘南田,经商。刘文典幼年在教会学校读书,1906 年进芜湖安徽公学学习,得到该校教师陈独秀、刘师培的赏识,并受到他们反清革命思想的熏陶,1907 年加入同盟会。

在民主革命思想的激励下,刘文典于 1909 年赴日本东京早稻田大学求学,曾追随章太炎听《说文》课。当时,东京是中国一些爱国知识分子和革命党人从事反清活动和宣传民主革命思想的重要基地,由于接触的师友多具有革命思想,刘文典的革命热情更趋高涨,积极参加反清革命活动。

1911 年,辛亥革命爆发,刘文典怀着满腔激情,于 1912 年回到上海,和于右任、邵力子等人主办《民立报》,任编辑,并以刘天民的笔名撰写文章,宣传民主革命思想。1913 年 3 月 20 日,宋教仁在上海车站被谋刺时,刘的手臂也中弹受伤①。同年 8 月,"二次革命"失败,刘再度赴日,加入中华革命党,并在孙中山的秘书处任秘书②。

1916 年,刘文典回到国内。他看到袁世凯死后仍然是北洋军阀统治,感到失望彷徨,决心从事教学和学术研究工作。经陈独秀介绍,到北京大学任教,开始了教学和著述生涯。刘文典到北大时,正当北大校

---

① 何晋:《忆刘文典》,《安徽史志通讯》1982 年第 3 期。
② 何晋:《忆刘文典》,《安徽史志通讯》1982 年第 3 期;并见刘文典自传稿。

长蔡元培提出"思想自由、兼容并包"的治校方针,校内的学术思想很活跃,学术气氛也很浓厚。刘深感自己的学术根底不厚,因为在这名流萃集、学者成群的学府中从事教学工作,不著书立说、自成一家是不能立足的。于是,他发愤从事我国古籍校勘工作,重点放在诸子著作,集中精力从《淮南子》入手。经数年勤奋钻研,终于在1923年出版了他的第一部学术专著《淮南鸿烈集解》。为了校勘这部书,他夜以继日,废寝忘食。这部著作问世,受到学术界的重视,胡适为之作序,称赞他治学"最精严有法",对他的"用力之久而勤与其方法之严而慎"十分称道①。继《淮南鸿烈集解》之后,刘文典又从事《庄子》、《说苑》等书的校勘,还写了《三余札记》。这是他在学术上最有成就、著作丰收的时期。

十月革命和五四运动给北大带来了新鲜空气。在这社会激剧变革和新旧思想斗争十分尖锐的时期,刘文典不断地吸取新思想、新文化,曾在陈独秀主办的《新青年》担任英文编辑,翻译介绍了不少外国学术著作,如叔本华的哲学著作以及《进化与人生》、《进化论讲话》等书。

1927年,刘文典应聘出任安徽大学校长。翌年,安徽大学发生罢课事件,蒋介石到安庆亲自召见刘文典,责令他交出共产党员名单,严办罢课学生。刘当面顶撞,说他不知谁是共产党。蒋大为震怒,命卫士把刘押送公安局关禁起来,并威胁要枪毙他。此事在教育界引起强烈反响,安庆的学生举行游行示威,要求"保障人权"、"释放刘文典"②。后经陈立夫从中斡旋,蔡元培等人力保,蒋介石才以刘"即日离皖"为条件,把他释放③。关于此事,鲁迅在《知难行难》一文中也谈到,他说:"安徽大学校长刘文典教授,因为不称'主席'而关了好多天,好容易才交保出外。"④刘文典离皖后,曾去拜访章太炎,章对他的气节甚为赞

---

① 《淮南鸿烈集解》,商务印书馆1923年版。
② 李广涛:《补遗刘文典一事》,《安徽史志通讯》1982年第3期。
③ 《皖省学潮之内幕》,《教育杂志》第21卷第1号(1929年1月12日)。
④ 鲁迅:《二心集》,《鲁迅全集》(4)。

赏,特亲笔书写了一副对联相赠:"养生未羡嵇中散,疾恶真推祢正平。①"

不久,刘文典回到北京大学任教。1929年任清华大学国文系主任,同时在北大兼课。除从事教学工作外,还继续校勘古籍,完成《庄子补正》、《说苑校补》等书。陈寅恪在为《庄子补正》作的序中说:"先生之作,可谓天下之至慎矣。"这时,他在学术界已有相当声望,师友都是学者名流,可惜后来由于国家多难、社会动荡、生活不安定这些因素影响了他在学术上取得进一步的成就。

"九一八"事变后,北平爱国青年学生为了敦促国民党政府抗日,曾发起卧轨请愿,刘文典在辅仁大学读书的儿子也积极参加,他对儿子的爱国行动表示支持。那时正是严寒季节,他的儿子因连夜在外受冻,患病死去。刘悲痛万分,同时也更激起他对日本侵略者的痛恨。1937年卢沟桥事变后不久,北平沦陷,刘未能及时转移到后方。日本侵略者曾多次派人请他出来教学并在日伪政府做官,他都断然拒绝。因此,他的住所曾两次遭到搜查。当时,他的处境是很危险的,但是他说:"国家民族是大节,宁死也不能当汉奸,不能失节。"他的日语本来是很好的,但他在日本宪兵面前,绝口不讲日语,以表示他对日本侵略者的愤恨,维护民族尊严②。

刘文典在朋友们的帮助下,1938年取道香港、海防,辗转来到昆明,在西南联大任教。那时,国难当头,生活艰苦,面对严峻的现实,刘的精神消沉颓废,除教书之外,就以读旧诗词消磨时日,甚至吸鸦片以图麻醉。1943年刘曾一度离开西南联大,到磨黑中学(即普洱中学)任校长,引起学术界、教育界的非议。半年后返回昆明,刘被西南联大解聘,后又到云南大学文史系任教。

抗日战争胜利后,刘文典仍留在云南大学执教。1946年,国民党

① 此联现存刘文典次子刘平章处。
② 刘文典的学生吴进仁提供;何晋《忆刘文典》中也有类似记载。

发动内战,遭到全国人民的强烈反对,爱国民主运动席卷全国。刘置身于爱国民主运动之外,为一些官僚士绅写墓志、撰寿序,并为云南省政府主席卢汉撰写蒋介石六十生辰贺表。虽然,刘文典决不与国民党合作,但他的上述表现,也曾引起人们的误解。新中国成立前夕,胡适想把他送到美国去,已替他找好去讲学的大学,并为他一家三口办好入境签证,买好了飞机票。在这何去何从的关键时刻,刘文典拒绝了胡适的"好意",他说:"我是中国人,为什么要离开我的祖国?"虽然他当时对中国共产党、对人民事业还缺乏认识,但爱国感情终于使他留在新生的祖国。

中华人民共和国成立后,刘文典的生活和工作起了根本变化。他决心为新中国的教育事业贡献力量。他在云南大学先后讲授《杜诗研究》、《温李诗》、《文选学》、《文赋研究》等课程,并着手撰写《杜甫年谱》。后来又加入九三学社,并被推选为全国政协第一、二届委员。在1957年全国政协二届第三次大会上,他在发言中说:"我国古代政治哲学的崇高理想,今天由毛主席领导的共产党用马列主义的理论结合中国的实际,——实现了。……我愿献出我的余生,献出我的全力,为国家社会主义文化而奋斗。"①1985年7月15日,刘文典病逝于昆明。

①　刘文典:《在全国政协第二届委员会第三次全体会议上的发言》,《刘文典全集》(3),安徽大学出版社1999年版,第778—782页。

刘 文 辉

黄道炫

刘文辉(1895—1976),字自乾、病虞,法号玉猷。1895 年 1 月 10 日出生在四川大邑县安仁镇。父亲刘公赞,一生务农,母亲高氏,生有六子,刘文辉最小。刘文辉长兄刘文渊是清末举人,曾任四川省谘议局议员、四川省高等审判厅厅长。五兄刘文彩曾任川南税务总局总务兼川南清乡司令。四川"剿总"总司令兼省主席刘湘年长于他,叙辈分为其嫡堂侄。

刘文辉幼年读私塾,十四岁由刘文渊带到成都入四川陆军小学。1911 年,赴陕西入西安陆军中学。武昌起义后辍学返里。次年,刘文辉赴北京考入清河第一陆军预备学校。1914 年,升入保定陆军军官学校第二期炮科学习。1916 年毕业后回四川,在川军第二师刘存厚部任上尉参谋。

1917 年,刘文辉由时任川军旅长的刘湘介绍,到驻防乐山的陈洪范第八师当营长,不久升任第二十九团团长,参加川军联合驱逐滇军出川及熊克武、刘湘、刘成勋、赖心辉进攻北京政府任命的四川督军刘存厚之战。1921 年,刘湘出任川军总司令兼省长时,委任刘文辉为第一混成旅旅长,直属总司令部,率部移驻叙府(今宜宾),脱离陈洪范的控制。

1922 年 6 月,为争夺川省霸权,熊克武联合第三军刘成勋和省联军赖心辉、邓锡侯等部,将以刘湘、杨森为首的第二军打败,刘湘被迫下野,刘成勋出任川军总司令兼省长。刘文辉没有参与战争,但在刘湘兵败后,取得刘成勋等人默许,率第一混成旅由宜宾开赴重庆,同时保护刘湘回大邑原籍。1923年初,川军内讧又起,第七师师长陈国栋、第三师师长邓锡侯起兵进攻刘成勋,直逼成都。刘文辉因与邓锡侯为保定军校同学,遂调三个团兵力由宜宾来成都参加作战。同时通过四川边防军总司令赖心辉与刘成勋通融,任第九师师长兼成都卫戍总司令。当邓部进入成都后,刘文辉仍任成都卫戍司令,并接管成都兵工厂、造币厂及税收机关。4月初,熊克武部反击,攻入成都,刘成勋复职,刘文辉则率部返回宜宾。

　　1923年下半年,在吴佩孚的直接参与和支持下,杨森率部由宜昌返川,刘湘东山再起,组织倒熊(克武)战争。1924年2月,熊率部败退广东。刘文辉虽未直接参战,但以大量金钱支援了刘湘,因此当刘湘获胜后,刘湘让刘文辉收编了熊克武的部分残部,并接管富顺、江安、屏山、雷波等地。从此,刘湘在川东、刘文辉在川南,互为声援,形成"二刘合作"的局面。在刘湘协助下,1925年刘文辉被北京政府任为四川军务帮办。7月,参加川军将领讨伐杨森的军事行动。9月改编杨部,收编杨春芳师,兼任第三十一师师长,并占领高县、长宁、兴文等六县,势力进一步扩充。1926年配合刘湘讨伐袁祖铭。

　　1926年秋北伐开始后,刘文辉与刘湘、赖心辉、刘成勋等人联名电讨吴佩孚,表示拥护北伐。11月,被蒋介石委为国民革命军第二十四军军长及川康绥抚委员会委员。此时,刘文辉率军驻成都,据有下川南眉山、青神、仁寿、宜宾、南溪、屏山、资阳、威远、容县等二十余县,但从下川南至成都的通道,却被占据雅安、西昌的西康屯垦使刘成勋所阻断。1927年6月中旬,刘文辉兵分三路对刘成勋部队发起猛烈攻击。一路由双流向新津进攻;一路由崇庆、大邑向邛崃进攻;一路由眉山、丹棱向名山、雅安进攻。刘成勋在猛攻之下,全线溃败,6月29日,被迫通电下野。其防区包括西康、宁远、邛雅地区全部为刘文辉兼并,部队为刘文辉收编。7月6日,南京政府特任刘文辉为军事委员会委员。同年冬,刘文辉和刘湘合力将赖心辉部击溃,又占领了泸州、合江、江津、永川、纳溪、古蔺等地,迫使赖心辉退至滇境。

1928年初,杨森、刘存厚、赖心辉、郭汝栋、黄隐、李家钰、陈书农、罗泽洲组织"八部同盟",联合向重庆刘湘进攻,发动下川东之战。刘湘为了取得刘文辉的援助,将资中、内江、荣昌、隆昌等防地交第二十四军接防。刘文辉遂帮助刘湘击败了杨、李、罗等部,统一了川东。由此四川成为"四巨头"——刘文辉、刘湘、邓锡侯、田颂尧分割的局面,并逐渐形成以刘湘为首的速成系与刘文辉、邓锡侯、田颂尧为首的保定系两大派系争斗的格局。1928年夏,刘文辉倡议在资中召开"四巨头"会议,推刘湘为四川善后督办,刘文辉为四川省主席。9月,南京国民政府任命刘文辉为川康边防总指挥。11月,任四川省主席及国军编遣委员会川康裁编军队委员会委员,刘文辉的势力得到发展。

八部同盟在反刘湘的下川东之战失败后,深怨刘文辉支持刘湘、牵制李家钰等部不敢动作,导致战争失败,决心报复。同时,罗泽洲、杨森在下川东之战失去防地后,与李家钰部同处一隅,僧多粥少,也必须往外发展。1929年4月,李家钰、罗泽洲、杨森、黄隐四部在顺庆组织同盟军,推李家钰为总指挥,决定兵分三路进攻刘文辉的资中、内江防区,发动上川东之战。4月16日,同盟军出动,由遂宁经宁至向资中、内江发起进攻。4月19日,两军交战,刘文辉部守将向传义先收缩兵力,后发制人。激战两天后,突然全军出击,同盟军败北,刘文辉乘胜追击,直捣李、罗驻地,占据遂宁、南充、顺庆等县。经邓锡侯、田颂尧出面调停,上川东战事结束。同年3月,四川省政府改组,刘文辉仍任省主席。

1930年代前后,刘文辉经十余年发展,部队迅速膨胀到十二万人,控制西康十几个县及上、下川南、上川东六十余县,防区内包括大片盛产盐糖的富庶地区。因此,刘文辉不仅图谋统一四川,还想囊括西南,问鼎中原。他首先支持贵州军阀王家烈回黔主政,与唐生智等人联名通电胁迫蒋介石下台,随后又支持滇军胡若愚打回云南。1930年中原大战爆发,汪精卫在北平召开国民党中央扩大会议,与阎锡山、冯玉祥合作筹划成立新政府。刘文辉判断阎、冯势将获胜,派冷杰生为代表参加会议。9月6日,刘文辉通电公开反蒋,并联合邓锡侯、田颂尧准备出兵武汉,作为策应。此时阎、冯军事形势已急转直下,刘文辉见势不妙,连忙向蒋介石疏通关系。蒋此时对川尚无力顾及,便顺水推舟,11月派曾扩情入川活动,向刘文辉示好。1931年2月,蒋介石再次任命刘文辉为四川省主席。

刘文辉自主政四川以后,准备先解决邓锡侯、田颂尧,然后兼收刘湘,统一全川。刘湘当然不甘人下,遂联络田颂尧,孤立刘文辉。1931年秋,刘湘在川江入口处扣留刘文辉从国外购买的一批军火,二刘矛盾激化。1932年10月初,驻武胜的新编第二十三师师长罗泽洲,向南充李渡的刘文辉二十四军发动进攻,川北之战爆发,实际拉开"二刘之战"的序幕。上、中旬,在刘湘策划参与下,李家钰、杨森、田颂尧、刘存厚部各派兵一部投入川北战场,同刘文辉第二十四军作战。第二十四军分兵应战,陷于被动。刘文辉决定缩短战线,集中兵力对付刘湘,扼守沱江,在资中、内江、富顺、泸州一线实施防御,双方成胶着状态。11月中旬,刘湘联军突破沱江防线,连克资中、内江、富顺。泸城守军因势孤发生动摇,刘湘进占泸县。

正当泸城战事激烈之际,同驻省城的刘文辉与田颂尧爆发成都之役,双方共出动兵力五十个团以上,经过煤山争夺战、东郊战斗、北门战斗,田颂尧部溃败。后经第二十八军军长邓锡侯调解,双方同意停战,战事结束。此后,刘文辉部专力对付刘湘部,集中七万兵力投入战场。刘湘调集五万兵力分四路迎击。12月10日,荣威之役全面开始,双方鏖战十一天,刘湘军全线失利。此时,邓锡侯、田颂尧出兵进攻刘文辉第二十四军川西地区。刘文辉腹背受敌,不得不停止进攻。12月21日,双方签订停战协定,刘文辉失去近三十县防地。

刘文辉失败后,将原因归咎于邓锡侯帮助刘湘,决心集中十一万兵力的大部攻打邓锡侯部。1933年5月,刘邓"毗河之役"爆发。邓锡侯调集所部近三十个团,约四万人在毗河北岸固守。刘文辉部攻击逾月,伤亡数千人,无进展。6月25日,刘湘与田颂尧、刘存厚、杨森、李家钰、罗泽洲等人发出通电,讨伐刘文辉。7月初,刘湘以安川军名义,出动三路大军共一百一十余团,向驻守川南、川西的刘文辉部进攻。8日,刘文辉部退出成都,将所部二十四军沿灌县至乐山岷江右岸布防。8月中旬,刘湘下令全线总攻,刘文辉守军在灌县、新津发生内变,安川军全面突破岷江防线,乘胜追击。第二十四军向西撤退,溃不成军,刘文辉部主要将领或投降或引退,刘文辉率残部万余退至汉源。9月中旬,二刘联合通电停战,二刘大战以刘湘完全胜利宣告结束。

刘文辉败退西康后,因西康土地贫瘠,兵源饷源缺乏,处境甚为困难。刘文辉首先将所属残部改编为八个旅二十个团,保持军事基干。政治上采取利用矛盾、广交朋友的策略,一面注意维护民族之间的团结,一面加强与藏族中上层人士及地方力量的联系,逐步摆脱了孤立的处境。1934年12月;刘任西康建省委员会委员长兼中国国民党西康省党部筹备委员会主任委员。1935年5月初,中央红军长征经云南突然挺进金沙江,蒋介石令刘文辉派重兵扼守金沙江各渡口阻截红军。他立即令刘元瑭率十二个团死守会理,接着派重兵守卫大渡河。红军于5月25日占领安顺场,强渡大渡河,接着勇夺泸定桥,突破了大渡河防线。

刘文辉在大渡河之战失败后,返回雅安,将第二十四军按南京国民政府规定的番号整编为第一三六师、第一三七师、第一三八师及驻康定的军直属旅。同年7月,西康建省委员会在雅安成立,南京国民政府任命刘文辉为委员长。同时,国民党也在西康设置党部筹备委员会,由刘文辉兼任主任委员。红军主力到达松潘县的毛儿盖后,红四方面军又翻夹金山南下。蒋介石命令川军各部进行阻截,刘文辉将重兵摆在雅安、汉源两城,征调民工,构筑碉堡,阻止红军南下。1936年2月,红四方面军全线西撤,雅安才告解围。9月,刘文辉将原设在雅安的西康建省委员会移设康定。

抗日战争爆发后,1937年9月,刘文辉任第五军团军团长。1938年春,刘湘在武汉病故,蒋介石乘机撤销川康绥靖公署,提出派张群继任四川省主席,企图把四川政权控制在自己手里。刘文辉、邓锡侯、潘文华及刘湘部几个主要将领联合,反对张群继任省主席,并赶走亲蒋的代理省主席王缵绪,迫使蒋介石亲兼四川省主席,由贺国光以省府秘书长身份代行职权。1938年4月,刘文辉到汉口面见蒋介石,蒋当面答应划宁、雅两属归西康,应允在西康省政府成立后,按省预算由国民政府与四川省政府补助西康不足的行政和建设经费,并拨款修筑川康公路。9月,最高国防会议批准,四川的宁、雅两属等自9月1日起,正式交西康接管。11月20日,国民政府行政院在武汉召开国务会议,决议西康建省。12月,任命刘文辉为西康省第一任主席。翌年元旦,西康省政府宣告成立。蒋介石为控制西康,特在西昌设立军事委员会委员长西康行辕,委任张笃伦为主任,监视刘文辉和龙云。刘文辉则在西昌设立西康省屯垦委员会,自兼委员长,与之对抗。

抗日战争时期,中共中央南方局对西南地方实力派进行统战工作,南方局曾多次派出秘密使者华岗、田一平等人做刘文辉等地方实力派的统战工作,在刘文辉处成功设立秘密电台,直接与延安通话,保持联系。1941年春,刘文辉和李相符、杨伯恺、黄宪章、马哲民等教授在成都组织秘密政治团体"唯民社",宗旨是"全民团结,坚持抗日,反对独裁,实行民主",刘文辉被推为社长。先后办有《唯民周刊》、《大学月刊》、《青年园地》、《民众时报》等,对推动后方民主运动起到一定作用。

1944年2月,蒋介石以西康烟禁废弛为名,令罗国熙率领数个缉私团前往西康。刘文辉派兵拦阻,蒋介石怕扩大事态,乃将缉私团撤回。1945年5月,刘文辉在国民党六大上当选为国民党第六届中央委员。9月,蒋介石为安抚刘文辉,秘密来到西昌,加委刘文辉为川康绥靖公署副主任。1946年春,蒋介石通过张群向刘文辉转达,要刘文辉去中央政府担任蒙藏委员会委员长。刘文辉认为这是蒋的调虎离山之计,坚决予以拒绝,继续任西康省政府主席,兼整编第二十四师师长。次年任西康省党部主任委员。见刘拒不从命,蒋介石派特务朱静泉到西康发动"倒刘运动",企图以重庆市长张笃伦取代刘文辉。1947年初,朱静泉指使西康籍中央军校学生朱世农、朱世正等人集结两千多人武装反刘,一度攻占天全、芦山两县,进逼雅安,刘文辉组织力量予以武力镇压。

1948年4月,王陵基继邓锡侯任四川省主席。王被认为亲近蒋介石,引起强烈反击。刘文辉和邓锡侯、潘文华等人联合发起"驱王运动"。1949年春,在四川省参议会第六次会议上否定王提出的田赋征实及在大巴山设防两个提案。6月,刘文辉又策动省参议会联合川、康、渝部分国大代表、立法、监委员和康、渝部分参议员,在成都组织川、康、渝民意联谊会,公开反对王陵基,推派代表向国民政府请愿,要求将王撤职查办。同时成立"川、康、渝民众自卫委员会",策动民众自卫运动。

随着中共大军南下,西南问题列入中共解决议程。1949年4月下旬,中共南方局希望刘文辉派代表去香港商谈起义事项。刘文辉立即请民盟中央委员曾庶凡代他去香港,并派二十四军参谋长杨家桢到成都与邓锡侯商量,组成联合参谋部,统一筹划川康起义。8月,刘文辉通过秘密电台向周恩来报告准备起义,周恩来指示待机行动,避免不必要的损失。11月30日,重庆解放。蒋介石逃到成都,在北校场军校召见张群、邓锡侯、刘文辉等军政要员,逼迫刘文辉、邓锡侯与胡宗南合作,进行"川西决战"。第二天,蒋介石突然到刘公馆,明示优遇,实则是观察刘文辉的动静。之后蒋介石又派张群、胡宗南约同邓锡侯到刘公馆开会,要刘、邓与胡宗南"合署办公",将家属先送往台湾,遭婉拒。12月7日,刘文辉和邓锡侯离开成都,到达彭县,筹备武装起义的事宜。9日,刘文辉通电起义,中共兵不血刃占领西康。10日,蒋介石以西南军政长官公署的命令,限刘文辉于12日率部撤退到新津河西岸,刘文辉则坚守武侯祠,进行阻击。随后又在雅安、西昌等地阻击胡宗南军。1950年3月24日,人民解放军进军康定,西康阻击战结束。

1950年春,刘文辉从成都抵达重庆,受到刘伯承、贺龙等人的高度评价和称赞。6月,刘文辉所部国民革命军第二十四军与中国人民解放军第六十二军合并,改编后,原第二十四军军长刘元瑄担任中国人民解放军第六十二军副军长,原第二十四军副军长刘元琮担任六十二军一八六师师长,刘文辉任西南军政委员会副主席,后又被任命为西南行政委员会副主席、四川省政协副主席。是年秋,到北京参加政治协商会议,受到周恩来、朱德等人接见。1959年,刘文辉到北京,担任国家林业部部长,兼任国防委员会委员。他曾被选为历届全国人民代表大会代表(第四届被选为常委),第二至第四届全国政协常务、民革中央委员会常委,著有《军事哲学纲要》、《刘文辉讲演录》、《走到人民阵营的历史道路》等书。

1976年6月24日,刘文辉因患癌症在北京逝世。

主要参考资料

匡珊吉、杨光彦:《四川军阀史》,四川人民出版社1991年版。

刘文辉:《走到人民阵营的历史道路》,生活·读书·新知三联书店1979年版。

彭迪先、舒国藩:《刘文辉史话》,四川大学出版社1990年版。

"蒋中正总统文物档案"、"刘文辉个人档",台北"国史馆"藏。

刘 仙 洲

黄延复

刘仙洲,原名鹤,又名振华,字付竹,1890年1月27日(清光绪十六年正月初七)生于河北完县。父刘秉钧务农,懂中医,常为乡人配方施药。刘仙洲七岁时入本村私塾,1906年入县立高小,翌年秋考进保定崇实中学。他勤奋好学,富于爱国热情。

刘仙洲受《民报》、《天讨》、《革命军》等革命书刊的影响,于1908年秘密加入同盟会。同年秋,因发动和领导学潮,被崇实中学开除。后转入同盟会员主办的保定育德中学,曾与进步同学组织"共和会"。1911年10月武昌起义爆发,刘仙洲等人积极投入保定一带的革命运动。曾先后参加燕晋独立及蠡县、石家庄一带的武装暴动。他带领革命同志试制成一批炸弹,谋炸京汉铁路线上的唐河铁桥,以阻止清军南下镇压革命军,但因炸弹力量太小而未成功。

1913年2月,刘仙洲考入北京大学预科。翌年夏,考得直隶省官费,入香港大学工学院机械系攻读,1918年以第一名的优异成绩毕业。刘回到天津后,应聘担任直隶工业专门学校的教员。回到保定后,母校育德中学要求他担任机械学科教员,虽月薪只有工专的三分之一,但刘"因忠于母校,表示接受"①。

第一次世界大战期间,蔡元培、李石曾等人发起成立留法勤工俭学会和华法教育会,组织贫苦有志的青年去法国勤工俭学。育德中学受

---

① 刘仙洲:《自述》(未刊稿)。

华法教育会的委托,成立留法勤工俭学预备班,并附设实习工厂,组织
旅法青年学习法文和机械学科。刘仙洲任教三年,讲授机械学、蒸汽
机、机械制图等课程。刘少奇、李富春、李维汉等人都曾是这个预备班
第二班的学生。

1924年8月,刘仙洲到天津出任北洋大学校长。翌年,他提出扩
充学校计划,决心"造就'东方麻省理工大学'之始基"①,先后聘请了留
学归国的茅以升、石志仁、周承佑、侯德榜来校任教。当时,北洋军阀忙
于混战,四年中仅发给两年的经费,学校经常发不出薪金。刘与全体爱
国师生惨淡经营,学校取得相当成就。

1928年,刘仙洲辞去北洋大学校长职,去东北大学任机械系主任。
1931年"九一八"事变后,他到唐山工学院任总务长兼讲师约两个月。
东北大学在北平复校后,他又回到东北大学任教。

1932年,清华大学创办机械系和工学院,刘仙洲应聘至清华大学
任教。他每周担负十二小时的讲课任务,总是黎明即起,遇到比较复杂
的图,就提前到教室画好。他讲课深入浅出,组织严密,条理分明,板书
工整。他认为科学作风是一个工程师必备的基本素质,因而对学生作
业的纸张规格、作图比例、中心线位置、诸线条的颜色和粗细等都严格
要求。他精湛的学识和严谨的治学态度,受到师生的爱戴和尊敬,被称
为"工程界的老前辈"、"中国机械学的老学者"、"中国机械工程界
先进"②。

刘仙洲除了一丝不苟地完成教学任务外,还不知疲倦地致力于学
术论著。他编著了我国第一批自编的大学工科教科书。20世纪初,我
国大学的工科校、系,多延聘外国教师,采用外文教材,中国教师讲课亦

① 刘仙洲:《自述》(未刊稿)。
② 庄前鼎为《机械工程名词》一书所作的序言及1935年《清华周刊副刊·教授
介绍》。

多用外语。刘仙洲认为,这种情况将"使我国工程学术永无独立之期"[1],决心加以改变。1918年,他在留法勤工俭学预备班任教时,即坚持用汉语讲课,并编出《机械学》、《蒸汽机》、《内燃机》等中文教科书;1928—1931年在东北大学任教时,基本完成我国第一本大学工科教科书——《机械原理》的翻译工作;到清华后,他又编著新教材多种。被商务印书馆列为《大学丛书》的有《机械原理》(1935年出版)、《热机学》(1936年11月出版)、《经验计划》(1935年8月出版)等,为中等工业学校采用为教材者有《机械学》、《蒸汽机》、《内燃机》等。

刘仙洲对我国工程界的另一重要贡献是编订《英汉对照机械工程名词》一书。早年,我国机械工程方面的许多概念、用语、名称多用外文,其中一些汉文译名则是五花八门,诸如"司不令"(弹簧)、"猪拱嘴"(排障器)、"吊死鬼"(月牙板)等等。又如现今已通用之"泵"(Pump)字,当时有"恒升车"、"运水器"、"邦浦"等十几种译法。1928年,中国工程师学会曾编印过一本《机械工程名词草案》,但仅两千余词。1932年秋,刘仙洲受中国工程师学会委托,在校内外青年教师的协助下,本着从宜、从熟、从简、从俗的原则,着手编订《英汉对照机械工程名词》,共一万一千余词,初版于1934年7月印行,不数月即告售罄[2]。1936年5月,中国机械工程学会在杭州开成立大会,把"审定机械工程名词"列为重要会务之一,委托刘再编订《机械工程名词》一书。他在校内外多人的协助下,当即以暑假前后三个月的时间完成[3]。新版约有两万词,除对普通机械工程名词有相当的增补与订正外,对于机车及航空两类有关名词增加尤多。

刘仙洲还致力研究中国机械工程发明史,有许多创见。他认为,欲

---

① 刘仙洲:《中国的工程书籍述略》,《清华周刊》第39卷第10期,1933年5月。

② 刘仙洲:《自序》,刘仙洲编订《英汉对照机械工程名词》,中国工程机械学会1936年版。

③ 庄前鼎:《序》,刘仙洲编订《英汉对照机械工程名词》。

求国家各种事业之独立前进,非先求各种学术之独立发展不可,依靠外国是不能达到这一目的的,因为:"'国之利器'不以示人,能够卖与仿造者,已为他国之二三等产品,又何以能与之并驾齐驱?"①他在教学之余,致力于中国机械工程史的研究。1933 年搜集并研究了大量文献,写出了《中国旧工程书籍述略》。1935 年春,又整理发表了《中国机械工程史料》②,指出:早在公元 725 年,我国唐朝一行等人创造的水力天文仪,已经能够利用水轮转动机械,制造精密复杂的齿轮轮系。1937年 6 月,刘仙洲又在《清华机工》月刊第一卷发表了《三百年前中国第一位机械工程学家王端公传略》一文,并在这个基础上写成了《王征与我国第一部〈机械工程学〉》一文③。在以后的四十年中,他从未间断过对我国机械工程发明史料的搜集、整理和研究工作。

1937 年"七七"事变发生后,清华与北大、南开南迁,初于长沙合组"临时大学",后于昆明合组"国立西南联合大学"。刘仙洲初任教于长沙"临大",1938 年春"临大"结束后,他一度去梧州任教于广西大学,后又经过长途跋涉到达昆明,任教于"西南联大"工学院。当时联大师生过着十分艰苦的生活,但"尽箪吹,情弥切"。刘仙洲和大家一样,认真教书,严谨治学,一直坚守岗位。他除完成教学任务并开出"汽阀开关"等新课外,仍致力于教科书的编著。《热工学》、《画法几何》(与褚世荃合编)、《汽阀开关》(与曹国惠合编)等,都是这一时期的著作。在这期间,他还写了《中国在热机历史上的地位》(发表于 1943 年《东方杂志》第 39 卷第 18 号)和《三十年来的中国机械工程》(与庄前鼎合著,发表

①　黎诒远:《我国现代机械工程学的先驱刘仙洲》,中国人民政治协商会议北京市委员会文史资料委员会编《文史资料选编》第 8 辑,北京出版社 1980 年版。

②　本文最初分两次发表于《国立清华大学工程学会会刊》第 4 卷第 1 期(1935年 4 月)和第 2 期(1935 年 11 月)上,1936 年曾以单行本印行。

③　刘仙洲写成此文后,原拟在当年 8 月的中国工程师学会的年会上发表,因"七七"事变,年会未开成。1958 年 9 月经过修订,发表在《机械工程学报》第 6 卷第 3期上。

于 1946 年 8 月出版之《三十年来的中国工程》)。

刘仙洲生长在农村,少年时曾参与农事,因此他非常关心农业的技术改造,长期从事农业机械的研究工作。1920 年在育德中学留法预备班时,曾试制过两种小车。抗日战争期间,在昆明研究过改良犁、水车和排水机。1942 年,他在《中国农器改进问题》一文中,反对一味抄袭外国的大型农业机械,主张结合我国农村经济情况改良畜力机械,使机械部分符合机械学原理。1946 年 3 月,他到美国考察和研究农业机械,回国后曾在中国工程学会上作了题为《农业机械与中国》的学术报告,并写成二十多万字的《农业机械》,在清华大学机械系讲授。当时,国民政府要他再次出任北洋大学校长,他借口眷恋"清华学术风气浓厚",力辞不就。他眼看国民党统治的腐败,"私心以为在我的一生中,国家是没有改好的希望了,再写五本书就算尽了我一生的责任了"①。

中华人民共和国成立以后,刘仙洲历任清华大学第一副校长、河北省人民代表大会代表、省人民政府委员,第一至四届全国人民代表大会代表,中国科学院技术科学部委员、中国自然科学史研究委员会委员、中国机械工程学会副理事长、中国农业机械工程学会副理事长和理事长等职。1955 年 10 月,六十五岁的刘仙洲加入了中国共产党。

刘仙洲虽然担负了繁重的教学领导重任和众多的社会职务,但仍勤奋不懈地进行我国机械工程史的学术研究,严谨笃实,一丝不苟。1953 年和 1954 年先后发表《中国在原动力方面的发明》、《中国在传动机件方面的发明》等文,论证公元 2 世纪后汉张衡即开始用水力作为天文仪器的原动力。1956 年他又在《中国在计时器方面的发明》中指出:当时张衡极可能采用了齿轮系和凸轮等较复杂的机械装置。他的这篇论文同年于意大利举行的第八届世界科学史会议上宣读时,得到与会

---

①　黎诣远:《我国现代机械工程学的先驱刘仙洲》,中国人民政治协商会议北京市委员会文史资料委员会编《文史资料选编》第 8 辑。并见《刘仙洲小传》(1959 年)(未刊稿)。

的英国剑桥大学教授李约瑟的赞同。1961年,他向中国机械工程学会十周年年会提出了《中国机械工程发明史》第一编的初稿,并于次年由科学出版社出版。1962年,他又完成了专著《中国古代在农业机械方面的发明》,系统地介绍了我国古代劳动人民在整地机械、播种机械、中耕除草机械、灌溉机械、收获及脱粒机械、农村交通运输机械等方面的发明创造。1970年,刘仙洲提出一份《对我国工科大学教育改革的初步设想》。在八十诞辰那天,他拟定了一份《我今后的工作计划》,附有《中国机械工程发明史》第二编共十章的详细目录,准备尽快完稿。他勤奋不懈,直到逝世前还在医院的病床上用放大镜一字一句地阅读文件,用颤抖的手一笔一画地修改文章。1975年10月16日,因胰腺癌不治去世。

刘仙洲一生在教育界工作五十七年,教学之余著书二十种,发表学术论文三十多篇,共约三百多万字,对我国科学技术事业的贡献很大。

主要参考资料

刘仙洲:《辛亥革命前后的片断回忆》,《新清华》1961年10月19日第3版。

刘仙洲:《中国机械工程史料》,《国立清华大学工程学会会刊》第4卷第1、2期(1935年4月、11月)。

刘仙洲:《中国机械工程发明史》第1编初稿,清华大学1961年10月版。

刘仙洲:《中国古代农业机械发明史》,科学出版社1963年6月版。

《刘仙洲部分论文汇集》,清华大学校史组集订。

黎诒远:《我国现代机械工程学的先驱刘仙洲》,《文史资料选编》第8辑。

清华大学校史资料和档案材料。

刘 显 潜

熊宗仁

刘显潜,字如渊,别号井陆,贵州兴义县人。1865 年 1 月 25 日(清同治三年十二月二十八日)出生于一个官僚家庭。1885 年他补县学生员,次年食廪,后屡试不中,居家赋闲,兼办团练。

1902 年,广西会党起义军分三路进攻贵州,攻陷兴义县城。刘显潜的叔父刘官礼奉命在滇、黔、桂边界一带集中武装,组织靖边团营,镇压起义军。刘显潜被委任为中哨,与其堂弟刘显世集结团防兵夺回县城,迫使会党起义军退回广西。刘显潜因功被清政府升为管带。

1911 年春,刘显潜被广西巡抚沈秉堃任命为广西边防军管带,率兵驻防黔桂边界,先后镇压了上岩、基马、茶溪等地群众反抗清政府的斗争,被擢升为广西省防军统带。

武昌起义后,全国响应,贵州、广西相继宣告独立。其堂弟刘显世当上了贵州军政府枢密院枢密员、军政股长,为对抗自治学社为代表的革命势力,他要刘显潜速返兴义,扩充团防,为自己经营后方。

1912 年 3 月,唐继尧率滇军以“假道北伐”为名,颠覆了贵州的革命政权。刘显潜在兴义一带扩充民团,成立“保卫军”四个营,配合滇军镇压革命群众。不久,贵州革命派首领张百麟和贵州巡防军南防统领陈守廉被以刘显世为首的贵州势力追捕,由安顺退至兴仁、贞丰,刘显潜派保卫军前往包围,张百麟等人被迫退走广西。刘显潜在黔西南各县镇压革命党人,因此被唐继尧擢升为兴义总兵兼西防统领。他帮助唐继尧、刘显世稳定贵州局势,镇压汉、苗、回、彝各族人民的反抗,十分出力。当时威宁、水城一带有以安桂林、安鹤翔、安三妹为首的彝、苗人民群起反抗滇军暴行,刘显潜"督饬军队,驰往剿办"①,俘获安三妹处死。唐继尧为了加强对与云南毗邻的黔西南地区的控制和便于征收丁粮,命令刘显潜在兴义府六属划拨插花地段,健全行政机构,委派官吏,使盘江一带成为唐、刘政权统治下最稳固的后方。

1914 年 5 月 23 日,刘显潜被北京政府委任为贵州黔西道尹兼上游清乡督办;7 月 29 日被授予四等文虎章。唐继尧、刘显世认为刘显潜跟随自己"几乎无役不从","任劳任怨",曾先后呈请北京政府授以陆军少将军职,只因"已授文秩,未便准补军官"②。1915 年 6 月 20 日袁世凯又赏给他四等嘉禾章。

1915 年 8 月筹安会成立后,蔡锷和戴戡由天津向贵州发出策划武装反袁的密电。刘显潜见局势动荡,以省亲为名,由贵阳返回兴义募集旧部,又组成四个营,准备应付时局变化。其堂弟刘显治当时任刘显世的驻京代表,屡来函电,认为"滇黔如真反袁,十九无成",要刘显潜"从速安顿家小"③,做好两手准备。蔡锷云南起义后,袁世凯于 1916 年 1 月 15 日提升刘显潜为贵州巡按使,授予他男爵封号,设行署于兴义,企图利用他阻止贵州参加护国运动。当戴戡率领护国军由云南向贵州进发时,刘显潜函令游击军管带易荣黔率部阻止戴戡过境。易荣黔迫于各方讨袁压力,不敢遽行阻止,乃亲往会见戴戡协商,双方未交手,戴于 1 月 24 日率部进入贵阳。

1 月 27 日,刘显世被迫宣布贵州独立,但刘显潜受刘显世密嘱,仍向袁世凯电密输诚,为自己留后路。到护国战争在川、湘境内激烈展开后,刘显潜才迫于大势所趋,开始反袁。他驻兵在南盘江一线,防堵由

①　《政府公报》民国元年十二月十二日,第 225 号。

②　《政府公报》民国四年六月,第 1111 号、第 1112 号

③　张彭年:《辛亥以来四十年间贵州政局的演变(续一)》,中国人民政治协商会议贵州省委员会文史资料研究委员会编《贵州文史资料选辑》第 2 辑,贵州人民出版社 1979 年版,第 44 页。

广西进攻滇、黔的北洋军。北洋军进攻云南丘北县时,刘显潜曾派兵威逼广西西隆,迫使北洋军溃退。2月下旬,刘显潜回驻兴义,着意经营自己的势力范围。不久护国军在四川战场告急,总司令部调刘显潜任护国军黔军援川总司令,但他有意迟滞,于3月中旬开始出师,5月下旬才到达四川边界,而四川已于5月22日宣布独立。刘显潜在四川战场未放一枪,便成了"再造共和"的功臣。6月6日袁世凯病死,黎元洪继任大总统,授予刘显潜陆军中将衔和一等文虎章。

护国战争前后,贵州军阀内部逐步形成了以黔军第一师师长王文华为首的"新派"和以督军兼省长刘显世为首的"旧派"。两派斗争十分激烈,刘显世曾拟以刘显潜取代王文华,因黔军官兵反对,未能实现。护国战争结束后,北京政府委刘显潜为全省游击军总司令。刘显世为牵制王文华的力量,令刘显潜回兴义扩大游击军,编成三路,共一万多人。

1920年11月,贵州发生"民九事变",以王文华为首的"新派"取代了"旧派"的统治,刘显世被迫下野。刘显潜见大势已去,于12月宣布撤销游击军司令部,同刘显世一道赴云南,投靠唐继尧,游击军如鸟兽散。1921年初,刘显潜一度由昆明赴上海,再转至香港,先后与袁祖铭、唐继尧密谋回黔之策。时王文华已被暗杀,袁祖铭组织"定黔军"拟回黔夺权,袁与刘显潜约定"定黔"成功后,由刘显世任省长。刘显潜率两个连的武装,于1922年2月由昆明回黔,在兴义宣布成立定黔军西路总指挥部,抢夺黔西南和黔西北的地盘。为了扩充军队,霸占与滇、桂交界的南、北盘江流域,刘显潜和袁祖铭之父袁干臣不惜网罗广西土匪入黔,导致4月16日广西土匪洗劫南笼县(今安龙县),使人民财产遭受重大损失,一千多妇女被掳掠至广西,造成了贵州历史上罕见的匪祸。

袁祖铭"定黔"得手后,背弃前约,没有把省长一职让给刘显世,刘氏弟兄决定重整旗鼓,驱袁夺权,又乞助于云南军阀。同年11月,北京政府委任刘显潜为滇黔边防督办,他将军队扩充到四个团,设督办署于兴义,与袁祖铭分庭抗礼,并策应滇军入黔。1923年2月初,刘派两个团进据关岭。2月13日,唐继尧派其弟唐继虞率滇军一万余人侵入贵州。刘显潜在兴义与唐继虞秘密会议,宣布驱逐袁祖铭,拥护刘显世回黔主政。袁祖铭军败退走四川,刘显世重新当上了贵州省长,唐继虞任贵州军务督办,刘显潜为会办,安顺以西复为其所控制。是年冬,刘显世病,刘显潜一度代理贵州省长。

1925年初,袁祖铭在川势大,有回黔意图。唐继尧一面向袁让步,自动从贵州撤退;一面趁孙中山在北方病重,向两广伸手。他派滇、黔"建国军"六万余人假道广西入粤。刘显潜被唐继尧委为第一路军第七军总司令官,由黔东南入广西进攻柳州,结果被李宗仁所率桂军击败,退回贵州。不久,滇军侵桂失败退回云南,同时袁祖铭部回黔,在兴义、兴仁、安龙迫使刘显潜的武装大部缴械,小部溃散。刘显潜不得不宣布下野。从此,兴义刘氏武力全部瓦解。

刘显潜晚年赋闲兴义,仍以其权势及影响左右县政和地方公益事业,1938年因病逝世。

主要参考资料

严池华:《滇军第二次侵黔实录》,中国人民政治协商会议全国委员会文史资料研究委员会编《文史资料选辑》第30辑,中华书局1962年版。

周农风:《刘如渊先生事略》,贵州省社会科学院历史研究所编《贵州辛亥革命资料选编》,贵州人民出版社1981年版,第490页。

李宗仁口述,唐德刚撰写:《李宗仁回忆录》上册,广西人民出版社1980年版。

《贵州政报》。

刘 显 世

李德芳

刘显世,字如周,别号经硕,贵州兴义县下五屯人。1870年5月8日(清同治九年四月初八)出生在一个世绅家庭。祖父刘燕山,参加镇压1858年贵州回民起义,为当地有名的团绅。父亲刘官礼因率团丁夺回被起义军攻陷的兴义县城,以功保"同知",总办兴义府五属县的团务。

刘显世幼读私塾,十四岁进县学,十五岁考取廪生。1898年,因广西会党起义军有入黔之举,"遂弃举业,助其父办理团务",当上了兴义县团防总局局董①。1902年,广西会党起义军分三路攻进贵州,攻陷兴义县城。刘显世得其父保荐为靖边正营管带,参加镇压起义军。1904年,起义军退回广西。贵州巡抚林绍年统一全省巡防编制,撤销了靖边营成立五路巡防营,刘显世得任西路巡防二营管带。

在清朝统治者玩弄预备立宪的骗局中,贵州巡抚林绍年于1905年在黔赶办"新政"。刘显世得其父的支持,当上了兴义县劝学所总董,开办学校,设立阅报所,成立"天足会"劝说妇女不缠足等,还延聘贵阳知识界一些"名流"到兴义执教,选送一些乡绅子弟入学肄业和出国留学。1908年,刘显世又在兴义组织预备地方自治会,和一些宪政党人联上因缘,其弟刘显治此时留学日本,也和梁启超攀上关系。

---

① 兴义县志稿:《刘显世传》,贵州省社会科学院历史研究所编《贵州辛亥革命资料选编》,贵州人民出版社1981年版,第490页。

　　1911 年,四川保路运动高涨,川督赵尔丰急电贵州派兵"助剿"。贵州巡抚沈瑜庆命董福开、鲁为禧率驻筑(今贵阳)防军入川。这时全国革命形势已经成熟,贵州政局也有一触即发之势。沈瑜庆感到贵阳空虚,于是急调刘显世带兵五百兼程来筑,保卫面临垮台的贵州政权。

　　武昌首义,特别是云南光复后,贵州的革命党人大受鼓舞。11 月 3 日晚,自治学社联合陆军小学堂学生、新军官兵和哥老会员发动起义。11 月 4 日占领了贵阳,推新军教练官杨荩诚为都督,成立了"大汉贵州军政府"。此时,刘显世正行军至安顺,听到贵阳光复,遂表示赞成共和。由于革命党人失去警惕,军政府不仅准其拥兵进驻贵阳,而且擢升为贵州军政府枢密院枢密员、军政股长和陆军第四标标统。刘显世进驻贵阳后,密结宪政党人熊范舆、任可澄、戴戡,勾结官僚郭重光,盗用民意,派人去云南乞师,请蔡锷派兵"援黔"。

　　蔡锷派唐继尧以借道北伐为借口,率滇军入黔。唐于 1912 年 2 月 27 日抵筑,分兵进驻螺丝山、照壁山、东山、观风台等制高点。3 月 3 日,观风台滇军炮队炮击南厂新军,打响了武装颠覆贵州革命政权的第一炮,刘显世也率兵士进攻都督府。5 月,唐继尧当上了贵州都督①,刘显世被任命为贵州省军务部长。

　　1913 年 10 月,蔡锷奉调入京,唐继尧离黔回滇任云南都督。时值袁世凯改定省制,戴戡被任命为贵州巡按使,刘显世当上了贵州护军使。此后,刘积极扩充实力,把全省陆军编为六个团。除任其外甥王文华为第一团团长外,其余各团分别以前清绿营的军官和唐继尧督黔时的旧部充任。

　　1913 年底,袁世凯镇压了国民党人发动的"二次革命"以后,拟帝制自为。刘显世对袁唯命是从,对袁的所有倒行逆施,如解散国会、召

────────

　　①　郭燮熙编纂、蔡锷订正:《云南光复纪要》"援黔篇",见毛注青等编《蔡锷集》,湖南人民出版社 1983 年版,第 607—613 页。

开政治会议、废除约法等,都表示赞成,并和贵州巡按使龙建章一起导演了所谓"国体投票"的丑剧①,向袁发出"拥戴书"。1915年12月12日,袁世凯接受帝位,21日赐勋,刘显世拥戴有功,得授一等子爵。

年底,蔡锷秘密回到云南,策动唐继尧反袁。12月25日,云南宣布独立,护国军起。刘显世首鼠两端,犹豫不决。他一方面电请袁世凯对滇用兵时不假道贵州,另一方面又派人赴滇阻止护国军过境。

不久,在全国人民讨袁声中,刘显世为了保住自己的权势,也转而反袁,于1916年1月27日宣布贵州独立,同时自任都督。他派王文华率三个团的兵力入湘,熊其勋率两个团的兵力北进,归护国军第十军右翼总指挥戴戡节制,参加讨袁。另一面他又密令其从兄刘显潜(时任黔西道尹)通电拥袁,为自己留条后路。

在讨袁护国的革命浪潮面前,袁世凯于1916年3月22日被迫撤销帝制,废除洪宪年号,6月6日病死,讨袁护国就此结束。刘显世因此捞到了一笔政治资本,当上了贵州督军兼省长。他总揽全省军政大权,改组贵州政府,同时扩编贵州军队,把全省陆军编为一个师、一个混成旅和一个独立团。

袁世凯死后,黎元洪继任大总统,段祺瑞任国务总理。不久又发生"府院之争"。张勋乘机逼迫黎元洪解散国会,进而拥溥仪复辟。孙中山因而于1917年7月率舰南下,揭起"护法"大旗。唐继尧、刘显世为了扩大势力,也表示拥护孙中山的主张。刘还任命王文华为黔军总司令,率六个团的兵力入川。黔军配合滇军和熊克武部川军,很快就大败北军吴光新部,进占了重庆。次年3月,又赶走了川军周道刚、刘存厚,攻克了成都。5月,唐继尧称滇黔川鄂豫靖国联军总司令,刘显世就任

①《贵州公报》民国四年十一月十一号。

副总司令。他们置孙中山的一再劝告于不顾①,与北洋直系军阀停战言和,破坏"护法",并改组军政府,排斥孙中山。孙中山怒斥他们和北洋军阀"如一丘之貉"。

刘显世此时虽为贵州督军、省长,又是滇黔川鄂豫靖国联军副总司令,但黔省军权实为王文华掌握。刘显世不愿做空头司令,一方面离间王文华与其部将袁祖铭的关系,一方面和唐继尧勾结,密谋用唐的部将韩凤楼代替王文华。1920年11月,王文华从四川回师南下,派部将卢焘、谷正伦、孙剑峰、何应钦,以"清君侧"的名义,在贵阳发动了"民九事变",杀了刘显世的亲信党羽郭重光、熊范舆,夺了刘显世的权,送他回兴义老家"养病"。

刘显世不甘被逐,回兴义后即刻逃往昆明,投奔唐继尧,希图东山再起。但此时云南政局也发生了变化,顾品珍赶走了唐继尧。刘显世于是漫游武汉、上海,召集旧部策划倒王。1921年3月,王文华在沪被袁祖铭派人刺死。王的部将卢焘、谷正伦、何应钦等人互不统属,黔局混乱。袁祖铭依靠北洋军阀靳云鹏、吴佩孚的支持,于1922年3月率"定黔军"回筑,被靳云鹏内阁任命为贵州省长。这时唐继尧也回滇赶走了顾品珍。刘显世得知袁祖铭不欢迎他回黔,再度入滇。1923年2月,唐继尧派其弟继虞偕刘显世拥兵入黔,赶走了袁祖铭。唐继虞自任贵州善后督办,刘显世才又重新当上了贵州省长。

1924年,孙中山联合段祺瑞、张作霖讨伐曹锟贿选。唐继尧、刘显世、熊克武表示愿与广东政府一致行动,承担出兵湘西进攻鄂西并与北伐军会师武汉的任务,再一次借孙中山的名声组成了滇黔川建国联军,唐任总司令,刘任副总司令,熊为前敌司令兼川军总司令。刘显世想借唐、熊的力量消除袁祖铭的威胁,然而,这时的贵州已是滇军的天下,刘

① "南方自不可误于和议之说,致懈战备。"孙中山:《复刘显世电》(1918年2月13日),中国社会科学院近代史研究所中华民国史研究室等编《孙中山全集》第4卷,中华书局1985年版,第339页。

显世已无左右黔省之力，仅一傀儡而已。相反，袁祖铭离黔后，帮助杨森、刘湘打败熊克武，势力大增。唐继尧怕袁回师南下于己不利，主动和袁修好，自请交还贵州，以袁军同滇军联合进攻鄂西为交换条件。1925 年 1 月 5 日，唐继尧发出了一个冠冕堂皇的通电，声言"黔省内政，概由黔人自理"。23 日，袁派部将彭汉章以贵州清乡总司令的名义回黔接收政权，并任命卢焘为行政委员长代行省长职权。刘显世自知众叛亲离，不得已引退家居。1927 年 10 月 14 日病死。

刘　湘

黄道炫

刘湘(1890—1938),又名无勋,字甫澄,号玉宪,一级陆军上将。1890年7月1日生于四川大邑县安仁镇。祖父刘公敬,系前清武举。父亲刘文刚屡试未第,经营贩谷生意。母亲乐氏,生有三子,刘湘居长。

刘湘早年就读于私塾、大邑县立高等小学堂、四川武备学堂陆军弁目队、四川陆军讲习所、四川陆军速成学堂。1909年夏,到建成不久的新军三十三混成协六十五标见习。1910年春,刘湘被保送到刚开办的四川陆军讲武堂深造。1911年,调任第十七镇六十八标一营前队排长。不久,刘随队往成都,参与镇压保路同志军。

辛亥革命爆发后,第十七镇改为第一镇,刘湘任第二标张邦本支队的少校差官,随部进驻川北。1912年,第一镇改编为川军第一师,刘湘升为第二营营长,率部驻泸州。1913年8月,国民党人、川军第五师师长熊克武等人响应孙中山"二次革命"号召,在重庆宣布独立,组成讨袁军总司令部,决定兵分三路,围攻泸州。刘湘率部坚守,保住泸州。抵御讨袁军一役,刘湘作战有功,被提升为第一师第三团团长,调驻重庆。

1915年8月,陈宧督理四川军务,刘湘得到第一师师长周骏保荐,留任团长,并兼任铜梁、璧山、大足清乡分司令。是年冬,护国战争爆发,刘湘率部防守泸州。当护国军迫近小市和五峰顶时,他奉命率领本团为先锋,在北洋军猛烈炮火掩护下,突过长江,反攻兰田坝,挫败蔡锷统率的护国军,受到袁世凯嘉奖,授三等嘉禾章。1916年5月,陈宧倒戈反袁,周骏督理四川军务,刘湘被任为陆军第十五师步兵第二十九旅旅长,阻止护国军援助陈宦。刘湘见袁世凯大势已去,不愿与护国军硬战,主动放弃泸州。护国军攻占成都后,蔡锷出任四川督军兼省长,委任刘湘为第一师第一旅旅长。

此时,四川群雄并起,省内省外势力盘根错节。刘湘利用川军与滇黔军的矛盾,带头挑起纷争。1918年1月,四川靖国战争爆发,刘湘所在的第一师支持刘存厚部,与滇黔靖国军激战于内江,靖国军大胜,占领成都。刘湘见形势不利,又立即倒向四川靖国军总司令熊克武,任川军第一师师长。6月整军后,刘湘改任第二师师长,辖永川、荣昌、铜梁、大足、璧山、合川、武胜七县,取得生存发展的地盘。

靖国战争后,滇黔军与四川督军熊克武的矛盾激化,熊与四川省长杨庶堪也因权力之争,互不相让。刘湘手握重兵,成为各方拉拢的对象。杨庶堪亲赴合川,许以川军总司令职,邀刘湘倒熊。刘湘看重杨的声望,答应支持杨倒熊。熊克武派人争取刘湘,承诺让刘统率、团结川军,对付客军,刘湘也答应拥熊。刘湘周旋各方,两面得利,一方面将所部旅长廖廉与黔军勾结的情况密报熊;一方面请滇军第二军参谋长杨森协助接收廖部,巩固内部。既与投靠滇系唐继尧的川军第五师师长吕超结盟倒熊,领取倒熊经费,听候唐继尧的命令;又暗中向熊输诚,获得大批经费和子弹。

1920年4月,唐继尧通电讨伐熊克武,任刘湘为川军副总司令。刘湘权衡形势,决定拥熊讨唐,任第二军军长、讨唐北路军总司令,奉令进攻重庆方面的黔军。刘湘出兵后,在合川遭遇败绩,被迫退守安岳,向熊克武建议联合第三军军长刘存厚驱唐,一则增强实力,二则防刘从中渔利。熊听从建议,与刘存厚结盟,共同推举刘湘为川军前敌各军总司令。8月下旬,刘湘指挥各军由阆中向三台地区进击,9月8日,攻占成都,随后在城郊击溃滇军主力,夺取了泸州、叙永等地,将滇军逐出四川。10月,攻占合川、铜梁、璧山、重庆,滇黔军败退贵州。此役,刘湘因指挥有方,功绩卓著,在川军中威望大振。

川军对滇黔军之战胜利后,熊克武与刘存厚之间围绕着对四川的控制权又发生激烈冲突。北洋政府委任刘存厚为四川督军,熊克武则在重庆恢复广州军政府委任的四川督军职。在熊、刘之争中,刘湘支持熊克武,力主四川自治。1921年1月,刘湘联合川军将领发出通电,宣布四川自治。2月,刘存厚被逐出成都。6月,川军各将领在重庆召开善后会议,刘湘被推选为四川各军总司令、四川省省长。7月2日刘在重庆就职。此时,湖北地方军队图谋趁直奉战争之机,驱逐直系军阀,实行自治。鄂军总司令李书城、鄂西总司令潘正道电请川军支援。陕西督军陈树藩也电请川军阻止新任督军阎相文入陕。四川各军代表在重庆开会决定请刘湘带兵进攻湖北,熊克武带兵进攻陕西,而以杨森代理总司令,刘成勋代理省长。因直奉战争很快结束,直系大军南下,吴佩孚出任两湖巡阅使,萧耀南任湖北督军,川军出兵计划落空。

　　驱唐逐刘之役,刘湘均发挥重要作用,实力膨胀,声望大增,引起熊克武等人的警觉。加上刘湘图谋用整军手段控制第一军,遭川军多数将领反对。熊克武、但懋辛暗中策划刘湘的参谋长兼第二师师长陈能芳倒刘,被刘湘觉察,未获成功。随后,熊克武联合但懋辛的第一军、刘成勋的第三军及刘存厚旧属邓锡侯、田颂尧、赖心辉、刘斌等组织"同盟军"对抗刘湘的第二军。1922年5月14日,刘湘见形势不利,通电辞去四川总司令兼省长职位,暗中积极准备战争。8月,刘湘的第二军被第一军和省联军打败,退向川鄂边境。刘湘回到大邑县安仁镇老家隐居,刘成勋被推举为四川总司令兼省长。

　　1923年春,第七师师长陈国栋、第三师师长邓锡侯等部起兵倒刘成勋。在吴佩孚支持下,杨森率领驻鄂西的第二军残部回四川,与刘存厚、邓锡侯、陈国栋、田颂尧等人通电讨伐熊克武、但懋辛。刘湘抓住时机集结旧部,联络各方势力,推动攻熊的战争。7月28日,北京政府任命刘湘为四川清乡督办。30日,杨森、邓锡侯、田颂尧、刘文辉、唐式遵、潘文华、陈洪范等川军将领联名推举刘湘为四川善后督办,而熊克武也就任孙中山委任的四川讨贼军总司令。10月中旬,战争发动,邓锡侯、杨森、刘湘等部兵分五路向熊克武部发起全面进攻。初始刘湘部遭遇不利,放弃重庆,退往万县集结。随后刘湘一方面策动熊部刘成勋、赖心辉反熊,壮大反熊阵容;一方面组织反攻,攻占重庆,取得战场主动。1924年7月,杨森攻占熊总司令部所在地潼川城,熊克武势力被逐出川。1925年2月7日,段祺瑞任命刘湘为川康边务督办,节制川军,杨森为督办四川军务善后事宜,赖心辉取代邓锡侯任省长,刘文辉取代田颂尧任帮办,刘成勋为西康屯垦使兼管民政,四川形成多头共治局面。

倒熊成功,作为四川两强的刘湘与杨森迅速成为对手。刘湘一方面对杨虚与委蛇,使杨毫无防范;另方面暗中多方奔走,联络反杨,与刘文辉、刘成勋、赖心辉形成反杨的"三刘一赖"联盟。4月,杨森发动对赖心辉、刘成勋的战争,意在武力统一四川。刘湘策动杨森部师长王缵绪倒杨,争取袁祖铭、邓锡侯组织川黔联军抗杨。10月,杨森兵败出川,刘湘获得大批武装和地盘。1926年1月,袁祖铭黔军占领重庆,向下川东推进。刘湘权衡利弊,又转而与杨森合作,共同对付滞川的黔军。3月30日,川黔军之战爆发,刘湘、杨森联手应战,迫使袁祖铭败退湖南,刘湘占据重庆,杨森取得江北及下川东的二十四县。

北伐战争打响后,刘湘见北伐军进展迅猛,发表通电讨伐吴佩孚,拥护国民政府。10月,蒋介石委任刘湘为国民革命军第二十一军军长。刘湘派人到南昌谒见蒋介石,表示拥戴。11月蒋委任刘湘、赖心辉、刘文辉为川康绥抚委员,指定刘湘为主席。1927年2月,刘湘被委任为国民政府军事委员会委员。迁都之争中,刘湘坚决支持蒋介石,参与蒋的反共行动。1927年3月底,国民党左派省党部准备在重庆发动群众举行反帝大会以及示威游行。29日,刘湘召集其主要将领和亲信密商、策划镇压行动。31日,大会刚一开始,便遭到刘湘指派的王陵基、兰文彬的镇压,造成"三三一"惨案,大会主席漆南薰遭杀害。随后,中共重庆地委书记、国民党省党部领导人杨闇公等人也被捕遇害。

1927年5月初,蒋介石南京政府委任刘湘为国民革命军第五路总指挥兼第一军军长,杨森为第五路前敌总指挥,进攻武汉。杨森率部与唐生智部在仙桃激战,遭遇大败,直辖第九师几乎全军覆灭。杨森仓皇返川,准备退回万县,此时刘湘却乘杨森溃败之机,派兵进驻万县,欲将杨拒于夔门之外。正当杨森走投无路、进退为难的时候,邓锡侯、刘文辉等部乘虚进袭重庆,刘湘见势不利,即让回万县给杨森,回师击退邓锡侯等部的进袭。11月,直系军阀首领吴佩孚被北伐军击败后,辗转入川,投靠杨森。杨森对吴佩孚倍加关照。此举遭到四川各界人士激烈反对和指责。蒋介石明令免除杨森本兼各职,由师长郭汝栋代其第二十军军长之职。但杨森不肯交权,与部将的矛盾激化。

1928年1月,刘湘策动赖心辉、郭汝栋、范绍曾、吴行光"四部倒杨"。4月底,蒋介石电示:川事全托刘湘,对杨森无主张,听凭刘处置。5月,刘湘支持倒杨军与杨森在开江任市铺附近决战,遭遇败绩。刘湘因未公开露面,不但未遭损失,反而借机接收战败的范绍曾师全部武装和江北一线防地。

随着自身势力不断壮大,刘湘开始谋划取得对四川的控制权。1928年9月23日,刘湘与保定系刘文辉、邓锡侯、田颂尧三军长在资中县举行会议,就统一意志、裁编军队及组织省政府三大问题达成协议,由刘湘出任川康裁编军队委员会委员长,刘文辉为四川省政府主席,邓锡侯、田颂尧等人为委员。这次会议将川军其他各部屏之于外,激起各军怨恨。10月10日,杨森、刘存厚、赖心辉、郭汝栋、黄隐、李家钰、陈书农、罗泽洲八部联合成立"国民革命军同盟各军军事委员会",简称"八部同盟",推杨森为主席,李家钰、陈书农为副主席。八部同盟决定联合向重庆刘湘进攻,发动下川东之战。刘湘处境不利,决定以政治、经济手段分化瓦解同盟军,以共同分割四川为诱饵,引诱刘文辉合作。军事上集中优势兵力,首先击败孤军突进的罗泽洲部,接着大败杨森,连克梁山、忠州、万县等二十三县,尽收杨森下川东防区,收编杨森近三万人以及郭汝栋部,势力大振。

"八部同盟"溃散后,刘湘、刘文辉成为四川最大的两支军阀武装。

到1932年，刘湘据重庆及下川东二十八个县，控制夔门天险，扼长江咽喉，拥兵十万以上，加上结盟各军，总兵力达二十余万，政治上得到蒋介石支持。刘文辉防区遍及川康八十一县，多为富庶之区，拥兵十二万左右。四川呈现二刘对峙的局面。1931年夏，二刘谈判合作，但无结果，双方加紧备战，争取同盟。

1932年10月，刘湘发动对刘文辉的战争，被推举为川康绥靖总司令兼第四路总指挥，大部分川军将领都站在刘湘一边，通电讨伐刘文辉。10月1日，驻武胜的新编第二十三师师长罗泽洲，向南充刘文辉部防地进攻，川北之战爆发。10月上中旬，在刘湘策划参与下，李家钰、杨森、田颂尧、刘存厚部各派兵一部投入川北战场，同刘文辉第二十四军作战。第二十四军分兵应战，陷于被动。从10月下旬至11月初，刘湘军克江津、潼南、永川、荣昌、岩江、隆昌等地，刘文辉被迫收缩防线，全力扼守沱江，在资中、内江、富顺、泸州一线实施防御。11月上旬，刘湘第二十一军和李、罗、杨三部在空军配合下，向内江、资中进攻，在泸县激烈争夺，激战半月，双方屡进屡退，伤亡均重。11月18日，联军突破沱江防线。22日，刘湘进占泸县。12月上旬，双方投入十余万大军，在荣县、威远地区决战，战斗历时十一天，刘湘军全线失利。此时，邓锡侯、田颂尧出兵进攻刘文辉第二十四军川西地区。刘文辉腹背受敌，不得不停止进攻。12月21日，双方签订停战协定。刘湘控制川北、上川东、下川南等地区的三十多个县，收编了三个旅。

刘文辉失败后，将原因归咎于邓锡侯的背信弃义，集中十一万兵力的大部攻打邓锡侯部。1933年5月，刘文辉与邓锡侯在毗河决战。邓锡侯调集所部近三十个团，约四万人在毗河北岸固守。刘文辉部攻击逾月，伤亡数千人，无进展。刘湘乘机联合杨森、田颂尧、刘存厚、李家钰、罗泽洲等川军将领，于7月发动安川战役，向驻守川南、川西的刘文辉部进攻。刘文辉溃败，带残部退往雅安。9月中旬，二刘联合通电停战，二刘大战以刘湘完全胜利宣告结束。

二刘之战结束后，刘湘开始集中全力对付川北的红四方面军。10

月,刘湘将川军主力编为六路,围攻川北的红四方面军,被红军击败,损失惨重。1934年10月,蒋介石任命刘湘为四川"剿匪"总司令。1935年1月,中央红军进入贵州,刘湘实行北守南拒的策略,北堵红四方面军南下、南守川黔边境,阻止中央红军入川与红四方面军会师,以达到送走红军、避免消耗自身实力以及确保四川地盘的目的。

1934年12月,南京政府决议改组四川省政府,确定刘湘为四川省政府主席,刘湘将省政府移往重庆,着手统一四川。1935年2月,刘湘通电就任省政府主席,要求各地方势力将防区内政权交给省政府,川军将领为形势所逼,纷纷交出防区,拥护统一,军队各自为政导致政局混乱的四川防区制被取消,四川省政基本实现统一。为加强省政府集权,刘湘严拒蒋系人员、川军系人员进入省政府,努力培植基层政权骨干,取缔哥老会,推行保甲制,实行联保连坐,加强对地方的控制。

刘湘控制四川,正值蒋介石乘追剿红军之机,将势力向西南地区扩展之时。围绕着对四川的控制权,刘、蒋之间发生冲突。蒋极力要插手四川,派康泽的别动队入川,南京人员深入到川军军、师一级任政训工作人员,地方专区、县也分派人从事政训工作。1935年8月开办峨眉军官训练团,蒋介石亲任团长,陈诚为教育长,刘湘为副团长,轮训川、滇、黔诸省军官上校以上、文职干部县长以上人员。为对抗南京中央的渗透,刘湘扩大军中原有的"武德学友会",并成立秘密组织"武德励进会",作为团结、考核、控制军队的工具。同时广泛联络各地反蒋势力,与各地方实力派建立联系。甚至想利用中共和红军对付蒋。中共党员黄子谷、张曙时在成都办报,刘湘每月给予400元经费补助。刘湘派代表赴延安会见中共领导人毛泽东,商议合作事宜。派代表赴广西与中共代表、桂系签订《川、桂、红协定》,约定反蒋抗日联共。又派绥署顾问王干青赴延安,商谈联合抗日事宜。1936年8月24日,"大川饭店事件"发生,成都人民打死打伤到成都考察设立领事馆的日本人,事后蒋介石指责刘湘防范不力,刘湘则反诘是中央人员领导。蒋、刘矛盾激化。

1936 年 12 月 12 日西安事变爆发,正在大邑养病的刘湘紧急赶回成都,商议应变之策。四川毗邻陕西,地位重要,西安和南京方面对刘都极力拉拢。12 月 17 日,南京方面任命其为川康绥靖主任。作为对南京方面的回应,19 日,刘湘通电主张避免军事接触,速求政治解决,并希望恢复蒋介石的自由。私下刘湘则与西安方面电报往还,表达支持和同情张、杨的立场。

1937 年春,蒋介石提出"川康整军"方案,6 月任命何应钦为川康军事整理委员会主任委员,顾祝同、刘湘为副主任,刘湘直辖的九十六个团被缩编为六十个团和二十四个保安团。"七七"事变爆发后,刘湘电请抗战,被任命为第二路预备军司令长官。他将川军编成两个纵队,出川抗日。10 月 15 日,南京政府改任刘湘为第七战区司令长官,兼第二十三集团军总司令,两支川军被划拨到第一战区和第二战区,分别在河南、山西作战,在河南作战的川军参加了保卫南京的外围战。刘湘认为川军应统一作战。11 月 12 日,刘湘抱病抵达南京,向蒋陈述自己的主张,未获同意。因病情恶化,11 月 28 日刘湘被送往汉口就医。

1938 年 1 月 20 日,刘湘病逝。国民政府为刘湘举行国葬。蒋介石挽曰:"板荡认坚贞,心力竭时期尽瘁;鼓鼙思将帅,封疆危日见才难。"

主要参考资料

匡珊吉、杨光彦:《四川军阀史》,四川人民出版社 1991 年版。

乔诚、杨续云:《刘湘》,华夏出版社 1987 年版。

周开庆:《刘湘先生年谱》,台北四川文献研究社 1975 年编印。

沈默士:《刘湘统一四川内幕》,香港东南亚研究所 1968 年编印。

蒋中正总统文物档案、刘湘个人档,台北"国史馆"藏。

刘　湛　恩

陈　敏

　　刘湛恩,1895 年(清光绪二十一年)出生于湖北阳新县山区的一户贫苦农家。六岁时,其父贫病交迫去世。族人逼嫁遗孀,其母被迫带领他和尚在襁褓的妹妹,弃家步行百里,逃到举目无亲的汉阳,进汉阳医院当佣工。刘湛恩挎篮沿街叫卖烧饼油条,贴补家用。由于他母亲心灵手巧,在医院勤劳苦干,努力学习文化和护理技术,逐步从杂役升为护士而护士长,刘湛恩得以有上学的机会。

　　刘湛恩十二岁时从汉阳小学跳级到九江同文书院学习。五年后毕业,被保送进苏州东吴大学。1915 年,刘以优异成绩毕业于东吴大学医预科,并获得奖学金,赴美国留学。他于横渡重洋之际,心潮澎湃,反复思索国家民族的富强之道,并与关心国事的同伴讨论。他受"教育救国"思想影响,认为救国首先要发展国民教育,提高中华民族的科学文化水平。抵美后,他放弃学医,改入芝加哥大学教育系。1918 年毕业后,又进哥伦比亚大学教育学院研究院继续深造①。

　　刘湛恩在美留学期间,经常打零工,以维持日常开支。由于他自幼惯于艰苦劳动,不论打字或当家庭教师、佣工、饭店侍役,乃至农场季节工、洗衣擦鞋、修枝刈草,均不以为苦。他借在唐人街做工的机会,深入华侨社会,结交华侨朋友。他还积极参加留美学生运动,团结中国留学生进行爱国活动。第一次世界大战结束后,各国在巴黎和会上进行交

---

　　①　《时人汇志·刘湛恩》,《国闻周报》第 10 卷第 20 期。

易,竟将德国非法强占我国胶东半岛的权益转归日本。巴黎和会将结束时,美国总统威尔逊在华盛顿对公众发表演说,宣扬会议的成就和美国的"公正无私"立场。刘湛恩在人群中振臂用英语厉声责问:"我们的山东省怎样啦?""我们决不同意!"他严正激烈的爱国行为,遭到美方特工人员的嫉恨,以致被捕。后经中国留学生及侨胞联名抗议,始获释放。

1922年,刘湛恩获哥伦比亚大学哲学博士学位后回国,任南京东南大学教授。次年到上海,任中华基督教青年会全国协会教育部总干事,同时还在几个大学兼课。他鼓吹"教育救国"、"公民教育",宣传杜威的教育思想①,提倡举办职业学校和文化补习学校,并任上海职业指导所主任。

1925年5月,上海发生了震惊中外的"五卅"惨案。在美国基督教会办的圣约翰大学内,中国师生集会升半旗以示哀悼,美籍校长卜舫济(Francis Lister Hawks Pott)竟当众撕毁中国国旗,全校爱国师生愤而退出该校,自行组织光华大学。刘湛恩虽身为基督教青年会领导成员,却毅然不顾教会的反对和阻挠,积极协助建校,并担任光华大学校董兼教授。

全国人民爱国运动不可遏止,迫使各教会学校不得不改革体制,调换外籍校长。1928年,三十二岁的刘湛恩接受上海沪江大学校董会聘请,接替美籍校长魏馥兰(F. J. White),担任该校第一任中国籍校长。刘就任后,立即对这所美国基督教浸礼会创办的宗教气息浓郁的大学,进行了一系列的整顿和改革。他竭力削弱宗教对学校的影响,强调教学工作的独立性,避免教会对教学的干预,改革陈旧的规章制度。他减少宗教课程,并改为选修课,且不计学分。每星期日的礼拜活动,亦改

---

① 杜威,美国唯心主义哲学家、实用主义教育学家。他的教育理论是"教育即生活"、"学校即社会",教学方法的原理是"从做中学",以儿童的活动为中心。1919—1921年间曾来中国,他的学说通过胡适等人的传播,在中国有一定影响。

为自愿参加。他聘请涂羽卿、余日宣、徐作和、蔡尚思等专家学者任教。还增设了许多新的专业课程，如商科的工商管理、国际贸易、银行、会计等专业；所设生物系，与协和医学院挂钩，协和承认沪江的学分，学生在沪江读几年后经考核及格，就可进协和医学院学习，实际上成为协和医学院的预科。刘湛恩多次出国考察、募款，在沪北扩建校舍，购置了第一流的实验仪器设备。当时沪江大学的经济大权仍掌握在代表教会利益的美国人手中，刘经常为学校购置设备等问题上与美籍财会人员力争。

刘湛恩认为学校不应专为中上层人士的子弟服务，也应面向贫寒子弟。他在沪江大学设置了多种奖学金、助学金的名额，并大力提倡半工半读，以帮助家境贫困但学习勤奋的学生修完学业。有的学生因参加爱国民主活动，校方企图以不让毕业来阻挠。刘湛恩与校方进行说理斗争，保证这些爱国学生得以毕业。个别学生寒假期间因路费困难无法回家，他让学生住在自己家中。他还非常关心这些学生毕业后的出路，为他们介绍工作。

刘湛恩特别重视课堂学习和实际工作的结合，注意加强商科各专业与上海工商企业金融机构的联系，并建立自幼稚园到高中一整套教学实验体系，于杨树浦附近工厂区和农村设立社会服务和调查中心，以便于学生接触实际和进行社会调查。他力排众议，在接近上海市区商业中心的圆明园路创办"城中区商学院"。不久，又将杨树浦校本部的商学院迁并于城中区①。商学院除大学本科四个系外，并为在职青年设置大学专修科、普通科和单科训练的特科；还为照顾在职青年学生和兼课教师时间上的冲突，充分利用夜间业余时间授课。这种打破传统高等教育模式的创举，实为以后我国夜大的发端。由于这些改革，沪江

---

① 刘王立明：《沪江大学始末简记》，中国人民政治协商会议全国委员会文史资料研究委员会编《文史资料选辑》第31辑，中华书局1962年版。

大学在当时私立大学中以学风纯朴闻名,较少教会气,更多中国化①。尤以商科和化学系,在教学水平上居上海各大学之首。

沪江大学城中区商学院的建立,受到在职青年的欢迎,入学人数迅速增加,第二学期即达五百多名,占沪江大学全校学生半数以上,超过了校本部。上海工商界徐寄庼、刘鸿生、吴蕴初、王志莘等著名人士也给予赞助和支持。他们捐资充作基金,提供师资、教材,鼓励自己企业中的青年职工报考,并设置奖学金。商学院培养了一批受过高等教育的工商企业管理和财会人才,也扩大了沪江大学的社会影响力。

"九一八"事变后,刘湛恩在校内外各种讲坛上大声疾呼救亡图存,并利用出国考察和参加国际会议等机会,在欧美各国和南洋各地揭露日本对我国的侵略行径,呼吁侨胞团结一致,支援国内的反侵略斗争。刘的演讲慷慨激昂,感人至深,在华侨中引起巨大反响。刘还邀请力主抗日的冯玉祥以及陶行知、李公朴等爱国人士到沪江大学演讲,并参与声援东北义勇军等活动。"八一三"淞沪抗战爆发后,沪江大学校本部并入城中区商学院,与东吴、圣约翰大学组成教会联合大学,继续开课。刘湛恩除主持联大校政外,还积极从事抗日活动,被全市人民推为上海各界救亡协会主席和上海各大学抗日联合会负责人。他广泛联系在沪的国际知名人士和外国记者、作家,发起组织"国际联欢社",积极开展国际宣传工作。他主持支援前线、救护伤病员以及困居于租界的难民救济工作。他还通过上海青年会发起组织"上海学生救济委员会",负责安顿平、津等地流亡来沪学生的食宿。

1937年11月,日本侵略军侵占上海,租界沦为"孤岛",汉奸、暴徒横行无忌,暗杀、绑架事件层出不穷。刘湛恩置一己安危于度外,日夜为抗日工作而奔忙。翌年春,日伪酝酿在南京组织傀儡政权,汉奸温宗尧在准备粉墨登场之时,妄图拉刘湛恩落水担任伪教育部长。刘严词拒绝,并晓以大义,劝温悬崖勒马。他还一再劝阻另几个态度暧昧的熟

---

①　徐铸成:《刘氏三杰》,香港《大公报》北美航空版1980年11月9日。

人,保重晚节,万勿事敌。刘的抗日爱国言行被日伪视为眼中钉,刘曾多次接到谩骂和威胁恫吓的电话和信件;住所周围经常有形迹可疑的人,并被投掷手榴弹。他还收到一筐注入毒药的水果。这时,不少友人劝他离沪暂避,但他表示留在上海的抗日协会负责人已所剩无几,沪江大学行政也必须有人主持,决不能临危退离。他曾对他夫人刘王立明说:"我生平教导学生应为祖国献身,自己就应当以身作则,做出榜样。你如能带领孩子离开这里,我就无后顾之忧了。"①

1938 年 4 月 7 日晨 8 时半,刘湛恩携子出门,在静安寺路大华路(今南京西路南汇路)口公共汽车站候车去圆明园路学校时,突遭日伪收买的暴徒狙击,当即牺牲。刘湛恩为国捐躯的噩耗传出,各界震惊。特别是在上海知识界和广大青年学生中,引起强烈反响。数千人不顾日伪威胁,毅然参加送葬,形成对日伪暴行的一次有力的抗议示威②。

---

① 刘光华:《前上海沪江大学校长刘湛恩抗日殉难》,香港《新晚报》1981 年 11 月 20 日。

② 《译报》1938 年 4 月 8 日;《我的母亲刘王立明》,《人物》杂志 1981 年第 6 期;《国民政府公报》海字第 42 号。

刘 镇 华

林炯如

刘镇华,字雪亚,河南巩县人,生于 1883 年(清光绪九年)。清末附生,后在直隶(今河北省)保定府法政专门学堂监狱科学习,毕业后,任河南省法政专门学堂的庶务长。辛亥革命时,他以河南省视学的身份奔走豫西一带,参加反清活动,结识了许多豫西地方帮会头目和所谓"游侠之士"。

武昌起义十二天后,陕西响应,成立了军政府。清政府派毅军赵倜部向潼关进攻。陕西军政府派秦陇复汉军东路征讨大都督张钫(伯英)与清军在陕豫边境交战,刘镇华率领豫西一带民间自发组织起来的武装,参加了张钫的秦陇复汉军。初任大都督府书记官,办理文案,后来升任参议,担任对外交涉事宜。

民国成立后,陕西军政府鉴于军队太多,系统复杂,地方财力不堪负担,同时认为清朝既已推翻,革命已经成功,用不着这么多的军队,因此决定裁兵减政。张钫部队需要裁减三四千人,他们多是豫西一带人,如果不给出路,势必影响到地方的治安。为了解决这个问题,陕西军政府就把裁减下来的这些人改编为豫西地方部队,分驻豫西二十二个县,这一地区靠近嵩山,所以命名为镇嵩军。刘镇华和这些部队有历史渊源,张钫向袁世凯保荐他为豫西观察使(后改道尹),兼镇嵩军的统领。部队编为三个标,一个炮兵营,全部共计三千余人。刘镇华竭力整饬和扩充部队,加强实力,不久就成了一个小的军事集团,称霸豫西。

刘镇华善于投机钻营,谁的力量大他就投靠谁。当时袁世凯权重势大,他就竭力巴结袁。"二次革命"时,黄兴派杨体锐前往豫陕联络民党,策划反袁。杨带了黄兴致刘镇华和张钫等人的信件,先见刘镇华,投交了信件,然后转往陕西。刘镇华竟派人赶到灵宝杀了杨体锐,把杨带给张钫等人的信件拿来向袁世凯告密,从而取得袁的信任。袁世凯败亡之后,他又投靠段祺瑞,依附皖系军阀。

1917年9月,孙中山在广州建立护法军政府,号召反对北洋军阀,陕西国民党人于右任受孙中山之命,建立了靖国军,与安福系的陕西督军兼省长陈树藩相对抗。1918年2月,靖国军围攻西安,陈树藩岌岌可危,急电刘镇华入陕相助。刘接到告急电后按兵不动,复电说豫西部队入陕是师出无名,暗示要有交换条件。陈知其意,表示可以把陕西省长位置让给他。刘镇华这才率部经潼关入陕,解西安之围。3月23日刘被任命为省长。不久段祺瑞政府又调动八省的军队到陕西,向靖国军发动攻击,使陕西长期陷入混战状态。刘镇华就在这连年混战中,极尽纵横捭阖之能事,扩大个人势力。

1920年7月直皖战争爆发,直系军阀曹锟、吴佩孚打败了皖系段祺瑞。曹、吴为了扩大直系势力,派遣第二十师师长阎相文为陕西督军,率部入陕,驱逐皖系残余势力陈树藩。刘镇华感到他的省长地位很不牢靠,一面对陈树藩虚与委蛇,表示支持;另一面又派人与阎相文接洽,表示愿意协助直军解决陈树藩的残余势力,为阎进陕扫清道路。在刘镇华的协助下,直军迅速占领了西安,陈树藩被赶下了台。刘镇华不但保住了省长地位,而且乘机扩大了自己的军队。

阎相文当陕西督军不久即服毒自杀,第十一师师长冯玉祥继任督军。刘镇华为了取得冯的信任,在冯面前尽力逢迎阿谀。如冯标榜艰苦朴素,刘也穿起布衣布鞋,一早就起来跟着部队上操。冯信仰基督教,刘就经常出入礼拜堂,甚至邀请一些著名的基督教人士到他的部队讲话,因而逐渐获得冯的好感和信任,两个人成为互换兰谱的结拜兄弟。1922年4月第一次直奉战争爆发。冯玉祥奉曹锟、吴佩孚之命,率军赴豫与赵倜作战,把督军的职务交给刘镇华。从此刘镇华成为陕西督军兼省长,集军权、政权于一身。

刘镇华掌握陕西省军政大权后,搜刮民脂民膏,进一步扩充自己的势力。除了把镇嵩军扩编为三个师外,又把其他杂牌队伍和靖国军残部编为六路镇嵩军及陕西部队。1924年9月第二次直奉战争发生,刘镇华认为又是一个发展机会,即派第二师张治公部出陕对奉军作战,同时派憨玉琨为剿匪总司令驻潼关。憨玉琨就以潼关为中心,把势力伸展到河南陕州,待机而动。不料直奉战争一开始,冯玉祥倒戈,发动北京政变,直系失败。冯玉祥、胡景翼、孙岳组成国民军一、二、三军,拥皖系头子段祺瑞为执政。段任执政后即任命胡景翼为河南军务督办,率领国民第二军进攻河南。吴佩孚战败,由海道绕回洛阳,企图凭借控制在直系军阀手中的豫、鄂、苏、陕四省力量东山再起。刘镇华鉴于上述情况,指示憨玉琨"冯、胡要讨,段可捧,吴不能背"。憨玉琨颇感为难,认为"捧段就是背吴,讨冯、胡就不能捧段"。憨与幕僚一起分析了双方军事力量,认为吴佩孚大势已去,决不能为吴出力。于是自称"国民豫军总司令",佯令军队开赴郑州,突在洛阳下车,逼走吴佩孚,占据洛阳。刘镇华也通电拥护段祺瑞,表示与国民军合作。憨玉琨占领洛阳后,因争夺河南地盘,与胡景翼发生尖锐矛盾,1925年4月初爆发了胡、憨战争。打了半个月,憨玉琨所收的杂牌军发生内变,形势极为不利。刘镇华为支援憨玉琨,就把陕西督军职务交给陕西军务帮办吴新田,以出巡为名,亲到洛阳督战。经过几次激烈战斗,战事很快以刘、憨失败而结束。憨玉琨服毒自杀,刘镇华只身逃到山西运城,投靠阎锡山,充当阎锡山反对国民军的工具。

1925年秋,张作霖和吴佩孚联合起来企图消灭北方国民军,刘镇华通过阎锡山向张作霖、吴佩孚疏通,又回到了直系。吴佩孚给他以讨贼联军陕甘总司令的名义,让他去新安重整旗鼓。刘镇华招集散在各地的镇嵩军旧部、土匪、红枪会、大刀会,很快编成一支号称十万人的大军,以阎锡山供给的枪支和弹药把这些乌合之众装备起来。此时,岳维峻率领的国民二军在河南受到直奉联军的攻击,退往陕西。经过豫西

的时候,被刘镇华打得大败,岳维峻只身逃往山西。与此同时,出关支
援岳维峻的陕西军务督办李云龙和国民二军驻在洛阳的师长田玉洁也
被刘镇华打垮。在此形势下,刘镇华派柴云升为前敌总指挥,乘胜西入
潼关,演出了围攻西安达八个月之久的惨剧。

1926年4月初,刘镇华部兵临西安城下。守城部队是陕西军务督
办李云龙所属第十师的一部分和陕西陆军第四师卫定一部的两个团,
兵力不到五千人。4月16日,国民军第三师杨虎城部进城,城内部队
合计也不足一万人,而刘镇华包围西安的兵力约七万人,双方力量悬
殊。5月中旬以后,西安与外县一切联系均被切断,成为孤城。

从苏联考察回来的冯玉祥于1926年9月17日在绥远五原县誓
师,组成国民军联军,即日率师援陕,策应当时正在两湖和江西等省胜
利发展的北伐战争。冯派遣孙良诚为援陕总指挥,率孙连仲、吉鸿昌、
马鸿逵等部经平凉东下。10月初,前锋到达陕西兴平。于右任也于10
月12日随军到三原,组国民军第一、二、三联军总司令部。10月15
日,孙良诚的先头部队和于右任领导下的陕西军开始向刘镇华占领的
咸阳地区发动总攻。经过四十余日的激烈战斗,到11月27日晚,刘镇
华的大本营十里铺受到援陕军的抄袭和城内守军的袭击,被迫撤围,沿
着西安至潼关大道向东溃退。途中又受到民间武装的袭击。刘镇华一
气退到河南的陕州,才着手收容残部,分别驻在陕州、灵宝一带,从事
休整。

1927年2月,冯玉祥到达西安,成立了国民军联军总司令部,整顿
部队,准备东出潼关,与北伐军会师中原。此时,刘镇华眼看吴佩孚被
北伐军打得一蹶不振,奉军已到郑州,于是又脱离直系,改投奉军。及
至奉军也节节败退,刘镇华又决定脱离奉系,通过张钫的关系投向冯玉
祥。1927年夏,刘到开封见冯,又施展其逢迎拍马的本领,对冯部将领
大肆拉拢。

刘镇华投归冯玉祥后,冯把刘部编为第八方面军,归东路军总司令
鹿钟麟指挥,驻开封以东的柳河。蒋、冯、阎联合进攻张作霖的所谓北

伐胜利后,刘部改驻杨村。当时蒋介石采取联阎制冯的策略,把河北省和平、津两市划给阎锡山。刘的驻地成为阎的势力范围。为了削弱冯的力量,蒋又把第八方面军改为第十一路军,序属蒋介石的所谓"中央",实际上归阎锡山指挥。不久阎、冯酝酿联合反蒋,刘镇华采取观望态度。1930年蒋、冯、阎中原大战爆发,刘镇华有意避开,出国游历,先到日本,后到德国。当时刘部尚有两个师,师长是万选才和刘茂恩(刘镇华的胞弟)。刘镇华临走时,把十一路军总指挥的职务让给刘茂恩,万选才对此甚为愤慨。蒋介石乘势拉拢万选才,任他为河南省主席,以加深刘、万之间的矛盾,并扩大刘茂恩对阎、冯的距离。当豫东战事激烈展开时,刘茂恩诱捕万选才,把他献给蒋介石,作为投靠蒋介石的见面礼。刘茂恩这一举动,使阎、冯在军事上受到重大的打击。

刘镇华在柏林得知刘茂恩投靠蒋介石的消息后马上回国。抵达上海时,受到国民党上海市长张群的隆重招待。刘到南京后,蒋介石即发表他为豫陕晋边区绥靖督办、驻新乡,军队分布在怀庆、卫辉各县,以防备阎锡山南进。

1932年,蒋介石对豫鄂皖苏区发动第四次"围剿"。刘镇华被调任为豫鄂陕边区绥靖督办,移驻南阳。1933年5月,刘镇华通过政学系杨永泰的关系,当了国民党安徽省政府主席。不久蒋又任命他为豫鄂皖边区"剿匪"总司令,到河南潢川就职,充当蒋介石反共的工具。

1934年秋,方志敏率领的红军抗日先遣队由赣东北苏区北上,进入浙西、皖南,震动了国民党统治中心——南京、杭州一带。蒋介石赶忙纠集了在赣、浙、皖、闽边区的军队进行阻击,刘镇华也率其主力部队第十五军和安徽的保安团队进驻皖南屯溪。他深怕红军入皖,大肆构筑碉堡,加强封锁,严密保甲组织,进行政治控制,竭力与红军为敌。方志敏被俘后,刘镇华的军队由刘茂恩率领沿江入川,追击红军。

1936年10月,刘镇华神经失常。1937年5月,国民党安徽省政府改组,刘尚清接任省主席,刘镇华从此退出了政治舞台。1949年中华人民共和国成立前夕,刘镇华与家人一起前往台湾,1952年3月死于台湾。

主要参考资料

米暂沉:《刘镇华的一生》,中国人民政治协商会议全国委员会文史资料研究委员会编《文史资料选辑》第 2 辑,中华书局 1960 年版,第 78 页。

马浚甫:《我所知道的刘镇华》,中国人民政治协商会议江苏省暨南京市委员会文史资料研究委员会编《江苏文史资料选辑》第 2 辑,1981 年重印本。

文直公:《最近卅年中国军事史》,太平洋书店 1930 年版。

贾逸君:《中华民国政治史》,北平文化学社 1929 年版。

陶菊隐:《北洋军阀统治时期史话》,三联书店 1978 年版。

刘 震 寰

韦瑞霖

刘震寰,原名瑞延,字显臣,广西柳州人,生于 1890 年(清光绪十六年)。其父是柳州郊区基隆村世绅,在柳州谷埠街又置有大量房产。刘震寰是独生子,父早故,受母钟爱,童年延师来家课读近十年。

1906 年刘震寰考入马邑两等小学堂高级班,1909 年毕业后去桂林考入广西优级师范学堂。他年幼时喜听太平天国故事,爱读侠义小说和《水浒传》,因其家财富庶,平日慷慨好客,交友甚广,常以及时雨宋江自诩。他的堂叔刘古香是晚清举人,毕业于广东将弁学堂,加入同盟会后于 1907 年回柳州,以办学为名进行革命活动,翌年在柳城太平圩武装起义失败,潜往广州进行革命活动。刘震寰仰慕刘古香,1911 年初去广州,经刘古香介绍加入同盟会。旋奉命回柳州组织革命武装,变卖田产作为革命活动经费,秘密策动绿林中沈鸿英、陶四、曾超庭、蓝八等武装共二百余人参加革命。

10 月 10 日,武昌起义消息传来,群情振奋,同盟会柳州支部长王冠三和刘震寰等人即调沈鸿英等人进攻柳州。在柳州的柳庆镇分统、帮统、管带等人,经过同盟会员的策动,愿意反正。11 月 9 日,王冠三、刘震寰等人率领革命武装冲入柳州各军政机关,柳庆镇总兵、柳江道台、柳州知府、马平知县等官员不敢抵抗,柳州便宣告独立,刘震寰被众人推为民军支队司令。刘和王冠三等人电请在广东都督府任秘书长的刘古香回柳州主持军政事宜。1912 年元旦刘古香回到柳州,任右江军政分府总长兼统领,任刘震寰为帮统,负责编练民军。刘将民军整编为八个队,推荐沈鸿英、曾超廷为督带,李天民、蓝八、陶二为管带,韩彩风等人为教官,严兆丰为总教练。

1912年2月,陆荣廷任广西都督,3月1日下令取消军政分府,刘古香只任广西陆军第五统领,专管军事,驻扎柳州,刘震寰任第五统领部帮统。他和刘古香认为陆荣廷、陈炳焜、谭浩明是绿林或行伍出身,又曾是废清官员,因此瞧不起他们,对陆荣廷发来的命令,多拒不执行,积之既久,矛盾日深。1913年孙中山领导"二次革命"时,广东都督陈炯明8月来电,约刘古香在柳州起义讨袁。刘古香召集哨官以上军官开会,刘震寰和参谋周毅夫等人主张立即起义,但府长王狮灵反对。刘古香见南京、江西、广东、安徽等省起义先后失利,久久迟疑不决。刘震寰年少气盛,于9月11日晚暗中指使刘古香之卫队长刘麻六实行兵谏,迫刘古香下令讨袁。刘古香不明究竟,越墙逃逸,刘震寰于翌日召集各级军官宣布讨袁,自称讨袁军总司令。其时驻桂林之师长陈炳焜早已布置大军在洛容,14日到达柳州南岸占领马鞍山等高地,炮击柳州。此时刘震寰的心腹沈鸿英突然叛变,引诱管带蓝八、陶二、曾超廷拥袁反刘,又软禁刘古香。15日,刘震寰见大势已去,仓促率领亲兵数十人逃去香港,柳州的"二次革命"完全失败。刘逃到香港后,奉孙中山之命去南洋活动,旋回上海继续反袁。

1916年3月15日,陆荣廷、陈炳焜等人在全国反袁护国声中亦通电讨袁,并出兵湖南和广东。留守南宁的陈炳焜,以同乡之谊函邀刘震寰捐弃旧嫌回广西共事,刘乃回到广西,受命招抚绿林和民军得三百多人,被委为游击副司令兼营长。1918年2月,刘震寰奉命率部去广东南路参加讨伐龙济光部,扩充武装至五百多人。嗣后刘回师驻平乐,诱杀作恶多端之李蚂蚁匪帮,甚得平乐人士好感。

1921年初,被孙中山部队逐回广西的陆荣廷不甘心失败,命陈炳焜等部驻梧州,企图再扰广东。陈炳焜派刘震寰率部驻梧州左侧背木双。刘原是同盟会员,对陆荣廷、陈炳焜有宿怨,乃暗中与粤军通款,引粤军至木双击梧州侧背。陈炳焜部措手不及,部队沿漓江、浔江逃去。

刘震寰引粤军占领梧州后，通电斥责陆荣廷统治广西的种种暴行。粤军总司令陈炯明以刘反正有功，委刘为广西陆军第一师师长，命他率部沿漓江追击陈炳焜。刘震寰在平乐、桂林、柳州等处收编陈炳焜残部，拥有武装九千余人，扩编两个旅四个团三个游击队。这时广西局势很乱，陆荣廷残部林俊廷、刘日福、蒙仁潜、陆福祥、陆云高、韩彩凤、李白云等人各有武装一二千至五六千，自称自治军司令，分别盘踞桂西南山区，与粤军战斗不息。同时，土匪蜂起，打架劫舍，鸡犬不宁。而陈炯明统率之粤军到达桂南、桂西地区，又军纪很坏，掳掠民财，奸淫妇女，焚烧房屋。凡受粤军祸害者都迁怒刘震寰，斥责他不该引粤军入桂。陆荣廷残部则乘机咒骂刘震寰是"反骨仔"、"吴三桂第二"。

是年9月，陈炯明委刘震寰为广西清乡督办。刘率部追击陆荣廷残部，在隆山、都安、河池等地激战后占驻河池。不久孙中山到达桂林设大本营筹谋北伐，但唐继尧以重金收买准备北伐的驻桂滇军，返回云南为他夺取政权。孙中山电令刘震寰在河池阻止滇军回滇，但刘违背孙中山命令放纵滇军回滇，还赠银洋三十万元给唐继尧。

孙中山迫于形势，率师回粤，指挥北伐军向韶关前进。陈炯明调在桂西南之粤军回粤，电令刘震寰率部开驻南宁。1922年5月，刘率部到南宁，但难以抵御陆荣廷旧部陆福祥、蒙仁潜、陆云高等"自治军"之进攻，率部经钦州、合浦、化县、信宜至藤县驻扎。

6月，陈炯明在广州公开叛变，孙中山派员策动驻粤桂边境之桂军刘震寰、沈鸿英和滇军杨希闵等部入粤讨伐陈炯明，12月分别委任沈鸿英为中央直辖桂军第一路总司令，刘震寰为中央直辖桂军第二路总司令，杨希闵为中央直辖滇军总司令。1923年1月上旬，讨贼军大举东下，势如破竹，陈炯明叛军纷纷败退，逃往惠州。于1月16日，三支讨贼军进占广州，刘震寰部占领广九车站、大沙头、东堤一带。他在所占地域把持税收，开烟开赌，并大肆扩充队伍，从东下时的七千余人骤增至一万五千人，先后扩编为四个师和一个警卫团。

由于沈鸿英部在广州军纪太坏，与魏邦平的卫戍司令部官兵常有冲突,刘震寰、杨希闵徇魏邦平之请求,联名邀请驻广州各军师将领,于1月26日晚上在滇军杨如轩师驻地江防司令部开会,讨论维护军纪等问题。沈鸿英、杨希闵未到会,会议由刘震寰主持。魏邦平提议各军在防地禁赌,并将所占学校、商店腾出,以便开学和商人开铺经营。沈部军长刘达庆当场辱骂魏邦平,并拔枪射击,会场秩序大乱。刘震寰急与胡汉民、邹鲁逃往沙面日本领事署,将所部从广州撤出,开往石龙、东莞、虎门一带布防。杨希闵亦公开表示不与沈鸿英合作。沈鸿英在舆论压力下,不得不表示:"援粤任务告终,应请孙(中山)、岑(春煊)二公迅速回粤主持。"并派员去上海迎孙中山来粤,将所部开往北江驻扎。2月21日,孙中山到达广州,设立大元帅府。但是,沈鸿英暗中与北京政府勾结,于3月21日受北京政府任命督理广东军务。4月16日,沈鸿英在新街通电就职,并派师长李易标率部袭击广州。18日,刘震寰奉命率部赶到广州,协同滇军、粤军猛攻沈军李易标部,继又率部北进,次第攻克源潭、琶江、韶关,解除沈军对广州的威胁。

这时,盘踞在东江的陈炯明叛军图谋袭击广州,5月9日进犯石龙、东莞,广州告急。刘震寰被孙中山任命为西路讨贼军总司令,率所部及中央直属第七军陈天泰、龙小凤两个旅及滇军范石生部讨伐,在石龙击退叛军,使之退入惠州城死守。6月初刘在飞鹅岭督战时枪伤左足。这时孙中山正酝酿改组国民党,实行"联俄、联共、扶助农工"三大政策,刘震寰对革命政策不满,故作战不力,围攻惠州五个月不下。9月,刘在前线患肠热症,乃回广州就医。

刘震寰所部军纪废弛,大开烟赌,祸害市民。刘又无止境地向大元帅府索饷索械,却不听孙中山命令。孙中山十分愤怒,12月曾召刘当面申斥,但刘始终不改。

1924年7月,广西李宗仁、黄绍竑在孙中山大元帅府支持下,率"定桂讨贼联军"先后肃清陆荣廷残部,占领南宁及桂南地区。12月,孙中山大元帅特任李宗仁为广西全省绥靖督办,黄绍竑为会办。1925年初,联军又消灭沈鸿英部,占领桂北地区。李宗仁、黄绍竑统治了广西全省。刘震寰早已垂涎广西军务督办和省长职位,于1925年2月秘密赴昆明面请唐继尧派兵入犯广西,商定先夺取广西,再联合进攻广东,推翻大元帅府,以组织以唐继尧为首的南方政府。唐继尧立即派五万大军侵犯广西,于2月25日进占南宁。但是刘震寰与唐继尧的阴谋已被大元帅府查悉,驻西江之粤军第一师师长李济深奉大元帅府命,坚决阻止刘震寰部通过西江回桂。5月12日,唐继尧在昆明以副元帅名义委任刘震寰为广西全省军务督办兼省长,刘即准备率部从北江入桂,又被驻北江之滇军军长朱培德奉大元帅府命加以阻止。这时刘震寰得悉侵入广西的滇军已被李宗仁、黄绍竑击溃,被迫放弃回桂夺权的计划。

刘震寰嗣后又在广州与杨希闵联盟,四处勾结在香港的英国当局、北洋军阀段祺瑞、云南军阀唐继尧、东江叛军陈炯明、广东南路军阀邓本殷,阴谋推翻广东革命政府。孙中山不幸于3月12日在北京逝世后,刘震寰与杨希闵在广州更加跋扈。5月中旬,刘震寰与杨希闵在香港召开会议,唐继尧、段祺瑞、陈炯明、邓本殷、陈廉伯和香港英当局均派有代表参加,共同商讨叛乱计划。会后,刘、杨密令东征围攻惠州的部队撤回广州,于5月20日向驻在广州的李福林、吴铁城等部进攻,夺取狗头山、观音山等阵地。5月22日,刘、杨由香港到达广州,进一步部署进攻。6月5日,大元帅府宣布刘震寰、杨希闵叛乱罪行,下令免除二人职务,听候查办。刘震寰、杨希闵于6月9、10两日发动所部向广州大元帅府及所属军队进攻。11日,大元帅府命令粤军许崇智部和黄埔军校学生军向刘、杨叛军反攻,又发动广九、广三、粤汉等铁路工人拒绝为刘、杨叛军运兵运械,广东电力厂工人停止向刘、杨叛军地区发电。广州人民群众亦支援政府对刘、杨叛军坚决反击。刘、杨叛军纷纷弃械逃跑或缴械投降,仅一天时间便全部崩溃。刘震寰于12日挟带巨款乘小电轮逃到沙面,转乘外国轮船逃往香港。

刘震寰在香港吸鸦片、嗜嫖赌,挥霍数年,所携款项即全部花光。因与龙云有旧交,于1932年去云南,被聘为省政府顾问。他仍不改挥霍旧习,常向朋友请求接济。

1937年抗日战争爆发后,刘震寰经龙云推荐,得挂名为国防委员会委员。其后,昆明成立中苏友协分会,龙云以刘震寰为会长。中共地下党员和民主进步人士在中苏友协广泛开展活动,设立图书馆陈列马列主义书籍和进步书刊,经常举行演讲会、座谈会及各种活动。刘震寰与中共地下党员和民主进步人士罗隆基、李公朴、潘光旦等人有较多接触,在他们帮助下,刘曾在《云南日报》发表文章,主张团结抗日,主张民主,主张联苏。中共地下党员通过刘去做龙云的思想工作。皖南事变发生后,中共地下党员将蒋介石迫害共产党的真相告知刘震寰,刘转告了龙云。抗日战争后期,蒋介石派戴笠、康泽来昆明压迫龙云反共,地下党员通过刘震寰去向龙云说云南没有共产党。龙云听刘震寰的话,把戴笠、康泽顶了回去。刘震寰主持中苏友协,开展一些进步活动,提高了他在昆明的政治地位。

抗战胜利后,蒋介石于1945年10月派杜聿明在昆明武装包围云南省政府,宣布免除龙云的云南省主席及本兼各职,迫龙去重庆任军事参议院院长。在昆明一切依恃龙云的刘震寰,从此也站不住脚,便去香港居住。他在香港曾随顾孟馀、左舜生等人组织第三势力,写有《第三势力宗旨》小册子印发。但他在生活上仍难改旧习,1972年病故于香港。

主要参考资料

卜汉池:《桂军刘震寰的兴起及其覆亡》,中国人民政治协商会议广东省委员会文史资料研究委员会编《广东文史资料选集》第15辑,1964年版。

莫雄:《"白马会盟"前后回忆》,中国人民政治协商会议广东省委员会文史资料研究委员会编《广东文史资料选集》第1辑,1961年版。

刘　峙

颜　平

　　刘峙,字经符,别号天岳,1892 年 6 月 30 日(清光绪十八年六月初七)生,江西吉安人。父亲刘子善务农,在刘峙一岁时因农田用水与邻村恶霸发生争执被殴打致死。幼小的刘峙随母亲四处漂泊,寄人篱下,养成拘谨、畏缩及善于忍耐的性格。他七岁入塾,读书刻苦用功。十五岁到长沙,考入湖南陆军小学堂第三期。1911 年 8 月毕业后,升入武昌陆军中学堂第三期。不久辛亥革命爆发,他加入学生军守卫武昌,后来至南昌服役。1912 年 7 月北上,进入北京陆军第一预备学校,与同学秘密组织"辅仁社"反袁。翌年 7 月"二次革命"爆发时,他曾请假南下参加李烈钧领导的江西反袁斗争。

　　1914 年 6 月,刘峙在陆军预备学校毕业,分至奉天新民府陆军第二十师三十七旅实习。12 月又考入保定军官学校第二期步兵科,以"大智若愚"自律,与同学相处和睦。1916 年 5 月毕业后,分配在冀东开平巡防营。旋即刘峙南下广东,在岑春煊的两广护国军司令部任上尉参谋,后到滇军第四师七旅步兵三十八团任第六连连长,参加南路讨伐龙济光的战斗,继任援赣第四军第一梯团第四支队队副兼第一营营长。1920 年秋,所部自闽回粤,翌年初他被陈炯明调至粤军总司令部任少校副官,加入了国民党;6 月至粤军第二军任中校副官。继后刘峙任第七旅第十三团团副,参加反击桂系进攻广东之战。1922 年春,孙中山在桂林誓师北伐,刘峙被任命为游击第一支队队长,作为北伐军先头部队入赣,直指吉安。6 月陈炯明在广州叛乱,刘奉命率队回师,但遭沈鸿英部袭击,刘峙乃随许崇智粤军去闽,11月任东路讨贼军总司令部中校参谋兼卫队队长,后改任军事参议。

1924年5月,黄埔军校开学,刘峙至军校任战术教官,旋调校本部参谋处任科长。军校组建教导团,刘峙任教导一团第二营营长。他在东征和平定刘、杨叛乱中建有战功,在1925年8月编组国民革命军时升任第一军第一师第一团上校团长。在率部参加第二次东征后,刘峙于1926年2月升任第一军第二师副师长,不久升任师长。在"中山舰事件"中,他秉承蒋介石的旨意,迅速扣押了第二师及海军中的党代表和共产党员,同时派兵从黄埔乘舰在东堤登岸,包围省港罢工委员会,收缴工人纠察队枪支,包围并搜查东山苏联顾问住宅及海军局、航空局、参谋团等机关,收缴卫队枪支,监视苏联顾问及左派人士,对蒋极为效力。

1926年7月北伐战起,刘峙第二师为总预备队,跟随蒋介石入湘。9月参加攻武昌城不克,随即入赣,参加攻打永泰、樟树、丰城、南昌等战役。江西底定后,刘峙率师入浙,在桐庐击溃孙传芳军卢香亭部,于1927年2月进入杭州。刘率师继续北进,在松江一带击败毕庶澄部,攻克昆山、太仓、浏河,后驻防镇江、常熟。5月任第一路军第十三纵队指挥官,渡江北上,连克灌云、东海、涟水、淮阴。8月底刘峙参加龙潭战役,战后擢升为第一军军长兼第二师师长,率部移防上海。11月率部沿津浦线北上,越过临淮关,在长淮卫击溃孙传芳军,占领蚌埠。12月,刘峙又指挥第一军和顾祝同第九军一举攻克徐州。1928年初,刘升任第一集团军第一军团长兼第一军军长,辖第一军、缪培南第四军、顾祝同第九军、杨胜治第十军。4月,刘部会同各路大军北伐奉张,连克大汶口、界首、泰安,5月1日进占济南。日军制造"济南惨案",刘部乃奉命绕道北上至德州。北伐结束后部队缩编,刘峙改任第一师师长。在国民党第三次全国代表大会上,他被选为中央执行委员。

此后,刘峙在蒋介石与其他军事实力派系的争战中,一再被蒋派赴前线效命。1929年3月蒋桂战争起,任讨逆军第一军军长兼第一师师长,辖顾祝同第二师、蒋鼎文第九师,溯江西上进攻武汉,奏捷后任武汉卫戍司令。不久刘又任编遣委员会直辖第二编遣分区主任,统辖鄂境各部。1929年10月蒋冯战争起,刘统率顾祝同第一军与蒋鼎文第二军,编为第二路军,任总指挥,陈兵武汉,策应各路对冯军作战。年底在征讨唐生智、石友三的战争中,任前敌总指挥,率顾祝同第一军、蒋鼎文第二军、夏斗寅第十三军、杨虎城新编第十四师,沿平汉线北上向唐军猛攻、克确山、占驻马店、直逼漯河,迫唐军全部缴械。1930年中原大战爆发,刘被蒋介石任命为第二军团总指挥,辖顾祝同第一军、王均第三军、叶开鑫第八军、陈诚第十一师、卫立煌第四十五师、熊式辉第五师、冯轶裴教导一师、张治中教导二师、杨杰第二炮兵集团、张砺生骑兵二师等,是蒋军精锐主力,在陇海线对阎锡山、冯玉祥两军主力作战。刘部虽然在数量上不占优势,但装备精良。初期冯、阎军进展迅速,蒋军伤亡甚众。蒋以重金收买豫籍将领刘茂恩之举,对战局产生很大影响。刘峙立即指挥第一军及教导二师由杞县、太康间突破冯军阵线,向开封挺进,但陷入冯军包围圈,死伤惨重。7月8日,刘峙任津浦路总指挥。他从陇海线调第三军等部占取亳州后,解除了后顾之忧,乃将陈诚、冯轶裴、陈调元等部调至津浦线作战,于8月15日占领济南。9月初,刘指挥所部分向淮阴、周口进攻,顾祝同部直插郑州以南,在新郑围歼冯军七万余人。9月18日,张学良通电“和平息争”,指挥东北军入关,战局急转直下。刘峙任平汉线左翼军总指挥,率上官云相、刘茂恩、杨虎城等部于10月6日攻占郑州。刘峙所部在此次大战中伤亡重大,但最终算是胜利之师。11月,刘峙被任命为河南省政府主席兼开封绥靖主任。1931年7月,他又率部协同东北军对反蒋的石友三军加以南北夹击。接着,刘于1932年6月被蒋介石任命为第四次“围剿”工农红军的中路军副司令官(蒋自兼司令官),指挥张钫、陈继承、马鸿逵、张印相、上官云相、卫立煌六个纵队计十六个师另两个旅的兵力,进攻鄂豫皖根据地,受到蒋的嘉奖,后以刘的字命名新集为经扶县。

　　1937年抗日战争爆发后,刘峙于8月12日被任命为第一战区第二集团军总司令,率部驻防保定,指挥孙连仲、曾万钟、关麟徵等部防守平汉路沿线。9月中旬,日军第六、第四、第二十师团主力沿平汉线两侧大举南犯,固安、琉璃河、涿州相继被占,24日保定沦陷。此后平汉线防守力量未得增援,石家庄、邢台、邯郸等地于10月间相继失陷。刘部一再溃退,最后刘峙把指挥权交给第二十集团军总司令商震和第二战区副司令长官黄绍竑,悻悻回到开封。1938年3月刘任第一战区副司令长官兼陆军第一区新兵督练公署主任,后调往宜昌,任鄂湘川黔边区绥靖公署主任兼第五预备军司令官。1939年春出任重庆卫戍司令兼防空司令。1941年6月5日,日机分批连续轰炸重庆,市民涌入较场口公共防空隧道,防空司令部锁闭所有大门,又未打开通风设备,以致造成窒息惨案,死亡逾万人,刘峙被撤去防空司令职。直至1945年2月刘才出任第五战区司令长官。

抗战胜利后,蒋介石在与中共进行和谈的同时,加紧准备内战,刘峙于1946年正月被派任郑州绥靖公署主任,管辖豫、陕两省及原第一、第五战区的部队。6月26日,他奉蒋介石命令,指挥三十万军队,以宣化店为目标分进合击,进攻中原解放区。8月又调集十四个整编师分两路进攻冀鲁豫解放区。9月,赵锡田整编第三师进犯定陶、菏泽被歼,刘峙被陆军总司令部指责"指挥无方"而受撤职处分,后被蒋任命为战略顾问委员会委员,赋闲在上海。直到1948年5月,刘峙被蒋任命为徐州"剿匪"总司令,统率八十万兵力,守卫以徐州为中心的东西陇海线,以阻解放军南下。9月底,刘峙与副司令杜聿明制订了一个佯攻济宁、收复济南的以攻为守的作战方案,得到蒋介石、何应钦的批准。但此时杜聿明被蒋介石派往东北,刘峙即命令前线部队停止前进,等待杜聿明回来指挥,一直等了二十一天。11月6日,中原和华东解放军发动淮海战役,刘峙慌乱不知所措,急电南京告急。他先调部增防海州、连云港,两天后又决定集中兵力守卫徐州、放弃海州。接着他命令黄伯韬第七兵团向徐州集中,结果因行动迟缓而被阻困于碾庄地区。他又令李弥第十三兵团、孙元良第十六兵团向徐州收缩。在蒋介石的督促下,他赴前线指挥邱清泉第二兵团与李弥兵团在大浒家会师以救黄伯韬兵团,但邱、李两兵团被解放军阻击而不能如期会合,而黄伯韬兵团于11月22日被围歼。25日,黄维第十二兵团又被围困于双堆集附近。这时,蒋介石示意必要时可以放弃徐州,刘峙立即带领总部人员飞往蚌埠,而将徐州方面交杜聿明指挥。杜率邱、李、孙三个兵团奉蒋之命由徐州南下趋救黄维兵团,结果被围困于青龙集、陈官庄地区,刘峙只是乘坐飞机在上空下达命令、说打气话,直至1949年1月10日杜聿明集团被全歼。在整个战役中,刘峙指挥的队伍共被歼五十五万五千人。

战后,刘仅以"总统府"战略顾问之虚衔赋闲。1949年7月,刘由广州去九龙,1950年10月去印尼,1953年1月至台湾,挂名"总统府国策顾问"。

1971年1月15日,刘峙在台湾病逝。

主要参考资料

刘峙:《我的回忆》,沈云龙主编《近代中国史料丛刊续辑》第87辑,台北文海出版社1984年版。

姜克夫:《民国军事史略稿》,中华书局1987—1995年版。

陈洲正:《国民革命军战史初稿》,1929年南京版。

周康经:《1927—1934年的反蒋战争》,香港大东图书公司1987年版。

中国人民政治协商会议全国委员会文史资料研究委员会《淮海战役亲历记》编审组编:《淮海战役亲历记》,文史资料出版社1983年版。

刘　子　敬

徐凯希

刘子敬，原名义芳。1884年（清光绪十年）生于汉口。原籍山西。其祖父因家境贫寒，举家辗转来汉，经同乡荐引，在山西帮票号帮工。其父刘辅堂，曾设蒙馆授课，后入武昌圣公会仁济医院学医。不久，刘辅堂考入海关，任江汉关抄班。因结识俄籍洋员巴公，刘辅堂充任俄商新泰洋行采办茶叶的庄首，1894年升任买办，1901年改任俄商阜昌洋行买办。阜昌每年出口茶叶三十余万箱，居各洋行之首。1905年刘辅堂去世时已拥有资本二百万两，在汉口商界具有一定的声誉和地位。

刘子敬自幼在汉口读书，于夏口商业学校毕业后，就读于美国基督教会开办的武昌文华书院。1906年，经阜昌洋行大班梯托夫提携，他继承父业，弃学充任阜昌洋行买办，成为外商在汉口扶植的第一个青年买办①。

汉口是清末国内最大的茶叶集散市场，输出茶叶最多时每年达五百万担，价值一千余万两关税。作为汉口最大外商企业的买办，刘子敬从中分得的余利十分可观。每逢春茶上市，他从广昌和茶庄派出采买，携带巨款赴产区大量收茶，并于汉口增设协记茶行，专门从茶贩手中进货。茶贩来汉，通常先送货样到茶行作价。协记茶行为吸引货源，故意先将收价抬高，待客货送到，又暗将小样精选，剔出粗叶和茶末，然后提

---

① 董明藏：《大买办刘子敬的兴衰》，中国人民政治协商会议武汉市委员会文史资料研究委员会编《武汉工商经济史料》第2辑，1984年版，第184—185页。

出大小样不符，要求茶贩按小样交货。茶贩被弄得莫名其妙，最后往往由经手人出面调停。茶贩除自认不是外，仍得依照小样货色比例减价成交，到付款时，除按"九八"扣佣外，还要按"九七六"扣现，卖方应得一百元茶叶价款，实落九十五元六角。

为了加强对经营活动的监督，刘子敬每日黎明即起，骑自行车到茶栈、砖茶厂等处巡视。稍有不满之处，轻则责斥，重则鞭笞。其经理室下设账房，任用大写、二写、三写数人，办理具体业务。另雇佣各类工头和监工，共计六十余人。接任阜昌洋行买办之初，刘子敬对其父生前所任老职工尚能优礼有加，虚心接受指正。但随着年龄增长，羽翼日见丰满，自满之情时常溢于言表。遇事苛求，对待所属非常刻薄。一次，广昌和总管戚受之将该庄当年采购茶叶所赚得利润二十九万两，开列清单，送刘核收，他不仅没有片言加以慰藉，反而质问为什么这样少。戚后又为茶庄职员分红事找刘，他竟呵斥道："我连收钱的工夫都没有，哪有时间分钱给他们！"[1]戚只得鞠躬告退。

除充任阜昌洋行买办外，刘子敬同时兼任俄商道胜银行驻汉口买办，其弟刘端溪则为美商花旗银行和德商德太洋行买办。兄弟二人所获颇丰，到清末已有资本八百万两，成为长江流域的第一流大买办和茶业巨商，号称汉口"首富"。

1910年，湖北人民掀起拒款保路运动高潮，刘子敬以其雄厚财力参与其中，当选为湖北商办粤汉、川汉铁路公司董事[2]。武昌首义爆发，他倾向革命，与宋炜臣、韦紫封等人发起国民捐款，为革命军筹措军饷。汉口保卫战开始后，他与汉口各团体联合会会长王琴甫，会同革命党人李白贞组织红十字会[3]，出面与仁济、中西等医院联系，负责救护

①　董明藏：《大买办刘子敬的兴衰》，中国人民政治协商会议武汉市委员会文史资料研究委员会编《武汉工商经济史料》第2辑，第184—185页。

②　《京津时报》庚戌(1910)八月十九日。

③　陈旭麓等编：《辛亥革命前后》(盛宣怀档案资料)，上海人民出版社1979年版，第223页。

伤员,掩埋尸体。又组成临时野战医院,七十余日共收容伤病员一千余名,"所有医药用品均由同人捐助,不取公家一文,服务人员纯尽义务"①。刘为此被授予三等嘉禾章。

辛亥革命后,受到国际茶叶市场疲软的影响,刘子敬开始把资金投向工贸企业和房地产业。为了追求高额利润,其经营范围十分广泛。

1912年,刘子敬为调剂自办企业之间的资金周转以及活动银根,与人合办广大钱庄于汉口。一面吸收往来存款,同时利用道胜银行代收中国盐税款项之便。由刘子敬出面,每月将二十万元左右的盐款存放广大钱庄,用以转贷市场,从中牟利。

同年6月,刘子敬通过对国内外蛋品市场前景的比较分析,感到国内蛋品来源充足,经营蛋品加工所需资金不多,有利可图。于是与德商礼和洋行蛋厂技工方山林合资,创办发华蛋厂于汉口两湖码头。当年即获厚利。为扩大经营规模,同年末,刘又独资开办发记蛋厂。1918年,他与王聘卿合开新华蛋厂于河南漯河。1919年,刘更独资创办颇具规模的郑州中华蛋厂,任命原广昌和茶庄总管戚受之为总经理。同年,在汉口成立中华制蛋公司,协调所属四个蛋厂的产销事宜,任命邱良荣为总经理。中华蛋厂每日分为两班生产,每班用工四百人,产品分为飞黄、炕白、水黄、含黄四种,日产四百篓。为采购蛋品,中华制蛋公司在北起新乡,南至信阳,西起灵宝,东至德州、徐州的广大地区,建立分庄八十余处。

从1912年起,刘子敬在武汉开始对房地产进行大规模投资。除拥有其父遗留下的辅堂里及鄱阳街豪华住宅外,他又陆续收购大小铺面房屋一百余栋以及相当数量的地皮。经过翻修改建,先后建成辅德里、辅仁里、辅义里、方正里等成片房产。适逢汉口市场受欧战影响呈现活跃,人口逐渐增加,市面房产供不应求,以致房租昂贵。刘家每月仅房

---

① 李白贞:《我所参加的辛亥革命工作》,中国人民政治协商会议湖北省委员会编《辛亥首义回忆录》第1辑,湖北人民出版社1979年版,第161页。

租收入一项,即达三万余元。

1915年,刘子敬与王琴甫共同承租官办武昌白沙洲造纸厂。1919年,王因病无力顾及厂务,由刘子敬单独经营。因利润微薄,两年后即行停办。

第一次世界大战期间,国内纱、布市场因外货输入骤减,价格上扬。1919年,刘子敬与大棉商刘季五、刘逸行等人在武昌上新河创办震寰纺织股份有限公司。刘子敬与刘氏兄弟各投资四十五万两,另招外股二十二万两,1922年5月开工,共有纱锭二万六千余枚,布机二百五十台,资本折合银元一百七十五万余元。以刘子敬为主任董事,刘季五为总务董事兼理业务,刘逸行为专任董事兼理厂务。

1920年,刘子敬独资开设义隆公司,专营进出口业务,并代理美商美亚保险公司在汉埠的保险业务。不久,又创办汉口义隆油厂,用以配合义隆公司经营桐油出口业务。

刘毕业于教会学校,本人是基督教徒。由于财力雄厚,声名显赫,汉口各教堂竞相邀约他前去做礼拜,期望借助他的财力和声望来扩大影响。他曾担任汉口总商会第七届特别会董和第八届会董。为了同社会各界建立广泛的联系,他以汉口华商跑马场董事长的身份,经常邀请包括湖北督军王占元在内的许多军政大员参观赛马。1913年,刘出资在汉口华清街创办辅德中学,自任校长①。该校依照武昌文华书院的课程和教学方法,尤其注重英语教学,被称作是"中国人办的洋学堂"。1914年,刘又在硚口开办惠民高等小学,专门招收平民子弟。同年,汉口红十字会成立,刘子敬当选为会长,赴上海与中国红十字总会建立联系,继而又北上进京,向黎元洪募捐。1917年护法战起,荆襄宣布自主。汉口红十字会组织救护队,前往荆襄战区为伤员服务。战事平息后,刘又协助将伤病员运回武汉,分设伤兵医院三处。后在此基础上建立汉口红十字会医院。

———————————

① 《大买办刘子敬创办的汉口辅德中学》,武汉市工商联存稿。

1918年2月,刘以汉口红十字会会长身份,与汉口总商会会长俞清澄、镇守使杜锡钧及各团体联合会代表集议,讨论湘鄂战争中,如何维持汉口治安事宜,吁请将武汉三镇划出战区之外。

为了巩固和提高自身的社会地位,刘子敬十分热衷于社交活动,生活上讲究排场。他自备有小火轮和汽车,经常利用周末邀约各国驻汉领事馆的负责人以及各银行、洋行和教会的高级职员等数人,乘小火轮到金口、沌口等地打猎。他在鄱阳街的住宅内辟有球场,雇佣养花、养鸟、养马、西宴等各种专艺人员和男女佣人三十余名。每年夏季,举家前往庐山私人别墅避暑,秋季则在汉口公馆举办菊花展览。1915年其母六十寿辰,他除在家中备办筵席招待亲友外,另假安徽太平会馆招待宾客,由王琴甫代为操办。汉口工商各界纷纷前往祝贺,争与交往。

进入20年代,受到国际、国内市场形势迅速变化的影响,刘子敬所开办的各种企业相继受挫,连年亏空。俄国十月革命后,在华俄商作为革命的对象,经营活动受到严重的影响。俄商阜昌、顺丰洋行及砖茶厂,由于茶叶无法运回国内而被迫停闭。刘的买办职务亦随而解除。他依赖阜昌所开办的茶庄茶行,因存货滞销,资金冻结,价格下落,相继宣告收歇。1927年9月,道胜银行宣告清理结束,刘依附道胜银行经营的广大钱庄,因失去凭借不得不宣告倒闭。这对刘氏家族所属的其他企业产生连锁反应,各企业资金周转日感困难。

刘子敬投下巨资的震寰纱厂在开工初期,曾年有盈余。但因战后日纱及上海、青岛等地棉纱大量涌入武汉市场,市面上棉纱供过于求,价格跌落。同时,震寰纱厂在原料收购和产品销售方面,只注意贱买贵卖,企业的经营管理、技术水平很少有改进和提高,致使产品质次价高;且销售方式陈旧单一,仅有通过纱号代销一途,无形中受到行会的把持和限制。自1926年起,两年中即亏损二十九万余两,震寰纱厂股票价格随之贬落,最后仅相当于原面值的二至三成。迨至1927年末,刘派员调来该厂账簿过目,不仅所欠市面四十五万两分文未还,同时利息负累已高达七十余万两。

欧战期间,刘子敬曾伙同巴公经营大批锑矿沙出口,期望从中牟得暴利。不意该轮在途经大西洋时,被德国潜艇击沉,货物全部损失。1924年,酷爱赌博的刘端溪将中华制蛋公司价值三十余万两的蛋品运至上海销售后,在沪大赌标金,竟将所得贷款全部输光。刘子敬为保全商场信誉,对上述两项意外亏损严格保密。但刘氏家族为此已元气大伤,并不因为秘而不宣就有所减轻。

武汉国民政府时期,工农运动汹涌澎湃,武汉三镇租房住户组成房客联合会,向房地产主作斗争,一度掀起大规模的反对高额房租运动。许多房客拒不交纳不合理的房租。拥有大量房地产的刘子敬因此收入锐减。同时,由于房地产价格的相应低落,冲击着刘家的不动产基础。过去那种以房地产作为抵押来融通资金的方式受到严重影响,这就更增加了刘氏家族在资金周转方面的困难。

刘氏父子在汉经商数十年,根基深厚。刘子敬如能适时变卖部分房地产,加以挹注,多少可以缓和所办企业连年亏空、资金短绌所造成的困难;但是他过分虚荣,死要面子,既要保全产业,又要弥补亏空,只好向银行和钱庄告贷。以致债台高筑,子母相权,半月十天一比,利上加利,愈陷愈深。债务最后累积达到七百万两之巨,市场信用完全破产。美商花旗银行不得不因此解除了他的买办职务,美亚保险公司也不再委托他继续代理保险业务。刘子敬从此一败涂地,不能自拔。

1928年秋,刘子敬卧疾庐山,卒致不起。

柳　亚　子

张明观　　殷安如

柳亚子,原名慰高,字安如,后改名人权,号亚卢,再改名弃疾,字亚子,后以亚子为统一名号。1887年5月28日(清光绪十三年闰四月初六)生于江苏吴江分湖之滨北厍镇大胜村的书香门第,十二岁随家人迁居黎里镇。父亲柳念曾为廪生,母亲费漱芳亦略通文字。

柳亚子幼年由母亲教识字,并口授《唐诗三百首》,五岁起由塾师和父亲教读,经史之外,通读了《杜甫全集》。九岁开始学写五、七言诗,不久又试作长篇史论文章。

戊戌政变那年,柳亚子十二岁。受父亲影响,他一度赞成康、梁变法维新,十四岁时曾为此私撰上光绪皇帝万言书,并开始在上海报纸发表诗作。1902年春,柳亚子十六岁,以父命赴考,中秀才。其时,柳亚子热心读梁启超主编的《新民丛报》,读龚自珍诗文集,热心诗界革命,因而诗风大变,文风亦大变,字里行间腾跃起救国的热情。因读汉译卢梭《民约论》,仰慕其天赋人权之说,自命"亚洲之卢梭"。

1903年初,柳亚子由陈去病、金松岑介绍,加入中国教育会,并与陶亚魂、蔡冶民等组织中国教育会黎里支部,创办《新黎里》油印月刊,每周登坛演说,以警聋振聩。于是乡里哗然,在家乡无法立足。四五月间,柳亚子与陶、蔡二人前往上海,就读爱国学社,结识了章太炎、邹容、蔡元培等人。柳亚子和几个同学提供印费,出版邹容的《革命军》和章太炎的《驳康有为政见书》;又和章、邹等合作,为《苏报》撰写《驳〈革命驳议〉》一文,针锋相对反击康有为等人的保皇派的论调。此后两年,柳亚子就读金松岑创办的同里自治学社。由于受到章太炎、邹容的热情鼓励,他精神勃发,接连为《江苏》、《女子世界》、《二十世纪大舞台》等刊物撰写鼓动文字,包括诗词、传记、史论、叙文,还有小说、戏曲等。

当时,许多革命者认为革命只有两途:暴动与暗杀。柳亚子血气方刚,不以文字鼓吹为满足,一心向往真刀真枪投身实际革命斗争。为此,1905年暑期赴沪,入中国教育会所办通学所,从光复会领袖陶成章学催眠术,学而未成;1906年初又到上海入理化速成科,习实用化学,想学会制造炸弹以实行暗杀,亦因病未果;又与林力山相约东渡日本学陆军,却因林先走一步未能偕行。这时,正值中国同盟会江苏分会会长高天梅和朱少屏自日本归国,从事秘密革命活动,并在上海筹建健行公学。2月16日,柳亚子由高天梅、朱少屏介绍,加入中国同盟会。不久又由蔡元培介绍,加入光复会,成为"双料的革命党"。此后留沪,在健行公学教国文,以激进革命读物《黄帝魂》为教材,激发学生的民族主义爱国热情。与田桐主编《复报》,配合同盟会机关刊物《民报》,积极投入革命派与立宪派的大论战,成为东南地区引人注目的革命刊物。这年秋天,风传两江总督封校禁报,他被迫返乡,于10月与同邑盛泽镇郑佩宜结婚。

1909年11月13日(农历十月初一),柳亚子与陈去病、高天梅共同发起的中国近代第一个革命文学团体南社正式成立,在苏州虎丘张国维祠举行首次雅集。次年8月以后,《南社丛刻》的编辑和其他社务,实际上就长期由柳亚子主持。

虎丘雅集之后,南社社务较为迅速的发展。辛亥正月(1911年2月)编印的《南社社员通讯录》已著录社员一百九十三人,其中有高天梅和何亚希、柳亚子和郑佩宜、朱少屏和岳麟书、姚石子和王粲君四对夫妇同隶社籍,一时传为佳话。

武昌起义爆发,柳亚子寓居上海,与朱少屏、胡寄尘创办《警报》,飞速报道武昌起义后各地革命军战绩。1912年1月南京临时政府成立,柳亚子应邀赴南京任临时大总统府秘书,三日后称病辞职,返上海进

《天铎报》任主笔,后转《民声》日报,再转《太平洋报》任文艺编辑。

此时,南北议和之声甚嚣尘上。面对举国滔滔的妥协潮流,柳亚子以《天铎报》为阵地,以青兕为笔名,发表大量时评,激烈反对袁世凯,坚决主张北伐,为此与南京临时政府主和派进行了激烈的论战。与此同时,南社社员周实丹、淮南社社员阮梦桃因领导淮安起义被清吏杀害。柳亚子联络许多南社社员,奔走呼号,坚决要求南京临时政府昭雪冤狱,惩办凶手,愤怒谴责袁世凯包庇反革命杀人犯的罪行。在这两场斗争中,柳亚子率先打出了鲜明的反袁旗帜。

袁世凯当选总统后,柳亚子返回黎里。他撰写了大量沉痛悼念烈士、愤怒声讨民贼的诗篇,并陆续编印了几部烈士遗集。他主编的《南社丛刻》,公开发表了南社社员的许多作品,揭露袁世凯复辟封建专制主义的种种罪行。1917年,柳亚子与社友就同光体的评价问题展开了一场激烈的论战。柳亚子论诗,本质上是在论人。他反对郑孝胥等遗老,进而反对同光体,更进而反对宋诗。然而,南社内部亦不乏偏嗜同光体的社员。这年4月,《民国日报》发表了吴虞的《与柳亚子书》,对同光体有所批评。5月,社员闻野鹤著文反驳,嘲笑反对同光体的人是"执螳蜋以嘲龟龙"。柳亚子愤然而起,连续著文反击。论战进行了一个多月,7月末,朱鸳雏发表《论诗斥柳亚子》,进行谩骂和人身攻击。盛怒之下,柳亚子宣布驱逐朱鸳雏出社。社员成舍我反对这一处置,柳亚子又宣布驱逐成舍我出社,结果引起轩然大波。一场思想、艺术的论辩转变为柳亚子的处置是否合法的争论,不久又转变为南社改选争取选票的紧张活动。最后,柳亚子虽以多数票取胜,但是他已心灰意懒,于1918年辞去长期担任的南社主任职务。

当南社因同光体问题而分崩离析之际,新文化运动正大潮激荡。对于新文化运动,柳亚子曾有一个认识过程。反对封建礼教,提倡男女平权,打倒孔家店,这些都是他早先的主张。对民主和科学这两个口号,亦持欢迎态度。他所一时不能接受的,是文学革命。在《与杨杏佛论文学书》中,他说:"弟谓文学革命,所革当在理想,不在形式。形式宜旧,理想宜新,两言尽之矣。"但是,对立和迷惘是暂时的。不久,柳亚子逐渐发现,做白话文写新体诗的人,所持的主张大都和他相合;而做文言文写旧体诗去攻击文学革命的人,其主张则和他相距甚远。同时他也感到,表达新思想必须有"新工具"。于是,柳亚子转而拥护文学革命。

1923 年 4 月,柳亚子在家乡创办《新黎里》报,这是他投身新文化运动的一个重大举措。该报提倡新文化,宣传社会主义和劳工问题。在该报影响下,吴江各地"新"字号报刊纷纷并起。柳亚子投身新文化运动的另一重大举措,是于同年 5 月在上海与叶楚伧、邵力子、胡朴安、余十眉、陈望道、曹聚仁、陈德徵一道发起筹组新南社,和旧南社中反对新文化运动的人"分家"。10 月 14 日,新南社在上海召开成立大会,柳亚子当选为社长。他在《新南社成立布告》中宣称:"新南社的精神,是鼓吹三民主义,提倡民众文学,而归结到社会主义的实行。对于妇女问题、劳动问题,更情愿加以忠实的研究。"新南社共发展社员约二百三十人,不仅有著名革命家廖仲恺、何香凝,还有新文学作家沈雁冰、田汉、刘大白等,一时俊彦云集。

1923 年 12 月,柳亚子以同盟会会员身份,由叶楚伧、陈去病介绍,加入中国国民党。1924 年初,受委派在吴江秘密发展党员,筹建地方组织。8 月,国民党吴江县党部成立,当选县党部执行委员会常务委员。这是江苏最早组建的国民党县党部之一。9 月前后,江浙战争爆发。这场军阀争斗深深教育了柳亚子,他认识到"运动军阀和掉书袋都没有用处,要革命非唤起民众不可"。于是,毅然停顿了新南社社务,全身心投入政治活动。1925 年 8 月,国民党江苏省党部在上海成立,柳亚子当选省党部执行委员会常务委员,兼宣传部长。1926 年 1 月,当选国民党第二届中央监察委员。

1926 年 5 月,国民党二届二中全会在广州召开。面对党内右派的肆意挑衅,柳亚子当面责问蒋介石:"到底是总理的信徒,还是总理的叛徒? 如果是总理的信徒,就应当切实地执行三大政策!"会上,他与何香凝、彭泽民竭力反对排挤共产党的所谓"整理党务案",并愤然于闭会前拂袖离粤。回到上海,他向时任中共中央总书记的陈独秀提出加入中国共产党的请求。陈以其在国民党内作用更大未予同意,亦不同意其反蒋建议。他遂满腹郁闷返归故里,杜门不出。

1926年暑期,柳亚子埋头书斋,与儿子柳无忌开始从事持续十五年之久的苏曼殊研究。1928年12月起,煌煌五巨册《曼殊全集》由上海北新书局逐册出版。以后,着重进行苏曼殊身世的考证,改正了有关曼殊血统的错误。1933年,《曼殊全集》普及本由上海开华书局出版,收录了《苏曼殊传略》、《重订苏曼殊年表》两篇重要文章。1940年,又辑成《曼殊余集》稿本十二册,均为新发现的苏曼殊诗文遗作及有关研究文字,成为苏曼殊研究的资料宝库。

1927年蒋介石发动"四一二"政变,5月8日深夜派军警到黎里指名搜捕。柳亚子藏身复壁,得以幸免。数日后,化名唐隐芝携家流亡日本,寓居东京郊外乐天庐。次年4月归国,定居上海。

1931年"九一八"事变发生,东北沦亡。柳亚子积极投身救亡运动。他协助自巴黎归国的何香凝组织救济国难书画展览会,创办国难救护队,援助东北义勇军,任后方理事会副主席兼经济部长。1932年7月,上海市通志馆成立,柳亚子被聘任馆长,直至1937年底上海沦陷被迫闭馆,历时六年。上海市通志最终未能完稿问世,但留下了一千多万字通志文稿,同时出版了《上海市年鉴》三部、《上海市通志馆期刊》四期、《上海研究资料》正、续二集、《上海掌故丛书》十册。在此期间,柳亚子与以鲁迅为代表的左翼文化战士亲密交游。当许多共产党人、进步作家及知名人士遭受厄运之际,他置个人安危于不顾,以其特殊的地位和身份奔走救援。应许多南社社员要求,为纪念南社和新南社的精神,于1935年发起成立了南社纪念会,被推为会长。

1937年抗日战争全面爆发,柳亚子从历时年余的脑疾中振作起来。他连续发表文章,大声疾呼抗日救亡。一改杜门谢客的习惯,公开接见记者,发表政见,主张国共两党携手抗日。上海沦陷后,柳亚子自题寓庐为"活埋庵",他给儿女们写下遗嘱,有云:"余以病废之身,静观时变,不拟离沪。敌人倘以横逆相加,当誓死抵抗。"

"活埋"三载,作为诗人的柳亚子诗思枯涸。然而,作为史学家的柳亚子,开始了终生不渝的南明史研究,并取得了卓著成果。他写成了《南明史纲》六卷的第二次稿本、《南明史纲历日表》、《南明后妃·宗藩志》和《南明人物志》四部重要著作。

1940年底,柳亚子南渡香港,定居九龙,以楚神话中"后羿射日"典故,言其居曰"羿楼"。在香港,他完成并发表了《南明史纲》八卷的第三次稿本,整理了屈大均的《皇明四朝成仁录》。1941年初,皖南事变发生,柳亚子与宋庆龄、何香凝、彭泽民联名发出宣言,谴责国民党当局积极反共、消极抗日的罪行。他复函重庆国民党中央,拒绝赴渝出席国民党五届八中全会,严正表示:"三军可以夺帅,匹夫不可夺志。西山采蕨,甘学夷齐;南海沉渊,誓追张陆,不愿向小朝廷求活也。"他因而被开除了国民党党籍。香港沦陷后,柳亚子由东江纵队派员护送,历尽艰险到达桂林,在这个战时著名文化城住了两年多。他继续积极投身抗日救亡运动,组织了南明史料征纂社,并同时提倡"旧诗革命"。

1944年9月,日寇进逼桂林,柳亚子迁居重庆,从此和共产党人及进步文化人士更加接近。他在郭沫若为其举行的洗尘宴席上公开宣称:"世界的光明在莫斯科,中国的光明在延安。"抗战胜利后,毛泽东到达重庆进行国共谈判,柳亚子和他数次畅谈,诗信往还,毛泽东并以旧作《沁园春·雪》相赠。柳亚子在重庆参加了中国民主同盟,被增选为中央执行委员;又参与发起组织三民主义同志联合会,当选中央常务干事。1945年底,柳亚子返回上海,1947年10月应何香凝、李济深密招,第二次前往香港,积极投身建立国民党民主派联合组织的活动。同时组织扶余诗社,旨在海外推进民主运动。1948年元旦,中国国民党革命委员会在香港成立,柳亚子当选中央监察委员会主席。

全国解放在即,柳亚子应中国共产党邀请,于1949年3月到达北平,满怀激情地投身新中国建国大业。由于对在胜利大局已定的形势下出现的新情况、新变化缺乏思想准备,他曾一度陷入困惑。3 月 28 日夜撰《感事呈毛主席一首》,末云:"安得南征驰捷报,分湖便是子陵滩。"毛泽东于 4 月 29 日赠诗《七律·和柳亚子先生》,有云:"牢骚太盛防肠断,风物长宜放眼量。莫道昆明池水浅,观鱼胜过富春江。"读后,柳亚子次韵表示:"昆明湖水清如许,未必严光忆富江。"即有定居北京之意。1950 年 10 月,柳亚子专程南返。他委派外甥徐孝穆返回家乡黎里,将黎、沪住所的家藏古籍、文献、书刊、信札等,全部捐献给了国家(现分别收藏于上海图书馆和上海博物馆)。回京后,他又将携京之文献捐赠给北京图书馆。使这些珍贵文献得以遗惠社会。

中华人民共和国成立后,柳亚子当选中央人民政府委员。此后,历任政务院文化教育委员会委员、华东行政委员会副主席、中央文史馆副馆长。在此期间,作为中国共产党的"诤友",他积极主动对中共和政府工作提出许多直言不讳的批评和建议。自 1952 年起,柳亚子长期患病。1954 年 9 月,出席第一次全国人民代表大会,当选常务委员会委员。1956 年 11 月,抱病出席孙中山诞辰九十周年纪念大会。1958 年 6 月 21 日,在北京医院病逝。

柳亚子的著作今人辑为《柳亚子文集》,于 1994 年全部出版。这部文集包括《磨剑室诗词集》(上、下册)、《磨剑室文录》(上、下册)、《南社纪略》、《书信辑录》、《自传·年谱·日记》、《苏曼殊研究》、《南明史纲·史料》,七种九册,共计三百万字。

主要参考资料

杨天石:《柳亚子》,《中国历代著名文学家评传》第 6 卷,山东教育出版社 1985 年版。

王晶垚:《柳亚子选集序》,《柳亚子选集》上册,人民出版社 1989 年版。

张明观:《柳亚子传》,社会科学文献出版社 1997 年版。

龙　济　光

吴显明

龙济光，字子诚，一作紫宸，彝族，云南蒙自县人，曾任蒙自县逢春岭（现属禄春县）纳更土司。1867年（清同治六年）生。兄弟三人，长兄龙觐光，次兄龙裕光。

龙济光没有读过什么书，少时学过武术，喜欢舞刀弄枪，性气刚强，身体粗壮。光绪年间在蒙自、临安（今建水）、广南办团练，曾参与镇压滇南人民的反清斗争。

19世纪末至20世纪初，广西爆发了游维翰、王和顺、陆亚发、陆亚宋领导的大规模的人民反清运动。1903年4月，清政府急忙把广西籍的署四川总督岑春煊调署两广总督，督办广西军务，调集广东、广西、湖南、云南、贵州五省兵力共十余万人前往镇压。此时驻防云南广南县弄汪地区的续备营补用同知龙济光也被调去"会剿"。龙除了率领续备营的基本队伍外，还在文山、蒙自、建水、个旧、金平、屏边等地招募五千新兵，作为补充。

同年秋，这支队伍从广南、富州（今富宁）进入广西百色地区，由岑春煊装备一新，依为股肱。龙济光任边防军济字营统领，伙同滇军武威营王镇邦等部执行"剿抚兼施"的政策，捉住了百色地区游勇首领游维翰，加以杀害。龙并收编了凌云的游勇韦尚、林西，东兰的游勇容有元等。之后龙济光率部由滇桂边境的百色一直打到柳州。同年他升任广西省右江道，又会同荣字营统领陆荣廷在南宁、柳州一带剿抚"四十八弄"、"五十二峒"的游勇。1905年2月，在古板饭峒（属五十二峒）捉住了柳州地区游勇首领陆亚发,解送桂林,在岑春煊亲自指挥下,凌迟处死。

1907年12月,孙中山、黄兴领导的革命党人攻占了镇南关(今友谊关)右辅山炮台,广西巡抚张鸣岐限令龙济光和陆荣廷部七日夺回。他们如期夺回后,对革命党人大肆杀戮。龙济光因屡立战功,受岑春煊的荐举,1908年署理广西提督,1909年补为实授。

1911年4月,广州革命党人起义失败后,两广总督张鸣岐鉴于水师提督李准自成体系,挟功凌上,不易驾驭,遂奏调桂军入粤。不久,龙济光率广西军队调往广东,任陆路提督及陆军第二十五镇统制。

10月10日武昌起义爆发。消息传到广东,全省沸腾,很多县都在革命党人领导下组织民军,发动起义。新军协统李万祥劝龙反正,被龙下令拉出衙门枪决。

在蓬勃发展的革命形势下,广东各地民军向广州进逼。11月8日,广州绅商联合各界代表在谘议局开会,张鸣岐也派代表出席。会议商定广东次日独立,推张鸣岐为都督,龙济光为副都督。张鸣岐不敢就任,微服逃走。次日,绅商代表又举龙济光为都督,龙避不就职。各界代表重新推胡汉民为都督、陈炯明为副都督,在胡未到广州前,由新军协统蒋尊簋代理都督,军政府乃成立。11月10日,胡汉民由港前来就任,各路民军纷纷入城。龙济光为形势所迫,不敢反抗。龙部十多个营,经过多方调停协商,开赴高雷各属驻扎。

同年12月下旬,孙中山自欧返国,就任临时总统,调胡汉民任总统府秘书长,由陈炯明代理广东都督。1912年2月,孙中山辞临时总统后,4月广东省议会推胡汉民复任广东都督,龙济光副之。12月,袁世凯任命龙为广东副护军使。

1913年"二次革命"期间,陈炯明于7月18日宣布广东独立,通电讨袁。7月26日袁世凯任命龙济光为广东镇抚使,督师倒陈。7月30日夜,龙率所部抵肇庆。8月3日,袁世凯任命龙济光为广东都督兼署民政长。龙接袁命令后,率兵会同李耀汉部由西江直向广州,8月4

日,陈炯明避往香港,广东取消独立。龙济光从此占据广东。

龙济光在广州防范革命党,甚于当年张鸣岐。各城门均有军警把守,进城的人须经搜检才放行。各名胜风景区,都筑有碉楼,有兵士防守。胡、陈掌权时的官吏,凡参加过同盟会或国民党的,均避嫌离职。唯一留任的警察厅长陈景华,龙也不放过,于9月15日(农历中秋节)晚,以赏月为名,将陈景华骗入督署杀害。稍持正义的报馆皆被封闭。

1914年6月30日,袁世凯下令废除各省都督,特任龙济光为振武上将军督理广东军务,并准许在广东开府建衙。龙在观音山大兴土木,建筑振武楼夸耀战功,妄图把观音山扩建成可以长期坚守的"天堂"。

龙济光夺得广东这块富庶的地盘后,对广东人民肆意敲诈盘剥。他公开纵吸鸦片,大收烟捐、赌捐、花捐。云南蒙自"顺城号"周伯斋、周启斋弟兄,也随去广州为龙理财。

龙氏及其所属滇籍中上级军官和官僚们的钱财,都由"顺城号"汇回云南。龙济光私人还有一艘约两千吨的商船,往来于香港、广州、海南岛、越南海防之间做买卖,所得的利润储存在香港。

龙济光统率的振武军,系杂凑而成。这支队伍纪律很坏,龙济光又以"清乡"为名,纵容部队胡作非为,"济军所至,奸淫掳掠,井里为墟,商贾裹足。各属有绝粮之危,万家闻痛苦之声"①。

在袁世凯、龙济光的反动统治下,广东人民从未停止反袁反龙的斗争。1915年,袁世凯承认日本提出的"二十一条",遭到全国人民的反对,而龙济光竟电袁请提灯庆祝。广东革命党人早已恨透他,亟欲得而甘心,龙因此戒备森严,深居简出。7月17日,龙济光从观音山驻地前往其兄龙觐光宅,当行至积厚街时,中华革命党人钟明光向他丢了一颗炸弹,伤龙左足,卫队死伤多人。钟当场被捕,次日遭凌迟处死于振武楼侧。

---

　① 《伍廷芳等致黎总统、段总理请罢除龙济光电》,《义声报》1916年3月12日。

同年冬，袁世凯帝制自为，册封龙济光为一等公。1916年1月，龙济光派兵打退攻入惠州的陈炯明部讨袁军，袁世凯又加封龙郡王衔。

当蔡锷、唐继尧等人通电各省宣告云南独立，组织护国军讨袁时，袁世凯指示龙济光假道广西向云南出兵。1916年2月8日，任命龙觐光为临武将军兼云南查办使，进袭滇南。当龙部先头部队进入滇境时，其大部还在广西，受到护国军和桂军马济部的夹击，3月12日在广西百色被迫缴械，龙觐光被扣留于南宁。陆荣廷在解决龙觐光部队后，于3月15日宣布广西独立。

4月6日，龙济光在广西护国军和广东民军压力下被迫宣布广东"独立"。他宣布独立时取得了袁的指示和谅解。同时密请袁派兵帮他"平乱"。4月12日，龙以广东各界代表的名义在海珠水警署召开会议，筹商反袁军与龙济光合作等事宜。会上因意见分歧，龙部警卫军统领颜启汉突然行凶，当场将陆荣廷的代表汤觉顿等人击毙。龙的假独立完全暴露，反袁各军决定以武力对付龙。龙感到危急，4月19日亲去肇庆同陆荣廷达成妥协，承认在肇庆成立两广都司令部等五项条件。

5月1日，两广护国军都司令部在肇庆成立，岑春煊任都司令。5月8日，又在肇庆成立了军务院，推唐继尧为抚军长，岑春煊为副抚军长，蔡锷、李烈钧、陆荣廷、龙济光、陈炳焜、刘显世、梁启超等人为抚军。龙参加反袁非其本意，视护国各军如仇敌，节节布防。6月6日袁死，他未得肇庆军务院同意，擅自于9日电北京取消广东独立，投靠段祺瑞政府。6月，李烈钧率领的云南护国军第二军假道广东韶关北进，龙拒绝李军过境，令南韶连镇守使朱福全闭门不纳，两军发生冲突，龙军开炮轰击，护国军愤怒反击，攻破韶城，朱福全部投降。接着护国滇军由源潭趋清远而攻兵工厂，桂军过三水而攻佛山，陈炯明旧部邓铿、钟景宁也向龙军包围压迫。龙军大败，退守广州。龙见大势已去，只好接受段祺瑞提出的调停意见，10月14日，双方撤退军队，龙将督军印信交与省长朱庆澜转陆荣廷，赴琼崖任两广矿务督办。

1917年秋，护法战争开始，段祺瑞于11月任命龙济光为"两广巡阅使"，指使龙率领残部进攻广州。1918年1月，龙军占领雷州半岛及沿海各县，并进占阳江、恩平、化州等地。粤、桂、滇军等组成广东讨龙军，转入反攻。同年1月31日，讨龙军魏邦平部攻占阳江、恩平等县，龙军败走。4月18日，讨龙军攻占茂名。25日，讨龙军攻占化州。29日，广东督军署举行讨龙祝捷大会。海南岛琼东县龙部警卫营长杨锦龙也联络当地黎民宣布独立，反对琼崖镇守使龙裕光，并攻占了万宁、陵水等县。龙军被打得丢甲弃枪，连海南岛也不能立足。龙济光带领残部千人，在同年6月初泛海而北。到塘沽后，段祺瑞指定天津小站作为他屯兵之处。

1920年7月11日，直皖战争爆发。皖系失败，段祺瑞下野。奉军入关，进攻小站。龙军向东南撤退，溃不成军，派员向奉军求和。同年冬，全部官兵被奉军缴械遣散。

1921年1月，北京政府始免龙济光两广巡阅使职，入将军府为将军。1922年，龙患半身不遂，寓居北京朝阳门内私宅养病，1925年3月12日病死。

主要参考资料

罗峰南：《龙济光和振武军的兴亡》，中国人民政治协商会议云南省委员会文史资料研究委员会编《云南文史资料选辑》第1辑，1962年版。

李朗如、陆满：《从龙济光入粤到粤军回师期间的广东政局》，中国人民政治协商会议广东省委员会文史资料研究委员会编《广东文史资料》第1辑，1963年版。

杨家骆编：《民国名人图鉴》第1册。

普梅夫：《广东督军龙济光》，全国政协文史资料委员会编《文史资料存稿选编》（晚清·北洋）上，中国文史出版社2002年版。

胡汉民：《胡汉民自传》，《近代史资料》1981年第2期（总第45号）。

广州市地方志办公室，广州市地方志研究所编：《广州市沿革史略》第 13 章《济军时代的广州》，1989 年版。

黄孟苍等：《覃老发、陆亚发等在四十八弄的反清斗争》，中国人民政治协商会议广西壮族自治区委员会文史资料研究委员会编《广西文史资料选辑》第 2 辑，1982 年版。

林宝航：《广西游勇》，中国人民政治协商会议全国委员会文史资料研究委员会编《辛亥革命回忆录》(六)，中华书局 1963 年版。

李朗如、陆满：《辛亥革命时期广东军民概况》，中国人民政治协商会议全国委员会文史资料研究委员会编《辛亥革命回忆录》(二)，中华书局 1962 年版。

苏镜川：《护国第二军在开化、广南、富州一带军事行动经历记》，中国人民政治协商会议云南省委员会文史资料研究委员会编《云南文史资料》第 13 辑，1980 年版。

陈润之：《护国第二军始末简记》，《云南文史资料》第 13 辑。

部孔昭：《云南讨袁护国第二军入桂粤亲历记》，《云南文史资料》第 13 辑。

陈良佐：《陆荣廷的讨袁护国》，中国人民政治协商会议广西壮族自治区委员会文史资料研究委员会编《广西文史资料》第 13 辑，1982 年版。

《广东战事近闻》，《义声报》1916 年 7 月 25、29 日。

龙 鸣 剑

曾绍敏

龙鸣剑,原名骨珊,字顾三、顾山,号雪眉,四川荣县人,生于1877年5月14日(清光绪三年四月初二)。父龙章,又名得江,在本县五宝镇经营油坊。龙鸣剑九岁丧父。其四伯龙沛然出仕云南,官至知府,是龙鸣剑入学读书的资助人。

龙鸣剑幼年在本乡读私塾,学习勤奋,深得塾师的嘉许和学友的钦佩。后游学嘉定(今乐山),年十九举秀才。1905年,龙鸣剑进入成都优级师范学堂读书。在这里,他接触到西方的政治学说和自然科学知识,思想日趋激进,因抨击时政,被学堂当局斥退。龙鸣剑愤然离开学堂,剪掉发辫,决心向旧势力挑战。

1906年,龙鸣剑去北京考察政俗,对清政府的腐败深有感触,亲书北京现象为"高墙丰上激下,水潦一至,倾败随之"[1]。旋即东渡日本,入早稻田大学学习法政。他发奋钻研西方的政治法律学说,对革命的信念与日俱增,龙曾愤慨地说:"吾国不革命,不可与新命!"[2]随即加入同盟会,投身于推翻清政府的革命运动。

1907年,同盟会东京本部发生纷争,会员刘师培被两江总督端方收买,竟欲排斥孙中山,改组同盟会本部。龙鸣剑得知,怒不可遏,首揭

---

① 范遇鸿:《先烈龙君鸣剑事略》,见龙鸣剑著:《雪眉诗集》,第1页。
② 廖世英等修、赵熙等纂:《荣县志》人士第8,1929年刻本,第114页。

其奸,指出"大行不顾细检,此本奸谋,且夕当暴露"①,积极维护孙中山
在同盟会中的领袖地位。

　　同年,川籍同盟会员王仰思、秦彝鼎等人回国到云南发动革命,四
川革命同志于东京锦江春饭店为他们饯行。席间,龙鸣剑引吭高歌,慷
慨悲壮,满座为之感动。事后王仰思写信给吴玉章说:"锦江春之宴,大
有'荆轲饮燕市,酒酣气益振'之概,毕生难忘。"②

　　年末,《四川》杂志在东京创刊,它以宣传资产阶级革命为宗旨,是
当时深受人们欢迎的刊物。龙鸣剑为《四川》杂志撰写《党祸论》一文,
达七千余言,申革命大义,切中时弊。

　　1908年3月,河口起义失败后,龙鸣剑奉命回国开展革命工作。
他远涉南洋,途经越南,于这年冬天进入云南。在归国途中书写"粗识
轩辕奏乐章,九死南荒吾不恨"③的诗句,表达了他愿为革命献身的精
神。龙到云南后,奔波于滇南的盘山小路上,备尝艰辛。1909年春,离
滇回川,在成都以创办法政学堂为掩护,积极进行革命活动。这所法政
学堂实际上是当时四川同盟会的秘密机关,是革命者和爱国人士聚会
的一个重要据点。10月,四川谘议局成立,龙鸣剑被推选为谘议局议
员。他和程莹度等同盟会员"奉有使命暗中活动,乘机在谘议局内鼓动
甚力"④。清政府铁路国有的"上谕"传到四川,全川人民愤慨异常,立
即掀起了声势浩大的保路运动,龙鸣剑利用谘议局议员的合法地位,激
烈地反对清政府铁路国有政策。立宪党人邓孝可为迎合清廷,力主铁
路国有,在一次会上演说:"川民程度远不如湘鄂,湘鄂争可也,川人争
不可也。"龙鸣剑驳斥说:"一般人民程度本不相远,蜀人能争与否,此视

　　①　范遇鸿:《先烈龙君鸣剑事略》,见龙鸣剑著:《雪眉诗集》,第2页。
　　②　吴玉章:《吴玉章回忆录》,中国青年出版社1978年版,第44页。
　　③　龙鸣剑手稿。
　　④　唐宗尧:《辛亥革命前夕四川保路同志会发生始末的片断回忆》,未刊稿,藏
四川省社会科学院历史研究所。

提倡者能力如何。吾蜀固亦人也。"①语毕，赞成之声满座。

　　龙鸣剑与同盟会员王天杰等人密切注视保路运动的发展，"知此事非文电所能争也"，采取了与立宪派"明同暗斗"的策略，"外以保路之名，内行革命之实"②，主张将运动导向武装起义，推翻清王朝的统治。龙鸣剑和其他革命党人，一面动员群众进行公开的合法斗争，一面联络会党，组织群众准备武装起义。龙鸣剑接受在成都的同盟会会员的委托，于 1911 年 8 月 4 日（农历闰六月初十）同王天杰、秦载赓等人在资州罗泉井召集会议，商定武装起义方案，会议决定组织保路同志军，派人到各地去进行发动和组织工作，并决议在农历七月间各地同时或前后起义。罗泉井会议结束后，龙鸣剑回成都，在四圣祠召开秘密会议，亲自作报告。尔后又冒着盛暑，奔走于成都与各地间，做武装起义的动员组织工作。他在起义前写了一副对联："有志者，事竟成，破釜沉舟，百二秦关终属楚；苦心人，天不负，卧薪尝胆，三千越甲可吞吴。"③表达了他对反清斗争的必胜信念和坚韧不拔的精神。

　　同年 9 月初，四川保路风潮越来越大，形成"万众附和"的罢市、罢课群众运动，使清朝统治者预感到"现在事机万分危迫，民气甚固"，"大局尤不堪设想"④。四川总督赵尔丰于 9 月 7 日逮捕了保路同志会的首领蒲殿俊、罗纶、张澜等九人，开枪屠杀和平请愿的群众，制造了骇人听闻的"成都血案"。龙鸣剑认为革命时机已成熟，应立即进行武装起义。他四处奔走，驰檄飞笺，传递成都消息，号召各地起义。同时他疾驰成都城南农事实验场，与同盟会员朱国琛、曹笃等人商议，裁木板数百块，在上面书写"成都业已发难，望各地同志响应，速来救援"的字样，

──────────

　　①　范遇鸿：《先烈龙君鸣剑事略》，见龙鸣剑著：《雪眉诗集》，第 3 页。
　　②　唐宗尧、胡恭先：《资州罗泉井会议与组织同志军》，中国人民政治协商会议四川省委员会、四川省省志编辑委员会编《四川文史资料选辑》第 1 辑，1961 年，第102 页。
　　③　原件已佚，据吴伯良、龙仕信口述。
　　④　《广益丛报》第 9 卷第 17 期（第 273 号，1911 年 9 月）"纪闻"，第 13 页。

涂以桐油,投入江中,人们称之为"水电报"。"水电报"顺江而下,消息很快传遍沿江各州县,于是各地相继揭竿而起,形成了一个波澜壮阔的反对清政府的革命运动。

龙鸣剑发了"水电报",就星夜兼程赶回荣县,数日内集结民军一千余人,同王天杰率民军北上攻打成都。临行,荣县人民张灯结彩,燃放鞭炮,热烈欢送这支反清义军。出荣县城北门时,龙鸣剑激昂慷慨,拔剑起誓:"此行不捷,吾不复入此门矣!"①情气动人,大大鼓舞了民军的斗志。义军起程后,沿途参加者甚多,行至荣县双古镇已达三千余人。龙鸣剑同王天杰在双古镇对民军进行了整编。随后与秦载赓率领的起义民军会师,组成东路民军总部,众推秦载赓任东路民军统领,王天杰任副统领,龙鸣剑任参谋长,继续向成都进发。队伍在中兴场、中和场、苏码头、铁庄堰、煎茶溪、秦皇寺等处,同清军进行了大小二十余次战斗。龙鸣剑身先士卒,在枪林弹雨中指挥作战,欲"拼一死以谢天下豪杰"②。在他的带领下,广大民军莫不英勇杀敌。后因军粮告罄,装备悬殊,战斗失利。于是东路军决定分兵向各州县发展。

龙鸣剑和王天杰率兵转战嘉定、宜宾一带,议定龙在嘉定建厂制造枪炮炸药,王天杰回荣县整理民团。王天杰率部分民军回荣县,荣县知县李燊春闻风而逃。王天杰等人同从日本东京同盟会总部回川发动革命的吴玉章计议,决定建立革命政权,于1911年9月25日宣布荣县独立。龙鸣剑在嘉定闻讯,非常高兴,飞马回荣县。是时端方已至资州(今资中),命叙府(今宜宾)巡应军攻荣县。龙鸣剑认为"自流井属叙(府),叙防(军)去(自流)井必空,捣叙,防边必还救,荣(县)围必解"③。为了保卫荣县独立,民军决定行"捣叙救荣之计"。这时,龙鸣剑在戎马征战中已积劳成疾,身染重病,但他在家只小住了几天,即带病冒险突

① 《荣县志》人士第8,第114页。
② 范遇鸿:《先烈龙君鸣剑事略》,见龙鸣剑著:《雪眉诗集》,第4页。
③ 范遇鸿:《先烈龙君鸣剑事略》,见龙鸣剑著:《雪眉诗集》,第5页。

围至宜宾地界,聚集民团数千人,分前后两路向叙府进发,龙鸣剑自督后路。当前路军将抵叙府时,龙鸣剑得知清军攻下离荣县城六十里的程家场的消息,甚为忧愤,吐血数次。随后病情更加恶化,于11月26日在宜宾徐场杨湾赵家大院含恨而死。

　　龙鸣剑病危时,倚枕急书,表明自己"不愿苟生,愤而起与(清)政府宣战,理势迫之使然"①。他临死的那天早晨,倚栏小望,涕泪如流,为王天杰规划了求贤、筹饷、练兵、造械、保民、慎行六策。每条约三百余言,最后并书绝命诗一首。入葬那天,荣县、宜宾两地群众万余人自动前往悼念。

---

①　龙鸣剑:《最后家书》,见《雪眉诗集》,第34页。

龙　云

邵献书

　　龙云,字志舟,彝族,云南昭通燕山人。祖籍四川金阳。1884 年 11 月 27 日(清光绪十年十月初十)生于黑彝纳吉家族中一个保有奴隶制残余的地主家庭。排行第四,小名毛老四,彝名纳吉岬岬。幼年丧父,在家乡读私塾,年轻时拜师学武术,打拳摔跤,在当地黑彝家族中以械斗英勇著称。1911 年,龙因与四川金阳黑彝黑家的一次冤家械斗中失败,遂带了卢汉等人离乡外出投军。

　　他们先去永善,后裹胁了些人并带了些枪,自称"同志会",逃到四川宜宾。适值辛亥革命后滇军入川,龙率众投靠了滇军梯团长谢汝翼。不久随军回滇,龙以少尉军衔与卢汉一起被保送考入昆明云南陆军讲武堂第四期步兵科。1914 年毕业后,龙被分发到昭通独立营任中尉排长。未几,云南都督唐继尧听说龙在拳脚上颇有两下,调他回昆明任中尉侍从副官。以后由于获得唐的信任,先后任唐的近卫军二大队中队长、补充第一大队大队附、仪飞军大队长等职。

　　1921 年 2 月,唐继尧被部下顾品珍逼迫下台,龙云以仪飞军大队长护送唐从昆明去滇南。唐旋即由蒙自出走香港,临行改委龙为近卫第十一团团长,与拥唐的第二卫戍区司令兼蒙自道尹李友勋同驻蒙自地区。同年秋天,李、龙恐不容于顾,借响应孙中山讨陆荣廷桂军之名进兵广西,龙被委为李友勋旅的梯团长,攻下柳州后任柳州警备司令。1922 年 1 月,李、龙及在桂拥唐的滇军,在唐的策动下,拒绝随同孙中山北伐,拥唐反戈回滇讨伐顾品珍。时李任唐的靖国军第一军军长,龙为该军前敌司令。回滇途中李友勋被广西自治军击毙,唐委龙为该军代理军长。3月,讨顾品珍胜利,唐再度统治云南。此后龙被委为第五军军长兼滇中镇守使,驻昆明。1925年初,唐借口讨伐顾在广东之余部,企图染指两广,出兵广西,龙为一路,任总指挥。2月25日,龙部占领南宁,但后因其他各路滇军战事失利,龙等入桂滇军于是年秋撤兵回滇。1926年秋后,唐撤销了各军番号,加强亲信近卫部队,龙任昆明镇守使。

1927年2月6日,龙云与唐继尧部下胡若愚、张汝骥、李选廷四镇守使,因不满唐任用亲信,排斥异己,趁北伐战争顺利进展之机,发动了倒唐政变。政变后四镇守使成立了云南省务委员会,推胡为主席兼军政厅长,龙为委员兼云南讲武学堂校长,唐则为有名无实的总裁。5月23日唐病死,四镇守使间矛盾加剧。先是胡、张等部联合攻龙,6月14日扣龙于昆明。由于胡、龙前此曾分别派人到当时广州国民政府活动,同日,蒋介石任龙为国民革命军第三十八军军长,胡为第三十九军军长。7月1日,云南正式易帜。7月中下旬,因龙部卢汉由滇西反攻获胜,胡等人劫持龙退出昆明。后因胡得悉唐之余部拟勾结其内部将领趁虚占领昆明,在途中释放了龙云。月底,龙重占昆明。8月,代理省主席。1928年1月,在龙军事上取得节节胜利的同时,蒋介石指定龙为云南省主席兼国民革命军第十三路总指挥(后又改委讨逆军第七路总指挥)。至1929年秋,龙先后击败了胡、张及支持他们的黔军和川军,同时也击败了唐的余部,统一了云南。

1930年夏,龙为扩张势力,就任蒋介石所委的讨逆军第十路军总指挥,出兵广西,派卢汉为前敌总指挥。事先蒋许以攻下南宁后,广西地盘归龙统治,省政府主席由卢充任,后因卢久攻南宁不下而罢。1931年3月,卢汉等四师长因对龙在用人和安置遣散编余官兵等方面不满,向龙进行兵谏,为龙所瓦解。

龙云在逐步统一云南期间,曾对省内中共党人进行过镇压。为进一步巩固对云南的统治,从1931年起,龙逐步整顿军队,设立军官学

校,并通过法国商人向法、比、捷等国购买大批武器。到抗日战争前,已
培植了一支完全由他指挥、给养也都由地方自给的正规滇军三万多人。
在经济上,龙除直接通过省财政厅、富滇银行等机构榨取各族人民外,
还以"官商"和个人或集股名义在云南大力发展地方官僚资本。他极力
扶植云南等地彝族中的统治阶级充当党、政、军各种要职,逐步形成了
以他为首的龙、卢、陇、禄、陆、安彝族六姓家族为主体的地方实力集团。

　　1935年,中国工农红军第一方面军长征经过黔滇时,蒋介石委龙
云为中央"剿匪"第二路军总司令。龙既怕红军长驱直入,又恐蒋驱兵
"假途灭虢"。他组织以孙渡为司令的第三纵队,在黔滇川边境极力阻
堵红军,又组织兵力加强云南境内的防守。1936年3月,红军第二方
面军长征经过黔滇时,蒋委任龙云为黔滇绥靖公署主任,龙仍派孙渡率
第三纵队开往贵州尾随追击过滇红军。

　　1937年7月,抗日战争爆发后,蒋介石以"抗日"之名,命龙云将云
南军队编为第六十军,派卢汉为军长开赴前线。六十军将士抗战士气
旺盛,对日作战英勇。1938年3、4月间,参加鲁南台儿庄对日战役,颇
著战功。同年7月,龙请准了蒋,由云南补充士兵将第六十军扩编为第
三十军团,卢任军团长。年底,又扩编为第一集团军,辖三个军。初由
龙兼总司令,卢为副并代总司令职,后由卢任总司令。在龙云趁抗日之
机扩大自己实力的同时,蒋介石对抗日前线的滇军进行了多方拉拢与
分化。

　　龙云对汪精卫一向很推崇。1938年12月18日,汪以"赴滇讲学"
为名,逃离重庆。汪路过昆明时,曾与龙云密谈所谓"和平运动"。19
日汪去越南河内,在河内曾遭特务暗杀未遂。1939年5月6日,汪潜
抵上海,但龙未被汪拉下水,保持了民族气节。

　　1940年9月,日本侵略军侵占河内。龙云为避免其第一集团军为
蒋介石吞并,以防守滇南为由,要求蒋把其中的两个军调回云南。蒋只
准调回第六十军,成立滇南作战军,派卢汉为总司令。同时借机陆续派
遣自己的嫡系部队进入云南。年底,滇南作战军总部改为第一集团军

总部,而原第一集团军总部改为副总部。以后这部分滇军,在蒋的进一步拉拢与分化下逐渐脱离了龙、卢的控制。1945年初,云南的第一集团军扩编为第一方面军,卢为总司令,名义上辖第一、第九两集团军,但龙、卢只能控制第一集团军,后者系蒋的嫡系关麟徵部,实际上起着监视滇军的作用。

抗战开始后,蒋介石又给龙云添了军事委员会委员长昆明行营主任、军事委员会驻滇干部训练团副团长、陆军副总司令等职衔。名义上在滇的国民党中央部队统归龙云节制,事实上是蒋介石对地方实力派加紧控制。龙、蒋之间的矛盾由此加深。此时,昆明的民主运动在中共地下党领导下蓬勃开展。龙也有意开放一些民主运动,并与民盟等一些民主人士以至中共党人往来结交,借以自重。这在客观上有利于民主运动的进一步展开,当时昆明有"民主堡垒"之称。龙、蒋之间的矛盾也就更为加剧。

这时,蒋介石已决心要解决龙云,并做了些准备。抗战胜利后,蒋为全力投入内战,遂加快了倒龙的步伐以解除后顾之忧。1945年8月,蒋即命卢汉率第一方面军全部离滇去越南接受日本投降,又命昆明防守司令杜聿明和在滇蒋的嫡系部队为倒龙做了周密布置。9月底,蒋亲自坐镇西昌,就近指挥。10月1日,蒋派陆军总司令何应钦去越南河内,利用龙、卢之间的矛盾,对卢进行威胁利诱。3日,蒋命杜聿明武装包围云南省政府,宣布免除龙云的云南省政府主席等本兼各职,调任军事参议院院长。云南省政府主席由卢汉继任,在卢未到任之前由新任省民政厅长蒋的亲信李宗黄代理。同日,蒋以同样的内容向卢宣布。6日,在兵临城下和入越滇军又不返滇"勤王"的形势下,龙云满怀愤懑被迫去重庆接任新职,从而结束了他对云南十八年的统治。

然而,龙云并不甘心这次失败,同年12月,滇军将领去重庆开会,龙曾秘密策动他们抛弃卢汉,反对蒋介石要调全部入越滇军去东北参加内战的决定。要他们保存实力,等待时机,返回云南,公开反蒋。1946年春,入越滇军被迫全部开往东北,龙最终失去了他企图赖以东山再起的武装力量。5月下旬,龙随国民党政府"还都"南京。不久,军事参议院裁撤,成立战略顾问委员会,龙任副主任,代行何应钦的主任职。这年秋天,龙要去杭州游览,为蒋所拒。翌年夏天,他欲赴上海为其女儿出国留学送行,蒋亦不许。龙实际上过着被软禁的生活。1948年秋,济南解放后,龙风闻蒋要挟持他去台湾,在"行政院救济总署空运大队"大队长美国人陈纳德的帮助下,于12月8日逃离南京飞往香港。

龙云在重庆时,曾继续与民盟人士保持联系。当时罗隆基等人曾有让龙担任民盟主席之议。打算以云南为地盘,滇军为武力,成立特殊政权,扩大政治影响力。龙表示可在幕后支持。以后龙在南京和香港时,与民盟、三民主义同志会、民革都有广泛的接触,并曾出巨款予以资助。龙在香港参加了民革。1949年1月,当民革负责人李济深离港北上后,他曾主持过香港民革的工作。其间,他与共产党人也有联系。

龙云抵港后,先后通过旧部和派人去云南劝说卢汉尽早反蒋起义,并表示"滇事由弟(指卢汉)主持,外面接头由兄(龙自称)负责"。但由于他们都想以云南作为各自的政治资本,而当时卢对时局还存观望之心,两人步调始终难以一致。与此同时,龙还先后派其亲属、旧部等返滇直接组织武装队伍。当时滇东的所谓"西南人民革命军"、滇南的"中国人民自卫军"、滇西的"共革盟"军(即所谓中共、民革、民盟)等,都是在他直接或间接支持下发展起来的。但这些武装打着"革命"、"自卫"等旗号,招兵买马,危害地方,并未起到龙原来期望的扰乱国民党武装和促使卢汉起义的作用。8月底,龙为获得更多的政治资本,企图利用桂系与蒋、卢之间的矛盾,派其次子到广州找广东省主席薛岳,托薛转告代总统李宗仁和行政院院长何应钦,希望他们能让他重返云南任滇康绥靖公署主任。4月初,他又派其长子到南京找李等人做进一步活动。但不久南京解放,龙终未如愿。

是年8月13日,龙云与黄绍竑等四十四人,在香港发表《我们对于现阶段中国革命的认识与主张》的声明,表示愿意脱离国民党集团。二十多年来,龙从拥蒋到反蒋,经历了曲折的道路,此时公开表示彻底与蒋介石决裂。9 月 21 日,中国人民政治协商会议在北平隆重开幕,龙被列为特邀代表。1950 年 1 月,龙由香港来到北京。

　　1949 年后,龙云历任中央人民政府委员、人民革命军事委员会委员、西南军政委员会副主席、西南行政委员会副主席、第一届全国人民代表大会常务委员会委员、国防委员会副主席、中国人民政治协商会议第二届、第三届全国常务委员会委员及中国国民党革命委员会第二届委员、第三届中央常务委员会副主席、委员等职。1957 年,龙被错划为右派分子,1958 年 2 月被免去本兼各职,1959 年复任人大主席团主席。1962 年 6 月 27 日,龙云因病在北京去世。28 日,摘去右派分子帽子。1980 年 7 月,龙云的右派分子问题得到改正。

主要参考资料

　　王昆仑、楚图南:《怀念龙云先生》,《人民日报》1984 年 11 月 19 日。

　　龙福保:《回忆祖父龙云逝世前后》,《中国建设》1981 年第 6 期。

　　张增智:《龙云在解放战争时期》,《文史资料选辑》第 96 辑,第18 页。

卢　汉

邵献书

卢汉,字永衡,原名邦汉,彝族,云南昭通燕山人。1895 年 2 月 6日(清光绪二十一年正月十二日)生于黑彝吉迪家族中一个带有奴隶制残余的地主家庭。祖父曾捐过一个游击,卢汉排行居长,清末曾在昭通"考棚"读书。十六岁时,跟随龙云离乡外出投军。

龙、卢等先去永善,后裹胁了些人和枪,自称"同志会",逃到四川宜宾,投靠了辛亥革命后入川的滇军梯团长谢汝翼。旋即随军返滇,以准尉军衔与龙云一起被保送考入昆明云南陆军讲武堂第四期步兵科。1914 年毕业后,卢随滇军入川,历任排长、连长,至 1917 年任成都兵工厂营副营长。1920 年滇军在川失败,1921 年初卢随军返滇。2 月,云南滇军总司令唐继尧被部下顾品珍逼迫下台,时卢任近卫第十一团(团长龙云)营长,驻蒙自地区。秋天,龙、卢等人恐不能立足于滇,乃借响应孙中山讨陆荣廷桂军之名,进兵广西柳州。1922 年 1 月,卢随龙等人拥唐回滇讨顾。3 月,唐再度统治云南,卢任唐的近卫第三团团长。1925 年初,唐借讨伐顾在广东之余部为由,企图染指两广,卢团调属第五军军长龙云部进兵广西。2 月,龙、卢等人攻下南宁,但因其他滇军在桂战事不利而撤回云南。卢回滇后任龙部的第七旅旅长(当时无师的编制)。

1927 年 2 月 6 日,唐继尧部下胡若愚、龙云、张汝骥、李选廷四镇守使发动倒唐政变。5 月,唐病死。6 月,胡、张等部联合攻龙,并扣龙于昆明,卢汉等将龙的大部分部队带往滇西整编扩充。7 月,卢等人率部反攻昆明获胜,迫使胡等人退出昆明并释放了龙。龙重占昆明,蒋介石遂即任龙为国民革命军第三十八军军长。此后,在云南两年的混战中,卢为龙部的骨干第九十八师师长,帮助龙当上了云南省政府主席,击败了各个反对势力,统一了云南。

1929年底,卢汉以军人身份兼省财政厅长,对云南财政有所整顿。1930年夏,蒋介石委龙云为讨逆军第十路军总指挥讨桂,龙派卢为前敌总指挥率部进兵广西。事前蒋曾许龙于滇军攻下南宁后,即发表卢汉为广西省政府主席,广西地盘亦归龙统治。但卢久攻南宁不下,乃于1931年2月撤兵回滇。在由桂返滇途中,卢秉承龙的旨意,对庞杂腐败的滇军进行裁并。但龙对编余官兵不予安置,加之长时期来龙在用人等方面的问题,引起了卢等四师长的不满。四人于8月在宜良举行会议,以"清君侧、去憸壬"为名,向龙进行兵谏。但因内部发生分裂,被龙反过来扣押了他们。龙撤去了四人的职务,并废师改旅。未几卢等人获释,以后他在相当长时间内没有统兵。但云南的军政大计还是与闻,并曾任全省团务督办。省内的财政整顿,向法、比等国购买武器等,亦由卢主其事。

1937年7月,抗日战争爆发后,蒋介石借"抗日"之名,命龙云将云南军队编为陆军第六十军,派卢汉为军长。卢于9月率部开赴前线,官兵抗战士气旺盛,长途跋涉四千余里,步行四十八日抵长沙。1938年春,第六十军驻武汉时,蒋曾调团长以上军官到武昌珞珈山军官训练团受训,派卢为军官训练团大队长,并多方对该军进行拉拢与分化。这时卢亦乘机活动,第六十军破格获得特种军的编制。三四月间,卢率部参加了鲁南台儿庄对日战役。全军将士作战甚勇,重创敌军,颇著战功。7月,由云南补充士兵,第六十军扩编为第三十军团,辖三个军,卢为军团长。10月,卢因病离开部队,先后在长沙、贵阳、昆明就医。12月,第三十军团扩编为第一集团军,仍辖三个军,初由龙云兼总司令,卢为副,并代总司令职,后由卢任总司令。1939年间,蒋介石名为酬卢,许卢充贵州省政府主席。但当卢去重庆商谈就职事时,蒋又只允他带一个秘书长到任。他不愿当光杆主席,适值旧病复发而罢。卢的第二次省主席职又成画饼。

1940年9月,日本侵略军进占越南河内。蒋介石为敷衍龙云提出的防守滇南要求,准将第一集团军的第六十军调回云南,成立滇南作战军,以卢汉为总司令,驻昆明。此后蒋亦借机派自己的嫡系部队陆续开进云南。年底,滇南作战军总部改为第一集团军总部,移驻蒙自;而湖南前线的原第一集团军总部改为副总部。这部分滇军,以后在蒋介石的进一步拉拢与分化下,逐步脱离了龙、卢在云南的遥控。1945年初,在滇的第一集团军扩编为第一方面军,卢为总司令,移驻开远。第一方面军名义上辖第一、第九两集团军,但龙、卢只能控制前者,后者关麟徵部系蒋的嫡系,实际上起着监视滇军的作用。

1945年8月日本投降后,蒋介石为了全力投入内战,解除云南后顾之忧,必欲调空在云南的滇军,即命卢汉率第一方面军开赴越南北纬十六度以北地区受降。在此前后,蒋为解决龙云做了一系列的准备。10月1日,蒋派陆军总司令何应钦去越南河内坐镇,并利用龙、卢矛盾,对卢进行威胁利诱。3日,蒋命昆明防守司令杜聿明武装包围云南省政府,宣布免除龙的云南省政府主席等本兼各职并调任军事参议院院长。同时,派空军副司令王叔铭持蒋给卢的亲笔信见卢,宣布由卢继任云南省政府主席,在卢未接任前由蒋的亲信新任省民政厅长李宗黄代理。这时,卢在越按兵未动,不久还对滇军进行整顿,撤换了一批亲龙的将领。11月,卢去重庆参加蒋的复员整军会议,同意蒋命令入越滇军全部开往东北参加反共内战的决定,并回云南接任省政府主席兼省保安总司令等职。12月1日,云南警备总司令关麟徵等人在昆明制造了“一二一”惨案,屠杀争民主、反内战的学生和教员。就在这一天,卢宣布任省主席职,并提出一个“保境安民”的施政方针。

1946年春,入越滇军被迫分两路先后开赴东北。5月31日,第六十军的第一八四师在海城起义,给卢汉以很大震动。6月,卢开始在昆明组成省保安总司令部。但蒋介石仍保留云南警备总司令部,总司令由其亲信霍揆彰充任。霍用保安总部的名称和经费,以警备总部的人员编成保安总队,由霍指挥,卢不得过问,只给卢留一个警卫营,这又一次刺激了卢。7月中旬,蒋介石授意霍在昆明制造了"李、闻惨案"。8月,在全国舆论压力下,云南警备总司令以何绍周继任,名义上归卢节制,但何依仗蒋势,气焰嚣张,卢无可奈何。与此同时,蒋介石安插在云南的其他亲信,亦多方与卢为难。1947年6月,在卢的主持下,把省经济委员会和省企业局等单位改组为"云南人民企业公司",卢任董事长,以抵制蒋介石攫取云南资财的行为。10月,卢受蒋命去东北第六十军进行抚慰,见军心涣散,东北已难支撑,深感前途险恶,更加大了他对蒋的离心力。

自1948年冬起,尤其经过辽沈、淮海、平津三大战役后,卢汉趁蒋介石欲借重云南之机,先后向蒋请准了保安总队归保安总部建制、撤销云南警备总司令部等要求,又继续鼓吹其"保境安民"、"在安定中求进步"的施政方针。同时,利用云南人民企业公司等资财,大肆扩充保安总队,极力增强地方实力。这时由南京逃往香港的龙云先后派人与卢汉联络,策动他尽早反蒋起义。但卢此时对时局尚存观望之心,两人步调始终难以一致。1949年2月12日,昆明市民传闻部分金圆券为伪票,纷纷前往中央银行挤兑。卢不问青红皂白命宪警就地枪决了无辜市民二十一人,造成了轰动一时的大惨案。5月,云南绥靖公署成立,卢为主任。

1949年秋初,卢汉眼看蒋介石政权朝不保夕,便进一步打算在政治上自谋出路。曾向美国请求帮助云南独立,遭到拒绝。通过中共地下党的工作,他加强了与中国人民解放军滇桂黔边区纵队(简称边纵)的联络,又派人由香港到北平和中共联系。8月,卢还派人联络西康省政府主席刘文辉,并通过刘联络西南军政副长官邓锡侯、潘文华,约同他们在适当时机共同反蒋起义。与此同时,卢在不损害其统治地位的原则下,开放了一定限度的民主运动。对国民党政府也展开了反压制斗争,如拒绝桂军入滇,反对在云南发行银元券,撤销军师团管区和警务处,停止征兵征粮等。

卢汉的这些自谋出路的活动,引起了国民党政府的密切注意。这年秋天,以代总统李宗仁为首的桂系极力主张采用武力把云南纳入其势力范围,并派遣军队兼程入滇。但蒋介石集团不让桂系独占云南,抬出"和平解决"予以对抗。卢与桂系夙怨很深,自忖实力尚小,而中国人民解放军又远在湘鄂一带,在蒋与西南军政长官张群的再三催迫下,卢乃于9月6日去重庆就范。蒋允许云南的保安团编为两个军,卢也答应回云南后进行反共反民主的"整肃"。9日,在大批特务挟持下,卢在云南开始了全面的"整肃",先后逮捕进步人士八百多人,布置"围剿"边纵,解散省参议会和部分进步大中学校,查封一些进步报刊,部分改组省政府,发布反共文件和进行反共宣传等。

不久,人民解放军向桂、黔、川等省进军,云南革命形势发展迅速,边纵已控制了绝大部分地区和主要交通线,蒋介石在云南的第二十六军和第八军已处于战略包围之中。这就促使卢汉认清了形势,决心投向人民,走上反蒋起义的道路。11月3日,李宗仁为实现桂系残部在桂、滇一带继续负隅顽抗的图谋,以代总统名义来到昆明巡视,对卢进行游说拉拢。此时卢已决心起义,李的企图不仅没有实现,反而被卢利用他和蒋的矛盾,经他同意于是月中下旬先后全部释放了在"整肃"中被逮捕的进步人士,"整肃"工作无形停止。与此同时,卢宣布请病假两周,在家专心筹划起义。他先后派人去广州联系中共领导;又联络"边纵"牵制蒋军;拒绝蒋派张群来昆明建立反共基地;调整兵力部署,并成立昆明警备司令部,具体执行起义任务等。为适应新的环境,卢下决心戒除了多年的鸦片烟嗜好。12月9日,正当人民解放军三面包围成都,蒋介石将在云南实行新的反共阴谋时,卢通电全国宣布云南起义。11日,正如卢后来所说的,为给自己留有后路,他私自放走了在起义时被扣押的张群。16日到21日,在中共地下党和全市各族人民的支援下,以兼程援滇的人民解放军为后盾,卢主持了昆明保卫战,击退了蒋的第八军和第二十六军对昆明的进攻。

解放后,卢汉历任云南省军政委员会主席,西南军政委员会委员,西南行政委员会副主席,第一届全国人民代表大会代表,第二、三届全国人民代表大会常务委员会委员,中华人民共和国体育运动委员会副主任,中国人民政治协商会议第一届全国委员会委员,第二、三、四届全国政协常务委员会委员,中国国民党革命委员会委员及中央常务委员等职。多年来,他对祖国的革命和建设,对促进我国各族人民的大团结,作出了自己的贡献。1974 年 5 月 13 日,卢汉因病在北京逝世。

主要参考资料

《卢汉先生追悼会在北京举行》,《人民日报》1974 年 5 月 19 日。

林南园、孙代兴:《卢汉传》,中国人民政治协商会议全国委员会文史资料研究委员会编《文史资料选辑》第 98 辑,文史资料出版社 1985 年版。

卢 兴 邦

陈孝华

卢兴邦,原名良,号光国,福建尤溪人,生于1880年10月16日(清光绪六年九月十三日),出身贫寒。

卢兴邦青年时以贩卖土纸为生。民国初年,因向本乡一家地主赎典竹林,与地主发生争吵,被指控通匪,遭官吏索捕。卢逃往德化,投奔土匪头目苏亿,并改名兴邦。后来他纠集卢兴明、卢兴荣等一伙人,在德化、尤溪交界处打家劫舍,不到一两年就发展到数百人。1915年、1916年,福建督军李厚基先后派兵进驻尤溪,对卢兴邦剿抚兼施,均无法将其歼灭。

1918年,"援闽粤军"许崇智部攻克永安时,派孙本戎与卢兴邦联络,卢归附。许崇智委卢为粤军第三师第五旅第九团团长。当时许部与李厚基军队相持于沙县、永安一带,数月不能决胜负,因得卢兴邦的援助,得以击败李军,卢被擢升为第五旅旅长。

1922年秋,许崇智率北伐军由赣入闽,联合王永泉进攻福州李厚基时,委卢兴邦为讨贼闽军第三路司令。卢出兵葫芦山,进占樟湖坂等地,协助许崇智进攻水口,将李厚基的一个团击败缴械。10月,孙中山令在闽的北伐军改称东路讨贼军,许崇智以总司令兼第二军军长,任卢兴邦为东路讨贼军第一独立旅旅长。这时卢部地盘扩大到尤溪、大田、宁洋及永安县。1923年初,东路讨贼军回粤,卢改任东路讨贼军留闽第一师师长。

粤军回师广东之后,直系军阀孙传芳、周荫人相继率部入闽,卢兴邦与北军保持若即若离的关系。1924年春,方声涛回闽联络各地民军,以卢兴邦部为基础,在大田成立闽军总司令部。卢趁机扩充实力,逼走方声涛,此举使这次对抗北洋军阀的计划受挫。

卢兴邦与盘踞沙县的民军郭凤鸣部常为争夺地盘而发生摩擦。1925年5月间,郭凤鸣得到福建督军周荫人的允准,由福州溯闽江北运一批枪械。卢兴邦获悉,派兵予以全部截劫。周荫人大为震怒,下令宣布卢兴邦罪状,撤职通缉,并大举进剿。卢部被迫退出尤溪县城,化整为零,除以一部主力留在尤溪山村外,其余则分股流窜闽北各县。在这以前,卢部曾改称为建国军,但未公开,这时则正式宣布将所部一律改换建国军旗帜①。10月,孙传芳调动军队向苏皖奉军进攻。周荫人为了支援孙军,把攻打尤溪的兵力全部调走。卢部乃于11月重新占据尤溪县城。后经樟湖坂基督教牧师吴銮仕出面调停,双方划界,互不侵犯,战事始息。

1926年7月,国民革命军出师北伐。12月何应钦率东路军进入福建后,委卢兴邦为闽北指挥官兼福建政务委员会委员。卢部乘机进占南平,并在樟湖坂截击周荫人残部,缴获大批军火。他还派兵进攻沙县,把郭凤鸣残部卢新铭驱走。卢部被收编为国民革命军新编第一独立师,卢兴邦任师长兼闽北绥靖委员,设闽北绥靖公署于南平,从此闽北各县尽为卢所占领。卢部发展迅速,分驻闽西北各县。北伐军离闽去浙时,何应钦把从周荫人手中接收下来的洪山桥兵工厂和造币厂交给卢兴邦。卢把工厂的设备、人员都搬迁到尤溪去,大量制造枪械弹药,加强装备。

1927年7月,杨树庄任福建省政府主席时,卢兴邦任省政府委员。他以师长兼省府委员身份,带兵数千到福州参加就职典礼。这是卢兴邦第一次到省城,他为了替自己制造舆论,开展了一些社会慈善活动,如捐助私立开智学校基金、捐款给私立协和大学盖"光国楼"等。卢在

---

① 《奋兴报》1925年9月8日。

福州逗留十几天就回南平，自此便一直躲在山城，再没有到福州去了。1928年9月，福建省政府改组，卢兴邦未再列名于其中。12月，卢部缩编为陆军暂编第二师，辖两旅，卢兴邦为师长。

　　自1926年至1930年，卢兴邦盘踞闽北达五年之久，独揽辖区内一切政治、经济、军事大权，各县县长都由卢委任，成为闽北的土皇帝。他在尤溪口等处设立税卡，抽收木排捐、上下水船捐、百货捐等名目繁多的苛捐杂税。卢将掠得的银元运到尤溪，秘密改铸为成色低劣的双毫小洋，通令所辖各县通用，从中掠取高利。同时还滥发钞票，先后发行过"华通券"、"广裕券"①，以此暴敛黄金与银元。另外，他还派人充当福建盐运使，控制重要的盐税收入。

　　这一时期，卢兴邦为了谋取更大发展，派部属杨愚谷等人携巨款前往南京、上海一带，多方钻营；在上海设立办事处，笼络国民党权要。

　　卢兴邦胸无点墨，却故作风雅，1929年10月五十岁生日之际，他在南平举行大规模寿庆，将收到的许多寿序、寿诗汇印成册，广为赠送。蒋介石从南京派专员前来祝寿，送他一幅寿匾②，卢引为无上光荣。

　　到1930年，卢兴邦所部除嫡系的卢兴明部、卢兴荣部外，还有归附他的闽西卢新铭、古田钱玉光、尤溪陈荣标等部，共达万人，管辖闽西北二十余县。卢兴邦欲凭此基础，进一步夺取全省权势。适阎锡山酝酿反蒋，卢派人潜往太原向阎输诚；同时派人赴南京探察情况，拟乘国民党内部派系斗争、政局动荡之际，推翻以杨树庄为主席的福建省政府。1月初，杨愚谷从南京打来电报说"蒋倒可行"，意为"蒋若倒，事可行"③。卢却以为蒋政权已经垮了，即下令于1月6日晚上在福州扣押

----

①　《江声报》1932年8月20日。

②　《卢光国五十寿言汇刊》。

③　许显时：《福建地方派系的倾轧与"一·六"事件始末》，中国人民政治协商会议福建省委员会文史资料编辑室编《福建文史资料》第1辑，福建人民出版社1962年版，第91页。

省政府六名委员,送禁尤溪,造成轰动一时的"绑架六委事件"。5月,蒋、冯、阎中原大战爆发后,阎委卢兴邦为中华陆军第二十军军长,并允帮助卢扩充实力进攻福州,许卢事成后为福建省政府主席,卢兴邦大喜①。蒋介石为解决福建问题,除派张群至福州进行调解外,并调刘和鼎第五十六师驻福州,下令讨伐卢兴邦。卢则响应阎、冯进行反蒋,部署攻打福州。刘卢战争8月爆发。由于卢部团长钱玉光被方声涛收买,杀死了卢部旅长陈荣标,卢部迅速动摇。10月,卢兴邦战败求和,通电悔过,释放了被扣的省府委员,嗣后又用金钱央托陈肇英出面疏通。于是蒋介石取消了对卢兴邦的讨伐令,并把卢部改编为陆军第五十二师,仍以卢为师长。经过这场战争,卢的势力大为削弱,地盘也缩小了,只剩下沙县、永安、尤溪三县。同时卢部薪饷规定由南京国民政府统一发给,而地方各项税收则归省府掌握。称霸一方的卢兴邦,从此一蹶不振。接着,蒋介石驱使卢部参加"剿共",委卢兴邦为"闽西剿匪指挥官",令其所部开往闽西,分驻沙县、永安、宁化、清流、归化各县。在永安、宁化等地,卢部时时挨红军攻打,损失实力不少。

　　1933年11月,十九路军在福州发动反蒋前,为拉拢土著军队,曾与卢兴邦部联系过。卢派卢兴荣到福州会见蔡廷锴,商谈合作。福建人民革命政府成立时,卢兴邦电贺蔡廷锴等人就任新职,表示"谨率所部,抱橐负弩,静候指挥"。后卢又通电接受福建人民革命政府的委任,就人民革命军第十五军军长职,并为十九路军提供一些蒋军情报②。但与此同时,卢兴邦又派人去见蒋介石,接受讨伐十九路军和镇压"闽变"的任务。卢部为了阻止红军推进南平与十九路军联合,在沙县、尤溪死守两个星期,使入闽的蒋军能够迅速通过南平直驱福州,因而受到

　　① 杨立等:《关于卢兴邦部琐记》,中国人民政治协商会议福建省委员会文史资料编辑室编:《福建文史资料》第4辑,福建人民出版社1980年版,第99页。

　　② 蔡廷锴:《回忆十九路军在闽反蒋失败经过》,中国人民政治协商会议全国委员会文史资料委员会编《文史资料选辑》第59辑,文史资料出版社1979年版,第74页。

蒋介石嘉奖①。卢部还为蒋军卫立煌部带路，直趋永泰，袭击十九路军。

1934年初，蒋介石在福建解决了十九路军后，即调动军队大举进攻闽西红军。卢兴邦第五十二师也被编入进攻序列。蒋军从南平、沙县向归化进攻，卢部则从永安向清流、归化推进，以牵制红军兵力。红军撤离闽西开始长征后，蒋军随即开进闽西地区，卢部也乘机进驻清流、归化一带。

这时，蒋介石乘势进而解决卢兴邦部。蒋以参加"会剿"为名，先把卢兴邦所有部队调离闽北老巢，开到龙岩地区，与蒋军混驻在一起；继而对卢部主要人事加以调整，改任卢兴荣为师长，派进黄埔系军人担任重要职务。1936年秋，卢部被全部调离福建，开往浙江。从此，卢兴邦蛰居尤溪。

1937年，"八一三"淞沪抗战爆发，蒋介石命令卢部从浙江开往上海前线参加作战，结果卢部在上海退却时几乎全部覆没。后卢虽在福建、安徽等地招募新兵，但经补充训练后又奉命开到安徽宁国，以连为单位被分别编入国民党第十八军所属第十一师、十三师。至此，卢兴邦的全部实力被蒋介石吞并了。

1945年10月29日，卢兴邦在尤溪病故②。

---

①　钟大钧：《闽北卢兴邦史略》，中国人民政治协商会议福建省委员会文史资料编辑室编《福建文史资料》第4辑，第90页。

②　《东南日报》1945年11月21日。

卢 永 祥

朱杰仁

卢永祥,字子嘉,山东济阳人,1867年10月22日(清同治六年九月二十五)出生于一个农村塾师家庭。1884年入山海关北洋随营武备学堂,毕业后留任算学助教。此后在清朝军队中,历任新建陆军步队兵官学堂内堂教习、祥字营正哨长、充山东先锋队后路右营帮带、北洋新练左军右营管带、北洋常备军左镇马队第四营管带、第二镇步队第三标统带、陆军步队第二协统领、陆军步队第十一协统领。以军功荐保以提督、总兵记名简放,加墨尔庚额巴图鲁勇号,并加副都统衔,候补陆军副都统。1911年4月,卢永祥升任北洋第三镇(统制为曹锟)第五协协统,驻防奉天新民屯。其间曹锟丁忧,暂代统制职。10月,武昌起义爆发。10月27日,卢永祥参与第二十镇统制张绍曾领衔的联名电奏,提出立宪政纲十二条,要求速开国会制定宪法,组织责任内阁。后又参与第六镇统制吴禄贞、第二十镇统制张绍曾谋议组织的"立宪军"。但卢永祥忠于袁世凯,不理会张绍曾"集军滦州"的请求,而于11月率部第三镇第五混成协从东北去镇压山西革命军,并于12月初攻占山西门户娘子关,1912年1月初攻占太原。卢部军纪极坏,"纵掠太原,肆同狂寇",山西赵城绅民铸卢永祥的铁跪像以示愤恨之情,其铭文称卢为"汉族之贼,满清之奴"、"山东巨盗,袁氏走狗"。当地人士曾上书袁世凯控诉其暴行,但袁世凯内阁于2月1日任命卢永祥会办山西军务。

1912年3月,袁世凯继孙中山任中华民国临时大总统,卢永祥任陆军第二十镇统制,驻防奉天,并授予陆军中将衔。10月,改镇为师,卢任第二十师师长，辖第三十九、四十两旅，并直属陆军部，但因张作霖、冯德麟的反对，卢调任陆军第五混成旅旅长，驻北苑。1914 年 5 月，该旅扩充为陆军第十师，卢任师长，辖第十九、二十两旅。同年，日本对德宣战，卢率部开赴济南，维持所谓"中立地位"。10 月，第十九旅调防江苏松沪一带。1915 年 11 月，上海镇守使郑汝成被刺身亡，袁世凯为加强对江南的控制，将松江、上海两镇守使合并为松沪护军使，直隶中央，令卢永祥率部移防上海，任命杨善德为护军使，卢为第十师师长兼松沪护军副使，驻防吴淞。

在袁世凯帝制运动中，卢永祥虽未积极参与，但亦未加反对。但当 1915 年 12 月 25 日蔡锷在云南通电宣布独立，卢永祥于次日即与杨善德等联名通电，要求唐继尧等立即"取消前电"，否则将"整率军旅，请旨声讨"。12 月 29 日，又致电政事堂，劝袁速就帝位。待 1916 年 3 月，袁世凯被迫取消帝制后，卢永祥等又通电表示希望讨袁的滇、黔二省"捐除凤见，共济时艰"。袁世凯死后，北洋各派渐渐形成，卢永祥投向渐渐形成的以段祺瑞为首的皖系。1917 年，杨善德升任浙江督军，卢永祥任松沪护军使。

1917 年因中国参加第一次世界大战问题，发生总统黎元洪与国务院总理段祺瑞的"府院之争"，5 月 23 日黎元洪下令免去段的职务，段即发出一道教唆督军团起兵反抗的通电。卢永祥起而支持段祺瑞，一面在上海开会讨论"保护地方治安事宜"，又于 6 月 1 日致电黎元洪，要求解散国会，如不允所请，将"与独立各省一致行动"。6 月 3 日，卢永祥在护军使署召开有关军事会议，议定"在沪军警行政各机关应取同一态度"，并将"中央文电暂行搁置"。4 日，又电天津宪法研究会，再次表明解散国会的态度。同时，以护军使署的名义派代表参加天津的"各省军务总参谋处"的特别会议。6 月 13 日，黎元洪被迫下令解散国会，卢永祥于 20 日通电全国，表示今后"惟有力谋地方安宁，静候中央解决"。其时，应黎元洪之邀赴京调停"府院之争"的安徽督军张勋于 7 月 1 日复辟帝制，封卢为江南提督。7 月 2 日，卢永祥召开紧急会议，表示反对复辟,但"要静观时局如何发展,以便决定进行",并与海军将领程璧光联合通电,宣布参加讨逆。张勋复辟失败后,黎元洪通电宣告不再与闻政事,推副总统冯国璋继任总统。冯北上就职,皖、直系对江苏地盘展开争夺。冯为保其江苏的地盘,于 8 月 6 日任命直系李纯继任江苏督军,皖派的卢永祥则于 15 日被委为会办江苏军务。段祺瑞执政北京政府后推动武力统一西南的政策,这又与冯国璋主和意见相左,卢对段的政策表示支持,11 月中旬通电主张继续对南用兵。12 月初,卢派代表参加了曹锟等人在天津举行的督军团会议,强烈要求冯国璋速颁明令,讨伐西南。当时直、皖对于新旧国会也意见相左,冯国璋主张同时取消旧国会和临时参议院。12 月 31 日,卢永祥与主战派曹锟、张作霖等十督军联名通电反对恢复旧国会,主张临时参议院代行国会职权选举正式总统。

1919 年中国巴黎和会外交失败,五四运动爆发。卢永祥一方面致电北京政府,称"民心向背实时局安危","国势虽弱,民心未死",要求"请饬和会专使据理力争,坚持到底,以顺民意",同时希望政府"力顾大局",将曹汝霖、章宗祥、陆宗舆三人免职。同时对于学生的罢课,认为于"治安学业两有关碍",要求上海道尹设法消弭,又致电江苏教育会要求照常上课,其后又下令提前两星期放假。当上海的三罢运动开始后,卢永祥则宣布戒严。对于"五四"的新思潮,卢永祥极为反感,查禁《浙江新潮》、《新青年》等书刊,谓这些刊物"主张社会改造,家庭革命,以劳动为神圣,以忠孝为罪恶","贻害秩序,败坏风俗"。1919 年 8 月,卢永祥任浙江督军,兼松沪护军使。巴黎和会后,日本多次催促中国与其直接交涉山东问题,中国国内舆论强烈反对与日本直接交涉山东问题,补签对德和约。卢永祥一面对上海学生对于鲁案的罢课游行进行弹压戒严,一面于 1920 年 2 月多次致电北京政府,认为中国只有南北统一之后,"再行讨论山东问题",反对与日本直接交涉,建议山东问题应交由国联解决。

1919 年春开始的南北和会无果而终,1920 年 4 月 5 日,卢永祥通电提出促进南北和议主张,称南北和议必须从根本上解决,"所谓根本解决何?即法律问题是也","解决法律问题乃即为谋和之捷径,其他各问题均属善后之策",认为取消中日密约解决军事协定等案并不是国家根本问题,而只是外交上的事件。为此,卢指出"旧约法不适合国情","非从速制定宪法不可",主张"从新、旧两国会中各选出若干人,协商组织宪法委员会",速开制宪会议,以定国本而释纷争。4月23日,卢又通电倡议废除督军制度,指出督军制是"和议之梗"、"政治之害","共和政体之下,督军制似不相宜,是督军本非久存之物,亦非武人世袭之职","废除督军制实为今日切要之图",为根本解决全国和平统一的途径。并表示愿意身体力行,"取消督军,请自永祥始"。5月,卢永祥发表《废除督军制度之商榷书》,对废督作了具体说明,废除手续"以六个月为最大限,入手之初,安置将校,次及裁兵,次及废除督军制",设军事参议院安置高级将领,校官以下按军阶给予薪俸;士兵或充城镇乡警察,或改编警备队、工程队。而裁兵后"各省区地方治安之责,则有各行政长官担负"。

在直皖战争前,直系就密谋夺取皖系卢永祥、何丰林控制下的松沪地区。7月2日,北京政府以大总统的名义,发布了由江苏督军李纯提出的沪、浙军政人事变动,以卢永祥为浙江督军,裁撤松沪护军使,改设镇守使,以第六七混成旅旅长何丰林为松沪沪镇守使,隶属江苏。卢、何拒不受命,由7月4日通电反对裁撤松沪护军使,谓"松沪沪地方重要,未便骤事更张",要求"准予维持现状"。双方都调动军队,李纯调江苏第二师朱熙部进驻昆山,而卢永祥宣布上海地区特别戒严,派浙军开往南翔。然因驻沪领事团的强烈抗议及沪、浙各公团的奔走,苏、浙于7月12日进行和平谈判,达成《保境安民公约》,并将各自军队撤回原防。

1920年7月的直皖之战中,皖系战败,卢永祥成为皖系少数仅存有地盘的督军,在直系势力的包围下不自安。为此,对外卢永祥结奉系、粤方,谋组反直三角同盟,帮助困居福建漳州的粤军成功回粤,并向发起驱桂之役的粤军提供军火接济;对内,卢永祥提倡制宪自治以结地方势力,排拒直系进入浙江。1921 年 6 月 4 日,卢永祥发出轰动全国的豪电,称中国由于各省分裂,造成南北对峙而不能统一,所以中国只能由"分裂而进于分治,由分治而合成统一",因此正本清源之道在于"先以省宪定自治之基础,继以国宪保统一之旧规"。同时,召集各省代表会议,商议办法交国民公决。6 月 5 日,卢永祥致电徐世昌谓此为"欲求真正统一"的"根本补救之策"。豪电发表后,获得陕西督军陈树藩、湖南督军赵恒惕、广东省长陈炯明、贵州督军卢焘、湖北督军王占元、川滇边防督办刘湘、安徽督军孙发绪等,以及各省法团和名流的支持。6 月 23 日,卢永祥邀集浙江省长沈金鉴及浙江各军政主官在陆军袍泽社召开省宪意见沟通座谈会,称豪电"用意在分权自治",而不是主张浙江独立。9 月 9 日,浙江省宪会议通过省宪("九九宪法"),又公布省宪实施法;9 月 22 日又组成由卢永祥、蔡元培、黄郛等九人为委员的宪法执行委员会。虽卢一再表示制定省宪法"实为不可稍缓之事",他本人"期望其早日有成",但省宪公布后,卢恐实行省宪后要受约束,不能专擅自由,借口部分浙人对省宪内容的不满,终不愿实行。1922 年浙江省议会又将"九九宪法"作草案的一种,另以其他草案三种,以红、黄、白三色识别("三色宪法草案")交由公民总投票,后亦未举行总投票程序。正如时人所说:"主张省宪,献媚浙人,及省宪议成,则授意私人,沮其行使。"

1921 年,梁士诒内阁同意日本的要求,借款赎回胶济铁路,引起国内反对鲁案的风潮。卢永祥于 1922 年一二月间连续致电总统徐世昌,称"胶济路案,关系吾国生死存亡",应确定胶济路为民有"以管理权界诸人民"。同时,梁士诒内阁经办鲁案真相不明查,"内则堕政府之尊严,外则启友邦之诽笑"。同时声称,现在救中国之良策不外乎"第一条即不借外债,第二条即财政公开",卖路亡国系急性病,借款卖国系缓性病。

1922 年 5 月的第一次直奉战争后,北京政府由直系控制,着手恢复民国初年之国会以"法统"对抗孙中山护法旗帜,又欲迎黎元洪复任总统以为曹锟做总统之过渡。6月2日,徐世昌以衰病辞去总统职务,6月3日,卢永祥发表通电反对法统之说,谓徐世昌去职,以政权付诸现内阁摄行,内阁还诸国会无法律依据;黎元洪辞职"以后未满之法定任期已由冯河间(国璋)代理终了,已无职可复",因此黎是"事实上的总统而非法律上之总统"。5日,松江沪军使何丰林响应卢的通电,表示反对黎复职。6月6日黎元洪发出复职的"废督裁兵"条件的鱼电,6月10日黎元洪通电谓复职法律问题付诸国会解决,11日,黎元洪复任总统。卢永祥因黎元洪有"废督裁兵"的主张,便于6月16日宣布,"即日宣布废去浙江督军之职",任浙江各法团公举之军务善后督办,颁布善后纲要,"以第十师师长名义,暂行维持原有防地,并协同省长及各镇守使、各师长共负地方治安之责"。6月20日,卢永祥通电称,"自废督之日起,浙江省境内不受任何方面非法侵犯,以防督军制之恢复,并变相督军制之发生",实际上变相宣告浙江独立。

7月,卢永祥发表《与国人商榷国事书》,对解决时局提出较详细的意见。卢称直系"以己意代民意,仍是伪善",虽"有异于暴乱,而其播革命种子则同",而"非法律上之总统"强"行使法律上之职权","徒种革命之恶因"。卢认为中国政局亟待解决的问题为"法律问题"、"自治问题"、"裁兵及善后问题"。法律问题,即是黎元洪复职问题,卢认为解决之道"一、须依大总统选举法选举总统;二、由合法总统提出国务员经国会同意后组织内阁;三、国会迅速制定宪法"。对于"自治问题",卢永祥认为,北京政府对自治有两大误解,其一"误认自治为西南革命之旗帜",但实际上自治为民国"立法上之悬案","以自治权付诸各省,是谓分权自治","各省以独立之意味互相联结拥护其自治,是谓联省自治";其二北京政府"误解自治妨碍统一",实际上省宪自治完全实现,政治必臻统一,并提出分省自治有使"武人势难割据"、"免除立法困难"、"党派之势力"等十大利。对于"裁兵善后问题",卢认为"欲裁兵必先废督乃为显著之事理",分三步办理:"第一步,废除巡阅、督军,依次废除镇守各职事,缩小军事范围,专办善后。""第二步,俟全国统一,军事改定,确定每省养兵之额。始能确定裁兵之数,资遣办法尤须划一。""第三步,专办安置裁兵事宜。"其法为"改兵为工"、"移兵实边"等。7月,卢永祥又将浙江电信收入归浙省支用。10月10日,通电各省,表示其废督旨在"保境安民,扶植民治"。这些都推动了浙江省的制宪自治运动。

面对直系的活动,皖、奉、粤三派加紧活动,一面谋破坏曹锟贿选之计划,一面加强联络,而卢永祥控制下的上海、杭州成为反直三角同盟活动的主要地点。1922年下半年,孙、奉、段(卢)各派代表在上海组织各省代表联合办事处,协同反直宣传活动,组织国闻通讯社,作为反直宣传机构,以卢的代表邓汉祥为社长。其时,受直系逼迫的黎元洪已不安于位,于1924年6月13日离京赴津,部分议员有南迁动议。卢即于6月23日通电,表示欢迎议员南迁上海制宪。26日又重申,"维护赞助之责,当与国民共之",并资助部分南下议员之经费。其后又通电反对所谓大选,谓"民国元首地位,全赖法律保障,免相争攘,若根本产生于非法,则先播下革命种子",现在选举"不外藉法律为面目,拥出制造革命之人"。10月5日,曹锟贿选成功,10日就任总统,12日卢永祥通电否认曹锟为总统,并宣布与北京政府停止公文往来,以示决裂。卢永祥反对曹锟贿选活动的表现,也使其"遂获美誉于东南"。其时,直系的江苏与皖系的浙江因松沪问题,战争之势已不可免,但因直系未解决福建的问题,吴佩孚不赞成江苏齐燮元督军武力对浙。1923年8月,在两省地方人士的调停下,齐燮元与卢永祥签订了"江浙和平公约"。10月,卢与皖督马联甲又签订"皖浙和平公约"。1924年1月,又应江、浙绅商之请,齐、卢发表和平声明书。

1924年9月,江浙战争爆发,江浙战争是从福建问题引发的。1924年6月,被福建军务督理周荫人从闽逐出的皖系臧致平、杨昭化部经赣入浙,为卢所收编为浙江边防军。卢的扩军引起苏、赣、闽、皖四省的不安,要求卢解散臧、杨所部,卢永祥拒不受命。吴佩孚、齐燮元以此为藉口,通电声讨卢永祥,谓其"背叛国家"、"荼毒地方",确定苏、皖、赣、闽四省合力攻浙计划,得到直系的将领江西督军蔡成勋、陆军巡阅使冯玉祥、热察绥巡阅使王怀庆、河南督军张福来、湖北督军萧耀南、陕北镇守使井岳秀、安徽督军马联甲、甘肃督军陆洪涛、直隶督军王承斌、山东督军郑士琦、闽赣联军总司令孙传芳以及西南的川滇边防督办刘湘等的通电支持。为防止直系的进攻,卢永祥作了军事部署,成立浙沪联军,在龙华设司令部。9月2日,齐燮元下总动员令,苏军强占了安亭车站,战争爆发。3日,苏、浙两军正式接触,卢就任联军总司令,发出声讨曹锟通电,谓"已然贿选,国民蒙羞"。卢起兵后,反直联盟的粤方孙中山于4日决定北伐;奉方张作霖通电表示扫除民贼,9月15日第二次直奉战争爆发。9月7日,曹锟下令免去卢永祥、何丰林本、兼各职,并令齐燮元督所部"相机剿办"。开战之初,浙军进展顺利,自孙传芳出兵由福建入浙后,战局直下。10月12日,卢永祥通电下野,与何丰林、臧致平避走日本。10月17日,曹锟下令通缉卢、何等人。第一次江浙战争以卢的失败而告终。

第二次直奉战争爆发后,10月23日直系将领冯玉祥从古北口前线率部秘密回京,发动北京政变,囚禁曹锟,直系垮台。11月13日,天津会议召开,张作霖、卢永祥、冯玉祥等四十余人参加,讨论国会存废、战争善后等诸多问题,但与会者关注的首要问题则是"将来政府之组织,采何种制度",张、冯、卢决定采取"中华民国临时执政"名目以为过渡,得到段的首肯。11月15日,卢永祥与张作霖、冯玉祥、胡景翼、孙岳联名等通电,表示拥护段祺瑞为中华民国临时执政,并决定对直系长江各省"护宪军政府"进行讨伐。11月24日,段祺瑞就任临时执政,12月3日任命卢永祥督办直隶军务善后事宜,旋改卢任苏皖宣抚使,免去齐燮元江苏督军职。12月16日,张作霖决定派奉军张宗昌、韩麟春,原皖系吴光新部为第一、二、三军南下护送卢永祥就任苏皖宣抚使,由卢永祥节制。12月18日,卢永祥在天津宣布就任苏皖宣抚使。1925年1月6日,卢致电江苏各军政官员,称其南下,系"为宣布中央德意,全无畛域之见,更不存恩怨之心"。10日,卢顺利入驻南京。但齐燮元不甘失败,于11日与孙传芳合组江浙联军。14日,卢正式在南京组建宣抚军,以张宗昌为总司令。16日,段下令查办齐燮元,由卢任督办江苏军务善后事宜。同时,为拉拢孙传芳,任命孙为督办浙江军务,使齐陷入孤立无援境地。卢军于17日发起攻击,至28日齐战败逃往日本,29日张宗昌部占领上海。奉系势力伸入长江流域。第二次江浙战争结束。奉系军队进入上海,引起孙传芳的不满,1月28日向北京政府通电,称齐燮元的军队败退,齐已不问军事,要求卢永祥所部还辕北上,辅弼中央,否则为自卫计,只能兵戎相向。1月31日,卢永祥宣布取消宣抚军名义,2月1日,卢永祥宣布来苏只为驱逐齐燮元,所部并未侵犯他省地境。孙传芳、卢永祥对松沪的争夺,经陆军总长吴光新的调停,达成上海兵工厂由上海总商会接管,松沪护军使一职由吴光新担任的协议。2月9日,孙传芳通电撤军,其后张宗昌通电表示听从卢永祥节制。

2月27日,卢永祥就江苏善后事宜致电执政府,提出"以一日不废督,则一日不能息兵",要求请将其江苏军务善后督办一职明令永远废除,"以为各省倡",同时开去宣抚使差以结束江苏的战事。废督之前,"大要者有二:曰定军制,曰划军区",就江苏而论,"驻苏国军一律调赴徐州一带,饷由部给,不干省政。苏省固有师旅,酌量财力另行改编,归省长节制","大江以南,永不再驻国军"。这一建议得到上海总商会和熊希龄、屈映光等的响应。但未被段采纳,卢仍兼江苏军务善后督办。3月3日,卢永祥再次谈及对时局意见,认为苏督一职志在必去,"非此不能永弭江浙之纠纷,且非此不能尽撤江南之兵"。就中国统一而言,卢仍主分权自治的意见,"中央政府只管外交,将财政、军事等概行任之各省自筹",而宪法的起草"应该由各省分别起草,各提一案,而在北京设一审查委员会,汇集审议成一本,交各省举行总投票"。在善后会议期间,卢永祥多次致电段祺瑞,主张"废除督办,军驻军区,饷由部给,不干民政"以收束军事。

由于卢永祥是依靠奉系军队的力量取得江苏,因此"受制奉军,不能展布"，且奉系势力伸入长江流域后，不断侵食原属皖系的地盘，引起张作霖与段祺瑞的矛盾，卢曾参与调停，无果。5月，宣抚使署正式撤销，8月11日，段祺瑞准予卢辞去苏皖宣抚使兼江苏军务善后督办。

此后，卢永祥去天津做寓公。1932年1月，卢当选为南京国民政府国难会议代表。1934年6月2日，病逝于天津。

主要参考资料

卢永祥：《废除督军制之商榷书》，1920年5月印本。

卢永祥：《与国人商榷国事书》，1922年7月印本。

卢久芳：《回忆我的父亲——浙江督军卢永祥》，中国人民政治协商会议铁岭市银州区委会员文史资料研究委员会编《银州文史资料》第4—5辑，1985年版。

陈益轩编：《浙江制宪史》，浙江制宪史发行所1921年版。

《卢永祥氏之时局谈》，《国闻周报》第2卷第8号（1925年）。

卢 作 孚

周凝华

卢作孚，又名卢思，四川合川人，1893年4月14日（清光绪十九年二月二十八日）出生于贩卖麻布的小贩家庭。少时就读于本县瑞山书院，后因家境困难辍学。十五岁时徒步赴成都，入文化补习学校，进修数学、语文和英语，一年后自学。他阅读了一些欧美社会学说的著作和孙中山的著作，结交有进步思想的同学，立志奋斗和爱国恤民的思想初露端倪。

1916年春，卢作孚经乃兄卢志林举荐，就职成都《群报》，继又入《川报》，任记者兼编辑（两报同属民间报纸）。1919年夏，加入少年中国学会成都分会。是年冬，卢据往来拉萨的商人秦君安口述有关西藏情况，撰写述评《西藏往事的谈话》，在《川报》头版连载，引起人们瞩目。同时，卢以记者身份参加省议会旁听，在《川报》辟"省议会旁听录"专栏，评议省议会动态，在四川舆论界崭露头角。1920年，川军第九师师长兼永宁道尹杨森邀卢任道尹公署教育科长。1921年初，他到泸州应职，并聘少年中国学会会员王德熙、恽代英及萧楚女等人到川南师范学校任教。卢与他们过从甚密，齐心推行新文化运动。1922年，川省军阀混战，杨森败退，卢亦去职返回重庆。1924年5月，杨森任四川军务督理，聘卢任省教育厅长。他婉辞未就，改任成都通俗教育馆馆长。一年后，卢辞职回桑梓合川。

卢作孚见我国经济落后，回合川后决心弃教经商，开办航运业，与朋辈商谈颇得支持。他对重庆所有轮船公司现状做了一番调查，于

1925年10月11日发起开办航运公司的筹备会,同窗好友、地方商贾及知名人士共二十三人到会。卢提出"避实就虚"的方针,说:"办航运应作新的试探和新的试验,不应在原有轮船过剩的航线中,去与正在失败的同业竞争,而应经营嘉陵江重庆至合川间新开的航线。"①他的主张得到与会者的赞同,商定集股二万元(银元),每股五百元,造一适于航行嘉陵江的小轮,经营合川至重庆间五十二里航运,月余得投资八千元。卢偕黄云龙自筹三百元路费,携款往上海购船。卢、黄与各船厂研讨两月后,向上海合兴机器厂订购一艘长七十五尺、宽十四尺、深五尺、载重量七十吨、吃水浅、专营客运的小轮,造价二万余元。这时,合川电告卢、黄,言募股维艰,勿订造船合同。卢考虑再三,得厂方同意分期付款后,毅然签署合同。

1926年6月10日,民生实业股份有限公司在合川正式成立,公推卢作孚为总经理。8月初小轮造成,由上海驶回合川,取名"民生",航行合川、重庆间,间日开航。航行三个月,盈利颇丰,股东见有利可图,纷纷认股,不久集足五万元。

一年后,民生公司盈利四万元,股本增至七万三千元。1928年初再购轮船一艘,取名"民用"。次年10月,与重庆顺庆轮船公司合并,改"顺庆"轮为"民望"轮。卢作孚把三艘轮船的航线做如下调整:"民用"航行渝合(合川)线,"民生"航行渝涪(涪陵)线,"民望"航行渝叙(宜宾)线。一年后,盈利九万余元,股本增至二十五万元。

1929年底,卢作孚应刘湘之聘,出任川江航务管理处处长一年,从而巩固了民生公司在川江航线上的地位。卢作孚为谋求民生公司的发展,针对外轮航运公司船多势强和压迫我国商轮航运的现状,向川江上的我国轮船公司提出,"集中财力人力以维持华商航业之生存","化零为整"的要求②,并言明"以民生公司为中心,增加资本,接受必须售卖

---

① 卢作孚:《一桩惨淡经营的事业》,民生公司1946年版,第7页。
② 王余杞:《民生实业公司》,《交通杂志》第2卷第6期(1934年)。

的轮船,或合并可以并于民生的公司"①。其方式可以是购买,亦可折价入股,职员量才录用。自1930年10月合并福川轮船公司起,至1934年7月先后有二十三家华商轮船公司并入民生公司,接收和收买轮船二十五艘。至此,民生公司基本统并了川江上的华商轮船公司,拥有轮船三十一艘,总吨位超过万吨,职工增加到两千人,股本增加到一百一十七万元。

民生公司随着船只的逐年增多,航线亦由短航向长航发展。1931年春开航渝宜(宜昌)线,1932年6月开航渝汉(汉口)线,不久开航渝宁(南京)、渝申(上海)线;又相继成立万县、宜昌分公司及汉口、上海、沙市等办事处;各埠口之趸船、仓库、货栈亦同期建成。

民生公司的崛起,引起在华外国轮船公司的惊恐,外商视民生为其牟取暴利的威胁,企图以雄厚资本将其压垮。1934年,航行川江的外商轮船公司较大者有十七家,实力最强者有日商日清,英商太古、怡和,美商捷江,法商聚福等公司。民生公司由于在内部废除了买办式的经营管理方式,建立了一套适合自身特点的"民生制度";能依恃本土社会环境,适应航运市场的需求;地方及中央政权某种程度的支持;以及卢作孚经营有方;更由于民生公司顺应了全国人民要求收回长江航运主权的历史潮流,得到人民群众的支持,因而民生公司非但未被实力强大的外轮公司挤垮,反而有所发展。1936年,民生公司轮船增加到四十八艘,职工增加到三千八百余人,股本增至一百六十万元,资产扩充到一千万元。在竞争最激烈的1934年盈利四十万元,1935年盈利四十四万元。相反,各外商轮船公司却受到不同程度打击,意商光耀公司竞争失败,其"光华"轮被民生公司收买;美商捷江公司于1935年倒闭,其轮船亦被民生公司收买;英商太古、怡和等公司,也先后被迫退出川江。至抗战爆发前夕,民生公司已成川江航运主力,卢作孚维护川江航权的理想初步实现。

---

① 卢作孚:《一桩惨淡经营的事业》,民生公司1946年版,第17页。

　　卢作孚在致力发展航运业的同时，还创办了与航运业发展配套的民生机器厂、三峡织布厂，投资合营北川铁路公司、天府煤矿公司、重庆公共汽车公司，捐资开发重庆北碚乡村建设实验区，兴办中国西部科学院、北碚地方医院、北碚图书馆、北碚温泉公园、兼善中学等诸多文化教育事业。由于卢创办实业的魄力和才干出众，1935年秋被四川省政府主席刘湘任命为省建设厅厅长。卢任职两年后，坚辞而去。

　　卢作孚有强烈的爱国思想，早在1931年"九一八"事变时，他就主张武装反抗日军入侵，并把他于1930年考察东北三省的见闻，写成《东北游记》一书，公开揭露日本的侵华阴谋。1933年，重庆各界召开纪念"九一八"血耻日两周年大会，卢在会上义正词严地痛斥日本侵华罪行，并提出"中国船不装外国货，中国人不搭外国船"、"中国甲级船员不任用外国人，均由中国人担任"的主张，且率先在民生公司实行①。

　　1937年抗日战争爆发，卢作孚积极动员民生公司职工参加抗战。他说："国家对外的战争开始了，民生公司的任务也就开始了。……民生公司应该首先动员起来参加战争。"② 8月，民生公司调配大小船只三十余艘，两周内运送四个师两个旅的川军开赴抗战前线。9月卢就任国民政府交通部次长。同年底，上海、南京相继失陷后，卢出任政府资源、工矿、贸易三委员会联合运输办事处主任，负责调配长江一切公私船只，转运长江中下游入川物资和人员。卢带领民生公司职工，不分昼夜，全力抢运。1938年10月，武汉失守，二十余万吨待运进川的物资和十余万人员滞留宜昌，亟待中转四川。卢坐镇宜昌亲自调度指挥，并在川江采用"三段航行"和夜航来增加运力，四十余日内将主要物资和人员基本运完。为此，卢受到国民政府的嘉奖。

　　1940年夏，卢作孚兼任全国粮食管理局局长，其主要精力仍倾注于民生公司的航运业。他采用多种手段扩展民生公司实力，抵制官僚

　　①　《关于"九一八"纪念大会函件记录和决议案》，《新世界》第31期(1933年)。
　　②　卢作孚：《民生实业公司如何为抗战服务》，《新世界》1944年5月号。

资本的控制。这时,民生公司航线虽回到川江及其支流,但运输量却有增无减,1945 年年客运量由 1938 年八十万人增为五百万人(不含兵运),年货运量由十四万吨增到十七万吨。民生公司的轮船由战前的四十八艘增到一百一十六艘,投资业由战前的十八家扩展到五十六家,经营项目有矿产、冶金、机电、机械、建材、纺织、金融、贸易、保险、木材及新闻出版,资本由战前的三百五十五万元扩充到 1944 年的八千万元(银元)。

抗战后期,卢作孚为在长江航运获得优势,并发展东南亚海运,想从外资找出路,频繁地与欧美国家外交和实业界人士接触。1944 年 11 月,卢作孚作为民营交通界代表应邀出席纽约国际通商会议。会后,他接踵拜访美国政府及实业、金融界上层人士,寻求贷款。次年春,卢访问加拿大,在原加拿大驻华大使欧德仑(Victor W. Odlum)将军推荐和安排下,会见了加拿大议会两院领袖及政府总理、财政部长等。加财政部、商业部同意安排三家银行向民生公司贷款在加造船,但要双方政府出面担保。卢向国民政府申请“担保”,不料行政院院长宋子文将之搁置一年有余。卢急切之中两次面见蒋介石陈述理由,才取得同意。1946 年 10 月,卢再度赴加拿大签订贷款造船合同,由该国帝国银行、多伦多银行、自治领银行共同贷款一千二百七十五万加拿大元,分别由该国戴维造船公司、圣劳顿斯机械造船公司建造五千马力新型客货轮三艘和二千四百马力新型客货轮六艘。由于加方以材料涨价为由,一再提出加价,迫使民生公司加付现钞一百五十万美元。后来由于加方延宕交船期限和国内战局变化,这些船舶皆未投入运营。

卢作孚为加速开办海运,1946 年成立民生公司上海总经理办公处,亲自坐镇上海,运筹指挥。是年 8 月,修葺一新的“民众”轮首航上海至台湾成功,为民生公司发展史之新起点。同年底及次年春,由卢任董事长的太平洋轮船公司(民生公司、金城银行各出资五十万元兴办)三艘“海”字号海轮,亦先后开辟由上海至天津、青岛及上海至广州、香港航线。1948 年 4 月,民生公司“南海”轮自香港首航日本成功。1949

年初,该公司从美国购买轮船五艘,经改装为货轮后,开航东南亚诸国,成为远东航业界一支崭露头角的新军。至此,卢早期设想的民生公司"由川江向长江、由长江向沿海、由沿海向东南亚和日本发展"的航业规划终于实现①。此时,民生公司拥有江、海客货轮一百一十七艘,职工万人,创我国近代民族航运业之冠。

1949 年 10 月,广州解放后,卢作孚寓居香港。这时,台湾当局曾派俞鸿钧、叶公超等人游说他去台,卢婉言相拒。人民政府先后派许涤新、张铁生等人与卢联系。卢在港经过千方百计的努力,终于使民生公司二十余艘轮船,没有被台湾当局破坏或劫持。他积极做好率船回来的准备。1950 年 1 月,周恩来电邀卢回北京共商国家建设大计,卢于 6 月中旬顺利回到北京,出席了正在召开的全国政协第一届第二次会议,被补选为全国政协委员。民生公司滞留在港的二十余艘江海轮和物资,以及价值二千万美元的财产全部返回大陆。民生公司所欠加拿大贷款,均由人民政府还结一清。

卢作孚在新中国除继续担任民生公司总经理外,并任西南军政委员会委员。

1952 年 2 月 8 日,卢作孚于重庆去世。

卢作孚一生写有不少文章,编集成册的有《东北游记》、《一桩惨淡经营的事业》、《中国的建设与人的训练》。

---

① 王世均:《民生公司向加拿大借款造船的经过》,中国人民政治协商会议全国委员会文史资料研究委员会编:《文史资料选辑》第 33 辑,中华书局 1963 年版,第291 页。

鲁涤平

颜　平

鲁涤平，字咏安，号无烦，湖南宁乡人，1887年11月3日（清光绪十三年九月十八日）生。父亲在晚清为州、县官府吏。鲁涤平幼年受父母家教甚严，入塾就读甚勤。后入玉潭书院，成绩优异。

1903年，鲁涤平得亲戚之助，入湖南兵目学堂习武，两年后继入速成高等科。1906年结业后，在湖南新军第四十九标任见习官、排长、队长。他为人宽和达观，与士兵官佐相处甚洽。其时清廷窳败，年轻的鲁涤平受到革命思潮影响，谋求国富民强之途。经本乡亲戚周震鳞介绍，于1909年在长沙秘密加入同盟会。鲁涤平曾在第四十九标兵营中秘密宣传革命思想，应者甚众。

辛亥武昌首义成功，湖南革命党人受到鼓舞，积极准备起义。10月22日，鲁涤平与新军中的革命士兵在焦达峰、陈作新的率领下，兵分两路攻入长沙城内，与巡防营革命士兵会合，占领省谘议局、军装局和巡抚衙门，取得了起义的胜利。鲁等新军代表拥护焦达峰、陈作新为湖南军政府正、副都督。10月28日，鲁升任独立第一旅（第四十九标改编）第三营管带，开赴湖北支援武汉保卫战。11月17日，独一旅从武昌向清军冯国璋部占领的汉口展开攻势，战斗激烈。鲁英勇作战，身先士卒，不幸负伤，但仍坚守阵地指挥作战，打退了敌军对三营防线的进攻。鲁有伤不下火线且英勇作战，受到湖北军政府战时总司令黄兴的嘉奖。后因伤势日趋严重，回到武昌治疗。嗣后独一旅回到湖南，编为第四师，鲁涤平升任第六团团长。

1915年10月,谋以帝制自为的袁世凯,任命海军次长汤芗铭取代谭延闿为湖南都督。12月,蔡锷等人在云南发动反袁护国战争,湖南立即掀起了激烈的反袁驱汤斗争,鲁涤平率所部参加湖南护国军。1916年7月,汤芗铭仓皇逃逸。8月,谭延闿复任湖南省长兼署督军,随后湖南护国军改编为两个师,鲁涤平任第二师第六团团长。翌年9月,谭辞职离湘,北京政府派陆军次长傅良佐继任湘督。第二师奉命出击在衡阳与永州宣布独立的霍陵镇守使刘建藩、第一师第二旅旅长林修梅。但鲁涤平不满傅入湘主政,参加了第一师驱傅之战,将傅之北军悉数逐出湘境。但1918年3月,北京政府又任派皖系军阀张敬尧督湘,张劣迹昭著,湘人掀起驱张运动,鲁涤平在1920年5月与北军作战中又立新功,被升为独立第三旅旅长。1921年1月,湘军总司令赵恒惕将湖南军队扩编为两个师和十个独立旅,鲁被任命为第二师师长。随后赵恒惕援鄂"联省自治",鲁被任命为援鄂军第二军司令,率师进入湖北,但在吴佩孚军的攻击下败退回湘。鲁黯然神伤,决心提高自己的指挥本领,以重振湘军声威。

1923年7月,谭延闿被孙中山任命为湖南省长兼湘军总司令,组织北伐"讨贼军"入湘讨伐赵恒惕,并于8月8日任命鲁涤平等四人为军长。初时鲁不愿得罪赵,于8月27日通电称"两姑之间难为妇"。后双方开火,鲁则劝和停战。但停战谈判旷日持久,赵得北军支持,声势日盛,鲁部两个团均投赵,鲁则率一个团宣布效命于谭。11月,陈炯明叛军进攻广州,谭延闿奉孙中山之命回师救粤,鲁随谭赴粤,被任命为援粤湘军第二军军长。在粤北南雄、始兴等地,鲁率部堵截叛军告捷,使粤北转危为安,陈炯明叛军攻势受挫,解了穗城之围。

1924年10月,谭延闿被孙中山任命为建国北伐军总司令,鲁涤平奉命率师入赣,但被方本仁军击败,残部返回北江。谭在南雄设立湘军整理处,以鲁为副总监,将收容所湘军缩编为六个团。1925年6月,鲁协同谭率部参加讨伐刘震寰、杨希闵在广州的叛乱。

1925年7月,广州国民政府将所属各军统一编为国民革命军,在粤之湘军编为国民革命军第二军,身为国民政府常务委员兼军事委员会委员的谭延闿任军长,鲁涤平为副军长。第二军辖有张辉瓒第四师、谭道源第五师、戴岳第六师和陈嘉祐教导师,另有直属的炮兵团,全军实由鲁涤平负责统率。在10月第二次东征中,鲁指挥第二军一举扫清了北江的叛军残部,收编遣散了连江一带的熊克武部。12月又渡海至海南岛,肃清了邓本殷残部,为广东的统一作出贡献。

　　1926年7月,北伐战启。8月,鲁涤平统率第二军由韶关开赴湘赣边界茶陵、醴陵一带,警戒江西孙传芳军,以掩护第一、第四军北进攻占湘、鄂。9月3日,北伐军右路总司令朱培德下令第二、第三、第六军攻赣,鲁率第二军进入赣西,先后攻占萍乡、宜春、分宜、清江、安福等县,接着沿赣江东岸前进,与赣军邓如琢部激战,终于在9月24日克吉安,29日渡赣江,10月2日占新淦,4日克永泰,5日进樟树潭,从莲塘向南昌靠拢。此时蒋介石下令鲁涤平率第二军会同第一军刘峙第二师、朱培德第三军围攻南昌。10月11日拂晓,北伐将士冒着敌军之猛烈炮火登云梯攀城,与守军展开白刃战,激战数日不止,伤亡枕藉。守军纵火以御,大火延烧数日,南昌城区尽成灰烬。北伐军伤亡过重,鲁涤平奉命撤围,退驻丰城和南昌南边一线休整,并监视赣东之敌。接着鲁指挥所部20日攻克抚州,23日占领进贤,再回师向南昌靠拢。此时,北伐军从湖北战场调来第四军张发奎第十二师和陈铭枢第十师,新编的贺耀组独立第二师也到达武宁。经过调整,南路由蒋介石指挥自亮安攻南昌,北路由白崇禧指挥自武宁攻德安。11月2日发起总攻后,孙传芳军难以抵御,南昌守军蒋镇臣部弃城出逃,遭到鲁涤平等围攻部队截击,悉数被歼。11月7日,南昌光复。

　　1927年3月,北伐军沿长江东下,鲁涤平率第二军编属程潜江右军,鲁兼任第二纵队司令,与程潜第六军、贺耀组独二师一道,由赣东北沿长江南岸疾进,3月6日占领芜湖,3月24日攻克南京,缴获直鲁军枪械三万余。嗣后,鲁率部离南京,辗转于湘、鄂一带。接着第二军扩编为第二、第十四两军,鲁正式担任第二军军长。

这年10月,鲁涤平率第二军参加了李宗仁、程潜的西征军讨伐唐生智。翌年1月,西征军又入湘,下岳阳,占长沙,程潜出任湖南省主席。鲁军继续由荆河进攻津县、澧县。3月2日攻入常德,继占桃源、大庸。但李宗仁与程潜发生冲突,于5月21日扣押了程潜。23日,国民党中央政治会议即根据李宗仁为主席的武汉政治分会的决定,任命鲁涤平为湖南省主席兼全省清乡督办,仍领第二军(编遣后改称第十八师)。

得到谭延闿信赖和支持的鲁涤平主湘后,忠实执行蒋介石的反共政策,在湖南全境展开清乡"剿共",层层设立"铲共"清乡机构,村村实行"大家联结",挨户清查共产党员和红军家属,对于抗拒"联结"、"揭发"的,则血洗火烧。此时,蒋介石与桂系冲突加剧,湖南成了争夺焦点。1928年12月,蒋介石运送大量武器弹药装备入湘以备倒桂之需,不意被桂系截获了一批。1929年2月19日,武汉政治分会以鲁涤平"铲共"军事不力为名,撤免其湖南省主席兼第十八师师长职,另以第十九师师长何键继任湖南省主席。蒋介石即以此事发动讨桂,3月26日,国民政府发布讨桂令,由蒋介石任讨伐军总司令。蒋迅即调集三路大军进逼武汉,鲁涤平为第五军军长,冲锋在前。桂军李明瑞、杨腾辉两部阵前倒戈。胡宗铎、陶钧、夏威等部向鄂西败走,于4月21日通电听候改编。李宗仁、白崇禧只得败归广西,一时如日中天的第四集团军就此瓦解。鲁涤平除在国民党三大上被选为中央候补执行委员和军事委员外,此时还被任命为武汉卫戍总司令。8月17日,鲁又调驻江西省政府主席,其后又兼第九路军总指挥。

1930年12月,取得中原大战胜利的蒋介石赶到南昌,部署"围剿"江西工农红军中央革命根据地的战事,调集十一个师又三个旅共十万余人,任命鲁涤平为陆海空军总司令南昌行营主任,指挥作战。蒋叮嘱鲁要用"长驱直入、分进合击"的战术,从吉安到建宁建立八百里的弧形围攻线。鲁将所部编为三个纵队,以主力从永丰、乐安前进,一部由广昌石城推进。12月16日起,鲁指挥主力部队向苏区中心地带进犯,至21日分别进至东固、草台岗、三坑等地后继续前进,28日向宁都以北的黄陂、小布、麻田等地实施总攻。30 日,第九路军前敌总指挥张辉瓒率其第十八师在白龙冈前进时,遭到埋伏在附近山中的工农红军袭击,激战一日,师部及第五十二、五十三旅均被歼,张本人被俘。谭道源第五十师闻讯后急从源头向东韶撤退,1931 年 1 月 3 日被工农红军追歼一个多旅。鲁涤平指挥的这次"围剿"彻底失败,其第九路军的两个师又得到如此下场,甚为伤感,幸而未受到蒋介石的惩处,第十八师也准予重新建立。

此后,身为江西省政府主席的鲁涤平,对蒋介石更是唯命是从。他秉承蒋介石的意旨,在中央革命根据地周围实行"碉堡封锁"战术,在封锁线上修筑了密集的碉堡,在交通要道和制高点上的碉堡更是星罗棋布,以配合蒋介石发动一次又一次的"围剿"战争。为对付机动灵活打游击战的工农红军,鲁涤平还在全省划分若干个行政区,设立"行政督察专员"来加强对所辖各县的控制和封锁。但是"围剿"战事的一次又一次失败,参战将领为推诿罪责就指责鲁涤平治赣不力。当鲁原来倚为靠山的国民政府主席谭延闿已于 1930 年 9 日病逝后,更感到孤单无援,乃向蒋引咎辞职。但蒋心知肚明,反认为鲁对自己还是忠顺不贰的,乃于第二次下野前夕的 1931 年 11 月 15 日,调鲁改任浙江省政府主席。

浙江是蒋介石的家乡,浙江的党政军各级班底,皆为蒋之嫡系所掌握,在政海沉浮有年的鲁涤平到任后,凡事谨慎从事,从不深加过问。更因 1933 年秋脑血管病加重,难以视事,一再说辞。1934 年春,得蒋介石允准,调南京任军事参议院副院长闲职。

1935 年 1 月 24 日,鲁涤平因脑溢血在南京去世。

主要参考资料

湖南省志编纂委员会编:《湖南省志》第 1 卷,湖南人民出版社 1959 年版。

子虚子:《湘事记·军事篇》,湖南人民出版社1981年版。

陈训正编:《国民革命军战史初稿》,1929年南京刊印。

周康燮:《1927—1934年的反蒋战争》,香港大学图书公司1987年版。

台湾"国防部"史政局编:《剿匪战史》,中华大典编印会1967年版。

鲁　迅

陈漱渝

　　鲁迅,原名周树人,幼名樟寿,字豫山,后改豫才,"鲁迅"是他 1918 年为《新青年》写稿时开始使用的笔名。1881 年 9 月 25 日(清光绪七年八月初三)生于浙江绍兴一个败落的家庭。

　　鲁迅七岁进本宅私塾就读①,十二岁转入被称为绍兴全城最为严厉的书塾——"三味书屋"。十三岁那年,祖父因科场作弊案下狱。官府趁机敲诈勒索,父亲身患重病,鲁迅的家境由小康坠入困顿。在家庭破落的过程中,少年鲁迅开始体会到上层社会的虚伪和腐败。鲁迅还一度寄居在城郊的外婆家。在那里,他结识了很多农民朋友。这段经历,使他对中国社会的阶级矛盾有了一定的认识,并为他日后创作以农民生活为题材的作品奠定了生活基础。

　　甲午战争之后,洋务派的"新政"彻底破产,资产阶级改良主义思潮勃兴。民族斗争和阶级斗争的现实,激发了鲁迅寻求真理的强烈愿望。他决心不顾守旧人们的嘲笑奚落,"走异路,逃异地,去寻求别样的人们"②。1898 年 5 月,鲁迅到南京去投考无需学费的学校,进入江南水师学堂,被编入管轮班。11 月,鲁迅离开水师学堂,回乡省亲。年底,参加会稽县试。但鲁迅对"博取功名"不感兴趣,没有参加府试。次年1 月重返南京,改入江南陆师学堂附设的矿务铁路学堂。在这所学校,

---

① 《朝花夕拾·五猖会》,《鲁迅全集》第 2 卷,人民文学出版社 1981 年版。
② 《呐喊自序》,《鲁迅全集》第 1 卷。

鲁迅如饥似渴地学习近代科学知识,并且在下矿实习过程中开始接触了中国最早的现代产业工人。1902年1月以一等第三名优异成绩毕业。

　　鲁迅在南京求学时期,接触了维新派宣传的西方资产阶级民主主义思想。他爱读《时务报》、《译学汇编》,卢梭、孟德斯鸠、斯宾塞的著作,林琴南翻译的外国小说等。他读完严复翻译的《天演论》,受到"物竞天择"、"优胜劣败"等思想的深刻影响,惊怵于亡国的危险,决心奋起图存。《天演论》中关于发展变化的观点,又使他感到了斗争的意义,增强了前进的信心,从而初步形成了他早期进化论的社会发展观。

　　鲁迅在矿务铁路学堂毕业后,被两江总督派赴日本留学。1902年4月,抵日本东京,入弘文学院普通科江南班。在这里,他结识了许寿裳,此后两人建立了深厚的友谊。当时在东京的中国留学生,分为反清与保皇两大营垒,鲁迅站在反清方面,毅然带头剪了辫子。课余他贪婪地阅读欧洲各国科学、哲学和文学书籍,迫切地寻求民族解放的道路。他还经常参加反清革命民主派的各种集会。为了抗议弘文学院对中国留学生的苛待与侮辱,鲁迅跟五十多名同学一度退学。这期间,他编译了历史小说《斯巴达之魂》,编写了论述中国地质和矿产分布情况的专著《中国矿产志》,发表了科学论文《中国地质略论》、《说铂》,翻译出版了科学幻想小说《月界旅行》、《地底旅行》。

　　1904年4月,鲁迅从弘文学院速成普通科毕业,同年9月入仙台医学专门学校。他后来在谈到学医的动机说:"我的梦很美满,预备卒业回来,救治像我父亲似的被误的病人的疾苦,战争时候便去当军医,一面又促进了国人对于维新的信仰。"①

　　然而,鲁迅的美梦很快就破灭了。一次,正值日俄战争期间,他在幻灯片上看到中国人被日军砍头,围着看的一群中国人神情麻木。他感到了身为弱国国民的悲愤,从此改变了医学救国的思想,转而志向于

---

①　《呐喊自序》,《鲁迅全集》第1卷。

文学,以拯救中华民族的灵魂为急务。他告别了教学认真并没有民族偏见的老师藤野严九郎先生,于1906年3月重返东京,学籍列在东京德语学校,开始文学活动。

1907年夏,鲁迅计划筹办文艺杂志《新生》,作为从事文学活动的第一步,但没有成功。此后,他撰写了《人之历史》、《科学史教篇》、《文化偏至论》、《摩罗诗力说》等论文,介绍西方生物进化学说、西方自然科学史和欧洲具有反抗斗争精神的所谓"摩罗"诗人,大力进行思想启蒙工作。鲁迅还跟周作人共同翻译出版了《域外小说集》,介绍俄国和东欧国家的一些短篇小说,这是他译介外国进步文学作品的开端。这期间,鲁迅同革命党人陶成章等人时有过从,共谈时事,并参加光复会为会员①。他还师从章太炎学文字学半年多。

1909年夏,鲁迅因家境困难,离日归国。他先在浙江杭州两级师范学堂讲授化学和生理学,并兼任博物课植物学的日文翻译。因为校长夏震武搞忠君尊孔,鲁迅和其他二十几名进步教师相率罢教,终于迫使这个保守顽固分子辞职。

一年后,鲁迅回到故乡绍兴,担任绍兴府中学堂(原名绍郡中西学堂)监学,兼教生物学。课余辑录散见于类书中的唐以前的古小说,后定名为《古小说钩沉》;又辑录有关会稽的古代历史、地理逸文,后编成《会稽郡故书杂集》。

1911年10月10日,武昌起义爆发。11月,革命军攻入杭州,绍兴人民欢欣鼓舞。在绍兴开元寺举行的迎接光复大会上,鲁迅被公推为大会主席,发表了鼓舞人心的讲演。为了教育群众,稳定局势,戳穿惑乱人心的反革命政治谣言,鲁迅还将绍兴府中学堂的学生组成"武装演说队",手持刀枪上街宣传。绍兴光复后,鲁迅被绍兴军政分府任命为山会师范学堂校长。这年冬天,鲁迅创作了第一篇文言短篇小说《怀

---

①　许寿裳:《鲁迅先生年谱》,见《我所认识的鲁迅先生》,人民文学出版社1978年版;林辰:《鲁迅事迹考》,开明书店1949年版。

旧》。

辛亥革命没有完成反帝反封建的历史任务。曾经以极度兴奋的心情迎接这次革命的鲁迅，目睹绍兴光复后招牌虽换却骨子依旧的情景，陷入了深沉的失望。为了"促共和之进行，尺政治之得失，发社会之蒙覆，振勇毅之精神"[①]，鲁迅积极支持南社在浙江的分社——越社创办了《越铎日报》。

1912年1月，中华民国临时政府在南京成立。鲁迅应临时政府教育总长蔡元培之邀，前往南京任教育部部员。公余，他往江南图书馆（后称江苏省国学图书楼）辑录唐宋短篇小说，后辑成《唐宋传奇集》。5月，临时政府北迁，鲁迅随教育部前往北京。

临时政府北迁以后，袁世凯掌控了国家政权，组成北洋军阀政府，国家形势日益险恶，鲁迅感到极其痛苦。他一度倾心于辑录、校勘古籍，研究佛学经典，搜集、研究金石拓片。他在孤独中思索着辛亥革命的教训，在尖锐的思想矛盾中探寻着国家和民族的新路。他担任教育部社会教育司第一科科长兼教育部金事期间，在提倡美育、制定注音字母方案、开展通俗教育、筹创京师图书馆和历史博物馆等方面，做了许多有益的工作。

1917年，俄国爆发了十月社会主义革命。鲁迅"看见了新世纪的曙光"，焕发出蛰伏已久的战斗热情，发出了勇猛的呐喊。1918年5月，他在《新青年》上发表了中国现代文学史上第一篇反专制的白话小说《狂人日记》。此后，他参加了《新青年》的编辑工作，结识了李大钊、陈独秀和胡适等人。

继《狂人日记》之后，鲁迅又发表了《阿Q正传》等著名小说，1923年8月第一部短篇小说集《呐喊》出版。与此同时，鲁迅又创作了大量文艺性的论文——杂文，以尖锐、泼辣、生动的战斗风格，批判了"节"、"烈"、"孝"等封建礼教，揭露了以"学衡派"为代表的尊孔复古主义，表

①　《集外集拾遗·〈越铎〉出世辞》，《鲁迅全集》第7卷。

现出彻底反帝反专制的革命精神,保卫和发展了五四运动的革命成果。这些杂文,大都收集在《热风》和《坟》里。后来,杂文这种文体成了鲁迅战斗的主要武器,在他一生的文学事业中居于最重要的地位。

从1920年秋季开始,鲁迅在北京大学、北京高等师范学校兼课,讲授中国小说史等课程。后来他把讲义整理成《中国小说史略》公开出版。这是我国第一部比较系统地论述我国小说发展历史的专著。至1926年止,鲁迅先后在北京八所大中学校兼课,成为广大革命青年景仰的导师。

1921年7月,中国共产党成立,革命群众运动逐渐高涨。1924年,中国共产党与孙中山领导的国民党结成统一战线。革命形势深入发展,促使"五四"新文化阵营的分化,"有的高升,有的退隐,有的前进"①。在这次大分裂中,鲁迅跟以胡适为代表的文人进行了坚决斗争。虽然他还没有完全突破进化论观点的局限,曾一度感到"布不成阵"的苦闷和彷徨,但却毫不动摇地站在无产阶级领导的革命力量一边,坚持战斗,坚持探索,坚持前进,构成了鲁迅这一时期思想的基本倾向。他陆续写成了后来收集在《彷徨》中的十一篇小说,还写下了散文诗集《野草》等著作。在杂文集《华盖集》和《华盖集续编》中,鲁迅对宣扬复古主义的"甲寅派"和以资产阶级右翼文人为主体的"现代评论派"进行了坚定的韧战。

为了培育文艺新苗,广泛制造"批评社会、批评文明"的进步舆论,鲁迅参加了语丝社,发起并领导了莽原社、未名社,支持和帮助了《晨报副刊》、《京报副刊》、《民众文艺周刊》、《莽原》半月刊运作,编辑了《莽原》周刊、《国民新报副刊》乙刊等。

以"五卅"反帝爱国运动为标志,革命运动在1925年至1926年迅猛发展。鲁迅受到鼓舞,增强了斗争的勇气和信心,勇于站在斗争前

---

① 《南腔北调集·〈自选集〉自序》,《鲁迅全集》第4卷。

列,"正视淋漓的鲜血","直面惨淡的人生"①。他三次为"五卅"惨案捐款,热情参加了北京女师大学生运动和"三一八"爱国运动。同时,继续写作大量杂文及其他作品,包括著名的《论"费厄泼赖"应该缓行》,表现出"不克厥敌,战则不止"的革命精神。

鲁迅的英勇战斗,使北洋军阀政府十分忌恨。他的名字被列入了通缉的名单。为了暂避军阀官僚、"正人君子"们的迫害,并为新的战斗做准备,鲁迅在1926年8月26日离开北京前往福建厦门,任厦门大学文科国文系教授、国学研究院研究教授,开设"小说选及小说史"、"文学史纲要"等课程②。文学史讲稿后来整理成《汉文学史纲要》公开出版。在厦门大学期间,他继续写了五篇《旧事重提》,两篇《故事新编》,一本《两地书》以及《华盖集续编的续编》等,共十七万余字。他还把1907年至1925年间写的二十三篇杂文编写为《坟》出版。此外,还鼓励和指导厦门大学学生组织文学团体和出版刊物。同年底,鲁迅辞去厦门大学的职务。

1927年1月18日,鲁迅抵达当时的革命中心广州,就任中山大学文学系主任兼教务主任,开设文艺论、中国小说史、中国文学史(上古至隋)等课程,后又被特聘为中山大学组织委员会委员。在广州期间,中共广东区委派学生运动委员会副书记毕磊等人跟鲁迅联系,经常将《少年先锋》、《做什么》等党团刊物赠送给他。鲁迅对代表党团组织跟他联系的革命青年特别热情,多方面对党团活动予以支持和帮助。

通过在广州的实地观察和跟革命青年的接触交谈,鲁迅了解到由于国民党右派的叛卖活动而造成的革命统一战线内部的深刻裂痕,觉察到反革命的阴谋活动也正在暗暗地加紧进行。1927年4月10日,在北伐军相继攻克上海、南京的欢庆锣鼓声中,鲁迅以卓越的政治远见,写出了《庆祝沪宁克服的那一边》。文章整段地引用列宁的话作为

---

① 《华盖集续编·记念刘和珍君》,《鲁迅全集》第3卷。
② 《厦大周刊》第168期(1926年10月28日)。

自己立论的指导,要人们吸取历史教训,警惕革命的精神从浮华、稀落到消亡、复旧,力戒自高自满,发扬"痛打落水狗"的精神,永远进击,彻底消灭敌人。两天以后,蒋介石在上海发动"四一二"政变,证实了鲁迅的科学预见。4月15日,广州军事当局奉蒋介石密令,大肆捕杀共产党人和革命群众。鲁迅召集中山大学各主任开紧急会议,跟学校当局展开斗争,力主营救被捕学生。4月21日,鲁迅愤而辞去中山大学职务,继续在广州从事创作和翻译工作。他在这一时期撰写的杂文,大都收集在《而已集》中。10月,鲁迅离广州赴上海。

鲁迅在广州虽然只度过了八个多月,但这一段斗争生活对他的思想发展产生了深刻的影响。他后来说:"我一向是相信进化论的,总以为将来必胜于过去,青年必胜于老人……我在广东,就目睹了同是青年,而分成两大阵营,或则投书告密,或则助官捕人的事实!我的思路因此轰毁……"①

鲁迅到上海后,与许广平结为终身伴侣。他跟柔石等革命作家和中国济难会等革命团体密切联系。还结识了日本友人内山完造,与之建立了深厚的友谊。从此,他决定全力以赴从事文学创作。

鲁迅在上海定居不久,就跟创造社、太阳社展开了一场关于"革命文学"问题的论争。在论争过程中,鲁迅联系中国革命的实际与自己的思想实际,认真地学习马克思列宁主义理论,逐步掌握了辩证唯物主义和历史唯物主义。这对他从革命民主主义者转变成为共产主义者,具有重大的作用。他说:"马克思主义是最明快的哲学,许多以前认为很纠缠不清的问题,用马克思主义的观点一看,就明白了……"②在1928年和1929年,他用很大的精力翻译文艺理论著作,主持出版马克思主义文艺理论丛书——"科学的艺术论丛书"。他翻译的普列汉诺夫《艺术论》、卢那卡尔斯基《文艺与批评》以及俄共(布)中央《关于文艺领域

---

① 《三闲集序言》,《鲁迅全集》第4卷。
② 李霁野:《纪念鲁迅先生》,陕西人民出版社1973年版。

上的党的政策》，都曾编入这套丛书。他除曾一度主编由北京迁往上海出版的《语丝》周刊外，还跟郁达夫合编《奔流》月刊，大力介绍外国的文艺创作和批评，译介马克思主义文艺理论。鲁迅还帮助柔石等人组织朝花社，介绍苏联和其他国家进步作家的文学作品和版画艺术，先后出版了《朝花周刊》、《朝花旬刊》和《艺苑朝华》。他在这一时期撰写的杂文，编入了《三闲集》。

　　国民党当局在对江西革命根据地发动军事"围剿"的同时，在国民党统治区内发动了大规模的文化"围剿"，向以鲁迅为代表的革命作家发起进攻。1930年2月，鲁迅参加发起了以反对帝国主义和国民党统治为纲领的中国自由运动大同盟。3月，中国左翼作家联盟（简称"左联"）成立，鲁迅和创造社、太阳社的革命作家及其他进步作家结合在一个革命文学阵营之内共同战斗。他在成立大会上发表了《对于左翼作家联盟的意见》，向革命作家提出了战斗的要求，指明了当前战斗的方向。他被选为"左联"常务委员，并亲自编辑"左联"机关刊物《萌芽》、《文艺研究》等。他率领广大左翼文艺战士，对买办资产阶级的文学团体"新月派"、对国民党特务策划鼓吹的"民族主义文学"进行了英勇的斗争，成为共产党领导下的革命文学运动的主将。9月，"左联"在上海为鲁迅举行五十寿辰庆祝会，祝贺他在开创和发展中国革命文学运动中的光辉业绩。

　　左翼文艺运动的深入发展，引起了国民党当局的恐惧。1930年春，国民党浙江省党部以"堕落文人"的罪名通缉鲁迅。1931年2月，柔石、殷夫等五位青年作家被秘密杀害，传闻将搜捕鲁迅。白色恐怖笼罩上海，鲁迅被迫离开寓所去别处暂避。不久，他冲破国民党当局的严密封锁，在"左联"的秘密刊物上发表文章纪念战死者，并撰文在国外报刊上揭露黑暗中国的文艺界现状。这年9月，发生"九一八"事变，中华民族处于危亡时刻。鲁迅撰写了一系列犀利的杂文，揭露日本帝国主义的侵略罪行和国民党奉行的"不抵抗主义"。这两年间的三十七篇杂文和一篇译文，收集在《二心集》中。

1932 年初,上海爆发了"一二八"抗战。鲁迅和茅盾等四十余人联名发表《上海文艺界告世界书》,抗议日本帝国主义的暴行。同年,鲁迅会见从苏区来上海的红军将领陈赓,向他了解红军反"围剿"和苏区人民的生活及文化建设等情况,很受鼓舞。

1931 年至 1933 年期间,鲁迅与瞿秋白从通信、见面到结为知己。瞿曾三次在鲁迅家暂住,以避敌人的追踪,得到鲁迅在工作上和生活上的许多关照。他们在思想文化战线上并肩战斗,卓有成效地领导了左翼文艺运动,并一道构思和写作了一批批判资产阶级文艺理论和揭露国民党独裁统治的杂文。瞿秋白高度评赞鲁迅的杂文,1933 年 4 月亲自编选《鲁迅杂感选集》,选收鲁迅 1918 年至 1932 年间的杂文七十四篇,并撰写序言,深刻论述了鲁迅的思想和创作,明确指出:"我们应当向鲁迅学习,我们应当和他一同前进。"[1]

1933 年 1 月,鲁迅担任了中国民权保障同盟上海分会的执行委员。他不顾国民党独裁统治的种种迫害,参加营救陈赓、罗登贤、廖承志等共产党人的活动;并跟宋庆龄等人一道赴德国驻上海领事馆,递交反对希特勒法西斯暴行的抗议书。6 月 18 日,国民党蓝衣社特务暗杀了民权保障同盟总干事杨铨。鲁迅冒着极大的危险,亲赴万国殡仪馆为杨铨送殓。9 月,世界反对帝国主义战争委员会在上海秘密召开远东反战会议,鲁迅被推为名誉主席团成员。同年,鲁迅会见了英国著名作家萧伯纳和美国进步记者斯诺,并参与发起为被害日本革命作家小林多喜二的遗族募捐活动。

在同形形色色的敌人和思潮作斗争的过程中,鲁迅用各种笔名写作了大量战斗的杂文。这期间,鲁迅着重批判了鼓吹"文艺自由"论的"自由人"胡秋原和打着"第三种人"旗号而后来当了国民党书报审查官的苏汶(即杜衡),有力地回击了他们在超阶级文艺观幌子下对无产阶

---

① 《鲁迅杂感选集序言》,《瞿秋白文集·文学卷》第 3 卷,人民文学出版社 1989 年版。

级革命文艺运动的进攻。鲁迅把 1932 年至 1933 年写的杂文,编集在《伪自由书》、《南腔北调集》和《准风月谈》中。

蒋介石在 1934 年疯狂发动第五次"围剿"的同时,又鼓吹以所谓礼义廉耻为准则的"新生活运动",再次掀起尊孔读经的狂潮。文化教育界的尊孔复古派蠢蠢欲动,重弹"文言复兴"的老调。于是文言与白话的争论复起,并由此引起了一场关于大众语的论争,成为当时文化"围剿"与反"围剿"斗争的一个侧面。鲁迅坚持中国语文的改革和文艺大众化的方向,8 月作《门外文谈》,对这场论争作了科学的总结。同时,鲁迅作《答国际文学社问》,先后发表于国际革命作家联盟的机关刊物《国际文学》和苏联《真理报》,向全世界宣示了自己对新社会的创造者是无产阶级,并且无产阶级的共产主义社会一定要实现的坚强信念。他把这一年在反革命文化"围剿"中写下的战斗杂文,编为《花边文学》和《且介亭杂文》,指出这是"在官民的明明暗暗,软软硬硬的围剿'杂文'的笔和刀下的结集"①。

中共中央于 1935 年 8 月 1 日发表《为抗日救国告全体同胞书》,发出了建立抗日民族统一战线的战斗号召。10 月,工农红军经过二万五千里长征,胜利到达陕北。鲁迅十分兴奋,请美国朋友史沫特莱托人经巴黎向中共中央拍贺电,说:"在你们身上,寄托着人类和中国的将来。"鲁迅还冒着危险,保存了方志敏就义前写给中共中央的信和狱中所著《可爱的中国》、《清贫》等手稿。这批珍贵的革命文物,后来由其他同志妥善转交给了中共中央。鲁迅对于日本帝国主义和国民党当局掀起的尊孔逆流,对于林语堂、周作人等人提倡所谓抒写"性灵"的闲逸小品以麻痹人民意志的行径,继续进行了坚韧不拔的斗争。这些战斗的杂文连同这一年的其他短文共四十八篇,收入《且介亭杂文二集》出版。

为开创和发展中国的革命文学运动,鲁迅还以很大的精力从事翻

---

① 《且介亭杂文序言》,《鲁迅全集》第 6 卷。

译、介绍外国的进步文学作品的工作。苏联法捷耶夫的长篇小说《毁灭》是他在1931年8月译出的,在中国产生了很大的影响。他在1935年至1936年最后战斗的时刻,还不知疲倦地翻译了高尔基的《俄罗斯童话》、果戈理的《死魂灵》等名著。鲁迅寄无限深情和希望于革命文学青年,从各方面热忱关怀和积极培养他们。他到上海后虽然离开了教育岗位,但是仍然关心教育战线的斗争和青年学生的成长,多次应邀在上海、北京的大学讲演并热情接待来访的青年,回答青年们在数以千计的来信中提出的种种问题。越来越多的革命青年聚集在鲁迅的周围,把鲁迅视为自己尊敬的良师益友。鲁迅十分热心地提倡战斗的木刻艺术,指导青年组织木刻团体从事创作。1931年8月,还曾举办木刻讲习班,请日本美术教员内山嘉吉讲授木刻技法,自己亲自翻译。以后又陆续举办展览,编印画集,介绍外国优秀的版画艺术作品,成为我国新兴木刻运动的开拓者和奠基人。

1936年,鲁迅虽然身患重病,但仍以"与其不工作而多活几年,倒不如赶快工作少活几年"的奋斗精神坚持战斗。2月,他转交了中共北方局跟党中央接关系的信件。4月底,他会见了受党中央之命由陕北来上海的冯雪峰,兴奋地听取冯介绍红军长征的经过及中国共产党提出的抗日民族统一战线的政策。6月9日,他抱病口授《答托洛斯基派的信》(冯雪峰笔录),反击托派分子对中国共产党的诽谤诬蔑。他说:"那切切实实,足踏在地上,为着现在中国人的生存而流血奋斗者,我得引为同志,是自以为光荣的。"[①]在《答徐懋庸并关于抗日统一战线问题》一文中,他重申:"中国目前的革命的政党向全国人民所提出的抗日统一战线的政策,我是看见的,我是拥护的,我无条件地加入这战线。"同时,他提出了"民族革命战争的大众文学"口号,他赋予这一口号的含义是:一、文艺家在抗日问题上的联合是无条件的;二、但在文学问题上仍可以互相批判;三、在文艺界的统一战线中,绝非革命文学要放弃它

① 《且介亭杂文末编·答托洛斯基派的信》,《鲁迅全集》第6卷。

的阶级的领导的责任,而是将它的责任更加重,更放大①。为了表达对中国共产党的亲切感情,他还托人将火腿等礼品赠送给毛泽东等中共中央负责同志。

这一年,鲁迅还亲自编辑出版了《凯绥·珂勒惠支版画选集》、《苏联版画选集》等书籍。他满怀深情地将瞿秋白翻译的论文和文学作品编成《海上述林》,亲自为之作序出版,以此作为对亡友的纪念,并向敌人示威。他本年撰写的三十五篇杂文,后编为《且介亭杂文末编》出版。这是他留下的最后一本杂文集。

1936年10月19日,鲁迅与世长辞。蔡元培、马相伯、宋庆龄、毛泽东、内山完造、史沫特莱、沈钧儒、茅盾、萧三组成治丧委员会。上海各界人民纷纷赴万国殡仪馆瞻仰鲁迅遗容。22日,二万余人送殡。鲁迅遗体安葬于虹桥万国公墓。1956年,鲁迅墓迁移重建于上海虹口公园。

鲁迅战斗的一生,为祖国和人民留下了七百余万字的著译,加上日记和书信,约一千万字以上。其中包括杂文集十六本,小说集三本,散文诗集一本,回忆散文一本,辑录、校勘后公开出版的中国古典文学作品集五本,中国古典文学史论著两本,现存书信一千四百余封,以及1912年5月5日至1936年10月18日的日记(其中1922年佚)。这些作品,反映了中国人民从20世纪初年到30年代的斗争生活。此外,他翻译介绍了十四个国家近一百位作家的文艺理论著作和文学作品,编印成三十三个单行本,总字数超过二百五十万,促进了中国跟世界各国的文化交流。

1938年,《鲁迅全集》二十卷本编印出版。中华人民共和国成立后,鲁迅的著作和译作,分别编为《鲁迅全集》(十卷)、《鲁迅译文集》(十卷)以及《鲁迅日记》、《鲁迅书信集》出版,并重印鲁迅编校的古籍。重

---

① 《且介亭杂文末编》中的《答徐懋庸并关于抗日统一战线问题》及《论现在我们的文学运动》,《鲁迅全集》第6卷。

新注释的《鲁迅全集》(十六卷)也于鲁迅诞辰一百周年时全部出齐,新版《鲁迅全集》(十八卷)于 2005 年出版。北京、上海、绍兴、广州等地建立了鲁迅博物馆、纪念馆,在国家文物局、社会科学院和一些高等学校成立了研究鲁迅的专门机构。鲁迅的作品在全世界也产生了深远的影响,至今已有三十多个国家用五十多种语言文字出版了他的作品,不少国家还出版了他的传记和研究论著。

陆　伯　鸿

熊尚厚

陆伯鸿，名熙顺，字伯鸿，以字行，祖籍四川，1875 年（清光绪元年）生于上海。其祖父从四川到上海经商，父亲开办棉纺织厂。陆家信奉天主教，他幼年接受教会教育，在上海董家渡天主堂小学读书。之后又苦读"四书"、"五经"，1894 年考中秀才。他的父亲很想让其走科举道路，但陆伯鸿两次赶考举人未中，遂改学法文，随后任一法籍律师的秘书。

陆伯鸿弱冠之年，于本家经营的工商业内习商，数年后开始主持家业。20 世纪初叶，时值上海开始兴办水电业，他首先参与投资电灯业。1907 年秋，陆和李平书、王一亭等人发起创办上海内地电灯公司，接办原上海马路工程局的电灯部，资本银十万两。内地电灯公司开办后，电灯数量日增。1911 年，陆为了扩大经营，向英商汇丰银行借抵押贷款十万银两，他担任公司总经理。至 1918 年装电灯达两万盏，营业颇为发达。

1912 年春，陆伯鸿以电灯公司储有电机多台，另可用于行驶电车之用之由，经董事会同意，乃募集股本发起创办南市电车公司。资本额四十万元，实收半数，机车由求新机器厂制造，呈请上海市政厅批准立案。翌年 8 月 1 日开始试营，他任总经理。至 1915 年正式开车，公司名称增加"华商"二字，定名为上海华商南市电车公司。同年，与朱志尧等人合组大通地产公司，陆出资一万银两，同上海巡捐局订合同，租南市新马路的沿浦滩地及岸线地带，租期三十年。其后南京国民政府将该地段没收。几经交涉，得收回租权十五年，重新订约付租，陆损失金五万元,租地三分之一。

　　陆伯鸿主持经营的上海内地电灯公司和上海华商南市电车公司,数年间获利颇丰。但两公司在分别经营的情况下靡费之处甚多,在他的提议下,经两公司股东大会同意,于1918年1月合并,更名为上海华商电气股份有限公司,资本额二百万元,董事长王一亭,他任总经理。其后营业发达,1934年为扩充水电建设和偿还债务,发行公司券六百万元。

　　在经营电气业获得成功之后,陆伯鸿于1918年春集股五十万银两,在浦东购地创办了和兴炼铁厂。置炼铁炉两座,日产生铁十余吨,陆任该厂经理。时值第一次世界大战后期,营业甚为发达。惜大战结束后,外货倾销,炼铁厂不得不于1920年停办。然陆并未气馁,于1924年招收新股五十万银两恢复生产。1926年后,他改以炼钢为主,改名和兴钢铁厂,所出产品有机件浇钢、家具硬钢、竹节钢条等。经中国工程学会、上海同济大学和英租界工部局试验,发给产品合格证书,上海报纸称它“战胜洋货”,一时尚能获利。此时,他对国产钢铁业充满信心,热心提倡国货。1927年春,发表《中国之钢铁事业》一文于上海《商业杂志》第一卷第二期,认为中国钢铁多为洋货的原因,主要是“中国人信用外货之积习已深,其实中国之钢铁并不比外货差”;指出“上海和兴钢铁厂的产品即可与欧美并驾齐驱”,颇具民族自豪感。然而在外货充斥中国市场贱价倾销的情况下,和兴钢铁厂到头来还是陷入困境,于1928年只得向南京国民政府工商部呈请救济维持。

　　陆伯鸿除经营以上企业外,还从事航运业,与人合办有大通仁记航业公司和大成内河轮船公司。1924年6月,他和朱志尧、杨在田等人集资四十万元,合办大通仁记航业公司,任总经理,于上海设总公司,拥有“隆大”、“鸿大”等轮船四艘,避开长江各主要口岸,行驶上海至通州、扬州航线。同年还创办了大成内河轮船公司,新建和兴码头埠栈。大通航业公司开业后,与南通的大达轮船公司互用降低运费及给回扣等手段展开激烈竞争。由于合伙人朱志尧拥有求新机器厂,大通公司用改进轮机提高航速的办法占有优势,至 1933 年秋终于迫使大达与大通联营,设立办事处共同议价、统一会计等,竞争始告结束。

陆伯鸿在上海商界声名日隆,除任上海华商电气公司总经理、大通仁记航业公司总经理和和兴钢铁公司董事长等外,还先后担任过上海法租界公董局第一任华董、法租界工部局华董、上海市轮船公会监委、航业公会执委等职。

由于陆伯鸿的祖父和父亲都信奉天主教,他从小就是一个虔诚的天主教徒,成年后积极从事宗教活动与社会慈善事业。清末民初,他先接收老普育堂,将其革新后更名新普育堂,相继在南市开办医院、养老院、福利工厂及学校,通过社会慈善事业捐款甚多。此后,他又陆续在北京开办中央医院,在上海开办圣心医院、普慈疗养院、时疫医院、施药局,并不断扩建医院、增加病房和先进的医疗设备。同时,他还热心普及教育,开办男女中学五所及幼儿院。其在慈善事业方面的任职有:上海平民福利事业管理委员会委员、中华麻风救济会董事、中国防痨协会监事,是上海慈善事业方面的著名人物。

陆伯鸿在传播天主教活动方面也非常努力,在上海市区及其他一些地方经常深入民间传教,进行布道工作。他对于宗教十分虔诚,每天清晨必到教堂做弥撒茶礼,然后才去办理其他事务。1911 年,他和天津的雷鸣远等人在京津地区筹组中华全国公教进行会,两年后在上海成立上海公教进行会,担任会长。1928 年,全国公教进行会在北京正式成立,他被推为总会长,成为全国天主教会的领袖人物。陆伯鸿曾于 1926 年前往罗马参加国际圣体大会,晋见了罗马教皇。后在 1936 年 3 月又被罗马教皇授以"袍剑爵士"勋位。在中国天主教界他与雷鸣远齐名。

1937 年 8 月,淞沪抗战爆发,沪地难民和伤兵甚多,陆伯鸿积极投身慈善救济工作,开放了他主持的医院、养老院。由于忙于救济工作,直到上海被日军侵占,他还留在上海。之后,陆在家隐居未出。及至顾馨一等人出面组织伪市民协会,他被顾等人拉下水。

1938 年 12 月 30 日,陆伯鸿被抗日志士暗杀于法租界。

主要参考资料

方豪:《中国天主教史人物传》,中华书局 1988 年版。

张若谷:《陆伯鸿——人物与事业之九》,《人言周刊》第 2 卷第 21
期(1935 年 8 月)。

申报年鉴社编辑:《申报年鉴:民国卅三年度》,上海申报社 1944
年版。

陆　费　逵

熊尚厚

　　陆费逵,复姓陆费,名逵,字伯鸿,幼名沧生。祖籍浙江桐乡,后移居嘉兴,1886 年 9 月 17 日(清光绪十二年八月二十日)生于陕西汉中。其太高祖陆费墀为乾隆时四库全书总校官,父陆费芷沧曾在直隶、山东、河南、汉中等地做幕僚。陆费逵六岁时,父亲改入江西南昌府幕,遂移家南昌。其母吴幼堂,出身书香门第,颇识诗书,陆费逵从小由母亲教读。1898 年戊戌变法时,他阅读《时务报》等刊物,受到了新思想的影响,即弃旧学,改为自学史地、算术等新书。并入南昌英语学塾学英文,更常阅读新书新报,走自学成才的路。1902 年,陆费逵在南昌与人合办正蒙学堂,八个月后因经费不继停办。次年春,他随老师吕星如去武汉,临行时母亲对他说"蓬矢四方,男儿之志"[1],勉励他为自己的理想奋斗。到武昌后,他任塾师,同时继续师从吕星如学日文。1904 年,陆费逵在武昌与黄镇盘等人设新学界书店,担任经理。在店中出售《革命军》、《警世钟》、《猛回头》等革命书籍和其他新书。他自著《岳武穆传》,借以抒发反清革命思想,并积极参加当地的革命活动。1905 年春,革命党人刘静庵借圣公会附设之阅报室——日知会,为革命机关,并用日知会名义发展革命党人。陆参加日知会的革命活动,曾为日知会起草章程。日知会成立时,他任评议员。1905 年秋,陆费逵辞去新学界书店经理职位,与张汉杰、冯特民共同接办汉口吴研人创办的《楚

---

[1]　陆费逵:《教育文存》第 5 卷,中华书局 1923 年版,第 11 页。

报》,任主笔,不时纵论时政。同年底,该报因著文反对粤汉铁路借款密约,被湖广总督张之洞查封。陆费逵逃往上海,任昌明公司支店(书店)经理兼编辑,同时参加上海书业商会筹备工作,负责起草章程。该会正式成立后,陆任评议员兼书记,此后,陆费逵遂转到以教育、文化和出版事业救国的道路。

1906年6月,陆费逵主编《图书月报》(由上海书业商会主办,出至三期停刊)。同年冬,他到上海文明书局任职员兼文明小学校长和书业商会学徒补习所教务长。在文明书局期间,他与俞复等人着手编辑一套新教科书,但因资金不足未能出齐。1908年秋,陆费逵进入商务印书馆任国文部编辑。次年春升任出版部部长兼《教育杂志》主编及师范讲习社主任。他在《教育杂志》上连续撰文,宣传教育救国论。认为"教育得道,则其国强盛",主张缩短在学年限、减少课时和注重实利教育,并对小学堂章程提出改革意见,倡议改革旧教育制度①。其议论思想新颖,富有革新精神,在上海轰动一时。同时,陆费逵还建议整理汉字,主张简化,并提倡白话文。1910年,中国教育会在北京成立,陆费逵曾为该会起草章程,同时,主张国民教育、人才教育、职业教育三者并重。次年秋,武昌首义胜利。陆看到革命定能成功,认为教科书应有大改革,也是另创书局的有利时机。当时,商务印书馆对教科书未做改革,陆费逵已与戴克敦、陈协恭等人筹集资金,暗中加紧编写新教科书,并进行新书局的筹备,以"养成中华共和国国民"和"采人道主义、政治主义、军国民主义,注重实际教育"以"融和国粹与欧化"为宗旨,于1912年1月1日,在上海创立中华书局。

中华书局初系合资经营,资本二万五千元,办事及编辑人员十余人,陆费逵任局长,汪海秋(涛)任编辑长,陈协恭任事务长,最初只经营出版业务。该局开办后,陆费逵提出"用教科书革命"和"完全华商自办"两个口号,以与同业竞争,并首先发行初等小学及高等小学教科书。

①　陆费逵:《教育文存》第1卷,第22—30、72、105页。

同年又出版了《新制中华小学教科书》和《新编国民教育教科书》,刊出
新国旗作封面。中华教科书体例新颖,风行一时,赢得了教科书的大部
分市场。1913 年春,他去广州视察分局及考察广东等省教科书之发行
事宜,沈知方进中华书局任副局长,陆费逵将中华书局资本增至一百万
元(先收五十万元),编辑所设于上海东百老汇路,在北京、天津、广州、
汉口、南京等地与当地绅商协议,合资成立中华书局分局,共达十七处,
总分局人员增达二百余人。又添办印刷所,扩充编辑部,聘请范源濂任
编辑长,编辑初小、高小教科书。他还亲自前往日本考察出版印刷业
务,回国后大力加强出版,改进营业,改组书局为股份有限公司,邀请唐
绍仪、王正廷、范源濂和梁启超任董事,陆连任局长。中华书局业务蒸
蒸日上,年营业额达二十余万元。

　　1914 年,中华书局在福州、成都、昆明等地增设分局,并出版中华
新学制中学教科书,创办《中华小说界》、《中华实业界》等刊物。其中梁
启超主编的《大中华》在社会上颇具影响。同时,中华书局还自办印刷
所,添购机器,新设总厂,增设发行所,盘入文明书局与民立图书公
司①。1916 年 6 月,陆又将资本增至一百六十万元,分局增至四十余
处,印刷所拥有大小机器数百台,职工千余人,成为国内第二家民营大
书局。

　　中华书局因扩充太快,与同业的竞争又十分激烈,加以副局长沈知
方个人破产影响所累,以致资金周转不灵,1917 年 6 月几至停业。在
陆费逵主持下,董事会决议将中华书局与商务印书馆联合经营,后因条
件不合未成。当时,范源濂请他去教育部工作,汪汉溪请他去任《新闻
报》总主笔,他都未应允,决心再把中华书局办好。嗣后,经各方设法,
有吴镜渊、高欣木等人投资,资金得以周转。12 月,董事会改选,推举
吴镜渊为驻局董事,于右任、孔祥熙、康心如等十一人为董事。陆费逵

---

　　①　民立图书公司原为上海大资本家席子佩等创设的中国图书公司印刷厂。见
张静庐辑注《现代出版史料》丁编,中华书局 1959 年版,第 400 页。

被董事会免去局长职务,仍责成以司理名义处理业务。1919 年到 1921 年,中华书局经过扩充设备,营业重获发展,陆费逵担任总经理。中华书局在他主持下,创办《中华英文周报》,出版《新教育国语教科书》、"教育丛书"、"教育小丛书",编印《新文化丛书》等。1922 年到 1926 年,中华书局的编辑和印刷人才辈出,又出版《新学制师范教科书》、《新学制中学农业教科书》,出版了《心理》、《学衡》、《国语》、《少年中国》和《小朋友》等杂志,刊印《少年中国学会丛书》及《儿童文学丛书》。自 1925 年起,陆费逵兼编辑所长,并在常德、衡阳、梧州、九江、芜湖、徐州、青岛、张家口及兰州等地增设分局,资本增至二百万元。1927 年出版"新中华教科书",又在香港增设了分局。

1929 年,陆费逵在上海创办中华教育用具制造厂,制造教学仪器兼产桅灯。次年孔祥熙担任南京政府实业部长,董事会推举孔祥熙为中华书局董事长。1932 年,中华书局在上海扩充印刷所,大规模承印国民党政府有价证券及小额钞票。时商务印书馆在上海"一二八"事变中遭受重大损失,中华书局营业进展更大,年营业额增至四百万元。1933 年开始出版"国防丛书"和"国际丛书"。在九龙新建印刷分厂,设备之新,号称远东第一。

1935 年,中华书局在上海澳门路建成印刷厂,总办事处和编辑所随之迁入,规模更加扩大。同时,中华书局投资保安实业公司,设厂制造国防用的橡皮登陆艇、防毒面具和桅灯等。该厂后移至香港,继续生产,专为抗日国防做准备。

1937 年春,中华书局资本扩充至四百万元,年营业额约千万元,全国各地分局四十余所,沪、港两厂职工共达三千余人,彩印业务为全国第一,是中华书局的全盛时期。同年夏,他参加蒋介石在庐山召集的谈话会。抗日战争时期,还连任国民参政会第一、二届参政员。

陆费逵在经营中华书局的同时,本着他一贯的教育救国主张,发表过不少论述教育问题的文章。1912 年 1 月,他在《教育杂志》上发表《敬告民国教育总长》一文,提出当务之急有四:迅速宣布教育方针;颁布普通学校章程;组织高等教育会议和规定行政权限①。这一主张得到教育总长蔡元培的采纳。又与蒋维乔共拟《中华民国教育部普通教育暂行办法》十四条,于同年1月19日经教育部审定公布。主要内容为初小男女同校,小学废止读经,注重手工教育,中学师范改为四年及废止旧时奖励出身等。此外,他还发表《民国普通学制议》、《新学制之要求》和《国民教育当采实利主义》等文,阐述他的教育主张。他自称是"好言教育,尤好谈学制"的人②,主张效法欧美及日本等资本主义国家的教育,提议减少课时,缩短在学年限及注重实利教育。对学制教育、妇女教育、家庭教育和国民教育等论题,论述甚多。

陆费逵还大力推行国语运动。早在1906年,即曾发表《论设字母学堂》一文,主张统一国语,统一读音,改革文字。辛亥革命后,他受教育部委托,主持召开读音统一会,会后在上海提倡国语运动③。1921年前后,他参加国语推行会,创办国语专修学校,印行国音课本,制造国语留声片等,热心提倡白话文。

陆费逵主张用宗教的学说和精神从事教育工作,"教育人的灵魂"④。1918年秋,他与人组织灵学会,设盛德坛,提倡振兴佛教,主张"采宗教之学说为精神之训练",以佛教为"精神教育"⑤。

"九一八"和"一二八"事变后,民族危机日益深重。1933年1月,陆费逵在《新中华》杂志创刊号上,发表题为《备战》的文章,主张"一致对外"、"长期抵抗",将整个的财力、人才,准备作战⑥。

1937年7月,抗日战争爆发。中华书局上海总厂和编辑所停工,陆费逵将大部分职工遣散。他赴香港成立驻港办事处,主持港厂和南

---

① 陆费逵:《敬告民国教育总长》,《教育杂志》第10期(1911年1月)。
② 陆费逵:《教育文存》第1卷,第72页。
③ 陆曼炎:《时贤别纪》第2集,重庆文信书局1943年版,第77—82页。
④ 陆费逵:《教育文存》第1卷,第20页。
⑤ 陆费逵:《教育文存》第1卷,第19—24页;第2卷,第24页。
⑥ 《新中华》杂志第1卷第1期(1933年1月)。

方分局业务,上海中华书局由常务董事舒新城和吴镜渊主持日常事务,将印刷厂改为"美商永宁公司",借资掩护以维持营业。

三十余年来,在陆费逵主持下,中华书局先后编辑出版《聚珍仿宋版二十四史》、《中华大字典》、《辞海》,重印《四部备要》和《古今图书集成》等大部头书籍,总计出版各种书籍近二万种。随着中华书局的日益发展,陆费逵的声名愈著,成为全国书业出版界的巨擘。他历任上海书业同业公会主席、温州造纸厂筹备委员、中华工业总联合会委员、中法大药房董事等职。

1941年7月9日,陆费逵病逝于九龙寓所。生前著有《教育文存》五卷,《世界之教育》、《青年修养杂谈》和《妇女问题杂谈》等书。

陆 皓 东

江绍贞

陆皓东,名中桂,字献香,号皓东,广东香山(今中山市)人,1868年9月30日(清同治七年八月初十)生。他父亲陆晓帆一向在上海经商。

陆皓东与孙中山是同乡,两家相距不远,两人年龄相若,从小交好。陆八岁入乡间私塾读书,因喜爱图画,遭到塾师责备,他理直气壮地反问:"图画也是读书的事,为何禁止?"①塾师无词以对。表现了他从小就能明辨事理和刚强的性格。

1883年秋,孙中山由檀香山回国返里,陆皓东与孙的交往更加密切。他从孙中山那里接受了许多欧美科学文化知识和资产阶级民主主义思想。孙在家乡宣传政治改革,抨击清政府的腐败和社会风俗的不良,也使陆十分赞佩。一天,他俩为破除迷信,将村庙北极殿中的神像砸毁,为豪绅地主所不容,于是年11月被迫离开家乡,避往香港。

陆皓东与孙中山到香港后不久,一起加入基督教。之后,孙留在香港读书,陆到上海,入上海电报学堂学习。毕业后在上海电报局任译电员,后升任领班。

1890年,陆皓东由上海回籍完婚。其时,孙中山正在香港、广州与陈少白、尤列、杨鹤龄等探求革命救国的途径,陆皓东遂留下参加他们的活动。1893年冬,孙中山召集陆皓东、尤列、郑士良、程奎光、程璧光

---

① 中国国民党中央党史编纂委员会编:《革命先烈先进传》,1965年版,第2页。

等人在广州广雅书局抗风轩开会,筹划创设革命组织,决定以"驱逐鞑虏,恢复华夏"为宗旨,但因人数不多,没有形成具体组织。

此时,陆皓东与孙中山等人虽然开始筹建革命组织,准备实行反清革命,但仍未放弃和平改良的希望。1894年初,陆随同孙回到故里,帮助孙草拟上李鸿章书稿,要求学习西方,改革政治、经济、教育制度,以求国家富强。2月,他随同孙中山一道北上投书。到达天津后,虽多方奔走,仍未得到李鸿章的接见,上书也未被理睬。他俩怏怏而返,从此放弃和平改良的幻想,一心从事推翻清王朝的革命斗争。是年冬,孙中山往檀香山创建兴中会,陆皓东留在香港,与陈少白等人从事革命联络工作。

陆皓东等人在香港的工作为建立革命组织创造了条件,孙中山于1895年1月底回到香港,筹建兴中会总部。2月,兴中会总部在香港中环士丹顿街十三号正式成立,用"乾亨行"名义作掩护。该会制定的"驱除鞑虏,恢复中国,创立合众政府"的誓词,把革命斗争的锋芒明确指向腐朽的清王朝政府,并提出了建立资产阶级民主共和国的目标。因此,香港兴中会总部一成立,立即策划武装起义。3月,清政府在中日甲午战争中战败求和,民情激愤,兴中会总部决定利用这一有利形势,发动武装起义,袭取广州做革命根据地。陆皓东亲自绘制青天白日旗作为起义的军旗。

起义方针既定,陆皓东与郑士良等人随同孙中山到广州筹备,在双门底的王氏书舍设立革命总机关,对外用"农学会"名义作掩护,由陆负责主持这个机关。经过几个月的准备,联络了三元里的团防、北江、西江、汕头、香山、顺德一带的会党,以及城内外防营、水师的部分官兵。至8月底,起义的准备工作大体就绪,遂择定10月26日(旧历九月初九)起事。他们想利用重九这天回乡群众结队祭扫祖墓的风俗,乘机运械聚合。革命总机关决定:由陆皓东、郑士良、陈少白协助孙中山在广州指挥调度;杨衢云在香港集合会党充当突击队,于起义当日清晨进攻广州城内各重要官署,其他各路分途响应。

10月2日清晨,各路首领均往总机关领取命令口号,唯独充当主力的香港队伍未到。等了两个小时,始得香港队伍不能按时出发的电告,起义计划被全盘打乱。孙中山考虑到既失误了约定的日期,难免走漏风声,除通知香港队伍停止出发外,并命各路队伍回去候命。第二天,起义事机果然泄漏,两广总督谭钟麟急调兵千余名回城加强防卫,并派大批军警四处搜捕党人。陆皓东得到这个消息,立即安排机关的人员转移。他自己最后离开机关,走到半路,忽然想起党员名册不知是否已由经管同志带走,决定返回王氏书舍察看处理。同行的同志以形势危险,极力劝阻。他说:"党员名册最重要,倘被搜去,清吏按着名册株连,我党岂尚有余类。我个人冒生命危险去保全多数同志,实分内事。"①言毕毅然返回。到机关后,军警果然接踵而至,将机关严密包围。陆皓东迅速紧闭大门,取出党员名册烧毁,待军警破门而入时,名册已成灰烬,陆则从容就捕。

陆皓东被捕后,清吏对他严刑审讯,妄图从他口中得知同党名单。他坚贞不屈,当庭直书,痛斥"异族政府之腐败专制","贪官污吏,劣绅腐儒,腼颜鲜耻,甘心事仇";复慷慨陈词:"今事虽不成,此心甚慰。但一我可杀,而继我而起者不可尽杀!"②清吏气急败坏,对他施以钉手足、凿牙齿等种种酷刑。他多次死而复苏,始终不屈,并严厉呵斥清吏:"你们可以严刑加我,但我肉痛而心不痛,其奈我何!"③11 月 7 日,陆皓东被杀害。

陆皓东为了推翻清政府的黑暗统治献出了年轻的生命。孙中山后来称誉他是"中国有史以来为共和革命而牺牲者的第一人"④。

---

①　中国国民党中央党史编纂委员会编:《革命先烈先进传》,1965 年版,第 168 页。

②　邹鲁:《乙未广州之役》,中国史学会主编《中国近代史资料丛刊·辛亥革命》(一),上海人民出版社 1957 年版,第 229 页。

③　中国国民党中央党史编纂委员会编:《革命先烈先进传》,第 170 页。

④　孙中山:《建国方略》,《孙中山选集》(下),人民出版社 1956 年版,第 193—194 页。

陆 建 章

邵桂花

　　陆建章,字朗斋,号八庚,1862年(清同治元年)生于今安徽省蒙城县立仓集陆家瓦房庄的一个小康之家。陆幼时不爱读书,常逃学。稍长,又游手好闲不务正业,十七八岁时就染上吃喝嫖赌的恶习。1881年冬,陆建章因图谋霸占农家孀妇之财产,以暴力逼其改嫁而被拘坐牢。数月后,陆趁黑夜越狱潜逃至蚌埠投淮军,先充伙夫,后当上司书。1885年6月,李鸿章于天津创办北洋武备学堂,陆是首批从淮军抽调入堂的百名士兵之一。1887年11月,李鸿章奏请清廷,择其屡考优异学生段祺瑞、冯国璋、王士珍、段芝贵、陆建章等人留堂充任教职员。

　　甲午中日战后,清廷于1895年12月派袁世凯到天津小站练兵,陆建章任新建陆军右翼第三营后队中哨哨官、稽查先锋官,后任练兵处提调。未几升任左翼步队一营帮统。1898年12月,"新建陆军"改称武卫右军。次年12月6日,陆建章随署理山东巡抚袁世凯所率武卫右军赴山东镇压义和团。1902年,袁世凯以武卫右军为基础,开始在保定建立北洋常备军,并于次年成立练兵处,下设提调和军政、军令、军学三司,以王士珍为军学司正使,陆建章副之,从而被袁纳为心腹。1905年2月,近畿陆军第六镇建立,陆建章任该镇第十一协统领官。后调任山东曹州镇总兵,旋改任广东高州镇总兵、北海镇总兵。

　　1911年10月,辛亥革命爆发,陆建章弃职北返,被清廷革职。旋袁世凯东山再起,任内阁总理大臣,委陆建章为京防营务处总办,京畿执法处处长。1912 年初,冯玉祥因滦州起义事败被执解往保定时,陆因冯为其内侄女婿从而援手,使冯得以获释。

　　同年 2 月下旬,北洋军曹锟的第三镇因闹饷在北京发生兵变,从而成为袁世凯拒赴南京就临时大总统职的口实,陆建章是这一阴谋的参与者之一。当兵变发生时,陆竟佯装不知,在其衙署前对骑兵队、步兵队部署防堵任务。午夜陆带领卫队晋谒袁世凯,主仆见面表演了一出双簧戏。袁假惺惺问计于陆,陆回答:"这事请总统不要管,无非一些土匪捣乱。交给我和姜桂题去办好了。"①又说:事出内部,抓,必扰军心,又损大总统威望。要学楚王绝缨之令,明言土匪捣乱,胡乱杀一批百姓,先安军心,以后再交徐阁查处。得袁世凯首肯。翌晨,北京各城门口和街衢遍贴陆建章与姜桂题会衔捉拿土匪严禁造谣的布告,以清查户口为名,抓捕一些捡拾变兵丢弃衣物布匹等的小贩及贫民,在东单和西四牌楼斩首"示众"。这样一场蓄意制造的兵变,硬是被偷天换日给掩盖过去。无辜百姓惨遭杀戮,而真正的罪犯却逍遥法外。

　　1913 年 2 月,陆建章、李经羲在袁的授意下,在北京组织了以调解立法与行政、中央与地方、政党与政党之间冲突为名的"国事维持会"。3 月 10 日,登上正式总统宝座的袁世凯调陆建章为总统府禁卫军参谋官。袁编练备补军前、后、左、右、中五路,各路又分前、后、左、右、中五营,委陆建章任左路统领兼左路中营营长、北京军政执法处处长。陆建章遂委冯玉祥为备补军左路前营营长,并应段芝贵之请将其护兵、马弁安排在备补军中。

　　同年 8 月,"二次革命"失败后,袁世凯为打击国民党,取消国民党议员资格,授意陆建章于 8 月 27 日非法逮捕了褚辅成、丁象谦等八名议员,此事轰动全国,引起国会议员的无比愤慨。参、众两院议长多次派人去军政执法处交涉放人,要求面见陆建章,陆则托词拒而不见。当

---

　　①　冯玉祥:《我的生活》(上),黑龙江人民出版社 1984 年 2 月版,第 132 页。

时白朗军在豫西发展顺利，战火遍及省境，豫督张镇芳举措失利，北洋军遭重创。袁世凯派段祺瑞代理豫督，纠集两万北洋军大肆"进剿"。白朗军采取流动作战、机动灵活，突破围追堵截，向川陕转进。袁又派陆建章率京卫军西上助剿。狡猾的陆建章只是派所部尾随白朗军到潼关。1914年元月，白朗军入陕。3月底4月初，连克商南、商县、柞县，越秦岭直逼西安。袁遂调段回京，改派陆建章为"西路剿匪督办"。改京卫军第一师为第七师，由陆建章兼任师长率部援陕。派赵倜为会办，率军五千协同作战。又训令川军第三师进驻汉中防堵白朗军入川。白朗军入川受阻，乃决计乘河南空虚返豫。"进剿"白朗军失利，使北洋军之间产生矛盾，相互指责。袁世凯在不满之余，于同年6月6日电令陆建章，将失职人员从严惩处，达到剪除异己之目的。陆对此心领神会，于6月20日演出了一场"夺帅印"的闹剧，取代了陕督张凤翙。继之，袁世凯以"纵寇殃民"为由将张凤翙免职调京，任命陆建章督陕，并将白朗军所过各县知事撤换，一律由北洋派取而代之。随后又改各省都督为将军，授陆为威武将军，督理陕西军务。陆建章督陕后，首先裁减陕军张云山第一师和张钫第二师的兵员。唯独第三混成旅旅长陈树藩以两万两烟土为贽，拜陆为老师得以保住旅长之职，还当上了陕南镇守使。陈还同陆建章之子陆承武结成盟兄弟。陆建章在排斥异己的同时，把第七师扩编为第十五、十六两个混成旅，任贾德耀和冯玉祥为旅长。陆在陕极力培植党羽、启用同乡。当时民谣有"口里会说蒙城话，腰中就把洋刀挂"①，陕西人统以"徽客"称之。他们横行霸道，欺压百姓，引起当地"刀客"们的仇视。在西安一些小街僻巷，"刀客"刺杀"徽客"的事时有发生。陆建章为人极贪婪，在陕大肆搜刮。他垂涎陕军第一师师长兼陕北镇守使张云山的巨额财富，绞尽脑汁攫为己有，即使张货尽财竭仍然相逼，致张忧愤咯血，于1915年6月死去。陆以治丧为名，又占有张云山的女儿，侵吞了张的"富泰银行"。又如陆在陕西以禁

___
① 冯玉祥：《我的生活》(上)，黑龙江人民出版社1984年2月版，第175页。

烟局为幌子,公开卖鸦片,导致民怨沸腾。

陆建章一向仇视革命,督陕伊始秉承袁世凯的旨意,捕杀陕西革命党人张深知、王绍文等十八人,激起革命党人极大愤慨。1915年,袁世凯图谋帝制,陆建章以个人名义发出拥戴电,被袁封为一等伯。讨袁护国军兴,陕西人民积极响应,当时在渭北的国民党人纷纷参与讨袁逐陆之役。1916年1月,陆建章急调陈树藩为陕北镇守使兼渭北"剿匪"总司令,挑拨陕西人民内部自相残杀。同时陆又暗中调商震团入陕,编在陆承武旅中,企图消灭在富平隶属陈树藩的游击营胡景翼部,不料为胡侦知,经过周密部署,竟以少胜多,生擒了陆承武。5月9日,陈树藩在蒲城宣布独立,率部围攻西安。陆建章闻报大惊失色,下令紧闭西安四门,实行戒严,并征集大量石油、笤帚准备纵火屠城。同日陕西省模范监狱在押囚徒三四百人,趁兵临城下之机越狱暴动,陆派队镇压,把抓回监狱的犯人一律斩首示众,并沿街搜捕,祸及无辜。陆并借筹饷之名,从中国银行西安分行强行支取现金五十万元,中饱私囊。而陈树藩部则于16日进据西安,以所俘陆承武为奇货,对陆建章进行要挟,几经讨价还价,陆与陈订约十二条,陆建章以陕督位置让给陈树藩换回陆承武,并通告市民解职出境,其生命财产安全由陈树藩负责保护。5月26日,陆建章出城东行,随行卫队一千五百人,大车一百二十余辆,陈树藩亦躬送出城。当队伍行抵西安东关,霹雳一声格斗大起,车辆财物悉被抢夺,陆的随行人员及眷属纷纷逃散,其四姨太死在混乱中,陆得英国传教士帮助,避居教堂而幸免。陆建章于7月6日狼狈逃回北京。

这时袁世凯已死,北洋军阀分裂为直、皖、奉三系。陆属直系,为握有北京政府实权的皖系段祺瑞所排斥,陆只好暗自活动于各派系间,与驻廊坊的冯玉祥保持密切联系。1917年4月,北京段政府以抗命为由免去冯玉祥的第十六混成旅旅长职务时,引起该旅官兵大哗。段的亲信徐树铮、傅良佐不得不请出陆建章为之调停。陆说服了冯玉祥,并向全旅官兵讲话。他说:"他们歧视我们,蓄意消灭我们,只是妄想。但我们此时不能反抗,一反抗,反倒变成我们不是了。我们此时正好养精蓄锐,谁也别想消灭得掉。看他们这样胡闹,必定有大乱子出来。那时,我们自然有办法出来。"①其时,陆建章仅任总统府高等顾问闲职,授炳威将军。同年7月,北京发生张勋拥溥仪复辟,陆电召冯玉祥赴天津共谋讨张大计。张勋复辟失败后,段祺瑞重掌北京政权,推行武力统一政策,形成南北对峙的局面。直、皖两系在对南方态度上分歧日益严重。皖段主战,直系冯国璋主和,而陆建章则是主和派的幕后活动者,与各省直系军阀势力有着千丝万缕的联系。当福建前线皖系势力告急时,冯玉祥奉命率部援闽。出发前,段祺瑞找冯谈话,告诫冯玉祥应与陆建章断绝来往,为冯婉言驳斥。

　　冯玉祥率第十六混成旅于11月行抵浦口停兵不前,久蛰思起的陆建章乃前往就商,拟借冯玉祥主张和平来博得个人声誉,并因利乘便攫取皖省地盘,又可使冯援闽停兵有观望的余地。得冯认同,陆遂赴宁,在苏督李纯处进行活动,企图造成"长江三督"(即苏督李纯、赣督陈光远、鄂督王占元)一致拥护和平的声势,与主战的段祺瑞相抗衡。此时,在湖南战场上的北军失利,北洋政府陆军部电令冯玉祥率部援湘。1918年2月,冯玉祥率全旅溯江而上,师至武穴驻扎不前,先后通电罢战言和、恢复国会,这打乱了段祺瑞对湘用兵的计划,同时对湖南战场也产生了深刻影响。冯的行动因触怒段祺瑞而被北京政府再次免职。而全旅官兵则愤慨抗命,与政府僵持不下。这时滞留该旅军中的陆建章,一面与主和派策划打击主战派,一面积极实施驱逐倪嗣冲夺取皖省地盘的计划。因为陆的主张有背冯玉祥保存实力、不参加内战的初衷,陆虽用多种办法逼迫冯玉祥采取行动均未得逞,于是大骂冯玉祥忘恩负义。

　　陆建章主和倒向直系,惹恼了段祺瑞,段对陆产生杀机。1918年4月,段赴汉口召集军事会议,张敬尧、曹锟等人向段祺瑞禀陈陆建章在

① 冯玉祥:《我的生活》(上),第243、244页。

沪图谋不轨,已报院要求究办。同年 5 月,徐树铮、曾毓隽联名致电卢永祥称:"陆建章、孙洪伊等前次勾结土匪,扰害地方,今复在沪密谋,希图煽惑,望速密悬重赏,设法缉捕,务获究办。"①必欲除陆而后快。

督军团会议定于 6 月 13 日在天津召开,代总统冯国璋暗中授意陆建章赴津,拉曹锟重新回到直系行列与李纯合作,使督军团会议变成有利于冯而不利于段的局面。与此同时,徐树铮也以曹锟、张怀芝、倪嗣冲、张作霖的名义致电陆建章,约其赴津参加督军团会议并有要事相商来诓骗陆上套。陆建章见电匆匆北上,于 6 月 13 日抵天津英租界私宅。14 日清晨,徐树铮电话诳陆建章到云南会馆,旋被拘禁。陆、徐相见,辩论甚剧,势难相下,徐借口此间人多,殊属不便,请入密室再谈。当陆建章步入后花园时,见园中及门口有许多持枪而立的军人正怒目而视,知已陷于危境,遽言曰:"我不意竟死于此。"②一语甫毕,而枪弹连发,陆当即殒命。1920 年,皖系在直皖战争中失败后,10 月 28 日徐世昌以炳威将军陆建章"被陷冤死"明令昭雪,着即开复原官员勋位及勋章。

主要参考资料

贾逸君:《中华民国名人传》(上册)军事,北平文化学社 1933 年版,第 69 页。

田布衣:《段祺瑞三度组阁与陆建章被杀》,《春秋》1968 年第 9 卷第 1 期。

叶雨田等:《陈树蕃杀害南雪亭的前后》,中国人民政治协商会议陕

---

① 徐樱:《先父徐树铮将军事略》,中国人民政治协商会议天津市委员会文史资料研究委员会编《天津文史资料选辑》第 40 辑,天津人民出版社 1987 年版,第 118 页。

② 《晨钟报》1918 年 6 月 16 日。

西省兴平县委员会文史资料研究委员会编《兴平文史资料》第 2 辑，
1985 年版。

　　徐樱：《先父徐树铮将军事略》，《天津文史资料选辑》第 40 辑，天津
人民出版社 1987 年版。

　　吴景南：《冯玉祥武穴通电主和前后》，《天津文史资料选辑》第 45
辑，天津人民出版社 1988 年版。

陆　荣　廷

李宗一

　　陆荣廷,字干卿,广西武鸣人,1859 年 8 日 13 日(清咸丰九年七月十五日)生。他出身于一个僮族的贫民家庭①,父母早故,幼年就成了孤儿,曾在县城当学徒。十六岁时流浪到龙州,后被水口村盐贩谭某收养,在龙河上操舟贩盐,并娶谭女为妻。中法战争爆发后,他投到唐景嵩部下当兵,驻防中越边界水口关一带。战后被裁,他便和"游勇"以及秘密会党成员结伙,入中越边界山林中活动。数年后,逐渐扩大成有数百人的绿林武装,他成了这支武装的首领。

　　1893 年,陆荣廷被广西提督苏元春招抚,所部编为一营,当上了管带。1904 年至 1905 年,他奉两广总督岑春煊的命令,镇压广西各州县人民起义,捕杀起义首领多人,升为巡防营统领。1906 年,他率领"荣字军"十一营②驻扎在龙州、镇南关(今友谊关)等地,陈炳焜、林俊廷、谭浩明(他的内弟)都在他手下充当管带。同年夏,他到日本考察军事,年底返回龙州。1907 年 12 月,孙中山、黄兴指挥革命党人一举攻占镇南关右辅山炮台,广西巡抚张鸣岐奉清廷严旨,限令陆和边防军总统龙济光七日夺回。他们如期攻陷了炮台,乘机对革命党人大肆杀戮。事后,陆荣廷升为右江镇总兵,不久改任左江镇总兵。1911 年 6 月,又升

---

　　①　据《武鸣县志》(曾唯儒编,1915 年版)记载:陆荣廷"家赤贫,世业农"。陆的生年参见陆君田编著《陆荣廷传》,广西民族出版社 1989 年版,第 5 页。

　　②　《光绪三十二年夏季广西水陆防营册》,中国第一历史档案馆藏。

为广西提督,驻南宁。当时广西旧军巡防营三十二营,其中十营又称边防军,由陆直接指挥。

1911年10月,武昌起义爆发,处于风雨飘摇之中的清王朝迅速瓦解。广西巡抚沈秉堃和布政使王芝祥于11月7日在桂林通电宣告"独立"。沈、王为正副都督,陆荣廷也被推为副都督。陆荣廷对于突然到来的革命浪潮没有思想准备,因此当他在南宁接到广西独立的通电时,十分震惊,不知所措。后来,在革命党人和新军的压力下他才顺风转舵,不得不于9日做出"附和共和"的表示,组成了以他为首的南宁军政分府。但当时新军中的革命党人识破了他假独立的阴谋,想继续发难,被他侦知,于是他就逮捕了革命党人谭昌等人,并"发兵包围新军,勒令缴械"①,从而巩固了他在南宁的权位。

不久,沈、王两督不安于位,扬言北上"援鄂",先后率队离桂。陆荣廷便由安边道陈凤昭、标统陈炳焜等地方实力派推举为广西都督。他于1912年2月率军进入桂林就都督职,次年又兼任广西民政长,并把省会迁往南宁,从此独揽了广西的军政大权。他打着"桂人治桂"的旗号,把旧军中的陈炳焜、谭浩明、沈鸿英、莫荣新等人,以及广西籍旧官僚和立宪派豪绅陈树勋、唐钟元、韦锦恩等人网罗在自己的周围,逐渐形成代表大地主大买办阶级利益的桂系军阀集团,他是这个集团的首领。

1913年7月,孙中山发动"二次革命",反抗北洋军阀袁世凯的血腥统治。陆荣廷支持袁世凯,逮捕境内革命党人,残酷地镇压了响应"二次革命"的柳州起义②。他还把军械供给于辛亥革命后退处在梧州的龙济光,促其向广东起义军进攻。"二次革命"平息后,袁世凯授他为

---

① 《邕宁县志》,广西少数民族社会历史调查组编《广西辛亥革命资料》,1960年版,第188页。

② 覃子权:《二次革命柳州起义亲历记》,中国人民政治协商会议全国委员会文史资料研究委员会编《辛亥革命回忆录》(二),中华书局1962年版,第522页。

耀武上将军(原为宁武将军),他的长子陆裕光也加少将衔。

　　但陆荣廷对袁世凯也有不满的一面:首先,袁对已升任广东都督的龙济光更为重视,给予龙比他更高的宠信,引起他的嫉恨;其次,袁又派王祖同到广西任巡按使,对他进行监视。因此,当1915年袁进行复辟帝制活动时,他表面上附骥北洋,上书劝进,暗中却和各方面反袁势力互通声气。到12月下旬,云南蔡锷、唐继尧宣布独立讨袁以后,他见帝制丑剧遭到全国人民激烈反对,而且他的老上司岑春煊和进步党人梁启超以及政学系人物也都对他进行劝说,他终于秘密做出了反袁的决定。

　　1916年1月,贵州宣布独立讨袁。陆荣廷为了骗取饷械,向袁请求讨伐贵州。3月7日,袁果然任命他为贵州宣抚使,他即向袁索军费百万元,枪五千支,带兵进驻柳州,做出征黔的姿态。先是,袁曾打算派北洋军假道广西进攻云南,陆指使民间团体呼吁,拒绝假道;袁不得已,又委派龙济光的哥哥龙觐光为云南查办使,令其带兵从广东出发,经广西攻云南。因为龙觐光和陆是儿女亲家,他不好再拒,便一面表示欢迎,一面派陆裕光与部将马济带兵"助龙"①。当龙军抵滇桂边界百色的时候,陆裕光和马济按照事先密令向龙军发动袭击,尽夺其饷械,并将龙觐光俘获。陆荣廷在柳州得讯后,即于3月15日宣布广西独立讨袁,组成"武卫军",以马济为司令,向湖南进军。

　　4月初,龙济光在广东民军的压力下,为求自保,也居然宣布"独立"。这时,陆荣廷偕同潜入广西的梁启超随军东下,进入肇庆。他们已预定推戴岑春煊为首领,以便驾驭龙济光,统一两广军权。4月19日,岑春煊带着刚从日本借来的一百万元(日币),抵达肇庆②。陆荣廷

――――――――

　　①　马济(1886—1927),字慎堂,旧军官家庭出身,陆荣廷的义子。历任广西督军署副官、旅长、"武卫军"司令、广东兵工厂总办等。1924年陆下野后,他带领陆的队伍北上投靠吴佩孚,以后又投张宗昌,充"直鲁联军"第十五军军长,1927年5月在蚌埠作战被击毙。

　　②　岑春煊:《乐斋漫笔》,《中和月刊》第4卷第5期(1943年5月)。

即率领各将领于 27 日通电拥戴岑为两广都司令。5 月 8 日，又扩大组织，改称为军务院。为了照顾云南实力派的情绪，又改推唐继尧为军务院抚军长，岑为副抚军长，摄行抚军长职权。按照军务院的《宣言》，他们遥尊黎元洪为总统，把军务院作为独立各省对内对外的中枢机关。当时陆荣廷虽只是九个"抚军"之一，但因他手握重兵，实际上是军务院的后台老板。

军务院成立后，岑、陆一方面令李烈钧率领滇军入广东，拟由粤北攻江西，一方面陆自己以湘、粤、桂联军总司令的名义率军进入湖南。这时，袁的忠实爪牙湖南将军汤芗铭已被迫宣布"独立"。陆兵不血刃，前锋就进入长沙。他自己于 5 月底也到达衡阳。6 月 6 日，袁世凯病逝，北京政府以黎元洪继任总统，段祺瑞以国务总理名义掌握实权。龙济光闻讯，就宣布取消独立，投靠段祺瑞。因此，入粤的滇军在韶关与龙军发生战斗。陆荣廷遂令莫荣新率桂军入粤，与滇军夹攻龙军，迫使龙军退据广州。7 月 6 日，段祺瑞政府被迫发表陆荣廷为广东督军，但不久又让他暂署湖南督军，准备把广东仍留给龙济光。陆深知湖南情况复杂，对湘督不感兴趣，而对于号称"财富之区"的广东这块地盘早已垂涎三尺，于是，遂坚辞湘督不就，而自动率军回广东，迫使龙军退入海南岛，自己正式就任广东督军。在此之前，军务院向段政府索取了一批军费，也自行宣告取消，所谓"护国之役"就此结束。

1917 年春，陆荣廷亲自到北京，争取段政府承认他对两广的统治权。当时黎、段都想拉他，根据他的示意，4 月 10 日段政府任命谭浩明为广西督军，陈炳焜为广东督军，他升为两广巡阅使。从此，他操纵着两广的军政大权，把桂系军队扩充到五万人，成为西南地方最大的一股军事力量，时人有"北张（作霖）南陆"之称。在此期间，他大借外债，加税开捐，滥发纸币，搜刮民财，又在原籍武鸣山中建起豪华的"宁武庄"，供其享乐。

同年夏，黎元洪和段祺瑞的所谓"府院之争"激化后，由此而演变出了张勋发动的复辟政变。段祺瑞利用全国人民反对复辟的声势，讨平张勋,迎冯国璋入京代理总统,自己重任总理。为加强独裁统治,段拒绝恢复复辟期间被解散的国会,废弃了《临时约法》。于是,孙中山于7月中旬率领起义的海军由上海到广州,宣言护法。先是,陆荣廷于6月间,借口黎元洪被挟制,已宣布两广"自主";其次,他为了借用孙中山的名望,以增加自主的声势,提高与北洋军阀讨价还价的资本,也表示拥护孙中山的主张。8月底,广州非常国会推举孙中山为海陆军大元帅,陆荣廷和唐继尧为元帅,组成军政府。但陆对另组军政府,阴持异议,因而对元帅一职是否接受,不肯作明确表示。他仍深居武鸣山中,以"老帅"自命,发号施令,指挥陈炳焜、莫荣新(时任广惠镇守使,后又任广东督军)等桂系军阀,对孙中山明迎暗拒,处处掣肘,"假护法以行破法"①。这时,段祺瑞依靠日本帝国主义的支持,积极推行其"武力统一"政策,派北洋军入湖南,准备进攻两广。陆荣廷感受到段的威胁,即派谭浩明带领桂军"援湘",但他寄希望于段祺瑞有矛盾的代总统冯国璋,企图联冯制段,"联直倒皖"②,以便对付在广东的孙中山及其他异己势力。因此,他接受美帝国主义分子安德森等人策动,与江苏督军李纯及曹锟、吴佩孚等直系军阀不断勾搭。到1918年4月,与吴佩孚部在衡阳暗中妥协,湖南战场上暂时沉寂下来。这时,他便回过头来进行策划改组军政府,排斥坚持民主革命立场的孙中山。他串通了非常国会中政学系和益友社两系议员,通过"修改军政府组织法",于5月20日把军政府改为总裁合议制,推选孙中山、伍廷芳、唐绍仪、陆荣廷、林葆怿、唐继尧、岑春煊七人为总裁,而以岑为主席。这样,军政府就完全成为桂系军阀控制下的工具。孙中山被迫离开广州到上海,在其辞大元帅职的通电中气愤地指出:南北军阀是"一丘之貉"。

　　① 《致林修梅函》(1919年),中山大学历史系孙中山研究室等编《孙中山全集》,中华书局1985年版,第197页。
　　② 中国科学院近代史研究所南京史料整理处编《北洋军阀直皖两系混战史料》,1961年油印本。

1919 年下半年,北方直系军阀已形成(七省后发展为八省)反皖同盟,直皖矛盾日趋激化。同时,南方在孙中山影响下的粤军陈炯明部在闽南一带,得到福建督军李厚基(皖系)的支援,大力扩充,准备回广东驱逐桂系势力。1920 年春,陆荣廷根据上年与吴佩孚签订的反段军事同盟密约供给吴军六十万元"军饷",敦促他撤军北上。到 7 月,北方发生直皖战争。结果,皖系大败,段祺瑞下台,直系和奉系军阀控制了北京政府。当直皖战争发生时,陆荣廷在龙州召开军事会议,准备进攻闽南粤军。8 月中旬,桂军攻闽开始,陈炯明立即出动反击,到 10 月下旬,桂军战败,广东督军莫荣新弃广州逃走,岑春煊和陆荣廷通电宣布撤销"护法军政府"并取消两广"自主",公开投靠了直系军阀。11 月底,孙中山又回到广州,着手重组正式政府,翌年 5 月,经非常国会选举孙中山就任非常大总统。陈炯明为广东省长兼粤军总司令。

陆荣廷反对孙中山在广州重组军政府,妄图以直系军阀为奥援,重占广东地盘。1921 年 1 月,北京政府任命他为广西边防军务督办,他陈兵于粤桂边界,伺机反扑。当时孙中山为准备北伐先肃清侧后敌人,乃号召粤、滇、黔、赣各军讨陆。粤桂两军于 6 月下旬接触,桂军刘震寰部首先倒戈,粤军遂顺利地占领梧州。握有桂军主力的沈鸿英见势不妙,宣布"自治",逼陆下野。其他桂系军队也望风而逃。当滇、粤各军分占南宁和桂林后,陆又于 9 月逃往上海。

1922 年 6 月,由于陈炯明背叛孙中山,发动叛乱,粤军从广西撤退。陆荣廷的旧部林俊廷、韩彩凤等人以"自治军"的名义占据城邑,电邀陆回广西。于是,他又返回龙州,于 9 月 12 日通电就广西边防督办职务,重温"广西王"的美梦。1923 年 12 月,他到南宁就任北洋政府委派的"督理广西军务"。当时沈鸿英正调军进攻广东,他令其部下趁机夺取了沈军占据的桂林和柳州,表面上统一了全省。次年春,他又以"出巡"为名,带兵到桂林,秘密接受吴佩孚给他的军械。

这时,在中国共产党的帮助下,孙中山改组了国民党,在广州组成革命政府。革命气氛弥漫广东,广西人民也不断掀起反军阀斗争。驻在梧州的桂军李宗仁部和黄绍竑部,已经分别接受了孙中山授予的"广西讨贼军总指挥"和"定桂军总指挥"的名义,通电讨陆。李、黄又利用沈鸿英与陆的矛盾,把沈拉过来,共同进攻陆。1924年五六月间,李、黄袭取了陆的老巢南宁和左右江各县;沈则趁陆出巡到桂林时,突然用兵包围了桂林。陆困守桂林孤城达三月之久。后来,由于吴佩孚指使湖南军阀赵恒惕派湘军一旅入桂,以武力"调停",沈始解围,让他撤至全州。陆到全州后,见众叛亲离,大势已去,遂于9月23日通电下野,经湖南前往上海,以后又移居苏州,1928年11月病死。

陆 徵 祥

郑则民

　　陆徵祥,字子欣,又字子兴,1871年7月29日(清同治十年六月十二日)生于上海。其父陆诚安,字云峰,信奉基督教,是外国传教士所雇佣的传教员,"以助基督教牧师传教为生"①。由于父亲的引导,陆自幼加入了基督教。小时身体孱弱,十岁始入私塾,十二岁时进上海江南制造总局附设的广方言馆就学八年。继而前往北京,考入总理衙门所办的同文馆学法文。

　　1892年,陆徵祥被清政府派往彼得堡任驻俄、德、奥、荷四国公使许景澄的翻译。许对陆很赏识,勉励他要"学习外交礼仪,联络外交团员,讲求公法,研究条约,冀成一正途之外交官"②,彼此建立起深厚的师生友谊,陆不断受到许的指点和熏陶,为日后进行外交工作打下良好的基础。陆徵祥初到俄国时仅是学习员,数月后定为四等翻译,1896年升为二等翻译。同年冬,许景澄回国,杨儒继任驻俄、奥、荷公使,陆仍留使馆任翻译。

　　1899年2月12日,陆徵祥在俄京办了终身大事,他与比利时女士培德·斐结为伴侣。培德出生于比国将门,祖父、父亲皆为比国将军,与比国驻俄公使为至戚,在彼得堡做私人教师。陆对培德很敬慕,婚礼

---

　　① 罗光著:《陆徵祥传》,香港真理学会1949年版,第10—11页。
　　② 徐一士:《陆徵祥与许景澄》,《近代稗海》第2辑,四川人民出版社1985年版,第381—382页。

也按女方所信奉的天主教礼仪举行。

1902 年，胡惟德继任驻俄公使，次年陆晋加参赞衔。陆徵祥在俄国首都彼得堡整整任职十四年，熟悉俄国情形，办理中俄交涉，处理谨慎细密，逐渐老练明快，颇得历任公使的器重。

1906 年，陆徵祥被任命为驻荷兰公使。结束了以往驻荷公使由驻德或驻俄公使兼任的历史，陆为第一任特命驻荷全权公使，设中国公使馆于海牙。在驻荷公使任内，比较合理地解决了荷兰政府强制华侨加入荷国籍的问题。他在与荷兰订立中荷领事条约中，载明华人依荷法律加入荷兰国籍后，若返国仍为中国公民。关于领事的权利和义务，也参照荷兰与日本签订的协定为先例，经过协商做出比较合理的规定。1907 年，陆代表中国参加了第二次海牙和平会议。在会上，他与南美等一些小国代表进行联络，共同反对英、德等国所提出的按国力强弱划分国家等级并以此作为选派国际捕获审判员的基础的议案，使这一提议未被通过。陆徵祥还积极支持按罗马字母的次序，排列各国先后的次序，这种做法后来成为国际惯例。他还在海牙冒险接待过流亡国外的维新派领袖康有为，关照康不要去俄国、避免被引渡回国的危险。

陆徵祥长住外国担任外交工作，娶外国女士为妻，能说流利的外语，讲究应酬交际，因此很受外国人的青睐，在本国外交界也是个知名人物。1908 年，袁世凯出任清政府外务部尚书任内，对陆也很赏识，在奏保外交官中，曾说他"通达时务，虑事精详，上年在海牙举行第二次保和会派为专使，凡于国体有关事项，据理力争，曾不少诎，尤能洞察列强情势，剀切敷陈，确有见地"①。1911 年（清宣统三年），陆奉调转任驻俄公使。当年 10 月，在其妻的动员下，在俄京改入天主教。武昌起义爆发后，袁世凯被清廷任为内阁总理。袁一面对南方起义的民军又打又拉，一面对清廷施加压力，促其退位。这时梁士诒受袁的委托出面联

---

①　李剑农：《戊戌以后三十年中国政治史》，中华书局 1980 年版，第 164 页。

络各方,梁密电陆徵祥,授意他配合袁的活动①。1911 年 12 月 25 日,陆徵祥联合了一些驻外使节致电清外务部,劝清帝退位,电文劝告清帝不要"以一人位号,涂炭海内生灵"②。这一电报正好给袁世凯的逼宫活动助了一臂之力。

袁世凯当上了中华民国临时大总统后,于 1912 年 3 月 30 日,任命陆徵祥为唐绍仪内阁的外交总长。陆当时仍在俄国,感到国内面临着极为复杂的外交局势,当外长担子很重,有些犹豫,回家与妻子培德商量,得到了鼓励,于是陆回国就职,陆的夫人也被任命为礼官处的礼官长③。

陆徵祥在民国初年第一次外交总长的任内,曾努力按照西方国家外交部的模式改组外交部。首先,他提出一个新的外交部组织法,提请国会批准,按规章切实遵照执行。其次,改驻外使、领馆为专业机构,从事外交的人员为职业外交官,由受过专门训练的人员担任。第三,加强对驻外使领馆的管理,防止驻外公使在其所辖范围内独断专行,还建立预算和汇报制度、电报密码制度等④。陆本人也比较注意培养青年外交人才。

1912 年 6 月,国务总理唐绍仪辞职。袁世凯为阻止同盟会组织政党内阁,而属意由陆徵祥继任。陆表面上无党派,常标榜"超然主义",实际上只能听命于袁。

陆徵祥先出任代理总理,6 月 29 日,经参议院多数通过,被袁世凯正式任命为国务总理,各国驻京公使纷纷致函祝贺。于是陆便奉命组阁。同盟会虽同意他任总理,但对组织"超然内阁"抱抵制态度。7 月

① 凤冈及门弟子编:《三水梁燕孙先生年谱》(上),1933 年印行,第 105 页。
② 《宫中电报档》,中国史学会主编《中国近代史资料丛刊·辛亥革命》(八),上海人民出版社 1957 年版,第 154 页。
③ 罗光著:《陆徵祥传》,第 80—81 页。
④ 顾维钧著,中国社会科学院近代史研究所译:《顾维钧回忆录》第 1 分册,中华书局 1983 年版,第 101—103 页。

18 日,陆出席临时参议院会议,宣布行政方针,并按袁世凯的意向,提出补充六个阁员的名单。他在会上,开口便讲"补充阁员名单"就好比"开菜单作生日",致使全场哗然,成为笑柄。至于"政见"连一句话也没说,议员们对他大失所望,将他提出的人选一一否决,致使新内阁流产,并演变成全国性政治风波。后经袁世凯以武力威胁和收买拉拢的办法,使参议院通过另外提出的五名阁员的议案,但陆徵祥却因受到失职弹劾而称病不出。数月后陆改任赵秉钧内阁的外长,1913 年 4 月参加了和英、法、德、日、俄五国银行团签订二千五百万英镑的《善后借款合同》,为袁世凯筹集内战经费。5 月,又与俄国公使议订了关于蒙古问题的协定(草约六款)。因被参议院否决,不久便退出内阁,改当袁世凯的外交顾问。

1915 年 1 月,日本大隈重信内阁提出了旨在独占中国的"二十一条",袁世凯又起用陆徵祥代替孙宝琦为外交总长。陆与外交次长曹汝霖一起,同日本公使日置益谈判。经过几个月的交涉,日本于 5 月 7 日提出最后通牒,迫使袁世凯于 5 月 9 日发表声明。声明除第五号五项"容日后协商"外,都加以承认。

陆徵祥秉承袁世凯的旨意,于 5 月 25 日与日本驻华公使日置益正式签订了所谓"中日条约"(亦称"民四条约")和换文,计有关山东、南满条约二件,换文十三件①。内容是关于福建、汉冶萍及旅大租借期延长等问题。总之,除第五号外,原"二十一条"的内容大都包括在内。26 日,陆徵祥出席参议院会议,回答关于此次交涉的质问,详细陈述交涉始末和当时政府困难情形和苦衷,力图自圆其说,委曲求全,但对条约丧权辱国的事实,欲盖弥彰。"民四条约"签订后,引起全国人民的强烈反对,国会未予批准,陆遂通电辞职,但未获批准。陆经手签署丧权辱国条约,心里也感到很大压力。

① 王铁崖编:《中外旧约章汇编》第 2 册,三联书店 1959 年版,第 1100—1114 页。

同年10月,由于袁世凯公开推行帝制,徐世昌预感到政局危机即将来临,托故辞去国务卿一职,袁命外交总长陆徵祥代理徐的职务。12月,正式任命陆为国务卿,仍兼外交总长。次年3月,袁被迫取消帝制,再次起用徐世昌任国务卿,陆继续任外长,至袁于6月病逝时为止。

1917年初,当北京政府内"府院之争"白热化时期,陆徵祥被聘为段祺瑞内阁所设的外交最高委员会委员。他也主张中国对德奥宣战,加入到协约国方面。1917年12月起,陆徵祥在王士珍、段祺瑞、钱能训三届内阁中连任外交总长。

1919年1月,陆徵祥以外交总长任中国出席"巴黎和会"首席代表,与顾维钧(当时驻美公使)、王正廷(南方军政府外交次长)等其他代表,在人民的推动下曾向"和会"提出了一些要求。其中有:(一)取消列强在华的各项特权;(二)取消日本与袁世凯订立的二十一条不平等条约;(三)归还大战期间日本从德国手中夺去的山东各项权利。但经过几个月的讨论,中国的要求全被与会列强所拒绝,而日本夺取的山东权益却被明文载入对德和约。这就激起了我国人民的一致反对。在国内人民和旅法华侨,留法学生共同斗争的推动下,陆徵祥为首的中国代表团终于采取了近代外交史上的一项历史性行动:"公共决定,不往签字。"①中国拒绝在《巴黎和约》上签字的这一举动,使世界为之震惊,表达了全国人民的愿望,开创了在国际舞台上敢于抗争的先例,对以后中国外交产生了积极的影响。当陆徵祥一行回国时,受到各阶层人民盛大热烈的欢迎。

陆徵祥回国后仍任外交总长,至1920年8月辞职,从此离开内阁。他看到五四运动中爱国学生痛打亲日派卖国贼的行动,对外交总长工作心有余悸,也对由于拒签和约受到人们的谅解感到欣慰。1922年出任北京政府驻瑞士公使,同年10月,兼任出席国际联盟代表。继又任

---

① 《陆专使等参与欧和会报告》,张一志编《山东问题汇刊》,《近代中国史料丛刊》第三编第10辑,台北文海出版社1986年版。

驻荷兰及比利时特命全权公使。在 1924 年以前,他曾以北京政府代表身份多次出席国际劳工大会①。

1926 年春,陆徵祥妻培德在瑞士病故。次年 5 月,他送其妻的灵柩返比利时安葬。当时北京政府在中国人民革命的沉重打击下,面临土崩瓦解的困境。

1927 年 7 月,陆徵祥进入比利时布鲁日(Bruges)本笃会圣安德修道院。从此一直从事宗教职业,初为修士,1935 年 6 月升为司铎(神父)。他刻苦钻研基督教神学,对天主的信奉也更加虔诚。

陆徵祥虽身居异国修道院仍不忘祖国的安危,当中国抗日战争爆发后,他对中华民族所遭受的灾难十分关心,也以实际行动加入抗战行列。曾负责编辑《益世报》海外通讯,用"木兰"为笔名,撰写文章,介绍中国妇女在抗战中的思想和行动,呼吁欧洲各国人民支持中国的抗日战争。

1946 年 5 月,罗马教廷授陆徵祥为比利时圣伯铎禄修道院荣誉院长。1949 年 1 月 15 日,他病逝于布鲁日圣安德修道院。

①　陆徵祥:《国际劳工大会报告书》,中国科学院图书馆藏抄本。

陆 宗 舆

郑则民

陆宗舆,字闰生,浙江海宁人,1876年7月5日(清光绪二年闰五月十四日)出生于一个商人家庭中,其父早年经营商业,至陆宗舆幼年时,家境逐渐破落。

陆宗舆幼年进私塾,1896年到南京文正书院"从南通张(謇)先生读书学文,旋赴武昌习方言理化者年余"[1]。1899年自费赴日本留学,入早稻田大学政经科。留日期间,陆宗舆结识了同在日本留学的章宗祥和曹汝霖,三人常在一起谈论共同感兴趣的问题,表示崇拜梁启超,赞成中国效法日本实行君主立宪制,曾同表示拥护孙中山革命主张的张继等人进行辩论,甚至发生冲突。1902年陆宗舆回国,被派在北京崇文门管理税务,继任进士馆和警官学堂教习。1905年10月,清政府设立巡警部,徐世昌任尚书,陆宗舆调任巡警部主事。同年冬,陆随清朝大臣载泽、戴鸿慈、徐世昌等五大臣出国考察宪政,任二等参赞,经历日、美、英、法、德、俄等国。通过这次出洋考察,陆得到亲近徐世昌的机会并受到赏识。1907年4月,东北改设行省,徐世昌为首任总督,陆调任奉天洋务局总办兼管东三省盐务。由于采用疏通运道等措施,同时加强搜刮,盐课收入激增,每年课银从五十余万两(1906年)增至一百六十余万两(1909年)。清廷特意召见陆宗舆,表示对他的赞赏,1908年秋升为候补四品京堂。1909年,徐世昌内调入京,陆随进京任宪政

---

[1] 陆宗舆:《五十自述记》,北京日报社1925年版。

编查馆馆员。清政府宣布预备立宪后,陆宗舆于 1910 年 10 月被选为资政院议员。1911 年秋任交通银行协理、印铸局局长。

武昌起义后,清朝政府起用袁世凯为内阁总理,陆宗舆任度支部右丞并代副大臣。袁任中华民国临时大总统后,陆一度担任总统府财政顾问,1913 年被选为参议院议员和宪法起草委员,同年 12 月,受袁世凯特命为驻日全权公使。

1914 年秋,日本乘第一次世界大战之机,借口对德宣战,出兵侵入山东,在龙口等地登陆。陆宗舆奉袁世凯政府之命,向日本表示中国守中立,划潍县以东为"交战区"①,给日军的侵略活动提供了便利。

1915 年 1 月,日本大隈重信内阁向袁世凯提出旨在独占中国的"二十一条"要求。袁世凯派陆徵祥和曹汝霖在北京同日本公使日置益进行谈判,同时又命陆宗舆于东京同日本外相加藤高明等人多次密谈,探听日方的意图和动向。经过几个月的交涉,日本帝国主义迫使袁世凯于 5 月 9 日接受最后通牒,5 月 25 日签订了丧权辱国的条约②,并于同年 6 月 8 日由陆宗舆在东京与日本换文批准③。这一条约遭到全中国人民的坚决反对。

随后,陆宗舆奉袁世凯之命,企图争取日本大隈重信内阁公开支持袁世凯复辟称帝。为此,陆宗舆曾受到日本首相大隈重信的秘密召见,"乘机授意",大隈并向陆宗舆耳语说:"吾闻袁总统欲改帝制,如有意相商,吾当有所贡献,且乐观其成,君试密告之。"④次日,陆果然致密电告袁世凯。其后,日本看到中国内外形势不利于袁,见风使舵,又抢先"劝

---

① 王芸生:《六十年来中国与日本》第 6 卷,天津大公报社出版部 1933 年版,第 53—58 页。

② 王铁崖编:《中外旧约章汇集》第 2 册,三联书店 1959 年版,第 1100—1114 页。

③ 张忠绂:《中华民国外交史》卷上,国立北京大学出版组 1936 年版,第 230 页。

④ 陆宗舆:《五十自述记》。

告"袁不要称帝。1916 年 6 月,袁世凯在全国人民的激烈反对下死去。陆宗舆也很快卸任归国。

　　1916 年秋,陆宗舆就任交通银行股东会长。次年 1 月,曹汝霖任交通银行总理,通过西原龟三向日本借得五百万日元贷款。此时,段祺瑞为了进一步投靠日本帝国主义,特派陆宗舆利用赴日兑款的机会,与日本内阁首相寺内正毅会见,秘密勾结。寺内通过陆宗舆和新任驻日公使章宗祥等人唆使段祺瑞对德宣战。后来陆宗舆透露说:"前年参战实系发源于合肥致日本之一电,时适舆在东京,为参战事往来电报甚多,因彼国之赞助,东海(徐世昌)、合肥(段祺瑞)乃始定见。归国后,弟复奉东海命往徐州说少轩(张勋)。舆当时与仲和(章宗祥)、润田(曹汝霖)外内奔走颇力,日本因此而援助段内阁,其大原因实由于此。"①

　　日本为了实现独霸中国的目的,决定用借款等方式支持段祺瑞政府,派西原龟三多次来华活动。1917 年 8 月 10 日,所谓中日合办的中华汇业银行在北京正式成立。这家银行名义上是经营两国间的汇兑事业,而实际上是日本借款给北京政府的收支机关。"汇业银行者,不啻贩卖中华民国掮客总会。"②陆宗舆任该行总理,成为日本的公开代理人。

　　段祺瑞以参战为名,出卖国家主权,大借日债,扩充军备,妄图"武力统一"全国。1918 年 4 月 30 日与 8 月 2 日,陆宗舆在日本寺内正毅内阁授意下,以中华汇业银行总理的名义,代表日本兴业等三家银行,先后与段祺瑞政府财政总长曹汝霖、农商总长田文烈签订了"有线电报借款"和"吉黑两省金矿及森林借款"合同,共五千万日元,将中国有线电报财产及收益和吉黑两者的森林金矿资源抵押给日本③。这种卖国

　　①　《陆宗舆密函》(1920 年),《近代史资料》1979 年第 1 期,第 178—179 页。
　　②　大中华国民编:《章宗祥》,上海爱国社 1919 年再版,第 4 页。
　　③　王芸生:《六十年来的中国与日本》第 7 卷,第 117—181 页。

勾当,激起了全国人民的愤慨。连陆宗舆自己也无法否认,曾说:"若所谓卖国者,实际坏于吉黑之林矿借款。"①

1918年10月,段祺瑞内阁被迫下台。段在离职前夕,给陆宗舆安排了一个币制局总裁的肥缺。徐世昌当上北京政府大总统之后,钱能训任总理,陆宗舆留任币制局总裁。

1919年初,察哈尔龙烟铁矿(今属河北省)公司成立,为当时北方最大的铁矿公司。4月19日,徐世昌派陆宗舆任该公司督办。30日,陆往天津迎接从日本回国的章宗祥来北京。5月4日,徐世昌设午宴招待章,陆在座作陪。当天下午章在曹汝霖住宅遭到爱国学生痛打,陆宗舆躲藏在家,未被学生发现。在五四运动中,爱国学生和全国人民坚决要求惩办曹汝霖、陆宗舆、章宗祥三个亲日派卖国贼。陆宗舆被迫于5月9日提出辞呈,但仍极力为自己的卖国罪行辩解。随后徐世昌指令慰留,并颠倒是非,为其卖国行径开脱。从而激起了全国人民更大的义愤。北京政府被迫于6月10日下令将曹、陆、章三人免职。随后,陆宗舆家乡浙江海宁县召开公民大会,决定建立卖国贼陆宗舆石碑。"当场由众踊跃输金,饬匠赶办……竖立邑庙前及北门外海塘镇、海塔下等三处。碑约五尺余长,直书'卖国贼陆宗舆'六大字,左右两边并刊民国八年六月海宁公团立。一时观者人山人海,途为之塞云。"②陆闻讯后,重贿海宁县知事为其毁碑,北京政府内务部也令浙江督军卢永祥为陆撑腰,因而引起海宁县民众不服,奋起护碑。最后徐世昌亲自下令拆碑,但人民群众痛恨卖国贼的爱国心是压抑不住的。

此后,由于日本帝国主义者的庇护,陆宗舆留任中华汇业银行总理。1925年,段祺瑞再次上台任北京政府临时执政时,陆宗舆一度出

---

①　陆宗舆:《五十自述记》。
②　《内务部查办浙江海宁县人民竖立"卖国贼陆宗舆"石碑咨文》(1919年7月23日),北洋政府内务部档案。

任临时参政院参政。其后继续担任龙烟煤矿和铁矿公司督办,长期住在天津日租界。抗战时期华北沦陷后,陆宗舆移居北平。1940年3月,日本侵略者所扶植的南北傀儡政权合流,在南京成立以汉奸汪精卫为头子的伪政府,陆宗舆被聘为伪行政院顾问。1941年6月1日,陆病死于北平,生前著有《五十自述记》一册,1925年出版。

鹿　钟　麟

程舒伟　刘信君

　　鹿钟麟,字瑞伯,1884 年 3 月 12 日(清光绪十年二月十五日)出生于直隶(今河北)定县北鹿庄,九岁时过继给叔父为嗣。鹿家为当地大族,设有文学、武学私塾,鹿钟麟在此学习达十年之久,"颖悟过人","喜治古史于家国盛衰民生休戚"①,后在其继母娘家罗庄铺村当教员。

　　时日俄交战东北,鹿钟麟深感清廷腐败无能,丧权辱国,毅然弃笔从戎。1906 年,鹿投奔新军第六镇,不久编入第一混成协,充当学兵,驻防新民府。在此,鹿钟麟"攻习兵学,于课程外旁征博采,凡兵家书,靡不研治,其鸿猷伟略早储于此际矣"②。

　　在革命党人的影响下,1908 年,冯玉祥等人组织武学研究会,从事反清活动,鹿钟麟是这个组织的积极分子。1910 年,第一混成协与奉天巡防中路独立一、二标合编成第二十镇,鹿任该镇第四十协第七十九标副官。1911 年 12 月 31 日,滦州起义爆发,他积极参与其事,被任命为右路司令。起义失败,冯玉祥在长官陆建章保荐下,于 1912 年任袁世凯编练的左路备补军第二营营长,1914 年升任第十六混成旅旅长。鹿钟麟经直属长官车震疏通,仍留第二十镇。1912 年,第二十镇改为

---

　　①　李泰棻:《国民军史稿》,沈云龙主编《近代中国史料丛刊》第 66 辑,台北文海出版有限公司 1971 年版,第 174 页。

　　②　李泰棻:《国民军史稿》,沈云龙主编《近代中国史料丛刊》第 66 辑,第 174页。

第二十师,鹿为该师第三十九旅第二团副营长。1915年,第三十九旅扩编为第四混成旅,他仍任副营长。

同年5月,袁世凯任命亲信陈宧督理四川军务,并调冯玉祥的第十六混成旅和第四混成旅随同入川。不久,蔡锷等起兵反对袁世凯称帝,护国战争开始,第十六混成旅和第四混成旅奉袁、陈之命共同担任泸州叙府的战斗任务。鹿钟麟与冯玉祥重新相见,鹿请求重归冯部,得到应允。冯玉祥同情护国军,设法迫使陈宧反对帝制。鹿为冯出谋划策,获得了冯的赏识。1916年5月,陈宧宣布四川独立,冯玉祥部改成护国军第五师,鹿任该师新扩编成立的第三团营长,从此鹿成为冯忠实的追随者。

同年6月,袁世凯死后,段祺瑞掌握了北京政府的实权。段对冯玉祥反对帝制的活动不满,并于翌年4月免去冯的旅长职务,任命冯部第一团团长杨桂堂为旅长。这期间,鹿钟麟先后担任军械官、炮兵营长等职。1917年7月,张勋复辟,举国声讨,鹿等要求旅长杨桂堂出兵讨伐,杨却进京谒见张勋。鹿等坚决反对复辟,公推薛笃弼迎冯回旅。冯玉祥在廊坊率全体官兵,通电讨伐张勋。

1918年1月,段祺瑞推行"武力统一"政策,调冯玉祥部进攻南方护法政府。2月,冯在湖北武穴通电主和。8月,冯部进驻湖南常德,冯在湘西两年,曾兼任湘西镇守使。鹿钟麟为冯部炮兵团团长,冯成立教导大队,以鹿任大队长,系统地训练军队,培养了大批干部,为冯军的发展奠定了良好基础。

1921年,第十六混成旅改编为第十一师,以冯玉祥为师长。8月,冯出任陕西督军。翌年,在第一次直奉战争中,冯奉命驱逐暗通奉系的河南督军赵倜,改任河南督军。鹿钟麟以团长被任命为河南全省警务处处长,兼省会开封的警察厅厅长,"赞襄冯督规划井然,疏浚城河,大兴水利"[①]。1922年10月,冯部改编为一师三个混成旅,鹿任冯部第

①　李泰棻:《国民军史稿》,沈云龙主编《近代中国史料丛刊》第66辑,第174页。

十一师第二十二旅旅长。

1924年,第二次直奉战争爆发时,冯玉祥、胡景翼、孙岳等联合奉皖两系倒直。10月19日,冯令鹿钟麟等由前线班师回京,发动政变。鹿率部以昼夜二百里的速度急行,于22日夜首先入城,同时入城的还有孙良诚等部,他们迅速占领电报局、电话局、车站及各主要街道,囚曹锟于中南海延庆楼,使吴佩孚手足无措,一败涂地。如此重大行动,办得干净利落,井然有序,深得冯玉祥赞誉,称鹿"智勇稳练,堪任繁剧……作战有作战的办法,作事有作事的办法,乃国家栋梁之才"①。北京政变后,冯玉祥等将所部改为国民军,由冯任总司令兼第一军军长,鹿钟麟被提升为第一军暂编第一师师长,成为国民军中举足轻重的人物。同时他又是北京警备司令(后改为京畿警卫司令,京畿警卫总司令),入公府"看守"总统印信,北京政权实际为冯系所控制。11月5日,鹿奉命驱逐溥仪出故宫,从而结束了清帝在紫禁城内制造国中之国的局面。后国务院组成清室善后委员会,鹿为重要成员之一。

同月15日,张作霖、冯玉祥、卢永祥、胡景翼、孙岳推段祺瑞为中华民国总执政,段于24日在北京宣誓就职,着手组织执政府。他们表面上保持团结,暗地里却在进行激烈的斗争。北京政权很快落入张作霖、段祺瑞手中,冯玉祥被迫退居天台山,后移住张家口。此前,段、张、冯均电邀孙中山北上商讨时局问题。12月31日,孙中山乘专车到达北京,冯玉祥派鹿钟麟负责接待,鹿以冯的代表及北京警卫总司令的身份上车问候,警卫事宜安排得十分周密,并经常到孙的住处巡视,以确保其安全。1925年3月,孙中山逝世后,由鹿钟麟襄助李烈钧办理丧事。在停灵公祭地点问题上,治丧处和执政府发生争执,双方僵持不下,鹿亲自去见段祺瑞,经过巧妙周旋,段被迫同意了治丧处的要求。4月2日,孙中山灵柩移奉西山碧云寺,参加送殡的群众达三十余万人,鹿率部队警卫。

① 冯玉祥:《我的生活》,黑龙江人民出版社1981年版,第406页。

　　1926年1月初,冯玉祥不得不宣布下野,将职权交张之江代理,鹿钟麟仍负责驻守京畿一带。旋奉军和直鲁联军再次进攻国民军,国民军推鹿为前敌总司令,鹿亲赴前线指挥军事。国民军先后在马厂、大沽给敌军以重创,但是受到帝国主义的无理干涉,领事团曾以国民军用水雷封锁港口向鹿钟麟提出抗议,日军更直接炮轰国民军。由于形势对国民军不利,冯玉祥于3月下旬出国赴苏考察,国民军退出天津,北京也很快处于被包围状态。"三一八"惨案后,段祺瑞政府越来越不得人心。特别是发现段党有密谋联奉、赶走国民军的企图后,鹿钟麟在4月9日派兵围攻执政府,段逃往东交民巷。国民军向张作霖、吴佩孚两面求和不成,只好于15日撤离北京,退守南口。经整编成立七个军,国民一军则以鹿钟麟、宋哲元分任东、北两路总指挥,后改任国民军东、西两路总司令。当时奉、鲁、直在军事上联合对付国民军。自5月起即将南口包围,至7月下旬才发生激烈战斗,奉、鲁、直联军于8月1日开始总攻击,国民军在鹿钟麟指挥下顽强抵抗,坚持到同月14日,主动放弃南口,往绥远、包头方向退走。

　　冯玉祥得知国民军在南口失败消息,迅速由苏联回国,于9月17日就任国民联军总司令,并举行"五原誓师"。随后组织国民联军总司令部,任鹿钟麟为总参谋长。11月,鹿奉命赴苏寻求支持,在莫斯科受到斯大林的召见,取得了苏联政府对国民军武器弹药和财政方面的援助。

　　同期,冯玉祥派员至广州与国民党取得联系,并由五原、经陕西出潼关,挥师入豫,以配合国民革命军进行北伐。1927年,蒋介石发动"四一二"政变前后,武汉国民政府为争取冯部,接连任命冯玉祥为国民革命军第二集团军总司令和河南省政府主席,但冯却站到蒋介石一边。这时鹿钟麟刚从苏联归国不久,即被任命为河南省民政厅厅长,后又代理河南省政府主席。同年9月,第二集团军与直鲁联军展开豫东大战,鹿为第九方面军总指挥,积极参与争夺战略要地归德(今商丘)的战斗,在大败直鲁联军,取得两次兰封大捷中起了重要作用。12月14日,鹿钟麟改任右路总指挥,会同中路韩复榘、左路石友三会攻徐州,并于16日占领徐州后转入河北作战。1928年4月,鹿钟麟奉冯玉祥令任北路总司令,带领所部参加彰德大战。5月,指挥韩复榘等部向北京、天津进攻,进展甚速,但因京、津由阎锡山负责接收,鹿部抵河北望都后便停止待命。同年冬,南京国民政府实行改组,以冯玉祥任行政院副院长兼军政部部长,鹿钟麟任军政部常务次长。

北伐结束后,蒋介石与冯玉祥的矛盾日益尖锐。1929年初的"国军"编遣会议使矛盾进一步公开化,冯因蒋、阎(锡山)联合否定其裁军方案愤而离职,军政部长一职暂由鹿钟麟代理。同年4月,蒋介石为切断冯部的出海口,阻挠冯军接收山东。冯玉祥决心反蒋,于5月令所部撤往甘陕,以缩短战线,给蒋有力的回击,不料韩复榘、石友三被蒋介石收买而叛冯,冯玉祥宣布下野,冯部只好闭潼关自守。6月间,冯玉祥带着促使阎锡山反蒋的愿望应邀入晋,但阎却挟冯自重,把冯软禁在五台县建安村。此前,鹿钟麟先后离南京避上海转天津,10月,应冯玉祥电召来建安共商大计,被任命为西北军代理总司令。鉴于宋哲元、孙良诚出关讨蒋失败的形势,鹿在潼关就职后,提出了"拥护中央,开发西北"①的口号,并派人与何应钦、韩复榘、石友三等人取得联系,准备合力讨阎。何、韩、石表示支持西北军的讨阎行动。同时,西北军鹿钟麟等高级将领联名电阎,请其从速送冯回陕,否则"师行在即,可南可北"②。这时的阎锡山与蒋介石的关系已经恶化,再加在太原的各方反蒋代表表示拥护他反蒋,阎决定联冯倒蒋,于是在1930年3月将冯送回。在营救冯玉祥出晋一事上,鹿再次立下了汗马功劳。

冯玉祥回西北军后,力主联阎反蒋,同年3月15日,鹿钟麟领衔发

① 高兴亚:《冯玉祥将军》,北京出版社1982年版,第138页。
② 高继高:《鹿钟麟逃离南京及中原大战的爆发》,中国人民政治协商会议天津市委员会文史资料研究委员会编《天津文史资料选辑》第29辑,天津人民出版社1984年版,第151页。

出了反蒋通电。由于这时蒋介石已把矛头对准了阎锡山,所以阎也愿意拉冯玉祥、李宗仁等一起对付蒋。4月1日,阎、冯、李分别通电就任反蒋军总司令、副总司令,委鹿钟麟为前敌总指挥,不久,又任命鹿为二、三两方面军前敌总司令。5月,蒋介石下达讨伐阎等人的总攻击令,中原大战爆发。战争初期双方互有胜负。7月,蒋军加强攻势,鹿钟麟派兵援助孙殿英,虽解除了亳州之围,而未能实现袭击蚌埠、宿县的计划,进入湖南的桂军被迫撤回广西;8月,平汉和陇海线上的冯军受挫,津浦线上的晋军接连失利;尤其是张学良于9月18日通电拥蒋,派兵入关,使反蒋军迅速失败。冯玉祥的西北军面临瓦解之势,为保存实力,冯拟将部队交鹿钟麟全权处理,却遭到蒋介石的反对,蒋坚持冯、鹿一起解职。10月23日,鹿在焦作通电下野,后到天津闲居。

1931年冬,鹿钟麟复起,被推为国民党第四届候补中央委员,1932年任军事参议院参议,1935年当选为国民党第五届中央委员。同年,日本加快侵略华北的步伐,鹿应宋哲元电邀北上,为其出谋划策。1937年5月,鹿奉命再次赴平津视察,积极鼓励二十九军将士与日军决一死战,由于宋哲元犹豫不决而未果。

同年"七七"事变爆发后,冯玉祥出任第三战区司令长官,鹿钟麟为该战区参谋长。旋冯改任第六战区司令长官,鹿任副司令长官。1938年初,鹿一度充任军事委员会军法执行总监部总监,负责审判韩复榘"抗命"不战案。11月,擢升冀察战区总司令兼河北省政府主席。他遵照冯玉祥的旨意,坚持联共抗日,支持进步活动。在国民党发动第一次反共高潮期间,鹿去山西长治会见八路军正、副总司令朱德、彭德怀,进行了友好的谈话。当时,冯电嘱鹿"顾全大局,切勿与八路军发生矛盾"①。而蒋介石和反共分子则施加压力,进行挑拨,胁迫鹿参加反共

① 王倬如:《我对爱国将军冯玉祥的了解》,中国人民政治协商会议全国委员会文史资料研究委员会编《文史资料选辑》第89辑,文史资料出版社1983年版,第209页。

摩擦。他遂于1940年愤而辞职,由河北去重庆。1943年3月,鹿钟麟六十寿辰之际,周恩来、董必武等人前往祝寿。1944年鹿被任命为兵役部部长。1945年5月,继续当选国民党第六届中央委员。8月兵役部撤销,鹿转任华北宣抚使。

抗战胜利后,蒋介石发动内战。冯玉祥看清了蒋介石的真面目,于1946年积极联络旧部,并指定分区负责人,投入反蒋民主运动。鹿钟麟为华北分区负责人,为民主运动做了一些有益的事情。

全国解放后,鹿在天津做街道居民工作,曾积极捐献财物支援抗美援朝。1954年冬,毛泽东主席设宴招待鹿钟麟,称他是"办街道工作的专家"①。此后,鹿被任命为国防委员会委员。1966年1月11日,鹿因病去世。晚年他努力从事文史资料的撰写,先后写成《冯玉祥与北京政变》、《孙中山北上与冯玉祥》、《一九二六年访苏前后的回忆》、《张学良在南京受审的回忆》等文章,对有关历史事件提供了宝贵的资料。

---

① 王士苹:《鹿钟麟的一生》,《天津文史资料选辑》第29辑,第143页。

栾 贵 田

邵桂花

栾贵田,字玉璞,1895 年 5 月 29 日(清光绪二十一年五月初六),生于奉天海城县栾家堡子(今辽宁省盘锦市大洼县东风乡)的农民家庭。祖籍山东,后祖辈逃荒来到东北。祖父栾景春为海城县五乡乡勇,父亲栾鹏程从小娇生惯养,染上好吃懒做、放荡不羁的恶习,没有正当职业。

栾贵田八岁入本村私塾读书,受业三年便辍学回家务农,娶本地小边村杨氏女为妻。岳父杨福庆,为清季屡试不第的穷秀才,昔日有恩于张作霖,曾为张的蒙师。张作霖受抚升官后,杨被请到张家做家庭教师。栾贵田十九岁时,由其岳父推荐,进营口大高坎镇张家开的"三畲"粮栈习商。二十一岁时,从小扛、唱账提升到柜台管账的司账员。

1916 年,张作霖执掌奉天军政大权后,其私人账房出缺,栾贵田离开大高坎镇,进奉天督军公署,替张家管账。栾管账认真负责,细心缜密,事无巨细都处理得有条有理,在人事关系上尤能左右逢源,因此赢得了督署上下的好感,成为张作霖的心腹。

1922 年,张作霖在第一次直奉战争中败北,退守关外,整军经武,起用新人。新派人物之一的郭松龄主张军需独立,以防军需处长变成长官的私人账房。1923 年,东三省保安总司令部军需处长钱作舟病故,张作霖不顾张学良、郭松龄等人的异议,让栾贵田接任这一重要职务。

1924 年,奉天商会会长张惠霖为其子张其先成立小银号,资金三万元,找金融界熟人筹股,发起人都是金融界之名流,发起人之一的栾贵田被选为董事。

1925年11月,郭松龄举兵反奉,张作霖坐困帅府,伴驾的只有杨宇霆、韩麟春、王树常等少数亲随,栾贵田也寸步不离张的左右。张作霖准备弃城逃亡,栾伙同东三省官银号总办彭贤曾为张提款八百万元做流亡经费。

张作霖平定郭松龄兵变,于1926年春复兴兵入关。以张学良为首的奉军第三、第四方面军团成立利商转运局,派军需处长栾贵田兼任总办,由北京到包头等地用火车往返运送货物,但因交通部干预仅营运七个月即被迫停止。

同年12月1日,张作霖在天津就任安国军总司令,不久进住北京顺承王府,栾贵田奉命出任安国军司令部会计司司长(少将军衔)。1927年6月,张作霖组织安国军政府,栾贵田被任命为陆军部军需司长。同年,栾擢升军需总监,主管全盘军需事务,并获二等文虎章和二等嘉禾章。

1928年4月,国民军继续"北伐",张作霖于5月9日发出"和平息争"的通电,6月3日乘专车返奉,4日凌晨遭日军暗算被炸身亡。栾贵田同车遇险,身负轻伤,送回帅府。7月4日,张学良继任东三省保安总司令,12月29日宣布东三省"易帜"。1929年1月,国民政府委任张学良为东北边防军司令长官,栾贵田被调任帅府事务处处长,主管张氏的家务、产业等事宜。

当时,张学良决定在家乡海城县驾掌寺创立新民小学,亲自确定以"公任强"(公,爱国主义之公德;任,对国民负责的责任;强,自强不息的精神)三个字为教育宗旨,委托栾贵田为承办人兼任首届董事长。栾在筹建新民小学过程中不遗余力,从1928年春破土动工,仅用一年时间就建成了七栋四十九间青砖瓦房。同时聘任教师,招收三百六十余名学生,1929年春即开始上课。他注意完善学校的教学体制与规章制度,提高教学质量,严格进行管理。

1930年，栾贵田的父亲病故，耗巨资发丧，用房产地契为抵押向边业银行贷款，而后长期拖欠，不能还清。

1931年"九一八"事变后，栾贵田潜行入关，任张学良陆海空军副司令行营参议，挂名领薪，无所事事。1933年3月，张学良为蒋介石所逼，通电下野，出国"考察"，临行前托军事委员会北平分会留任栾为该会参议。栾生活潦倒，不问政事，仅靠每月支二百元薪金度日，经济拮据。

1935年6月，何应钦同日本签订"何梅协定"，北平军分会被迫撤销，成立冀察政务委员会。栾贵田被解职回家，先住北平，后迁天津，越年又搬回北平，以买旧房翻新出售赚钱谋生，变卖首饰衣物弥补不足。

1937年"七七"事变发生，平津相继沦陷，栾贵田困居北平，敌伪不时借机向他敲诈勒索。抗战期间，栾的生活艰难，常有断炊之虞，得到彭贤和换帖兄弟王继周的资助，才得以维持。

1945年，抗日战争胜利后，经蒋介石允许，全部发还张学良在东北的财产，组成"三畲堂财产清理委员会"，由张作相任主任委员，彭贤副之，栾贵田为委员之一。栾积极参与其事，把张家在沈阳的房地产均换新照，产权所有人都写上张学良的名字，并拍成照片，备函寄给张。

1949年沈阳解放，栾贵田同清理委员会其他成员，成立同合油粮栈，给粮食公司加工粮油，因入不敷出很快歇业。1950年，栾拿从前在老义和"永银"号中的股金五千元筹建新号，被推为董事长，发给车马费。年底，离沈阳到北京长住，不再工作，靠子女生活。1972年4月5日，于北京病故。

主要参考资料

廷瑞修、张辅相等撰：《海城县志》（人物志·乡宦篇），海城大同书局1924年版。

大洼县地方志办公室编：《大洼县志通讯》，1983年总第2、3、4期；

1984 年总第 10 期;1985 年总第 13 期。

　　政协大洼县委员会文史资料委员会编:《大洼文史资料选编》第 1辑,1981 年版;第 2 辑,1982 年版;第 3、4 辑,1983 年版。

　　中国人民政治协商会议全国委员会文史资料研究委员会编:《文史资料选辑》第 35 辑,中华书局 1962 年版。

罗 常 培

白吉庵

　　罗常培，满族，姓萨克达氏，初字心田，后改莘田，又署辛田，号恬庵。1899年8月9日（清光绪二十五年七月初四）生于北京。其父恩禄为清末宣武门的城门吏，是一个七品小官，辛亥革命后，改编为陆军小队官。

　　罗常培自幼入私塾，1907年进京师公立第二等小学堂，与老舍（舒庆春）同学。辛亥革命后学校停顿，他在家补习功课，兼学蒙语。1913年春入市立第三中学，1915年秋毕业。因家境困难，学习速记六个月，借以谋生。1916年罗父亲病故，迫于生计，罗常培入众议院秘书厅任速记科二等技士。同年秋，考入北京大学中国文学系，开始了半工半读的大学生活。

　　罗常培入学后，对钱玄同教的"音韵学"、刘师培教的"中古文学"较感兴趣，课堂笔记全用速记，回家后翻译成文言保存起来。由于他在学术上崇拜刘师培，曾参加《国故》杂志社，思想倾向保守。1919年五四运动爆发，新旧文学论战激烈。他读了蔡元培给林纾的信及《新青年》的文章，思想开始变化，倾向于蔡的思想自由和学术自由的主张，后来便以此作为自己追求的目标。1920年夏天，他大学毕业，因受新文化运动的影响，不愿走"学而优则仕"的老路，出国留学又没力量，因此决定在北大哲学系继续深造。当时该系很热门，教授有胡适、梁漱溟、蒋梦麟等，还有外籍学者杜威、罗素在此讲学。他开始接触到西方的实验主义。1921年暑假，他随梁漱溟到济南讲学。梁的《东西方文化及其

哲学》一书,就是罗常培这次为他编录的。返京后众议院撤销,罗因此
失业。为生活所迫,他辍学到天津南开中学教书。

　　1922年,黎元洪在直系军阀的拥戴下重新上台,恢复众议院,罗常
培又到众议院秘书厅当速记,并在京师公立第一中学兼课。后来该校
校长出国,他被委派为代理校长。他上任后很想干一番事业,遂改革旧
制,公开财务,延聘优秀教师,并将自己的薪水捐购图书。这样当了一
年代校长,很受学生欢迎,次年原校长回国,罗被辞退。这时,适有陕西
西北大学来京聘教师,罗便离京到西安,任该校国文专修科主任兼教
授,讲授"文字音韵学"。当时的西安,因军阀混战,交通梗阻,不仅外地
报刊进不去,就连书信也难以送到。罗精神上感到苦闷,1924年夏又
返回北京,在临时执政府做速记工作。

　　1926年"三一八"惨案发生后,罗看到无辜的爱国青年被杀害,十
分愤慨,想离开北京。恰逢厦门大学在京聘请教授,他便随鲁迅、沈兼
士等人于是年秋到厦大中文系教"中国音韵学沿革"。在这里他开始阅
读外国语言学方面的书籍,并试着用西方的音韵学原理来分析中国的
语言问题,重新编写讲义授课,得到了学生们的欢迎。课余罗又对厦门
的方言进行调查,后来写成《厦门音系》公开出版,对语言学界研究汉语
方言起了促进作用。不到一年,因为校内派系斗争激烈,罗无法继续待
下去,转往浙江民政厅工作。时傅斯年刚由海外回国,任中山大学文学
院院长,因过去与罗有同学关系,故于1927年秋聘罗到广州,任中大文
学系教授。是年冬,赵元任到广州调查两广方言,罗利用这个机会,和
他讨论了一个多星期的方言问题,收获颇大。

　　1929年,傅斯年在广州筹备中央研究院历史语言研究所,请罗常
培兼任秘书。不久该所迁往南京,罗便辞去中大的工作,专任该所研究
员,直至1934年。这期间,他先后写了《唐五代西北方音》、《厦门音
系》、《国音字母演进史》、《十韵汇编》四部专著,以及《中原音韵声类
考》、《知彻澄娘音值考》、《中国方音研究小史》等十四篇论文。此外,他
又与赵元任一起调查了徽州地方的方言,编写了汉魏六朝韵谱和经典

释文的长编,这些成果为我国语言学的发展作出了贡献。

1934年秋,罗常培被北京大学文学院长胡适请到北大主持文科研究所语言乐律实验室的工作,1936年起兼任中文系主任。1937年卢沟桥事变前夕,日本军国主义分子得知罗是满族人,又有一定学术地位,想在教育界培植他做傀儡,特请他去演说、赴宴。罗坚持一切活动须经校方允许,绝不做个人的交往,加以拒绝。是年7月底北平沦陷,北大南迁长沙,他于11月17日离开北平,从海道经香港到长沙。1938年2月26日又随校辗转到昆明,任西南联大中文系主任,兼北大文科研究所所长。这时中研院历史语言研究所已迁到昆明。由于他的建议,该所与北大语音乐律研究所组织人力,从1939年起用五年多的时间,对云南全省方言进行调查。共调查九十八个县和一百二十三个单位,写出报告、论文四十余篇,为后来研究汉藏系语言的工作奠定了基石。罗常培曾先后三次到滇西大理,调查少数民族语言,后来写成《莲山摆彝语文初探》一书。

抗日战争后期,昆明的民主运动不断高涨,罗常培深受教育,参加了一些进步活动。1944年,国民党当局要解聘一些进步教授,罗写信给重庆《新华日报》表示抗议。

同年,罗常培应美国朴茂纳(Pomona)大学之聘,以访问教授的名义出国讲学,在该校任教一年半。1946年夏,又转到加利福尼亚大学讲学,并到耶鲁大学任访问教授。次年夏,到密西根大学的语言研究所讲学。

1948年罗常培回国,仍在北京大学任教授,并兼文科研究所所长。这时国民党的倒行逆施,比他出国之前更甚。他感到苦闷,于是埋头于学术,整理他过去散失在各地的书籍和稿件,写出了《语言和文化》、《中国人与中国文》,并重订《经典释文中的徐邈音》等书。平津战役打响后,国民党政府要用飞机接一批教授南下,其中有罗常培,他毫不犹豫地拒绝了。

解放后,罗常培历任第一、二届中国人民政治协商会议全国委员会委员,第一、二届全国人民代表大会代表,民族事务委员会委员,中国文字改革委员会委员,中国科学院哲学社会科学部委员,中国科学院语言研究所所长等职。并完成了《普通语言学纲要》《汉魏晋南北朝韵部演变研究》等著作。1958 年 12 月 13 日病逝于北京。

主要参考资料

罗常培:《罗常培自传》,中国人民政治协商会议天津市委员会文史资料研究委员会编《天津文史资料选辑》第 43 辑,天津人民出版社1988 年版,第 1—15 页。

傅懋勣:《深切怀念罗常培先生》,《中国语文》1979 年第 1 期。

罗常培:《中国音学导论》,北京大学出版部 1949 年版。

梁漱溟:《东西方文化及其哲学》,商务印书馆 1930 年版。

罗常培:《中国人与中国文》,开明书店 1947 年版。

罗常培:《语言与文化》,北京大学出版社 1950 年版。

罗　福　星

林其泉

　　罗福星，字东亚，号国权，广东嘉应州镇平县（今蕉岭县）人，1884年2月25日（清光绪十年正月二十九日）出生于南洋爪哇的巴达维亚（今印尼雅加达）。其祖父罗超六（耀南）为南洋华侨，曾在南洋和祖国台湾修筑铁路。其父罗经邦，自幼跟罗超六到南洋，因体弱多病，没有固定职业。罗福星刚周岁时跟随父母迁回广东老家，六岁启蒙。十岁跟祖父再去巴达维亚，入当地华侨办的中华学校就读，1902年7月毕业。次年跟随祖父来到台湾。

　　甲午战争后，日本帝国主义侵占了我国领土台湾。罗福星到台后，在日本人办的学校里读书。他饱尝奴化教育的痛苦，目睹日本殖民统治者的暴虐，产生了反抗思想，萌发了赶走日本侵略者、收复国土台湾的志愿。由于不满日本统治者的压迫和奴役，罗福星一家于1906年2月抛弃家产，内渡回广东。路经厦门时，罗福星遇见在巴达维亚中华学校读书时的老师和同学，由老师介绍参加了同盟会。

　　罗福星回到广东老家后，在小学当体育教员。此时，曾于1895年在台湾倡建"民主国"开展反割台斗争的台湾绅士丘逢甲，任广东全省学务公所参议，得知同乡晚辈从台湾回来，十分高兴，乃聘罗福星为广东视学兼广州府中学堂监督，并于1906年底1907年初派他到南洋爪哇等地考察华侨的教育工作。

　　罗福星到了南洋，受到当地侨胞的欢迎。1908年春被聘为新加坡华侨办的中华学校校长。罗在那里向华侨宣传革命道理，动员华侨关心祖国革命事业。这期间,他以中华学校校长身份,经常来往于新加坡、缅甸和巴达维亚之间,并担任同盟会设在缅甸的"书报社"书记,从事革命党的宣传活动。

1910年,罗福星从新加坡转到爪哇,担任巴达维亚华侨办的中华学校校长。那时候,孙中山、黄兴和胡汉民等曾先后到南洋一带发动华侨参加革命工作。罗同他们取得联系,得到了他们的指导。

1911年春,同盟会组织领导广州起义,西荷印机关部集结十七人回国参加。罗福星毅然辞去中华学校校长职务,先到香港,后于4月27日上午潜回广州,参加这次起义。罗随黄兴袭击两广总督署衙门,奋勇杀敌。这次起义不幸失败,许多革命党人英勇牺牲。罗福星也为流弹所伤,后脱险潜离广州,经香港与胡汉民一起到暹罗,又去巴达维亚找黄兴,请求分配任务。

是年10月,武昌起义爆发,各省纷纷响应。黄兴电嘱罗福星在南洋华侨中招募义军,作为革命后援力量。罗即在巴达维亚组织二千多华侨参加民军,启程回国。他们先到广州,向广东省都督胡汉民领取武器、弹药后,乘军舰北上,12月经上海到苏州。后因南北和议已成,新政府又财源不足,民军不得不奉命于1912年2月解散,陆续踏上归程。罗福星于3月6日离开苏州,经上海回广东老家,在家乡任大地学校校长。

辛亥革命后,祖国大陆人民更加怀念和关注台湾同胞。许多人主张去台湾发动同胞赶走日本占领者,福建都督府也计划派人去台湾活动。罗福星自告奋勇,于1912年12月再度来到台湾。

到台之前,罗福星于5月中旬会见孙中山,表示自己的决心。孙中山鼓励他说,台湾是中国领土,要决心收复,但得讲求方法。到台后,罗注意贯彻孙中山的指示,打扮成商人模样,以台北大稻埕大瀛旅社等处为活动基地,寻访旧日同游,集结抗日同志,向他们介绍祖国大陆的革命情形,宣传革命道理。罗对他们说,日本在台湾"蔑视及虐待本岛人民,课重税,夺产业,使失生计之途",本岛人民"今尚不觉醒,则前途将益形暗淡","台民系中国人,实无长久屈服于日本之理。应于岛内纠合同志,待机来临,蜂起于各地,杀退日人,驱逐于岛外,以脱离悲境"①。

罗福星联络抗日爱国志士,组织同盟会支部,对外用"华民联络会馆"名义开展活动。他和刘士明、江亮能、彭云轩、邱维藩、林达荣等十二人被称为"十二志士",在苗栗建立领导机关,以地势险要的大湖为根据地,并派出同志分赴南北各地,设立同盟会分部。他们还同当时在台组织"共和联络会馆"的吴颂贤等人密切配合,共谋大举。

在罗福星等人的努力下,台湾抗日斗争的形势发展很快。他们以同盟会为统摄,以华民会、三点会、革命会等组织为外围。为了避免引起日本统治者的注意,各地的组织都用神明会、观音会、父母会、兄弟会、老人会、同胞会等名义。不到一年时间,从台北到台南有一千五百多人参加了同盟会及其外围组织。同时,罗还派人与新竹的张火炉、台南的李阿齐、东势的赖来,以及南投的陈阿荣等人领导的抗日组织取得联系,并同大陆沿海各省以及,海外华侨中的同盟会组织联络,以争取他们的配合与支持。为了便于联络和传递消息,罗在同盟会会员和抗日同志之间使用了许多联络暗号,如以"君子"、"杂货"称十二志士,以"母氏"称孙中山,以"婶母"称黄兴,等等。

1913 年 4 月 21 日,罗福星等人在苗栗召开了台湾同盟会支部的代表大会,动员革命同志做好准备,迎接抗日起义。会后他们以十二志士的名义发表了《大革命宣言书》,列举日本帝国主义对台湾同胞血腥统治的各种事实,指出"自日本亡我台湾以来,夺我财产,绝我生命,其苛暴恶政,无所不用其极","台湾人民,刻已翻然觉悟,均当以鲜血一洗前此之耻辱矣"②。《宣言书》特别提到,台湾同胞抗日复土的斗争,得到孙中山、黄兴等革命党领导人的关怀,得到了大陆人民的支持与配

---

① 《罗福星革命案》,"中华民国开国五十周年文献编纂委员会"编纂《中华民国开国五十年文献》第 2 编,台北正中书局 1975 年版,第 5 册。

② 汉人:《台湾革命史》第 11 章,泰东图书局 1926 年版;彭子明:《台湾近世史》第 9 章,福州鸣社 1929 年版。

合。《宣言书》秘密散发于台湾各地,受到各阶层人民的热烈拥护,许多人捐资筹集革命经费,有些人组织了"决死队"。武装抗日起义的队伍逐步组织起来后,仿照祖国大陆革命党武装的组织形式,设旅长、团长、排长等职,旅长统率千人,团长统率百人,排长带领十人。十二志士之一的江亮能担任司令军长,具体指挥起义的军事行动。

当时,广东都督府也派了革命党人吴觉民到台湾。吴会见罗福星后,决定互相配合共同斗争。是年七八月间,黄兴先后两次派人到台湾,了解台湾同胞的抗日斗争情况,转达了革命党和祖国大陆人民对台湾同胞的关怀和支持。

罗福星和台湾同胞的抗日活动日益发展,引起了敌人的注意。日本在台湾的统治者于 10 月开始,在台湾各地进行大规模的搜查,逮捕了大批同盟会成员和"可疑"的群众,对他们进行审讯和拷打。罗福星动员未遭逮捕的人继续进行抗日斗争。他认为,若停止活动,必致丧士气、乱人心,需要再接再厉,不屈不挠。10 月 22 日晚,罗福星等人在旅馆里召开了一次特别会议,他表示:"男子以名为重","名誉者,吾人事业之支柱也","今余即令粉身碎骨,意志仍不屈也","若我不幸被捕,我必出以坚强之意志,断不泄漏机密。为革命献身,慰三百余万之同胞,以留功绩于我(中国)政府之历史中"①。他一再表示,抱定坚强信念,为革命而献身。他给闽省都督孙道仁写报告,提出要在台湾组织临时联合会,以为大举之用,并请速出兵来台。

在这期间,罗福星加紧活动。他得知苗栗打入敌人机关中的革命同志全部被捕,立即冒险到台中、台南各地了解情况。敌人到处搜捕,一时无法开展工作,他又化装回到台北。12 月间,罗在台北秘密召集同盟会成员会议,研究如何冲破敌人的恐怖封锁,举行全岛起义。但这时敌人正在发动大检举,进行挨家挨户的搜查,起义计划无法付诸实

① 《罗福星革命案》,"中华民国开国五十周年文献编纂委员会"编纂《中华民国开国五十年文献》第 2 编,第 5 册。

行。罗为"暂避其锋",转到淡水躲在一户农民家里,但终为敌人侦悉,于12月18日深夜被捕。这前后被捕的革命党人及抗日群众共达一千多人。

在敌人狱中和法庭上,罗福星严正斥责日本侵略者在台湾的罪恶行径。他利用敌人让他写供状的机会,写了一篇"自白书",分十一项,详细列举了日本官吏虐待台湾同胞的罪行。他还写下了许多充满革命乐观主义精神和革命必胜信念的诗词,如"独飘彩色汉旗黄,十万横磨剑吐光;齐唱从军新乐府,战云开处阵堂堂。""海外烟飞空一岛,吾民今日赋同仇;牺牲血肉寻常事,莫怕轻生爱自由。""军乐扬扬列队过,天朗风清感慨多;男儿开口从军乐,同唱台疆报国歌。"他在《祝我民国词》中写道:"中土如斯更富强,华封共祝著边疆。民情四海皆兄弟,国本苞桑气运昌。孙真国手著初唐,逸乐中原久益彰。仙客早沾灵妙药,救人千病一身尚。"取首字寓语"中华民国,孙逸仙救"①,表现出他大无畏的英雄气概和对孙中山的崇敬心情。

1913年底1914年初,日本殖民统治者在苗栗设临时法庭,对罗福星和五百多位台湾抗日志士进行"审判"。3月3日,罗福星被处以绞刑,年仅三十。他视死如归,临刑前写了"不死于家,永为子孙纪念,而死于台湾,永为台民纪念耳"的字句,表现出他对祖国和台湾同胞的热爱。

---

① 罗福星的遗诗,流传的几种文本互有参差。本文引自罗秋昭《大湖英烈——罗福星传》,台北近代中国出版社1978年版。据王惟英记,此是经于右任校正过的,见《于右任校正后之罗公福星遗诗》,载中华民国各界纪念国父百年诞辰筹备委员会学术论著编纂委员会主编《革命先烈先进传》,1965年版。

罗　家　伦

宗志文

　　罗家伦，字志希，笔名毅，浙江绍兴人。生于 1897 年 12 月 21 日（清光绪二十三年十一月二十八日）。其父罗传珍长期在江西做官，曾任进贤等县知县，同情新军中的革命党人。罗家伦幼时受父母的启蒙教育，稍长入塾读书。1914 年进上海复旦公学肄业。1917 年入北京大学文科，主修外国文学。与同学傅斯年、段锡朋是莫逆之交。

　　罗家伦入北大时，正值新文化运动逐步高涨之际，学生的思想十分活跃。罗能言善辩，是出名的活跃人物。1919 年 1 月，他与傅斯年、徐彦之发起成立"新潮社"，出版《新潮》月刊，得到当时北大文科学长陈独秀和文科教授胡适的支持。校方也在经济上给予帮助，并同意由学校出版部发行和负担盈亏。《新潮》编辑部由傅斯年、罗家伦、杨振声组成，傅任主编。

　　《新潮》仿效《新青年》，鼓吹"伦理革命"，反对封建礼教，提倡个性解放和男女平等，宣扬文学革命，赢得了很高的声誉。李大钊和鲁迅都在《新潮》上发表过文章，也提供过意见。罗家伦在创刊号上写的《今日之世界新潮》中，热情赞扬十月革命，说："这次的革命是民主战胜君主主义的革命，是平民战胜军阀的革命，是劳动者战胜资本家的革命！总而言之，以前法国式的革命是政治革命，以后俄国式的革命是社会革命。"他在第一卷第二号上发表《什么是文学》一文，不仅反对文言文，而且揭露专制制度下的文学的内容"只是摆出道学先生的面孔，代圣人立言"。但是《新潮》从创刊起，就表现出一种政治上的改良主义和崇拜西方文明的倾向。罗家伦在上述那篇赞扬俄国十月革命的文章中,流露出很害怕这个革命传到中国来的思想。他说,这个潮流"若是传到中国来,恐怕就可虑得很;因为中国的普通人民一点知识没有,兵士更多土匪流氓,一旦莫名其妙的照他人榜样做起来,中国岂不成了生番的世界吗"。

　　五四运动中,罗家伦是个活动分子。5月3日晚上,北大学生在法科大礼堂举行全体大会,并约请北京十三个中等以上学校的学生代表参加。罗在大会上慷慨陈词,反对巴黎和会。大会决定于翌日齐集天安门举行学界大示威。4日早晨,各校学生按计划在天安门广场集会,随即游行示威。游行队伍至东交民巷口,要入内向各国使馆递送声明书,军警不许通行,双方相持不下。后来学生派代表四人往各使馆,罗家伦是代表之一。第二天,他又被派为北京学生界代表,往南京、上海等地各大学进行联络,曾在上海参加全国学生联合会成立大会。

　　《新潮》因五四运动停刊。不久,傅斯年出国留学。10月,《新潮》复刊,罗家伦任主编。随着革命的深入发展,革命队伍中出现了明显的分化。这时,问题与主义之争已经展开,《新潮》在胡适引导下,改良主义色彩越来越浓厚,逐渐成了宣扬各色各样西方哲学和社会政治学说的讲坛。12月1日发刊的《新潮》第二卷第二号上,罗家伦发表《近代西洋思想自由的进化》一文,公然否定自己以前对十月革命的赞扬,说:"我从前说法国的革命是政治革命,俄国的革命是社会革命,是错误的!"他混淆法国革命和俄国革命的本质区别,说法国革命"含有社会主义的精神"。

　　1920年"五四"周年纪念时,罗家伦在《新潮》第二卷第四号上发表《一年来我们学生运动的成功失败和将来应取的方针》,根本否定五四运动的群众性革命风暴,说"罢课"、"三番五次的请愿"、"一回两回的游街",都是"无聊的举动",是"毁坏学者"。他非常懊悔参加了学生运动,说:"好不容易辛辛苦苦读了几年书,而去年一年以来,忽而暴徒化,忽而策士化,忽而监视,忽而被谤,忽而亡命……全数心血,费于不经济之地。……偶一回头，为之心酸。"他提出今后应当"以思想革命为一切革命的基础"。他所谓的"思想革命"，就是要"一本诚心去做学问"，"埋头用功"，不问政治。所以，他又提出"专门学者的培养，实当今刻不容缓之图"。此文发表后不久，他就出国留学，走"专门研究学问"的道路去了。

同年秋，罗家伦赴美入普林斯顿大学研究历史与哲学，一年后转入哥伦比亚大学。1922秋离开美国，先后在英国伦敦大学、德国柏林大学、法国巴黎大学学习四年。留学期间，罗很注意搜集各国办大学的经验。

罗家伦于1926年回国后不久即参加北伐。先任国民革命军总司令部的参议，旋任总司令部编辑委员会委员长。他对蒋介石十分崇拜，加之会说善写，因此深得蒋的器重。当时蒋介石有关时局的大文章，不少是由罗家伦执笔写成的。1927年蒋介石发动"四一二"反革命政变，罗家伦是积极支持者，撰写过一些宣扬反共的文章。南京国民党政府成立后，蒋介石决定创办中央党务学校，自任校长，由戴传贤、罗家伦任正副主任。8月初开学后不久，蒋被迫下野。下旬发生龙潭战役，孙传芳军渡江攻南京。罗家伦在师生中做了不少说服动员工作，才保住学校没有散伙。1928年1月，蒋介石又上台，进行所谓继续北伐的行动。3月，总司令部设立战地政务委员会，罗家伦为委员之一，并兼任教育处处长，随军北进，6月到北平。

8月，国民党政府改清华学校为清华大学，任命三十一岁的罗家伦为该校校长。清华学校是1911年由美国退还庚子赔款办起来的，原由北洋政府外交部和教育部共管。学校的经费有专门设立的清华基金保管委员会保管，委员会由外交部正副部长和美国驻华公使三人组成，基金完全操纵在外交部一些官僚手上，弊端甚多。罗担任校长后，多方活动，争取到清华基金转为中华教育文化基金董事会代管，并使清华脱离外交部，完全隶属教育部，改称国立清华大学。他还改变了过去清华毕业生全部派遣留美的办法，进行公开考试，选拔少数成绩优良的学生赴美留学。他曾提出："要做到没有一个不经过严格考试而进清华的学生；也没有一个不经过充分训练，不经过严格考试，而在清华毕业的学生。"①清华自罗任校长后，开始招收女生。

1930年5月中原大战揭幕后，清华大学出现"驱罗运动"，罗家伦被迫离开清华南下武汉，在武汉大学担任了几个月的教授。年底蒋介石到武汉巡视，亲自召见罗，把他调到南京中央政治学校担任代教育长。中央政治学校的前身是国民党中央党务学校，属短期训练班的性质。罗到校后，建立了四年制的大学部，招收高中毕业生。

"九一八"事变后，蒋介石的不抵抗政策遭到了全国人民的反对。国民党政府首都南京的中央大学学生亦起而反蒋。1932年6月，中大被行政院下令解散，学生听候甄别。不久罗家伦被指定为中央大学整理委员会委员，8月被任命为该校校长。他到校后，极力把学生的反蒋抗日热情引导到所谓研究学问的道路上去，提出以"创造有机体的民族文化"为中央大学的使命。他说："人家骂我们为无组织的国家……但是我们所感觉的不仅是政治的无组织，乃是整个的社会无组织，尤其是文化也无组织，今后我们要使中国成为有组织的国家，便要赶快创立起有组织的民族文化，就是有机体的民族文化来。"②

罗家伦办大学有他的一套办法。他重视罗致人才，延聘一些专家学者到学校任教，曾说："要大学好，必先要师资好，为青年择师，必须破除一切情面，一切顾虑。"③他还采取增加图书设备、加强基础课等一系列措施。中央大学原仅有学生一千人，罗任校长后，抗日战争前已发展到两千人，并于1937年5月在南京郊外动工兴建一所能容纳五千至一

①　罗家伦：《学术独立与新清华》，《文化教育与青年》，商务印书馆1943年版，第96页。

②　罗家伦：《中央大学之使命》，《文化教育与青年》，商务印书馆1943年版，第123页。

③　萧继宗主编：《革命人物志》第13集，"中央文物供应社"1983年再版，第465页。

万名学生的新校舍,为日后发展做准备。

同年 7 月初,罗家伦应蒋介石之召前往庐山参加谈话会。时卢沟桥事变发生,他回南京做迁校布置,决定迁校重庆,并面蒋陈述意见,立刻得到蒋的同意。迁校计划顺利而迅速地进行,10 月即大致就绪,11 月初,中央大学即在重庆沙坪坝正式上课。抗日战争期间,中大学生逐年增加,到 1941 年已增至三千余人。

罗家伦很注意对青年学生进行政治教育。在重庆期间,他定期向学生作演说。当时大后方反蒋运动高涨,他竭力引导学生闭门读书,故意把教育说成是超阶级的,说"教育最高的目的,是要造就好人,造就好的国民"。他一面"希望以后各党各派,不要以青年为政治斗争的工具",说"这样不但是害了青年,而且是害了国家、民族";一面却"热忱的希望(三民主义)青年团能积极挽救现在青年体格和人格上的两种颓风"①。

1941 年 9 月,罗家伦辞去中央大学校长职务。蒋介石先后委派他往西南、西北各地考察,一则视察边境各省情况,一则对各地军政人员进行游说。10 月,罗任滇黔考察团团长,前往云南、贵州。当时蒋正组织远征军,准备开入滇缅边境,罗为蒋摸清了地方实力派的动态,宣扬了"中央德政"。1943 年 3 月,罗受任为新疆监察使兼西北考察团团长。6 月率各方面专家学者四十六人,组成包括铁路、公路、水利、农林、畜牧、垦殖、工矿、民族、教育、卫生等专家人员在内的考察团,先后往陕西、甘肃、宁夏、青海、新疆五省进行考察。事毕草成大西北建设计划及报告多件。

抗日战争胜利后,罗家伦任国民党中央党史编纂委员会副主任委员(主任委员张继)。1947 年 5 月,出任国民党政府驻印度大使。1949 年 12 月,印度宣布承认中华人民共和国后,罗家伦回到台北。旋任国

①　罗家伦:《抗战的国力与文化的整个性》,《抗战与文化》,独立出版社 1939 年版,第 37 页。

民党中央党史编纂委员会主任委员。1952 年兼任台湾蒋政府"考试院"副院长。1957 年任"国史馆"馆长,先后主持编印《中华民国开国五十年文献》、《国父百年诞辰纪念丛书》及部分《革命文献》。

1969 年 12 月 25 日,罗家伦病逝于台北。

罗家伦的主要著作有:《科学与玄学》、《中山先生伦敦蒙难史料考订》、《新人生观》、《文化教育与青年》、《新民族观》、《逝者如斯集》等。

罗 君 强

黄美真 张 云

罗君强,谱名光治,别号庸生、竹侯等,曾化名刘健生、李景祁。湖南湘乡人。1902 年 5 月 24 日(清光绪二十八年四月十七日)出生在一个官僚家庭。1917 年,罗君强入长沙青年会日校读书。次年 7 月毕业后赴上海入大同学院。1919 年 1 月因病辍学,8 月赴法勤工俭学,旋因病回国,在湘乡陶龛小学任教。1920 年 8 月,罗进长沙岳云中学读书,于 1922 年 7 月毕业。

罗君强在岳云中学读书期间,受五四新文化运动的影响,参加毛泽东领导的湖南学生爱国民主运动。1922 年春,加入中国社会主义青年团,不久又加入中国共产党。他主编《赤光周刊》,并兼任马克思学说研究会湖南分会书记。1922 年夏,罗受湖南中国共产党组织委托,作为湘区及安源的代表,赴上海出席中国共产党第二次全国代表大会。次年春,罗父去世,他在丧事上大肆铺张,受到党组织的批评,便在长沙登报声明脱离共产党。1924 年初,罗到北京准备报考北京大学,经蔡和森的教育帮助,又恢复了共产党党籍,回湖南参加革命活动,任共青团湖南省委书记,兼任中国共产党湖南训练委员会秘书。翌年春,罗患气管炎严重咯血,回湘乡家中休养,对革命丧失信心,意志消沉,终于第二次脱党。

1925 年秋,罗君强再度赴沪,入大夏大学读书,旋即参加国民党。次年 12 月辍学到武汉,在张治中的学兵团任政治部上尉科员兼政治教官。不久即调中央军事政治学校武汉分校任政治部上尉科员,主编校内刊物《革命生活》。罗君强以同乡关系,与该校政治部主任周佛海结交。此后,罗在武汉政府军事委员会秘书处先后任少校交际股员、中校公报股股长等职。1927年9月宁汉合流,罗被派为南京中央陆军军官学校中校政治教官。

1929年3月,蒋桂之战爆发。罗君强任陆军第六师政训处中校秘书,随军到汉,旋被"总司令行营政训部"主任周佛海推荐任该部秘书长。1930年中原大战结束后,蒋介石开始对各革命根据地发动军事"围剿",罗君强于1932年7月任武汉行营秘书处上校秘书。在这期间,罗经常编印反共书刊、标语、图画,进行反共宣传[1]。10月,罗调任浙江海宁县县长,抽调壮丁成立保安基干队,加紧治安管理。1933年11月,又被调任南昌行营第二厅(政务)第四课课长,兼第二组(财经)副组长及行营办公厅上校秘书。1935年春,南昌行营撤销,另设重庆行营,罗仍任行营上校秘书。在红军长征途中,罗君强参与追截红军及"肃清"所谓"收复地区"的共产党势力等活动,并参与制订"剿匪时期惩治盗匪暂行条例"、"匪军投诚缴械给奖办法"等多种文件。

从1937年初开始,罗君强历任军事委员会办公厅少将秘书、办公厅秘书处少将处长、蒋介石侍从室上校秘书等职。"七七"事变后,在全国人民奋起抗战之际,罗对抗战前途悲观失望,与周佛海等人沆瀣一气,诬蔑人民的抗战呼声是"唱高调",鼓吹"亡国论",成为"低调俱乐部"的主要成员之一。1938年2月,罗参加周佛海、陶希圣主办的文化团体"艺文研究会",任该会秘书及总务组主任干事,出版拥蒋反共书刊,继续散布投降主义论调。

1938年12月,汪精卫、周佛海等人逃出重庆,不久即发表"艳电"公开叛国投敌。这时,罗君强由于生活糜烂、行为不检,被免去行政院简任秘书的职务。罗于1939年2月以"治病休养"为名,由重庆飞往昆明,再经河内转香港。周佛海约其加入汪精卫的"和平运动"。罗认为

---

[1]　罗君强:《补充交代的几个问题》(1960年7月12日)。

自己在蒋介石幕下长期任秘书工作,"除了当过一年海宁县长外,未曾正式捏过印把子",这次"逆取顺守,乘时乘势,有权有势有伙伴","可能搞出一点名堂来"①,于是满口答允,甘当汉奸。

罗君强是周佛海最亲信的助手,汪伪集团的重要骨干。1939年8月,汪精卫在上海召开伪国民党第六次全国代表大会,罗被指派为"中央"执行委员兼"中央党部"副秘书长。1940年初,汪伪组织"国府还都筹备委员会",罗为该会委员兼布置组长。其后担任汪伪中央政治会议副秘书长,进行所谓"以国民党为中心联合各党各派,树立南京新政权"的活动,及"整理中央政府必要之建筑物及其他用品与事务人员"等事项②。3月底,汪伪政权在南京开场,汪精卫自任伪国民政府代理主席,罗君强先后任伪边疆委员会委员长及军事委员会委员、"清乡"委员会委员、"新国民运动"促进委员会委员。他并任南京《中报》、上海《平报》社长,积极从事"和平反共"的宣传,吹嘘汪伪的"和平运动"是"负荷世界战略的新使命",是"为了人类文明再造的种子";诬蔑共产主义是"以思想理由杀人,以宗教情绪灭口者",要坚决与之"反抗"③。他鼓吹与日本侵略者"携手共进"的所谓"东亚联盟"的"自觉运动的民族联盟"、"平衡发展的经济合作"、"除旧布新的军事同盟"、"亚洲中心的文化沟通"等四项卖国纲领,叫嚷中日两国要"声应气求",要"与邻邦日本采取齐一的步调与共同的计划,自打破东亚的以至世界的旧秩序而建设新的秩序,自扫除欧美帝国主义留在东方的残余力量,以至杜绝赤化的根苗",早日实现"东亚联盟"④。

1942年至1943年冬,罗君强任汪伪国民政府的司法行政部部长、

①　罗君强:《伪廷幽影录——对汪伪的回忆纪实》,黄美真编《伪廷幽影录——对汪伪政权的回忆纪实》,中国文史出版社1991年版。

②　《南京新报》1940年1月28日。

③　罗君强:《和平反共建国的迁都一年》,《中报》1941年3月30日。

④　罗君强:《欢迎日本众议院来华诸君》,见1940年度汪伪"国定教科书"初中国文第6册。

法官训练所所长、中央税警总团中将总团长、财政部税警学校副校长（校长为周佛海）等职，大力强化司法手段，对沦陷区人民实行法西斯统治。他曾率税警数百人配合日本侵略军，在常熟、江阴、南汇、慈溪、余姚、上海等县进行残酷的"清乡扫荡"，与新四军及抗日游击队发生多次战斗，批准杀害被捕的中共地下工作人员多人。1944年1月，罗就任伪安徽省省长，兼任蚌埠"绥靖"主任及省党部主任委员。他实施"田赋征实"等政策，进行疯狂搜刮，为日本侵略军"以战养战"政策效劳。罗还推行毒化政策，抽鸦片亩捐税，收购烟浆，制造烟土毒害人民。

同年底，周佛海兼伪上海市市长，罗君强先后被任命为伪上海市政府秘书长、代理市长、代理警察局长、财政局长及市府公路委员会主席等职。他极力推行保甲法令，强化汪伪统治，同时增办新税，实行奴化教育，还为日本侵略军扩修公路桥梁，加修飞机场，以防御同盟军队在沿海登陆。他因此在日本侵略者的心目中有着"良好印象和特殊声誉"①。

罗君强善于进行政治投机。早在1941年，便随周佛海与重庆军统局特务头子戴笠相勾结。1945年5月，日本侵略军败局已定，罗在周的默许下，在上海秘密发起"建国社"，标榜其纲领为："（一）绝对信仰三民主义；（二）绝对拥护蒋主席；（三）绝力保卫京、沪、苏、浙地区的治安。"②这一组织网罗了伪上海市军、政、警重要头目为干事，其成员遍布各警察分局、保安队及税警总团，是罗准备投靠蒋介石的政治资本。同年7月，戴笠亲笔致函罗君强，指示他"联络各方有志之士，团结所能掌握的一切有用力量，适应时机，协同行动"，并委托他负责"此间（指上海）一切"③。

1945年8月，日本投降后，罗君强以代理警察局长名义向全市发

①　罗君强亲笔供词。
②　罗君强：《自白》(1946年9月18日)。
③　戴笠致罗君强亲笔函(1945年7月29日)。

布警令,声称"决不使任何不合法的势力(指中国共产党领导的抗日力量)侵入市内","必保护上海全市的生命财产直至安全地奉还中央(指重庆国民政府)而后已"。扬言"最后虽剩一兵一卒,亦必周旋到底"①,向重庆国民政府大献殷勤。当时,蒋介石为阻止中国共产党领导的抗日部队进入上海,在日本一宣布投降之时,即电令周佛海为"上海行动总队"总指挥,罗君强为副总指挥。这两个汉奸头子摇身一变,顿即成了国民党政府的军政要人。8月19日,罗发布紧急命令称:"所属官警及市区全体保甲人员,自应归顺中央,服从蒋委员长命令,并应听从上海行动总队司令部指挥","集中警力,强化治安"②,为国民党"接收"上海效力。罗君强本来罪大恶极,只因随周佛海搞"曲线救国"和"反共有功",得以一时逍遥法外。但在广大民众"严惩汉奸"的强烈呼声面前,国民党当局不得不于9月30日将罗逮捕,并于1947年3月6日判以无期徒刑。

中华人民共和国成立后,罗君强对蒋介石"反攻大陆"抱有幻想,不承认自己的汉奸罪行。以后经过教育,态度才有所转变,承认自己"罪恶重大,几个头也都可杀,但共产党没有杀我"③,表示愿意向人民认罪。1970年2月22日,罗君强病死于上海市监狱。

① 罗君强亲笔供词。
② 罗君强:《紧急命令》,《中华日报》1945年8月20日。
③ 《战争罪犯处理报告》(1959年9月11日)。

罗　隆　基

何碧辉

罗隆基,号鲁参,后改努生,江西安福人。1896 年(清光绪二十二年)生。祖父经商,父亲罗调卿是前清秀才,教书为业。罗隆基九岁时生母病逝,由继母抚育成人。在江西吉安读小学时成绩优秀,1912 年夏,南昌心远中学毕业后,以江西考区总分第一的成绩考取北京清华学堂。

五四运动中,罗隆基是清华最早参加学生运动的学生领袖之一,曾任清华学生会主席,《清华周刊》编辑和集稿员。他本人也以"九载清华,三赶校长"而自豪。

1921 年秋,罗隆基清华毕业后,官费留学美国,在哥伦比亚大学先后获得学士、硕士和博士学位。又去英国入伦敦大学经济学院,研究政治学和近代史。留学期间,他继续参加学生活动,担任过中国留美学生会主席与《中国学生季刊》编辑。他与闻一多、梁实秋等人组织大江社,出版《大江》杂志,鼓吹"族国主义",主张国家独立自主,主权完整。

罗隆基 1921 年回国后,担任上海中国公学政治经济系主任兼教授,光华大学教授,《新月》杂志主编。他发表了一系列政论文章,批评国民党实行党治、个人独裁、践踏法制、侵犯人权,成为当时著名的人权派代表之一。1930 年 5 月,国民党政府迫于舆论,公布了训政时期"约法"。罗认为"约法"仍然规定一党专政,个人独裁,表示"绝对不满",因此冒犯了当局,11 月 4 日被捕,直到审问时,罗才明白自己的罪名是"国家主义领袖，共党嫌疑"。同时，国民政府教育部勒令光华大学立即撤换罗，理由是"言论谬妄"，"迭次公然诋毁本党"。后得胡适、宋子文出面保释。罗隆基获释后，认为撤职"毕竟个人的损失"，"可以容忍下来的"，只是"言论谬妄"四个字，不可轻易放过。于是他把在《新月》杂志上发表过的政论文章，编成《政治论文集》出版。在序言中说："在政治制度上国民党不彻底取消他们所谓的，并且经过五年试验而根本失败的党治，其他任何政局上的变换，都是换汤不换药。"

"九一八"事变后，罗隆基于9月20日发表《沈阳事变》一文，坚决反对国民党对日本侵略采取"攘外必先安内"的政策。批评国民党"兄弟阋墙之事，堂哉皇哉，有声有色；一旦对外，始而镇静，继而退步，终而缴械投降，气节扫地，国威荡然"。10月，他与张君劢等人组织"再生社"（国社党前身），出版《再生》杂志。"一二八"事变发生后，他发表了题为《可以战矣》的文章，坚决主张抗战。

1932年春，罗隆基应天津《益世报》总编辑刘豁轩的邀请，离开上海到天津担任社论主撰。接着又任南开大学教授，北平《晨报》社社长。在这期间，他撰写了一系列主张抗战的社论。

淞沪抗战后，国民政府临时迁都洛阳，并决定召开"国难会议"。罗隆基是"国难会议"代表之一。他与沈钧儒、章士钊、王造时等六十二人，联名向会议提出《救济困难之具体主张》。对内主张举国一致，实行民主政治；对外主张领土主权之完全无缺，以武力自卫为主，国际折冲为辅。可是国民党规定"国难会议"不准谈政治，不准谈抗日。罗隆基等人愤而拒绝出席。

1933年5月，南京国民政府与日本帝国主义者签订丧权辱国的《塘沽协定》。罗隆基为《益世报》撰写社论，指责国民党对外屈辱，对内欺骗。11月，《福建事变》发生，《益世报》又发表社论，支持福建人民政府"联共抗日"主张。国民党天津市党部向他提出"严重警告"；国民党中央宣传部要《益世报》立即辞退罗隆基。罗隆基不屈不挠，继续坚持抗日立场。是年秋,罗去南开大学上课,乘车到达校门附近时,迎面而来的卡车上四个特务举枪向他射杀。罗迅速卧倒,幸免于难,而坐车背后的玻璃窗顿时弹孔累累。

1937年7月7日,日军大举侵华,7月30日,天津沦陷。《益世报》在总经理生宝堂的组织下继续出版。罗隆基撰写的社论,继续为抗战呼号。生宝堂不久被害,罗隆基在日本追捕下,逃离虎口,经青岛到上海。11月上海沦陷,罗隆基应江西省主席熊式辉之请,出席省总动员会议。1938年初,熊以训练新县制工作人员的名义,成立江西政治讲习院。熊自兼院长,蒋经国兼大队长,任罗为研究处主任。7月,国民参政会在武汉召开,罗隆基被遴选为参政员,辞去讲习院工作,前往武汉,为驻会委员。10月随参政会内迁重庆。期间,南开大学南迁,与北大、清华合组西南联合大学,罗被聘为西南联大教授。

抗日战争进入相持阶段后,国民党实行"防共、限共、溶共"方针,加紧专制统治。中共和各抗日党派、爱国民主人士纷纷要求结束党治,实行宪政。在国民参政会一届四次会议上,关于宪政问题的提案就有七个,在审案委员会讨论这些提案时,罗隆基多次发言,使宪政决议案获得通过,并组织宪政期成会,罗为委员。在宪政运动中,各抗日党派和民主人士发起组织以"巩固统一,积极建国"为职志的"统一建国会",罗以国社党代表身份参与组织。1941年初,各民主党派领导人发起组织中国民主政团同盟(简称"民盟"),罗被推举为"民盟"中央执行委员和宣传部长。后来,他主持建立了"民盟"昆明支部,在知识界扩大民主力量,推动了昆明地区抗日民主运动的发展。1944年7月,罗在云南大学政治系主办的"民主系统讲演"中,发表了题为"中国需要怎样的民主"的讲演,指出民主必须建立在政治平等和经济平等的基础之上,反对国民党顽固派坚持的法西斯统治。

1944年9月,中国民主政团同盟改名为中国民主同盟,罗隆基仍任中央委员、中央常委和宣传部长。11月,民盟昆明支部改组为云南省支部,罗任主任委员。12 月,民盟云南省支部创办《民主》周刊。

　　抗日战争胜利后,民盟于 1945 年 10 月在重庆召开临时全国代表大会,通过了《政治报告》、《大会宣言》和《纲领》,完整地提出了民主共和国的方案,罗隆基是这个方案的制订者之一。他在会上再次当选为民盟中央委员、常务委员和宣传部长。接着,他以民盟代表身份出席 1946 年 1 月 10 日在重庆召开的政治协商会议。他与中共代表王若飞在一个小组,相互配合,与国民党代表进行了艰难曲折的斗争。民盟代表在会上提出的"议会制"、"内阁制"、"地方自治制"等修改宪法的原则,遭到国民党代表的反对,但是得到中共代表的支持,终于获得通过。罗隆基对政协会议的结果,十分满意,曾对美国总统特使马歇尔说:政协是共产党让步多,蒋介石苦恼大,民盟前途好。

　　面对国民党蒋介石加紧准备发动全面内战的严重局面,罗隆基、史良等八十九人于 1946 年 6 月 6 日发表《告国人书》,呼吁和平,反对内战。6 月 23 日,上海和平代表团赴南京请愿,遭到特务殴打,酿成"下关惨案",罗隆基与梁漱溟等人即于 25 日以民盟政协代表的身份,致函国民党政协代表,表示抗议。罗隆基认识到"蒋介石是不容许人民和平的,更不容许人做中间派"。7 月,李公朴、闻一多遭到国民党特务杀害,民盟主席张澜被打伤,罗隆基等人再次向国民党当局提出严重抗议。他们多次举行记者招待会,指出国民党一党专政,使中国成了"黑暗世界"。

　　全面内战爆发后,国民党蒋介石公然破坏政协协议,单方面宣布召开"国民大会",彻底关闭和平大门。罗隆基在记者招待会上指出:当局如此独裁其事,已将政协各党派平等协商国是之精神摧毁殆尽。9 月 31 日,张澜、沈钧儒、罗隆基等人致电蒋介石,拒绝参加国民党独裁分裂的"国民大会"。

　　1947 年 3 月 1 日,国民党当局下令京、沪、渝等地中共办事处人员限期撤退。3 月 6 日,罗隆基代表民盟发表声明,承担保管中共在京、沪、渝等地财产之责任。在国共两党和平谈判正式破裂,全面内战进一步发展的形势下,罗隆基与民盟等各界民主人士共五十六人,对莫斯科四国外长会议发表严正声明,要求美、英、法、苏严守中立,不要干涉中国内政,"让我们自己解决自己的问题"。同年 10 月 27 日,国民党政府内政部诬蔑民盟勾结"共匪"参加叛乱,宣布为非法团体。民盟领导人立即在上海召开紧急会议,并派黄炎培、叶笃义到南京,会同在南京的罗隆基与国民党政府交涉。在和平民主运动中,罗隆基与中共的关系逐步密切,由朋友发展为战友、诤友,一些报刊曾把他与闻一多等人称为"亲共人士"。

民盟总部被解散后,罗隆基与民盟主席张澜被软禁在上海虹桥疗养院,直到 1949 年 5 月 26 日上海解放前夕,才在中共营救下脱离虎口。5 月 27 日,上海解放,5 月 28 日,张澜、罗隆基等人发表声明,热烈欢迎上海解放,并向中共及其领导人毛泽东热诚庆贺。6 月 1日,毛泽东、朱德、周恩来、董必武复电,欢迎他们到北平。张澜、罗隆基当即北上,参加筹备中国人民政治协商会议的工作,参与《共同纲领》的制订。

中华人民共和国成立后,罗隆基任政务院委员。1956 年 5 月任森林工业部部长。他被选为第一届全国人大常委,全国政协第一届委员和第二、第三届常委。1949 年 12 月他被选为民盟中央政治局委员、中央宣传部部长。1956 年 2 月任民盟中央副主席等职。翌年春全国开展反右斗争,他与章伯钧被指为"章罗联盟",被划成"右派"。1958 年 3月免去了他的一切职务。

1965 年 12 月 7 日,罗隆基在北京逝世。1986 年 10 月 24 日,民盟中央举办罗隆基 90 周岁诞辰纪念会,他的革命贡献被肯定,罗隆基被称为知名的爱国民主人士和政治活动家。

主要参考资料

黄昌勇、王海波:《安福才子罗隆基的一生》,《上海滩》1996 年 6 月号。

李璜:《谈王造时与罗隆基》,台北《传记文学》第 39 卷第 2—3 期。

民盟中央编:《中国民主同盟六十年》,群众出版社 2001 年版。

罗　纶

周茂江

罗纶,字梓卿,原名晋才,字康侯。四川西充群德场罗村沟人。1876 年 4 月 14 日(清光绪二年三月二十日)生。其祖先世代务农。到其曾祖父、祖父辈时由农而商渐有积蓄。其父罗人文,号绍周,受业于西充名拔贡李培尧门下,考上秀才,乐于扶危济困,深得众乡亲赞誉。罗纶是家中长子,在父亲的教育下聪颖好学,博闻强记,十三岁熟读十三经,对偶声律之文提笔而就。十四岁进入县学,旋考入成都尊经书院,跟随宋育仁、骆成骧学习,修业九年,"词章常冠其曹,文名籍甚"①。甲午战争后,中国面临日益严重的民族危机,康有为、梁启超、唐才常等人分别组织"强学会"、"保国会",倡议维新变法。罗纶受维新思想影响,与蒲殿俊、胡骏、李蔚华等人在成都参加"强学会"、"蜀学会",参与出版《蜀学报》。戊戌变法失败后,各地维新派人士皆遭到迫害,清廷命令川督在四川搜捕维新人士。学使吴郁生出于爱才起见要罗纶改名以免受株连,罗纶遂改原名晋才为纶,改原字康侯为梓卿,才得以脱身。

1902 年,罗纶参加乡试,中举人。同年冬因父丧归里,过着贫苦的生活。1904 年在同窗好友的推荐下,罗纶赴长寿知县唐我圻处工作。时值朝廷废科举办学校,唐我圻审时度势决定办一所高等小学堂,便聘罗纶为学堂监督。罗纶顺应时代潮流讲求新学,务期开发川东文化,大

①　黄缓:《保路运动中的罗纶》,四川省政协文史资料委员会编《四川文史资料集粹》第 1 卷(政治军事篇),四川人民出版社 1996 年版,第 165 页。

讲变法自强之道,培养了不少新人。罗纶任职两年开长寿风气之先,长寿名儒彭光远、李峙青等人对他十分推崇,赠以名号为"祖东"①。

　　1905年,张澜等人在南充创办顺庆府中学堂,函请罗纶回乡任职。罗纶于12月回到南充,担任顺庆府中学堂国文、历史教习兼斋务长。张澜为修身教习兼教务长。当时清廷腐朽,罗纶等人就利用这个有利环境竭力宣传自强革新以及兴学救国的重要意义。当时发行的《民报》是同盟会的机关报,主张"排满"反清。罗纶兼任该报的发行宣传工作,常把《民报》给学生阅读以提高思想认识。在这期间罗纶也逐渐流露出革命排满的倾向,但他仍然想在教育救国的道路上打开一条出路。这反映在课堂上,他深入浅出地讲解激励了不少学生后来走上革命道路。罗纶的激进行为为顺庆知府潘凤瀛所不容,致使罗纶很快就被解聘辞退。1908年春,他到成都后被绅班学堂监督邵从恩聘为斋务长,并兼任王铭新为监督的游学预备学堂的国文教习。由于志趣相投,罗纶与张澜、刘行道、熊焘、徐炯、王铭新等人相处十分融洽,被人称为"六君子"。1908年,革命形势日益高涨,清王朝电令各省督抚要严加防范各地的革命行为。当时,成都铁道学堂监督刘紫骥、优级师范学堂监督王章祜禁止学生参加立宪运动,并无理斥退学生。罗纶、张澜、刘行道、熊焘、徐炯、王铭新出面支持学生的行为,驳斥王、刘的所作所为。王章祜、刘紫骥竟密告护川总督赵尔丰,污蔑罗纶等六人收买学生,鼓吹革命。赵尔丰大怒,命令提学使方旭查办。方旭与学务公所议绅、高等学堂总理会同处理,对此六人予以免职。随后刘行道远走北京,张澜、熊焘赴南充,罗、徐、王三人停职,时人亦将此事件称为"六君子事件"②。

　　待风波平息之后,罗纶被邵从恩挽留复任绅班法政学堂原职。当

　　① 王瑞豪:《罗纶在长寿学堂》,四川省长寿县政协文史资料委员会编《长寿县文史资料》第7辑,1992年版,第5—6页。
　　② 黄绶:《保路同志会组织者罗纶》,成都市政协文史资料委员会编《辛亥四川风雷》,成都出版社1991年版,第104页。

时同盟会发动的武装起义此伏彼起,清政府为挽救覆灭危机不得不做出预备立宪的姿态。1908年秋,为推动立宪,罗纶率领学生、绅、商、工、农各界两千余人赶赴督府请愿,面请总督赵尔丰代奏速开国会,罗纶也因此名声大振。清廷颁布《各省谘议局章程及议员选举章程》,谕令各省迅速举办有关事宜。罗纶被选为西充籍议员。

1909年10月14日,四川谘议局召开第一次会议,蒲殿俊被选为正议长,萧湘、罗纶被选为副议长,他们共同领导川省的立宪运动。罗纶遇事热心负责,着意于民权作用的真正发挥,全川官僚多敬畏他。他任副议长期间,曾弹劾纠举了一批贪官污吏,使其丢官撤职,甚得百姓的拥戴。

四川谘议局成立以来,立宪派人士为了提高自身的政治地位,发展自己的经济实力,对清政府的某些卖国行为和明目张胆的掠夺行径进行了一些揭露和斗争。争夺路权就成为他们斗争内容的重要组成部分。

川汉铁路公司自1905年成立以来,即为官僚所把持,弊端甚多,成效不大。四川谘议局成立后,立宪派人士即把整顿川汉铁路公司事宜提上议事日程。在谘议局第一次会议期间,罗纶领衔将起草的《整理川汉铁路公司案》提交会议讨论,最后议决通过组织董事局及选查账人、修改公司章程、清查账项、扫除锢习以昭商业信用、统一会计、亟筹募股之法等整顿措施①,对铁路公司的工作起到了促进作用。谘议局第一次会议结束后,川汉铁路公司第一届股东大会开幕,到会股东代表六百余人,选举罗纶为临时会长主持会议。

1911年5月8日,清皇族内阁成立。9日,清政府即宣布铁路国有政策,规定从前所批之商办铁路一律取消。继又任命端方为督办粤汉、川汉铁路大臣,负责收路事宜。20日,邮传部大臣盛宣怀奉旨与英、

---

① 戴执礼:《四川保路运动史料汇纂》,台北中研院近代史研究所1994年版,第447—449页。

美、德、法四国银行团正式签订川粤汉《铁路借款合同》,将原归商办的川汉、粤汉铁路置于帝国主义的控制之下。清政府的行为,激起全国人民的极大愤慨,湘、鄂、粤、川等省的保路爱国运动迅速展开。

1911年5月10日,清邮政部、度支部致电四川护理总督王人文,令其迅速查清川汉铁路公司的账目以备接收。5月12日,王人文召集铁路公司主席彭兰村、副主席都永和、驻川总理曾培等商议,未果。彭兰村即与蒲殿俊、罗纶商议,蒲、罗二人对铁路收归国有问题开始并未极端反对,仅以争路款为重,主张召集临时股东大会议决处理。5月16日,川汉铁路公司董事局电呈邮传部,请求清政府仍维持川汉铁路原案。5月22日,端方电令川省停收租股,使蒲、罗等人感到非常惶恐,不得不以谘议局和铁路公司的名义呈请护理总督王人文代奏,哀求清政府收回铁路国有的成命。但清政府严厉申斥王人文,坚决拒绝川省人民的请求。6月1日,端方、盛宣怀电告王人文,要强行夺路夺款。消息传出后,群情激愤,坚决反对。罗纶等人也感到希望幻灭,坚决主张"破约保路",倡议成立四川保路同志会①。6月17日,川汉铁路公司召开临时大会,罗纶担任大会主席,讨论四国借款合同,与会者有绅、商、学、工农各界人士及股东、法团代表共二千余人。经过讨论,大会同意成立四川保路同志会,推举蒲殿俊为同志会会长,罗纶为副会长兼交涉部长,号召"破约保路"、"文明争路",并决定在全省各州县成立保路同志分会。会后,罗纶等人齐到督院请护理总督王人文代奏清政府,请求废止借款合同,撤回收路成命。自此,四川保路运动蓬勃开展起来。

6月19日,四国借款合同发表。罗纶在领导保路同志会之外,亲自动笔对四国借款合同逐条签注,指斥盛宣怀等人卖国卖路的行为,痛斥四国掠夺中国国权的侵略行径。6月25日,罗纶率领成都各界绅民二千四百余人前往督署,将签注的四国借款合同的全文呈交王人文,请

---

① 何一民:《罗纶》,四川省地方志编纂委员会、省志人物编辑组《四川近现代人物传》第4辑,四川大学出版社1987年版,第107页。

其代奏。但清政府拒不让步,坚持夺路卖国,将支持川省人民保路斗争的王人文撤职,派赵尔丰接任,想以高压政策制止保路运动。

8月5日,川汉铁路公司特别股东会在成都召开,与会代表五百余人,罗纶被选为大会主席,颜楷、张澜出任股东大会正副会长。8月18日,端方等人上奏朝廷,要求责成赵尔丰镇压川省保路运动。8月24日,川路股东全体大会召开,公布了端方电文,群情哗然,愤怒的群众提出罢市、罢课的主张,罗纶表示支持。未待大会结束,顷刻之间"百业停闭,交易全无"①。随即罢市罢课在成都展开,并迅速波及全川。9月1日,川汉铁路公司股东代表大会再次召开,会上正式通过不纳粮以及不担任外债分厘等决议,并通告全省。四川保路运动进入一个新阶段,清廷对此极为恐慌,急令赵尔丰切实弹压川人。

9月5日,同盟会会员朱国琛等人在川汉铁路特别股东大会上将所拟的《川人自保商榷书》散发开来,《商榷书》"表面上虽无革命词句,实则为革命独立呐喊"②,此事引起清政府的恐慌。9月7日上午,赵尔丰将蒲殿俊、罗纶等保路同志会和股东会头面人物诱至督署而拘捕。消息一经传出,成都全城震动,群众奔走相告,从四面八方涌向督署请愿,要求释放蒲、罗等人。赵尔丰见势不妙,下令卫队开枪,当场打死请愿群众三十余人,伤者数百人,造成惨不忍睹的"成都血案"。"成都血案"使全川人民迅速抛弃了对清廷的幻想,把武装斗争提上了日程,四川保路爱国运动至此转化为反清革命,保路同志军起义遂全面爆发。

1911年9月25日,荣县独立,其他各县也相继独立建立军政府。10月10日武昌起义爆发,清政府的统治已是日薄西山夕之将至。为缓和川省局势,清廷于10月26日下令释放蒲、罗等人,11月6日又令端方署理四川总督。为控制局势以及在赵尔丰的要求下,蒲、罗等人于

① 中国人民政治协商会议全国委员会文史资料研究委员会编《辛亥革命回忆录》(三),北京中华书局1962年版,第57页。

② 隗瀛涛:《四川保路运动史》,四川人民出版社1981年版,第289页。

释放后联名发布《哀告全川叔伯兄弟》文,要求人民停止战斗。然而"哀告"已不能阻止革命形势的迅猛发展。11月22日,重庆蜀军政府成立。赵尔丰鉴于清廷大势已去,为保全身家性命表示愿意将政权移交给蒲、罗等人。经与蒲、罗等人反复协商,最后订立《四川独立条约》三十条。11月27日,大汉四川军政府在成都成立,蒲殿俊任都督,朱庆澜任副都督,罗纶任招抚局长。

大汉四川军政府虽然成立,但内部矛盾重重,危机四伏。12月8日,蒲殿俊、朱庆澜等人在东较场阅兵时,士兵突然索饷哗变,蒲、朱仓皇而逃,乱兵四处抢劫,成都陷入混乱之中。兵变后,罗纶极力挽救危局,始终坐镇在军政府内指挥,号召同志军万余人入城,会同尹昌衡所率新军平叛。12月9日,省城军民代表集合于北较场,选举尹昌衡为都督,罗纶为副都督兼安抚局长。10日,新的四川军政府建立,尹、罗等人随即通告坚决镇压破坏分子,从而稳定了成都的局势。

1912年2月2日,成渝两地军政府合并。3月11日,尹昌衡、张培爵就任四川军政府都督、副都督,罗纶任军事参议院院长。但罗纶很少过问军事,将其主要精力投入于文化教育事业,在少城关帝庙创办"川剧改良科班"培养川剧人才,又创办《进化白话报》,成为新文化事业的开拓者。7月,尹昌衡率军西征平藏乱,胡景伊任代理都督。此时胡景伊已投靠袁世凯,罗纶处处受到胡的排挤,遂辞去军事参议院院长职务,回西充侍奉母亲。不久,罗纶与蒲殿俊均被选为国会议员,同赴北京就职。1915年,罗纶不满袁世凯称帝,离京回到故乡,任顺庆联合中学及南充中学教习。袁世凯称帝后,罗纶与张澜、钟体道等人于1916年3月发动顺庆起义,组织川北护国军,钟体道任总司令,张澜任政务长,罗纶任总参谋长,讨伐袁世凯。护国战争后,罗纶辞去教学职务赴北京任国会议员。1921年,回乡办地方自治,任筹备处主任兼西充中学校长。1922年,罗纶应国会之召再赴北京,因不满曹锟贿选总统而辞去议员回到故乡。1925年,被选为四川善后会议代表,继选为审察长。

1930年罗纶在西充病逝。

主要参考资料

何一民:《罗纶》,四川省地方志编纂委员会、省志人物编辑组《四川近现代人物传》第4辑,四川大学出版社1987年版,第104—110页。

黄绶:《保路运动中的罗纶》,四川省政协文史资料委员会编《四川文史资料集粹》第1卷(政治军事篇),四川人民出版社1996年版,第165—169页。

罗 佩 金

李希泌

罗佩金,字熔轩,又作榕轩。1878年6月4日(清光绪四年五月初四)生。云南澄江人。原籍四川华阳,明初迁居于此。祖父罗瑞图光绪丁丑年(1877年)举人,父罗森光绪甲午年(1894年)举人。罗佩金自幼聪颖过人,但喜交游,跅弛不羁。父亲对他严加管教,亲自课读。他1898年考中秀才,1903年考入昆明高等学堂。罗在校内经常与赵伸等人议论时政,为校方察知,驱逐出堂。罗不得已而去广州,投奔他祖父的学生两广总督岑春煊。岑以治两粤策命题面试,罗条陈十事,为岑赏识,派他在督署奏折处学习。次年,罗被送到日本学陆军。

罗佩金东渡后,考入日本振武学校。1905年6月,罗偕杨振鸿、李根源谒孙中山于横滨。孙中山以"革命是艰苦事,要卖命"等大义勉励他们。8月,中国同盟会成立,罗入盟。1906年5月,罗在振武学校毕业,考入日本士官学校。同年10月,他与杨振鸿、李根源、吕志伊、赵伸等创刊《云南杂志》,宣传革命。

1909年,罗佩金毕业于士官学校。他回国后,先到上海去见岑春煊,然后带着岑写给龙济光的荐函去南宁,龙委任他为随营学堂总办。不久,有人向龙密告罗佩金倡导革命,龙使人侦查罗的言行,罗不自安。同年返滇,任新军第十九镇随营学堂监督,兼云南讲武堂步兵科教官,后调任督练处参议官兼陆军小学堂总办。1911年初,他和云南讲武堂总办李根源向云贵总督李经羲荐蔡锷任新军第十九镇第三十九协协统,他愿屈居蔡下,任该协第七十四标标统。罗处事以机警果决见称。

　　1911 年 10 月 10 日,武昌起义爆发,蔡锷约集罗佩金、李根源等云南革命党人密谋响应。10 月 30 日(阴历重阳节),云南光复军起,蔡锷担任总指挥,罗佩金率七十四标攻打总督署。起义军与守军激战数小时,始攻下总督署,全城光复。云南军都督府成立后,罗佩金先后任南征总统官、南防总司令与军政部长等职,参与平定了迤南道龚心湛的骚扰,镇抚了蒙自兵变。1912 年 8 月,罗奉命入京参加各省军事代表会议,补授陆军中将。1913 年 1 月,罗返滇任民政长。10 月,罗父病故,他辞去民政长职务,在家守制。

　　1915 年 8 月,“筹安会”成立,袁世凯帝制自为的阴谋愈益暴露。罗佩金与吕志伊、李曰垓、杨蓁、邓泰中等人密谋反袁。12 月 25 日,蔡锷、唐继尧等人通电宣告云南独立,发动讨袁护国运动。蔡锷与罗佩金分别任护国军第一军总司令与总参谋长,第一军下辖三个梯团,刘云峰统率的第一梯团为先头部队,克日出发入川。时滇省财政支绌,罗佩金将他家几代积累的家产押于殖边银行,得银洋十二万元,拨给第一梯团作开拔费用。护国军第一军 1916 年 1 月 21 日攻克叙州,向泸州进攻。但北军偷袭后路成功,护国军腹背受敌,被迫撤退,形势危急。蔡锷命罗佩金率第三梯团和第二梯团一部,兼程赶赴纳溪增援,双方遭遇于纳溪前方之朝阳观、棉花坡一带。经过激烈争夺,泸州一度为护国军占领,旋又退出,直到 2 月底,战局才在纳溪稳定下来。3 月初,蔡锷与罗佩金统筹战局,决定暂时分两翼撤退,引敌前进,再乘机反攻。罗被提升为左翼军总司令,指挥左翼撤退。蔡锷亲自指挥右翼,总司令部驻于大舟驿。至 3 月中,广西宣布独立讨袁,形势于护国军有利。3 月 17 日,护国军开始反击,蔡、罗均亲临阵头督战。20 日晚,右翼军在正面阵地发动夜袭,将敌阵突破,毙伤敌军五百余人,缴获大批武器弹药粮饷。在全国纷起反袁的形势下,22 日,袁世凯被迫取消帝制,向护国军提出停战的要求。四川前线停战。

　　同年 5 月,军务院于肇庆成立,罗佩金被推举为抚军之一。6 月 6

日,袁世凯死,黎元洪继任总统,加罗佩金陆军上将衔,授勋三位、二等大绶嘉禾章,补广西省长(未到任)。蔡锷则被任命为四川督军兼省长。蔡锷喉病日益沉重,请假东渡日本就医,致电北京政府推荐罗佩金护理四川督军,戴戡署四川省长。

1917年4月,川军与滇军因裁减军队之事发生矛盾,罗部滇军与川军刘存厚部在成都发生激烈战斗。北京政府借此免去罗四川督军之职,授罗"超威将军"的称号。罗令全军西撤川南,退出成都。7月,孙中山南下护法,唐继尧通电响应,将入川滇军改名为靖国军第一军和第二军,以罗任总司令。唐声称:先平川乱,然后北伐。唐继尧对罗统率滇军驻川心存猜忌,不久又下令免去罗的总司令职,部队由顾品珍和赵又新统率,由唐亲自指挥。罗卸职回滇,闭门谢客,不问政事。

1920年冬,川军驱逐驻川滇军,赵又新战死。次年初,顾品珍率师回滇,驱逐了唐继尧,以滇军总司令名义主持滇政。唐继尧出走后,收买滇南匪魁吴学显等人,顾品珍因罗佩金在辛亥革命后曾任南防总司令,请罗出任迤南巡阅使,从事清剿。

1922年春,唐继尧利用吴学显等人的武装力量,自广西边境返回云南。3月下旬,顾品珍战殁于陆良天生关,唐继尧进入昆明。罗佩金率骑兵队仓促奔赴滇西楚雄,想依靠驻扎在那里的大理第九混成旅旅长华封歌,华不接纳,反将罗的卫兵携带的枪支全部缴械。罗逃往华坪,唐继尧指使匪首普小洪追捕。罗被捕后,5月3日,在苴却的双金坡被普小洪处死。罗死后三个月,他的灵柩运到了昆明,唐继尧不准进城,厝居于昆明城东小松山。直到1928年唐继尧死后,澄江县人民才公葬罗佩金于县城西十五里的朱家山。

主要参考资料

李根源:《护理四川督军广西省长罗君熔轩事状》,《曲石文录》卷3,腾冲李氏曲石精庐1934年版。

《护国之役总司令部命令抄》,《文献》第 2 辑,书目文献出版社 1979 年版。

李根源:《云南杂志选辑序》,中国科学院历史研究报第三所编《云南杂志选辑》,科学出版社 1958 年版。

《曲石庐盖簪集·罗佩金致李根源书》(原件)。

蔡锷撰,刘达武辑:《蔡松坡先生遗集·军政文电》,蔡公遗集编印委员会 1943 年版。

罗 文 幹

邵桂花

罗文幹,字钧任,1888年(清光绪十四年)生于今广东省番禺县。罗文幹接受完中学教育后,于1904年负笈赴英伦三岛留学,入牛津大学荣誉班,专攻法学,四年毕业,获法学硕士学位。又经伦敦宫廷法学会试,获准执行律师业务资格。1909年学成回国,任广东审判厅厅长。1911年,应学部留学生考试,授法学科进士。1912年1月,民国建立,罗文幹服务于司法界,任广东都督府司法司司长,旋升广东高等检察厅厅长。同年,辞职北上,8月任北京政府总检察厅检察长。1915年11月,因反对袁世凯称帝而辞职南下,与汤觉顿、徐勤动员广东督军龙济光倒袁未果。

　　1916年6月6日,袁世凯病殁,黎元洪依法继任总统,罗文幹复职。同年修订法律馆成立,王宠惠任总裁,罗副之,在修订刑法法典过程中,两人成为挚友。1919年1月,罗文幹以考察法律名义赴欧洲,在英国获得大律师资格。归国后,罗兼北京大学法学教授,法官讲习所教授。1920年8月,皖系垮台,王宠惠任大理院院长,罗文幹副之。1921年10月,罗文幹任中国出席华盛顿会议代表团顾问。同年12月,梁士诒在张作霖支持下组阁,罗任梁内阁司法部次长兼大理院院长。1922年4月,罗以司法部次长代理部务。4月29日,爆发第一次直奉战争,奉系败北,直系控制北京政权,6月罗文幹去职。9月,罗任盐务署署长兼币制局总裁。同月19日,王宠惠组阁,罗文幹出任财政总长,此次任命使罗的前途发生了突然的变化。10月5日,罗文幹提出辞呈未获批准,不意罗莅任不久,于 11 月 18 日因对奥借款案被控入狱,陷入更为复杂的政治纠纷之中。

　　对奥借款案是指 1914 年北京政府向奥国订购炮舰四艘,作价英镑六百万,订为借款年息六厘。后因北京政府对德奥宣战,这个借款造船合同遂遭搁浅。欧战结束后,北京政府同德奥恢复邦交,奥国代表向北京交涉,要求年息加到九厘。对华借款佣金再增加八十万英镑,要求本利一次付清。经罗文幹与奥国代表交涉结果,原订的六百万镑,减为四百一十一万英镑,年息为九厘。佣金全部作为财政部同仁的福利金。合同于同年 11 月 14 日签字。时王宠惠在外交部大楼招待国会议员,众议院议长吴景濂问起欠发国会经费事,未获满意答复,吴景濂遂以罗签订对奥借款合同案有受贿行为,密报黎元洪。黎贸然下令逮捕罗文幹入狱。为此事,内阁立刻召开会议,阁员多说黎元洪违法。此事应交法厅审理,如告发确实,则严办罗文幹;如是诬告,吴景濂应反坐。21日,王宠惠以责任内阁遭到破坏,待罗案解决后就辞职。11 月 22 日,黎派孙宝琦到地方检察厅迎接罗文幹出狱,留在公府礼官处,但罗文幹表示愿意接受法律裁判,如有罪,自然应当守法;如果没有罪,进总统府也无此必要了。11 月 25 日,阁员全体辞职,罗文幹仍回地方检察厅看守所。

　　1923 年 7 月 29 日,罗文幹经法庭判决无罪释放,但司法总长程克受人怂恿,命令检察厅不服判决,提起上诉,又把罗文幹送进监狱。于是,修订法律馆总裁江庸就此弹劾程克,并气愤地辞了职,一时全国司法界哗然。罗文幹被控案直到 1924 年春,检察厅才撤销了上诉,罗案才算结束。罗在京执业律师。

　　民国初年,罗文幹在司法界声誉颇隆,司法界人士出其门下者甚众。他以法律名家出而掌财政,遂受缧绁之苦,当非始料所及。然而,罗文幹自请侦查、愿受法律裁判的精神,却极得舆论界的好评。罗文幹出狱后,任俄国退还庚子赔款委员会中方委员。1927 年 1 月,出任顾维钧内阁司法总长,6 月去职。1928年1月,南下任广东高等法院院长。

12月受聘出关,任东北边防军司令长官公署顾问。1929年7月,中东路事件发生,9月,罗文幹与沈瑞麟受派为调查中东路事件专员。

1931年11月,罗文幹任接收东北各地事宜委员会委员。12月,罗文幹出任国民政府司法行政部部长。同月,任行政院北平政务委员会委员。"九一八"事变后,外交部长陈友仁因更加不满意蒋介石对日屈辱妥协的外交政策而辞职。1932年1月28日,罗文幹兼任外交部长,受任国难当头之际。其时正值"一二八"事变,日军在上海向闸北进攻开始,驻地的第十九路军全体官兵英勇抗敌。2月中旬,第五军也投入战斗,毙伤日军万余人,迫敌三易统帅。但由于蒋介石、汪精卫坚持一面抵抗一面交涉,"先安内后攘外"的方针,把希望寄托于国联的调停上,罗文幹在外交上自然不会有所作为。

2月4日,南京外交部分别复照英、美、法、德、意五国接受关于停止中日冲突,在上海划中立区的照会。上述复照立即引起国人的强烈反对,指出此项主张为巧立名目,断送国土。后经英国调停,3月3日中日双方停火,4日开始谈判,至5月5日,根据蒋介石的指示,外交部训令中方代表在丧权辱国的《淞沪停战协定》上签字。

《淞沪协定》的签订引起举国上下强烈反响。6日,上海各民众团体联合登报郑重声明否认对日协定。5月9日,萧佛成、唐绍仪、邹鲁、邓泽如、陈济棠、李宗仁等人发出佳电,反对签订上海停战协定,认为该协定与袁世凯签订"二十一条"同为秘密卖国。同日,中华苏维埃临时中央政府发出反对国民党卖国的"淞沪协定"通电,号召群众进行民族战争来保卫中国的主权独立与领土完整。罗遭到谴责后,于5月27日在外交部招待新闻界,说明淞沪停战协定真相,称协定之外绝无秘密记录及附件,为自己进行辩解。经此,罗文幹威信扫地。南京当局为了搪塞舆论,于6月25日将中方签字代表外交次长郭泰祺免职改任驻英公使。

7月12日,宋庆龄到南京访汪精卫、罗文幹,磋商将泛太平洋产业同盟秘书牛兰及夫人保外就医一事,因罗文幹以辞职反对而未果。

1932年8月6日,汪精卫以外交、财政问题诸多棘手,分别致电中执委会、林森、蒋介石、各院部长,请辞行政院长职。次日,罗文幹亦紧随其后,呈行政院请辞司法、外交两部长职,表示与汪精卫同进退。

同年8月29日,罗文幹在外交部纪念周上演说,对日外相内田于25日的侵华演说痛加驳斥,并阐明国民政府对目前时局所持之外交方针,表示:"中国绝对不因武力之压迫而放弃尺土寸地或主权之一部;解决东北之办法,苟以东省伪组织为前提者,中国绝不同意。"解决东北之合理办法,必须以不背国联规约、非战公约、九国条约与中国主权,又能巩固远东永久和平为必要条件。

9月15日,日本政府发表声明,正式承认伪满洲国。次日,南京外交部就日本承认伪满洲国事向日提出严重抗议,指出日本应负违犯国际公法、国联盟约、非战公约、九国条约等责任。同日,外交部照会九国公约各当事国,请采取有效办法制止日本侵略。10月5日,国民党中央政治会议决议,推定罗文幹等人为外交委员会常委。国民党中央政治会议讨论《国联调查团报告书》,以案关重大,决定先交外交委员会详加研究,签注意见再行集议。

12月15日,国民党第四届三中全会于南京开幕。21日,罗文幹向三中全会报告中日问题及对日外交,历述日人侵华罪状,并申述解决东北事件始终坚持最重要二原则:一曰决不容维持东省伪组织为前提;一曰必不违背国联盟约、非战公约及九国条约之文字与精神。同月27日,罗文幹辞司法部部长兼职未获允准。

1933年1月1日,日军制造榆关(山海关)事件。1月3日,榆关失陷。3月,日寇进而侵占热河全省并继续向长城各口进攻。南京政府继续奉行妥协退让政策,一方面阻挠前线军民抗战,一方面派熊斌与日本关东军代表冈村宁次进行"谈判"。5月31日,双方在塘沽签订停战协定。该协定的签订实际上承认了日本占领东三省和热河的"现状",并将察北、冀东大片国土拱手让敌,使华北门户洞开。

6月5日,罗文幹因反对中日直接谈判和签订《塘沽停战协定》,主张依赖国联调解,向国民政府呈请辞职。蒋介石电罗,以外交紧急,请勉为其难,林森、汪精卫亦均促罗打消辞意。罗乃请"病假",至 20 日销假视事。在此之前,2 月 24 日,国联大会以四十二票对一票通过十九国特委会所提出的《报告书》,谴责日本在中日战争中为侵略者。日本代表团在表决时投了反对票,并中途退席,置国联的决议于不顾。3 月27 日,日本政府宣告退出国联。对于国联的"报告书",罗在一次谈话中称:我国既与国联合作,决根据国联报告书进行,无论如何亦不改变态度。仍然寄托于国联来解决中国问题。并称对日问题,不能专恃外交方式应付,除与之一拼外,实无其他妙法。

1933 年 5 月 2 日,苏联政府从民族利己主义出发,向日本正式提出出卖中苏共同经营的中东铁路一事。5 月 8 日,中国外交部电令驻苏大使颜惠庆,就此事向苏联提出抗议。同日,罗文幹召见苏驻华大使鲍格莫洛夫,说明中国政府对此事的严正立场。13 日,罗文幹在行政院会议上报告关于中东铁路问题交涉经过。经讨论,决定由外交部提出抗议书,当晚电驻苏大使颜惠庆致送苏人民外交委员会。但苏联无视中国政府的反对,仍于 1935 年 3 月 23 日单方将中东铁路及其一段支线以一亿四千万日元售给日本。

1933 年 8 月下旬,国民党中政会议派罗文幹赴新疆视察司法、外交事宜。罗奉命宣抚西北,实为调解盛世才与马仲英之争。历时两月余折中调停,颇费口舌,然因新疆为南京政府实力所不及而未收调停之效。

罗文幹后经苏联新西伯利亚、乌苏里,到海参崴乘轮返回,11 月 11日抵达南京。16 日,罗由京赴赣,向蒋介石报告新疆之行的详情及在京与各委晤商处理新疆问题之意见,罗文幹因反对对日妥协外交而见异于蒋介石,遂再提辞呈。同年 12 月 2 日,国民政府令准罗文幹辞去外交部长职。1934 年 10 月 3 日,罗复请辞司法部长职。次日,国民党中政会决议,将司法行政部改属司法院。17 日,中政会决定以居正兼司法行政部长。罗氏为官持躬清正,没有官僚习气,在当时官场中也是非常难能可贵的。

1938 年 1 月,罗任国防参议会议员,后任西南联大教授。同年 6 月,罗文幹任第一届国民参政会参政员。1940 年 12 月,任第二届国民参政会参政员。1941 年 10 月 16 日,罗文幹在粤北乐昌病逝。

主要参考资料

张其勤:《述罗钧任先生生平》,《大公报》1941 年 12 月 20 日。

贾士毅:《民国初年的几任财政总长(五)罗文幹》,《传记文学》1965 年第 6 卷第 2 期。

贾逸君:《中华民国名人传》(下册)学术,北平文化学社 1930 年版,第 101 页。

罗　振　玉

耿云志

罗振玉,字叔言,号雪堂。祖籍浙江上虞。1866年8月8日(清同治五年六月二十八日)生于江苏淮安。其父罗树勋,曾先后任江宁、清河县丞。

罗振玉四岁入塾读书,十五岁举秀才。1882年、1888年两次乡试落第,1890年至1895年在乡间做塾师。1896年与蒋黼(字伯斧)合作,在上海办农学社,从事搜集翻译外国农学著述,并于次年创刊《农学报》。由于缺乏翻译人才,乃于1898年6月创办东文学社,请日本人藤田丰八及日本驻上海领事馆人员在社中任教。社中只有六名学生,其中有王国维,罗振玉很欣赏他的才识,两人遂结下终生之交。

那时,正值戊戌变法运动进入高潮,罗振玉的政治态度十分保守,对康、梁一流的维新志士很反感,皆斥为"浮华少实"而"不与相征逐"①。因此,当戊戌政变后,清廷极力取缔报纸和查禁书刊时,《农学报》不但未遭封禁,反而得到两江总督刘坤一的支持,特命上海道拨款资助其继续出刊。自此,罗振玉和清朝一些重要官僚拉上关系,并颇受重视。

东文学社办了两年多,到1900年,罗振玉鉴于义和团运动及八国联军入侵造成的形势动荡,加以经济支绌,遂于是年秋将学社解散。不久,罗振玉应湖广总督张之洞的聘请,去武昌就任湖北农务局总理兼农务学堂监督。罗请王国维到武昌任农务学堂译授。1901年夏,罗辞

① 　罗振玉:《集蓼编》,《贞松老人遗稿(甲集)》,上虞罗氏1941年版,第8页。

职。是年,在上海创办《教育世界》杂志。年底,由刘坤一和张之洞奏派,罗振玉去日本考察教育。日本政客小村寿太郎、近卫笃麿、长冈护美等人探知罗与刘坤一、张之洞等清朝重要官员有密切的私人关系,遂频与之交往。长冈且邀罗密谈,向他提出劝诱清政府在东北另立"满蒙帝国"的计划。这个企图分裂中国领土的阴谋,后来虽未实现,但罗在归国后曾密招近卫来中国为此事奔走①。

1902年,罗任南洋公学虹口分校校长。1903年冬,曾应邀入两广总督岑春煊幕中参议学务。1904年夏,受江苏巡抚端方委托,创办江苏师范学堂,自任监督。1906年春,罗振玉被调入京,在学部充二等谘议官。1909年补参事官,兼京师大学堂农科监督。当时,清朝统治者为抵制革命,着手所谓"预备立宪",进行一些改制活动。罗振玉十分顽固,主张恪守旧制,反对任何改革。在此期间,罗振玉一度经理清廷内阁大库档案,并奏请学部购运敦煌石窟古文物。这些文物史料后来有相当部分转入他自己手里。宣统年间,罗振玉大力搜购安阳出土的甲骨,先后得三万余片,这是他以后从事古文字及古器物研究的重要条件。

1911年10月,辛亥革命爆发,罗振玉同当时也在学部做官的王国维,于12月初携眷逃往日本京都,成了亡命遗臣。在日本期间,罗振玉利用他的大量收藏,先后著录《殷虚书契前编》、《后编》及《殷虚书契菁华》等书;并由王国维协助,撰成《殷虚书契考释》与《流沙坠简考释》。罗振玉早年即留心于古器物的鉴别,几乎一生未断。他每搜购一批古文物,经过考校,出书之后便卖掉,然后再买一批,如此反复。所以鲁迅说他是"痛责后生不好古,而偏将古董卖给外国人的,只要看他的题跋,大抵有'广告'气扑鼻"②。

---

① 罗振玉:《集蓼编》,《贞松老人遗稿(甲集)》,第14—15页。
② 鲁迅:《谈所谓"大内档案"》,《鲁迅全集》第3卷,人民文学出版社1956年版,第421页。

　　1919 年春,罗振玉自日本归国,住天津。一度举办京旗赈务,与柯劭忞等人组织京旗生计维持会。此后,纠合旧朝遗老,以保存古文化为宗旨,组织所谓东方学会。不久,即自行消散。1924 年 9 月,罗振玉被清废帝所召,"入直南书房"[1],与王国维一起检理宫中器物。是年 11 月,清室被冯玉祥驱逐出宫,罗振玉当时是清室善后委员之一。当他看到象征皇权的"御宝"被封时,痛不欲生。据他自己表白曾"欲投御河自沉",然而终觉"不可徒死",只生了一场病[2]。病愈后,他与陈宝琛苦心策划,将废帝溥仪从醇王府偷偷地护送到日本使馆。1925 年 2 月 23 日,在日本大使馆庇护下,罗振玉和他的儿子罗福葆于深夜将溥仪秘密送到天津,在日租界"张园"(清末湖北提督张彪的别墅)住下。罗振玉以此有功,被委为"顾问",经常出入"张园"。后来,罗在遗老之间惹起怨忌,于 1928 年迁居旅顺。1931 年,日本制造"九一八"事变,侵占中国东北。这时,一向与日本政客有勾结的罗振玉,认为复辟帝制的时机已到。他对日本军部说:"欲谋东亚之和平,非中日协力从东三省下手不可,欲维持东三省,非请我皇上临御不能洽民望。"[3]日本军部很欣赏他的献计。于是罗大肆活动,频频奔走于东北的汉奸与日本军部之间,秘密筹划,成为帮助日本分裂中国炮制成立伪满洲国的重要人物之一。是年 11 月,日本天津驻军司令部派武装士兵护持溥仪偷离天津,把他安置在旅顺。罗振玉一心指望溥仪一到东北就能重登皇帝宝座,自己则以"开国重臣"位居显要。但日本却决定暂不行帝制。1932 年 3 月,溥仪在长春就任伪满洲国执政,任罗振玉为伪参议府参议,罗不愿就职。改任伪临时赈务督办,不久亦辞职。1933 年,任罗为伪监察院长。是年,伪满日文化协会成立,罗为常任理事,后任会长(1936 年)。1933 年底,日本与汉奸议决改行帝制,罗振玉是所谓大典筹备委员会委员。

①　罗振玉:《集蓼编》,《贞松老人遗稿(甲集)》,第 37—38 页。
②　罗振玉:《集蓼编》,《贞松老人遗稿(甲集)》,第 39 页。
③　罗振玉:《集蓼编》,《贞松老人遗稿(甲集)》,第 44 页。

1934 年 3 月，溥仪"登极"，当了伪满洲国的皇帝，罗振玉受到"叙勋一位"的封赏。

1937 年 6 月，罗振玉退休，此后继续整理刊行所藏古文物史料。1940 年 6 月 19 日病逝于旅顺。

罗 卓 英

沈荆唐

罗卓英,字龙青,号慈威。1896年5月1日(清光绪二十二年三月十九日)生,广东大埔人。父亲罗平材,务农。罗卓英幼年过继给叔父,由叔父抚育长大。七岁入塾启蒙,爱读诗词。后入本县官学堂,1914年毕业,翌年考入大埔中学。1918年北上投考保定陆军军官学校,未被录取,留保定鸿文公寓攻读,撰文投稿北京各报刊,以稿酬为生计。翌年再考保定军校,录取为第八期炮科,与同学陈诚意气相投,结为好友。期间曾回乡任湖山官学校长。1922年保定军校毕业后,回到广东家乡任大埔中学教务主任,并创办湖山中学。

其时,国民革命在广东兴起,罗卓英于1923年任潮梅军参谋。1925年8月经陈诚引荐,参加国民革命军,任第一军第一师炮兵营第三连连长。10月参加第二次东征,在攻克惠州之役中,指挥炮兵轰毁城楼。随后由河婆入揭阳、黄冈,在讨伐陈炯明的战斗中受到嘉奖,战后升任炮兵营副营长。1926年7月,国民政府兴师北伐。罗卓英所在之第一师属总预备队留粤。10月调任第十四师炮兵营营长,在何应钦指挥下入闽作战,在松口战役中指挥炮兵猛击敌军阵地,奏捷。12月底定福建后北上入浙,战孙传芳军。1927年"四一二"政变后,陈诚担任第二十一师师长,罗卓英应陈诚之邀至第二十一师,任参谋处长。5月全师渡江追击孙传芳军,次第攻克邵伯、高邮、界首、宝应、淮安。7月底8月初随同陈诚率部回师,8月底又参加龙潭之役。1928年春,陈诚任陆海空军总司令部警卫司令,罗任警备师团长。

1928 年 6 月,北伐讨奉结束后,蒋介石着手整编全国军队,将第一集团军各军整编为六个师,陈诚所部与曹万顺第十七军合编为陆军第十一师,曹、陈分任正副师长,罗卓英任师参谋长。翌年 7 月陈任师长,罗任第三十三旅旅长,参加襄樊战役。不久升任副师长,协助陈诚锐意整理全师,中下级军官全部换成黄埔军校毕业的学生,使十一师成为蒋介石的亲信队伍。罗对部属甚重礼仪,和颜悦色,平易近人,要求官佐对士兵也应以“作之君、作之师、作之亲”的态度进行管理教育,效法古人“扬善公庭,规劝私室”,以理服人,而力戒以力压人。罗还注重部队的治理,信奉“打仗不怕死,做事不贪财”,协助陈诚推行“三公开”:人事公开,经济公开,意见公开。使十一师的战斗力不断提高,在为蒋介石战胜各反对派的战斗中屡立战功。1930 年,蒋、冯、阎中原大战中,罗卓英协同陈诚指挥第十一师全力以赴,先沿陇海路攻击前进,次第攻占马牧集、朱集站和归德,继占宁陵、睢宁等地;7 月又快速赴援曲阜并与友军合力攻占济南;接着又率部快速突进,经周家口、中牟、新郑,在和尚桥、二里岗奏捷后,于 10 月 6 日傍晚跑步进入郑州城。大战结束后,陈诚升任第十八军军长,罗卓英任军参谋长。翌年 1 月任第十一师代师长,几个月后被任命为师长。

1931 年 5 月,罗卓英率第十一师编属陈诚“第三路进击军”,参加第三次“围剿”中央苏区的战事。7 月次第攻占黎川、广昌、雩都(今于都)后,又奔赣江,企图寻找红军主力决战,但被红军声东击西的战术拖得精疲力竭。8 月中旬在空坑受到红军一部和农民自卫军的猛烈袭击,损伤惨重。罗恼怒之余放火烧山,枪杀逃出的无辜百姓以泄怨愤。罗还协同陈诚吞并杂牌部队,先后兼并、改编韩德勤五十二师残部、郭宗华四十三师、张英五十九师。在陈诚举荐下,罗卓英升任第十八军副军长兼第十一师师长。1933 年初,罗又升任第五军军长,率第五十二师、第五十九师参加第四次“围剿”,向广昌前进寻找红军主力作战,结果在黄陂遭到红军的围击,后得第十四师、第九师的救援,才得以逃脱。9 月又参加第五次“围剿”,隶属陈诚之北路军第三路军,罗兼第五纵队副总指挥,协助陈诚指挥五个师的兵力,以"封锁固进,配合迫进,逐步稳进,乘虚突进"的战术,向中央革命根据地步步逼近。他们利用红军被"左"倾冒险主义战略指导的错误,以数倍于红军的兵力,依托碉堡稳扎稳打逐步推进。在中央红军1934年10月长征后,罗任驻赣绥靖预备军代总指挥,代陈诚指挥所部"清剿"红军及地方人民武装力量。1935年间他又率部入浙驻金华,对该地区的红军进行"围剿"。是年9月,罗升任第十八军军长。翌年两广事变中,罗被蒋介石任命为平定桂军前敌总指挥,率部南下陈兵于西江,以迫桂军就范。9月,罗任广州行营办公厅主任兼代参谋长、粤汉铁路警备司令,为蒋介石控制两广局势效力。

抗日战争爆发后,罗卓英任第十六军团军团长,率第十八军参加淞沪会战,为左翼军,在罗店、浏河一带与日军反复争夺。罗店三失复得,战斗艰苦激烈,抗日将士浴血奋战,伤亡惨重。继后在金家宅、沈家桥等地进行阵地战。会战末期,罗率部向吴县、福山一线撤退,后与日军激战于太仓、常熟、福山、兴隆桥,且战且退,撤向无锡、江阴一线。11月12日,罗被任命为第十五集团军总司令。当时蒋介石决心守卫南京,任命唐生智为南京卫戍司令长官,罗为副司令长官兼第十五集团军总司令,部署大军进行南京保卫战。但是南京是个易攻难守之地,守备部队多是从淞沪战场撤退下来的疲惫之师,零乱不堪。罗协同唐生智指挥各部奋力抗御,终难抵挡日本侵略军的疯狂攻势。南京失守后,罗至苏皖浙边区,于1938年1月26日改任第十九集团军总司令,旋指挥所部在南浔线各地展开游击战。6月,罗率部参加武汉会战,先在彭湖战场抗击日军,多次挫败企图在湖口一带登陆之日军,并指挥武胜关、贺胜桥、鄂南、湘北诸战役。9月12日,罗奉命接替陈诚任武汉卫戍司令,为保卫武汉加强各方面的管理。

抗日战争进入战略相持阶段后,罗卓英率第十九集团军于1939年3月参加南昌会战,任第九战区前敌总指挥。他指挥第十九集团军的五个军兵力与冈村宁次指挥的四个师团激战于万家埠、安义一线。奉新、南昌失守后,罗指挥所部在修水以南、赣江以北地区建立抗日根据地。4月21日和5月1日,罗指挥所部及上官云相第三十二集团军和卢汉、高荫槐第一集团军之一部,两次向南昌发起反攻,但敌军火力凶猛,我军伤亡甚重而难克。罗乃改攻坚夺城战术为消耗敌人有生力量之游击战。同时参加第一次长沙会战等战役。1940年2月,罗升任第九战区副司令长官。翌年3月,指挥所部在鄱阳湖地区抗击日伪军,以诱敌深入的战术歼敌两万余,并收复要地万寿宫及安义外围重要据点。12月指挥第十九集团军参加第三次长沙会战,任南方追击军总司令,追击敌人至桃林、忠场一带,粉碎了敌军的牵制战略。

罗卓英的指挥才能受到蒋介石的褒奖和赞赏。太平洋战争爆发后,中国与英、美等国结盟,决定派遣远征军赴缅协同英军作战,蒋介石于1942年4月2日任命罗为援缅作战的中国远征军第一路司令长官。4月5日,罗随同蒋介石飞抵腊戌,与中国战区统帅部参谋长史迪威(Joseph Warren Stilwell)一道部署平满纳战役。旋因英军决定撤往印度,罗乃指挥所部驰援仁安羌被围之英缅军,接替英军防务。此时,侵缅之日本侵略军大举北进。罗计划之平满纳会战、曼德勒会战均未能实现。罗曾部署乔克巴当之战,调主力开赴乔克巴当而放弃梅苗、棠吉,致使腊戌门户洞开。日军攻占杂枝后又攻腊戌,罗部赴援不及。日军次第攻陷腊戌、畹町、密支那和腾冲,国民党十万远征军之归路亦被切断。罗部孤立无援,乃决定大撤退,丢弃辎重车辆,突破敌封锁线,进入崇山峻岭,穿越原始森林,死伤甚众。经过艰苦跋涉,一部返回滇西,第二十二师、新三十八师等进入印度。罗亦进至印度,于6月23日飞回重庆述职。10月,远征军第一路长官司令部取消,另行成立中国驻印军总指挥部,史迪威为总指挥,罗为副总指挥。罗与史迪威格格不入,几个月后即离印返渝。1943年5月改任军令部次长。不久调任军事委员会桂林干训团教育长,担负反攻部队军官的训练任务。嗣后又兼军事委员会督训总处主任。1944年10月,蒋介石提出"一寸河山一寸血,十万青年十万军",号召知识青年从军抗日,罗被任命为全国知识青年从军编练总监,主管参军入伍的知识青年训练事宜。在国民党第六次全国代表大会上,他当选为中央执行委员。

抗日战争胜利后,罗卓英于1945年8月底被国民政府任命为广东省政府主席。罗初次出任封疆大吏,主政粤省,颇想为桑梓建设效力。为安定战后社会秩序,他提出要妥善处理军队善后、抓紧救济抚恤、加强交通治安、平抑物价、安定金融等意见。不久,他发表了建设广东的施政方针:一、选贤任能,树立廉正风气;二、扶植工农,改善人民生活;三、健全县政,巩固宪政基础;四、奖励科学,促进现代文化;五、发展侨务,充实建设力量。针对政界多年积弊,他提出要以"勤、明、公"的精神,达到"新、速、实"的效果,扫除"怠、昏、私"的积习,改变"顽(旧)、散(漫)、伪(饰)"的风气。他曾三次越海到海南岛,进行接收西沙群岛工作,命名南沙最南端之岛为"南威岛"以振国威。1947年初,他又提出建设广东的五年计划。但是他难以改变国民党统治的腐败积弊和蒋介石发动全面内战带来的沉重负荷,一些方针措施和计划方案多流于纸上空谈,受到社会舆论的指责。1947年9月,陈诚被蒋介石任命为国民政府主席东北行辕主任,罗卓英也被调去沈阳任行辕副主任。罗竭力辅佐陈诚整顿和发展军事力量,把东北的国民党军队由九个军扩大到十四个军,又增加了炮兵、战车、汽车等特种部队。但是东北民主联军养精蓄锐,于10月发动了强大的"秋季攻势",罗卓英协同陈诚仓皇应战,一再失误,先后被歼六万九千人。翌年1月,主力部队新五军又被全歼。在一片责难声中,陈诚于2月离职,将大权交给卫立煌,罗卓英也随之离职南下,悄然隐居。

在全面内战败局已定,国民党统治濒临崩溃的1948年12月29日,陈诚被蒋介石任命为台湾省主席兼警备总司令,负责经营远离大陆的孤岛,罗卓英应陈诚之邀亦去台湾,协助陈改编、整训陆续撤台的军队。1949年7月,已经撤到广州的国民政府设立东南军政长官公署,名义上是统辖台湾、江苏、浙江、福建诸省和潮汕沿海区域,以陈诚为军政长官,罗为副长官。这个东南军政长官公署除了骚扰大陆沿海地区和诸岛外,无有任何作为。

1950 年 3 月后,罗卓英先后被任命为"总统府"战略顾问、"国防研究院"副主任、"革命实践研究院"副主任等职。后常居屏东,任"光复大陆设计委员会"委员及台南研究区主任。

1961 年 11 月 6 日,罗卓英在台北因病去世。

主要参考资料

张开秀:《罗卓英生平述略》,中国人民政治协商会议广东省委员会文史资料研究委员会编《广东文史资料》第 63 辑,1990 年版。

陈训正编著:《国民革命军战史初稿》,南京 1929 年版。

刘泗水:《罗卓英抗日诗篇》,中国人民政治协商会议广东省梅州市委员会文史资料研究委员会编《梅州文史》第 4 辑,1990 年版。

杨伯涛:《陈诚军事集团发展史纪要》,中国人民政治协商会议全国委员会文史资料研究委员会编《文史资料选辑》第 57 辑,中华书局 1978 年版。

康景濂:《罗卓英》,台湾《青年战士报》1961 年 11 月 13 日。

吕　超

马宣伟

　　吕超,字汉群,号平林,祖籍湖南,先世入川后在宜宾定居。父亲是塾师。吕超生于 1890 年 3 月 9 日(清光绪十六年二月十九日),自幼在宜宾读私塾,后到成都入四川陆军小学堂第一期,1909 年毕业,为优等生,继赴南京入陆军第四中学深造。他在南京结识革命志士,旋加入同盟会。从此,与同班同学陈铭枢、何克非、夏醉雄及军官万定雄等人,经常聚会讨论革命大事和联络校内外革命同志。

　　1910 年春,吕超分配到保定军校入伍生队学习。革命党人、镶红旗蒙古副都统吴禄贞派同盟会员到保定与吕超等人联络起义事。1911 年 10 月,武昌起义爆发。清政府下令大搜捕,吕超与同学数人先后离保定赴各地参加革命工作。吕到上海后,通过同盟会中部总会介绍,见到陈其美,议定回到北方进行革命活动。吕领得数千元后即赴天津,与彭家珍、黄复生、夏斗寅、赵铁桥等人进行策划革命的活动。后赴北京晤李石曾、汪精卫等人,成立了同盟会京津分会。吕先在军事部任事,后继蓝天蔚为军事部长。当时,清廷亲贵良弼等人极力反对清帝退位,1912 年 1 月 26 日在军事部任事的彭家珍因暗杀良弼以身殉国,吕超深受感动,更加努力工作。他分工担任运动毅军及曹锟第三师官兵,迅速在排长、连长中发展同盟会员四十余人,士兵中发展千余人。吕晚间常在僻静处分班召集官兵,晓以革命大义,听者深受教育,表示愿为革命效力,请早发动。2 月 29 日,袁世凯唆使北洋军第三镇在北京"兵变",作为拒绝南下的借口,并假借镇压兵变,派兵捉拿革命党人。一天,吕超路经天安门,见袁军鸣枪抓人,便躲入一胡同内逃脱。之后,他立即通知军中的革命同志赶快隐蔽,并以军事部长名义签发证书,介绍他们加入革命队伍。不久,吕将京津同盟会的工作结束,离京南下。

吕超于5月返回四川,在宜昌与同盟会员冯中兴相遇。冯系奉黎元洪之命率兵护送步枪数千支入川,以偿付盐款。四川督军胡景伊和川军第五师师长熊克武均想获得这批武器。熊先派人找吕商议,愿以这批武器在夔府成立第五师第二团,委冯中兴为第二团团长,吕超为副团长。吕与冯商议后取得协议,成立了第五师第二团,移驻万县后又改编万县巡防军一营以充实实力,吕超任副团长兼第一营营长。1913年初任第二团团长,移驻重庆。

"二次革命"爆发后,8月4日,熊克武、杨庶堪通电讨袁,成立讨袁军总司令部。吕超被派赴成都,联络川军第二师师长刘存厚和川边经略使尹昌衡,后又去乐山、宜宾、泸州联络各地驻军。吕回重庆后,被派到永川龙光旅担任第一支队队长,主攻隆昌、泸州、合江等地。不久黔军攻占重庆,熊克武、杨庶堪被迫出走。吕只身潜入重庆,劝黔军司令黄毓成重树反袁革命旗帜。黄也是同盟会员,当即表示同意。但入川陕军已达夔府,吕超冒险通过火线与陕军司令张钫会见,双方达成协议:川陕两军以万州桥至大江溪流为界,互不侵犯。吕决定再赴重庆联络黔军,但黔军已在川军进攻下败退离渝。胡景伊下令拘捕参与"二次革命"的"肇乱人犯",吕超乃只身东下。

吕超逃亡上海后,得悉熊克武、杨庶堪、谢持等人已出国东渡,即赶到日本,受孙中山委派,到为逃亡日本的同志而设的"浩然庐"讲学。

这时,孙中山在日本组织中华革命党,吕超与杨庶堪、谢持、卢师谛、石青阳等人唯孙中山之命是从,一起加入。1914年秋,孙中山决定再次发动反袁斗争,委吕为中华革命军川南区司令。12月,吕奉命回国,由湘西至宜宾秘密布置任务,又到上海购置炸药手枪,乘船入川。船至涪陵码头,得同盟会员密告,重庆当局已探知自己的行踪,乃派其弟吕一峰运送枪弹,自己绕道回宜宾,秘密发展中华革命党党员,为成立讨袁起义军打下基础。

1915年12月,蔡锷等人在云南护国起义,率护国第一军入川,吕超以中华革命军川南司令名义举兵起义。他率部出发,沿途招募民团,夺得江防军步枪百余支,将部队进行整编。年底,吕超率部协同护国军攻宜宾。1916年1月,吕部编为两个支队,吕为第二支队长。2月,川军攻宜宾,吕率部激战于牛喜场西北高地,获得全胜,军威大振。3月,又率部攻克筠连,歼灭巡防军,枪杀附袁的县知事,川南六县附袁部队望风前来归顺。他乘胜前进,率部兵不血刃而占自贡。6月,袁世凯病逝。新任四川督军周骏继续与护国军对抗。护国军四川招讨使熊克武采纳吕超攻打隆昌的建议,下令分三路围攻隆昌,又获大胜。护国战争胜利结束后,吕超任第五师第十八团团长,驻忠州。

1918年初,川、滇、黔军组成三省靖国联军,熊克武任四川靖国军总司令,起兵讨伐依附北洋军阀的四川督军刘存厚。2月,吕超率部先攻进成都,赶走刘存厚。捷报传到广东,孙中山电委吕超为成都卫戍总司令兼暂行代理四川督军。吕复电力辞,推熊克武担任,并率部追逐刘存厚部直至陕西宁羌(今宁强)。

川局既定,熊克武任四川督军,杨庶堪任四川省长,吕超任第五师师长驻防绵阳。吕办军官教育团训练官佐,培植拥护孙中山革命主张的干部,部队扩充为三个旅一个独立团。7月,刘存厚在汉中设四川督军署,吕超进兵汉中,于12月5日将汉中城包围,至21日城将攻破时,刘部赖心辉率援兵赶至,吕超部在粮弹两缺的情况下率部败退回川。

1919年,陈炯明、赵恒惕、熊克武主张联省自治之声甚嚣尘上,他们各据一省,政由己出,甚至国民党内亦有人借联省自治诋毁孙中山,嘲讽吕超等人为"孙大炮之信徒"。这时四川国民党内发生矛盾,唐继尧企图乘机控制四川,于1920年4月联合国民党人石青阳、颜德基、卢师谛、黄复生等人,组成"倒熊联军",自任川滇黔联军总司令,吕超站在倒熊一边,出任副总司令。混战开始后,7月18日,吕超率部攻入成都,就任川军总司令。熊克武率部败退后,又拉拢刘湘、邓锡侯及困居陕南的刘存厚一同攻打吕超和石、颜、卢、黄。吕部等被打垮,吕超出走上海。

1921年秋,吕超奉孙中山命赴粤,随孙中山至桂林组织大本营,准备北伐。1922年冬,吕奉派赴湖南,在赵恒惕部队内发展国民党员。不久又到郑州联络胡景翼、岳维峻、樊钟秀,并赴大名联系孙岳等人,吸收他们加入国民党,与之密商策动北方革命的计划。接着,吕超赴北京联络冯玉祥,又取道上海与浙江督军卢永祥取得联系,直至1923年5月始返回广州,受到孙中山嘉许,被委为大元帅府参军长。

1923年2月,四川第一、第二军之战又起。吴佩孚图川,帮助杨森、刘湘等人率各路反熊军向第一军进攻。6月4日,孙中山以大元帅名义委熊克武为四川讨贼军总司令,派吕超回川任讨贼军第一军总司令。1924年3月,熊克武部战败退出四川,师长杨春芳投刘湘,将吕超扣在泸州,软禁了一段时日。1925年2月,四川督理杨森企图武力统一全川,刘湘、袁祖铭组织川黔联军攻打杨森。袁祖铭任总司令,邀吕超任总指挥。联军讨伐杨森取得胜利,吕超拥有一万人的队伍,分得宜宾、高县、珙县、长宁、兴文、筠连等县为防地。

1926年7月,广州国民政府开始北伐,吕超召集旅长、团长开会,主张出川。其他将领不愿出川,吕超只身来到广州。11月,吕被任命为四川宣慰使,回川策动各军易帜参加北伐。

蒋介石在南京建立国民党政权后,吕超欲凭借李宗仁的力量图谋四川未果,乃参与反对蒋介石的派系斗争,一度遭到蒋的通缉,避居上海租界。1930年,吕超参与桂系李宗仁、白崇禧和冯玉祥、阎锡山的联合反蒋活动。中原大战前夕,李、白拨兵一团及军械一部分交吕超,吕超在汉口招集旧部,成立后援军司令部。结果冯、阎大败,吕部也被收编。1931年12月,吕超经陈铭枢推荐,被任命为国民政府参军长。

抗日战争开始后,吕超坚持抗日立场。1939年10月,吕在重庆成立"中国抗建垦殖社",得到陈铭枢、邓锡侯、孙震、潘文华等人的支持。该社出钱、出人对雷波、马边、屏山、峨边等地进行开发,吕超悉心从事。

1945 年 9 月,吕超被调任军事参议院上将参议官。1948 年 1 月,吕超被选为国民政府监察院监察委员,在成都成立监察使署。1949 年四川解放前夕,吕超在中共地下党员的帮助下,思想有所转变,参与策动四川国民党军队起义。

1950 年,吕超任西南军政委员会委员。

1951 年 7 月 20 日,吕超在重庆病逝。

主要参考资料

沈铸东:《南京陆军第四中学学生赴武汉参加革命经过》,中国人民政治协商会议全国委员会文史资料研究委员会编《辛亥革命回忆录》(二),中华书局 1962 年版。

周开庆编著:《民国川事纪要》,台湾四川文献研究社 1974 年版。

傅崇矩编:《成都通览》上册,巴蜀书社 1987 年版。

吕超儿媳刘蕊兰回忆资料。

吕 公 望

魏 桥

　　吕公望,原名占鳌,字戴之。生于 1879 年 2 月 28 日(清光绪五年二月初八)。浙江永康县人。父吕春梧,在乡开肉店,兼务农,有屋五所,田一百二十亩。吕公望七岁入塾,二十岁中秀才,二十二岁为廪生,曾在村里设馆授徒。

　　八国联军之役,清廷与侵略者签订《辛丑条约》,这一行径促进资产阶级民主革命思想进一步传播,吕公望也受到影响,思想上开始变化。1905 年 2 月,他将廪生让人,到杭州入金衢严处四府公学求学,希望寻求新的知识。

　　1906 年,吕公望经人介绍,结识了秋瑾,多次在西湖游艇或雷峰塔北面白云庵的小楼上讨论国事。同年,吕公望参加了光复会①。

　　同年 12 月,徐锡麟途经杭州,寓白云庵,与吕公望会晤,谈得很投机。临别时徐勉励吕说:他这次到安徽去,就是预备流血的,希望大家为革命不惜流血②。吕很受感动。是年,他改名为公望。为了开展革命活动,他与秋瑾商定,入浙江省巡抚衙门卫队营当兵,以便结纳志士,擒贼擒王。他向抚署具呈了申请,得到浙江巡抚张曾敭的批准,即入抚署卫队当兵。吕利用同乡关系,在卫队中开展革命活动。

　　1907 年 3 月,保定军官学校速成科招生,浙江选送五十名,吕公望

① 吕公望:《辛亥革命浙江光复纪实》,《近代史资料》1954 年第 1 期。
② 吕公望:《辛亥革命浙江光复纪实》,《近代史资料》1954 年第 1 期。

被选在列,于5月12日离杭。14日到沪,吕介绍同被选送的青年张鸿翔、童葆暄、叶志龙、林竞雄等人至《上海女报》社访秋瑾,填写了参加光复会的志愿书。他们抵保定后,得到徐锡麟因诛恩铭为官府所戕和秋瑾被捕就义的消息,并闻革命党人名册已被绍兴知府贵福搜去。童葆暄等人闻讯后惊惶不安,吕公望较有思想准备,做了一些稳定情绪的工作。后来因没发生什么事故,始渐安定。吕在保定军校习炮科,期满后分发回浙,由督练公所派到第八十二标第二营任见习官。

1909年,广西筹办新军,吕公望应招前往,12月初到达桂林,被委为兵备处考功科二等科员。为了鼓吹革命,吕公望与尹昌衡、覃鎏鑫、赵正平等人创办了《指南月刊》,因涉讥讽被查封;改出《南风报》,又被封闭;再改名《南报》,也受检查,被迫停刊。广西巡抚张鸣岐开始时对吕公望等人尚宽容,后来加强了控制,扣押了一些有进步思想的人。吕公望见势不妙,辞职转往香港,在港会见黄兴、胡汉民等人。1910年10月,吕仍回到浙江,在督练公所经理科从事财会及统计等项工作。次年升充第八十二标第二营督队官。

自从徐锡麟、秋瑾举义失败后,浙江光复会形同解体。朱瑞、顾乃斌、韩肇基、庄之盘、朱健哉、虞廎甫、吕公望等人认为光复会亟待重整,招收新会员,团结老会员,遂商定以吕公望在杭州紫阳山脚下太庙巷的住所作为秘密接洽点。吕受朱瑞委托,经常聚集革命党人于寓所,为重整光复会奔走。

1911年10月,武昌起义爆发,吕公望正在北京办事,闻讯后立即赶回杭州,参加了光复会在杭州城隍山四景园召开的秘密会议,商讨浙江独立的部署,会上与朱瑞、顾乃斌、韩肇基、朱健哉等人研究决定:(一)浙江起义时拥汤寿潜为都督以资号召;(二)促王金发速返绍兴谋独立,并由吕公望赴缙云督促吕逢樵密运革命队伍往富阳独立,诱杭州驻军外援,以分其众,为我方减轻压力,便于发难;(三)定于11月9日为行动日期,吕公望于事前赶回杭州协助一切;(四)派褚辅成赴上海秘运手枪二百支来杭。会后,吕公望即离杭。11月4日,革命党人在杭州提前起事成功①,5 日,吕闻讯后当即雇快船回杭。当时南京仍为清军盘踞。在 7 日举行的浙江省临时参议会上,吕公望提议浙江应即出兵进攻南京,奠定江南,以巩固浙江光复后的局势。参议会通过这一提议,责成吕起草动员计划,旋即由朱瑞任浙军攻宁支队长,吕公望为参谋长,与苏、沪各军共同组织联军进攻南京。联军士气高昂,经过乌龙山、幕府山、马群、孝陵卫和天保城多次作战,于 12 月 2 日攻克南京②。

1912 年 1 月 1 日,中华民国临时政府在南京成立,吕公望任浙军第十一协协统。不久清帝退位,孙中山辞去临时大总统,由袁世凯继任。袁任命朱瑞为浙江都督,浙军改称第六师,朱瑞兼师长,后吕公望继朱为师长。1913 年,吕公望任嘉湖戒严司令,驻嘉兴。1914 年 7 月任嘉湖镇守使,驻湖州。1915 年底袁世凯称帝,浙江巡按使屈映光以反对帝制为名,于 1916 年 4 月赶走浙江都督朱瑞。可是屈映光出尔反尔,一时反袁,一时又反对独立,舆论哗然。5 月 5 日,吕公望被公举为浙江督军,同时兼任省长。他公开声讨袁世凯,任周凤岐和童葆暄为师长,将浙军列入护国军。吕主持浙江军政后,裁撤骈枝机构,整理财政,恢复法院,很想做一番事业。但是,由于北洋军阀段祺瑞和冯国璋等人插手,内讧时起,难以驾驭,仅半年时间,只得辞职而去③。

1917 年 1 月,吕公望被段祺瑞召至北京,授予将军府怀威将军衔。时段祺瑞与继袁任总统的黎元洪之间,争夺权势,演变成了激烈的“府院之争”。是年 5 月,黎下令免段职,段愤然离京赴津,挑动督军团倒黎。这时,吕公望站在段祺瑞一边。7 月 1 日,张勋复辟,段祺瑞于 7 月 3 日组织“讨逆军”在马厂誓师,吕公望亦追随段祺瑞,积极参与了讨

　　① 邹鲁:《浙江光复》,中国史学会主编《中国近代史资料丛刊·辛亥革命》(七),上海人民出版社 1957 年版,第 131 页。
　　② 《浙军攻取南京详情》,中国史学会主编《中国近代史资料丛刊·辛亥革命》(七),第 163—165 页。
　　③ 李净通:《辛亥革命后军阀统治时期的浙江政局》,中国人民政治协商会议浙江省委员会文史资料研究委员会编《浙江文史资料选辑》第 1 辑,1962 年版。

伐张勋的活动。然而段祺瑞再度上台后,吕公望并未被重用,只在将军府挂名,仍闲居天津。

1918年护法战争期间,童葆暄站在北军一边,率浙军攻粤,进逼潮汕地区。护法军政府岑春煊鉴于吕公望与浙军有老关系,派秘书长章士钊到天津,邀吕赴粤共事。5月,吕公望到达潮州。7月,童葆暄部发动一次猛烈进攻,攻占大埔、饶平等县。吕公望得悉童葆暄驻饶平,其左路前敌指挥陈肇英驻飞鹅颈。浙军中不少军官是吕的老部下,于是吕受命冒险赴前线。他带了几名护兵,手持白纸灯笼,外面写"吕公望"三字,用竹竿高举,闯进对方阵地直抵指挥部,说服陈肇英倒戈投南。童葆暄闻讯急忙下令退兵,粤军乘势追击,从8月上旬起,闽西南龙岩、漳平等十余县均入粤军之手①。护法军政府以吕公望有功,于8月29日授予护法军援闽浙军总司令职。

1919年,岑春煊把持下的军政府内部发生裂痕。吕公望因与岑春煊关系密切,1920年兼任军政府参谋部长,援闽浙军接受军政府号令。1921年四五月间,闽南群众暴动,将援闽浙军参谋长兼独立旅旅长苏伏波击毙于张林乡。同时陈肇英部在潮州被李厚基部包围,全部缴械遣散②。吕见大势已去,经上海到北京,不久又蛰居天津。

吕公望自从在闽失败后,对于政治活动渐觉乏味,试图在经济事业上谋求发展。1922年,吕公望与张绍曾、金兆桂、熊希龄等在天津筹办女子储蓄银行,吕任董事长,但银行开张只一年多即倒闭。1923年又与吴鼎昌、吴天民等人集股筹建跑马场,也告失败。北伐战启,吕公望离津南归。当北伐军1927年1月进入浙江后。吕公望又一度担任了江北宣抚使,招抚杂牌军队。但感到自己年近五十,政治上不顺利,决

① 　陶菊隐:《北洋军阀统治时期史话》第4册,三联书店1957年版,第158页。

② 　张性白:《"浙军援闽"与护法政府的"援闽浙军"》,夏达才:《浙江陆军第一师"援闽"回忆》,均见中国人民政治协商会议浙江省委员会文史资料研究委员会编《浙江文史资料选辑》第7辑,1963年版。

心弃军政而从事商业,不久去职。1928年,他在上海集资开设永豫纱厂,"一二八"事变后停闭。1934年,吕到浙江昌化开采锑矿,至日军占领时停办。1937年12月杭州沦陷后,吕回到老家永康,担任浙江省赈济会委员,创办浙江省赈济会难民染织工厂,担任总经理。

抗日战争胜利后,国民政府伪装民主,拉拢一批地方名士来装潢门面。1946年起,吕公望担任了浙江省参议会副议长。1949年解放前夕,国民党浙江省主席周岩曾邀吕公望去台湾。吕拒绝,托病躲入医院。

1949年5月杭州解放后,吕公望先后担任杭州劳军委员会和公债推销委员会委员、中国人民救济总会杭州分会副主席、政协浙江省委员会委员。

1954年7月22日,吕公望患心脏病在杭州去世。

主要参考资料

吕德懿:《先严吕公望生平事迹》,1961年回忆稿,稿藏浙江省政协。

吴鼎元:《吕公望事迹概述》,未刊稿,稿藏浙江省政协。

吕 思 勉

汤志钧

  吕思勉，是近代我国知名的史学家。字诚之，生于 1884 年 2 月 27 日（清光绪十年二月初一），江苏武进（今常州市）人。

  吕思勉六岁入塾，十二岁时因家贫无力延师，由其父吕誉千亲自讲课，授以《四库全书总目提要》；并由母亲讲授《纲鉴易知录》、《正史约编》，因而他很早就对史部之书发生兴趣。其父又授以《日知录》、《廿二史札记》和《经世文编》，让他"随意泛滥"。自称："至十六岁，始能认真读书，每读一书，皆自首迄尾。其时自读正、续《通鉴》及《明纪》，先父授以汤蛰仙之《三通考辑要》，余以之与原本对读，觉所辑实不完具，乃舍之而读原本。此为余能自读书之始。"①

  甲午战后，他关心时事，开始读报，1896 年创刊的《时务报》，是他当时最喜读的刊物，从而"于政务各门，皆知概略"。认为政治利弊，应"从发展上推求其所以然"，于是"渐入史学一路"②。

  1905 年起，吕开始任教。1907 年，在苏州东吴大学教国文、历史，在常州府中学堂教历史、地理。1910 年，经屠寄（敬山）介绍，到张謇创办的南通中学国文专修科任教。1911 年辛亥革命爆发，这时是他加入

  ① 吕思勉：《自述》，中国人民政治协商会议江苏省常州市文史资料研究委员会编《常州文史资料》第 5 辑，1984 年版；另亦收入《吕思勉论学丛稿》（吕思勉著，上海古籍出版社 2006 年版），第 741—757 页。

  ② 吕思勉：《自述》，中国人民政治协商会议江苏省常州市文史资料研究委员会编《常州文史资料》第 5 辑；另亦收入《吕思勉论学丛稿》（吕思勉著），第 741—757 页。

政界与否的关键。他说:"如欲入政界,觅一官职之机会甚多,若不乐作官,亦可以学者之资格,加入政党为政客。余本不能作官,当时政党之作风余亦甚不以为然,遂于政治卒无所与。"①1912年,在上海私立甲种商业学校教商业经济、商业地理。旋任中华书局、商务印书馆编辑。1920年,任沈阳高等师范学校(后改为东北大学)教授。1923年,在江苏省第一师范专修科任教。1925年,任上海沪江大学教授。次年起,任上海光华大学国文系教授,后来光华大学增设历史系,吕任教授兼系主任。除"一二八"后一度到安徽大学任教外,一直在光华大学。1935年12月12日,与马相伯、沈钧儒、李公朴、蒋维乔等署名发表《上海文化界救国运动宣言》。1936年8月,任"吴越史地研究会"理事。1941年太平洋战争爆发后,上海租界沦陷,光华停办。吕思勉携眷归乡,闭户著作,恃开明书店稿费自给,直到抗战胜利,重返光华。新中国成立后,高等学校院系调整,吕任华东师范大学历史系一级教授,并任上海历史学会理事、江苏省政协委员。

吕思勉认为自己的思想凡经三大变:"成童时,最信康(有为)、梁(启超)之说","世界愈变必愈善,既愈变而愈善,则终必至于大同而后已";至于大同世界"究系如何情状,当由何途以赴之",尚不知考虑,这是第一期。十七岁以后,主张通过改革政治而走向大同,这是第二期。四十七岁,开始接触马列主义书籍。新中国成立以后,他认真学习马列主义,用以检查过去的史学思想,这是第三期。

吕思勉从二十三岁起,就决心献身于历史研究和历史教学工作。早年致力于中国通史的研究,1922年,他在商务印书馆出版的《白话本国史》四册,是我国第一部用语体文写的中国通史,几经重版,在当时有较大影响。此后,在教学过程中,又写了不少著作,主要有:一、《中国文字变迁考》(1926年商务印书馆出版),论述篆、隶、真、行、草的变迁,其

---

① 吕思勉:《自述》,中国人民政治协商会议江苏省常州市文史资料研究委员会编《常州文史资料》第5辑;另亦收入《吕思勉论学丛稿》(吕思勉著),第741—757页。

中论汉代古文一段,有创见。二、《字例略说》(1927 年商务印书馆出版),论六书为汉代研究文字之学者所创,字例应别立。六书中只有象形是文,指事也是字。整理旧说,辅以新得材料,以论文字之增减变迁。三、《章句论》(1926 年商务印书馆出版),以为章句即今之标点符号,古代也有标点,后来抄写印刷时逐渐失之。四、《说文解字文考》(稿本,未刊),就《说文解字》检寻单体之文,稽考解释。五、《经子解题》(1926 年商务印书馆出版),论读古书方法和考证古籍,并推论古代学术流派的源流。六、《先秦学术概论》(1933 年世界书局出版),不单从先秦哲学立论,还注意社会政治方面。七、《理学纲要》(1931 年商务印书馆出版),论述宋代理学,中多新意。八、《史通评》,对刘知几《史通》进行平议、推论,附考据辩证。此外,尚有《宋代文学》(1931 年商务印书馆出版)、《中国民族史》(1934 年世界书局出版)、《历史研究法》(1945 年永祥印书馆出版)、《中国通史》(上册,1940 年;下册,1945 年,开明书店出版)、《燕石札记》(1937 年商务印书馆出版)、《燕石续札》(1957 年上海人民出版社出版)等。

直到晚年,吕思勉仍然专心致志地想以个人的精力,来写成各个时代的断代史。由于他辛勤劳动,以及对二十四史的稔熟,先后完成了《先秦史》、《秦汉史》、《两晋南北朝史》、《隋唐五代史》四部分量很重的断代史。《隋唐五代史》即用力十年之久。计划中要写《宋辽金元史》,因年老多病,仅存札记,未能写出。

吕思勉所著断代史,一般都分上、下两编,上编叙述政治史,实际上是王朝兴亡盛衰的历史,基本上采用纪事本末体;下编分章叙述当时社会经济、政治制度、文化学术上的各种情况,采用的是旧的叙述典章制度的体例。尽管不易看清历史发展的全貌及其规律性,但他从浩如烟海的史料中钩稽排比,鉴别考订,给研究者带来很多方便。特别是下编社会经济、政治制度、文化学术部分,原来资料很分散,经过搜集整理,分门别类,贡献很大。

吕思勉治学的经验和方法是:一、读书基础应广,读书要多,多读书就能发现问题。二、留心政治社会情况,将当世之事与史实互勘,使不为表面记载所囿。三、社会科学,尤其是社会学,它是史学的根基。历史的根基是社会,读历史单知道攻战相杀是不够的。社会科学既有门径,即可进而读史。四、读本国史,也须研究外国史,于历史地理亦应知其大概。他治学的成就,在于"博、通",是位史学专家,但他对经学、文字学、文学都有深入研究,有独到的见解,只是因为"治史",而使经学、文字学成为"古史之工具"的。有人论述他的学术成就是:"识大而不遗细,泛观而会其通,务求是而不囿于成就,尚核实而不涉于烦碎,此其为学之方也。……吾观其所著书,闳雅似顾亭林,渊博如钱晓徵,论证似戴东原,辩述似章实斋,而其所言者,又皆出于一己之独得。"①

吕思勉治学严肃,作风踏实。五十年来,曾经从头到尾把二十四史读过三遍,同时还参考其他历史书作考订,基本上运用清代乾嘉学者所用的方法,每读一本历史书,都要仔细地排比史料,分门别类,写成许多札记。他的不少历史著作,就是从札记的基础上写成的。但因其知识面广,于各门社会科学多所涉猎,所以能从分散的史料中观其会通,不专门在枝节上用工夫。他并不好奇猎博,却尚实事求是。年轻时爱读《日知录》、《廿二史札记》,也欣赏《十七史商榷》、《癸巳存稿》。后来看到有些人不屑考证,自以为搜辑精博,实际上这些材料,"古人既得之而复弃之者多矣"②。他认为精力不应该完全耗费在枝节问题上的恒饤,不要只见树木不见森林。

吕思勉晚年想将毕生治史独到之处,辑成专书。又感到道教包括"从古以来杂多之宗教",与佛教既有交叉,与农民战争和反动道门也有联系,但乏人研究,几成空白。晚年想通读(道藏),研究道教思想,为后

---

① 徐哲东:《吕诚之先生六十寿序》,俞振基编:《蒿庐问学记——吕思勉生平与学术》,三联书店 1996 年版,第 469—470 页。

② 吕思勉:《自述》,中国人民政治协商会议江苏省常州市文史资料研究委员会编《常州文史资料》第 5 辑;另亦收入《吕思勉论学丛稿》(吕思勉著),第 741—757 页。

人开辟途径,亦未如愿。他为人诚朴,谦虚谨慎,不管熟或不熟悉的人向他问学,他总是认真答复,绝不敷衍,对青年更时加勉励。七十岁后,不能到大学上课,还扶病编写讲义。吕思勉的著述除上述出版外,尚有未刊遗稿一百数十万字,正将陆续整理出版。

1957年10月9日,吕思勉因病逝世。

吕　彦　直

王家鼎

　　吕彦直，字仲宜，又字古愚，祖籍山东东平。其先辈早迁出原籍，至其父时居无定处，后居天津，曾与安徽滁州吕氏通谱，故亦自称滁州人。1894年(清光绪二十年)，吕彦直生于天津。其父生平不详。吕八岁时父亲病故。翌年即随二姊迁居法国巴黎，得以接触卢浮宫绘画艺术宝库，从此酷爱绘画。每观看马戏团表演，归家后即默写狮子、老虎等形象，莫不栩栩如生。是时，孙宝琦出使法国巴黎，少年吕彦直常与孙氏相见，某日偶然兴起，为孙氏悄悄画一肖像，竟能几近逼真，表现出优异的艺术才能。

　　1906年前后，吕彦直随姊返国后，入北京五城学堂读书，从著名文学家林琴南习国文。他聪颖好学，作文颇富文采，在班内首屈一指。结业后入清华学堂中等科。辛亥革命后该校改名为清华学校，吕留校继续求学。1913年夏，从清华学校留美预备部毕业，由北洋政府选派出洋赴美，入康奈尔大学深造。初习电机科，由于志趣不合，旋改入建筑科。留学期间吕彦直刻苦自励，在专业学识方面奠定了深厚的基础。1917年，吕彦直以优异的设计成绩毕业，受到指导教师的器重。后充任美国著名建筑师墨菲的助手数年，同时游历各国，调查研究欧美建筑艺术，曾协助墨菲设计美国教会在华创办的北京燕京大学和南京金陵女子大学等校的建筑设计事务。这二处建筑设计在吕彦直从事将中国古代传统建筑艺术与近代西方的先进建筑技艺相融合方面，跨出了第一步①。

---

① 《故吕彦直建筑师传》，《中国建筑》第1卷第1期(1933年7月)。

1921年,吕彦直离美回国,在上海与过养默、黄锡霖组成东南建筑公司,独立从事建筑设计业务,较著名的有上海银行公会会所等大型建筑。先是,吕彦直早年在巴黎参观卢浮宫时曾与广东三台人黄檀甫邂逅相识,后成挚友。黄后来毕业于英国利兹大学建筑科,20年代中期两人再度重逢于上海,吕遂脱离东南建筑公司,与黄檀甫另组真裕建筑事务所。不久,又经营彦记建筑事务所。此时他的设计成果多系住宅建筑,纯取西洋式,小巧精致,实用舒适;同时又致力于北京故宫和国内各省主要古典建筑的考察和研究,在中西建筑技艺的融合上达到很深的造诣。

1925年3月12日,孙中山逝世。4月,国民党中央执行委员会成立。张静江、汪精卫、孔祥熙、宋子文等十二人组成的"总理葬事筹备委员会",设筹备处于上海,并决定在南京紫金山南坡中茅山圈地建筑中山陵墓。接着,筹备处登报悬赏征求陵墓设计图案。吕彦直得知后即赶制设计图案参加应征。他潜心研究中国历朝皇陵、古罗马帝王陵寝及埃及金字塔等中外著名建筑,确定陵墓外型设计为警钟形,取振聋发聩、暮鼓晨钟之意。迄至同年9月15日,筹备处计收到应征图案三十种。除家属宋庆龄、孙科及葬事筹备委员参加评阅外,复聘画家王一亭、南洋大学校长凌鸿勋、德国建筑师朴士、雕刻家李金发等为评判顾问。9月20日,经投票评选,吕彦直设计的图案被评为首奖,被选入采用①。10月初,吕被聘为陵墓建筑师,专负主持建筑工程设计。吕不辞辛劳,至12月初即完成工程详图的绘制,交付公开投标,征求建筑包工。12月30日与上海姚新记营造厂签订承包工程合同。

----

① 关于中山陵建筑设计情况,孙科在1926年1月12日《总理葬事筹备经过》报告中说:"现由委员会决定采用者,为首奖图案,式样采古制,以坚朴为主,墓与祭堂相连,墓式为穹窿式,祭堂在墓之前,堂前为石阶,阶两旁有大空地,足站立五万人。陵墓形势鸟瞰若木铎形。中外人士之评判者,咸推此图为第一。"

　　1925年10月,孙传芳发动浙奉战争,进攻奉系江苏督办杨宇霆,沪宁线交通屡为战争所阻,吕彦直为进行现场勘测和绘制工程详图,常不避艰险地奔波于沪宁之间。为便于运输建筑材料,按吕的提议很快修建完成从宁沪线太平门车站经明孝陵至茅山脚下的轻便铁路和茅山向南九公里的简易公路。1926年1月正式开工,3月12日在紫金山举行工程奠基礼。当时南京仍处北洋政府管辖下,工程虽得到叶恭绰、熊希龄等人的维护,但因局势动荡,工程进展缓慢。1927年3月,国民革命军底定宁沪后,4月27日葬事筹备处迁至南京,与吕彦直、姚新记营造厂进一步磋商竣工办法,工程俾得以加速进行。

　　与此同时,吕彦直还承担了广州中山纪念堂的建筑设计。孙中山逝世后,广东革命政府决定在广州建筑永久性纪念物,定名中山纪念堂。堂址设越秀山南麓。1926年4月,筹建委员会登报悬奖征求建筑图案。5月中旬经南京评审会议决定,吕彦直的设计方案获首奖入选。这项设计打破了中国除宫殿、庙宇以外,一向无公众聚会设施的传统,是中国人自己设计的第一座规模宏大的礼堂。场内可容六千人。藏入周围内墙的八根支柱,支撑着四个跨度约三十米的大型钢结构桁架,上面再支撑八个主桁架,构成八角形顶盖,从而造成宏大的空间,气魄雄伟。另有巨梯六座,通往挂楼。出口凡十一处,六千人可在数分钟内离场完毕。这处建筑还以其坚固性和色调的和谐著称①。由于广州炎热潮湿,白蚁危害严重,吕彦直采取了多种防治蚁害的措施。其中颇见功效者,为取柏油精填放地柱周围以防虫害的方法,据说得自访求民间建筑匠人②。

　　南京中山陵和广州中山纪念堂为吕氏建筑艺术的代表作。后者于1928年4月26日动工兴建,1929年1月25日举行奠基礼,由上海馥记营造厂承包施工。惜此两大工程未能竣工,吕彦直病势日重,监造工

　　①　董大西:《广州中山纪念堂》,《中国建筑》第1卷第1期(1933年7月)。
　　②　黄建德:《吕彦直先生生平事迹补遗》,《风采》1981年第2期。

作只得由建筑工程师黄檀甫、李锦沛继任。吕住院后得悉医治无望,遂亲书遗言,勉励同事继其建筑之志①。吕彦直知来日无多,在病中仍争取时间绘成"规划首都都市两区图案","国民政府五院建筑设计"等最后作品数种②。

　　1929年3月18日,吕彦直因患肠癌在上海病逝。

---

① 《良友》画报,第51期(1929年10月)。
② 《良友》画报,第51期。

吕 志 伊

叶祖荫

吕志伊,字天民,1881年5月17日(清光绪七年四月二十日)出生于云南思茅。其父吕佐侯"以耕读世其家"。吕志伊"幼承庭训,习闻春秋内夏外夷之大义"①,十五岁起先后就读于普洱宏远书院、昆明经正书院。1900年乡试中举。他曾赋诗立志:"愿合同胞铸新脑,生存廿纪抗强权。"②

1904年,吕志伊考取官费留学日本,先后肄业于东京弘文学院速成师范科及早稻田大学政治经济科。他在日本学习研究近代各国的历史、政治和经济,接触到了许多资产阶级革命的理论。又参加集会,讨论时事,并结识了黄兴、宋教仁等志同道合之士,民主革命思想日渐发展。1905年7月30日,吕志伊参加了同盟会筹备会议。8月20日同盟会正式成立,他被选为评议部评议。1906年初,被推举为同盟会云南分会主盟人,办理本省留学生的入会主盟事务。在《民报》创刊一周年的增刊《天讨》中,他以"金马"的笔名发表了《云南讨满洲檄》一文。同年4月,他参与创办出版了《云南》杂志,以"侠少"为笔名陆续在该刊发表了《云南之将来》、《英国之亚洲铁路政策》、《滇缅疆界谈判》、《论国民保存国土之法》、《国民主义》、《国民的国家》、《国会问题真相》等文章,介绍近代欧美国家资产阶级革命的历史和政治学说,揭露英法帝国

---

① 吕志伊:《偶得诗集》卷3,1941年版,第1页。
② 吕志伊:《偶得诗集》卷1,第1页。

主义对云南的侵略及清政府腐败的内外政策,批驳宣扬君主立宪的改良主义论调,鼓吹进行反清革命。

1908年以后,吕志伊的主要活动转入了同盟会所领导的一系列反清实际斗争中。当年4月,河口起义爆发,他即与杨振鸿、赵伸、李根源等在东京发起组织"云南独立大会",揭露清政府密议借驻越法兵镇压革命的阴谋,宣布全滇人民与清政府脱离关系,并于会后派杨振鸿、黄毓英率一批滇籍同盟会员返滇助战。这次集会在当时颇有影响。清政府得知后,立即宣布取消他及杨振鸿、赵伸等人的官费,予以通缉。

年底,他离日赴新加坡谒孙中山,后抵仰光,与居正、杨振鸿等创办同盟会仰光分会机关报《光华日报》。他曾以光绪、慈禧驾崩,宣统及摄政王载沣上台,保皇党人为之欢欣鼓舞为内容,在该报撰一联语"摄政王兴、摄政王亡,建虏兴亡两摄政"发起征对,一时轰动,连美洲华侨报刊也予以转载。他在对广大华侨进行宣传组织的同时,经常与在滇西坚持反清活动的黄毓英等革命党人联系,并积极购买武器,准备发动新的起义。1910年冬,他电约黄兴来缅商议滇西起义事宜。正在这时,帝国主义悍然出兵侵占云南片马,革命党人从国外秘密运送武器入滇的行动受到挫折。黄兴随即和他商议决定,滇西起义暂缓,以便集中同盟会人力财力,先在广东发动大规模起义。不久,吕志伊赴香港。1911年4月,他参加广州起义,担任撰拟法令、檄文和保管印信、密件等工作。起义失败后,他到上海,担任《民立报》撰述,同时加入"南社",进行革命的文学活动。

7月,吕志伊参加发起组织同盟会中部总会,被推举为候补干事。同盟会中部总会成立后,积极筹划在武汉地区发动起义,推吕志伊赴香港请黄兴回国主持其事。9月29日,他在香港和黄兴洽谈后,黄兴同意即赴武汉,并要南方各省同时发动,互为声援。吕又向云南的同志传达了黄兴的意见,嘱做好加速起义的准备。10月10日,武昌起义爆发后,他赶赴云南。刚入滇境,昆明革命党人已于10月30日发动起义。

　　云南光复后,吕志伊担任都督府参议,旋即被推举为云南代表,赴南京参加各省都督府代表会议。1912年1月3日,南京临时政府组成,他被任命为司法部次长。当时,司法总长伍廷芳在上海担任议和代表,司法部事务悉由吕志伊代理主持。在短短三个月中,他协助孙中山为临时政府制定和发布了一系列法令、文告。4月,孙中山辞临时大总统职,吕志伊亦随同赴沪,任同盟会上海分会机关部副部长、《民国新闻》总编辑。8月,同盟会改组为国民党,他即奉孙中山之命,赴南洋及缅甸筹设国民党海外各支分部。由于他在海外华侨中有一定影响,蔡锷曾请他广劝华侨集资开发云南实业。1913年初,他被选为国会参议员,旋到北京。"二次革命"爆发时,他南下上海从事反袁活动,失败后流亡日本。孙中山创建中华革命党,吕毅然誓盟加入。

　　1915年初,吕志伊取得孙中山同意,回云南运动军队,发动反袁斗争。这时,云南巡按使署已接到袁世凯"统率办事处"发来"拿办党首吕志伊就地正法"的密电,乃将他扣押,幸被滇军团长邓泰中、杨蓁救出。以后,他仍继续在滇军中进行反袁活动,与各级军官多次秘密集会,并发展了一批中华革命党党员。9月,他与掌握滇军驻昆部队实际兵权的一部分中高级军官,商议在云南发动讨袁行动的领导、筹款、时机及出兵计划等重大问题,并积极开展争取云南都督唐继尧参与反袁的活动。唐被迫同意反袁后,10月派吕志伊赴南洋,约请逃居海外的革命党人入滇相助。吕在海外向华侨宣传反袁思想,并募集了十余万元。同时,寄函在日本的孙中山报告云南情况。不久,李烈钧、方声涛及蔡锷等先后到昆明,12月25日云南通电独立,发动"护国运动"。1916年6月袁世凯死后,黎元洪继为总统,重开国会,吕志伊曾到北京参加会议。

　　1917年7月,孙中山南下广州,树起护法旗帜。吕志伊随到广州,参加了国会非常会议。1918年8月,由于桂系军阀排挤,孙中山被迫离开广州回上海致力于整理党务,吕志伊到沪协助。1920年8月,陈炯明率援闽粤军回粤,驱逐了桂系军阀。11月,孙中山回到广州重组军政府,吕志伊被任为司法部次长,并于次年1月与张继一起筹设了中国国民党驻粤特设办事处。4月,非常国会选举孙中山为非常大总统,成立正式政府,吕志伊又被任命为内政部次长。1922年6月,陈炯明叛变,8月孙中山再次离粤,9月在上海开始改组中国国民党的准备工作。吕志伊积极支持孙中山的主张,被指定为中国国民党改进案起草委员会会员,后被任为国民党中央参议。1923年2月,滇桂联军驱逐了陈炯明,孙中山再回广州,重建大元帅府。4月,吕志伊被任命为大理院院长兼管司法行政事务。6月,曹锟贿选总统,吕志伊以国会参议员身份坚决反对,并受其他拒贿议员推举,与章士钊、褚辅成、田桐赴沪,筹备召开国会两院会议。以后,拒贿议员陆续南下,与在北京的受贿议员形成鲜明对立,得到了全国舆论的支持和赞扬。

1924年1月,中国国民党召开第一次全国代表大会期间,吕志伊保持了同盟会时代的革命精神,追随于孙中山左右,协助孙中山对三民主义作出新解释。他憧憬在中国建立"劳力劳心工并读,互助互敬生不已;各尽所能取所需,不劳而食斯可耻"[1]的崭新制度。他的民主革命思想,这时达到了一个新的高峰。

1925年3月,孙中山逝世,广州大元帅府由胡汉民等人主持。6月,吕志伊被免去大理院院长兼管司法行政事务本兼各职,从此离开了政坛。1928年,国民党中央及国民政府要他担任云南省党务指导员、省府委员、建设厅长等职,他均坚辞不就。同年冬被选为立法院立法委员。抗日战争爆发后,他于1938年以病老疏散回到昆明。1940年3月4日,吕志伊因病在昆明逝世。

主要参考资料

冯自由:《革命逸史》,中华书局1981年版。

---

① 吕志伊:《偶得诗集》卷4,第4页。

冯自由:《华侨革命组织史话》,台北正中书局1984年版。

李文汉:《云南护国亲历记》,中国人民政治协商会议云南省委员会文史资料研究委员会编《云南文史资料选辑》第10辑,1979年版。

马 步 芳

王 劲

马步芳,字子香,回族,1903年(清光绪二十九年)生[1],隶籍甘河州乩藏乡[2]。马步芳的祖父马海晏是清军旗官,1900年病殁于宣化后,其父马麒由哨官提升接任了旗官职务。经多年苦心经营,马麒在西北回军中逐渐崛起,于1912年秋取得了西宁镇总兵要职。马步芳是马麒的次子,他的少年时代正是马麒的"创业"阶段。马步芳九岁跟随父亲到西宁,即被马麒安排入营从军,同时学习宗教,以便将来从军事和宗教两个方面发展和巩固家族势力。马步芳在西宁东关清真大寺当了几年满拉(学习经文的小学生),经名呼赛尼。稍长后看到已任宁海军马队管带的兄长马步青出入前呼后拥,十分张扬,与自己在清真寺的孤寂生活形成对照,遂不安心在寺学经,于1917年由其父安排给哥哥当帮带。旋升任宁海军步兵第十五营管带,1920年转任骑兵营营长。

其时,马麒为了巩固势力,打算把河州、西宁地区连成一片,马步芳奉命驻兵巴戎县(由马燕戎格厅改置,后改名化隆)。他利用宗教、民族关系,招兵买马,网罗部卒,一时附近逞强之徒纷纷投奔。后来在马步芳手下充任军长、师长的韩起功、马忠义等人,皆属此辈。马步芳仿照

---

① 关于马步芳的生年,目前一说为1903年,一说为1901年(《马步芳家族的兴衰》,青海人民出版社1986年版)。本文从多数资料所执之前说,第122页。

② 乩藏乡前属甘肃省临夏县,1980年6月积石山东乡族保安族撒拉族自治县成立,划入该县。

新式操兵法训练部队，又在甘都修建公馆，作为向循化、隆务寺（今黄南）、河州、拉卜楞寺等地联络的据点。对附近藏族部落，马步芳或加以笼络，或武力征伐，使之都归附自己。

1925年10月，冯玉祥的国民军势力进入甘肃。代理甘肃军务督办刘郁芬次第打败了陇东镇守使张兆钾、陇南镇守使孔繁锦。马麒父子为了自存，向国民军表示拥护之意。1928年4月，马仲英带头闹起了"河州事变"①，马麒父子暗自欣喜，但慑于冯玉祥军之兵威，未敢公开支持马仲英。同年秋，孙连仲率部挺进西宁，于12月出任新成立的青海省政府主席，马麒为省政府委员兼建设厅厅长。

马麒、马步芳父子一统青海的欲望受到严重打击，为保存实力以待后图，乃采取韬晦方略。其时，孙连仲为稳定西宁以外省内形势，派高树勋率部前往化隆、循化一带"清乡"，借以监视和控制这些地区的马步芳部队。高到达化隆后，马步芳曲意奉承，仅"进见礼"就送了银元十五万、骏马一百匹，对高的左右人员亦优礼款待。他残酷地杀害了一些无辜农民，诬之为"匪"，并将头颅悬挂在树上，说是自己的"清乡战果"。他还杀了曾派去与马仲英暗中联系的人员"大马营"（绰号），宣布其罪为"通匪"。这样，高树勋完全放弃了对马步芳的戒备，返回西宁后，在孙连仲面前对马大加赞许，孙连仲即把马步芳从团长升为旅长。马步芳乘机向高要求整顿自己的部队，经高疏通孙连仲，获得批准。马步芳遂在化隆、循化大事网罗，组编为三个团和两个独立营，增强了实力。

1929年下半年，冯玉祥与蒋介石之间的矛盾激化。冯玉祥为准备与蒋介石在中原的决战，于9月、10月两月相继调孙连仲、高树勋部东移。高树勋从西宁启行前，把马步芳调入西宁；及行，又把其代理青海

---

① 是年，刘郁芬的师长赵席聘以镇守使名义驻河州，索需过甚，又干涉民族风俗习惯。在处理伊斯兰教新、老教争时任意杀人，激起群众反抗。4月底，宁海军军官马仲英等人潜回河州，领头起事，称"黑虎吸冯军"。但这支队伍后来在流窜中给甘肃河西、宁夏、新疆人民造成严重骚扰。马仲英部最后于1937年瓦解于新疆喀什。

省主席一职交马麒暂理（1930年初获正式任命）。马麒父子不仅恢复了他们在青海地区的统治，而且实现了多年梦寐以求的单独掌握青海省的愿望。

中原大战爆发前后，马麒、马步芳一面暗中扩军，加强自身力量；一面积极搜集蒋与冯、阎双方的情报，准备伺机应变。大战前一阶段，谁胜谁败难以卜定，西北又尚在冯玉祥军队控制之下，所以马麒父子仍表示拥冯倒蒋，派马步青率骑兵旅随冯军进驻陕西，并以"前防接济费"名义向冯军每月解送五万银元；然而背地里马麒父子却派人同蒋介石联系，以备一旦蒋胜冯败之时取得蒋的谅解。1930年9月，冯、阎败北，马麒父子立即易帜拥蒋反冯，并请马福祥代为说项。蒋介石当时无力顾及西北，决定利用马麒父子，承认了他们在青海的统治。

马步芳从此积极向蒋介石靠拢。他以在西宁组成的青海暂编第一师为资本，布置对冯玉祥军余部的进攻；又征得西北绥靖主任顾祝同的同意，参加了追剿马仲英的战斗，先以所属第九混成旅第一团由西宁开往凉州（今甘肃武威），1931年4月更亲率后继部队自西宁经门源、扁都口进占甘州（今甘肃张掖）和肃州（今甘肃酒泉）。马步芳节节进逼，马仲英退处敦煌、安西、玉门一带，不久进入新疆。马仲英于败退中曾派人要求马步芳缓攻。马步芳回答："这是公事，不能以我们是兄弟（二马系同一曾祖），以私废公。"[1]至甘州时，原属冯玉祥部曾中田旅的雷振邦部仍驻该地，马步芳托词要训话，将该团官佐二百余人诱至原甘州提督衙署院内，令部下用大刀砍杀，无一幸免。

马步芳从河西返回西宁，蒋介石改其部为陆军新编第九师，马仍为师长。1931年8月，马麒病死，马步芳企图继承其青海省主席地位。不料青海官僚黎丹等人反对，推马麒之弟马麟继任。叔侄矛盾暴露时，有消息说蒋介石欲接受于右任建议让省民政厅厅长王玉堂暂代省主

① 陈秉渊：《马步芳家族统治青海四十年》，青海人民出版社1986年版，第43页。

席。马步芳当即表示:"先人创立的基业,岂能拱手让人?"①遂与黎丹等人和解,共同以青海省政府委员名义,请蒋介石准许马麟继任省主席。同时电示驻南京办事处处长,以紫羔皮、鹿茸、麝香、红花等地方特产遍贿权要或其眷属。最后,蒋介石明令马麟为省主席,马步芳为省府委员。

1932年初,胡宗南率中央军第一师进驻天水。胡获悉马家势力在青海扩张,有意剪除,乃派副师长彭进之到青海窥探虚实。机警的马步芳觉察到了胡宗南的打算,又自忖非胡的对手,于是挑起青藏战争②,转移蒋介石的视线。时四川刘文辉部队与藏军的武装冲突(即康藏战争)尚未结束,蒋介石担心康、青、藏地区进一步陷入混乱,令马步芳出兵打退藏军。胡宗南进占青海的计划只好搁浅。青藏战争历时一年有余,作战地区人民受害弥深,马步芳却借此渡过了难关。他令人编纂《玉树战事记》,铭其"武功",炫耀于世。

1933年夏,孙殿英被蒋介石任命为青海柴达木屯垦督办,率部西进。青海是马步芳家族的禁脔,岂容他人染指;同时宁夏马鸿逵与马鸿宾亦虑孙殿英假途灭虢,侵占自己的地盘。三马决定联合拒孙西来。时任甘肃省主席兼驻甘绥署主任的朱绍良认为,孙殿英乃是一个反复无常的地方军阀,如来西北,势必难以节制。因此支持三马拒孙,向蒋介石陈情希望收回成命。马步芳亲自率兵前往宁夏,同马鸿逵、马鸿宾一起对孙殿英作战。由于蒋介石出尔反尔收回成命,挑起了三马与孙殿英在宁夏的一场恶战。直至1934年3月,孙殿英因师老兵惫,败于阵前。宁夏作战期间,马步芳在青海把原来以诱骗手段为主的募兵法改成了挨户征兵的强制办法,扩大了部队。在战胜了孙殿英后,他又派

---

① 陈少校:《西北军阀记》,香港致诚出版社1981年版,第46页。

② 受西藏所派僧官主持的玉树昂欠尕旦寺,因货物价格问题与青海商人发生纠纷。马步芳授意马彪挑动商人坚持争执,迫使昂欠尕旦寺僧侣转请昌都藏军支援。马步芳进而设计诱藏军深入,酿成战争。

人在何应钦、陈立夫、朱绍良等处活动,使其新编第九师扩编为陆军新编第二军,下辖一个师和两个骑兵旅,兵力增加到二万五千人。

　　红军长征到达四川、西康时,蒋介石电令马步芳在青海和甘肃南部阻击。马步芳在青、甘之间布置了堵截红军的三道防线,又命令青海各县大规模拨丁派款,进行军事训练,打出了所谓"军事民众化、民众军事化"的旗号。他又深恐蒋介石借机派部队入青,打电报给蒋介石说:"本省兵力尚足调遣,请勿远虑。"①1935 年 8 月底,在青海南麦仓之战中,马步芳部队阻挡住了红四方面军的西进。1936 年 7 月,红军二、四方面军由甘孜北上时,为掩护主力前进,分兵数千人进军青海地区的班玛、久治一带,击溃了马步芳部队的两个团以及当地头人牧主的民团武装,完成任务后于 8 月退出果洛,赶往甘肃南部之岷县与主力会合。马步芳急忙命令马彪、马朴等旅向甘肃临洮、岷县一线截击红军。后在甘南临潭等地的战斗中,马步芳军遭到失败,退回青海同仁境内。

　　1936 年 10 月,红军西路军进军河西走廊。时马步青的骑五军驻凉州,马步芳所属的韩起功旅驻甘州、肃州,整个河西地区被马步芳家族视为第二基地。因此,马步芳不遗余力对付红军西路军。蒋介石也想利用马步芳消灭西路军,授其"西北第二防区司令"兼"第五纵队司令官"。然而,在一条山、镇房堡、大靖、土门等地的激战中,马步芳主力遭到红军痛歼。马步芳遂打出"保卫桑梓、安定西北"的旗号,大量征调民团。后为扩充部队,索性"并团入军"。红军突破马步芳设置的防线,进入了河西走廊腹地,但在古浪、良昌、临泽、高台等地的战斗中,由于力量悬殊,遭到重大损失。马步芳提出"宁死一万人,不失一寸土"的口号,围追堵截,欲将红军西路军全部消灭。红军排除万难,于 1937 年 4 月从星星峡进入新疆,人数从渡黄河时的二万一千八百人锐减为七百多人。

―――――――――
　　①　陈秉渊:《马步芳家族统治青海四十年》,第 130 页。

　　马步芳藉河西之战进一步扩充兵力,但深恐蒋介石疑虑,一再声称他的武装是"国家的军队",又假意恳辞所任军职,表示自己没有野心。蒋介石为要进一步利用马步芳,反而为其加官晋爵。1937年夏,新编第二军改为第八十二军,增加一个骑兵旅。1938年3月,又正式任命马步芳为青海省主席,结束了马麟、马步芳叔侄之间长达七年之久的争夺权力的斗争①。

　　抗战期间,马步芳消极抗日,一心坐大。他派往前线的骑兵师武器残缺不全,士兵缺乏训练。在安徽、河南的作战中,该师师长马彪受马步芳遥控,以保存实力为务,未能充分发挥抗日作用。相反,该部队秉承蒋介石反共旨意,屡与新四军摩擦。在消极抗日的同时,马步芳努力巩固他在青海的统治。他争取到了白崇禧、吴忠信等人的支持,改变了蒋介石将他调离青海的打算。1941年12月太平洋战争爆发后,日本增兵中国战场。蒋介石到兰州召开会议布置军事,马步芳受到格外笼络。1942年8月,蒋介石到西宁视察,马步芳为迎蒋做了周密准备,整刷市容,反复练习礼仪,一心要给蒋留下一个好印象。他还亲自为蒋当值警卫,以示效忠。蒋介石离去前,马步芳向蒋与宋美龄献上大量鹿茸、麝香、紫羔皮等土特产以及军马。他事后对人说:"现在不是表现富贵的时候,礼当越简略、越实惠越好。穷了人家不注意,军马、羔皮都是土产,既本分,又实在。"②

　　1943年7月,蒋介石把第八十二军与马步青的骑五军合编为第四十集团军,任命马步芳为总司令,马步青为副总司令。次年春,马步芳以第八十二军军长一职交其子马继援,又说动其兄马步青:"我俩任总、副司令,担子够重,事情交给青年人去办省事得多。再说,你当军长与

　　① 1931年马麟任青海省主席后,马步芳即开始了倒台活动,如私印省钞造成通货膨胀,暗中支持教员索薪风潮等,迫使马麟于1936年以去麦加朝觐告假离职,马步芳代理了省主席职务。1937年马麟复职,争权斗争更趋炽烈。

　　② 陈秉渊:《马步芳家族统治青海四十年》,第52—53页。

侄子处于一个地位也不好看。"这样,马步青的骑五军军长由马呈祥接任,马步青逐渐沦入无权和受冷落的境地。

马步芳掌握青海军政大权的十多年里,凭借庞大的军队,实行专制统治,编组保甲,训练壮丁,杀戮、迫害敢于反抗的民众。经济方面,除原有的土地剥削外,马步芳通过官僚资本所办的企业、银行、商号,大量搜刮社会财富。马步芳在"开发青海"旗号下搞的一些经济、文化建设,均是为了维护自己在这一地区的独裁统治。

马步芳早有觊觎新疆之意,1944年吴忠信入主新疆后,以中央军力量不足,提出让马步芳派一些部队进驻,马步芳即派马呈祥于1945年率骑五军入新。行前,马步芳授该军"跃马天山第一峰"锦旗。

抗战胜利后,蒋介石策划发动内战,马步芳乘机请求拨给军火,得到了一个整师的美式装备。马还自行购买军械,进一步加强实力。此时,马步芳认为自己在青海的统治已经牢固,踌躇满志,筹谋东进,以期在反共内战中攫取更大权势。1947年3月,马步芳的主力部队整编八十二师(由第八十二军缩编而成)由其子马继援率领,开往陇东平凉。为向蒋介石邀功,马步芳迭令其子向解放区发动攻势。马步芳个性自视甚高,指挥作战往往以正面攻击为主,这次仍令马继援率部猛进直入。但马继援先锋部队在由庆阳、盘克镇进攻合水县时,遭到失败。后经增派部队,在受到重大损失后才占领了合水县。马步芳父子志骄气矜,以西峰、合水、宁县为据点,调集大军进攻陕甘宁边区。然而适时人民解放军已作战略转移,马继援屡扑屡空,并无战绩。

为了鼓励马步芳父子反共,蒋介石不仅恢复了马继援部队的军级建制,又让马步芳扩建了两个军。这样,马步芳所属队伍由抗战胜利后的两个军、一个独立师(近十万人),增加为四个军一个骑兵师两个独立旅,加上保安师、团等,共有兵员约十五万人。1949年4月,马继援改变战术,命第二四八师以运动战方式向东推进,为占据泾、渭河谷开辟局面,并声援节节败退的胡宗南部队。结果耀县一战,该师师长马得胜被击毙。马继援乘马鸿逵部队攻乾县之机,令骑八旅马英攻打永寿注洮地区,企图打通已被解放军截断的西(安)兰(州)公路,又遭失败。马继援复派第二四八师新任师长韩得胜增援,在付出了重大伤亡后才占领了这一地区。其时,马家军骑十四旅马成贤在与解放军回民团交战中也略取小胜。马步芳一时自命不凡,自我吹擂为"西北支柱",下令进军咸阳,攻克西安。人民解放军在咸阳凭借坚固工事守卫,又得增援,马步芳部队伤亡甚众,只好撤退。

国民党政权在陷入朝不保夕境地之时,一再为马步芳父子加官晋爵,换取他们为内战卖力。1949年5月,马步芳代理西北军政长官,马继援升任青海兵团司令。马步芳得意忘形地说:"先人没办到的事(指统治西北),我们办到了。"①6月,人民解放军由陕西挺进甘肃,马步芳的第一二九军(军长马步銮)和骑八旅、骑十四旅在陇东抵抗,遭到大败。固关战役,骑十四旅被歼。7月12日,人民解放军在扶风、郿县发动攻势,歼胡宗南主力四万余人,西北战场形势彻底改观。马步芳召开静宁军事会议,决定将国民党军队集结兰州,背黄河一战,企图扭转败局。7月底,马步芳被正式任命为西北军政长官。为了促使马鸿逵增援兰州,当时已经逃到广州的行政院院长阎锡山电召马步芳、马鸿逵二人到广州,调解他们因争夺西北军政长官职位而激化的矛盾,并任命马鸿逵为甘肃省主席。但兰州战役前夕,马鸿逵为保存力量,并未及时出兵增援。

兰州襟山带河,为沟通西北各省之要冲,马步芳父子在此积极布置战守,北面集结骑八师和各步兵师之骑兵团扼守河防;河南城垣之外层层设防,以马架山、营盘岭、沈家岭为三个主阵地,形成号称"兰州锁钥"的防御体系,分别由第八十二军的第一百师、二四八师、一九零师防守。8月20日,人民解放军在兰州城郊会合成东、西、南三面包围之势。25日发起总攻,首先占领沈家岭,继夺取营盘岭、古城岭、马架山、豆家山等马军阵地。午夜前,解放军攻入西关,控制了马军唯一退路黄河铁

---

① 陈秉渊:《马步芳家族统治青海四十年》,第99页。

桥。26 日凌晨,兰州解放。黄河北之敌向西逃窜。是役,马步芳主力第八十二军、第一二九军被歼。

兰州战役形势紧张之时,马步芳已于 8 月 24 日飞往西宁,第二天又逃往重庆。9 月 5 日,人民解放军第一野战军第一兵团解放西宁。此前马步芳家族的重要成员马步青、马继援等人均乘飞机逃往重庆,后转赴台湾或国外。在新疆和平解放过程中,马步芳派往新疆的原骑五军广大官兵参加了陶峙岳将军领导的起义,军长马呈祥不愿参加起义,由南疆出境。马步芳家族的武装至此全部瓦解。

马步芳到重庆后,国民党政府责其"擅离职守",宣布"撤职议处",后再无下文。马步芳离开大陆后辗转到埃及开罗,购置产业,做寓公。1957 年,通过其在台湾的儿子马继援活动,台湾当局给了他"驻沙特阿拉伯大使"的头衔,1960 年辞职后侨居该国。

1975 年,马步芳病故于沙特阿拉伯。

马 超 俊

熊尚厚

马超俊,号星樵,曾名马麟,1886 年 9 月 20 日(清光绪十二年八月二十三日)生,广东台山人。其父早逝,家境贫困。他八岁入塾,后因交不起学费时读时辍。两年后得到在加拿大打工的大哥资助,才勉强地读下去。他十五岁时中县童子试,但愤于帖括误人,决心放弃仕途之追求,经友人介绍前往香港,入九龙马宏记机器厂习艺,工余去夜校学英文。三年学徒满后,他于 1902 年随族人赴美,就读于旧金山庇利音机器专科学校。在读书期间,他加入洪门的致公堂,受到头人黄三穗的赏识,经黄推荐兼任《大同日报》记者。1904 年夏,当孙中山途经旧金山时,马得黄三穗的介绍见到了孙中山,孙鼓励马好好学习,将来担起"革命救国的责任"。

1905 年 5 月,马超俊为了追随孙中山从事革命事业,前往日本横滨,一边读书,一边去孙中山寓所做些杂事。同年秋,他考入明治大学政经科。不久,经孙中山主盟加入了同盟会。翌年 2 月,同盟会决定发动广州起义,他被派回香港,在九龙地区的工人中从事革命活动。他以研究技术、交换知识为名组成华人机器工会,开始从事工人运动。

当时的广东机器工分布全国各地,马超俊以香港华人机器工会为基础,先后前往广州石井兵工厂、汉阳兵工厂、上海江南机器制造局的机器工会中进行工作,相继组织了香港研机书塾、广东机器研究公会等公开性的团体。之后,仍用研究机器技术的名义,先后在湖北、湖南、云南、天津、上海等地,以粤籍机工为主分别组织机器研究公会,暗中从事革命活动。马超俊在香港,为了掩护革命党人运送军火,化名马麟,与黄伯坚兄弟设立瑞兴公司,从事发网的生产与销售,暗中研究和运输军火,经常来往于港、穗两地。1909 年 2 月,广州新军起义,他参加先锋第三队攻击巡警教练所,起义失败后突围潜往香港。不久,他被黄兴派往武汉,在汉阳兵工厂的机工中进行活动。翌年,马超俊回到香港,为广州黄花岗之役制造炸弹。

1911 年 10 月,武昌首义爆发,马超俊由港经沪去汉向黄兴报到,其后率敢死队参加汉阳梅子山战斗,旋退守武昌。时清军的军舰炮口对准武昌,黎元洪写信给清军舰队司令萨镇冰劝其起义,马借英商怡和洋行小艇将信送到萨镇冰舰上,清军舰队遂撤往下游。

辛亥革命成功后,马超俊在汉口开设瑞兴分公司,同时兼任黎元洪都督府顾问。黎元洪投向袁世凯后,他和张振武等人组织铁血团反黎,被军警逮捕入狱八个月,经温宗尧、伍廷芳等人营救始获释。事后他回到广州,在广东机器总会黄焕廷的资助下,开办惠民织造公司作为革命机关,反对军阀龙济光祸粤。1914 年,他派人刺杀了龙手下的干将马存发,后去日本在孙中山手下负责财务。1916 年春,中华革命党在日本人坂本的协助下,于日本滋贺县创办飞行学校,马超俊和夏全民入校受训,准备日后回国办航空学校。后飞行学校迁山东青岛,他奉命在山东潍县组织飞行队,偕刘季谋飞济南轰炸山东督军府。次年,他去北京筹办民间航空学校,嗣因张勋复辟而中止。

1917 年 9 月,广州护法军政府成立,马超俊再次在广州从事工人运动。他向孙中山提出工运原则八项,以“劳资协调、互助合作、增加生产、改善生活、充裕国力”为方针,作为国民党的工运原则。之后,他在上海得南洋兄弟烟草公司资方的资助,组织南洋烟草公司职工同志会、粤侨工界联合会。在广州主持广东机器工人维持会,欲以广东机器工团为主体,筹建全国机器总工会。1918 年 8 月,马领导广东机器总工会反对桂系军阀莫荣新,召开各界民众大会,请以伍廷芳为省长。次年,马更提出打倒桂系军阀的口号,遭到莫的镇压,不得不潜往上海暂避。1920年4月,他发动广东机工支援香港工人罢工。之后,广东全省机器工人维持会改组,他任主任。与此同时,为了继续反对莫荣新,他担任广东东路军第二路游击司令,不断袭击莫荣新部。翌年,他任广州市政府市政厅总稽查。1922年1月,香港海员举行大罢工,马超俊领导广州机工维持会予以支援。同年6月,陈炯明叛变占领广州,他发动广州市公用事业工人集体撤退。次年孙中山发动武力驱陈,组织工农游击队助战。驱陈胜利后,马超俊任广东兵工厂厂长。1924年,任国民党广州市党部执行委员兼工人部长。

　　1925年春,孙中山在北京病逝后,马超俊辞去广东兵工厂厂长职,前往上海加入孙文主义学会,担任总干事职务。次年前往南北美洲视察海外党务,鼓动华侨反共。"四一二"政变后,他回国任南京国民政府劳工局局长。1927年8月,马超俊在上海创办《劳工时报》,自任总编辑,以宣传劳资合作和反对赤色工会为主旨。1928年1月,他任广东省政府委员兼农工厅厅长,同年秋改任建设厅厅长。翌年,改任国民党广州市党部宣传部长,5月任出席国际劳工会议代表。会后回到广州,因与省政府主席陈铭枢意见相左,他辞去了建设厅厅长职位。1930年8月到南京任立法委员,并为劳工法起草委员会召集人。不久,被派为国民党华北党务特派员,前往津沽指导党务,并进行反对阎锡山、冯玉祥的活动。同年冬回到南京,任国民党中央训练部民众训练处处长。后由宁粤双方改组南京国民政府,孙科为行政院长,马得以任南京市市长。孙科内阁存在为时不过一个月,他亦连同去职,仍任立法委员。1934年12月任国民政府委员。翌年3月,再任南京市市长。

　　1937年抗日战争爆发后,12月南京陷落,马超俊撤退到武汉。次年春任中国儿童救济总会理事长,组织救护队前往战区抢救儿童。时陈诚在汉口组织全国慰劳总会,马任副会长。1938年4月,他任国民党中央社会部副部长。1940年改任国民党中央组织部副部长。1942年,在重庆协助吴铁城创立南洋华侨协会总会,次年任该会理事长。1945年5月,当选为国民党第六届中央执行委员。

抗日战争胜利后,马超俊回到南京复任南京市市长,主持该市的接收事宜。1946年12月,改任国民党中央农工部部长。翌年9月,在国民党六届四中全会上当选为中央执行委员会常务委员。他分赴华北、东北、西南及台湾等地视察党务与工运。在其筹划下,1948年4月在南京成立中华民国全国总工会。

1949年末,马超俊随蒋介石撤往台湾,被聘为"总统府国策顾问"。1952年国民党"改造"后,任"中央"评议委员。之后,相继任国民党中央纪律委员会委员、华侨协会总会理事长、"光复大陆设计委员会"委员、广东同乡会总会理事长及"总统府资政"等职。1955年,他任台湾中国劳工运动史编纂委员会主任委员,主持编撰《中国劳工运动史》出版。此外,撰有《中国劳工问题》、《三民主义劳工政策》和《比较劳工政策》等书。1965年,他协助台湾"中国文化学院"创立劳工研究所,担任理事长。1969年后,马超俊因病长期住院治疗,但仍任"总统府资政"。

1977年9月19日,马超俊病故于台北。

主要参考资料

郭廷以、王聿均:《马超俊先生访问记录》,台北中研院近代史研究所1992年4月版。

朱慧夫:《中国工运之父——马超俊》,台北近代中国出版社1988年6月版。

《马超俊》,秦孝仪主编《革命人物志》第17集,台北"中央文物供应社"1977年版。

马 福 祥

马启成

马福祥,字云亭,回族,生于 1876 年 2 月 4 日(清光绪二年正月初十),甘肃河州(今临夏市)人。其父马千岭,早年以农商为业,清同治时由反清转向降清,曾得到陕甘总督左宗棠的优厚赏赐,遂发展为河州韩家集一带的巨富。马福祥自幼在私塾读书。十六岁时学习弓马枪剑,寒暑不辍。越年与三兄马福寿同进兰州武备学堂。十九岁应试武闱,获中乡试第二。

马福祥的兵戎生涯,是从清末参加镇压甘肃各族人民的反清斗争开始的。1894 年,河州等地民众纷纷揭竿而起,一时"烽火遍河湟"。时因甲午战争,甘军精锐多调防京畿,所剩"防军无多,且又未经训练",官府准当地豪绅招兵买马,"练土勇以资防卫"①。马福祥与二兄马福禄即招募乡勇,组织团练,名"安宁军",对起义者进行围剿。次年 10 月,他兄弟二人率队配合清军在河州外围攻打起义军,并向前来镇压起义的清军将领董福祥"力陈剿抚方略"。董福祥信赖马氏兄弟,"倚之若左右手",授马福禄总兵之职,并将"安宁军"编入简练军,马福祥当了骑兵管带。

1898 年春,马福祥和马福禄率部随董福祥的甘军奉调驻戍蓟州(今天津蓟县)、山海关一带。1900 年,八国联军入侵北京,马氏兄弟又奉调入卫京都。这年 7 月,与敌军战于正阳门,马福禄力战阵亡,马福

---

①　慕寿祺:《甘宁青史略》卷 24,兰州俊华印书馆 1936 年版。

祥督战打败侵略军夺获城楼。8月14日,那拉氏和光绪帝逃奔西安时,他随扈警卫宫舆。《辛丑条约》缔结后,1902年那拉氏和光绪帝回京,以马福祥"在京有战功,沿途宿卫,亦著勤劳,先后积功,得以提督记名"①。不久,补为甘肃靖远协副将。1904年升西宁镇总兵,兼阿尔泰护军使。

1911年10月,武昌起义爆发,陕西立即响应。时马福祥以巡防统领率部驻兰州,同陕甘总督长庚为首的地方官绅,视革命如洪水猛兽,力主派兵前往陕西"助剿"革命军。当长庚招募回军提督马安良率部前往陕西乾州镇压革命时,马福祥则留守省城遏制革命。但革命潮流已不可阻挡,1912年2月12日,清帝宣布退位。在大势所趋下,3月18日,马福祥与原甘肃布政使赵惟熙、谘议局议长张林焱三人联名通电袁世凯,代表全甘承认共和。北京政府任命赵惟熙为甘肃临时都督,马福祥为青海办事长官兼西宁镇总兵。马在西宁并无实力,迟迟没有赴任。

同年底,马福祥调任宁夏镇总兵。1915年,袁世凯令马福祥会办绥西军务。马借机请准添练新军,以其侄马鸿宾为新军司令,下辖步、骑兵七营。1917年,大总统冯国璋又为马福祥授上将衔②。

1920年,直皖战争爆发,马福祥站在直系一边。安福系垮台后,马福祥策动甘肃军人在银川召开大会,声讨皖系甘肃督军兼省长张广建,并向北京政府发出"拥马督甘"的通电。但陇东镇守使陆洪涛也垂涎甘督一职,嗾使其部下张兆钾等人向北京政府发出"拒马督甘"的通电,双方大有一触即发之势。在京甘绅秦望澜、水梓等人以陆洪涛在甘多年,势力较大为由,向徐世昌全力保荐,徐遂于1921年春发表陆洪涛为甘肃督军,任马福祥为绥远都统,晋勋二位,"易督风潮"才暂告结束。

马福祥赴任绥远时,以其侄马鸿宾继任宁夏镇守使。将其嫡系"昭武军"编为第五混成旅,由其子马鸿逵为旅长,前往绥远。但该旅仅有

---

① 《现代西北》第2卷第6期。

② 《朔方道志》卷首。

五个营,马福祥又从西宁镇守使马麒那里拉来马步青一个骑兵团,从河州、民和等地拉来马斌一个步兵团及数股地主武装,共扩大兵额三四千人。1922年,第一次直奉战争后,马福祥由于有曹锟作后台,又收编了绥远王英和苏雨生两部,进一步加强了自己的势力。

1924年秋,第二次直奉战争中,马福祥站在直系一边,发出"讨张"(作霖)通电,向曹锟、吴佩孚请缨出战,以马鸿逵为"讨逆军"独立骑兵前敌副总指挥,兼绥远援军司令,出兵热河对奉军作战。10月,冯玉祥发动北京政变,曹、吴失利,马福祥见风转舵,一度依附冯玉祥,将所部改称国民军第七师,由马鸿逵任师长,开往绥西磴口一带驻扎。1925年春,冯玉祥任西北边防督办,李鸣钟为绥远都统,马福祥被段祺瑞执政府委以"西北边防会办",退出了绥远地盘。

1928年春,北伐军队与张作霖的"安国军"相持于黄河南北之际,马福祥见张宗昌、褚玉璞节节败退,张作霖败北已成定局,乃秘密南下投靠蒋介石。他向蒋进言:"非团结各族无以立国,而团结民族在疏通意见,俾瞭然于主义之所在,乃可图功。"①蒋介石正谋统一全国,遂任马为军事委员会委员,以笼络西北各军阀。

马福祥是个久经世故的官僚,为维护其地位,在各军事实力派系间,常以"调和者"的姿态出现。他自投靠蒋介石以后,曾历任国民党中央候补执行委员、国民政府委员、北平政治分会委员、开封政治分会委员、蒙藏委员会副委员长、赈务委员会委员、编遣委员会委员、故宫博物院理事等职。他身兼多职,奔走各方之间,一时被政界称为"和事佬"。

1929年4月,马福祥被国民政府任命为青岛市特别市长。这一年西北各地大旱,饥民日死数千。马福祥拿出一部分钱连同向各方劝募的捐款共二三十万,陆续寄往西北各地救济。在这前后,他还以"振兴回民教育"为号召,在北平创办成达师范学校和西北公学,招收回族子弟免费入学,自兼董事长。

---

① 《现代西北》第2卷第6期。

同年 11 月,马福祥赴青岛任职。这时,青岛工人群众正在为反对日本纱厂无理开除工人以及日本领事干涉中国内政而掀起罢工运动。他一面派员与日领事交涉谈判复工条件,一面向工人群众施加压力,将各厂二百五十多名罢工骨干无理开除。不到半月的时间,便将各厂工潮镇压下去。

1930 年初,蒋介石升任马福祥为安徽省主席。七个月后,又改任马福祥为蒙藏委员会委员长。这时他的健康状况不佳,便将多年来写的书札及所著《观澜亭记并诗》、《龙珠山云亭记并诗》等书稿加以整理,由其妻录书,订正后刊出。1932 年春,马因心脏病辞去蒙藏委员会委员长职,北上天津休养。6 月,他前往汉口见蒋介石,在武汉染疾。8 月19 日北上治疗时,病死途中。

马 福 益

陈匡时

马福益,一名马乾。1865(清同治四年)出生于湖南湘潭。世代为佃农。至其父马大良时,因受族人欺压退佃,生活无着,全家被迫迁至邻县醴陵西乡瓦子坪,租种当地傅姓地主田为生,遂改籍醴陵。

马福益幼时读书数年,能写作短文。曾"读王船山遗集,引起其革命思想"①,对清朝的统治不满。成年后,身体魁梧,有胆略,喜断里中不平事。有记载说他曾在当地"水师飞翰营做火头军目(管理炊事),因以营内粮糈接济徒众,致被开革"②。后全家迁居醴陵渌口镇(今株洲)。渌口处湘江边,为湘省南北要冲及湘赣水陆通道,五方杂处,人烟稠密,亦为醴陵会党的活动点。马福益在渌口逐渐成为当地会党的首领。渌口隔岸是湘潭雷打石,盛产石灰石,石灰窑林立,工人多为会党中人,窑主聘马福益至该处为总工头。马因此在雷打石大收徒众,各窑厂工人千余均听他调动。1891年,马福益"开堂放票,自称'四路总统',领有东、西、南、北四路头目,放票布约一万余张"③,即拥有徒众达万人。1897年又被两湖哥老会各地山堂推为龙头④。1900年8月,唐才常自立军起义被镇压,湖南许多参与这一事件的会党首领或遭屠杀

---

① 陈春生:《丙午萍醴起义记》,中国史学会主编《中国近代史资料丛刊·辛亥革命》(二),上海人民出版社1957年2月版,第463页。
② 杨世骥:《辛亥革命前后湖南史事》,湖南人民出版社1958年版,第100页。
③ 端方:《端忠敏公奏稿》卷5,1918年版,第31页。
④ 杨世骥:《辛亥革命前后湖南史事》,第100页。

或被通缉。清政府亦下令湘潭县令逮捕马福益。此消息先为充任湘潭捕快头目的刘方尧所得,急令其子刘揆一通知马福益。马福益闻讯迅速逃离,对刘揆一极为感激,称他为"恩哥"①。事后马福益回来重整当地会党,"以信义结其徒众,称洪江会"②,成为20世纪初湖南哥老会中一支重要力量。

1904年2月,革命团体华兴会在湖南成立后,为联络会党之便,又另立了一个"同仇会"作为外围组织,以策动和组织会党参加革命。马福益在会党中素有声望,信从会众最多,因此他和当地洪江会会众便首先成为华兴会联络的对象。这年春天,黄兴先派刘揆一的弟弟刘道一和万武去见马福益。马福益被说服,同意和华兴会合作,表示只要"有用得着我的时候,无不唯命是听"③。不久,黄兴、刘揆一便去湘潭茶园铺,和马福益在一旧矿洞中秘密会晤。三人围着篝火,坐地而谈,"共谋光复"。他们筹划在同年11月16日西太后七十寿辰之际,趁全省大吏齐集长沙玉皇殿参拜时,预埋炸药于玉皇殿下而聚歼之,乘机起义。拟议以长沙武备学堂学生和军队中革命分子为主力,同时由马福益督率附近各县会党,从长沙、岳州、衡州、宝庆、常德五路同时进军长沙。黄兴担任主帅,刘揆一和马福益担任这次起义的正、副总指挥。会后,马福益积极组织会众,"散放同仇会、华兴会票"。他们又仿照日本军制,将会党编成军旅,黄兴为大将,刘揆一为中将,马福益为少将。9月24日,湖南浏阳普迹市开传统的牛马交易大会,黄兴、刘揆一等又利用这一民间集市与马福益等会面。马福益介绍当地会党首领姜守旦、龚春

---

①　刘安蕹:《回忆我的父亲刘揆一》,中国人民政治协商会议湖南省委员会文史资料研究委员会编《湖南文史资料选辑》第10辑,湖南人民出版社1978年版,第123—124页。

②　《马福益传》,黄季陆主编《革命人物志》第4集,台北"中央文物供应社"1970年版,第138页。

③　万武:《策动马福益起义的经过》,中国人民政治协商会议全国委员会文史资料研究委员会编《辛亥革命回忆录》(四),中华书局1963年版,第245页。

台、冯乃古等人与黄兴等人认识。同仇会同时在此举行授予马福益"少将"衔仪式,并赠长枪二十支、手枪四十支、马四十匹。决定待大批武器陆续运到后,便举行起义。

1904年10月,华兴会起义计划被一武备学堂学生泄露,清政府接获密告,侦探立即四出,多处搜捕可疑人物。接着在长沙的马福益部下二人因酒后失言被密探侦出,立遭逮捕,供词涉及马福益和黄兴(当时称黄廑午)等人。黄兴这时已躲藏起来,马福益远在湘潭茶园铺矿山中,未知有变。幸有会党中专跑交通绰号"飞毛腿"的刘重知事已泄,飞速通知马福益,马暂时走避广西。华兴会长沙起义计划亦因而流产。

1905年春,马福益自广西潜返醴陵、萍乡湘赣交界地区活动。4月12日,因会党接应失去联系,马福益不幸在萍乡火车站被清军逮捕。清朝统治者害怕马福益武艺高强和在当地的威望,竟残酷地用刀洞穿马福益的锁骨,贯以铁链,械送至长沙。马福益受到极为残酷的刑讯,被折磨得奄奄一息,但仍然毫不屈服。他"声言革异族命,为汉族复仇,死何所憾"①。4月20日,就义于长沙浏阳门外。

---

① 曹亚伯:《武昌革命真史》前编,上海书店1982年影印版,第10页。

马　衡

汪仁泽

　　马衡,字叔平,别署无咎,号凡将斋主人。1881年6月20日(清光绪七年五月二十四日)生于浙江鄞县。父亲马渔珊历任上海、宝山等县知县。马衡少时随父在沪就读私塾,后进上海南洋公学,1901年毕业。因病在家长期休养,但手不释卷,钻研经史、金石、篆刻、碑帖,能诗、善书、工篆刻。他与宁波巨商叶澄衷的女儿结婚后,家境富裕,广集文物、古籍,并与沪上名流吴昌硕、吴石潜、丁辅之、陆廉夫等人交游,切磋学问,奠定了扎实的国学基础和金石的专业学识。

　　1917年,马衡受聘至北京清史馆任纂修。次年经其兄、北京大学国文学系主任马裕藻介绍,任该校新设的金石学讲师。1922年以后又兼任清华大学、北京师范大学、北京女子师范大学等校的考古学教授。此后数十年,他一直从事历史文物的研究、搜集、整理、保管、展览,以及文物图录的刊印等工作。在学术研究中和钱玄同、王国维等结为知友,交往甚密。他继承了乾嘉学派注重名物训诂考据的朴学传统①,而又"锐意采用科学的方法,使中国金石博古之学,趋于近代化"②。

---

　　①　清乾嘉年间(1736—1820年),某些学者继承古文经学的训诂方法而加以条理发明,用于古籍整理和语言文字的研究,形成所谓"朴学"。
　　②　郭沫若:《〈凡将斋金石丛稿〉序》(1963年8月25日),《凡将斋金石丛稿》,中华书局1977年版。

1923 年,马衡发表了授课讲义《中国金石学概要》,在古器文物不断出土的情况下,扩大了宋朝以来金石学研究的范围,兼及甲骨、竹木、陶玉、砖瓦等方面,对古代金石学作了系统的总结,从而导向专业考古学,郭沫若誉马衡"是中国近代考古学的前驱"①。《概要》发表后,日本、美国等专业杂志相继转载②。马还发表论文《石鼓为秦刻石考》,对石鼓作了考证。石鼓之制作年代与国别,历来众说纷纭,马衡经多方引证,就其文字演变和秦刻遗文互证,判定为东周时秦刻为我国石刻中最古者,受到学术界和许多专家的确认。1929 年春,马衡应西湖博览会之请,就石鼓原物摄像十帧,连同该文制版付梓,分发中外学术界,受到国际考古界的普遍重视,影响甚广。沈尹默称该文"奠定了中国考古学的国际地位"。

马衡治学谨严,不满足于仅在书斋中对古物拓片的研究,更重视野外的实物勘察和科学的考古发掘。每闻新发现文物古器,常不辞长途跋涉,前往参加发掘整理工作,以亲睹为快。马于 1923 年 9 月受北京大学文科研究所国学门委托,赴河南新郑青铜器出土地点调查,随后发表了《新郑古物出土调查记》;1924 年赴洛阳朱圪垱村汉魏石经出土之太学遗址调查;又率领北大文科研究所考古研究室学员赴北京西郊大觉寺、大宫山、碧云寺、圆明园文源阁等处遗址调查。他主张"有计划、有组织的大规模发掘",以打开"更精确、更复杂的地下二十四史"③。同年 11 月,北京政府成立"办理清室善后委员会",清点故宫文物,马衡参与其事。1925 年 10 月故宫博物院成立,古物馆由马衡主持。1926 年,马衡研究了近世

---

① 郭沫若:《〈凡将斋金石丛稿〉序》(1963 年 8 月 25 日),《凡将斋金石丛稿》。

② 《中国金石学概要》中的部分章节,曾由日本京都大学水野清一作注,转载于日本《东洋史研究》卷 3、4。

③ 马衡:《考古与迷信》,引自中华书局编辑部撰《编辑后记》,《凡将斋金石丛稿》,第 385 页。

出土的汉代简牍及有关古代书籍资料,发表了《中国书籍制度变迁之研究》,对我国历代书籍材质、形式和装帧的演变,提供了系统的资料。次年他又发表了《隋书律历志十五等尺》一文,推算出唐以前十五种古尺的实际长度,连同其他有关论文,提供了关于度量衡制度方面的研究成果。1927年初,马衡应日本学术界的邀请,东渡讲学半年,曾在东京帝国、九州、庆应等大学作《中国之铜器时代》等专题讲演。

同年6月,王国维投颐和园昆明湖自尽。他的一些未刊著作,生前为罗振玉攫去。王死后,马衡赴天津向罗振玉索回未发表的遗稿,交还王的遗属,后来收入《海宁王静安先生遗书》中出版。

国民政府在南京成立后,于1927年10月,任命易培基为故宫博物院院长兼古物馆馆长,马衡为古物馆副馆长。是年,马参加辽东半岛"貔子窝"的发掘工作,并于11月发表发掘报告。

1928年7月,国民党第十二军军长孙殿英率部驻防河北蓟县一带,悍然盗掘遵化清东陵的乾隆和慈禧陵墓,掠去大批珍宝文物,一时中外轰动。马衡闻讯,去南京面见蒋介石,要求严惩盗宝者。后来国民党当局枪毙了孙的两名部下敷衍了事,但马衡却因此遭到孙殿英的忌恨。1930年夏,孙指使其部属借故缉捕马衡,这时马正在河北易县燕下都故址主持考古发掘工作,幸得当时北平警备司令李服膺的报信,连夜经天津到上海暂避。此期间他曾至杭州小住,因杭州西泠印社社长吴昌硕已经去世,马被推继任该社社长。

1930年,西北科学考察团在宁夏额济纳河东岸两汉烽燧遗址中掘得竹木简牍万余枚,次年夏,马衡、刘复、傅振伦等开始整理研究。后马衡、向达等作释文成稿,交商务印书馆香港分馆刊印,惜未及印就而太平洋战争爆发,原稿下落不明。

　　1933年12月,故宫博物院院长易培基被诬盗宝离职①,次年9月,马衡继任院长。此时日本侵华势力逐渐南犯,华北形势日趋严重,在马衡组织下,故宫所藏珍贵文物二万箱陆续从北平南运上海。故宫博物院决定在南京朝天宫修建库房存储南运文物。1935年4月,马衡主持保存库的监造工作,并在该地基上发掘得古迹两处。是年6月,为筹集建库经费,将南运文物由沪起运至英国伦敦,在伦敦中国艺术国际展览会中展出。次年6月又在南京展出。1936年该库建成后,即将文物入库存储。

　　1937年抗战爆发,马衡赴西南寻觅储藏文物的安全处所,筹建仓库。11月沪地守军撤退后,南京战事吃紧,在运输万分困难的情况下,南京当局抢运了精品文物一万七千箱。运抵武汉后,由马衡组织人力分两路全部安全运到贵州安顺和四川峨眉、乐山三处山洞仓库中储藏。一直到抗战胜利后,再由马衡筹组力量全部运回南京。留宁不及运走的三千箱文物,曾被运往日本,经多次交涉,亦全部运回我国。郭沫若称马衡"是一位有力的文物保护者。中国古代文物不仅多因他而得到阐明,也多因他而得到保护"。"即以秦刻石鼓十具而论,其装运之艰巨是可以想见的。但马先生从不曾以此自矜功伐。"②

　　1948年末,北平和平解放前夕,傅作义曾邀集一批学者名流座谈,征询和战意见。马衡继徐悲鸿诸人之后在会上发言,强烈希望以北平

----

　　① 易培基由于不避嫌疑,主持出卖故宫博物院的一批杂物,以补经费的不足,使人生疑,又因得罪国民党元老张继之妻崔氏,被控盗宝。"崔氏向法院起诉状并未举出具体证据,但谓清宫古物中发现许多伪造之品,既有伪品,即反证易系盗窃。其实清宫中物伪造品本来甚多,即如乾隆本人,即不能辨别古董真伪,大员进呈之品有真有伪,一经盖用御印,即伪亦真,同样保存,如此而已。"(江庸:《故宫盗宝案》,中国人民政治协商会议上海市委员会文史资料工作组编印《文史资料选辑》第2辑,1960年版)该案国民党当局因张继的关系,交检察院立案,并派张的亲信郑烈为检察长,于1933年12月30日通令严缉易培基。易变姓改名避匿隐居,1937年9月病死上海。轰动一时的盗宝案随之不了了之。

　　② 郭沫若:《〈凡将斋金石丛稿〉序》(1963年8月25日),《凡将斋金石丛稿》。

人民的安全为重,争取早日和平解放,务使文化古城免遭战火摧毁。此后他又断然拒绝国民党政府动员他"应变南迁"。

中华人民共和国成立后,马衡任故宫博物院院长,并兼任全国文物保管委员会主任委员。1951年曾奉政务院总理周恩来之命,与王冶秋同赴广州鉴定和收购流失在香港的王献之手迹《中秋帖》。

1953年以后,年逾古稀的马衡因病在家休养,但仍孜孜不倦地从事学术研究。他平生对汉魏石经的研究用力最深,曾发表《从实验上窥见汉石经之一斑》等论文十余篇。他抱病每天工作至深夜,将东汉以来先后发现的汉石经遗字,分别各经,依其篇章汇录成多卷,制就影印图版,并作《汉石经集存原序》,付梓印行。

1955年3月26日,马衡在北京因病去世。所遗文稿数十万言,以及历年所藏万余册图书、古董文物等,全部由其子马太龙、马彦祥捐献给国家。其遗稿由王冶秋、夏鼐、唐兰、胡厚宣、傅振伦等人整理、编辑,分金石学概要、铜器、度量衡制度、石刻、石经和书籍形制等八卷,定名《凡将斋金石丛稿》,于1965年出版,反映了他在学术研究方面的主要成就。郭沫若为之作序,文末曰:"凡德业之以益人者,人不能忘之。马先生虽颇自谦,然其所成就,已应归于不朽。"①

主要参考资料

马太龙先生访问记录。

马衡:《凡将斋金石丛稿》,中华书局1977年版。

---

① 　郭沫若:《〈凡将斋金石丛稿〉序》(1963年8月25日),《凡将斋金石丛稿》。

马 鸿 宾

马启成

马鸿宾,字子寅,回族,甘肃河州(今临夏市)人,生于 1884 年(清光绪十年)。其父马福禄,系清末武进士,1900 年率部入卫京师,与八国联军作战阵亡,被清廷追封为"振威将军"。

马鸿宾从十一岁起,即随侍叔父马福祥,得马福祥的不断提携而步步高升。1904 年,马福祥任西宁镇总兵时,他在镇台衙内当"戈什哈"(满语,即侍从武弁)。1908 年升任西宁矿务马队队官,并"兼理蒙番事宜"。时藏族的一支刚察部聚众抗官,马鸿宾"出而为之解和"。1910年以炮兵营长随马福祥的"昭武军"由西宁移驻兰州。辛亥革命时马福祥通电拥护共和,1912 年底调任宁夏镇总兵,马鸿宾任管带,率部驻银川。

马氏叔侄初入宁夏时,北有后套卢占魁的"独立队",南有陇东张九才起义民军,东有退居陕北的原宁夏民军高士秀部,各股势力互争雄长。马福祥以马鸿宾为后套统领,令他率部前往围剿。1915 年,马鸿宾率部在绥西科布尔地方消灭了哥老会头目弓占元、包永祥。在绥西东大沟、白家地击败后套"独立队"卢占魁、同心县金占魁和白彦公等股民军。在宁夏灵武南部崇兴寨伏击金占魁部时,杀俘戮尸,极为野蛮。时袁世凯政府批准马福祥的扩军报告,允许添募新兵七个营,号"甘肃新军",以马鸿宾为司令兼炮兵营长。他再次击败卢占魁。后又于1917 年率新军在宁夏和绥西磴口一带追剿高士秀及冒充清裔称帝的达尔六吉,在贺兰山俘虏了达尔六吉部下二百多人。后北京政府称马鸿宾"勇略无前,忠谋自备",授予他陆军少将、勋五位。1921年初,马福祥离宁夏赴绥远任都统,马鸿宾继任宁夏镇守使职兼新军司令。这时他已羽翼丰满,所部步、骑十二个营,使署卫兵马队一个营,后又新扩编步兵七个营。

马鸿宾任宁夏镇守使不久,在开放烟禁问题上与甘督陆洪涛发生矛盾。民国初年,甘肃全境已禁绝鸦片种植。1921年,陆洪涛督甘后,陇东、陇南开禁,遍种鸦片,波及宁夏。马鸿宾以开禁种烟影响军队粮饷,攻击陆洪涛。后经马福祥从中调解,马鸿宾便与陆洪涛同流合污,开放烟禁。为了欺骗舆论,掩人耳目,马鸿宾成立了所谓"宁夏道属禁烟罚办处",专办"烟亩罚款事宜",美其名曰"寓禁于征",实则乘机搜刮民财。1923年夏,马鸿宾以"保境安民"维持地方治安为名,向宁夏所属八县提出借款八万元的要求,以低价折收鸦片烟,运往京、津地区高价出售,获得暴利三十余万元。宁夏回、汉人民在开放烟禁之下,备受剥削与毒害。

1925年春,冯玉祥任西北边防督办,国民军李鸣钟接替马福祥任绥远都统,要马福祥之子马鸿逵部从绥远退往甘、宁交界驻扎。但马鸿宾以宁夏为自己的地盘为由,拒马鸿逵入境,一时大有兵戎相见之势。后经马福祥向冯玉祥多次斡旋,冯准马鸿逵部扩编为第七师移驻宁夏金积、灵武,马鸿宾答应每月给两万元协饷,才暂时平息。

1926年9月,分据陇南、陇东的孔繁锦和张兆钾,不甘心于国民军取得甘肃地盘,在吴佩孚的策动下,挑起了对国民军驻甘军副总司令刘郁芬的战争。马鸿宾为平息战火,在甘肃各界的支持下,发出召开平番会议的倡议,要求各方派出代表前来平番(甘肃永登县)谈判协商。后马鸿宾认为张兆钾对刘郁芬的条件苛刻,难以调解成功,平番会议一直没有开成。马从此投靠冯玉祥。

冯玉祥在五原誓师参加北伐后,于1927年4月宣布取消"宁夏镇守使"建制,改马鸿宾部为国民革命军第二集团军第二十二师,委马为师长;又委马为甘肃剿匪司令,调马部至甘肃宁县、正宁地区追剿张兆钲残部。起初马鸿宾不愿离开宁夏,因出动迟缓,曾受到冯的记过处分。后马率部配合陕西宋哲元部攻克泾阳,击溃张兆钲残部。9月,冯玉祥将马鸿宾部和郑大章的骑兵师扩编为国民革命军第四方面军第二十四军,由马任军长。但郑大章师远在河南,实际马鸿宾只有他的第二十二师,经过整顿和补充以后,分驻陕西西安、渭南、朝邑、大荔、韩城、郃阳等地。此时,陕西的原国民二军李云新部与河南的樊钟秀部联合倒冯,于1928年春夏之际,包围渭北各县。马鸿宾奉命进剿李云新部,采取以兵力迫之、围而不撤、分化瓦解的办法,杀戮甚少而成功,为人所称道。1930年5月,中原大战爆发。冯玉祥为稳定后方,派马鸿宾任宁夏省主席。马抵银川后,先后收编了韩进禄、单有才、杨老二、马存良、杨子福等杂牌部队;遣散了不愿改编的马谦部一部分兵力;在中宁迫走了苏玉生的部队,控制了宁夏局势。

　　冯玉祥在中原大战中失败后,马鸿宾便投靠了蒋介石。由于其叔马福祥多次斡旋,蒋介石也需要笼络西北回族军阀,马鸿宾被委为暂编第七师师长、甘凉肃边防司令、甘肃省代理主席,不久又正式任主席。这期间,土著军阀各霸一方,横征暴敛。甘肃全省又连年大旱,民不聊生。马鸿宾由于裁减军饷,与驻兰州第八师师长雷中田的矛盾日趋尖锐。驻兰州国民党特派员马文车从中挑拨,雷中田于1931年8月25日发动政变,将马鸿宾软禁了三个月。后经调解,恢复自由,马即率部赴银川,企图主政宁夏,但国民党政府未予任命。1932年冬,马鸿宾为取得正式任命,致电蒋介石试探,佯称要当时在河南的马鸿逵前来宁夏任主席,自己愿率部去南京"拱卫中央"。不料弄巧成拙,蒋介石立即发表马鸿逵为宁夏主席,要马鸿宾把部队仍留宁夏,与马鸿逵留在河南的第三十五师互换番号,前往河南任师长。马鸿宾大失所望,又企图阻止马鸿逵前来。1933年春,马鸿逵率部到宁夏任省主席,马鸿宾部移往金积、灵武一带驻扎。同年冬,蒋介石命令驻绥远的第四十一军军长孙殿英道经宁夏赴青海任边区屯垦督办,同时又暗命马鸿逵、马鸿宾堵击孙殿英。1934年春,"二马"联合青海的马步芳,与孙部大战于银川以北地区,马鸿逵初战失利,后赖蒋介石派兵协助,才将孙部驱出宁夏。

1935年8月,中国工农红军徐海东部北上抗日,经过甘肃陇东地区。马鸿宾奉蒋介石命率第三十五师主力进行堵击,在固原的三关口、平凉马莲铺和泾川的王田宫等战斗中,遭到红二十五军沉重打击。1936年春,马部在甘肃西峰镇、曲子、环县、庆阳等地再次遭到红军西征部队的歼击,所属第一〇五旅被歼,旅长冶成章等人被俘。是年冬,红四方面军的前锋组成西路军,渡黄河向青海西进,连续苦战后遭到失败,"二马"派出许多支骑兵分队,从酒泉到武威,沿整个河西走廊,到处搜捕红军,残忍杀害不少红军战士。

1937年7月抗战开始后,西北划为第八战区,马鸿逵、马鸿宾两部合编为第十七集团军,以马鸿逵为集团军总司令,马鸿宾为副总司令兼八十一军军长。1938年5月,马鸿宾又兼任绥西防守司令,进驻今内蒙临河一带。1939年冬,日军进犯绥西,马率部在狼山、乌拉山一带与日军激战。1940年冬,马部移驻内蒙伊克昭盟一带,其先头部队在包头附近曾多次与日军激战。

1946年蒋介石发动全面内战后,马鸿宾任西北军政长官公署副长官,原第八十一军军长职务由其子马惇靖接任。马部奉命多次向陕、甘解放区进犯,受到人民解放军的坚决还击。在蒋介石节节败退、国民党统治全面崩溃之时,1949年春夏,马部第八十一军和甘肃白海风的骑兵师合编为固海兵团,以马惇靖为司令,希图配合马步芳、马鸿逵部抵抗人民解放军解放大西北。同年9月,在解放军强大攻势和起义政策的感召下,第八十一军在中卫宣告起义,马鸿宾审时度势,也参加起义。

中华人民人民共和国成立后,马鸿宾任宁夏军管会副主任、宁夏省副主席。1950年以后,历任甘肃省省长、省民委副主任、西北军政委员会副主席、国防委员会委员,以及第一、二届全国人民代表大会代表等职。1960年10月20日,因患胃癌在兰州病故,终年七十六岁。

主要参考资料

马鸿逵:《马氏宗谱》,原件存宁夏公安局。

陈泌淮:《朔方道志》卷28,天津泰华书局1927年版。

慕寿祺:《甘宁青史略》卷31—35,兰州俊华印书馆1936年版。

张维等撰:《甘肃人物志》卷13,陇右乐善书局1926年版。

《中央周报》(总第171期)1931年9月14日、10月4日。

《甘肃民国日报》1930年8月号。

卞得云口述,王五典整理:《马鸿宾部三十五师堵击红军惨败记》,中国人民政治协商会议宁夏回族自治区委员会文史资料研究委员会编《宁夏文史资料》第12辑,1984年版。

马 鸿 逵

王　劲

马鸿逵,字少云,回族,甘肃临夏人,1892年3月9日(清光绪十八年二月十一日)生。其祖父马千龄以农商起家渐为地主。清同治年间陕甘回民起义时,马千龄虽与以河州(即临夏)为据点的马占鳌为姻亲关系,但不愿公开反清,并说动马占鳌降清。事后,左宗棠称其为"良回"。光绪初年,马千龄次子马福禄中武举人,继中武进士,马家从此显赫乡里。1895年,河湟地区①的回族、撒拉族人民再次发动反清起义时,马千龄率其子组织民团,对抗起义军,后被清军收编为步骑两营,由次子马福禄和四子马福祥带领。马福祥即马鸿逵之父,为西北回族军阀前期人物中表现最活跃、地位最显赫者。他不仅恃武力,且长于交际,善于游说,政治手腕灵活,这为马鸿逵出入军界政坛打开了广泛的门径。

马鸿逵十二岁时,马福祥即以纹银一千两为他买得"蓝翎知县"虚缺。1909年,马鸿逵结束家塾,考入兰州陆军小学堂。学习期间,他对于"军训体操及军事学科,均感兴趣","惟不喜英文、日文","考试前辄往教官处索题"②。1912年,马鸿逵在其父部下任职营长,继升宁夏新军统领。1914年至1917年,马鸿逵在北京先后为袁世凯、黎元洪当侍

---

① 河湟地区包括今甘肃省临夏回族自治州及青海省东部的黄河、湟水流域各县。

② 马鸿逵:《马少云回忆录》,香港文艺书屋1984年版,第52页。

从武官。袁世凯搞洪宪帝制，马福祥上京劝进，被封为男爵，事后懊悔不及。张勋复辟时，马鸿逵注意将北京情势及时电告其父，马福祥因此通电拒绝了复辟"朝廷"给他的"甘肃提督"的任命。其时，马鸿逵还悄悄离开北京，到天津参加段祺瑞的马厂誓师，当了"讨逆军"的中将参谋。及张勋事败，段祺瑞重新上台，欲收马鸿逵为羽翼，拨给日式轻重武器及经费六万元，令其扩编宁夏新军，授其为陆军第五混成旅旅长。

在嗣后直系与皖系的斗争中，马鸿逵与其父恐有所失，一直不作表态，直皖战争直系获胜后仍能取得曹锟、吴佩孚的信任。1922年4月，第一次直奉战争时，双方都拉拢马氏父子。马氏父子则左右应付，借口"地方不靖"、"匪患未清"，婉拒任何一方促其派兵支援的要求，蹲踞绥远驻地不动。当奉系败北的消息传来时，他立即通电讨伐张作霖，呼张为"胡匪"①。1924年9月，第二次直奉战争爆发后，曹锟、吴佩孚先发制人，于部署时即派马鸿逵为骑兵总指挥，令他率部开往热河前线。马氏父子故伎难施，只得成行。战争进行中，冯玉祥回师倒戈，与胡景翼、孙岳发动北京政变。政变进行中，马鸿逵闻风转向，尾随冯玉祥撤退到北京。政变后，奉系头子张作霖来到北京，马鸿逵急忙前往拜谒，乞求谅解。张作霖于见面时一开口就说："前次我与曹、吴之战，曾请你父亲派兵支援，你父亲未答应，实在对不起我。"②马鸿逵甚为尴尬。

北京临时政府组成，段祺瑞为临时执政，其后奉系与国民军矛盾加剧。冯玉祥向西北发展，于1925年3月任西北边防督办，开始着力经营张家口以西地区。迫于冯军势力，马鸿逵与其父以退求存，表示顺

　　①　民革甘肃省委员会：《马鸿逵史料》，中国人民政治协商会议甘肃省委员会文史资料研究委员会编《甘肃文史资料选辑》第16辑（马鸿逵史料专辑），甘肃人民出版社1983年版，第13页。

　　②　马鸿逵：《马少云回忆录》，第101页。

从。马福祥将绥远都统职位交给冯之亲信将领李鸣钟，担任了没有实权的西北边防会办，其部队则交马鸿逵带领，编为冯的西北陆军第七师。不久，北京政府又发表马福祥为航空督办，遂居住京津，从此活动转向中央政界，遥作马鸿逵和侄子马鸿宾的奥援。

同年10月，冯玉祥部刘郁芬进入甘肃。时马鸿逵驻宁夏的金积、灵武。他特地赶往兰州，引介甘肃回军其他人物马麒、马廷勷等人与刘见面。这样，既借冯的势力抬高了自己在地方军阀面前的身份，又借回军力量，向冯显示自己的重要。

1926年1月，在直、奉军阀联合进攻下，冯玉祥的国民军渐次放弃河南和京津地区，全部退往西北。河南军阀刘镇华依吴佩孚、张作霖之意，率"镇嵩军"进军陕西，把国民军杨虎城、李虎臣部围困在西安。9月，冯玉祥自苏联返国，举行"五原誓师"，宣布响应南方北伐。在冯要求下，共产党人到其部领导政治工作。时马鸿逵部已扩编为国民联军第四路军，刘志丹被派到该部任政治处处长。马部参加了进军甘、陕以解西安之围的战斗。

1927年初，冯玉祥部队改编为国民革命军第二集团军，马鸿逵任冯部第一方面军第四军军长。5月，冯军东出潼关参加北伐，马鸿逵部队主力配属孙良诚指挥，进军到开封以东。冯与蒋介石在徐州会谈后，声明反共，"礼送"第二集团军的共产党人离去。马鸿逵也逼刘志丹离开开封。此后，马受冯、蒋指挥往山东一线作战。

1927年，蒋、冯、阎（锡山）、李（宗仁）联合进攻直系残余和奉系军阀。马福祥初在津门坐观成败，及张宗昌、孙传芳、褚玉璞节节败退，张作霖已难固守北方时，马鸿逵密催其父赶到南京，向蒋介石陈言"统一西北"大计，从此为蒋所信任和驱使。

在蒋介石完成了全国形式上的统一后，国民党新军阀之间的矛盾逐渐暴露。当蒋介石与冯玉祥的争斗初露端倪时，马鸿逵颇为如何自处而苦恼，他怕开罪于冯，不敢贸然接近蒋介石。蒋在南京接见冯军将领，两次向马鸿逵表示关怀，马佯装听不懂奉化方言，敷衍而过。他还辞谢了蒋通过其父转达的单独召见的邀请。但北上山东驻地后,他却写长信密送蒋介石,报告冯玉祥不满蒋的言行,并"对在京若干失礼之处,深致歉意"①。

1929年5月,冯玉祥决定反蒋,命所部由山东、河南向郑州、洛阳集中。马鸿逵到开封时,与从潼关赶来的韩复榘密议反冯投蒋事。然后韩返洛阳预做准备,及马部开到洛阳,即联名通电"拥护中央"。署名者尚有石友三、庞炳勋。这一行动,打乱了冯的作战计划,推迟了蒋、冯大规模战争的时间,使蒋得以稳住阵脚,从容布置。

公开附蒋后,马鸿逵为了摆脱冯玉祥军事围困,率兵东入郑州。冯玉祥为扭转局面,屡电马鸿逵温语慰劝,望其归返。蒋介石闻讯,即派钱大钧、贺耀祖、邵力子前往宣慰,带去百万元巨款。接着,召马到南京。款待马的宴会上,宋美龄及国民党政府各院部长出席作陪,又拨款几十万元补充马部军需。马部后来辗转调驻徐州。

是年12月,唐生智联合韩复榘、石友三酝酿反蒋。韩密商与马鸿逵。马阳为应诺,阴向蒋介石报告,并条陈对策。蒋于是先设法稳住韩,同时急调大军进攻唐生智。韩以局势不利,未敢助唐,唐军因此全军覆没于河南许昌、漯河一带。

中原大战前,马鸿逵严密控制津浦、陇海两铁路线,为蒋运输军火、军需创造条件。同时自己乘机贩运倒卖海盐,牟利以百万计。蒋介石为分化马与韩复榘、石友三的关系,故意不追不究。1930年5月,中原大战爆发,蒋调嫡系顾祝同之第二军进驻徐州,马部则被调到兖州、泰安一带,以隔开韩复榘与冯军的接触,避免其阵前倒戈。接着,蒋发表韩为山东省主席,使其脱离战场。马鸿逵部调驻鲁西及山东陇海线右翼。这时,石友三复叛蒋投冯,进攻曹州(山东菏泽)甚急,马奉蒋令驰援,石部退向东明,马部亦调往战事吃紧的陇海线作战。这时马鸿逵的部队已正式扩编为蒋的讨逆军第十五路军。

---

① 马鸿逵:《马少云回忆录》,第128页。

战争初期,蒋军失利。马鸿逵部撤至山东邹县、滕县布防。这时,韩复榘在青岛摇摆不定,大有被冯、阎拉去的可能。韩一旦有变,则马鸿逵很有随韩转向之虞。蒋介石因此频频电马,极力笼络,以"岁寒知松柏,板荡识忠臣"①相勉。7月底,蒋军重新集结后大举反攻,马鸿逵复占泰安。蒋介石论功行赏,马部增加了两旅编制。9月,一直被对峙双方拉拢的张学良通电拥蒋,派兵入关,冯、阎大败,联袂下野。11月,战争结束。

1930年底至1931年,蒋介石三次"围剿"红军失败,第四次"围剿"红军时,调马鸿逵部到河南许昌、漯河一带。马设总部于信阳,指挥所部参与对鄂豫皖革命根据地的进攻。但马鸿逵鉴于黄杰、曾万钟、岳维峻等的前车之覆,一度装病迟迟不行,招致蒋的不满,因此曾发生刘峙部包围马部的事件。

1931年8月,蒋介石任命马鸿宾为甘肃省主席,同时发表马鸿逵为宁夏省主席。但马当时觊觎河南省主席一职,滞留豫南,宁夏省政由他人代理。后蒋看到马畏于和红军作战,改变委其主豫主意,并让刘峙部压迫马鸿逵。1932年夏马福祥死,马鸿逵处境更加窘迫。恰甘、宁政局紊乱,蒋介石要他回宁夏就职。马鸿逵匆忙赶回西北,以摆脱困境。离豫时,按蒋命令,马鸿逵部队基本不动,由马鸿宾前来接统。马鸿宾在宁夏部队则交马鸿逵,双方互换番号。马鸿逵为保存实力,借蒋允其可带直属部队返宁夏一事,连夜选拔精壮官兵,密藏优良武器,于隆冬寒天,迅速把部队运往包头,再星夜兼程步行进驻宁夏。留在河南的部队,只是一些老弱病残之流。后马鸿宾托词亦留宁夏。

1933年初,马鸿逵正式就任宁夏省主席。他摆出励精图治的姿态,提出实行"三民主义"、"消灭烟毒土匪"两大施政目标,手订公务人

---

① 民革甘肃省委员会:《马鸿逵史料》,中国人民政治协商会议甘肃省委员会文史资料研究委员会编《甘肃文史资料选辑》第16辑(马鸿逵史料专辑),第25页。

员"行为准则"的八项要求。然而马鸿逵真正的信条是他常说的一句话"有兵就有权,有权就有钱"①。他的一切活动无不以"抓兵"、"抓权"、"刮钱"为目的而展开。

马鸿逵不断地补充军队,由1933年仅有一万二千兵员扩大到40年代末的十万人,占宁夏省当时人口的七分之一。富户雇人当兵,后因可雇壮丁越来越少,"兵价"也不断上涨,达到每丁三四百元。贫户为避当兵,或自残身体,或举家逃亡,凄惨之相,比比皆是。为了控制士兵逃跑,马鸿逵规定了兵逃罚主户(出兵的人家)及严惩逃兵的许多办法,常常成批枪毙追捕回来的逃兵。

为了独自控制地方政权,马鸿逵处处安插亲信。宁夏地处边远,交通落后,蒋介石无法控制太严,无法决定省府委员、各厅、处长,除教育厅长外,其他均由马自行提名保荐。尽管如此,马仍然一连赶走了五个国民党政府派来宁夏的教育厅长,最后由他自己保荐亲信杨作荣上任。马鸿逵以军管政,以政管党,国民党宁夏省党部及各县党部都在他的操纵之下。

马鸿逵嗜财如命。他敛财的办法有:清丈土地,增加征粮、征款;垄断宁夏贸易和金融,缉拿他人走私,自己则走私烟土;开办工厂,搞官僚资本企业敛财;借整顿税收之名,行增加税款之实,局卡林立,百物皆税;克扣军队及公务员薪饷,士兵津贴极低,还强行"储蓄",扣而不发;收取地租房租,房产延至平、津、西安、包头等地,其中有的作商号、金店,获利甚巨。

1934年初,孙殿英在蒋介石诱使下移兵西就青海柴达木屯垦督办,马鸿逵联合马步芳,说动甘肃绥靖主任朱绍良,请求蒋介石收回成命,同时调集大军严阵以待。当孙军兵临宁夏(今银川)城时,马鸿逵与马鸿宾全力阻击,同时向蒋介石、朱绍良告急。朱绍良迅速调兵增援。马步芳先已派兵来宁夏,此时也亲来督师。战争愈益升级。

————————
① 陈少校:《西北军阀记》,香港致诚出版社1981年版,第14页。

由于马鸿逵用重金收买了几个孙军将领,孙殿英全线动摇,大败而去。

1936年,西安事变发生后,马鸿逵深恐从此失去蒋介石这样一个靠山,又虑若张学良、杨虎城得势,也不敢公开拥蒋。及各方态度明朗,蒋有释放可能时,他乃以倒填日期的办法发出通电,主张讨伐张、杨。

1935年前后,日谍多次潜入宁夏活动,马鸿逵对此一度知而不问。同年10月,中央红军到达陕北后,他即以防备和阻遏陕甘宁边区的发展为己任。时蒋介石曾亲飞宁夏布置防务,蒋走后,马立即划分全省为三个警备区,不断骚扰边区。1936年10月,更向蒋进呈"剿共"意见书。同年马一度攻占三边(安边、定边、靖边),但很快被红军逐出。抗战期间,马鸿逵直接掌握的部队从未进入对日作战的战场。他以第八战区副司令长官兼十七集团军总司令身份从事的活动,除了巩固宁夏地盘,就是对付陕甘宁边区。

1945年冬,蒋介石违背"双十协定",调遣傅作义沿平绥线推进。包头以西空虚,马鸿逵奉命进驻河套地区,次年渐次全部撤回宁夏。1947年3月,蒋介石集中兵力进攻陕甘宁边区,命令马鸿逵攻打三边,因人民解放军实行战略转移,遂占三边。是年冬,人民解放军第二次围攻陕北榆林国民党军,蒋电令马援榆。马怕损兵折将,指示所派部队在途中拖延,蒋介石空投手谕,严责统军的马鸿逵次子马敦静:"如果榆林有失,惟你父子是问。"①马部方速行,于11月13日到距榆林一百二十里的袁大滩一带,先与解放军三五九旅一个团发生激烈战斗。接着,马部绕道向榆林城转进,人民解放军乘机猛攻,马部两千人被俘,马敦静败逃榆林。后解放军主动撤围,马部方得喘息,不久借口粮秣困难及解放军可能反攻三边,返回宁夏。

1949年春,国民党军主力丧失殆尽。蒋介石企图经营西北、西南,

①　民革甘肃省委员会:《马鸿逵史料》,中国人民政治协商会议甘肃省委员会文史资料研究委员会编《甘肃文史资料选辑》第16辑(马鸿逵史料专辑),第143页。

以为反攻基地。张治中参加和谈后所遗西北军政长官一职（由郭寄峤代理）遂成马鸿逵与马步芳争夺的目标。论资历马鸿逵自胜一筹，军阶上将，马步芳长期偏处一隅，军阶只达中将。考虑作战实力，蒋倾向于马步芳。马步芳又不惜巨资，大肆活动。马鸿逵暂作退让，主动提出由他保荐马步芳就任西北军政长官，交换条件是马步芳保荐他以西北军政副长官兼甘肃省主席。

同年5月，两马部队进攻关中的解放军。马鸿逵部被解放军打击后节节撤退，马步芳对此十分不满。8月，兰州战役前夕，马步芳要宁夏方面出兵援助。马鸿逵时在广州，因对马步芳一度食言自肥，不保荐自己就甘肃省主席，反而暗中为其子马继援活动，使自己该月上旬才得到这项任命一事无比忌恨，所以意存观望，指示部队缓慢开往甘肃。8月26日兰州解放，宁夏马鸿逵军才开到甘、宁交界的县份。

兰州解放后，马鸿逵打算让部队在宁夏顽抗，打光为止；而他早做逃跑准备，外运黄金，亲到台湾布置房产。8月底又去重庆，后再未返回宁夏。9月，其子马敦厚、马敦静也乘机离宁夏。然而，马鸿逵部队却在马全良、卢忠良率领下于是月接受了中国人民解放军和平解决宁夏问题的办法，宁夏获得解放。

马鸿逵到台湾后，被以"擅自撤兵"、"驰援不力"的罪名，受到"撤职查办"的处分。他处境艰难，心灰意冷，请准赴美就医，以后长期居留美国洛杉矶，1970年1月14日病故于该地。

马　济

李　微

　　马济,字慎堂,回族,1888年(清光绪十四年)生于广西百色。祖籍陕西扶风,清嘉庆年间落籍百色。其父马殿勋,曾任百色厅城守兼带绿营左三队、龙州提标中营守备等职,与陆荣廷是结拜兄弟。马济只读过三年私塾,1909年到龙州,拜陆荣廷为义父。这时陆任广西左江镇总兵,马济随往听差。马济身材魁梧,擅武术,气力过人,性机灵,善伺人意,深获陆的喜爱,同年即被保送广西讲武堂学习。半年后,又被陆召回任随从副官,并与闻机密。

　　辛亥革命后,1912年2月,陆荣廷以广西副都督被地方实力派推为都督,马济仍为随从副官。1915年,马调升为广西游击营营长。护国战争在云南发动,陆荣廷秘密做出反袁的决定,马济是参与密谋的心腹之一。1916年2月,袁世凯派龙觐光率粤军经广西进攻云南,马济受陆荣廷之命率游击营尾随,在田阳、百色间截袭粤军,尽夺其饷械并生俘龙觐光、龙体乾父子。3月15日,陆荣廷宣布广西独立后,马济又奉命将缴获的枪械运到广东肇庆,成立武卫军,并任总司令。5月,陆荣廷率桂军入湖南,马济部武卫军随陆入湘,为桂军前锋。马率尖兵一营先入长沙,时值桂军大队尚未到达,他虚张声势,令尖兵从南门进北门出,再从东门进西门出,以示抵城桂军为数甚众。不久,袁世凯死去,广东都督龙济光与段祺瑞勾结,通电取消独立,遂与入粤的滇军发生战斗,陆荣廷命令莫荣新率桂军马济等部入粤。龙济光失败逃往海南岛,陆荣廷经段祺瑞任命为广东督军。马济所部改编为广东陆军第一军,仍由马济任司令并兼任广东石井兵工厂厂长。

1917年护法军兴。10月,陆荣廷任命谭浩明为粤桂联军总司令率部援湘,马济自告奋勇随谭入湘作战。湘粤桂联军在湖南击败北洋军,马济所部进驻湘鄂边境的通城。1918年3月,北洋军大举反攻,直系将领吴佩孚率领第三师连陷岳阳、长沙,4月占领衡阳,马济部随各路南军一直撤退到郴州栖凤渡。北洋内部由于直皖矛盾,吴佩孚没有得到湖南督军的职位,又经吴的幕僚张其锽撮合,南北双方便在衡阳按兵不动。在郴州的马济与北军明为对垒,暗则通好,信使往返不绝。1920年5月,直皖矛盾激化,吴佩孚决定撤防北归,但须由南方接济军费六十万元,经张其锽与马济洽商后,得陆荣廷认可,并约定吴军后撤一步,南军跟进。吴军北撤,皖系湖南督军张敬尧无力单独对付湘军,在湖南人民驱张运动高涨中,也于6月11日从长沙仓皇逃走。

1920年粤桂战争时,马济奉陆荣廷命到广东增援,旋桂军败退广西。1921年6月,孙中山令粤军入桂,讨伐陆荣廷,桂军土崩瓦解。陆荣廷逃往上海前,马济为之去沪与各方面联络,并预做安排。1922年,粤军从广西撤退,陆荣廷乘机重返广西,就北洋政府任命的广西边防军务督办职,马济则留居上海负责与直系的联络,为争取直系军阀对陆荣廷的支持,他曾去洛阳会见吴佩孚。

1923年,湖南发生谭(延闿)赵(恒惕)之战,吴佩孚应赵之请,派北军进驻岳州,建立两湖警备总司令部。吴佩孚电邀马济到岳州"决川"舰上晤面,旋聘马为两湖警备总司令部参谋长。马济就任后,得吴佩孚及湖南省长赵恒惕之助,重建武卫军。武卫军第一团以广西人陈良佐为团长,第二团以陈雷为团长。这两团的枪支弹药均系吴佩孚从汉阳兵工厂拨给的,而饷款则由赵恒惕先后以湖南铜元局及城陵矶米捐局的收入资助。

1924年春,陆荣廷从南宁到桂林出巡,被驻防桂林的沈鸿英部包围。马济急派陈良佐率武卫军第一团前往接应,到广西咸水,被沈军击败。后经吴佩孚、赵恒惕调停,沈鸿英撤围放走陆荣廷。陆将自己的警卫旅梁山甫营拨给陈良佐,编入武卫军第一团,其余各营交马济编成武卫军第三团,任马济之弟马逵为团长。不久,陆荣廷通电下野。

1926年北伐战争开始时,马济的武卫军已从湖南移驻湖北咸宁、武穴一带。北伐军挺进湖北,马济率武卫军第二、三团向武汉撤退。陈良佐因与李济深有旧,率第一团投靠北伐军,编入李宗仁的第七军。北伐军进攻武汉时,马济率武卫军第二、三两团再退到黄冈。不久,陈雷也率第二团向九江方面移动,投靠北伐军。马济见武卫军已无法维持,遂改任周定儒为第三团团长,向安徽西部撤退,本人则和其弟马逵去上海居住。

马济抵沪后,为直鲁联军总司令张宗昌所闻,旋被罗致,马感其知遇,允就直鲁联军第十五军军长。1927年春,北伐军第七军向安徽进军,与马济指挥的原武卫军第三团在皖西相遇,第七军以"广西人不打广西人"为口号瓦解对方,马部不战而溃。马济率少数卫队逃到安徽定远县大青山,4月17日被当地红枪会所杀。

主要参考资料

陆君田、苏书选:《陆荣廷传》,广西民族出版社1987年版。

黄绍竑:《五十回忆》,杭州云风出版社1945年版。

李宗仁口述,唐德刚整理:《李宗仁回忆录》,广西政协文史资料委员会1980年版。

马驹誉、陈良佐、林虎等人生前口述材料。

马 君 武

曾 诚

马君武,原名道凝,字厚山,到日本留学时改名和,字君武,后以字行。1881 年 7 月 17 日(清光绪七年六月二十二日)出生①。祖籍湖北蒲圻,后定居桂林。其父马衡臣曾在广西恭城、平南、马平(今柳江)等县衙任文牍。

马君武九岁丧父,家庭贫困。他母亲从裁缝店领来衣服缝花边,向爆竹店领来爆竹插引线,以维持一家生计。马君武幼读私塾,在严母的督促下,知发愤读书,行路不释卷。他临帖写字,无钱买纸,就用芭蕉叶当纸。后来在亲戚陈允庵家附读,陈家藏书甚丰,他得以博览群书,因而旧学很有根底。

甲午战争以后,国难日急,维新变法运动兴起,各省废科举,兴学堂。1897 年,康有为到桂林讲学,设立"圣学会",创办《广仁报》,宣传变法维新主张。马君武深受影响,曾以"马恫"笔名投稿《广仁报》。他认为非精研西学,不足以致中国于富强,乃于 1899 年考入广西体用学堂。他在学校里发奋学习数学、英语,开始接受西方科学文化。主讲经史的唐景崧联系当时的政治情况,指出清廷的昏庸腐败以及中国有被瓜分的危险。马君武深感"国家兴亡,匹夫有责",产生了外出求学,进

① 马君武的出生年月,各书所说不一,今依马君武在《一个苦学生的自述》(《马君武先生文集》,中国国民党中央委员会党史委员会 1984 年版,第 372 页)一文中的记载。

一步探索救国途径的想法。1900 年,马君武到广州入法国教会主办的
丕崇书院学法文。同年 7 月,去新加坡,谒见康有为,请教救国大计。
这时八国联军攻入北京,慈禧、光绪逃往西安。康有为正以衣带诏号召
天下勤王,便派马君武返桂活动,策应唐才常自立军起义。自立军在武
汉起义失败后,他去上海,入震旦学院继续学习法文,并翻译《法兰西革
命史》一书。1901 年冬,马去日本,在横滨与梁启超、汤睿及日本宫崎
民藏、寅藏兄弟相识,曾为《新民丛报》撰稿。次年,马君武在横滨由日
人宫崎民藏介绍,往谒孙中山,聆听革命言论,甚为钦佩。他对人说:
"康梁者,过去之人物也;孙公,则未来人物也。"①此后,马君武和冯自
由、刘成禺等人经常走访孙中山,往来于东京、横滨之间,在孙寓畅谈革
命。从此,他追随孙中山,走上了民主革命道路。4 月,他和章太炎、冯
自由等十人发起在日本东京举行的明朝崇祯皇帝殉难日"支那亡国二
百四十二周年纪念会",企图通过纪念明朝灭亡以动员反清革命。1903
年农历正月初一,东京中国留学生千余人在骏河台留日学生会馆举行
团拜,"时有马君武、湖北刘成禺先后演说满洲吞并中国的历史,主张非
排满专制,恢复汉人主权,不足以救国,慷慨激昂,满座掌声"②。

同年秋,马君武考入日本京都帝国大学学习工艺化学。他在暑假
期间,对一些留学生传授炸药术,准备作为狙击清廷权贵之用。

1905 年 7 月,为了统一革命力量共同对敌,在孙中山的倡议下,兴
中会、华兴会、光复会等革命团体决定共同组成中国同盟会。由马君
武、黄兴、陈天华等人草拟章程。8 月,同盟会正式成立,马君武曾被指
定为执行部书记,因那时他在京都帝国大学攻读,未能就职,改由田桐
接替③。他曾在同盟会机关刊物《民报》上先后发表《甘必大传》和《帝

　① 冯自由:《中华民国开国前革命史》上册,中国文化服务社 1946 年版,第 56
页。

　② 马君武先生纪念册编纂委员会编:《马君武先生纪念册》,第 37 页。

　③ 田桐:《同盟会成立记》,罗家伦主编《革命文献》第 2 辑,"中央文物供应社"
1978 年再版,第 3 页。

民说》等文,鼓吹革命,宣扬民主政治。

由于反清运动在中国留日学生中蓬勃发展,1905 年冬,日本文部省徇清公使要求,为禁止在日学生进行反清活动,颁布了《取缔清韩学生规则》,中国留日学生发动罢课斗争,以示抗议,一大批留学生因此愤而归国。1906 年初,归国留学生在沪自办了一所中国公学,同年夏,马君武毕业归国,担任该校总教习(教务长)兼理化教授。由于中国公学的学生多为同盟会会员,他们的反清活动引起清政府的注意,马君武被两江总督端方指名缉捕,他不得不于 1907 年到德国入柏林工艺大学,学冶金,毕业时获工学士学位。

1911 年 11 月上旬,马君武由德归国抵沪。当时辛亥革命已爆发,他在为《民立报》撰文宣传建设共和的同时,积极参加组织临时政府的筹备事宜,被推举为各省都督府代表联合会的代表,参加《临时政府组织大纲》的起草,选举孙中山为中华民国临时大总统。临时政府成立后,马君武以实业部次长代理部务,并参与起草《临时约法》。

当时,袁世凯为了掌控国家政权,从各方面对革命党人施加压力。同盟会内部也有人主张妥协,建议将临时大总统职位让给袁世凯。马君武却指出袁为人诡诈,心怀叵测,坚决反对孙中山让位。后来,孙中山辞去总统职务,亲自主持中国铁路总公司,马君武亦辞去实业部次长职务,任铁路公司秘书长。1913 年国会成立,任参议院议员。

"二次革命"失败,马君武被迫离开北京,再次赴德国,入柏林大学研究院学习,并兼德国波鸿化学工场工程师。在院四年,提出蚕丝七种原素之分析研究论文,获工学博士学位,于 1916 年归国。袁世凯败亡后,国会恢复,马仍任参议院议员。

1917 年 7 月,孙中山在广州号召"护法",国会议员纷纷南下,在广州组织护法军政府,马君武追随孙中山,最初任大元帅府秘书,旋代理护法军政府交通总长,并兼任广州石井兵工厂无烟火药厂总工程师。1918 年 5 月,孙中山被桂系军阀排挤,离开广州,前往上海。马君武也跟着到了上海,与广西同乡王乃昌、梁烈亚等人组织"改造广西同志会"，在广西旅沪人士中进行反对陆荣廷的宣传和活动。1920年，孙中山命陈炯明从福建回师，驱逐盘踞广东的桂系军阀，11月重组军政府，马君武任秘书厅长。次年4月，南下的国会议员在广州召开非常会议，通过《中华民国政府组织大纲》，推举孙中山为非常大总统，马君武任总统府秘书长。6月，孙中山进兵广西，7月，任命马君武为广西省长。马君武雄心勃勃，励精图治，提出禁烟禁赌，整顿金融，发展实业，兴办教育，建筑公路，成立新军等计划。但陆荣廷旧部分布于广西各地，割地自雄，附粤的桂军刘震寰又不听指挥，以致政令不出省会南宁，马君武一筹莫展。1922年5月，粤军撤出广西，自治军蜂起，陆荣廷旧部伺机进逼南宁。5月22日，马君武致电广州政府，辞去省长职，旋去上海，一度在上海杨行镇经营果园。

　　1924年1月，孙中山在广州召开国民党第一次全国代表大会，改组国民党，实行"联俄、联共、扶助农工"三大政策。马君武由于远离政治舞台，不了解情况，并受居正、冯自由等人的影响，在章太炎领衔发表的《护党救国公函》上签名，这个"公函"实质是反对国民党改组，反对三大政策的。11月，马君武受聘为上海大夏大学校长。1925年4月，并出任国立北京工业大学校长。同年12月底，段祺瑞执政府任命马君武为司法部总长。当时段祺瑞执政府正向各国交涉取消领事裁判权，需要有名望的人主持其事，马君武由于对北洋军阀的本质认识不清，加上好友章士钊的援引促驾，便以"事关国权，勉从其请"，于1926年1月7日就职。是月，国民党第二次全国代表大会以马君武违纪参加段祺瑞之善后会议为由，予以除名处分。两个月后，段祺瑞改任马君武为教育部总长，工大学生群起反对，马未就职，同时辞去工业大学校长职务。3月底离京回沪，再任上海大夏大学校长。从此息影政坛。

　　1927年初，马君武应广西省政府主席黄绍竑之邀回桂，在梧州创办广西大学。1929年，粤桂军阀混战，学校经费无着，校务停顿，马君武乃离桂赴沪，再回上海大夏大学任教。1930年1月，上海中国公学校长胡适辞职。5月，马君武被该校校董会推举任校长，并主讲文化发展史。马君武出任校长,向上海聚兴诚银行贷款六万元建校,学生增至一千多人,是中国公学的全盛时期。马君武重视培养人才和科学研究,而对国民党党义及纪念周等课题,不予重视,因此颇受学生欢迎。但国民党当局对此却深为不满,挑起学潮对他排挤打击。马君武于1931年初愤而回桂,5月复任广西大学校长。1932年,又任西南政务委员会常务委员,广西省政府委员兼广西修志局总纂。

马君武在任广西大学校长期间,聘请国内一些名教授来校教课,添置图书仪器,充实教学设备,开办化学、机械等教学工场和农场,使学生获得实践知识。并成立科学研究机构,设置贫苦学生基金会,还由学校出资选送有培养前途的助教出国留学深造。他经常在晚上自修时间,提着马灯到学生宿舍巡视,亲自指导学生学习。1936年,因马君武不积极推行军训,反对广西的"三自三寓"政策,白崇禧借故将广西大学改组,免去马君武的校长职,只给他一个顾问空衔。马君武便离开广西去上海,与人合办农场。

马君武一向坚决主张抗击日本的侵略。"九一八"事变发生后,他反对蒋介石的不抵抗政策。1932年,日军进攻上海,南京政府仓皇迁都洛阳,马君武去电指责说:"国事败坏至此……乃精卫兄在武昌一年,介石兄在南京四年倒行逆施之总结果……介石兄对内面狞如鬼,对外胆小如鼠。"[1]1933年,日军攻占热河,国难日急,马君武大声疾呼:现在已是千钧一发的时候,"要厉行对日经济绝交……组织民众、武装民众,以民众的力量去收复东北失地"[2]。1937年抗战开始,马君武被任命为最高国防会议参议、广西省政府高等顾问。1938年,马君武和地质学家李四光在桂林开办科学实验馆,马为常务委员。马还和戏剧家欧阳予倩成立"广西戏剧改进会",从事桂剧改革工作。同年,马任国民参政会第一届参政员。1939年,国民政府改广西大学为国立,任命马

---

① 《广西大学周刊》第2卷第1期,第56页。
② 《广西大学周刊》第4卷第3期,第5页。

君武为校长。1940 年,汉奸汪精卫在南京成立伪政权,马君武写了《三州纪事》诗,斥汪"潜身辞汉阙,矢志嫁东胡"①,卖国求荣,卑鄙无耻。同年秋,马君武胃病复发,于 8 月 1 日在桂林病逝。

马君武青年时代,在贫困中勤奋读书,刻苦钻研,终于成为我国著名的学者。他懂得英、法、德、日四国文字,精通数学、物理、化学、冶金、生物、农业等自然科学,对政治、经济、哲学、历史等社会科学也有研究。1902 年,先后在梁启超主办的《新民丛报》上介绍卢梭、圣西门、黑格尔等思想家的学说,后来在《民报》上发表了他 1901 年翻译的《法兰西革命史》。1918 年翻译出版卢梭的《民约论》,至 1930 年,发行了六版。1919 年,他第一个翻译出版了达尔文的《物种原始》,此书一出,风行全国,到 1936 年,发行了十二版。此后,他还翻译出版达尔文的《人类原始及类择》、赫克尔的《自然创造史》,并写了《达尔文》一书,系统地介绍达尔文的学说。马君武对自然科学知识的传播,也不遗余力。他在1901 年翻译出版《代数学》一书,两次留学德国期间又翻译和编写了《平面几何学》、《微分方程式》、《矿物学》、《动物学》、《植物学》、《德华字典》等,其中有的被用作大中学校教科书。他在广州任无烟火药厂总工程师期间,还翻译了维也纳教授菲里波维所著《国计民生政策》全书。他自己写了一本《中国历代生计政策批评》,对王安石变法作了肯定。马君武工诗能文,学贯中西。他不仅是旧民主主义革命者,也是一个爱国诗人。1909 年,他和同盟会会员柳亚子、陈去病、高吹万等人组织南社,以诗会友。他的诗多"鼓吹新学思潮,标榜爱国主义"②,有的诗脍炙人口,传诵一时,深为读者所喜爱。在 20 世纪初,他与诗人柳亚子、苏曼殊齐名。这些诗多收入上海文明书局出版的《马君武诗集》中。

马君武去世后,周恩来送来祭幛,挽词是"一代宗师",朱德、彭德怀的挽词是"教泽在人",对马君武的一生作了评价。

---

①　《马君武先生纪念册》,第 26 页。
②　胡朴安编辑:《南社丛选》第 4 卷,上海国学社 1924 年版,第 24 页。

马　麒

魏明章

马麒,字阁臣。回族。甘肃临夏西乡乩藏沟人。1869 年 9 月 23 日(清同治八年八月十八日)生。其祖父马兴隆,来往兰州、临夏间以驮脚为生。父亲马海宴①,喜武术,善骑射,广交游,曾任马占鳌部旗官,生三子,长子马麒,次子马麟,三子马凤。马麒系清末武科生员,1894 年,甲午中日战起,与父马海宴随董福祥、马安良(马占鳌之子)入卫京师,驻扎京畿一带。1895 年,马麒任哨官。由于"平回"有功,得六品军功牌,受命驻扎摆羊戎厅(今化隆回族自治县)。1900 年庚子之役,马麒及其父又随董福祥部甘军入京,在马安良属下供职。曾与八国联军血战于河北廊坊、卢沟桥等处,并攻打了外国使节驻地东交民巷。北京陷落之前,慈禧、光绪西奔,董福祥率甘军随同护驾。路过河北宣化府时,马海宴病殁(年七十四岁)。董福祥即转奏两宫,追赐记名总兵衔,马麒即任教官之职。慈禧等至晋南风陵渡过黄河时,马安良、马麒等组织水手,并亲自掌舵,护驾渡河,博得了慈禧的赏识和信任。马麒回甘后,仍驻摆羊戎厅。不久,调升花翎副将衔循化营参将。

辛亥革命爆发后,陕西革命党人发动起义,攻占西安,宣布独立。在甘肃的清陕甘总督长庚、陕西巡抚升允等拼凑了"东征军",从甘肃分三路进攻陕西革命军。马安良任"精锐西军"总统,马麒任帮统。部属

① 《清史稿》作马海彦。

除其原有的部队外,还有临夏、循化、巴燕戎格(今巴戎县)、碾伯(今乐都)等县征拨团丁,组成有步兵五千、骑兵一千的马步二十四营、旗。

当他们正向陕西进军时,适逢宁夏(今银川)刘华堂等响应革命,组成宁夏军政府。长庚命马安良派马麒率西军六个营直扑宁夏,于10月中旬,攻陷宁夏城,镇压了宁夏起义。旋马安良即调马麒率部东开援陕。之后,马安良部在陕西乾县、邻县、永寿梁一带,与革命军多次血战,革命军伤亡较大,后清帝被迫宣布退位,陕甘战事亦宣告结束。

1912年4月,攻陕甘军次第调回,马安良、马麒部驻防兰州。马部在兰州,横征暴敛,甘肃省临时参议会表示反对。6月,马安良指示马麒,派人杀害甘肃省临时参议会会长李镜清于临洮家中。省内一直呼吁查办凶手,甘肃都督赵惟熙不予置理。参议员李步沄赴北京向袁世凯申诉,亦不得要领而返。同年8月,马麒经北洋政府任命为西宁镇总兵。旋又因外蒙西藏之乱,北洋政府以马麒熟悉蒙藏情况为由,任命为"青海蒙番宣慰使",坐镇西宁。

1914年,川边第十一营营长李某率兵突占弥多之夯令庄,川边经略使尹昌衡派员至昂欠(川名隆庆),胁令投诚。藏民诉于西宁,不愿归川。马麒认为玉树二十五族耕牧相杂,物产丰富,实为青海精华之所在。将玉树二十五族划归川边"势必长藏卫之渐"[①],遂电甘肃都督转北洋政府派员勘界。结果,隆庆(即昂欠)、玉树仍归西宁管辖,川边兵退出境外。此次勘界玉树,使西南边防社会治安得到了安定,解决了川甘省界纠纷。随之,马麒着手筹设玉树、都兰两理事(相当于县一级政权机关),作为经营海南、海西的开始,并派马麟为玉树驻防司令,从西宁至结石(今玉树)一千六百二十里,沿途设驿站二十五处,置营堡戍守,为控制青海南北部奠定了基础。同年秋,甘督张广建呈报北洋政府,发来藏香,命令青海办事长官廉兴"祭海",马麒"陪祭"。会后,马麒径电袁世凯,"宣布中央德意,使与祭之王公咸晓然于民国共和之宗

① 陈秉渊:《马步芳家族统治青海四十年》,青海人民出版社1981年版。

旨",并表示"以率属而景从"①。

当时,青海办事长官廉兴设立青海皮毛公估局,借以控制青海羊毛,从而影响了马麒的利益。时逢廉兴招募护卫军数十人,马麒遂密电北洋政府,"廉兴私招军马,勾结蒙藏,图谋不轨"。1915年北洋政府令马麒将廉兴解往兰州。10月,北洋政府裁撤青海办事长官及西宁镇总兵缺,另设甘边宁海镇守使,任马麒为镇守使,"以青海属甘,以长官事属镇守使"②,统辖西宁所属驻军及管理蒙藏地区的军政事务。自1912年,马麒创建"宁海军",到1915年,前后招募兵马共六十营旗。任用其弟马麟、儿子马步青、马步芳、侄马步元、族侄马仲英等掌握兵权,形成了以马氏家族为中心的军事统治。从这时起,对蒙藏人民"每年增收草头税白银三十万两"③,解交镇守使署,作为军费。又在农业区加税加粮,并经营皮毛、药材、挖金、盐、采矿等工商业,以充军费。

清末及北洋军阀统治时期,甘肃统治当局为了增加税捐收入,默许民间种植大烟,甘肃地区遂大量种植烟苗。马麒为扩充实力,解决军粮和兵源问题,采纳幕宾黎丹根绝种植罂粟的建议,极力执行禁烟。至民国七、八年间(1918年—1919年),西宁附近的烟苗已基本绝迹,粮食产量增加,农村经济一时尚称小康,曾有"西方一片干净土"之称④。

1916年6月,宗社党人吕光号称"忠顺公",来西宁道属地区活动。先在拉卜楞倡乱,后到保安一带大肆封官授爵,提出"助清灭民"的口号,散发颠覆"民国"传单。一时部分青海的蒙藏王公、千户、百户和大通、湟源、互助一带的群众多受骗参加。吕光从保安出发,攻占了贵德县城,声势浩大。9月,马麒派"宁海军"平定吕光之乱,安定了地方秩序。在文教方面,马麒创办了蒙番学校、回教促进会立学校、职业学校

---

① 《北洋政府公报》。

② 《北洋政府公报》。

③ 中国人民政治协商会议甘肃省委员会文史资料研究委员会编:《甘肃文史资料选辑》第10辑(甘肃解放前五十年大事记),甘肃人民出版社1981年版,第59页。

④ 《西宁市志》编委会编:《西宁市志》,历史部分征求意见稿,第148页。

等。对地方人士的文集诗抄,也曾捐资刊印,广为流传,学者称便。马麒自诩"优礼贤士,爱才如渴"。在民族宗教方面,他主张"汉回蒙藏,各得安其业;儒释道耶,各得遂其信仰"①。马麒迎伊斯兰教伊赫瓦呢派的倡导者马万福(即马果园)父子来西宁,以为己用。马万福所倡导的伊斯兰教伊赫瓦呢派,自称为"艾海力逊乃提"(即凭经立教)。他主张遵经革俗,反对门宦制度,反对单一的经堂教育等,这个学派在我国一般称为新兴教。由于马万福博学多才,有较高的声望,又得到马麒的大力支持,在不长时间内,以西宁为中心,传遍了甘、宁、青等广大地区,形成了一个很有影响的教派。他还督促兵工,兴修公路桥梁,种植树木,开荒造田,兴修水利等事宜。

　　1921年,果洛藏族反对马麒征派乌拉(即差役),抢劫马部商队,杀害玛沁雪山采金员工,西宁至玉树的交通阻塞。马麒遂派"宁海军"前往镇压,迫使果洛女王路吉卓玛来西宁投诚,开创了马氏家族统治果洛的开端。事后,北洋政府以征服果洛"有功",授予"锐威将军"、一等文虎章、陆军中将衔②。1923年,拉卜楞居民与"宁海军"发生冲突。拉卜楞久隶宁海,因内部纠纷,诉讼于西宁,马麒庇护一方。"宁海军"曾两次前往镇压,藏民死亡及财产损失巨大。嘉木样呼图克图等人向上控告,不愿隶宁海。1927年,设立拉卜楞设治局,派省兵驻防。次年成立夏河县。

　　1925年,刘郁芬代理冯玉祥任甘肃督办,马麒仍任甘边宁海镇守使。1927年初,冯玉祥所部国民军联军改称国民革命军第二集团军后,任命马麒为暂编第二十六师师长。1928年初,国民军高树勋部进入西宁后,马麒被迫交出军政大权。

　　1929年1月,青海省政府成立,孙连仲任主席,任马麒为委员兼建

　　①　魏明章:《西宁市东关清真大寺两篇碑文述略》,青海《社会科学参考》1984年4月。

　　②　陈秉渊:《马步芳家族统治青海四十年》。

设厅厅长。马以"腐朽无能"为词,终未就职。后厅长由马麟担任,他只保留委员名义。蒋、冯、阎中原大战开始,国民军陆续东撤。孙连仲出任甘肃省主席,青海省主席一职由高树勋代理,9月2日高亦被调走,冯任命马麒暂代青海省政府主席。中原大战冯玉祥失败后,马麒即举起"倒冯拥蒋"的旗帜,急电蒋介石表示忠诚,"麒倾心南向,惟冯部来甘,遂致倾心之诚,无由上达,冯且蓄意剪除异己,只得曲与周全而已"①,从此投靠了蒋介石

　　1930年1月5日,国民政府任命马麒为代理青海省主席。1931年8月5日,马麒故于西宁。

①　陈秉渊:《马步芳家族统治青海四十年》

马 叙 伦

宗志文

马叙伦,字夷初,号宦香,浙江杭州人,1884 年 4 月 27 日(清光绪十年四月初三)生。他的父亲马琛书是一名秀才,多次乡试不中,很不得志。马叙伦幼年入塾读书,十岁时父亲去世,靠母亲做女红和父亲的朋友资助继续上学。1899 年进杭州养正书塾学习。1901 年,养正书塾改为杭州府中学堂,加设师范班。他入师范班,在这里一面继续学习,一面教刚入学的新生。课余则博览群书,阅读西方的《天演论》《法意》《民约论》和反清的《扬州十日记》《嘉定屠城记》《明夷待访录》等,逐渐萌发了推翻清廷统治和建立民主共和国的思想,立志毕业后到日本学习陆军,从事革命活动。不料 1902 年临毕业前两个月,因为学校无理开除同学的事,他打抱不平,帮同学说话,触怒了学校当局,被学校除名。

同年夏天,马叙伦到上海,先是帮助维新派蒋智由编辑《选报》,不久又参与编辑《新世界学报》,两者皆带有反清革命的倾向。他还常常参加蔡元培创设的"爱国学社"在张园举办的讲演会,听章太炎、蔡元培等人的演说。这些人大声疾呼推翻清廷统治的主张,更加激发了他的革命思想。1904 年他回杭州结婚,在新房中挂了一副自撰的对联:"卿桴独立鼓,我揭自由旗。"大胆地表示了自己争取民主,反对封建的愿望。婚后,他在杭州、江山、诸暨等地教书。1906 年到广州,先后在两广师范馆及两广方言学堂教书。1909 年回到杭州,在两级师范学堂任教。杭州这时已有反清秘密组织,他的朋友有不少人参加。他时常参加他们的秘密会议,一起议论国事。同年底加入"南社"。这时,他读到一本孙中山的传记《孙逸仙》,革命情绪更加高昂。翌年春天与朋友游西湖,在游船里吟诗,他在一首诗里抒发自己对反清革命必胜的信心说:"一击满湖烟雨破,谁家天下举杯看。"

1911年夏天,马叙伦随老同学汤尔和去日本游历。马的目的是"要找章太炎先生",与章相见后"谈得火热"。不久,马经章介绍参加同盟会。9月,马回国,适逢江浙人民反对沪杭甬铁路收归国有。马和几个同盟会员一起,乘机扩大事态。他们借得几个股权,参加铁路局召开的股东大会,控制会场,取得了反对沪杭甬铁路收归国有的胜利。

武昌起义后,马叙伦和几个同盟会员在杭州筹办民团,准备响应起义。11月5日浙江光复,马被邀担任都督府秘书。他刻了一颗"浙军都督府都督之印",携带封条,将大清银行、布政司、盐运司等前清衙门次第查封了。次年他任都督府印铸局局长。不久,因与该局公报总纂杭辛斋等人意见不合而辞职,仍回浙江第一师范学校教书。他的辞职,也还有思想上的因素。他过去读《高士传》、《独行传》、《逸民传》,又受到俄国无政府主义思想的影响,产生了"超然物外"的思想,"想做一个高人逸士"。辛亥革命后他认为:"现在满清被推翻了,革命的目的达到了,以后是怎样建设中华民国了,应分让'学有专长'的人们去做,我还是做教书匠,在我的岗位上工作吧。"①

1913年春,马叙伦到北京,在国立北京医学专门学校当国文教员,随后又到北京大学文学院教课。"二次革命"失败后,8月,章太炎在北京被袁世凯软禁。马叙伦经常去探望他,两人"一谈就是一天"。特务监视的时候就谈孔孟,谈老庄,谈佛学,谈理学;特务一放松监视,他们就商量倒袁的事。章太炎有一次消极绝食,还是马叙伦劝过来的。1915年初,袁世凯图谋称帝的消息传出后,马曾动员从前在两广方言学堂的学生廖容回广东组织武装力量起兵讨袁。廖回广东后,马写了

---

① 马叙伦:《我在六十岁以前》,生活书店1947年版,第44页。

一篇讨袁檄文寄廖。云南起义后,这篇檄文曾在香港报纸上发表,对起义起了声援作用。年底,马辞去北大和医专的教职到上海。

1916年6月,袁世凯败亡后,马叙伦再回北大任教。他授课之余,潜心著述,写了《老子校诂》、《庄子义证》,还着手写《说文解字六书疏证》。五四运动爆发后,马积极支援学生运动。他走出书斋,参加社会活动,被推为北京大学教职员会联合会及北京中等以上学校教职员会联合会两个组织的书记,不久被推为主席。马曾代表教职员会联合会看望被拘禁的学生,向他们发表演说,鼓励他们进行斗争,并代表教职员会联合会同政府当局进行谈判,呼吁当局释放被捕学生。

1920年春,北京大中小学教师因北洋政府长期拖欠薪金,向政府发起索薪运动,组成"北京小学以上各校教职员会联合会",马叙伦又被推为主席。在他主持下,索薪运动不断发展,提出教育基金和教育经费独立的口号。1921年6月3日,北京各校教职员上万人前往总统府,要见总统徐世昌,要求政府发还积欠薪金。马叙伦走在队伍前列,在总统府门外遭到军警毒打,头部受重伤,被送进医院。徐世昌还扬言要向法院控告马叙伦毁坏他的名誉。大家设法将马迁入东交民巷德国医院。不久他出院,仍然主持北京教职员会联合会的工作。后因头部伤未痊愈,年底请假回杭州休息。

马叙伦回到杭州时,正值浙江第一师范闹学潮,无人愿任该校校长,浙江教育厅再三邀请马担任,他只得应命。马任一师校长后,推行北大"教授治校"的一套办法,受到全校师生的一致拥护,学潮遂平息。当时,浙江教育相当落后,马有意进行改革。1922年夏,经蔡元培等人推荐,马任浙江教育厅厅长。他认为办好一省的教育,首先要办好各县的教育,曾亲自到萧山、绍兴等县视察。9月,王宠惠署理国务总理,汤尔和入阁任教育总长,马叙伦应汤尔和之邀任教育部次长。11月,王宠惠被迫下台,马叙伦亦随之辞职。这时,国民党在北京已开始公开活动,马叙伦被任为国民党北京特别党部的宣传部长。1924年,国民党在广州召开第一次全国代表大会时,马因事未能参加,曾建议孙中山为国民党掌握政权早做准备,设立调查和研究机关,免得将来措手不及。

同年10月冯玉祥发动"北京政变"后,黄郛任国务总理,易培基任教育总长,马叙伦第二次出任教育部次长。不久临时执政府成立,段祺瑞任执政,马叙伦任国务员,代理教育部部务。当时他不愿在军阀政府任职,有人劝他说:"教育部关系革命很大,不应放弃。"他才继续干下去。年底,教育部收到一份内政部要查办"共产党首领"李大钊的密件,他有意压下,使李大钊幸免被捕。

1925年3月,段祺瑞任命唐继尧为教育总长,唐派他的代表王九龄到京赴任,马叙伦辞去教育部职务,仍回北大任教。"五卅"惨案后,马联合各界人士组成北京"五卅"惨案后援会,积极响应全国人民的反帝爱国运动。11月,一部分国民党右派在北京西山自行召开"国民党一届四中全会",非法通过一系列反对孙中山三大政策的决议。北京的国民党分裂,马叙伦站到西山会议派一边。他说:"我虽然信仰社会主义,却不赞成暴动政策……我因此也参加了西山派。"①1926年初,北洋政府的教育经费仍然常常无着。马叙伦提出教育经费独立的主张,和一些朋友拟定了一个教育特税提案,交到国务总理许世英那里,得到许的赞同,并经国务会议通过,还发表马任督办教育特税事宜。不久"三一八"惨案发生,马遭到北洋政府的通缉,被迫躲进东交民巷。随后化装离开北京回到杭州。此后,他脱离了"西山会议派"。

北伐战争开始后,马叙伦动员他的老朋友浙江省长夏超参加国民革命,并代夏到广州与国民政府接洽,国民政府委夏为国民革命军第十八军军长兼理民政事宜。夏超宣布独立,马叙伦出任浙江建设厅长。不久夏超兵败,马遭孙传芳通缉,逃到上海。

1927年2月,北伐军进入江浙一带,浙江省政府成立,马叙伦被任命为政务委员会委员兼民政厅长。他有心改革浙江吏治,很重视县长和警察所长的挑选。为了防止这些人贪赃枉法,他主张增加他们的薪

①　马叙伦:《我在六十岁以前》,第94页。

俸,增加行政经费。当然这是不切实际的空想。后来他认识到必须"从
制度上根本解决",曾说:当局"无明察之才,公平之度,恳挚之情,严峻
之刑,不掣之权,皆不足以矫枉而反正;且如堂高廉远,不与百姓相接触
则亦不能济也"①。1928 年底,马叙伦任教育部次长。因国民党当局
不经国民政府行政院一再直接发命令到教育部,马叙伦不满,1929 年
冬辞职而去。事后赋诗一首:"袍笏登场又一回,未酬素志鬓丝衰。身
无媚骨难谐俗,从此柴门不再开。"表示不愿再做国民党政府的官了。
1930 年暑假后,再回北大教书。

　　"九一八"事变后,马叙伦痛感河山破碎,极为悲愤,常常写诗抒怀,
排遣内心郁闷。1933 年"九一八"国耻纪念日时,他写了一首七绝:"可
怜歌舞弃金城,边月仍圆岁月更。我自年年歌当哭,旁人错认绕梁声。"
1935 年日本帝国主义疯狂侵略华北,在北大教授举行的抗日问题讨论
会上,马叙伦积极主张抗日,与胡适等人展开了激烈的争论。12 月,马
约集当时北平高等学校一些主张抗日的教授,组织北平文化界抗日救
国会,被推为主席。适逢"一二九"抗日救亡运动爆发,他为了支持北平
学生的抗日活动,日夜忙碌,终于累病了。胡适等人乘机要他休假一
年,实际上是要他离开北大。他愤而辞职,回到杭州。

　　"七七"事变后,马叙伦带着家眷避乱到上海,在之江大学(由杭州
迁沪)教课。上海沦陷后,他改名邹华孙,隐居上海,从事著述。他的
《说文解字六书疏证》三十卷,约二百四十万字,就是在这个时期定稿
的。1939 年 12 月,汪精卫、陈公博等在上海筹划降日卖国。陈是马叙
伦在北大任教时的学生,他义不容辞地找陈谈了一次,劝他停止卖国活
动。陈多方狡辩,还请马叙伦出来帮忙,他断然拒绝说:"我是决定不出
来的。"后来他在上海贫病交加,陈多次派人送米送钱,他都拒绝接受。

　　抗日战争胜利后,马叙伦对国民党独裁统治、发动内战大失所望,
积极参加争取和平民主的运动。他撰写文章、发表演说,大声疾呼:"我

---

① 马叙伦:《石屋续沈》,上海建文书店 1949 年版,第 175 页。

们中华民国过了三十四年,仍然是独裁政体,我们老百姓享受的生活仍然是不民主的。"①1945 年,上海一部分进步的文教界人士成立"中国民主促进会",马叙伦当选为第一届理事会常务理事。不久,以他领衔的上海文教界六十一位著名人士发表了《给美国人民的公开信》,要求美国人民推动美国政府协助中国建立包容全国各政治党派在内的政府。随后,他又和郑振铎一起发表《中国民主促进会对于时局的宣言》,提出八点要求,主张立即停止内战,实现政治民主。马叙伦的正义言行,招致了国民党当局的痛恨。1946 年 5 月宣布召开国民大会时,民主促进会被排斥在会外。6 月 23 日,以马叙伦为首的十人代表团赴南京请愿,呼吁和平,反对内战,反对美国干涉中国内政。车到南京下关车站,几百名暴徒蜂拥而至,殴打代表团成员,马叙伦受伤住院。

　　7 月,国民党特务在昆明暗杀了民主战士李公朴、闻一多、马叙伦异常悲愤,说:"革命者是杀不完的,它好像春天的草,生生不绝。"②还说:"我的历史一部分正和李、闻两先生相同,我自然预备接受一颗子弹,但是我也预备还他一个原子炸弹。"③他继续在大学里演讲,抨击国民党当局。有一次他说:"我知道今天台下有许多带手枪的特务,我不怕,我还要讲话。"④1947 年 10 月,国民党政府非法解散中国民主同盟,环境异常险恶,马叙伦随时有被暗杀的可能。他接受一些朋友的劝告,暂时转移到香港。他在香港同王绍鳌等筹划成立了中国民主促进会港九分会。1948 年 10 月,马叙伦转入东北解放区,后参加中国人民政治协商会议的筹备工作。

　　1949 年 9 月,马叙伦参加第一届全国政治协商会议,被选为全国

---

①　马叙伦:《马叙伦言论集》,山东新华书店 1946 年版,第 2 页。
②　周建人等:《爱国革命不断奋斗的一生》,《民进通讯》1980 年第 5 期,第 5 页。
③　马叙伦:《马叙伦言论集》,第 51 页。
④　周建人等:《爱国革命不断奋斗的一生》,《民进通讯》1980 年第 5 期,第 5 页。

政协常委、中央人民政府委员。中华人民共和国成立后,他先后被任命为教育部长、高等教育部长。1954 年第一届全国人民代表大会上,被选为全国人大常委会委员,第二届全国政治协商会议上被选为全国政协副主席。此外,他还担任中国民主促进会主席、中国科学院学部委员等。

1970 年 5 月 4 日,马叙伦卧病十多年后,在北京逝世。

马叙伦的著作有:《说文解字六书疏证》、《老子校诂》、《庄子义证》、《石屋余沈》、《石屋续沈》、《我在六十岁以前》等。

马 师 曾

张　洁

马师曾,名伯鲁,字景参,艺名师曾,著名粤剧演员,又名关始昌,风华子,广东顺德龙潭人。1900 年(清光绪二十六年)出生于一个破产的商人家庭。七岁时跟祖父及父母避债到武昌,投靠他的曾叔祖马贞榆。那时,马贞榆是两湖书院的经学馆馆长。马师曾到武昌后,就在两湖书院跟曾叔祖攻读"四书"、"五经"。

1911 年辛亥革命爆发,马师曾一家又辗转逃回广州。马先入小学读书,十五岁那年考入敬业中学。他是一个喜玩好动的学生,特别爱好音乐、戏剧。每逢校庆演戏,他都积极参加;假日或课后,经常瞒着父母去看粤剧,暗地里模仿一些演技。

1918 年,马师曾中学毕业后,父母把他送到香港一家收购店里当学徒,从早到晚不得休息,工作稍出毛病还要挨骂受罚,日子很不好过。三四个月后,与店主闹翻,不辞而行。

马师曾回到广州后,不敢回家,偷偷进了一间教戏馆学戏。可是学戏要钱,他没有钱。一天,有个南洋客来戏馆招徒到新加坡做戏,马想到有个姓陶的同学在那里,极愿应招。教戏馆师傅觉得马无油水可捞,就代他订了卖身契,以三十元代价,将马转卖给南洋客。

马师曾到新加坡后,被交给"庆维新"粤剧团,仅学了几次台步,团主就要他登台扮演《六国封相》的一名马旦,马只好硬着头皮登场。后来,剧团的人知道他是读书人,很敬重他,并劝他不要做戏,还是转入学界好。有个演员,人们称为"小生全"的,对马的遭遇格外同情,劝他找那个姓陶的同学另谋出路。不久,马果然打听到陶在新加坡一间小学当校长,"小生全"出钱为他赎回了卖身契,他入小学当了教员。但两个月后,小学因故停办,马又失业了。这时,山区小市镇文冬埠的"尧天采"剧团到新加坡招聘一名第三小生,"小生全"就将马介绍进去。马只演过两次马旦,台步、曲调均不熟悉,幸得"小生全"的指点,几天内学会了小生戏的基本唱调、台步和动作,同时又得"小生全"购赠了一些小生戏服,便改名为凤华子,与"尧天采"剧团签了合同。

马到"尧天采"剧团不久,"庆维新"剧团的大旗手"盲公贤"到文冬埠招聘演员,看见马写的海报潇洒而苍劲,颇有好感,便邀马仍回"庆维新"剧团。马考虑"庆维新"多舞台老手,便于学戏,乃欣然接受,即随剧团往金宝埠演出。

一天晚上,该剧团上演《杜十娘怒沉百宝箱》。开演前,正印小生和第二小生都病倒,班主临时指派马来顶替。当时,主角和有些演员多表示反对,马却满口答应了。上台后,马的唱词、对白、台步、动作都有条不紊,给观众留下了很好的印象。从此,马自恃聪明和有"盲公贤"的赏识,有些趾高气扬,从而招惹了其他同行的反感和妒忌。后来"盲公贤"因事返广州,马就被排挤出剧团而失业了。

马师曾离开金宝埠,到大辟历、吉隆坡、坝罗各地流浪,曾卖过膏药,挖过矿,拉过黄包车,还替殡仪馆看守死尸,用这种种办法来维持生活,仍不能得到温饱。在生活的压力下,愤而跳海自杀,幸被渔民救起,得以不死。

不久,"平天采"剧团来坝罗演出。马前往谋职,该团第三小生恰好离班,班主便让马顶替,讲明暂不订合同,不计待遇,有戏登台,无戏打杂。经过一段时间,戏班见马工作勤奋,演技超过原来的小生,便聘为正式演员。从此,马决心献身舞台,决不再改弦易辙。这是他一生戏剧生涯的正式开始。

马在"平天采"初露头角是扮演《痴嘲废戆》一剧的丑角"烂赌二"。他把这个人物的性格刻画得淋漓尽致,给观众以深刻的印象。但又招惹了原有丑角的妒忌,要求停止马演出,幸得该团著名演员靓少风挺身而出,为马说话,始得平息。随后。靓少风与马组织新班到端洛上演《白蛇传》。马被提升为第二小生,兼丑生。五四运动之后,时装新剧流行,马师曾和靓少风一起演过一些新剧。

再稍后,粤剧著名小武靓元亨来南洋演出,马从小就崇拜他的技艺,即拜他为师。马从靓那里学到一套小武的硬功夫,进一步奠定了他的舞台艺术基础。靓元亨也很器重马的才艺,组"普长春"新班往新加坡演出,邀马参加,列马为台柱之一。当时南洋戏行有个规矩,每个台柱每周要轮流献演自己的第一出戏。马入行不久,没有第一出戏,便连夜赶工,编出自己的第一出戏——《洗冤录》。但这出戏表现不出主角的分量,演出时嘘声四起,草草收场。挫折激发了马勤学苦练的决心,他反复钻研了《江湖十八本》,对剧中每个情节、人物性格、历史背景、曲调乐谱、台词台步及各种传统演法,都细致领会琢磨,并经常到各大剧院向名伶偷学。于是他的技艺日进,既吸收了别人的长处,又有自己的创新。为了竞争,各剧团都须不断更换剧本,马编的剧本不但具有浓厚的生活气息和雅俗共赏的特点,而且有的还带一些反封建的内容。由于马的演技常常别开生面,半年后他的戏居然比师傅靓元亨的戏还叫座,成了班中的红角。但是在旧社会"同行是冤家",马的声誉遭到师傅和其他同行的妒忌,他们经常想方设法压制马。马感到长期在此终难出头,便偷偷离开新加坡回到广州,进了名班"人寿年",这时是1925年省港大罢工的前夕。

马师曾初进"人寿年",由于戏路不对,曾小受挫折,但不久即声誉鹊起。有一次,马扮演乞儿,他对如何创造乞儿的腔调,苦加思索。他想起夜阑人静时,经常听到卖柠檬的沿街叫卖声,音色沙哑,令人怜悯。从这种叫卖声中他受到启发,想到乞儿受尽饥寒,声调自不宜高亢洪亮,只有这种沙哑凄厉的声音,才能表达在饥寒线上挣扎的情景。于是他用这种声调作基础,开创了粤剧唱腔的新声"马腔"。这种唱腔适宜于表现被侮辱被压迫的下层群众的疾苦,亦易于为人模仿习唱。后来人们称之为"乞儿喉"、"柠檬腔"或"豆沙喉"，曾饮誉粤剧艺坛达数十年，并一直流传至今。

马成名以后，自恃有了"资本"，由于人事纠葛与"人寿年"闹翻，另与人组成"大罗天"新班。可是"大罗天"开锣以后，并不叫座。马为与"人寿年"竞争起见，便努力赶编一些迎合观众庸俗趣味的新剧。多是花前月下、悲欢离合一类的东西，这时已是1927年大革命失败之后了。

大革命失败以后的广州，国民党宪警特务与流氓恶霸朋比为奸，绑架凶杀，日有所闻。当时粤剧名伶都纷纷私雇保镖，向宪警交"保护费"。马师曾几次受到恐吓勒索，但他不买账，也不雇保镖。一次，演完戏卸装出来，突然被炸伤。不久全市陷入白色恐怖之中，马携带全家避居香港，参加由"大罗天"更名的"国锋"剧团的演出。其后，马在港又一次遇刺，幸免于难。从此，马即闭门读书，钻研戏曲，暂时不再登台。

1929年末，马师曾应邀组班，先后到西贡与南洋各州府演出，1930年底回香港。1931年4月又应邀赴美国演出，并到美国各地旅行。1933年4月离美回港。回港后组成"太平"剧团，对粤剧的一些陈规俗套进行了大胆的改革，吸取了某些南乐与北乐，采用了电影的灯光布景和导演排练的方法，废除了男扮花旦的成规，改用女性花旦。这些改革，对粤剧舞台艺术的发展产生了不小影响。

1937年"七七"事变后，马师曾以舞台进行抗日宣传，当时他编演的抗日新戏有：《爱国是侬夫》、《汉奸的结果》、《还我汉江山》等。为了上演这些爱国新剧，马被港英当局多次传讯警告，日本驻港领事也多次干涉，但他仍坚持演出，并不畏缩。

1941年12月，太平洋战争爆发，日军攻占香港，马师曾和全家逃到澳门。不久，到广州湾（今湛江市）就地组成抗战粤剧团，率领全团人员和家属百余人前往广西境内，数年之间，由郁林而容县，由容县而柳州、桂林，再到梧州。各地演出，多为抗战宣传或义演献金。但义演所得,又多为国民党军警宪特所瓜分,而全团人员反不得温饱。此后,又从梧州折回粤西德庆、都城、肇庆等地演出,易名为胜利粤剧团。1944年再应邀到桂林演出,但不久日军迫近桂林,马只得率领全团再行流亡他处。马在大后方几年的演戏生活中,备受国民党军政官吏的压榨、欺凌,当日从香港出走时的豪情壮志反被消磨,思想上陷入苦闷。

1945年8月,马师曾正在广东罗定演出时,听到日军投降消息,他怀着胜利的喜悦,带领剧团回到广州、香港,继续登台演出。1949年10月广州解放时,马立即由香港回到广州演出,并参加庆祝游行。抗美援朝开始时,马又到广州参加抗美援朝示威游行,并向人民政府捐款购买飞机大炮。但由于思想上的种种顾虑,到1955年10月,才下了到广州定居的决心。回到广州后,看到新中国各方面的进步与艺人社会地位的提高,激发了他为祖国献身的积极性。这时他虽已年老体弱,仍到各地为工农兵群众演出。1956年和1960年先后拍摄了粤剧《搜书院》和《关汉卿》两部舞台艺术影片,受到广大观众的赞赏。1959年和1961年先后两次出国访问演出,其中一次回国途经昆明时,受到周恩来总理的接见。

马自回国后,除参加演出外,还主持广东省粤剧院和广东省戏剧家协会工作,对培养新一代演员,作过不少努力和贡献。

1962年马师曾患气管癌,经治疗后病情基本得到控制。1963年春节期间,在北京应邀出席了周恩来总理主持的文艺晚会。

1964年4月21日马师曾病逝于北京。

马师曾逝世后,受到党和政府以及各界的隆重悼念。

主要参考资料

沈纪:《马师曾的戏剧生涯》,广东人民出版社1957年版。

红线女:《哀痛的回忆——悼念马师曾先生》,《南方日报》1960年4月27日。

范敏:《马师曾》(1—46),《广州日报》1981 年 8 月 21 日—11 月 29 日。

李门:《马师曾的粉墨春秋》,《戏剧艺术论丛》1980 年第 11 期。

赖伯疆:《薛觉先马师曾对粤剧革新的贡献》,《人民戏剧》1980 年第 11 期。

马　相　伯

娄献阁

马相伯,原名建常,改名良,字相伯,晚号华封老人,原籍江苏丹阳,1840 年 4 月 7 日(道光二十年三月初六)生于丹徒(今镇江)。父名松岩,是位医生,并开过药铺和米布店。其父母和外公、外婆都是天主教徒,他出生后不久就受了洗礼,教名"若瑟"。

马相伯幼年入塾,先读教中经典,续读儒书。到十一岁时,他背着父母跑到上海,进了法国人办的天主教会学校——依纳爵公学(后改名徐汇公学)读书,学名"马斯臧"。第二年他弟弟马建忠也到这个学校来念书。马相伯在公学普通科学习期间,学会了拉丁文和法文,数学和天文学也学得不错,深受意籍校长晁德莅(Angelo Zottoli)的赏识。

1862 年,马相伯入徐家汇天主教耶稣会小修院,受"神修"训练。1864 年小修院学习期满后,在耶稣会研究中国文学和拉丁文学,后又入大修院学哲学和神学。1870 年得神学博士学位,经教会授职为神甫,成为耶稣会教士。

1871 年,他奉耶稣会长命,先后到南京、徐州等地传教。从 1872 年起,调任徐汇公学校长兼管教务;教学之余,仍研究哲学及数理科学,译书百余卷。他对学生除宣扬宗教外,还重视中国经史子集的讲习。教会怕他把学生变成"异教徒",于 1875 年指定他专研究天文、数学。翌年,又调他到南京任编撰,翻译数理书籍,因与当地教会外国传教士有矛盾,不久便不辞而别,跑回上海。自此,他暂时脱离耶稣会,但并不脱离天主教。

　　马相伯的大哥马建勋早年为李鸿章幕僚,参与镇压太平天国运动,后为淮军办理粮台。马相伯离开耶稣会后,经其大哥介绍,到山东藩司余紫垣处掌理文案。1877年余兼署山东巡抚,委他接任潍县机械局的差事。次年又奉李鸿章命调查山东矿务。

　　1881年,马相伯随驻日公使黎庶昌赴日本任使馆参赞,旋改任驻神户领事,曾与日本维新要人伊藤博文、大隈重信等往还酬酢。同年秋为兄病回国,过南京,适李鸿章轮泊南京,他往谒李,随李到天津办事。这时他弟弟马建忠已留法回国,也在李鸿章幕中。

　　不久朝鲜政府向李鸿章要求推荐办理新政人才,李即派马相伯前往协助。1882年上半年他到朝鲜,“首请彼政府编练新军……次则整理他们的外交”①。他还向朝鲜国王提出了其他一些改良主义的条陈,其中有省刑罚、定刑典、广取材、兴学校等项目。为时不到半年,朝鲜发生政变,清廷派吴长庆、马建忠、丁汝昌等带兵前去助朝鲜“平乱”。事后马相伯仍留朝鲜襄助办理“新政”。翌年,他回天津述职时,鉴于朝鲜“新政”难于进行,向李鸿章要求不再回去,并请李“即早决定对朝政策”②。

　　1884年,李鸿章委马建忠任招商局总办,同时派马相伯到全国有关各埠调查招商局财产、账目。他从天津动身,经烟台、上海、汉口、厦门而至广州。翌年,他提出改革招商局建议。旋离广州北返,行至厦门时,得台湾巡抚刘铭传之邀,到台湾住了一段时间,曾劝刘借款开发台湾经济,未被采纳。1886年被李鸿章召回天津。当时李正奉命筹办海军,苦于经费短绌,马趁机劝李向美国资本家借款,开设银行。李听了他的话,便派他赴美接洽借款。其时美国资产阶级渴望输出资本,所以他在美备受政府、商人、银行家欢迎,各商团及银行家争相贷款。结果商定“以五千万(美金)为正式借款,以三万万(美金)为银行存款,存款

---

①　马相伯口述,王瑞林笔记:《一日一谈》,上海1936年版,第42页。

②　马相伯口述,王瑞林笔记:《一日一谈》,第56页。

以三厘起息,视中国财政缓急、需要提用"①。但由于清政府中顽固派与洋务派官僚之间的矛盾,李鸿章遭到攻击,筹办银行事流产。马无奈,只好溜之大吉。他离美赴欧,在英、法等国游览,曾到罗马觐见教皇宗良十三世,1887年回国。

从1892年起,马相伯又一度任驻日本长崎领事、驻日使馆参赞,后归国。1898年戊戌变法期间,梁启超请马主持筹设译学馆,他建议将该馆设于上海,事将告成,由于政变发生而成泡影。他对于康、梁的失败深感惋惜,但也颇怀畏惧。次年,李鸿章出任两广总督,他也离京回沪,重度书斋生活,与其弟合著《马氏文通》,后以其弟马建忠之名出版。

马相伯回沪后,转向文教界活动,1900年曾参加上海张园国会。翌年退居徐家汇,除主持徐家汇天文台事外,仍从事译著数学和宗教书籍。这时他因教授拉丁文结识了南洋公学教员蔡元培,后来蔡又从学校选派一批青年跟马学习,于是风声所播,各地来学的人日渐增多。马早有创办中国新式大学思想,这时便联合同道,得耶稣会之助,着手筹办震旦学院,企图实现其"教育富国"的理想。学院借徐家汇老天文台为校舍,于1903年2月成立。他自任监院,监院下除设一总干事与会计外,其余各项行政由学生自己管理。学院标榜:一、崇尚科学,二、注重文艺,三、不谈教理。于右任、邵力子、马君武等都曾是该院的学生。1905年担任讲座的外籍教士趁马养病之际,改变办校方针,学生大哗,相率离校。他招集离校学生,并与熊师复、袁观澜等商议另创新校,得两江总督周馥赞助,拨地拨款。新校定名为"复旦",以吴淞提督行辕为临时校舍,于是年秋开学。马被推为校长,李登辉主教务,惨淡经营,逐步打下了复旦大学的基础。

1906年,马相伯应两江总督周馥之聘,曾至南京讲演君主立宪的主张。1907年12月,马又徇梁启超之请,参加立宪派组织政闻社,任总务员(相当于干事长),并为此专程赴日。赴日期间,复旦校长改由他

---

① 刘成禺:《相老人九十八年闻见口授录》,《逸经》第33期,第46页。

人接任。到 1909 年马复任复旦校长,并于是年被选为江苏省谘议局议员。

民国成立后,马相伯被江苏都督府聘为外交司长。1913 年他到北京,应教育总长蔡元培之请,一度代理北京大学校长;旋辞去,改任袁世凯总统府高等顾问。同年马与北京天主教上层分子英敛之联合上书罗马教皇,建议在中国兴办大学。他居北京四年,历任政治会议和约法会议议员、参政院参政、平政院平政等职。这期间,曾与章太炎、梁启超拟议创办"函夏考文苑"(类似研究院),用以"校勘古籍,编纂词典,奖励著述,表彰硕德"①,但没有办成。又与英敛之发起辅仁学社,社址在北京西山,招集生徒,讲授经史百家之学,此即辅仁大学之前身。

当袁世凯进行帝制活动,袁家党徒及孔教会分子准备在起草的宪法中规定尊孔教为国教时,马相伯以"信教自由"为理由加以反对。曾与雍剑秋发起"信教自由会";同时马在所写的《保持约法上人民自由权》及为教会代拟的五篇请愿书中,驳斥了定孔教为国教,"以孔子之道为修身大本"的主张。后来,他鉴于袁世凯复辟帝制不得人心,便出京蛰居上海。1918 年发表《民国民照心镜》,批评袁世凯的君主专制和武人政治,阐述了立宪共和的思想。此后他虽然担任过江苏财产交代核算委员会会长、中国科学社董事、上海天主教办的《天民报》总主笔等职务,但已年老、体弱,多是挂名虚衔。1925 年,北京公教大学(后改名辅仁大学)国学部由英敛之出面设立,马十分关心此事,对办校宗旨、课程设置、教学方法及成立宣言等多所建议,翌年英不幸去世,有关方面请马北上主持校政,他亦以年老体弱谢绝。1926 年整理出版了旧稿《致知浅说》一书,此外他还先后撰写了一些有关宗教和政治方面的文章。

1931 年"九一八"事变后,特别是 1932 年"一二八"之后,国难深

---

① 方豪:《马相伯先生事略》,见方豪编《马相伯先生文集》,上智编译馆 1947 年版。

重，马相伯在这时痛感"国亡无日，非朝野一心，武力抵抗，无以自救"①。当时他在上海积极参加救国工作，坚决主张对内团结，对外抗战，被尊为爱国老人。他反对蒋介石的不抵抗政策，发表了很多抗日言论，呼吁"立息内争，共御外侮"，说："今后非国民之公意，对内绝对不许枉费一枪弹；对外必要不许吝惜一枪弹。"②马曾提出《国难人民自救建议》和《实施民治促进宪政以纾国难案》，并发起中国民治促进会、江苏国难会和不忍人会，主张抵制日货，号召为抗日将士劝募义勇捐。1933年，日军进一步侵占我山海关和承德，他与章太炎两次发表对外宣言，以历史事实证明东三省和热河自古就是中国领土，并通电全国请政府及人民紧急动员起来，积极恢复失地，消灭伪国。同时马还要求"立即召集国民大会，政府与全民统筹国是"③。此外他对冯玉祥领导的察哈尔抗日同盟军、宋庆龄出面发起的中华民族武装自卫委员会筹备会和1935年的"一二九"运动均积极予以支持。马更热心投入救国会的工作，被推举为上海文化界救国会及全国救国会执行委员。国民党当局一面采取高压手段，在1936年11月逮捕了沈钧儒等七名救国会领袖（即七君子），另一方面借天主教南京教区主教于斌请马前往襄助教务、修改《救世福音》一书之机，于1937年3月委任他为国民政府委员，以弱化其言行，分裂他与救国会的关系，但他始终心系抗日救亡运动而不动摇。

"七七"事变后的第二天，马相伯在广播演说中，强调"钢铁政策是富强的捷径"，"完全能够保证中国万岁"④。抗战期间，他的意志更加坚定，决心"甘抛弃一条老命，与广大爱国民众，携手前进，共同抗日救

---

① 张若谷：《马相伯先生年谱》，商务印书馆1929年版，第227页。
② 徐景贤编：《马相伯先生国难言论集》，文华美术图书公司1933年版，第35页。
③ 徐景贤编：《马相伯先生国难言论集》，第68页。
④ 《中央日报》1937年7月10日。

亡,直到胜利"①。同年10月上海沦陷,日军迫近南京,李宗仁等请马移居广西桂林风洞山;1938年11月,于右任又请马移居昆明,他在赴昆途中因病留居谅山。1939年4月,当马相伯一百岁(虚龄)之际,国民政府对他颁令"褒奖",并在各大城市为他举行遥祝百龄大会。罗马教皇也派于斌向他颁送"圣像"。同年11月4日,马因病逝于谅山。中国共产党和毛泽东、朱德曾去电吊唁,新华社发表了多篇文章,对马在抗日救亡运动中的表现和他在教育上的贡献予以赞扬。他的著作大部分收在《马相伯先生文集》里。

① 韩希愈:《反帝爱国百岁老人马相伯》,《人物》1983年第2期,第120页。

马　星　野

熊尚厚

马星野,名伟,笔名星野,1909 年 10 月 26 日(清宣统元年九月十三日)生,浙江省平阳县人。其父马敏中秀才出身,以教书为业,曾任某书院院长,属书香门第。马星野青少年时代先后就读于平阳县立高等小学和温州浙江第十中学。自幼养成喜爱读书的习惯,对于诗词、小说颇为爱好,并广泛阅读哲学、历史、地理、政治及社会等各类书籍。在中学时曾受著名文学家朱自清教授语文课,并任学校壁报与校刊主编,开始对新闻事业萌生兴趣。

1926 年夏,马星野考入厦门大学预科,后升入文学院,翌年夏天,学校发生风潮停课,暑假后因一时不能返回学校复课,遂于同年秋考入南京中央党务学校,受到教务处副主任罗家伦的器重,毕业后留校任教务处编辑部翻译。1928 年,他任国民党中央党部训练部编审、《党军日报》主编。翌年春,罗家伦北上任清华大学校长,马随同前往,入清华大学半工半读,担任校长办公室秘书,不久转到教务处工作,同时在《清华校刊》编辑部任主编兼编译。同年 4 月,中央党务学校改名中央政治学校,他被电召回校工作,在编译部任编译。

1931年8月,马星野获中央政治学校奖学金赴美留学,入密苏里安大学新闻学院三年级为插班生,1933年冬获新闻学士学位。翌年5月回国,在中央政治学校任教,秋季开学后在外交系四年级讲授新闻学概论。

1935 年秋,中央政治学校增设新闻系,教务主任程天放兼系主任,马星野任讲师,实际主持新闻系的工作。除负责行政工作外,还讲授新闻学、新闻史,并任《中外月刊》发行人兼总编辑。此外,还以新闻系师生为基本会员,组织新闻学会。1936年1月,程天放出任德国大使后,马接任系主任,从此更以全力从事新闻系的工作。

抗日战争爆发后,中央政治学校先后迁江西牯岭、湖南芷江,新闻系在芷江接办《芷江民报》,新创《新闻学季刊》,均由马星野负责主持。1938年7月,中央政治学校经贵阳迁重庆南温泉,马星野除自己讲授新闻学概论及新闻史课外,还先后聘请吴国桢、董显光、萧同兹、成舍我等社会名流讲课;相继创办《新闻战线》、《南泉新闻》及南泉通讯社等,吸收学生参与各种工作。教学方面除讲授专业课外,还开设了哲学、伦理学、政治学、法律学、经济学和社会学等课程。

1941年3月,中国新闻学会在重庆成立,马星野负责起草该会章程。同年他拟定中国新闻记者信条十二条,作为新闻记者道德、修养和行为的准则。11月,他辞去中央政治学校新闻系主任职务,出任国民党中央宣传部新闻事业处处长,但仍兼中央政治学校新闻系教职。1943年9月,国民党中宣部与中央政治学校合办新闻学院,马兼学院教授,讲授新闻学课。1945年5月,国民党第六届全国代表大会上,马被选为候补中央执行委员。

抗日战争胜利后,马星野于9月接任中央日报社长,由王新命任总经理,陶希圣任总主笔。11月,他由重庆回到南京,大力革新《中央日报》版面,强调以新闻第一为主旨,同时极力要使报纸杂志化,加强对副刊的编辑工作,除办有科学、地图、食货等双周刊和青年、国际等周刊外,还出版了专门研究新闻学的《报学》双周刊。他发起创立南京新闻记者公会,还兼中央政治大学新闻系主任,讲授新闻学;并任中国新闻学会和南京报业联合会的常务理事。

1947年5月,中央日报社改组为股份有限公司,陈立夫任董事长,马星野任常务董事兼社长。翌年初,马当选为国民大会代表。3月出席日内瓦联合国新闻自由会议,会后在欧美考察新闻业及社会、政治。回国后,他于11月应台湾省主席魏道明的邀请前往参加博览会。此时正值国民党军在三大战役中遭到惨败,蒋介石在大陆的统治摇摇欲坠,马星野眼见形势危急,乃决定于广州、台湾增设《中央日报》版,把南京的印刷机等撤至广州,派总经理黎世芬赴台筹办,并向美国购买最新的三色套版卷筒机,把自己的家眷也送往台湾。

马星野到台湾后,继续主持《中央日报》社务,仍然辟有《报学周刊》专栏,并先后成立编辑人协会、记者公会,由编辑人协会出版了《报学》半年刊。1950年兼中央通讯社管理委员会委员,同年任国民党中央改造委员会设计委员会副主任委员,1955年任国民党中央第四组主任,主管宣传业务。1957年任国民党第八届候补中央执委,1959年8月改任台湾驻巴拿马"大使"。1964年他返回台湾,12月接任中央通讯社社长。1980年3月当选为台湾大众传播教育协会理事长。1985年7月,马退休,之后连任国民党中央评议委员会委员至第十三届,并为台湾"总统府国策顾问"。

马星野编著有《新闻学概论》和《新闻事业史讲义》,以及论文《新闻自由论》、《三民主义的新闻事业》等。

1991年3月11日,马星野病逝于台北荣民总医院。

主要参考资料

马星野:《我从事新闻教育经过》,台北《传记文学》第6卷第5期。

马之骕:《新闻界三老兵——曾虚白、成舍我、马星野奋斗历程》,台北经世书局1986年10月版。

蔡绍元:《马星野与中央政治学校新闻系》,《团结报》1986年2月1日第4版。

马星野:《我在南京办报的回忆》,台北《中华日报》1966年2月21日。

张力耕:《忆马星野先生主持中央日报经过》,台湾《中央日报》1957年3月12日第15版。

马　寅　初

汪仁泽

马寅初，初名元善，浙江嵊县人，1882 年 6 月 24 日（清光绪八年五月初九）生于浙江绍兴。父亲马棣生，擅长酿酒，自设酒坊，营业颇盛，因被劣绅诈索巨款，店务遂衰落。马寅初自幼敏慧，初在家乡私塾就读，十三岁进绍兴县学堂求学。十七岁毕业后，不愿从父命守家业，随亲友进上海教会办的中西书院就读。

1904 年，马寅初在中西书院毕业后，受"实业救国"的影响，以优异成绩考入天津北洋大学，攻读冶矿专业。1907 年，北洋大学总办丁惟鲁与教务提调美国人丁家立（Tenney，Charles Daniel）不和，相互攻讦，讼于北洋大臣兼北洋大学督办袁世凯。袁为两全计，调任丁家立为留学生监督，带领马寅初等尚未毕业的学生赴美留学。马因国内冶矿采用土法，既无机械设备，又无安全设施，进美国耶鲁大学后，改学经济学①。该校规定：体育课不及格者不得毕业，这时马的身体羸弱，遂在体育教师指导下，每天锻炼身体，冷水擦浴，竟转弱为强。1910 年毕业，获得硕士学位，再进美国哥伦比亚大学研究院，专修部门经济学。此时国内公费中断，马课余从事码头、餐厅的繁杂劳动，半工半读，1914 年底修完学业，获得经济学、哲学双博士学位。毕业论文《纽约市的财政》得到学术界的高度评价，被选作该校大学一年级教材。

---

①　马寅初 1947 年在上海中华工商专科学校曾向同学（包括笔者）自述学历。并参阅邓加荣《马寅初传》，上海文艺出版社 1986 年版，第 178 页。

　　1915 年初,马寅初婉辞留校在美任教之聘,怀着振兴中华之志,回到了满目疮痍的祖国。先在北京政府财政部当职员,深感"官场习俗,非我所愿",宣称今后"一不做官,二不发财",挂冠而去。9 月,应北京大学校长蔡元培之邀,就任该校经济学教授。1917 年兼任该校经济研究所主任。俄国十月革命胜利消息传来,马寅初在他主编的《北京大学校刊》1918 年第 3 期上发表《中国之希望在于劳动者》,热情歌颂劳动大众。1918 年 10 月,蔡元培实行教授治校,倡议设立教授评议会,马寅初等被推为评议员,积极推行民主办校。次年初又以得票最多而当选第一任教务长。1919 年五四运动期间,他支持学生爱国运动,并代表北大与警方交涉,开释被捕学生。在此期间,结识了李大钊等人。

　　马寅初为了研究国内社会经济,于 1920 年向北大请假一年,辞去教务长职,南下上海、杭州等地考察。在沪期间,与东南大学校长郭秉文合作,创办东南大学商学院,后改名为上海商科大学(抗战胜利后又改称上海商学院)。他在上海被聘任浙江兴业银行顾问,并就工商、金融等问题发表演讲及论文数十篇。1921 年回京后,他发起组织北大经济学会,被推为会长。次年兼任北京中国银行总行总司券(纸币总发行人)。1923 年发起组织"中国经济学社",被推为社长,出版社刊《经济学专刊》。1925 年上海"五卅"惨案发生后,马寅初多次撰文,强烈抗议租界当局的暴行,并赞成外资厂商职工的罢工斗争,但反对华资厂商职工的长期罢工、罢市,认为此举非但不能打击帝国主义,反而导致自己受损,且不能持久①。

　　1927 年 3 月,奉系军阀盘踞北京,下令撤销北京大学,此时国民革命军北伐已胜利抵达江浙一带。蔡元培离京到杭州,就任浙江临时政治会议委员兼代主席,邀请马寅初、蒋梦麟等北大教授南下参加浙江省政府工作,从事地方建设,被称为"北大派"。马寅初兼任禁烟委员会委

---

　　① 1925 年 6 月 13 日发表《上海不宜继续罢市》,《上海总商会月报》第 5 卷第 6 号时论栏;又 7 月发表《总罢市、总罢工之足以自杀》,《现代评论》第 2 卷第 28 期。

员,实行禁烟,筹设农民银行。1928年初,嵊县农民上告当地土豪勾结官吏增收田亩附加税四万元,马经查实后,怒斥土豪,追回款项,移作地方教育经费。不久蒋介石任用亲信张静江主浙,"北大派"受排挤,蔡元培等相继离职,马寅初亦重返教育岗位,执教杭州财务学校,并兼任上海浙江兴业银行总稽核。他从回国至1928年先后发表的二百余篇论文和演讲中,选了一百七十四篇收入《马寅初演讲集》,作为中国经济学社丛书,由商务印书馆出版发行。其间他向国内介绍了西方各种经济学说,发表了自己研究比较的结论;并对当时面临的经济问题,从理论高度加以阐述和评论。此时他已成为名重中外的著名学者。

　　1928年10月,蒋介石为了使国民政府增添广揽学者名流的色彩,聘任马寅初为立法委员,次年又聘为立法院经济委员会委员长、财政委员会委员长。马同时兼任南京中央大学、金陵大学经济学教授,后又任上海交通大学教授。他主张发展民族工商业,和蒋介石为首的官僚垄断资本有着深刻的矛盾。在立法院中他始终保持个人的立场,刚直不阿,敢怒敢言,抨击时弊。

　　1931年"九一八"事变后,日本帝国主义侵占我国东北领土。马寅初为《交大抗日特刊》撰写序文,并发表《长期抗战之准备》一文,反对蒋介石的不抵抗政策,主张立即抗战,与日绝交。1932年,蒋介石为了显示"礼贤下士",奉马为师,请去当面求教有关经济问题,马当面指出蒋"攘外必先安内"向江西革命根据地进攻的不当。1934年冬,物价上涨,国民政府财政部反而大幅度调低外汇比价,陷物价于更大混乱。马寅初在立法院会议上当面严诘财长孔祥熙,舆论亦随之群起而攻之。国民党当局十分恼怒,责备马的言论"不符合党国利益"。马著文反驳:"鄙人每以党员之地位,对于危害党国,藉便私图之流,不得不以正言相责。虽得罪于人,在所不计。"①1935年8月,马寅初在报上揭露外人所办"万国储金会"的骗人黑幕,劝告我国同胞勿再上当,并呼吁当局下

---

①　《武汉日报》1935年2月3日。

令关闭,因而开罪与之有牵连的金融界人物,随后他愤然辞去浙江兴业银行的高薪兼职。

1937年"七七"事变爆发后,马寅初在庐山座谈会上力主深入动员广大民众,采取有效措施,以期持久抗战。上海、南京相继失陷后,他经汉口至重庆,途中目睹难民流离失所、颠沛于道的困苦之状,与重庆的达官显宦花天酒地形成鲜明对照,愤怒不已。此时马任中央大学教授兼经济系主任,课余考察战时经济,发现官僚集团利用权势以抗战为名实行经济垄断,巧取豪夺,横征暴敛,大发国难财。他痛心疾首,挺身而出,撰文、演说,口诛笔伐鞭挞豪门,并建议向发国难财者征收战时过分利得税①,直接触及官僚豪门的切身利益。

1939年初,马寅初调任重庆大学教授兼商学院院长。蒋介石以马在国内外声望卓著,熟悉美国财界人物,便于争取外援为词,拟派他常驻美国"考察",欲将其排出国门。马寅初严正表示:"当此国难之时,决不离开祖国。"继续到处演说,发表文章。10月在香港《工商日报》撰文指出:"现在前方抗战,百十万之将士牺牲头颅热血,几千万之人民流离颠沛,无家可归,而后方之达官资本家,不但于政府无所贡献,且趁火打劫,大发横财,忍心害理,孰甚于此!"他建议实行征收半数的资本税,且"必须先自发国难财者之大官始"。12月又在香港《大公报》上撰文,力言:"对发国难财者从速开办临时财产税,将其所获得不义之财全部提出,贡献于国家,以为其余发国难财者倡。"快人快语,言人所欲言而不敢言者,引起了社会共鸣,影响极大,陷国民党当局于惊慌之中。蒋介石先派人约马会见,后又许以财政部长或中央银行总裁的高官厚禄作为利诱,但都为马所拒绝。此时他接到两封匿名信,其一内附派克金笔一支,附言"笔下留情";另一附有子弹两颗,附言如再攻击"党国要人",将以手枪对付。马慨然语人:"二万里江山已尽落胡人之手,何敢再惜此区区五尺之躯!"一笑置之,而口诛笔伐发国难财者如故。

---

① 《论战时过分利得税》,重庆《经济动员》第8号(1938年11月)。

在此前后，马寅初在重庆多次与中国共产党周恩来、王若飞等人交往，深受影响。1939年开始接受马克思主义的立场和观点，清算过去学术研究中认为"马克思学说不宜于中国"的思想认识，后来他自称这一年是他一生中的重大转折的一年①。

1940年起，在国民党统治当局的干预下，重庆各报刊不再刊登马寅初的文章。但他义无反顾，仍凭一腔正义，到处演说，抨击当局，不遗余力。除继续提议开办临时财产税外，针对国民党当局滥发钞票，造成物价飞涨的状况，发表题为《我们要发国难财的人拿出钱来收回膨胀的纸币》的演讲，直指蒋介石"包庇他的亲戚家族，危害国家民族"，不是民族英雄，只能算"家族英雄"，指出若要成为民族英雄，必须做到大义灭亲。马自知随时都有遭特务毒手的可能，即在这次演讲结束前慷慨陈词："今天我的儿女也来了，我的讲话就算是对他们留下的一份遗嘱。为了抗战多少武人死于前方，文人在后方无所贡献，该说的话就应大胆说出来。"②

1940年12月6日，国民党当局派出宪兵悍然逮捕马寅初，并将他投入贵州息烽集中营，《中央日报》则发了《马寅初到战地考察经济》的假消息。但真相不久即被揭露，各界人士纷纷指责国民党当局的倒行逆施，并多方设法营救。重庆大学学生在1941年6月发起一个声援示威性的"遥祝马寅初六十寿辰大会"。马虽远在息烽狱中，但他威武不屈的气节、大义凛然的正气受到了各界人士的称颂，并得到中共的赞扬③。是年8月马被转押江西上饶集中营。1942年8月，在周恩来和

---

① 马寅初在1960年《重申我的请求》一文中自述："在1939年以前，我是不与共产党一起的，我也作过文章批评过马克思。但是那年我以实际行动否定了我自己的阶级，否定了过去的我。"刊于《新建设》1960年第1期。

② 马寅初在重庆大学经济研究社的演讲词（1940年11月24日），《马寅初战时经济论文集》，作家书屋1945年版。

③ 周恩来、董必武和邓颖超联名赠送的红绸寿联是："桃李增华坐帐无鹤，琴书作伴支床有龟。"《新华日报》送的贺联是："不屈不淫征气性，敢言敢怒见精神。"

民主人士的营救以及舆论的压力下,国民党当局不得不释放马寅初,但旋即将马软禁在重庆歌乐山的住所,并规定马:不准任公职,包括在公立学校任教,不准演讲,不准发表文章。立信会计专校潘序伦以早已发出聘书为由,聘其任教,但不久亦被阻断。马撰文投稿都被退回,陷入"教书不成,投稿无路"的困境。周恩来获悉后,即指示《新华日报》刊用马的稿件,并破例整版一次发表;又经常邀其参加各种座谈会。一次马在会上发言:"只要为了国家利益,我是一定要跟共产党走的。"而面对国民党当局的高压则表示:"我宁可头断,也不与他们合作。""他们越压制我,怕我讲,我越要到处讲。压力越大,反抗力越大嘛!"[①]在此期间,他写作了《经济学概论》、《通货新论》等著作出版发行。

1944 年 12 月,国民党当局迫于全国抗日民主运动的高涨,在国民参政会上宣布恢复马寅初人身自由。四年的监禁,使他深感"欲解决中国的经济问题,必先解决政治问题,但欲解决政治问题,非换汤不换药的局部改组所能奏效。彻底的改革,实有必要"[②]。凭着铮铮铁骨,冒着再度被捕的危险,他除在经济上继续抨击国民党当局搜刮民财、"劫收"贪污,提出"打倒官僚资本"的口号外,在政治上坚决反对蒋介石的独裁统治,积极投身于爱国民主运动。是年底,在重庆工商界的"星五聚餐会"上,他直指国民党当局"其不肖者,当存亡危急之秋,大刮民财,大事囤积居奇,狼肺狗心,可恨亦可杀"[③]。

在国民党统治的后期,马寅初是民主运动的勇士。从 1946 年 1 月起,他在重庆、杭州、上海等地多次上街与青年学生一起,参加风起云涌的反蒋示威游行,昂首挺胸走在队伍的最前列,并表示"凡是学生们伸张正义的游行我都参加"。1946 年 2 月,他离渝东归,在杭州的五个月

---

　　① 朱正直等:《平生疾腐恶,人民同呼吸——马寅初的百年岁月》(二),《中国企业家》1986 年第 3 期,第 59 页。

　　② 马寅初:《革命尚未成功,同志仍须努力》,《商务日报》1946 年 5 月 21 日。

　　③ 马寅初:《中国工业化与民主是不可分割的》(1944 年 12 月 22 日在重庆工商界星五聚餐会上演讲词),《民主与科学》1945 年第 1 卷第 1 号。

中应青年学生之邀,作了十多次抨击政府当局的演讲。7月应中华职业教育社黄炎培之聘,到沪受任中华工商专科学校经济学教授。1947年南京发生血腥镇压学生的"五二〇"惨案后,5月23日他贴出布告,响应上海学联号召罢教一天。次日约定郭沫若、施复亮等人到南京探望受伤学生,并拟分头去各大学演讲。国民党当局闻讯如临大敌,派出特务,扬言马如去学校,要他"来得去不得"。面对威胁,马毫不动摇,预立遗嘱毅然去中央大学演讲,揭露中国豪门资本在美国存款达二十亿美元,其中百分之八十属于四大家族,引起学生极大愤慨。讲毕在学生们护卫下,特务无从下手,安然而返。1948年初冬的深夜,国民党特务突然闯进中华工商专科学校搜捕,被住校的马寅初严词斥走,此时他已被列入黑名单。是年底在中共地下组织的精心安排下,他化装成厨师,避过特务监视,取道香港,安抵华北解放区。

　　1949年8月,马寅初出任浙江大学校长,9月,出席中国人民政治协商会议,被推选为中央人民政府委员、财政经济委员会副主任,并兼任华东军政委员会副主席。1951年5月调任北京大学校长。此后连续当选第一、二届全国人民代表大会代表、常务委员,并任政协第一至五届全国委员会委员,第二、四、五届常务委员,中国科学院哲学社会科学学部委员等职。他为解放后的制止通货膨胀、平衡财政收支、稳定物价和改造资本主义工商业等工作做出了许多贡献。

　　1953年6月,我国第一次人口普查的统计数字表明:全国人口已由解放前的四亿七千万发展到六亿多,引起马寅初的重视。早在20年代,他曾撰文谈及我国人口增长过速的弊病。1954年至1955年他三次赴浙江视察,深入农村,走访农家,掌握大量资料,进行深入细致的研究。在1955年第一届全国人民代表大会第二次大会浙江小组代表会上,他提出了控制人口的问题。1957年2月最高国务会议上,马寅初发表了计划生育的见解,受到了与会者的赞赏。1957年6月一届人大四次会议上,他将控制人口的材料整理成文后,作为一项正式提案,提交大会;7月5日全文在《人民日报》上发表,题为《新人口论》,系统论述了我国人口增长过速,将影响生产建设、资金积累、劳动就业、人民物质文化水平和科学技术的提高,必须加以控制,实行计划生育。但是他深谋远虑的正确意见没有得到应有的重视,反被有些人曲解,甚至被加上了莫须有的罪名。不久反右派运动开始,报上发表了题为《不许右派利用人口问题进行政治阴谋》的署名文章,继之有人竟拟划马为右派分子,周恩来闻讯坚决加以制止。1958 年 2 月,马寅初在一届人大五次会上对《新人口论》作了补充。但 5 月陈伯达在北大六十周年校庆会上,突然点名要马寅初作"检讨"。7 月,康生到北大作报告时,竟蔑视在旁的校长马寅初,向师生暗示:新人口论是马尔萨斯主义的理论。在陈、康的直接插手下,九千多张大字报铺天盖地贴满北大校园和马在燕南园的住所,许多报刊也纷纷刊出难以计数的批判文章。马寅初坚持真理,在《新建设》等报刊上连续撰文说理反驳。次年压力更大,好心的友人关切地劝他做些检查,但是他明白表示:"因为我对我的理论有相当的把握,不能不坚持,学术的尊严不能不维护,只得拒绝检讨。"

1960 年初,马寅初上书坦率陈词:学习毛泽东著作要防止个人崇拜。是年他发表了《重申我的请求》一文,要求分辨两种性质的错误,展开争辩。由于该文在报上刊出时,被康生加上一篇编者按语,因而招来了更多的批判和攻击,北京大学连续召开声讨"反党反社会主义言论"的大会小会,剥夺了他申辩的权利。此时他已无法执行校长职务,愤然辞职。

马寅初辞职回家后并不消沉,曾去家乡继续调查人口问题。他曾忧心忡忡地对女儿说:"我已是八十开外的人了……我叹息我的观点、我的主张明明是真理,却不能为世人所接受,那是关系到我们国家和民族兴旺的大事呀!个人受批判、罢官免职算得什么,要紧的是不能无视我国人口盲目地增长,否则那就是留给我们子孙后代一大难题了。"[1]

---

[1]　邓加荣:《马寅初传》,上海文艺出版社 1986 年版,第 276 页。

此后他着手编写《农书》,准备总结历史上我国劳动人民农业生产的经验传之后世。1966 年"文革"开始,马寅初撰写的《农书》数十万字手稿被作为"四旧"付之一炬。

中共十一届三中全会后,马寅初的《新人口论》获得了很高的评价,计划生育已经定为基本国策。1979 年 9 月,中共中央批准了北京大学党委为马寅初平反的决定,任命他为北大名誉校长。1980 年他重新当选为全国人大常委。1981 年 2 月,中国人口学会成立,他被推为名誉会长。6 月,祝贺他百岁寿辰的庆贺会,在他曾任教的各地大学隆重举行。北京大学出版了《马寅初经济论文选集》,重庆大学修复了已经倒塌的"寅初亭"。10 月,亚洲议员和人口发展会议在北京召开,他担任中国代表团名誉顾问。会议向他发出了热情洋溢的表彰信,使他深感欣慰。

1982 年 5 月 10 日,马寅初在北京病逝。

马寅初的重要著作有:《纽约市的财政》(纽约 1914 年)、《经济学概论》(商务印书馆 1943 年)、《通货新论》(商务印书馆 1944 年)、《我的经济理论哲学思想和政治立场》(财政出版社 1958 年,1980 年重版);他的演讲和论文先后汇编有:《马寅初演讲集》第一、二集(商务印书馆 1923、1925 年)、第三集(京华印书局 1926 年)、第四集(商务印书馆 1928 年),以及《马寅初经济论文集》第一集(商务印书馆 1932 年)、《马寅初战时经济论文集》(作家书屋 1945 年)、《马寅初抨击官僚资本》(财政出版社 1981 年)、《马寅初经济论文选集》上、下册(北京大学出版社 1981 年)等。

马　应　彪

熊尚厚

马应彪，1864年（清同治三年）生，广东香山（今中山市）人。其父马在明靠种田和捕鱼为生，家境贫困。马应彪少年时与弟马焕彪跟随乡亲远渡重洋，前往澳洲雪梨（今译悉尼）谋生。初时在果菜店当杂工，后来自己设摊，做水果蔬菜杂货买卖，数年间获利颇厚。

1891年，马应彪与人合股开设永生公司扩大营业，三年间在经营方面增长了许多知识。他见西欧来的侨商开设大型百货公司，职工数以千计，营业发达，遂决心回国如法炮制。1894年回到香港，开设永昌泰金山庄，经销进出口货物。那时，香港和内地的商店仅售两三种商品，沿袭旧习讨价还价，于买卖双方都十分不便。马乃倡议创办以"不二价"相号召之百货商店，经过多方联络，说服许多友人，卒得澳洲华侨蔡兴、马永烁、郭标、马祖容，美洲华侨林敏良、郑干生及香港的李月林、王庆昌、黄在朝等人赞助，筹集资本二万五千元组成股份公司，在香港皇后大道购置铺面。为使顾客确信其买卖"完全公平"、"货真价实"、"童叟无欺"，马提议取《中庸》的"君子诚之为贵"之意，定英文 Sincere（诚笃）之中文译音"先施"为商店的名称。马应彪被推为正司理（即经理）、李月林任副司理。1900年1月8日，香港先施百货公司正式开业，有职工二十五人，是为我国华商创办的第一家近代化百货公司。

马应彪在香港创办的先施公司，在我国和远东最先树起了西方资本主义大型商业的模式。他力图扫除我国商人历代相传买卖讨价还价的旧习，实行买卖不二价；首倡以妇女任营业员；又因马应彪为基督教

徒,职工亦参加礼拜,故星期日停业休息。由于种种革新办法均属首
创,开办伊始即毁誉参半。部分股东提出非议,谓星期日休业徒耗时
日,录用女营业员有伤风化。是年 8 月又遭台风,公司二、三楼被吹塌。
多数股东主张歇业,马力主革新,坚持开办,说服众股东不要中途拆伙。
翌年,先施公司榜标的"不二价"逐渐取得信誉,"明码实价"为广大顾客
所欢迎,营业额日增,盈利渐丰,遂取得众股东的信赖,仍由马应彪主管
营业。他重建铺面,扩大规模,于 1904 年再加改革,除营业员取消妇女
全用男子外,还在公司内先后设立德育部、智育部、惠爱会等,培养和训
练职工,提高其经营和服务水平,使营业更有起色。年终股东分得一笔
股息,遂再无歇业之议。此后营业更加发达,年终除分股息外,至 1907
年尚有盈余九万元。嗣后,马应彪提议将先施公司改组成股份有限公
司,设立董事会,获众股东赞同,马被推举为公司正监督兼司理。

　　1909 年 2 月,先施公司向香港当局注册,资本额增至港币二十二
万元。马应彪勇于开拓,又于香港德辅道与康乐道通联处之四层楼设
置货场,规模宏大。初以其地处新区,商店寥寥无几,电车初设,行人稀
疏。有人颇为担心,但马认为新区发展前途很大。不一年时间,附近大
商店纷纷崛起,游人日夜熙攘,马遂将先施之门面重新装潢,货物陈列
璀璨夺目,数年间获利倍增。

　　马应彪着手改组先施公司时,即计划筹办广州分行。1910 年经董
事会决议,集资港币四十万元在广州长堤大马路购地六亩建筑五层大
楼。1912 年大楼建成,6 月正式营业,以马祖金为首任司理。除经营环
球百货外,更在楼顶辟有先施游乐场,设茶室、酒菜部、照相部、理发室、
电影院及剧场等,供顾客游乐。1914 年再增设备华丽的东亚大酒店,
附设酒吧、餐厅。此外,为了广辟货源和降低商品成本,又先后兴办了
化妆品、汽水、皮革、制鞋、饼干等十个工厂,工人逾千;并于市区设立支
店两所。广州分行资本扩大至一百二十万元,正式向香港当局注册,获
利颇厚。

　　接着,马应彪等筹谋在全国最发达的大商埠上海,开办大型百货公

司,乃于1914年集资港币六十万元,仍向香港当局注册,沿用先施之名,在上海闹市区南京路择地十余亩,建造五层大楼(当时上海楼房最高仅三层)。次年,因建筑工程浩大,又增资至一百二十万元;及1917年10月公司开业时,更增资至二百万元。董事会举马应彪任董事长兼监督,由黄焕南任司理。上海先施公司继续坚持"不二价",以"始创不二价,统办环球货"为广告招徕顾客;并且仿效广州,除有规模宏大的百货商场外,也在楼顶辟"先施乐园"供人游乐;还附设东亚旅店、东亚酒楼。为了自制有特色的商品,赚取更多的利润,又设立工厂,所出产品不仅有中西家具、儿童玩具、保险柜等,且有车床、钻床,还承包修建工程,有职工三百余人。上海先施公司后来居上,营业状况优于港、粤,亦为当时上海和全国百货公司之冠。英商在上海开办的两家最大的百货商店惠罗公司、福利公司顿即被挫,降成第二流商店。其后虽有新新、大新、永安等公司异军突起,但先施一直跻身于上海四大百货公司之列。

马应彪在向广州、上海扩展业务时,对于港行的经营和扩充仍十分尽力。1913年港行资本增加到八十万元,于香港德辅道通连永和道、康乐道地区,又建筑六层大楼为新址。1916年再增资本至二百万元。1917年1月新厦落成,门面宏丽,货场宽敞,中西货品陈设缤纷,屋顶亦辟有天台乐园,设酒菜、茶点和演唱、杂耍供人游乐,顾客如云,为港岛游乐场地之一。

先施拥有港、穗、沪三大公司,规模之大为国内首屈一指。但三行仅为联号,其财权、人事均各自独立,殊感窒碍。1918年,马应彪倡议三行统一,得沪、穗两地董事同意,三方开股东大会决定共同成立先施总行。资本额为港币七百万元,以香港为总行,设董事会领导全公司业务,沪、穗两地为分行,各设参事会辅助经营业务。翌年1月16日,总行正式成立,马应彪任总监督,陈少霞为总司理。先施公司统一后,资本雄厚,事权统一,金融互通,人才调用,货物联合采办,商品合一营销,营业更臻发达。至1927年,即拥有职员二千,工人数千。

　　马应彪主持先施公司,在扩大经销中西百货的同时,还先后创办化妆品制造业、保险业及银行业,以扩展其经营范围。先是1915年5月,马提议港、穗、沪三公司各投资四十万元,筹办先施保险置业股份有限公司,向香港当局注册,专营水火保险、股份产业买卖及汇兑业务,举蔡兴为总司理。7月开业后,营业发达,遂相继在天津、上海、广州、石岐、江门、梧州、福州、汉口及新加坡、暹罗(泰国)、越南等地设分公司。1921年,马应彪与汤信、蔡兴等发起创立香港国民商业储蓄银行,资本额为港币二百万元,后增至五百万元,马任董事兼监督。1922年春,马应彪等以先施穗行化妆品厂为基础,于香港设立化妆品制造总厂,生产花露水、生发油、雪花膏及牙粉等产品。1926年该厂资本额增至一百三十万元,改组为独立公司,相继在上海、南京、天津、北京、汉口、长沙、九江、南昌、重庆、奉天、哈尔滨及新加坡、吉隆坡、柔佛、槟城等地设庄,有代理店数百家,于上海设制造分厂,成为我国民族资本化妆品制造业之巨擘。1922年11月,马应彪又与董事会商定,投资港币二百万元,创设先施人寿保险公司,以林瑞书为总司理。因系新兴事业,一时无人问津,马等以"储蓄保寿"为号召,营业渐有进展。三年间营业范围扩大,先后在上海、天津、广州、石岐设分局,于南京、南昌、九江、宁波、汕头、江门、澳门、福州、汉口、济南等地设代理处;并在海外华侨中广为宣传,使其有效保险额增至八百万元。

　　马应彪创办和经营先施成功,成为国内及海外华侨中的著名商业资本家。他热心教育事业,曾任岭南大学、世光女校等校董。他与社会名流时相过从,1921年参加竞选香山县长,结果难以与吴铁城匹敌而落选。

　　马应彪在先施公司有极高声誉,因其年近花甲,所任总监督一职于1921年交蔡兴接任,在1921年至1927年间任总公司名誉总监督。1928年,马为了重振因"沙基惨案"受英帝封锁而使港、穗两行营业萎缩之局面,再次出任总监督。他将公司历年积余,除照常派发股息及红利外,另加派红股,每十股分派三股,再由股东加认新股九千股,翌年使总公司资本额增至港币一千万元。1930年再次扩建总行,次年于香港增设总务局,聘蔡兴、马永烁、郑千生、王国璇为顾问,推行其营业新计划。如开设"一元货商店",将残次和积压商品廉价搭配成价值一元一包,任顾客选购;又如举办国货展览、时装表演、教育展览等,在香港别开生面。马还对先施人寿保险公司的业务及人事大加改革;在营业方面则扩大招徕,因之业务蒸蒸日上,有效保险额超过二千万元。1932年又于澳门筹建先施分行及东亚酒店,兴建八层大楼,为濠江最大的百货店和餐馆,于1935年9月建成开幕。澳行除经营百货、餐馆外,还兼营银业、信托、保险、人寿联保等业,盛极一时。

正当马应彪重振先施卓有成效之际,香港受资本主义世界经济危机余波的影响发生金融风潮,市面挤兑,银根吃紧,先施银业信托公司首先受到冲击。1935年9月,香港国民商业储蓄银行一度停业;香港总行及澳门分行随遭袭击,营业萧条。此次风潮使先施公司营业损失甚巨,其后虽得英商汇丰银行借款暂渡难关,但马应彪重振营业的愿望则因之夭折。1936年,他再次辞去总监督职,仍任名誉总监督,退休养老。

1944年7月15日,马应彪病逝于香港。

主要参考资料

《商界名人传——马应彪先生》,上海《商业杂志》1927年第2卷5号。

《先施公司二十五周年纪念册》,1925年版。

《一九七五年香港先施公司钻喜纪念册》,1975年版。

孙碧奇:《上海四大百货公司的沧桑》,台北《传记文学》第32卷第6期。

马　约　翰

王维屏　黄延复

马约翰,1882年10月10日(清光绪八年八月二十九日)生于福建厦门鼓浪屿。三岁丧母,七岁丧父,与其兄过着孤苦伶仃的生活。在亲友资助下,十三岁进私塾读书,十八岁到上海读中学,二十二岁考入圣约翰大学医学预科,两年后升入本科,于1911年毕业。

马约翰从小喜爱运动,进私塾读书以前,整天和同伴们爬山、游泳,身体很健壮。在大学读书期间,酷爱体育运动,成绩优异,是学校足球、网球、棒球、田径等各种代表队的主力队员。尤长于中、短距离赛跑,曾获全校冠军,并多次在校外比赛中取得优胜。1905年,他参加上海基督教青年会举办的"万国田径运动会"一英里竞赛。在落后于日本选手十码的情况下开始冲刺,最后以领先五十码的距离冲破终点线取得优胜。全场报以雷鸣般的掌声和"约翰,中国"的欢呼声,赞扬他为祖国争得荣誉。从此,他成为上海运动场上的一颗明星。

由于马约翰具有出色的运动才能,1914年被清华学校选聘为体育帮教。从这时起,到1966年逝世时止,他一直在清华工作了五十二年,由助教而教授而体育部主任,终生为体育教育事业服务。

他在清华致力于体育普及工作。除上体育课外,还说服学生参加学校规定的每天下午4时到5时的体育锻炼。他数十年如一日地每天下午走上操场,到学生中去,以身作则和学生一起锻炼,并在锻炼方法上随时给予指导。他在清华坚持实行"体格检查"和"体能测验"等项措施和制度。严格的规章制度加上广泛深入的说服动员,使清华的体育运动得到比较广泛的开展。他还倡导正确的竞赛思想,提出"球可输,体育道德不能输","对外比赛不必先把输赢放在心上,只希望把我们的技术全部施展出去"。1928 年底,他率领清华足球队参加华北第五届冬季球类比赛。在争夺冠军的决赛中,清华主力中锋被对方当胸一脚踢昏,全场哗然。许多队员主张"罢踢",马约翰力息风波,换人继续比赛,结果虽然输了这场球,却赢得全场观众的赞扬。

马约翰十分关心祖国体育事业的发展和体育师资的培养。1928 年前后,他和郝更生、徐国祥等一起,利用清华较为完善的体育设备和器材,几次创办"暑期体育学校",自任主任,聘请国内体育界名流张汇兰、董守义、高梓、许明辉等任教,为提高我国早期体育师资业务水平和祖国体育事业的开展做出了积极贡献。

马约翰学习和总结了外国的经验,根据田径和球类等项运动的训练特点,创造出徒手操的编组方法和拉力器的训练方法。早期的清华学校先后成立了足球、篮球、网球、曲棍球、棒球、垒球、田径、滑冰等十多种代表队。在他担任教练或指导下,取得了较好的成绩,在校外的比赛中,也多次名列前茅。

1919 至 1920 年,马约翰利用休假一年的时间,到美国春田大学进修体育。结业时用英文写了《我对西方体育的十四年经验》一文,概述了西方体育在中国的传入、发展情况。1925—1926 年,他再次利用休假时间到春田大学进修。结业时用英文写了《体育的迁移价值》的硕士论文,论述体育对全面培养人的教育作用,是该校 1926 年度主要硕士论文之一。

马约翰经常参加全国和国际性体育竞赛的指导和组织工作。1919 年第四次远东奥林匹克运动会在菲律宾马尼拉举行,他是奥林匹克代表队选拔委员会的委员之一。1927 年,第八次远东奥林匹克运动会在上海举行,他任田径委员会的主席兼足球、运动法委员会的委员。1930 年,他担任参加预定于 1931 年在日本举行的第九次远东奥林匹克运动会的全国选手总教练。1936 年,他担任中国田径代表队总教练,参加了在柏林举行的第十二届世界奥林匹克运动会。会后,他在欧洲一些国家进行考察,并做了考察记录。

1937年抗日战争爆发,马约翰怀着爱国热忱,随校南迁到长沙、昆明,与全校师生一样,过着颠沛流离的艰苦生活。他担任国立西南联合大学体育部主任,在物质条件极端艰苦的情况下,犹积极设法开展体育活动。

马约翰虽怀有"谁能发展体育事业我就拥护谁"的"超政治"观点,但他不趋炎附势。1943年间,国民党政府教育部聘请他担任政治色彩很浓厚的"江津体育专科学校"校长,他严词拒绝。

马约翰对体育理论研究也很重视。早在1926年,他就在《体育的迁移价值》一文中系统地探索了体育不但对于人的肌体健康具有积极的促进"价值",而且能"迁移"到人们的心理、道德、品格以及精神等方面去,可以锻炼人的意志和品质。经过多年的实践和研究,他于1950年发表了《我们对体育应有的认识》一文,比较全面地论述了体育的科学基础,运动对生理的影响,技能的训练方法以及体育和生物学、心理学、哲学之间的关系。

"运动是健康的泉源。"这是他早在20年代就提出来的论断。1954年,他发表了《我的健康是怎样得来的》一文,用他自己亲身的体验再次强调了这一论断。

早在40年代初,马约翰就打破常规,主张用运动来治疗某些在当时被认为只能"卧床静养"的慢性病,是"体育疗法"的积极倡导者和推行者。1952年,他主动和校医院大夫配合,对校内一大批患各种结核病的师生进行"体育疗法",取得了成效。

马约翰身体力行,终生坚持锻炼,身体非常健康。酷暑,他在烈日下连续活动几个小时不头晕,不中暑;冬天,他从不穿棉衣。他六十岁时还和青年教师进行激烈的室内手球比赛,七十六岁时和一位中年教师合作争得北京市网球双打冠军,是七十六岁老人达到一级运动员标准的第一人。年逾八十时,鹤发童颜,仍然生气勃勃地照常工作,被誉为"提倡体育运动的活榜样"。

马约翰在中华人民共和国成立后历任中华全国体育总会副主任、主任和国家体委委员。1954 年当选为第一届全国人民代表大会代表。1956 年,当选为全国体育总会主任。1957 年,他以七十五岁高龄率代表团参加第三届国际青年体育运动会,任团长。第一、二届全国运动会都由他担任总裁判。1964 年,清华师生曾聚会祝贺他在清华大学工作五十周年。

1966 年 10 月 31 日,马约翰因病在北京逝世。

马　占　山

陈宁生

马占山,字秀芳。祖籍河北丰润。1885 年 11 月 30 日(清光绪十一年十月二十四日)出生在辽宁怀德(今属吉林)。父亲务农,家境贫寒。马占山稍长,即为地主放马。1903 年,因放牧时丢失地主家的一匹马,被迫逃亡在外,沦为胡匪。他好骑射,枪法娴熟,后为官军收编。1905 年由怀德县衙门游击委为哨官。

1911 年,马占山投靠清军奉天后路巡防营统领吴俊陞,充任四营中哨哨长。1913 年,吴部改为中央骑兵第二旅,马充任三团二连连长。1918 年,因剿匪有功升任营长。1920 年,随吴赴黑龙江省,升任骑兵团团长,驻防黑省东部。1925 年,升任东北陆军第十七师骑兵第五旅旅长。1928 年 6 月 4 日,张作霖、吴俊陞被日军炸毙。17 日,张学良任命第八军军长,万福麟为黑龙江省军务督办。不久,马被任命为黑龙江陆军步兵第三旅旅长。同年冬马占山改任黑龙江省剿匪司令。1929 年任黑龙江省骑兵总指挥。1930 年 10 月,任黑龙江省黑河警备司令。

1931 年,日本帝国主义发动侵略中国的"九一八"事变。张学良执行蒋介石的先安内后攘外的方针,日本侵略军得以迅速占领辽、吉两省,进而侵入黑龙江。日军以大批军械武装洮辽镇守使张海鹏,唆使他进攻齐齐哈尔。此时,担任黑龙江省政府主席的万福麟正在北平,当地群龙无首,人心慌乱,形势危急。万福麟为了卸却责任,电请南京国民政府任命马占山代理黑龙江省主席,兼东北边防军驻黑龙江省副司令。10 月 10 日任命正式发布,13 日,张海鹏派其少将徐景隆率伪军三个团沿洮昂路(洮南至昂昂溪)向江桥(嫩江铁桥)进犯。16日拂晓,进抵江桥南端,当即遭到军署卫队团徐宝珍部的坚决阻击,伪军被击溃,徐景隆被击毙。日军利用张海鹏部进窥黑龙江的企图受挫。

19日,马占山经由哈尔滨抵达齐齐哈尔,次日宣布就任代理黑龙江省主席职。在爱国军民抗日热情的鼓舞下,马占山当众宣称:"倘有侵犯我疆土及扰乱我治安者,不惜以全力铲除之,以尽我保卫地方之责。"①并立即召开军事会议,亲自视察防地,进行布防,准备抵御敌人的袭击。此时,以劣绅赵仲仁为代表的亲日派企图劝马向日军投降,迎张海鹏入省。马坚决拒绝,并表示:"吾奉命为一省主席,守土有责,不能为降将军。"②

27日,日本关东军以所谓洮昂路系用满铁借款修筑,日方负有护桥责任为借口,无理要求中国军队撤离江桥,并保证日方修桥人员的安全,当即遭到马占山的拒绝。

11月4日晨,在七架飞机掩护下,一千三百余名日军以保护修桥为名,直趋江桥我军驻地大兴站,驱赶我方修桥人员,迫令守军后撤,并强行抓去我方哨兵三名。是日午间,又悍然向我军阵地发起猛攻。马占山下令抵抗,我方将士立即英勇战斗,迅速击退了敌人的进攻。这就是驰名中外的江桥抗战,也是中国军队不顾蒋介石的妥协投降政策、奋起抗战的先声。

江桥首战告捷后,我军士气大振,马占山当即赶赴前线犒赏官兵,阵地上同仇敌忾,守土卫国的气氛十分热烈。

日军进攻受阻,乃于5日晨尽驱张海鹏部打头阵,日军殿后,复向我方阵地发起进攻。我方将士奋勇抵抗,激战竟日,坚守阵地。6日晨,日军自为前锋,向我军发动总攻。马占山亲赴前线督战,双方在江桥进行激烈的争夺战。由于敌飞机大炮向我阵地轮番轰击,阵地难以

---

① 　徐菜编:《马占山将军抗日战》,北平中北印刷厂1933年版,第10页。
② 　《申报》1931年11月18日。

坚守,马遂下令退守大兴站以北的三间房阵地。

日军一面依仗军事优势步步进逼,一面又采取政治攻势,多次电迫马占山辞职下野。对此,马向全国民众保证:"占山守土有责,一息尚存,决不敢使尺寸之地,沦于异族。"①同时明令本省大小文武官吏,不问客籍省籍,一律不得擅离职守。

12日,日军将朝鲜驻屯军的多门第二师团铃木旅团调至江桥,再次发动进攻。16日,更向我阵地全线猛攻。至18日,我部队伤亡很重,又无援军。马占山不得不下令全军退出齐齐哈尔,沿齐克路(齐齐哈尔至克山)撤退。日军遂于19日占领齐齐哈尔。

在国民党将领一片恐日声中,马占山敢于奋起抗战,深受全国人民的称赞。各地人士纷纷发来函电,赞扬他"以一旅之众,首赴国难","为国家保疆土,为民族争光荣",实为"将吏之楷模"、"国民之表率"②。各地群众自动组织慰问团、后援会,捐钱捐物,支援黑龙江抗战。上海、哈尔滨等市青年学生纷纷投笔从戎,组织了"援马抗日团",赶赴黑龙江。

21日,马占山在海伦县设立省政府,将队伍分驻于克山、拜泉等处,积极整顿军备,编练新军,军民爱国热情十分高涨。12月,马占山经南京国民政府任命为黑龙江省政府主席。

日军占领东北三省的大部分地区和政治中心后,纠合以溥仪为首的汉奸、亲日派,策划在东北成立伪满洲国。他们认为马占山拥有实力,如能使之就范,较张海鹏、张景惠之流更为得力。于是,不断对马进行诱降活动。还在江桥抗战时,溥仪就以封马占山为北路总司令作诱饵,劝其归顺日本。及马占山退至海伦,汉奸、特务更是接踵而来,劝马停止抗日。之后,日本关东军高级参谋板垣征四郎以关东军司令官本庄繁代表的身份,亲自出面,向马占山提出,只要变更抗日举动,仍将黑省军权交授于马。本来,马占山的抗日,一方面是由于爱国军民的推

<hr/>

① 徐菜编:《马占山将军抗日战》,第10页。
② 徐菜编:《马占山将军抗日战》,第10页。

动,另一方面是为报答上司的"知遇之恩",思想并不十分坚定。此时,由于经不起敌人的威逼利诱,在一群汉奸、卖国贼的怂恿下,幻想以妥协投降求得苟安。1932年2日28日,马重返齐齐哈尔,就任伪黑龙江省长。3月8日,赴长春迎接溥仪。9日,参加伪满洲国的成立大典,并当了伪满的军政部长。

马占山的背叛行为激怒了全国民众,爱国群众团体纷纷向马索还捐款,上海烟商愤怒地停止出售"马占山牌"香烟;他的部属中坚决抗日的军官如苑崇谷、金奎璧、徐宝珍等均不辞而去;黑河驻军、马占山的卫队和学生军等甚至抄了他的家。其实,日本侵略者也只不过视马占山为傀儡,对其防范甚严,控制很紧。在马占山就任伪省长的次日,日方即发出公函,要求马对黑龙江省一切事务不得擅自做主,凡是重要法令、规章制度、用人、预算等事项,必须取得日本顾问同意始能实行。伪满洲国成立后,日方进而要求各省设立之总务、警务两厅长必须由日本人充任。马对这些要求既不敢拒绝,又不愿接受,迟迟不予照办。为此,日本顾问大为不满,迭次提出要挟。马占山甚感日本主子咄咄逼人,难以自存。同时,日方还要求编遣他的军队,又传闻日方将追查他在江桥抗战时所领军费和所得捐款的下落。马占山处此名誉、地位、权力、财产均将失去的境况下,疑惧交织、惶惑不安,遂起反正之心。适在此时,张学良派前黑龙江省税捐局长韩立如潜回齐齐哈尔,劝说马占山反正,并许仍任黑龙江省政府主席。马占山遂下决心挣脱日方羁绊,3月底,马占山抓住国联调查团到东北的时机,一面向调查团揭露伪满内幕,暴露日本侵略者的无耻嘴脸;一面秘密布置军事行动,准备再战。4月1日,他带领亲信随从二百余人离开齐齐哈尔。7日抵达黑河,通电反正,再揭抗日旗帜。

马占山随即联合吉林的李杜、丁超,海拉尔的苏炳文,组成东北救国抗日联合军,设总司令部于哈尔滨,自称总司令;又传令各县组织义勇军,集于黑龙江东部各县,配合作战。初期,抗日联合军转战于黑、吉北部铁路线上,与日伪军相周旋,虽间或取得小胜,但由于指挥不统

一,力量分散,不能有效地冲破敌人的围追堵截,于7月中旬被迫离开
铁路沿线,退入山林作战。28日,马占山率部至庆城罗圈店南森林附
近,遭日军伏击,伤亡惨重。少将参议韩述彭在突围时被日军射杀,血
肉模糊,日军误认为马之尸体,立即拍照登报,大肆宣传。马于混战中
率卫队四五十人向东奔入大山,辗转四十余日,至9月9日始出山至龙
门。接着奔赴讷河,设立义勇军总指导部,筹组三路义勇军围攻省城。
10月20日,马占山发出总攻命令,经过一个多月的激烈战斗,各路义
勇军终因势单力弱,于11月28日退至拜泉。12月1日撤离拜泉。4
日,苏炳文率残部退入苏联境内。7日,马占山亦相继退入苏境。

　　马占山、苏炳文一行在游历了苏联、波兰、德国、意大利后,于1933
年6月6日,经香港回到上海。蒋介石对马明捧暗压,表面上责成国民
党中常会于23日委任马占山为军事委员会委员,实际上对马占山统率
东北义勇军继续抗日的要求,置之不理。马占山在南京、上海作短期逗
留后,即北上寓居天津英租界。

　　马占山在天津闲居期间,与东北爱国人士杜重远、阎宝航、栗又文
等交往甚密。在共产党员孙达生等人的影响下,曾承诺联络张学良停
止内战,一致抗日。1936年12月,马占山由沪去西安,赞助张学良、杨
虎城逼蒋抗日的爱国行动,参与了震惊中外的西安事变,在张、杨提出
的"八项主张"上联署。事变和平解决后,蒋介石背信弃义,扣押了张学
良,派兵进逼西安,压迫东北军和十七路军分别调防。马占山表示服从
蒋介石的命令,并从中斡旋,不使双方发生冲突。

　　1937年全面抗战爆发后,马占山被任命为东北挺进军司令①,兼
管东北四省招抚事宜。8月,马在大同正式成立司令部。不久大同失
守,司令部移至丰镇。9月,日军沿平绥线进犯。晋绥骑兵司令赵承绶
和绥远国民兵司令袁庆曾守绥远,但两部在敌人尚未攻击归绥(今呼和
浩特)东部要塞卓资山之前,即相偕离去。绥局顿时混乱,马占山等部

---

　　①　属第二战区,1944年后属第八战区。

苦战绥东,孤军无援。9月12日,敌进占兴和,袭击孤山车站,经马占山挺进军之冲杀,将敌人逐出绥境。随后,马率部布防于归绥城东大黑河一线。10月13日,马部被敌军三面包围,仍奋勇抵抗。激战至下午5时,马占山险被敌擒,遂放弃绥垣,退至包头。16日,包头陷落。马部退守五原。

1938年初,敌伪拟在东胜成立自治政府,于3月初分三路包围挺进军。马占山亲率所部,以夜袭方式于16日进占河口镇,又于17日晚克复托克托县城,乘胜击退三路来犯之敌。4月1日,马部由高隆渡口渡河,进至绥北敌之后方。中旬,敌伪军将挺进军四面包围于大青山,鏖战七八昼夜。20日夜,马部突围至固阳黄油干子。22日与敌遭遇,骑六师师长刘桂五阵亡,马占山率余部转至安北。5月中旬,总部移至陕西府谷县哈拉寨镇。

马占山拥护中国共产党提出的抗日民族统一战线政策。抗战初期,中国共产党东北特委曾派遣一批共产党员和东北大学学生参加挺进军。共产党员邹大鹏任挺进军司令部中校军械官,栗又文任上校秘书主任。他们帮助马占山抵制国民党特务刘广英制造的反共摩擦罪恶活动。

1940年5月3日,重庆国民政府命令改组辽、吉、黑、热四省政府,任命马占山为黑龙江省政府主席。1941年8月4日,黑龙江省政府在陕西榆林成立。此后,马以黑龙江省政主席的身份进行抗日复土活动。

1945年日本帝国主义投降后,蒋介石集团为了抢夺抗战胜利果实,设国民政府军事委员会委员长东北行营,马占山被任为委员。

1946年解放战争初期,马占山的东北挺进军两个骑兵旅在楚溪春统率下为蒋介石死守大同,并于9月21日突围至得胜堡与傅作义部会师,接着又进攻张家口。9月23日,马占山调任东北保安副司令长官,公开表示将他的两个骑兵旅交由傅作义指挥。

国民党为了利用马占山收编胡匪、扰乱东北解放区,又任命马占山为松北挺进军司令,但马长期避居北平未去长春就职。军统特务机关借用马的名义滥发委任状,收编胡匪,进行所谓策反活动。

1948 年底,在全国解放指日可待的形势下,马占山认识到和平解放北平已是大势所趋,人心所向,表示愿意为此进行工作。北平中共地下党通过马占山,邀请邓宝珊来北平,劝告傅作义放下武器,接受和平改编。1949 年 1 月上旬,马、邓、傅三人经过多次商议,决定响应和平号召,宣布起义。

新中国成立后,马占山寓居北京。1950 年 11 月 29 日,因患肺癌去世。

马 宗 汉

史月廷

马宗汉,乳名纯昌,字子畦①,别号宗汉子,浙江余姚浒山马家路（现慈溪县）人,生于1884年3月30日（清光绪十年三月初四）。父马云骧,为附贡生,在当地开米店。马宗汉十五岁到余姚姚江达善学堂读书②。他喜爱诗词,闻诵岳飞《满江红》词后,曾自誓说:"长大亦当如是。"其后阅读史传,尤多感慨。他在《己亥课程》中写的一首七言绝句道:"世上英雄原不亏,雄才亦许常人为;如吾夙负平生志,当使声名千古垂。"③在达善学堂,马宗汉结识了几个具有民族思想的少年,纵谈国事,以推翻清朝统治为己任。平时,他除学习国文课外,又学习英文,能阅览英文书报,从中了解国际大事。

马宗汉从达善学堂卒业后,于1902年进入浙江大学堂学习④,1904年勉从父亲意见,应科试入县学。举业非所素愿,不久就回到家乡,先后在润德学堂和三山学堂任教。执教期间,经常以"亡国之痛,异族之祸"相督教,学生们为之悲愤泣下。

---

① 陶成章:《浙案纪略·列传二·徐锡麟、陈伯平、马宗汉传》,中国史学会主编《中国近代史资料丛刊·辛亥革命》（三）,上海人民出版社1957年版,第59页。章炳麟《徐锡麟、陈伯平、马宗汉传》和沈砚民《记光复会二三事》作"子贻",误。

② 马纯昌:《己亥课程》（手迹）,余姚梨洲文献馆藏。

③ 马纯昌:《己亥课程》（手迹）,余姚梨洲文献馆藏。

④ 孙元超:《辛亥革命四烈士年谱》,书目文献出版社1981年版,第138页。

1905年秋，马宗汉与陈伯平相识，旋即参加了光复会①。1906年1月，他随陈伯平去日本。在东渡船中，又结识了徐锡麟。到日本后，马宗汉入东京早稻田大学预备科，在此期间，他进一步接受了资产阶级革命派的思想，毅然剪去辫子，暗中寻求革命志士。

在日本不到半年，马宗汉同徐锡麟、陈伯平等人一起回国。归国途中，三人对今后的革命工作做了初步的设想②。马宗汉回国后，在家乡以教师职业为掩护，着力进行革命的宣传和组织活动③。通过徐锡麟的介绍，马宗汉又认识了秋瑾。从此，他和秋瑾不时来往，以磋商革命事宜④。

马宗汉在家乡时，光复会一同志曾写信劝他再去日本，他谢绝了这个邀请，认为革命的"实行必须（在）内地，他国究非用武之地，不过暂时寄迹、预备学问而已"。他在回信中还明确表示，对于革命，"我辈宗旨已定，自然坚持到底，死而后已，不以他人而怀贰也"⑤。

当时，清廷下诏实行预备立宪，企图用欺骗手段缓和革命风潮，马宗汉著文揭露了清政府的阴谋。

同年12月，徐锡麟以道员出任安徽武备学堂会办，获得安徽巡抚恩铭的信任。徐锡麟利用这个有利条件，秘密进行革命活动，与主持绍兴大通学堂的秋瑾遥相呼应，并相约皖、浙同时起事。陈伯平几次往来于皖、浙之间，为之联络。起义规划拟定以后，徐锡麟写信给马宗汉，促其去安庆；马因祖父去世未久和路费不及筹措，一时难以起程。

---

① 沈瓞民：《记光复会二三事》，中国人民政治协商会议全国委员会文史资料研究委员会编《辛亥革命回忆录》（四），中华书局1962年版，第140页。

② 姜枝先：《马宗汉烈士传补遗》（手稿）。

③ 陶成章：《浙案纪略·列传二·徐锡麟、陈伯平、马宗汉传》，中国史学会主编《中国近代史资料丛刊·辛亥革命》（三），第59页。

④ 据马宗汉烈士家属说，秋瑾曾几次去浒山马家路，同马宗汉密谈。

⑤ 《马宗汉遗札一》，《浙东三烈集》，绍兴鲁迅纪念馆藏，第40—41页。又见浙江辛亥革命史研究会、浙江省图书馆编《辛亥革命浙江史料选辑》，浙江人民出版社1981年版，第431页。

　　1907年春,徐锡麟任安徽巡警处会办兼任巡警学堂会办,后又任陆军小学监督。他再次要马宗汉去安庆。5月18日,马宗汉借赴上海参加浙江铁路公司股东会之机会,前往安庆。临行前,他给家乡诸挚友写了绝命书,并嘱妻子说:"吾此行无论事成与否,必难生还,然求仁得仁,固吾素志,无庸为我悲也。二子其善视之,异日成人,嘱其毋忘乃父之志。"①表现了坚强的革命牺牲精神。他经上海,与陈伯平同行去安庆,住在徐锡麟寓所,紧张地投入了起义前的准备工作。6月22日,马宗汉和陈伯平奉徐锡麟之命再去上海,购买手枪与印字机等物;同时约秋瑾在上海会晤,互通消息。

　　徐锡麟、陈伯平和马宗汉等原定7月8日巡警学堂甲班学生举行毕业典礼时,请安徽巡抚以下大员莅校观礼,以便一网打尽,然后直下南京,大举起事。为此,他们通知外地会党前来支援。不料恩铭事前已微有所闻,命将典礼提前两天举行,致使外地会党无法及时赶到。

　　7月5日,陈伯平和马宗汉从上海购运手枪等物回到安庆。徐锡麟立即同他们密商,决定提前至次日起事,先刺恩铭,派人守住校门,断绝政府官员退路,以尽诛诸大员;然后率领巡警学堂毕业生占领军械所、电报局、制造局及督练公所等,争取起义的成功。他们估计,军队中有不少忠诚之士,举事后会起来响应。

　　7月6日一早,陈伯平和马宗汉从徐寓径赴巡警学堂。八时许,恩铭及文武官员到达警校礼堂就座,随员排列两旁。徐锡麟率领教习等站立阶前,陈伯平和马宗汉立于堂侧。徐锡麟抢步上前行举手礼,随呈学生名册于案上,大声说:"回大帅,今有革命党起事。"恩铭正惊恐间,陈伯平上前向恩铭猛投一炸弹,未爆发。徐锡麟立即拔出两支手枪,连续向恩铭射击;陈伯平和马宗汉也拔枪射恩铭。恩铭身中七弹,由部下抢走后,当天毙命。先是,徐锡麟命巡警处收支委员顾松守住校门,但

----

　　①　马燮钧:《马宗汉》(1943年7月7日),罗家伦主编《革命人物志》第4集,台北"中央文物供应社"1970年版,第134页。

顾松拒不执行,致使文武官员得以逃脱。当顾松乘机逃跑时,被马宗汉抓住。徐锡麟怒斥奸细顾松,连劈数刀,不死,马宗汉随即举枪将其击毙。紧接着,徐锡麟号令警校学生取枪站队,自己领先,马宗汉居中,陈伯平在后,急奔军械所。占领军械所后,徐锡麟命陈伯平把守前门,马宗汉守卫后门。不久清兵蜂拥而至,团团包围了军械所。马宗汉眼看情况紧急,向徐锡麟提议:"事已无成,不若焚此军械所,与清兵同尽。"徐锡麟制止说:"徒死无益,亟去犹可为后图。"在搏战中,陈伯平英勇战死,徐锡麟不幸被俘,马宗汉爬墙逃出后,至半途亦为清兵所捕。

马宗汉被捕后假称黄福,企望获释后再起革命,后被清政府查出,投进安庆监狱。他被囚五十天,经受了严刑逼供,但清政府得不到一个人名①。8月24日,马宗汉在安庆监狱门前被害,年仅二十四岁。

辛亥革命后,人们将徐锡麟、陈伯平和马宗汉三烈士的遗体合葬于杭州西湖孤山南麓,并树碑立传,供后人瞻仰。

---

① 章炳麟:《徐锡麟、陈伯平、马宗汉传》,中国史学会主编《中国近代史资料丛刊·辛亥革命》(三),第181页。

毛 健 吾

王淮水

毛健吾，原名礼键，字剑夫、剑舞，江西吉安人，1905 年 6 月 6 日（清光绪三十一年五月初四）生。父亲毛叙轩是清末秀才，教私塾为生。毛健吾幼年务农，暇余随父就读，二十岁时考入江西省第七师范学校。

1926 年秋，毛健吾转入江西省第五师范继续学习。适逢北伐高潮，他投笔从戎，于同年 12 月在南昌参加国民革命军，在第二师第五团特务连任上士文书，并参加国民党。二师师长刘峙发现毛的字写得不错，又是小同乡，调毛到师部工作。1927 年 12 月，由刘峙出资并保送入国民党中央党务训练班，后改称为中央党务学校。该校公开宣称："本校为本党最高学府，受命作育政治干部人才"，蒋介石兼任校长，实权操在陈果夫、陈立夫手中，毛与二陈从此有了师生关系。1928 年 6 月，他以中央党务学校第一期毕业生离校，由国民党中央组织委员会主任陈立夫先派到江西省党部工作，继调任江苏省嘉定县党部书记长；1933 年 3 月他被派任贵州省党务指导委员会书记长，辞未到职；1934 年，调到胶济铁路特别党部任委员兼书记长。1935 年，刘峙任豫皖绥靖公署主任，以同乡和旧部关系，将毛健吾调去任上校党务科长，兼任河南和平通讯社社长。

1937 年 7 月 7 日抗战开始，刘峙担任第一战区副司令长官兼第二集团军总司令，征得国民党中央宣传部部长邵力子的同意，决定在华北前线出一张报纸，派毛健吾负责筹办。11 月 9 日，《大刚报》在郑州创刊，毛任社长。"大刚"二字，源自《孟子》，取其至大至刚之意。他办报缺乏经验,事事从模仿《大公报》入手。《大公报》重视言论,他请侯桐、毛礼锐两位教授负责撰写社论;《大公报》的战地通讯深受读者欢迎,他就聘请李蕤、田涛等青年作家担任战地记者。《大刚报》行销冀、鲁、豫诸省,及时传播抗战消息。

在日本帝国主义大举侵犯之下,华北和东南大片国土沦丧。1938年8月,《大刚报》刚从郑州撤退到信阳,惊魂甫定,信阳又将弃守,刘峙表示不再过问报社的事。国民党中宣部副部长周佛海来电:"已无他迁之必要,着令停刊。"没有了后台老板,经费无着,报纸还办不办?毛健吾连夜召开会议,与职工商量,最后共同决定:流自己的汗,吃自己的饭,办自己的报。报社迁往湖南衡阳,愿者同去,不愿者各奔前程。他在满怀抗战激情的多数职工支持下,正式宣布:从现在起,《大刚报》是大家的共同事业,凡参加工作的都是报纸的主人,有福同享,有祸同当,毫无怨悔。他向刘峙辞去上校科长的职务,全力办报,从此,人称"毛大刚"。

武汉陷落,长沙大火,广州不守,衡阳成为联结东南和西南的重镇。在衡阳复刊后的《大刚报》,行销湘、桂、粤、赣,成为大后方引人瞩目的一张报纸。毛健吾信心倍增,提出要赶超《大公报》。他认为,《大刚报》是民营报纸,如果也像国民党官办报纸一样,只是对国民党政府歌功颂德,这样的报纸是没有人愿意看的,以报养报就不可能;而要"为民喉舌",刚正不阿,对国民党应当有所批评、指责。他陆续吸收了一批进步青年到报社工作,放手使用,让他们在实践中增长才干;又先后聘请羊枣、俞颂华、叶启芳等著名记者担任总编辑、总主笔,编辑部内进步力量逐步占据优势。报纸在宣传报道上坚持了团结、抗战、进步的方针,国际形势的宣传尤具有特色。《大刚报》举办"民意测验",增出敌后航空版,由美军飞机在沦陷区空投,在国内均属首创。为了扩大报纸的影响,毛健吾还成立了社会服务部,发起募捐"十万救急包",支援前线;捐款购买滑翔机,推动航空事业;劝募寒衣,救济难民。他提出"文化与实业并进"的主张,以文化为目的,以实业为手段,用实业的收入,弥补文化事业的亏损,实行自给自足,以摆脱报纸在经济上的依赖性。他先后开办了"大刚印书馆"、"大刚造纸厂"、"大刚中学"等企事业,可惜1944年7月日本侵略军攻陷衡阳,均毁于战火。

由于预见到衡阳可能失守,毛健吾在留下少数职工坚持出版到最后的同时,及时带领大部分职工和家属转移,并抢运部分印刷设备到柳州。他与大家一起席地而睡,同甘共苦,使报纸继续出版。两个月后,桂林沦陷,柳州又将不守,乃转辗撤退到贵阳。《大刚报》在贵阳复刊,毛健吾悲愤难忍,亲自撰写社论《实在不能再退了》,揭露国民党政府的腐败无能,批驳了国民党当局在文告中所说的就是再多失些地方,也不能使我们屈服的消极抗战论调,说:以空间换时间的口号不能用了,我们必须确保西南,要把握时间,争取空间。在日军逼近贵阳的情况下,他又赶往重庆,买房屋、购机器、求人才、为万一贵阳失守,仍能在战时陪都——重庆出版《大刚报》而奔走。

1945年8月15日,日本侵略者无条件投降,毛健吾十分兴奋,他以为,《大刚报》在八年抗战中,四次搬迁,三次被炸,渡过了重重难关,如今抗战胜利,苦尽甘来,该是大展宏图的时候。他雄心勃勃,要把《大刚报》办成报业托拉斯,计划在五年之内,在国内出十个版。经过紧张的筹备,汉口版于1945年11月9日出版。但他派人去南京、上海筹备出报纸,却遇到了困难。毛健吾只好求助于老师陈果夫、陈立夫。这时,国民党CC系也正拟在南京办报。他们认为,利用《大刚报》的民间面貌,充作CC系的喉舌,比自己出面新办一张报纸为好。于是,二陈慨然应允给毛以"帮助"。二陈商请国民党官僚资本的三行两局(中国银行、交通银行、中国农民银行、中央信托局、中央邮汇局)投资法币二千五百万元,原《大刚报》资产作价二千五百万元,共五千万元,另由蒋介石批给官价外汇十八万美元,成立南京大刚报股份有限公司,陈立夫任董事长,陈果夫任监事长,毛健吾任总经理。二陈派亲信祝麟任南京《大刚报》总编辑,并陆续调进一批亲信部属担任编辑、记者,逐步控制了言论权。原《大刚报》同人虽然进行了一系列反控制斗争,终因大权旁落，无可挽回。1947年3月，国民党召开六届三中全会那一天，南京《大刚报》刊登了财政部一职员因生活无着全家自杀的新闻，蒋介石阅报，勃然大怒，手谕"勒令《大刚报》停刊"。二陈乘机进行人事大调整，撤销毛健吾的总经理职务，派他去美国"考察"新闻事业；原《大刚报》同人，纷纷被解除职务。经过斗争，南京大刚报归 CC 系所有；汉口《大刚报》则由原《大刚报》同人自主经营。由于汉口《大刚报》始终保持民间立场，成为中南地区深受读者欢迎的进步报纸。

毛健吾在南京办《大刚报》的一年多，逐渐看到国民党统治的腐败，联系到个人的遭遇，更使他对国民党失望。他深知要从 CC 系手中夺回《大刚报》，犹如虎口取物，已不可能，因此筹谋另起炉灶。他在出国前，曾试图与龙云合作在香港办报，谈了几次，没有结果。他到了美国，与在香港的李济深联系，希望李能支持他办报。

随着人民解放战争形势的发展，毛健吾的政治态度日趋鲜明。他多次以亲身经历，在美国发表反蒋谈话。1948年，李济深函邀他去香港，并动员他参加了在香港成立的中国国民党革命委员会。毛取道欧洲，继续考察新闻事业，并以个人身份去巴黎参加世界和平大会。回香港后，他积极劝说一些留港的国民党军政人员弃暗投明，靠拢人民。1949年8月13日，中国人民政治协商会议召开前夕，他参加了黄绍竑、龙云、贺耀组、李默庵等共四十四人发表的《我们对现阶段中国革命的认识与主张》的起义声明，号召有爱国心的国民党员立刻与蒋介石反动集团决裂，坚决地、明显地向人民靠拢。台湾国民党当局宣布开除四十四人的党籍并下令通缉他们。寓居香港的刘峙劝毛健吾再去美国，陈立夫托人带信胁迫他去台湾。香港大学拟聘请他担任新闻系主任，希望他留在香港。毛健吾热爱祖国，义无反顾，于1950年9月返回大陆。

毛健吾回到北京后，受到中共中央统战部的热情接待。他主动要求到华北人民革命大学研究班学习革命理论，改造思想。学习结束后，他要求继续从事新闻工作，遂被分配到天津《进步日报》任编辑。嗣后在北京《大公报》工作,并担任民革中央团结委员会和对台工作委员会委员,为实现祖国统一贡献力量。1958 年 3 月,毛健吾被错划为右派,1962 年 11 月又以反革命罪被判处徒刑十八年。1968 年 3 月 28 日病故。1978 年以后,毛健吾的"右派"错案被改正。

主要参考资料

国民党中央政治学校同学录、国民党中央组织委员会任命令、毛健吾请辞贵州省党务指导委员会书记长给国民党中央组织委员会的辞呈等,中国第二历史档案馆藏。

欧阳柏:《大刚报史话》,《新闻研究资料》第 24、25 期,中国社会科学出版社 1984 年版。

黄绍竑等:《我们对现阶段中国革命的认识与主张》,《人民日报》1949 年 9 月 2 日版。

访问王浩山(与毛同时参加北伐军,后曾任《大刚报》经理)的谈话记录。

毛智汉(毛健吾的儿子)来信和毛智汉访问毛礼锐(毛健吾的哥哥)的谈话记录。

1979 年 8 月 22 日财贸战线报社:《关于毛健吾右派问题复查结论意见》,1979 年 8 月 3 日北京市高级人民法院刑事终审判决书。

毛 人 凤

马振犊

毛人凤,原名善馀,字齐五,1898 年(清光绪二十四年)出生于浙江江山县。1911 年,十三岁的毛人凤考入本地县立文溪高小求学。在这所学校里,他结识了比他高一年级的同学戴笠。是年,辛亥革命浪潮席卷全国,戴笠在校内组织"青年会",毛人凤亦为会员,他们进行反对女子缠足和吸食鸦片等陋习的活动。

1914 年秋,毛人凤从浙南山区来到杭州,进入省立一中,再次与戴笠同学。虽然两人关系十分亲近,但性格却相差甚远。戴笠生性放荡,常在校内外惹事犯纪,数月后便被学校开除;而毛人凤则秉性拘谨,循规蹈矩,最后完成了学业,并考入上海沪江大学。大学毕业后,他一时难以谋职,回到江山县,在新塘边嘉湖小学任教。

1925 年春,国民革命的浪潮在各地兴起,毛人凤投笔从戎,报名考入黄埔军校潮州分校。次年夏,毛人凤父亲病故,他回家乡奔丧,在江山县城巧遇浪荡江湖从上海归来的戴笠。毛人凤向他讲述了广东的情景,建议他去粤报考黄埔军校,戴笠随即整装南下。然而毛人凤在办完父丧之后,没有重返潮州军校,而是辗转去了湖北黄陂县政府,担任代理秘书科长。在以后数年中,他又先后在浙江温岭县土地局及衢州行政督察专员公署等处做文秘工作,直至 1934 年夏。

在这段时间内,戴笠却在黄埔军校与右翼学生为伍,以后又以其在情报工作中的业绩受到了蒋介石的青睐,被赋予"密查组"及组建特工组织的专任。1932 年 3 月,"中华民族复兴社"成立,戴笠出任特务处处长,开始了他的特工头目的生涯。毛人凤以与戴笠"故友、同乡、同学"的关系,于1934年受招来到南京,加入复兴社,旋即被派往培训特工人员的浙江警官学校,出任"政治特派员办公室"文书。毛人凤对戴笠十分谦卑与顺从,谨慎地奉承他的这位"半师半友"。他对待繁琐的文秘工作克尽厥职,勤勉有余,整天足不出户,恪守纪律,赢得了戴笠的信赖。

1935年3月,毛人凤被派为国民政府军事委员会武汉行营第三科第一股股长,负责有关"剿共"军事情报的搜集与整理。年底,又被派往西安,出任警宪联合稽查处中校秘书,与特务处西北区长一起负责对红军及张学良、杨虎城的谍报工作。他竭力挑拨东北军与十七路军之间的矛盾,以便从中控制。不久,毛人凤被戴笠调回特务处本部任机要室主任秘书,负责处理内务机要。1936年秋,毛人凤综合各方情报,预计蒋介石的西安之行将有危险,报告戴笠劝蒋中止行程,但蒋介石执意要去西安,没有理会。西安事变发生后,戴笠惊于毛人凤预料之准确,对之更加器重。

1937年7月全面抗战爆发。"八一三"淞沪抗战开始后,毛人凤随戴笠前往上海,策划战地情报工作,并与杜月笙等人筹组了"苏浙别动队"以协助守军作战。11月,上海守军全线撤退,毛随戴笠离沪,转赴南昌、杭州等地部署特工情报工作。

1938年8月,复兴社特务处由军事委员会调查统计局第二处正式改组为军事委员会调查统计局,戴笠以副局长身份主持局务。为了加紧内部控制排斥异己,戴借口局本部主任秘书郑介民兼职于参谋本部,便特设代理主任秘书一职,由毛人凤出任,主掌局内一切日常事务。

武汉失守后,军统局本部迁往重庆。蒋介石在对日抗战的战略相持阶段,实施"防共、限共、溶共"政策,加紧对共产党人和民主进步力量的迫害,军统与中统两支特务组织都积极活动。毛人凤秉承戴笠旨意,加紧培训和网罗人员,组织规模迅速扩大,内外勤工作人员一时多达五万之众,所掌握的各类公开或秘密武装近二十万人。

　　毛人凤在主持军统局内勤的几年中,以其老成圆滑的手法,对上恭敬谦谨,尤其对郑介民、唐纵这些老资格特务表现得敬重悦服;对下则"关怀备至",常为之排忧解难,以致上下左右都对他存有良好印象,蒋介石也认为他是一个"老成持重"、"办事有方"的人。毛仍然对戴笠奉命唯谨,百般逢迎,使戴笠诸事均能得心应手。

　　1943年4月,在军统局与美国海军情报署合作成立"中美特种技术合作所"之际,毛人凤正式取代郑介民出任军统局本部主任秘书。抗战胜利后,戴笠忙于奔波各地,军统局日常工作由毛人凤掌握。

　　1946年3月17日,戴笠因坐机失事毙命于南京城郊江宁县岱山,毛人凤悲恸不已,除主持了从搜寻遗体到丧葬等善后事宜,尤忙于为争夺局长一职与郑介民、唐纵等人开展较量。毛人凤虽然资历难以与郑、唐匹敌,但他自恃为多年的军统直接掌权者,拥有雄厚的基础,因此四处活动。当他觉察到蒋介石有另选他人的意图时,便退一步认为不如让历来不太过问军统实际工作的郑介民出任为好,以利自己保住实权,乃于3月20日晚召集军统局主要干部会议,决定主动向蒋推举郑氏,博得了蒋介石的赞许。

　　是年10月1日,军统局改组为国防部保密局,以郑介民任局长、毛人凤升为副局长。毛表面上对郑介民恭敬从命,暗地里却处心积虑地利用一切机会来破坏郑的声望。他在郑介民五十岁生日之际,利用其妻贪财的秉性,怂恿部下为郑多送寿礼,并将寿堂上高堆成山之金银财宝摄成照片报送给蒋介石;同时又唆使一批军统遗属于寿宴之时前来大闹索要饭食,演成轰动一时的丑剧。其后,毛又不断向蒋呈送有关郑介民贪污的材料,最终使蒋介石认定郑介民无法在保密局再干下去,下令调职。

　　1947年2月,毛人凤终于如愿以偿继任保密局局长。他迅速采取措施,翦除异己,平息内部争斗,整顿机构,派出得力干员充实各地方组织;对外则采取和解方针,大力修好陈诚、何应钦等派系,并拉拢蒋介石的左右人员,对蒋经国则更是极力奉迎。

毛人凤竭力为蒋介石的反共内战效劳。1947年夏,他指挥破坏了中共北平地下电台和保定、重庆、西安、沈阳等地的部分地下组织,捕杀了数百名中共党员与进步人士。他还得到了蒋介石特别批准的编制和预算,组建了一支两千余人的技术总队,专门在临近解放的大中城市进行爆炸等破坏活动;又组建了另一支同样规模的行动总队,以镇压爱国民主运动,大量逮捕与屠杀共产党员与进步人士,为维护蒋介石的独裁统治竭尽全力。无奈,蒋政权大势已去,毛人凤徒唤奈何。

1949年1月21日,蒋介石在内外交困中被迫下野,李宗仁出任代总统。毛人凤先奉蒋令秘密布置了刺杀李宗仁的计划,后因蒋改变主意,欲利用李吸引美援维持内战,这一计划便告中止。李宗仁上台后,对保密局采取遏制政策,毛人凤急往奉化向蒋介石请示。根据蒋的旨意,他指令副局长徐志道率部分人员迁往广州,同时派人纵火烧毁了南京局本部大楼,借口档案资料被焚,拒不承办李宗仁交办的各种任务;而他自己则率领主要人马前往上海,成立了新"本部",继续听命于蒋介石,指挥全盘特务工作。

在国民党的统治全面崩溃之际,毛人凤奉令将保密局的工作集中在破坏与屠杀两个方面。在南京、上海、重庆等地解放前夕,他指挥特务武装进行了大屠杀与大破坏。他协助汤恩伯将集中于上海的黄金、白银及各类物资运往台湾,并强迫资产者迁资台湾。5月间,他又在上海指挥军警宪特逮捕中共地下党员、民主人士及无辜市民共三万余人,并下令将其中一万三千余人杀害,犯下了不可饶恕的罪行。

在重庆,毛人凤执行蒋介石命令,指挥特务进行了血腥大屠杀。9月6日,先在"中美合作所"内戴公祠屠杀了爱国将领杨虎城及其秘书宋绮云两家六口人,其中包括两个儿童;10月,又把四十多名共产党员杀害于同一地,其中有江竹筠(江姐)等著名人士;11月25日至27日临撤逃前,又对被囚禁在渣滓洞、白公馆等集中营的六百余名中共党员及民主人士进行了大屠杀,并焚尸灭迹。毛人凤原拟将重庆市重要工厂、白市驿与九龙坡机场、成渝公路内江大桥等重要设施一一炸毁,由于当地人民应变护卫及解放军进兵神速,他的阴谋才未能得逞。

毛人凤在指挥特务实施暴行的同时,还部署了潜伏特务的工作,计划在解放区暗藏一批人员,窃取各方面的情报和进行更大的破坏。他先在南京办了一所"全能训练班",对一批隐蔽的特务进行无线电收发等专业技能训练,然后将其分别派往各大中城市,谋取正当职业以为掩护。这些特务按严格的组织联络,以美制特工机具及密码联系,尽可能混入人民政府机关工作,骗取信任,以获得情报。1949年3月,他在重庆主持会议,布置各地特务返回自己家乡潜伏的"还乡计划",规定在必要时特务可向人民政府"假自首"。9月,他又亲自在重庆开办"全能训练班",想再训练一批特务,但因解放军逼近山城,训练班迁往成都,不久编入交警第一旅,训练计划被迫中止。12月10日,毛人凤与蒋介石父子同机由成都飞往台北。

蒋介石在台湾成立了以蒋经国为首的国民党"政治行动委员会",后改组为"总统府"资料室,统辖所有的情报工作。毛人凤的"国防部保密局"在蒋经国指挥下,专事对大陆的谍报及破坏工作,并兼及侦破在台湾的共产党地下组织。1950年3月,毛人凤主持破获"国防部"参谋次长吴石等人"为中共从事间谍活动案",捕杀了一批人;1952年又炸沉了前往大陆的英国货轮"泽生"号。但其后一系列在大陆的暗杀破坏活动,均告失败。

1955年4月11日,毛人凤主持策划了企图暗杀周恩来的"克什米尔公主号"事件,由于周恩来临时改变行程而使毛的阴谋失败,但"克什米尔公主号"飞机在南海上空被炸,酿成了一起震惊世界的事件。

在台湾,毛人凤的"国防部保密局"与原"中统"改组成的"内政部调查局"之间依然摩擦不断。1955年3月,蒋氏父子采纳毛的建议,将"保密局"改组为"国防部情报局","调查局"改组为"司法行政部调查局",前者专对大陆,后者专职岛内控制。至此,毛人凤将"中统"系统在大陆各地及港澳的组织全面吞并,满足了他多年来兼并"中统"的愿望。

1956年5月，毛人凤因患肝癌，赴美医治无效，10月14日在台湾死去。

主要参考资料

周养浩等:《蒋介石特工密档及其他》，群众出版社1993年版。
李继星主编:《戴笠传》，敦煌文艺出版社1993年版。
沈醉:《我的特务生涯》（正、续篇），香港金陵出版社1986年版。

茅　盾

林　印

　　茅盾，原名沈德鸿，字雁冰，1896 年 7 月 4 日（清光绪二十二年五月二十四日）生于浙江桐乡。父亲沈永锡，晚清秀才。母亲陈爱珠受过良好的古典文学教育。1905 年茅盾在故乡乌镇入小学。1909 年先考入浙江省立第三中学，后转入杭州私立安定中学。1914 年考入北京大学预科。1916 年预科毕业后，由于家庭经济困难，未入本科，经亲戚介绍到上海商务印书馆编译所，先在英文部、后在国文部从事译著和编辑工作，同时开始了他早年的文学活动。

　　茅盾开始文学活动的时代，正是五四运动前后。受五四运动的影响，他很注意阅读、研究国外的文艺思潮和流派，选译一些内容和风格都有特点的外国小说。1920 年冬，茅盾和郑振铎、叶圣陶等共十二人发起成立我国新文学运动最早的文学团体"文学研究会"，提倡"为人生"的现实主义文学。

　　商务印书馆原出版的《小说月报》，是鸳鸯蝴蝶派文人主持的刊物，专门登载文言小说和旧体诗词。五四运动后，商务印书馆决定对《小说月报》进行革新，请茅盾主持"小说新潮栏"的编辑工作，专门介绍外国文学。1920 年 11 月，又决定请他主编《小说月报》。茅盾任主编后，《小说月报》面目一新，成为一个进步文艺刊物。这引起鸳鸯蝴蝶派文人的怨恨和攻击，商务印书馆内部的守旧派也表示反对。在内外夹击之下，1922 年 10 月，茅盾辞主编职，改由郑振铎接任。

　　1922 年到 1924 年，茅盾和郑振铎等人一道，曾经和文艺界的三个方面展开论战：一是鸳鸯蝴蝶派，二是创造社，三是南京的学衡派。其中，除与创造社的论战是新文学阵营内部的争论外，对其他两派是对旧文学营垒的冲击与批判。

从 1920 年开始，茅盾研究马克思主义和俄国十月革命的经验，探索中国革命的道路。1921 年，他在上海先后参加了共产主义小组和中国共产党，成为中国共产党最早的党员之一。中国共产党第一次全国代表大会以后，各省的党组织陆续建立，茅盾担任直属中央的联络员，为中央传送信件，联络来往人员。1923 年 7 月，中共上海地方兼区执行委员会成立，茅盾被选为执行委员。

中国共产党第三次全国代表大会后，茅盾根据大会的决定，以个人名义加入国民党，推动建立各民主阶级的统一战线。他积极参加并领导了五卅运动和商务印书馆职工的罢工运动。1925 年 12 月，恽代英和茅盾组织国民党上海特别市党部执行委员会，恽为主任委员兼组织部长，茅盾为宣传部长。1926 年 1 月，茅盾到广州出席国民党第二次全国代表大会，会后他被留在国民党中央宣传部任秘书，协助代理部长毛泽东工作，编辑《政治周报》。3 月"中山舰事件"发生后，茅盾回上海，负责国民党上海交通局的工作，主持翻印《政治周报》和国民党中央宣传部所发的各种文件，转寄北方及长江一带；并派观察员去各省考察党务及工农运动情况。

同年冬，随着北伐战争的胜利，国民政府迁往武汉，茅盾到中央军事政治学校武汉分校任政治教官。翌年 4 月初，他主编汉口《民国日报》。这个报社的社长是董必武，这份报纸实际是中共中央的喉舌。在《民国日报》上，他揭露蒋介石的反共和分裂阴谋，大造工农群众运动的声势，每天写一篇一千字左右的社论。4 月 12 日，蒋介石在上海发动政变，不久汪精卫也逐渐暴露反共面目，武汉的政局十分动荡。6 月底，茅盾为应付突然事变，把快要生产的妻子孔德沚先送回上海。7 月 8 日，他写完最后一篇社论《讨蒋与团结革命势力》，就辞掉《民国日报》的工作，转入地下。他在武汉法租界一家栈房里隐蔽了半个月，7 月 23

日,接到中共中央的命令去九江,在九江见到董必武和谭平山,被告知即去南昌。这时他在牯岭得了一场急病,失去了去南昌的机会,遂于8月中旬绕道回上海。

当时上海一片白色恐怖,南京国民政府正在抓人,茅盾亦名列其中。大革命的失败使他痛心,也使他悲观。他对于大革命失败后的形势感到迷茫,需要时间思考、观察和分析。为了暂避蒋介石的迫害,他隐居了十个月,除了和同住在一条弄堂里的叶圣陶、鲁迅等人有来往,几乎不和外界接触。茅盾在《从牯岭到东京》一文中有一段自叙:"经验了动乱中国的最复杂的人生的一幕,终于感得了幻灭的悲哀,人生的矛盾,在消沉的心情下,孤寂的生活中,而尚受生活执着的支配,想要以我的生命力的余烬从别方面在这迷乱灰色的人生内发一星微光,于是我就开始创作了。"1927年9月到1928年6月的十个月中,茅盾用"追忆"的手法写了三个连续的中篇小说:《幻灭》、《动摇》、《追求》。他的意图是写大革命时代青年所经过的三个时期:革命前夕的高昂兴奋和革命遇到挫折后的幻灭;革命斗争剧烈时的动摇;幻灭动摇后不甘寂寞尚思作最后之追求。这三篇小说于1928年用笔名"茅盾"发表在叶圣陶主编的《小说月报》上。由于它真实地反映了大革命前后某些小资产阶级知识分子的精神面貌,也由于它巨大的艺术感染力,在广大读者中引起强烈反响,因此一举成名。同时它也在当时进步文艺界引起某些非议,有人认为不应该去描写小资产阶级知识分子,也有人指出小说反映作者悲观失望情绪太浓厚。1929年这三个中篇被合印成一卷,小说题名为《蚀》,由开明书店出版。

1928年7月初,茅盾离开上海去日本。16日,他在日本东京写了散文《从牯岭到东京》借以回答当时上海文艺界某些朋友对他的批评。他表明《幻灭》等三篇只是忠实的时代描写,算不得是革命小说。同时他对有些人把文艺视为狭义的宣传工具,也是不赞成的。在这之后,他和中国共产党失去了组织上的联系。

茅盾在东京住了五个月,写有短篇小说《创造》、《自杀》、《一个女性》。12月,他移住日本京都,又写了一些短篇和散文。1929年写了长篇小说《虹》。除此之外,他在日本期间还写有《神话杂论》、《西洋文学通论》等书。同年底,他写了《关于高尔基》,说真正的普罗文学应该像高尔基那样写有血有肉的作品,而不是革命口号的图解。

1930年4月,茅盾结束亡命日本的生活回到上海。他回国不久,就参加了中国左翼作家联盟。头半年,他取材于历史传说写成《豹子头林冲》、《石碣》、《大泽乡》三个短篇小说。1930年9月,李立三的"左"倾机会主义错误被批判后,左联工作有了新的气象。1931年4月,茅盾开始和鲁迅、冯雪峰合编左联的秘密刊物《前哨》。5月,茅盾担任左联的行政书记,和鲁迅、瞿秋白结成革命的战友,向国民党御用文人展开了英勇斗争。当时,他曾经通过瞿秋白向中共中央要求恢复他的共产党党籍,但是没有得到党中央的回答。这年10月,茅盾为要集中精力写长篇小说《子夜》,辞掉了左联领导职务,但仍坚持左翼文艺的旗帜。1932年到1936年他和鲁迅合作创办了《文学》和《译文》杂志。1934年2月,蒋介石推行"新生活运动",提倡尊孔读经,掀起了全国性的复古逆流,茅盾和鲁迅都积极写文章反击。1935年红军完成了二万五千里长征,茅盾和鲁迅联名打电报给毛泽东和朱德祝贺胜利。

茅盾的代表作《子夜》写成于1932年底,但酝酿与构思则早在1930年冬。1930年夏秋之交,他因为神经衰弱、胃病、目疾并发,足有半年多不能读书作文,于是他每天访亲问友搜集素材。他在上海的朋友有从事实际工作的革命党人,有自由职业者,也有企业家、银行家、公务员。他又不止一次地到交易所、丝厂、火柴厂去,这很有助于他对社会的观察。

《子夜》中的故事发生在上海,以一个非常精明能干、抱有发展中国民族工业雄心的民族资本家丝厂老板吴荪甫为主角,刻画了复杂的斗争场面。吴荪甫为了自保,一方面加紧对工人的剥削,一方面不得不向封建势力和买办资产阶级投降,最后走上了绝路,从而揭示了中国民族资产阶级的命运。《子夜》形象地驳斥了当时托派主张中国要走资本主义道路的言论,也打破了当时某些知识分子希望振兴中国民族工业走欧美资本主义道路的幻想。《子夜》是我国"五四"以来在艺术上最成功的第一部现代长篇小说,也是第一部用马克思主义观点剖析中国社会的文学巨著。《子夜》不仅在国内引起了轰动,也很快被译成多种外国文字,在英、美、苏等国家出版,为世界文坛所重视。

茅盾在创作《子夜》的同时,还写有《林家铺子》。它的主题反映的是在国民党统治之下,小市镇的小商人不论如何会做生意,终归只有破产倒闭这一条路。同期和稍后他又写成《春蚕》、《秋收》和《残冬》三个短篇,刻画了30年代受封建剥削和帝国主义及买办资本家掠夺的江浙蚕农的贫困,和农民开始觉醒、反抗的斗争场面。从1933年到1936年,茅盾还写有许多杂文、散文和随笔。

抗日战争爆发后,茅盾先到汉口,主编生活书店出版的《文艺阵地》。并与郭沫若、老舍等人筹组中华全国文艺界抗敌协会,后被选为理事。不久去上海。11月他偕同妻子离开上海经过香港到长沙,然后到九龙。他在九龙住了九个月,为广州生活书店主编《文艺阵地》,并为香港《立报》主编副刊《言林》。1938年底,他应杜重远的邀约,带领全家去新疆学院教书,于1939年春天到达迪化(今乌鲁木齐)。除教书外,并任新疆各族文化协会联合会主席。不久,由于新疆督办兼省长盛世才日趋反动,使他无法工作,他一家只得于1940年4月底离开新疆,回到西安。5月,他随朱德的车队去延安访问,曾在延安鲁迅艺术学院讲学。同年初冬,他把女儿沈霞和儿子沈霜留在延安学习,自己和夫人离开延安到重庆。他写了《风景谈》、《白杨礼赞》等出色的散文,歌颂延安的革命精神。

1941年皖南事变后,茅盾离重庆经桂林去香港,创办《笔谈》。又参加邹韬奋主持的《大众生活》任编委,在《大众生活》上连续发表了长篇小说《腐蚀》。他在这部小说里通过女特务赵惠明被腐蚀和逐步堕落的经过,揭露了抗日战争后期国民党统治区特务的血腥罪行。

1941年12月,太平洋战争爆发,香港沦陷。茅盾和叶以群、廖沫沙等人一起在香港度过了一段十分动荡不安的惊险生活。后来,由于东江游击队的帮助,他才通过敌人的封锁线辗转到达桂林,找到一间仅容一床一桌的小屋栖身。他在那里写了描述香港生活片段的《劫后拾遗》和描写民国初年城市士绅生活的长篇小说《霜叶红似二月花》。

从1943年春直到抗日战争胜利,茅盾定居重庆近郊。他追忆东江游击队奉中共中央的命令抢救流亡香港的一千多文化人的经过,写成《归途杂拾》、《过封锁线》等文章。1945年,写成了以揭露黄金舞弊案为主题的剧本《清明前后》,曾在重庆公演。

抗战胜利后,1946年4月,茅盾离重庆回上海。是年底,他应苏联对外文化协会的邀请,访问苏联。回国后写了《杂谈苏联》与《苏联见闻录》。1947年底,他再次去香港,任《小说月刊》编委。这个时期他的重要作品是长篇小说《锻炼》,在《文汇报》上发表。

1948年底,茅盾和其他民主人士一起在中国共产党人的安排下,由香港乘轮船赴大连,旋至沈阳。北平和平解放后,茅盾到北平,参加中国人民政治协商会议的筹备工作。1949年7月第一届全国文学艺术工作者代表会上,他当选为中华全国文学艺术工作者联合会副主席和中国作家协会主席。中华人民共和国成立后,他担任文化部部长直到1964年夏。他曾任全国政协第一至第五届常务委员,第四、五届副主席,第一至第五届全国人大代表。1979年全国第四次文艺工作者代表会上,茅盾被选为中国文学艺术工作者联合会名誉主席、中国作家协会主席。1981年3月27日,茅盾病逝于北京。中共中央根据他逝世前的请求,于3月31日做出决定,恢复他的党籍,并为他举行了隆重的追悼会。

主要参考资料

《茅盾文集》,人民文学出版社1958年版。

《茅盾散文速写集》,人民文学出版社1980年版。

《茅盾评论文集》,人民文学出版社1978年版。

茅盾:《自传》,《中国现代作家传略》,四川人民出版社1979年版。

《茅盾论创作》,上海新文艺出版社1980年版。

茅盾:《我走过的道路》,人民文学出版社1981年版。

茅 以 升

刘秋阳

茅以升,字唐臣,1896年1月29日(清光绪二十一年十二月十五日)生,江苏镇江人。祖父茅谦是举人,精通文字,对自然科学,尤其数学、水利学颇有研究;父亲茅乃登是报社记者。

茅以升出生在一个贫寒的知识分子家庭,自幼生活就很艰辛。五岁启蒙,六岁上私塾,七岁进入南京思益学堂念书,1906年进入江南中等商业学堂读书。翌年,同盟会员徐锡麟、秋瑾因起义失败被捕牺牲,茅以升闻悉后,慷慨激昂地说:"二烈士是中华民族的豪杰,他们蓄志革命十几年,目的在于推翻清王朝,建立自由平等的中国。"①1908年慈禧太后、光绪皇帝去世,按规定校内举行"国哀",茅以升愤而剪掉辫子,校内轰动,被校方记大过一次。

1911年7月,十五岁的茅以升考入唐山路矿学堂,读土木工程科。10月,辛亥革命爆发,次年1月南京临时政府成立,茅以升意欲到南京投效革命,被母阻止。他发愤用功读书,五年中每次大考都获全班第一名。1913年孙中山至唐山路矿学堂视察、演讲,还与学生一起照相留念。茅对孙中山提出用十年时间,在全国建十万英里铁路的宏伟设想备受鼓舞,增强了学习桥梁专业的信心。

1916年夏,清华学堂向全国各大学招收十名留美官费研究生,茅以升以第一名成绩被录取。他于9月到美国留学,先在康奈尔大学土

---

① 齐敏、孙士庆:《茅以升》,山西人民出版社1982年版,第13页。

木工程系桥梁专业学习,深受美国工程界著名专家、系主任贾克贝(Jacoby, Henry Sylvester)的器重,一年后获硕士学位。之后,经贾克贝介绍,到匹兹堡一家桥梁公司实习。在实习期间,他晚上到加利基理工学院桥梁系进修,攻读工学博士学位,以具有创见的论文《框架结构的次应力》通过答辩,于 1919 年底获博士学位,是该校第一名工学博士。康奈尔大学当时还把专门奖给那些学术研究上卓有成效的、每年只颁发一枚的"菲梯士"金质奖章奖给了他。在匹兹堡期间,茅以升积极参加留学生的活动,任匹兹堡中国留学生会副会长。

茅以升毕业后立即回国,到母校唐山交通大学任教授,开始了为期三十年的教育生涯。1923 年执教于东南大学,任工科主任;继任南京河海工科大学教授、校长;1928 年任北平大学第二工学院(原北洋大学)院长;1933 年任交通大学唐山工程学院教授、院长;抗战胜利后任天津北洋工学院院长。

茅以升在执教期间,先后开设的课程有:结构力学、桥梁设计、桥梁基础和土力学等。他讲课条理清楚,形象生动,通俗易懂,深受学生欢迎。在教学中常常采用"学生考老师"这种启发式的教育方法,让学生在对课程认真深入地思考之后,提出疑难问题,请老师回答;老师根据学生提问难易程度来打分,如果提出的问题使老师答不出的则给满分。教育家陶行知亲自听课后,称赞"这的确是个崭新的教学上的革命,是开创了我国教育的一个先例,值得我们推广"①。

1933 年 8 月,茅以升担任浙江省建设厅钱塘江桥工程委员会主任委员,后任浙江省钱塘江桥工程处处长,负责主持钱塘江桥的建桥工作。钱塘江桥长一千四百五十三米,分正桥、引桥两部分,全桥结构采用双层式,上承公路下载铁道,它是由我国自行设计和主持施工的第一座近代化铁路公路两用大桥,是我国建桥史上前所未有的伟大工程。茅以升创用"气压沉箱法"克服潮水和流沙的障碍,以"上下并进,一气

---

① 公盾:《茅以升——中国桥梁专家》,中国展望出版社 1985 年版,第 40 页。

呵成"的施工方法,使工期大大缩短,于1937年9月建成通车。可惜通车后三个月,日本侵略军逼近杭州,南京国民政府为迟滞日寇的进攻,下令炸毁大桥,茅以升担负炸桥任务。他赋诗抒发自己的心情:"三年之功废一旦,破坏容易建设难。国破愈觉山河美,毁桥为的保江山。"①1941年,中国工程师学会在贵阳召开年会,授予名誉奖章,奖励他对建桥的贡献。其后,茅以升历任交通部桥梁设计工程处处长、中国桥梁公司总经理、中国工程师学会会长等职。抗日战争胜利后,茅以升于1946年9月,奉命负责主持重新修复钱塘江桥的工作。1949年5月,国民党军队在撤离杭州时又炸毁桥面一部分。中华人民共和国成立后,茅以升再次主持了钱塘江桥的修复工作,使钱塘江桥得以为国家建设继续发挥巨大作用。他是我国近代铁道桥梁事业的奠基人。

1946年,茅以升任中央研究院评议员,后为院士。1949年3月,茅以升作为中国工程师学会总会五位代表之一,赴南京向国民党政府代总统李宗仁请愿呼吁和平,并参与请愿书的草拟工作,要求不以工矿区为作战据点,不破坏工矿、交通、公用事业,不准士兵侵入工厂、矿场,不损坏或迁走工厂设备。

5月2日,上海新任市长陈良为维持混乱局面,请茅以升任市政府秘书长。茅以升先是予以拒绝,后应中共地下党要求才到任。不久,上海地下党组织要求茅以升利用与陈良之妻是留美同学的特殊关系,要求陈良不破坏工厂,并保证关押在龙华监狱三百名学生的安全,茅欣然答应并顺利完成。上海解放后,陈毅市长约请茅以升等座谈,称赞茅以升:"上海解放,你是有功的。"②

1949年9月,茅以升以自然科学家代表身份参加中国人民政治协商会议。10月,任北方交通大学校长。1951年秋,周恩来主持召开政务院会议讨论建设武汉长江大桥,茅以升应邀参加。周恩来对他说:

---

① 公盾:《茅以升——中国桥梁专家》,第19页。
② 公盾:《茅以升——中国桥梁专家》,第85页。

"你建设过钱塘江大桥,对建桥富有经验,希望你对建设武汉长江大桥多出力。"①1952年,茅以升任铁道部铁道科学研究院院长,同时兼任武汉长江大桥技术顾问委员会主任委员。大桥在施工过程中,采用了茅以升提出的"大型管柱钻孔法",克服了技术困难。1956年6月,他出席在葡萄牙举行的世界桥梁会议,作了题为《关于武汉长江大桥新的施工方法》的报告,受到与会各国专家的关注。

1953年,茅以升被选为中国土木工程学会理事长,1955年任中国科学院学部委员,1958年10月,中国科学技术协会成立时又被选任副主席。同年冬为庆祝中华人民共和国成立十周年,开始兴建人民大会堂,茅以升担任结构审查组组长,被周恩来指定负责审定设计方案并签字,"人民大会堂"的定名亦是由他提出来的。

1979年,茅以升主持编写《中国古桥技术史》。1982年2月,他被美国国家工程科学院选为外籍院士,这也是中国第一人入选。1984年,又被选为加拿大土木工程学会荣誉会员。同年还被推为中国科学技术协会名誉主席。

茅以升十分重视科学普及工作。他认为:"科研需科普补充,科普中有科研问题。"两者可以相互促进,缺一不可。早在1950年中华全国科学技术普及协会成立时,他就被选为副主席,写了大量的科普文章。如《中国的石拱桥》、《桥话》等,大多收集在《茅以升科普创作选集》里,成为国内外著名的科普作家。1984年,他被推选为中国科普创作协会名誉会长。

茅以升是全国政协第二至第六届委员,全国政协第六届副主席,第一至第六届全国人大常委会委员。1958年起任九三学社中央副主席,1987年任中央名誉主席,于1984年加入中国共产党。

1989年11月12日,茅以升病逝于北京。其论著编有《茅以升文集》、《茅以升选集》、《茅以升科普文集》出版。

---

① 公盾:《茅以升——中国桥梁专家》,第87页。

梅 兰 芳

林 印

梅兰芳,字畹华,我国卓越的京剧艺术家,被人誉为"四大名旦"之首。他原籍江苏泰州,1894 年 10 月 22 日(清光绪二十年九月二十四日)生于北京一个梨园世家。他的祖父梅巧玲(1842—1881 年)是 19 世纪著名的京剧演员,又是当时北京四大徽班之一"四喜班"的老板;父亲梅竹芬(1874—1896 年)也是一位优秀的京剧演员;伯父梅雨田是著名的琴师。梅兰芳十五岁丧母,幼年家境困苦,依靠伯父梅雨田拉胡琴收入来维持生活。

梅兰芳八岁开始学艺,教师吴菱仙是时小福的弟子。吴与梅巧玲生前友好,追念故人,对梅兰芳另眼看待,教戏时特别认真。

梅兰芳初次登台是 1904 年 8 月 17 日(农历七月初七),这年他才十一岁。那天,斌庆班在北京广和楼贴演《天河配》,他在戏里串演昆曲《长生殿·鹊桥密誓》里的织女。过了三年,他正式搭班"喜连成"(后改名"富连成",是叶春善手创的科班)。梅一边学习一边登台演出,演技进步相当快。这时他除向吴菱仙学青衣戏之外,还向姑丈秦稚芬和伯母的弟弟胡二庚学唱花旦戏。梅早期的武功是得之于替他操琴的茹莱卿的传授。后来梅演的《木兰从军》、《霸王别姬》都是茹莱卿帮助排练的。

梅兰芳请教过的老前辈很多,著名京剧教育家王瑶卿、演员路三宝、专教昆曲的乔蕙兰、谢昆泉、精通武功的钱金福、著名青衣陈德霖、架子花脸李寿山等人对梅都有过较大影响。他肯于勤学苦练,因而在唱、做、念、打等方面,在少年时代就打下了稳固的基础。成名之后,练功也从未间断。

梅兰芳在艺术上的进步与深入,除了名师指点与自己实践外,也很得力于看戏。他搭班"喜连成"的时候,每天总是不等开锣就到剧场,一直看到散戏才走,由此吸收了许多前辈艺术家宝贵的经验。

梅兰芳平时在演戏练功以外,业余爱好养鸽、养花和绘画。他幼年时眼睛微有近视,有时迎风流泪,眼珠转动不够灵活。从十七岁起,他开始养鸽,因为经常要观察鸽子在天空翱翔的姿态,有时要从鸽群中辨别属于自己的鸽子,由于天天这样做,不知不觉使眼睛变得灵活起来。这和他后来表演中的眉目传神有一定的关系。

梅兰芳向许多名师学画,并有自己的画室。他特别爱画仕女和佛像,他认为可以从中吸取营养来丰富自己的京剧艺术。

梅兰芳二十岁时,已经是一位驰名京沪的京剧演员了。在当时军阀统治时代,戏剧演员的社会地位低下,经常遭到屈辱和打击,不少有才能的演员在艺术上也往往无法进行新的探索。然而梅兰芳却能突破各种困难,不断勇敢地攀登艺术高峰。1913年,梅兰芳第一次和著名京剧演员王凤卿一同去上海演出,演的是《彩楼配》、《玉堂春》、《武家坡》,曾轰动了上海。以后,他的剧目中开始出现了《穆柯寨》、《虹霓关》等不属于青衣的戏,打破了过去传统的青衣、花旦等角色分行的限制。

梅兰芳回到北京后,开始创作《孽海波澜》、《宦海潮》、《一缕麻》、《邓霞姑》等反对封建婚姻、揭露官场黑暗的时装新戏。他大胆的尝试,对京剧艺术的革新起了不小的作用。不久,又排演了一些古装新戏,如《嫦娥奔月》、《天女散花》、《黛玉葬花》等剧目,刻画了那些追求自由和幸福的青年妇女的形象。这些是舞台上从未出现的古装新戏,取材于神话故事或文学名著,为观众所喜闻乐见。后来,他又向前辈学习昆曲,演出昆曲剧目《春香闹学》、《游园惊梦》、《断桥》等。从1915年4月到1916年9月这十八个月当中,梅兰芳以他旺盛的精力,创演了十一出新戏。

随后,梅兰芳在继续创作新戏的同时,还整理和上演了许多著名的传统戏,如《宇宙锋》《花木兰》《思凡》《拷红》等等。1921 年,他编演了《霸王别姬》,他演虞姬,细腻深刻。这出戏后来成为梅派保留剧目中比较优秀的一个。

1922 年梅兰芳应邀赴香港演出。他的琴师茹莱卿因病不能同行,改由他的姨父徐兰沅接替操琴,王少卿任二胡伴奏。具有特色的梅派唱腔,就是梅兰芳和徐兰沅、王少卿共同研究创造的。京剧配乐中增加二胡,使演出伴奏的音色丰富起来,便是从这时期开始的。

"九一八"后,梅兰芳迁居上海。他创演了《抗金兵》和《生死恨》,用来表达他对敌人的恨和对祖国的爱。这时期他和现代戏剧家田汉、欧阳予倩时相往来,受到他们的戏剧理论上的影响。

抗日战争时期,梅兰芳身在沦陷区,拒绝为敌伪演出,蓄须明志停演八年。他曾经因为停演而影响生计,卖掉了北平的住宅。抗日战争胜利后,梅兰芳再度出台。

1949 年 5 月上海解放。不久,梅兰芳应邀到北平参加第一次全国文学艺术工作者代表大会。1951 年 3 月,梅兰芳被任命为中国戏曲研究院院长。在"为工农兵服务"的文艺方针指引下,他组织了"梅剧团"到祖国各地为工农兵巡回演出。从 1951 年到 1955 年,共演出五百多场,观众超过一百万人。1953 年,梅兰芳亲自率领"梅剧团"到朝鲜为抗美援朝的志愿军作慰问演出。从朝鲜回国后,又到广州去为人民解放军作慰问演出。1958 年到福建前线为战士们演出。

1959 年,为庆祝中华人民共和国成立十周年,梅兰芳以六十五岁的高龄排演了《穆桂英挂帅》。他以炉火纯青的演技,创造出一个爱国女英雄穆桂英的形象。

梅兰芳经过不断的斗争实践和学习,政治觉悟日益提高,1959 年光荣地加入了中国共产党。

梅兰芳在五十多年的舞台生涯中,上演的传统剧目数以百计,创演的新戏共有三十余出。他继承了我国京剧悠久的优良传统,又进行了自己独立的艺术创造。在过去许多名旦角表演艺术的基础上,他不断加工,使他的唱、做、念、打结合成一体,表演技术达到了十分优美、动人的境界。他还带头取消了演员在台上饮茶等陋习;把原来出现在舞台上的乐队移到纱幕后面。从这些细节的改革中,也可看出他对待艺术的认真态度。

从 1919 年到 1950 年,梅兰芳曾率领剧团先后多次出国演出,把京剧艺术介绍给日本、美国、苏联等国的观众,赢得各国戏剧家的好评。他在 1929 年冬到 1930 年春访问美国演出时,荣获美国波莫纳大学和南加利福尼亚大学授予的文学博士学位。美国著名艺术家卓别林、范朋克、罗伯逊等都曾和梅兰芳结识,交流艺术心得,因而他也从外国艺术家那里吸取到某些营养来提高自己的艺术素养。

1961 年 8 月 8 日,梅兰芳因心脏病在北京逝世。

主要参考资料

梅兰芳著,中国戏剧协会编:《梅兰芳文集》,中国戏剧出版社 1962年版。

中国戏剧家协会编:《梅兰芳演出剧本选集》,中国戏剧出版社1959 年版。

梅兰芳著:《梅兰芳戏剧散论》,中国戏剧出版社 1959 年版。

欧阳予倩:《一得余抄:1951—1959 年艺术论文选》,作家出版社1959 年版。

梅 思 平

朱佩禧

梅思平,名祖芬,字思平,以字行。1896 年(清光绪二十二年)生,浙江永嘉人。父梅佐羹,清末秀才,是温州有名的讼师。1915 年梅思平浙江省立第十中学毕业,1916 年考入北京大学法科预科,1919 年入北大法科政治系,1923 年夏毕业,获得文学学士。毕业后,受商务印书馆编译所所长王云五之聘,在该馆任编辑,直至 1926 年北伐时期。

1927 年,国民党中央党务学校成立,梅思平应陈果夫之聘担任教职。1928 年《新生命》杂志创刊,梅思平发表了一系列研究五权宪法、三民主义和中国社会史的论文。他对三民主义的解释,即三民主义的基础是民生史观,而民生史观立于"生的世界观",这是后来陈立夫"唯生论"的蓝本。而其提出的,自秦以后的中国社会"绝对不是封建的社会,乃完全是一个商业的资本主义的社会"的观点也有一定的影响①。

1933 年 2 月,梅思平任江宁实验县县长,此举是国民党 CC 系将其势力打进基层的一个重要步骤。梅思平认为,实验县所负的使命有两个部分:一是制度上的实验,研究县有制度如何最适宜;二是政策上的实验,研究县政的推行,其先后缓急的程序如何最合理。其到任后,在制度上将原来的局裁撤或合并,成立民政、建设、教育等六个科合署办公,另设一个秘书处,主持人事工作等。科长由县长选材录用,而不是

---

① 梅思平:《民生史观概论》、《中国社会变迁的概略》,《新生命》第 1 卷第 5 期、第 11 期(1928 年)。

由省厅委派,而实际上当时各科科长及业务骨干几乎清一色地为中央政治学校的毕业生。在政策上,大力发展教育、卫生与生产,都颇有成绩①。

1932 年 4 月,梅思平到洛阳出席国难会议。夏,与中央大学教授萨孟武(本炎)、张其昀(晓峰)、何浩若(孟武)等创办《时代公论》周刊,"对内鼓吹国家统一,对外号召全民抗战"。梅思平在杂志上为国民党的党治进行鼓吹,认为"现在喊结束党治的,算是书生之见",中国的根本问题在于"如何使国民党或非国民党的能够与资产阶级相团结,以制裁武力的问题","创立一个资产阶级和智识阶级联合的代议机关","来监督财政,继而制裁武力",因此,"就实际环境而言,现在中国只有渐由党治推进至民治一条路"②。

1936 年,梅思平任江苏省第十区行政督察专员,兼保安司令。1937 年 5 月,改任国民党中央法制专门委员会委员、军事委员会第二部专员、大本营第二部秘书。1937 年 7 月全面抗战爆发后,梅思平出席蒋介石等召开的第一次庐山谈话会,对会上马君武等民主人士的"焦土抗战"呼声颇不以为然。回到南京后,梅思平参加了以汪精卫、周佛海等为中心的"低调俱乐部",成为"和平运动"的中坚分子。他们讥笑抗日是唱高调,认为从国际形势观察,以中国军备和经济都无法与日本开战,必须得到英、美的援助才有获胜的可能,但英、美其时更关切的是日本;就国内来说,中共会借助抗战发展实力。因此,主张一面抵抗一面交涉,并多次想办法托人向蒋介石"进言和平"。但蒋介石等不为所动,坚持长期抗战。

1938 年 3 月,梅思平受周佛海指派赴香港,开设蔚蓝书店,作为

----

①　梅思平:《两年来之江宁实验县——梅思平在苏省党政联合纪念周报报告》,《江苏月刊》第 3 卷第 3 期(1935 年)。

②　梅思平:《党治问题平议》、《再论党治问题》,分别见《时代公论》创刊号、第 2 期(1932 年)。

"研究国际问题的机构",开展对日情报工作。其时,林柏生主持总务,梅思平主编《国际丛书》,朱朴主编《国际通讯》,樊仲云主编《国际周报》,他们是对汪精卫"和平运动"进行舆论鼓吹的"四大金刚"。在香港期间,梅思平介入了中日间的秘密谈判,成为"和平运动"的"牵线者"。从1938年8月29日到9月4日,高宗武、梅思平和日方的西义显、松本重治、犬养健等人会谈了五次,其主题为撤兵与承认伪满洲国两个问题。10月22日,梅思平从香港回重庆,向汪精卫等报告在港与日人谈判的内容,包括日本希望"汪先生出马收拾局面"的意向,以及今后联络的方法。26日起,汪召集陈璧君、周佛海、陈公博、梅思平、陶希圣等人,在寓所讨论对日"和平活动"和离开重庆另外组织新政府等问题。30日,梅思平飞回香港,会同高宗武去上海进一步谈判,即重光堂会谈。

梅思平、高宗武分别于11月12、13日抵达上海。14日起,在上海虹口东体育会路七号(即所谓"重光堂"),与日方今井武夫及其助理伊藤芳男就梅思平带来的中方最后定稿的和平基本条件展开会谈。这个草案与八九月间梅思平与松本重治等人在香港多次讨论的内容差不多,双方就细节进行反复研讨、辩论。15日,今井带协议草案回东京汇报,陆军省和参谋本部决定以这个协议作为推进日中"和平运动"的基础,并指派影佐祯昭、今井武夫分别为陆军省及参谋本部的代表,负责完成谈判。18日,影佐、今井返回上海,西义显、伊藤芳男、犬养健同行。20日起继续谈判,下午7时双方签署了《日华协议记录》及《日华协议记录谅解事项》两份文件。另外一份《日华秘密协议记录》则暂未签字,但为保证实行的事项,这三份文件后来得到御前会议的通过,是决定日本扶持汪精卫,支持组织"新中央政府",形成日后日本军方与汪组织谈判密约《日支新关系调整要纲》的基础。他们四人还制定了一套汪精卫出国及近卫发表宣言的详细计划和日程。梅思平依照"重光堂"的约定,于11月27日密带协议文件返回重庆,向汪精卫、周佛海汇报。汪精卫随即召开会议详细研究协议内容,及讨论今后的行动步骤。

12月1日,梅思平带了汪精卫的答复回到香港。12月19日,汪精卫和周佛海、陶希圣、陈春圃、曾仲鸣、梅思平五人一起叛逃,从重庆飞抵越南河内。1938年12月22日,日本首相近卫文麿以梅思平等所商得的条件发表声明。汪精卫于29日草就艳电,交由周佛海、陶希圣、陈公博带至香港,由林柏生、梅思平共同署名负责,于30日夜送往报馆发表。

1939年4月,汪精卫指定周佛海和梅思平去上海进行"和平运动"的舆论宣传和联络党羽工作。周佛海与梅思平恢复出版《中华日报》,并轮流主持社论,对重庆方面展开宣传战。5月31日,梅思平随同汪精卫等人秘密赴日,与日本外务省与军部人员进行接触,商谈建立统一的伪政权事宜。1939年7月,梅思平发表《和平运动之如是我闻》,宣传"和平建国"理论。8月28日起,汪伪在上海召开伪国民党第六次全国代表大会,从组织上打击了国民党抗战力量。会后,梅思平担任汪伪国民党中央执行委员会常务委员兼中央党部组织部部长。

1939年11月3日,梅思平与周佛海、高宗武、陶希圣、周隆庠作为中方代表与影佐祯昭等在上海谈判所谓中日和平方案,30日双方代表在《调整中日关系之协议文件》上签字。这是继重光堂会谈后签署的一个更为具体的卖国密约,也是准备成立汪伪政权的一个重要步骤。1940年1月,高宗武与陶希圣逃往香港,并在《大公报》上公布这一秘密协定,揭露了汪精卫一伙所谓"和平运动"实为卖国行为的面目。

其时,梅思平和汪精卫等一起由上海搭乘日轮"奉天丸"去青岛,参加与"临时"和"维新"两伪政权举行的联席会议,决定了"中央政治会议"、"中央政治委员会"、"中央政府机构"的建立和"华北政务委员会条例"的拟定等重要事务。3月,汪伪南京政府成立,汪精卫任国民政府代理主席,梅思平任伪中央政治委员会委员、工商部部长。1940年秋,梅兼粮食委员会委员长。为了获得日本对伪政权的正式承认,1940年7至8月间,汪精卫、褚民谊、梅思平、周佛海等人与日本特使阿部信行等讨论中日调整国家关系条约草案,共开会十六七次,梅思平参加了全部会谈。11 月 30 日,汪伪政权同日本政府签订了《日本国与中华民国基本关系条约》及一系列附件,将以前日汪之间密约规定的诸如日本在中国一些地方驻兵及驻扎海军舰队、开发利用中国资源等基本内容,正式以条约形式确定下来。这一卖国条约签订后,梅思平在 12 月的广播讲话中替它美化,说什么"这次条约关于经济部分的根本精神,是在建设东亚共同经济圈","中日经济提携"是一种平等的合作,"并不是那一国侵略那一国,那一国把那一国作殖民地看","说经济提携就是经济独占",是重庆方面的反宣传①。

　　1942 年 12 月,梅思平作为汪精卫出访日本的重要随员之一,参加了东京会谈。会谈进行了一周,主要涉及物资统制权移交汪伪政府,汪伪政府收回被日军强占的工厂;驻华日军将物资统治权移交汪政府,由汪伪政府制订法令设立专门机关实行物资统制。由商人团体负责采购,兼顾军需与民生,中日商人共同参加专门物资的统制②。1943 年 1 月 20 日,身为实业部长的梅思平向记者发表谈话,称汪伪政府恢复正常后,虽不直接参战,但除供给日本物资外,将向德国、意大利等欧洲轴心国供给物资。同时,强调对米、谷等战略物资的控制③。

　　2 月 4 日,伪最高国防会议召开第四次会议决议各省设立经济局,并委周佛海、陈群、李圣五、梅思平、林柏生、丁默邨、陈春圃和罗君强等人为"新国民运动促进委员会"委员。3 月 11 日,梅思平以实业部长名义召集唐寿民、周作民、林康侯、江上达、许冠群、闻兰亭、袁履登、吴震修、叶扶霄等在中日文化协会上海分会开会报告,决定在上海设立全国

　　①　梅思平:《中日条约与经济建设——十二月四日晚广播》,《中央导报》第 1 卷第 19 号(1940 年)。

　　②　《全国经济委员会组织条例》,1943 年 1 月 20 日,引自余子道等著《汪伪政权全史》(下册),第 1210—1223 页。

　　③　《梅思平谈物资动员,并不动员人力》、《梅部长阐释物资搬运问题》,《申报》1943 年 1 月 20 日、3 月 20 日。

商业统制总会,指定以上各人为发起人,以各地同业公会、各业同业联合会为其下属机构,其性质为商业自治集团,政府居于监督地位①。实业部的政策变动直接导致大批沦陷区商人"投敌"成为汉奸。3 月 15 日,商统会成立,由唐寿民担任该会理事长。商统会成立后,协助政府执行物价管理,稳定物价,增加生产,推动统制工作②。后来,梅思平的实业部不断干预商统会事务,与唐寿民矛盾激化,因此 5 月 20 日举行的第十五次最高国防会议决定将商统会改隶行政院,而各业别的联合会为商统会的下层机构,实业部撤回派往指导各业别联合会的所有监理官。为了控制物资统治权,6 月,梅思平还担任物资统制会议委员会委员。物资统制办法的实施,对于抗日战争时期的蒋介石国民党政府来说是沉重的打击。

9 月,江苏省省长李士群被日方毒死后,内政部长陈群调任江苏省省长,而梅思平由实业部部长改任内政部部长。梅思平接任后,认为中国内政无法进步的最大原因是地方长官权力太少,地位太低,经费太少。他提出提高地方官地位,增加县级财政;地方县政的主要工作是保甲和警察两个组织,着手这两方面,将顺利推进县政③。

1945 年 8 月抗战胜利,梅思平被军统局逮捕。1946 年 4 月 27 日,首都高等法院检察官对其提起公诉。这是正式对汉奸进行审判的第一个案件。5 月 3 日,在首都朝天宫高等法院进行公审,包括梅思平家属在内的各界旁听者达数千人。审判过程被拍摄成电影送各地公映。梅思平被控通谋敌国、图谋反抗,为此梅思平写了自辩书,为自己的叛国罪行进行辩护。9 日,首都高等法院以"共同通谋敌国,图谋反抗本国",判处其死刑,听到这个消息,梅思平"脸呈赤色,颇显紧张,未发一

---

① 《唐寿民自白书——经办商业统制备忘录》,上海档案馆藏,Q459—1—329。
② 《全国商业统制总会昨举行成立大会》,《申报》1943 年 3 月 16 日。
③ 《梅部长对记者谈推进政令问题》,《申报》1943 年 10 月 26 日。

言,鞠躬画押"①。同年 9 月 14 日上午 10 时,梅思平在南京珠江路老虎桥监狱被枪决。1948 年 1 月 14 日,他在苏州中正路八二九号房屋一所被中央信托局苏浙皖区敌伪产业清理处所清理,其财产也全部被没收②。

主要参考资料

上海市政协文史资料委员会编:《上海文史资料存稿汇编》(3),上海古籍出版社 2001 年版。

南京市档案馆编:《审讯汪伪汉奸笔录》(上),江苏古籍出版社 1992 年版。

金雄白:《汪精卫的开场与收场》,香港春秋出版社 1965 年版。

---

① 《梅逆思平被处死刑》,《申报》1946 年 5 月 10 日。
② 《中央信托局苏浙皖区敌伪产业清理处公告》,《申报》1948 年 1 月 14 日。

梅 贻 琦

黄延复

梅贻琦,字月涵,1889 年 12 月 29 日(清光绪十五年十二月初八)生于直隶天津。父梅臣,字伯忱,曾任盐务事。梅贻琦幼时家道已中落;1900 年八国联军之乱,全家赴保定避难,乱后返津,家当已被洗劫一空。

1904 年,严范孙、张伯苓在"严氏家塾"的基础上创办天津敬业中学堂(南开学校的前身),梅贻琦入该校第一班学习,1908 年毕业,名列第一。毕业后,按校章被送入保定直隶高等学堂学习。翌年,以优异成绩考取庚款留美生,10 月赴美,1910 年春入麻省伍斯特工学院(Worcester Polytechnic Institute)学习电机专业。学习成绩一贯优异,曾被选入"Sigma Xi"荣誉学会(美国奖励优秀大学生的一种制度)。1914 年毕业,获工学士学位。在美期间,他曾担任过留美学生会书记、吴士脱世界会会长、《留美学生月报》经理等职。

1915 年春,梅贻琦回国,初于天津基督教青年会任学生部书记,9 月至北京清华学校任教,先教数学、英文,后教物理,至 1926 年由教员而讲师而教授而教务长。他学识面广,曾被称为"科学各教授之首领",除教上述诸课外,还主讲过测量、工程事业(土木、机械、开矿、电机)、运输等课;作过"洋灰造制法"、"矿地设备"、"电子原理"、"X 光射线"等专题报告。此期间,梅贻琦表现出对教育事业广泛的志趣和热情,先后担任唯真学会①顾问,清华童子军团长、军长、总司令以及全国童子军理

---

① 唯真学会是当时清华校内之学生团体,施滉、冀朝鼎等均是该组织的核心成员。

事长,教员学术研究会书记,校科学社顾问及名誉社长,大一(学校当时最高年级)课程工业部主席,华员大会书记及交际组主任,新校委会议教员代表等。在校外,他曾与陶行知、曹云祥(时任清华校长)等一起组织"中国科学教员促进研究会",任管理部书记。1921至1922年,他利用休假一年的时间,再次赴美入芝加哥大学深造,获机械工程硕士学位,并曾一度任纽约大学讲师。1922年秋,遍游欧洲大陆后返国,继续在清华任教。

1926年起,清华学校教务长一职不再由校长指派,而由教授会公举,梅贻琦被举为改制后首任教务长。在两年任内,显露出其治校才能。这时的清华,设有游美预备部、国学研究院和大学部三种学制,作为教务长,梅贻琦统管各部的教务。他首先把新建大学部的学程、师资做了必要的改组和调整,使它成为一所正规而有特点的大学的雏形。他发表了《清华学校的教育方针》、《赠别大一诸君》等文章,阐述他在办大学教育方面的一些观点和方略。对于中国学生到外国去留学所应持的基本态度,他说:"美国社会里面,有很好的,亦有很坏的","不能不将他们看清楚了","劝诸君在外国的时候,不要忘记祖国","不要忘掉自己","务要保持科学的态度,研求真理"①。8月,因校长在学生出国问题上有独行专断行为,梅贻琦率先请求辞职以表抗议。被挽留后,他为了克服以往校领导关门办学的作风,于10月赴江、浙、鲁、奉四省调查教育一月余。

1928年夏,南京国民政府势力入控北京,清华学校被接管,更名为"国立清华大学",梅贻琦受命暂代校长职务。8月,罗家伦接任清华校长。11月,因清华学生留美监督处财务上发生混乱,梅贻琦被派赴美接替"监督"一职。嗣后清华校内发生校长风潮包括罗在内连续三个校长被驱,校长一职未有适当人选,校内曾出现连续十一个月无校长的局面。经过反复物色、选择,梅贻琦于1931年10月10日被任命为校长,

---

① 《清华周刊星期增刊》1927年5月28日。

12月3日到校就职。梅贻琦自此连续任清华大学校长达十七年之久,包括"西南联大"时期他以清华校长身份兼任"联大"常委会主席。梅到校就职当天,即召开全校大会,宣布他的"施政方针":(一)办大学的目的一是研究学术,二是造就人才;(二)要"在学术上向高深方面去作";(三)要培养和爱护人才,严格避免人才的浪费;(四)要尽全力充实师资队伍,广泛延聘第一流学者来校执教。他说:"大学者,非谓有大楼之谓也,有大师之谓也。"①他的这一思想和实践,一直被清华大学作为优良传统对待。

1931年—1937年的清华大学,在梅贻琦的主持下,在教学和学术研究方面都有了很大的发展。首先是师资队伍的进一步充实。他反复强调:"大学之良窳几乎全系于师资与设备之充实与否,而师资为尤要。"②"师资为大学第一要素,吾人知之甚切,故亦图之至极也。"③其次,他实行"教授治校",对校事采取"吾从众"的方针,调动教授们治学和治校的积极性。当时学校采取教授会、评议会、校务会议和校长"四权分制"的治校方法,评议会是核心,但由教授会选举产生,校长是前三会的主席,但一切重要校政必须经过评议会讨论后才能决定。朱自清曾撰文称颂梅的民主作风说:"在清华服务的同仁,感觉着一种自由的氛围,每人都有权利有机会对学校的事情说话,这是并不易的。"④第三,创办了清华大学工学院。清华在工程专业方面,原只有一个属于理学院的市政工程系(即土木工程系),梅出任校长后两月,即1932年2月,即向全校宣布"本校拟向工程科学发展"的计划。6月,成立了包括机械、电机、土木三系的工学院,自任院长。嗣后,设立航空讲座,进行航空实验;还陆续建成机械工程馆、电机工程馆、航空实验馆、水利实验

---

① 《国立清华大学校刊》1937年12月4日。
② 《清华校友通讯》第3卷第1期(1936年5月)。
③ 《清华校友通讯》第3卷第1期(1936年5月)。
④ 朱自清:《清华的民主制度》,《清华校友通讯》第6卷第9期(1940年9月)。

馆、发电厂等教学设施,添置了当时先进的设备,聘请了一批国内外工程学名流来校充作工学院教师的骨干。第四,与国外学术界联系与交流。1933年,清华首先与德国远东协会交换处及中法文化基金会约定互派研究生,设置科学讲座等制度,并先后请来国外名流学者来校讲学。清华教授出国者,亦多担任讲学任务。第五,大力发展研究事业。到1935年清华已拥有较为健全的三个研究所共十个研究部,占全国同类学校共三十七个研究部的百分之三十七。1934年10月起,梅贻琦又"鉴于国内需要,拟即举办特种研究及理工特别设备",陆续兴办了农业、航空、无线电三个特种研究所;抗战期间,又在昆明兴办了金属、国情普查两个研究所。

在日本帝国主义侵略我国日亟的形势下,梅贻琦勉励同学谨记国家危亡的情势,时刻不忘了救国的重责。1932年9月18日,他在学校"九一八"事变一周年纪念会上,公开抨击国民政府的不抵抗政策,"以拥有重兵的国家,坐视敌人侵入,毫不抵抗,诚然勇于内战,怯于对敌,何等令人失望"①。这期间,他常常告诫学生"不忘国难";但不赞成青年学生脱离学习参加抗日救亡运动,他说:"救国的方法极多,救国不是一天的事,各人在自己的岗位上,尽自己的力,则若干时期之后,自能达到救国的目的了。"②还说:"我们做教师做学生的,最好最切实的救国方法,就是致力学术,造成有用人才,将来为国家服务。"③1935年"一二九"运动前后,他出于爱护学生的目的,曾几次出面保释被捕的进步学生,但也曾以"维护校规"为出发点,签署过开除进步学生的布告。

抗日战争爆发后,清华、北大、南开南迁,初于长沙合组"临时大学",半年后又西迁昆明,组成"国立西南联合大学"。梅贻琦与蒋梦麟(北大校长)、张伯苓(南开校长)一起组成联大常委会,梅任主席(常委

① 《国立清华大学校刊》1932年9月23日。
② 《国立清华大学校刊》1937年12月4日。
③ 《国立清华大学校刊》1937年12月4日。

会主席一职原本是由三校长轮流担任,但因蒋、张在重庆任职,故该职一直由梅担任),始终坚守在校主持校务。他表示:"在这风雨飘摇之秋,清华正好像一条船,飘流在惊涛骇浪之中,有人正赶上驾驶它的责任,此人必不应退却,必不应畏缩,只有鼓起勇气,坚忍前进。"①在"联大"八年期间,梅贻琦进一步发挥了他的办学才干和责任心,团结具有不同历史、不同学风的三校师生,同舟共济,使联大师生能在政治、经济、物质、生活等条件极端困难的情况下,"弦歌不辍",为国家和民族保存和培养了一大批高级人才。

1940 年 9 月,梅贻琦在清华服务满二十五周年,在昆明的清华大学师生,为他举行了一次公祝会,他在美留学的母校伍斯特工学院授予他名誉工程博士的称号。梅贻琦在公祝会上面对众多的称功颂德之词致答辞,把自己比做戏台上的"王帽",说:"其实会看戏的人,绝不注意这正中端坐的王帽,因为好戏并不要他唱,他因为运气好,搭在一个好班子里,那么人家对这台戏叫好时,他也觉着'与有荣焉'而已。"②

1941 年 4 月,梅贻琦借清华建校三十周年举行学术讨论会的机会,发表了《大学一解》一文,系统表达了他的教育思想。他主张"通才教育",但又不是西方"自由教育"(Liberal Education)的简单的翻版,而是以中国古代儒家"大学"(Great Learning)教育学说的基本原则为基础,综合中外现代大学教育思想和体制而成。他认为大学教育归根结底应该是"在明明德,在新民,在止于至善"③,就是要在大学阶段给学生们以"通识",即"知类通达"的训练,非如此,便不能完成大学教育中"新民"(化民成俗,改造社会)的任务。他主张大学教育的直接目的是培养"通才",不可能也不应该担负直接为社会各部门培养"专才"的任务,这个任务应由其他教育机构如研究院、各种专门学校,特别是各

---

① 　朱自清:《清华的民主制度》,《清华校友通讯》第 6 卷第 9 期(1940 年 9 月)。

② 　朱自清:《清华的民主制度》,《清华校友通讯》第 6 卷第 9 期(1940 年 9 月)。

③ 　梅贻琦:《大学一解》,《清华学报》1941 年第 1 期。

该社会事业本身来完成。大学教育应成为学生们通向接受更高深、更专门知识,成为具有更广博学者专家的桥梁。他认为"通才教育"的灵魂是自由思考和讨论。他引宋代学者胡瑗的话说:"艮言思不出其位,正以戒在位者也。若夫学者,则无所不思,无所不言,以其无责,可以行其志也;若云思不出其位,是自弃于浅陋之学也。"①他特别赞赏蔡元培"兼容并包"的办学思想和作风,"以克尽学术自由之使命"②。

抗战初期,梅贻琦在国民党当局的命令下加入了国民党。此后他在政治上同国民党当局的关系一步步接近,常常作为知名的大学校长和"党内同志",被邀为蒋介石的座上客,有时还特意被排座在主人之左,得与谈话,这使他逐渐产生了一种"知遇感"。

1945年8月,日本无条件投降,梅贻琦以十分欣悦的心情,组织清华师生北上复员。11月,梅贻琦首先抵北平视察清华园。12月初,昆明发生"一二一"惨案,他即回昆明,在昆明招待记者会上斥责了便衣暴徒行凶杀人的暴行。翌年7月,闻一多遇刺牺牲,梅贻琦亲自主持组织治丧委员会及家属的抚恤问题。10月,在清华园主持复员后第一个开学典礼。他曾拟定一个《本校复员后院系充实计划草案》,积极修复校舍,延聘师资,准备把清华大学切实地再向前发展一步,但由于局势动荡,他的"充实计划"未能实现。这期间清华大学的爱国民主运动蓬勃开展,梅贻琦仍本其既不得罪国民党当局、亦力求不使师生受到无辜残害的态度,曾先后掩护过一些进步和革命师生免遭反动派的毒手。1948年8月,他得知反动派黑名单上有吴晗的名字,就连夜找到吴晗对他说:"你要当心,千万别进城,一进去被他们逮住,就没有救了,在学校里,多少还有个照应。"③

————————

　　① 梅贻琦:《大学一解》,《清华学报》1941年第1期。
　　② 黄延复、王小宁整理:《梅贻琦日记》,1945年11月5日,清华大学出版社2001年版。
　　③ 吴晗:《清华杂忆》,《光明日报》1961年4月23日。

　　1948 年 12 月,北平解放已在旦夕,吴晗等清华校友曾从解放区拍电报给他祝寿,挽留他不要离校;但梅贻琦似乎事前即做好出走的安排;他在城里设了一个"校产保管小组",把学校一些重要账目及贵重物资转移到城里以"应变"。1948 年 12 月 14 日,北平围城前几小时他离开学校,在城里逗留了一星期,终于 21 日由国民党当局派来的专机接往南京。同日孙科内阁任命他为教育部长,他坚辞不就,但允任"南来教授招待委员会"委员。1949 年 3 月,他由上海抵广州,6 月飞巴黎,参加联合国教科文组织会议,9 月参加"联教"组织大会,任国民党政府代表团首席代表。12 月飞纽约,与中华教育文化基金会会商清华基金保管及运用事宜,后即常驻纽约。1950 年起,他任"华美协进社"(China Institute in America,中华教育文化基金董事会的驻美机构)常务董事。1951 年,他组织"清华大学在美文化事业顾问委员会",以清华基金利息协助在美学人研究,并赠台湾专科以上学校学术书刊。

　　1955 年,梅贻琦由美抵台,开始用清华基金筹办"清华原子科学研究所"(即新竹清华大学的前身),觅定新竹所址。1956 年 2 月,他赴东京及纽约参加原子能展览及讨论会,11 月赴美洽办定制原子反应堆事宜。1958 年 7 月,他出任台湾政府"教育部长"(1961 年因病辞去),仍兼任新竹清华研究所所长。1959 年起,兼任台湾"国家长期发展科学委员会"副主席。1960 年因患癌症,于 1962 年 5 月 19 日去世。

孟 恩 远

张学继

孟恩远,字曙村,天津人。1859 年(清咸丰八年)出生于一个贫困家庭,童年时代以卖鱼虾为生。成年后投入淮军当兵。1894 年 11 月,鉴于陆海军在中日战争中惨败,清廷命原广西按察使胡燏棻在天津小站主持编练新军,首练十营,号"定武军",孟恩远从淮军转入定武军。

1895 年,袁世凯接替胡燏棻,到天津小站主持编练新军,规模有所扩大,改定武军为新建陆军。孟恩远在袁世凯手下历任新建陆军右翼骑兵营队官,北洋常备军第二镇骑兵第二标标统、第四镇骑兵第四标标统,直隶巡防营统领,河南南阳镇总兵。1907 年,孟恩远随新任东三省总督徐世昌前往东北任职,初任吉林省巡防营翼长,升记名提督,并任吉林督办剿防事宜。1911 年,升任陆军第二十三镇统制,下辖第四十五协(协统高凤城)、第四十六协(协统初为张春廷,后易裴其勋)。

1912 年,中华民国成立后,孟恩远改任陆军第二十三师师长。当时,东北境内宗社党活动猖獗。11 月 20 日,吉林巡防营统领郑宝斋在伊通州被宗社党人刺杀身亡。事发后,孟恩远一面派人捉拿凶犯,一面派重兵在省城吉林日夜巡逻,严防宗社党扩大事端①。11 月 22 日,孟恩远升任吉林护军使,仍兼第二十三师师长。1914 年 6 月,吉林护军使一缺裁撤,孟恩远改任镇安右将军督理吉林军务。1915 年袁世凯称帝,孟恩远表示赞成,被袁世凯授予"一等伯"。

---

① 《吉林通信》,《民立报》1912 年 12 月 30 日。

　　1916 年 6 月,袁世凯病死,孟恩远投靠皖系军阀首领段祺瑞。7月,改任吉林督军。为时不久,总统黎元洪与国务总理段祺瑞因争权夺利酿成"府院之争",作为皖系督军,孟恩远参与了"督军团"的活动,成为"督军团"的重要一员。当"府院之争"达到高潮时,段祺瑞决心解散支持总统黎元洪的国会。1917 年 5 月 21 日,"督军团"在北京召开紧急会议,决定在北京的各省督军及督军代表由年长的孟恩远与王占元两人领衔,呈文总统黎元洪,借口宪法会议通过的宪法条文,将导致所谓的议会专制,陷内阁于"颠危之地",要求"将参众两院即日解散"①。21 日,黎元洪召见孟恩远与王占元,训诫他们切勿超越宪法行事,对宪法草案有意见可商诸国会。黎元洪还表示:时局的症结在内阁,国务总理段祺瑞"理宜引退"②。孟、王退出后将总统的态度转达在京各督军及其代表,孟恩远随即离京前往天津,在此观望事态的发展。

　　由于双方不妥协,黎元洪于 5 月 23 日颁布总统令,免去段祺瑞的国务总理兼陆军部总长职务。段随即出走天津策动"督军团"出来驱逐总统,由此激成张勋复辟。张勋复辟后,孟恩远被授予"吉林巡抚"。对此,孟恩远一面上折谢恩,一面派亲信于当天返回吉林,催促省长郭宗熙迅速办理交卸离开吉林,随即发出告示,宣布吉林各机关一律改用宣统年号,并悬挂清龙旗。张勋宣布复辟后,各省并未响应,而且段祺瑞又在天津组织"讨逆军",孟恩远见势不妙,急电吉林解释误会,请郭省长照旧供职。孟恩远首鼠两端,遭到吉林省议会的弹劾。上海《时报》载文讽刺说:"复辟后旬日内之吉林,态度凡四变,东泊西飘,朝秦暮楚,官场直作戏场看。……读神怪小说《西游记》,恒叹孙悟空之善变,不期千百年后,具七十二变玄妙功夫,竟有驾齐天大圣而上之孟恩远在。"③复辟取消后,孟恩远立即去拜谒"讨逆军"总司令段祺瑞,本想有所解

　①　上海《民国日报》1917 年 5 月 22 日。
　②　上海《民国日报》1917 年 5 月 24 日。
　③　《吉林之反正谈》,上海《时报》1917 年 7 月 16 日。

释,未料到段对他非常不谅解,闭门不见,孟恩远吃了闭门羹后快快不
快,返回吉林。

奉天督军张作霖在统一奉天军政、坐稳"奉天王"宝座后,即着手兼
并吉林、黑龙江两省,以实现其"东北王"的梦想。张作霖利用黑龙江省
内部的矛盾斗争,派孙烈臣率兵进驻黑龙江,并保荐他的同乡和儿女亲
家鲍贵卿为黑龙江督军,黑龙江的实力派许兰洲部被强行调到奉天,成
为张作霖控制的一部分,而不服的英顺、巴英额则被撤职,黑龙江完全
纳入张作霖的势力范围。张作霖在夺取黑龙江之后,又把手伸向了吉
林。张作霖抓住孟恩远参与复辟的把柄,策动吉林籍国会议员向北京
政府控告,要求罢免孟恩远。段祺瑞立即响应,于 1917 年 10 月 18 日
下令免去孟恩远的吉林督军职务,调为北京将军府惠威将军,令其进京
供职。与此同时,将察哈尔都统田中玉调任吉林督军。田中玉是段祺
瑞的亲信、皖系干将,过去在长春驻扎过,与日本人关系"极为良好"。
调令发布后,孟恩远立即宣布拒绝服从。张作霖对此也极为矛盾,一方
面他想驱孟,取得吉林地盘;另一方面,张作霖更怕亲日的皖系干将田
中玉来吉林,迎来一个更强的对手。在张作霖看来,与其让田中玉来吉
林,不如让孟恩远再干一段为好。这样,张作霖便暂时放弃驱孟的念
头,转而在北京政府与孟恩远之间进行斡旋,北京政府不得不允许孟恩
远"督任延期"。

为了捍卫自己的督军宝座,孟恩远决定迅速扩充军队,增强抵抗实
力,并派军队至哈尔滨,震慑俄国布尔什维克和革命工人,希望以此来
博得西方帝国主义列强和北京政府的好感。但他在吉林无节制地扩军
极大地加重了吉林人民的负担,这时,已被北京政府任命为东三省巡阅
使的张作霖乘机"唆使吉林公民何守仁等,分别向国务院及东三省巡阅
使署控孟恩远纵兵殃民八大款"[①]。1919 年 7 月 6 日,北京政府宣布免

----

　　① 〔日〕东亚同文会编,胡锡年译:《对华回忆录》,商务印书馆 1959 年版,第
371 页。

去孟恩远的吉林督军，改调将军府惠威将军。

　　孟恩远依然拒不服从调令，并唆使其部下及外甥、吉林第二混成旅旅长高士傧等反对易督，举兵反抗。张作霖勾结日本吉林驻军，制造宽城子(长春)事件，并派吴俊陞和孙烈臣率大军南北夹击吉林，迫使就范。这时，北京政府又下令将孟恩远、高士傧二人免职。命令称："孟恩远应问不能严守军规之罪，其所有督军事务，可移交鲍贵卿，径来北京。"[1]至此，孟恩远四面受敌，不得不遵令离开统治多年的吉林，回天津当寓公。

　　1922年，第一次直奉战争爆发。在大战爆发以前，为了捣毁张作霖的老巢，吴佩孚通过孟恩远居间联系，任命原吉林暂编第一师师长高士傧为"奉吉黑三省讨逆军总司令"，卢永贵为副总司令。卢永贵原为高士傧的部下，高士傧下台后，卢永贵被张作霖收编为中东路山林剿匪司令。第一次直奉战争爆发后，高士傧由哈尔滨潜入卢永贵的司令部，由中东路的终点五站起兵反张。但很快被张宗昌打败，高士傧及其弟高秀峰、卢永贵兵败后，落荒而逃。6月3日，逃至中俄边境的珲春，投奔高的旧部营长邬某。但邬出卖了他们，将他们捉住献张。6月5日，张宗昌请准张作霖将高等三人就地枪决。从此，孟恩远不再过问政治。

　　孟恩远利用多年来搜括的钱财在天津附近购买了大量土地，并在天津投资经营面粉厂、棉纱厂等工商企业，是当时天津有名的官僚资本家。

　　1933年，孟恩远在天津病故。

---

① 　东亚同文会编：《对华回忆录》，第371页。

孟 目 的

寿祝衡

孟目的，名广义，字目的，北京人，1897年10月17日（清光绪二十三年九月二十二日）出生在一个基督教牧师的家庭。其父孟继增，为公理会牧师。

孟目的少年时代在通县端蒙小学就读，以后入潞河中学、萃文中学，1918年毕业于华北协和大学（北通州）（燕京大学前身），考入北京协和医学院举办的留美学习班。毕业后，院方公布取消药科学生留美计划，经该院英国教授资助，他去英国勤工俭学。1919年到伦敦后，他先在爱兰伯利药厂实习，1921年考入伦敦皇家大学药学系，毕业后，取得英国皇家药学会会员资格，为该会第一名中国会员。

1925年，孟目的学成回国，在北京协和医学院任药房副主任。鉴于我国药学工作远远落后于欧美各国，当时药房的调剂人员少，知识水平低，孟乃联合同事冯志东、何鉴清等，于1927年创办了北京药学讲习所，以提高初、中级药剂人员的业务水平。二十多年中，这个讲习所培训了两千多名中级调剂、制剂人才。

1929年，国民政府卫生署邀孟目的去南京，参加编纂《中华药典》，并任命孟为中央卫生实验处药物化学系主任、军医学校药科主任。其时，各国药品竞相倾销，伪劣药品充斥市场。国民政府决定编纂一部药典，孟认识到药典是国家对药品质量标准和检验方法的技术规定，是药品生产、使用、供应、检验、管理等共同遵循的法定依据，编订药典是一项政策性、科学性很强的工作，直接关系到亿万人民的健康和生命，必须认真做好。他首先创议并厘定"药典"这个名称,明确这是药品的法典,是国家对药品的立法,具有法律上的约束力。其次,初步统一了许多药品的名称。当时,药品多数是进口的,商品名、译音都很乱,孟等潜心考察了我国一些词汇,结合制剂的特点和拉丁名的音节,拟定了简明的剂名,如用酒精提取或制备的制剂,拉丁名称 Tinctura 的定名为"酊剂",拉丁名称 Spiritus 的定名为"醑剂";其他如 Tabellae 称"片剂",Suppositoria 称"栓剂"等,比较简短、明确,沿用至今。

1935 年,中国药学会举行第七届年会,孟目的被选为大会主席团成员及学会理事。年会对于加强药学教育问题展开了讨论。当时国内仅有少数医学院校设有药科,校方又都重医轻药,药学教育得不到发展。孟目的和一些年会参加者强调应当创设独立的药学院,学制应改三年为四年。会后,孟等人四处奔波,据理力争,于 1936 年在南京设立了药学专科学校,孟任校长,并兼药剂学、调剂学教授。

抗日战争爆发后,孟目的率领药学专科学校迁往武汉,1938 年又迁到重庆。孟悉心教学,培育青年,赞助爱国抗日的学生去延安,因而遭到国民党当局的迫害,于 1939 年被免去校长职务。次年,孟去香港创办协和制药公司,一面筹设药厂,一面为抗日军民选购药品器材。太平洋战争爆发后,日本侵占香港,孟辗转回到重庆,创办协和制药厂,自任厂长,生产磺胺、葡萄糖等原料及制剂。孟并兼任药学专科学校教授,每星期去讲课两天。他十分关心培养造就药学专业人才,于 1943 年冲破重重阻力,敦请中英友好协会与国民政府教育部交涉,选派六名药科毕业生赴英深造。

抗日战争胜利后,孟目的至上海主持接收七个日伪药厂。他不辞辛劳,将接收的药厂加以调整,成立了第一制药厂。他还准备调整组建其他药厂,发展我国的制药工业,但受到国民党当局的排挤,未能如愿。1946 年春,晋察冀解放区在张家口筹建制药厂,当时孟恰回北平奔父丧,解放区派专人迎孟前去进行技术指导,孟欣然前往,受到解放区领导人聂荣臻等人热烈欢迎。孟建议根据解放区的具体条件,就地取材,土法上马,充分利用当地出产的麻黄提取麻黄素,利用柴胡制造柴胡注射液等中药制剂。孟对生产操作要求严格,经常亲自动手洗安瓿、灌药液、焙封、检漏等,对别人操作的还要检查。孟还给技术人员讲授制药基础理论,给青年工人讲授制药操作知识,有时学生因事缺课,他还给补讲。药厂经过孟半年的指导,扩大了生产规模,改进了产品质量,职工提高了技术水平。

孟目的从解放区回到上海后,被聘任药品制剂厂厂长。他为生产防治疾病的药品,发展我国制药工业不遗余力。该厂解放后称上海制药一厂,生产磺胺噻唑、葡萄糖酸锑钠等原料药。葡萄糖酸锑钠习称五价锑,是治疗黑热病的有效药物,对消灭华东几省流行的黑热病起了很大作用。

中华人民共和国成立后,孟目的继续为发展我国药学事业努力不懈。1950年,他由华东人民制药公司调往中央药品检验所(1962年改称卫生部药品生物制品检定所)所长,并任中国药典编纂委员会总干事、药理小组组长,1952年起任副主任委员。他对药典编纂工作非常认真细致,还亲自编写部分条目,逐字推敲修改文稿,并对规定的质量指标和检验方法进行复核试验,逐一修改订正,于1953年定稿出版。此后,孟仍不断修订充实药典,1957年主持编订了第一增补本;1963年版收载各类药品一千三百一十种,在结合我国医药生产实际,反映医药科学研究的成就,整理祖国医药使之逐步标准化等方面,都有很大的改进和提高。以后,孟继续被聘为药典委员会副主任委员,耄耋之年,仍为编纂新版药典贡献力量。

孟目的对中国药学会的工作十分热心,藉以推动我国药学事业的发展。自1935年第七届药学会年会上当选为药学会理事后,历任第八、九、十、十一届理事,第十二届理事长。药学会总会由南京迁到北京,在1952年全国代表大会上他当选为副理事长兼秘书长,1958年起并兼北京分会理事长。孟经常到药学会主持会务,组织各种学术活动,为《药学学报》、《药学通报》、《中药通报》撰写和审改文章。

　　孟目的先后被推选为第二、三届全国人大代表,第五、六届全国政
协委员,农工民主党第八届中央常委。

　　1983 年 5 月 21 日,孟目的在北京病逝。

主要参考资料

　　袁士诚、谢海洲:《热心药学事业的孟目的教授》,《药学通报》1981
年第 16 卷第 3 期。

　　卫生部药典委员会提供的资料。

　　孟目的家属提供的资料。

苗 杏 村

王家鼎

苗杏村,原名世远,字杏村,山东桓台人,1875 年 3 月 15 日(清光绪元年二月初八)生。父苗仲九务农。苗杏村早年因家贫未能上学,目不识丁。十五六岁时充当"赶脚",于家乡桓台索镇和小清河下游羊角沟之间,驱赶小驴代客驮运,故当其发家致富后,辄以"两条腿的本钱"自诩①。

清末,胶济铁路尚未兴修以前,索镇得濒临乌河水旱码头之利,手工作坊、商业和过载栈(运输行)比较繁盛。1894 年前后,苗杏村的长兄苗世忠以经营煤炭所得,与本街荣种森合伙,在索镇开办恒聚油坊。不久,苗世忠病死,由苗杏村次兄苗世厚继任油坊副理。苗家经过数年经营,兼放高利贷牟利,颇有积蓄,遂逐步向外地拓展,于 1906 年与人合伙,在济南泺口创设了恭聚和粮栈。苗杏村即随兄前往泺口,辅助经营。旋又由恒聚油坊出资,在泺口开办恒聚和粮栈,苗杏村出任经理。因泺口粮业有利可图②,1910 年苗家复独资在泺口创设公聚和粮栈,苗杏村任经理。翌年苗世厚病死,苗杏村继其产业苦心经营。其时,索镇荣家惧于形势动荡而提出分伙要求。双方协议:苗杏村在索镇恒聚

---

① 市工商联文史组:《五十年来的桓台苗家资本集团》,济南市志编纂委员会编《济南市志资料》第 2 辑,1981 年版。

② 据 1914 年 4 月 15 日《山东公报》载:泺口在 1912 年(民国元年)初津浦铁路未通车前,尚有粮栈三十余家,足见当地粮业之兴盛。

油坊的股权归荣家,荣家在泺口恒聚和粮栈的股份则归苗家。

1911年,苗杏村眼看津浦铁路修筑工程行将竣工,济南商埠必将取代泺口为贸易中心,乃收束公聚和、恒聚和二家粮栈,集中经营公聚和粮栈和设于济南的恒聚成炭栈。1912年,为扩大粮栈业务,苗家在济南经一路纬四路修建三十余间门面的楼房建筑,并改恒聚成炭栈为粮栈。是年,津浦铁路全线通车,南北客商云集济南。苗杏村多方结交应酬,广为招徕,致使恒聚成驻客经常有二百余家。他又派人南下徐州、蚌埠等粮食集散地,兜揽客商,生意日隆。至1913年底,已获纯利四万余元,为恒聚成原始资本的五十倍。

1914年第一次世界大战爆发后,欧美列强无暇东顾,我国面粉业乘时发展,粮食市场随之活跃。苗杏村为扩大经营,将粮店职工由二十三人增至四十六人,在津浦、胶济沿线设坐庄三十余处,代客买卖并自运自销。

1915年10月,广州部分出口客商和丹麦宝隆洋行买办罗叔素等人,来济南大宗采购生米、生油,运销南洋、欧洲。苗杏村不惜重金殷勤款待,并以"回扣"相笼络,同时又严密封锁消息,使同业无可乘之隙。与此同时,他采取坚守信用、质量第一的方针,以取得广东客商的信赖。他垄断了"广帮"生意,每年获纯利四万元上下,直至"七七"事变后海运中断,长达二十二年之久。其间,恒聚成不仅垄断济南的生米市场,而且博山、泰安、滕县、徐州一带的生米行市,亦唯其马首是瞻。

同年,无锡茂新面粉厂资东荣宗敬派人到济南采购原料,苗杏村办得既快且好,引起荣宗敬的重视。荣宗敬到济南调查小麦产销情况,苗全力与之结交,后又赴沪访荣,过从甚密。嗣后,荣宗敬在济南筹建茂新四厂,苗倾力协助选址、购地、建房、装机,使该厂得以于1920年3月顺利开办。荣力邀苗出任经理,以示酬谢,苗不愿为他人做嫁衣,婉辞不就。但恒聚成、公聚和却从此取得为茂新四厂代购小麦的专权,每年获佣金二万元,直至"七七"事变爆发,茂新厂停机。

苗杏村在经营粮栈的同时,还从事工业和金融投资。1918年他向其儿女亲家穆伯仁创办的惠丰面粉厂投资一万五千元,任该厂董事。1919年又投资穆伯仁所办的晋丰面粉厂、通惠银行和晋泰公司。后来,苗、穆之间因惠丰厂协理职位问题发生争执,苗一怒之下,撤出在穆所有企业中的全部投资,以股权和房产一举偿清通惠银行的巨额贷款。

1921年10月,苗杏村联络同乡苗星垣、王冠东等人,集资发起成丰面粉股份有限公司,苗自任董事长兼总经理,苗星垣为董事兼经理,王冠东为监察人。因资金不敷,苗杏村赴上海转托荣宗敬,向国外赊购了一批机器。该厂1922年8月投产,日产面粉五千二百包。1924年再度增资,6月在北京政府农商部核准注册。同时新设永丰祥麻袋庄,并建筑恒聚成粮栈仓库,一面办理银行外仓抵押,一面代客货办理押款,收取栈租。同年,京、津面粉市场为进口外粉所夺,成丰厂产品滞销,资金周转陷入困境,后得董事车百闻邀得东莱银行经理于耀西投资和贷款支持,始渡过难关。1929年再次扩大生产规模,自设铁工部,制造部分磨粉机器。成丰1930年投产,日产面粉八千余包,成为当时济南面粉业中首屈一指的厂家。此时,成丰厂的人事和经营权,为苗星垣等所左右,苗杏村任董事长徒具虚名,遂决意另起炉灶。

苗杏村为了开拓其经营门径,不断结交北洋军阀和政府当局,参与社会政治活动。民国初年,他首倡成立济南商埠粮业同业公会,任会长。1916年7月,任商埠商会会董,旋任常务董事,垂二十年。1924年任山东省督办公署咨议。1925年以重金与张宗昌部第九军军长兼运输司令朱子芹相结纳,常假"军运"之名运送粮货,俾能吞吐及时,在同业竞争中独占鳌头,大获盈利。1930年韩复榘主鲁后,他与其实业厅长王芳亭时相过从,并得韩复榘赏识。后经韩提名为国民会议代表,出席1931年5月5日国民政府在南京召开的国民会议。1934年7月,任中华工业总联合会济南分会会长。1935年任山东省政府参议①。

---

① 至晚在1936年底以前,苗杏村已取得国民党"特别党员"身份。见中国第二历史档案馆藏国民党中央执行委员会民众运动指导委员会档案。

因此,他的实业活动,曾长期得到统治当局政治上和财政上的支持。

1929年,济南民安面粉厂因经营不善,宣布倒闭清理①。苗杏村乘机租用其全套设备,组织成记面粉厂。双方议定机器修理费由租金中抵拨,民安厂在一年半内无法得到租金。这时,民安厂因无力偿还债权人上海商业储蓄银行的六万元欠款本息,经法院判决,拍卖其抵押的部分固定资产。苗杏村以八万元购得其仓库和地皮后,转而以部分产权变更为由,要求重议租价。逼得原资东张怀芝等人走投无路,将一百余万元全部股权折价三十七万元让渡给成记②,苗杏村终于蚕食了民安厂的全部财产。1934年组成成记面粉股份有限公司,苗杏村任董事长,其侄苗兰亭(苗世厚之子)任常务董事兼经理。为控制企业,厂内各要职,均由恒聚成旧人充任。此时市场粮价因受国民政府"麦棉借款"影响暴跌,成记厂原粮耗尽,资金枯竭,无法开机。苗杏村奔走求援,得到山东省政府财政厅长兼民生银行董事长王向荣支持,取得该行八十万元信用贷款及抵押透支,低价购进大批小麦备用。次年,国民政府实行法币制,刺激了物价回升,当年成记获纯利三十五万元。苗于1936年开设恒聚成北记面袋厂,以适应成记需要。

苗杏村鉴于济南已成为当时国内主要棉花市场之一,发展纺纱业有利可图,遂于1932年6月与苗星垣等人再度合作,发起组织成通纺纱有限公司,苗杏村任董事长兼总经理,苗海南任经理兼总工程师。苗杏村广为募股,凑集七十五万元,并亲赴上海托荣宗敬担保,向英商怡和洋行赊购一万枚纱锭的全套设备,向安利洋行赊购一千五百千瓦的发电机一部,连同成丰厂铁工部的自制机器,于1933年5月开机投产。到1937年时,该厂扩充到一万九千六百枚纱锭,年产量达到一万四千余件。但苗星垣等从建厂伊始就凭借其雄厚的技术实力控制了企业,

---

① 民安面粉厂系北洋军阀靳云鹏、张怀芝、王占元等在1920年创办,其管理人员多是校尉军官出身,因经营不善而倒闭。

② 此数字依据山东省档案馆藏《苗杏村致民生银行函》1935年7月12日。

与苗杏村间的矛盾随之加深。

1935 年底，济南规模最大的鲁丰纱厂，因经营不善，无力抵制日本纺织品的竞争而停业倒闭①。1936 年 2 月，韩复榘迫于该厂失业工人请愿的压力，授意苗杏村接办整理并派军队"保护"②。苗遂代表成通纱厂，以月租三千元与民生银行签订承租合同，改名成通纱厂分厂。1936 年 9 月因经营失利，亏赔九万余元而再度停业。此时苗星垣等人坚主退租，但苗杏村却仰恃韩复榘的支持，为摆脱苗星垣等人的羁绊，决计倾力以赴，独自承租，遂签订租赁合同，改名为成大纱厂。苗集资三十万元，又取得民生银行信贷透支八十万元，于 1936 年 11 月 7 日开机投产。他采取提高工资、扩大福利设施等缓和劳资矛盾的措施，提高了产量和质量，由鲁丰时期日产十六支纱六十件提高到七十三件，所出凤山牌、工农牌棉纱畅销各地。

1937 年 7 月，民生银行以原鲁丰纱厂积欠旧款无力偿还提出起诉，经法院判决，拍卖鲁丰全部固定资产。苗杏村遂认价承领，以八十五万元的代价，取得了鲁丰价值二百余万元的全部产权。

"七七"事变后，苗杏村一度拟迁成大、成通二厂于内地，但又认为"日本人也得做买卖"，迁厂遂告中止。12 月济南沦陷后，日军军管成大，随后半年内，成通、成丰、成记也相继被军管。此时苗杏村尚保有恒聚成粮栈、恒聚成北记面袋厂，其业务已捉襟见肘。1938 年初，马良等人组织济南治安维持会，暂代伪政府职权，苗杏村被推为评议员。3 月筹建商会，初拟推苗为商会会长，因其抱病体衰，会长职遂由其侄苗兰亭出任。1939 年，苗力促苗兰亭出资创立鲁兴银行，推行伪钞，进一步走上附逆道路。

---

① 鲁丰纱厂成立于 1915 年，由北洋军阀潘复等人创办，历任董事长有王占元、庄乐峰、田中玉、潘复等。

② 1936 年 3 月 28 日，山东省政府第四七五次政务会议决有鲁丰纱厂"先由通成纱厂承租，其法律问题由省府解决"等语。见《山东省政府公报》第 378 期。

　　苗杏村热心参与慈善活动,先后担任华洋义赈会董事、山东省赈务会委员、惠鲁工商中学董事等职。1937 年秋,任历城红十字会名誉会长。曾设立收容所四处,捐资设立小学三所①。

　　1940 年 12 月 14 日,苗杏村在济南病故。

---

① 《苗杏村先生讣告》、《哀启》,山东省图书馆藏。

缪 培 南

边 篆

缪培南,字经成,号有群,广东五华县人,1895 年 4 月 17 日(清光绪二十一年三月十三日)生于贫寒农家。父缪献琴终年劳作不息,全家仍食不果腹。缪培南幼时曾随祖母外出乞讨度日。他意志刚毅,勤奋好学,1905 年得入塾求读,两年后入本县长蒲初小,继入五华模范高等小学。1912 年他考入广东陆军中学,两年后升入武昌陆军第二预备学堂,1916 年冬毕业。翌年初,转入保定陆军军官学校,为第六期步科生,与薛岳、余汉谋等同学。多年的军校学习生涯,进一步锻炼了他的坚强意志,更掌握了比较系统的军事科学知识。

1919 年春,缪培南从保定军校毕业后,被分发到段祺瑞所属的边防军任见习排长。翌年直皖战争中段祺瑞告败,参战的边防军宣告解散,缪回到广东,得族兄缪培堃之举荐,加入邓铿粤军第一师,任上尉教官、机枪营第一连连长。1921 年 5 月调至孙中山总统府警卫团任薛岳第一营第二连连长,11 月护卫孙中山至桂林建立北伐大本营。1922 年6 月,陈炯明统率的粤军在广州发动叛乱,炮轰总统府,缪培南在薛岳率领下与叶挺第二营固守总统府,保护宋庆龄突围脱险。8 月,又参加了东江方面的河源、博罗战役。1925 年,又次第参加了两次东征和平定刘杨叛乱以及南征讨伐邓本殷之役,因战功升任国民革命军第十二师副官长;1926 年 5 月任第三十五团团长,驻海口。

1926 年 7 月,国民革命军誓师北伐,缪培南所在的第四军第十二师奉命北上进军湖南,先在湘江东岸参加攻占醴陵、平江战役;8 月 26

日参加汀泗桥之战,缪与叶挺独立团夹攻铁桥,全歼守敌;29 日又与叶团担任中路攻击贺胜桥之主力,奋勇冲杀,击败了敌军侧翼之反击,胜利夺取贺胜桥,为北伐大军攻占武汉打开了通道,亦为第四军赢得"铁军"美誉做出贡献。

北伐军突破吴佩孚的所布层层防线后,直逼武昌城下,缪培南第三十五团被部署在宾阳门至忠孝门之阵地,两次攻城受挫后死死围困不懈,直至 10 月 10 日守城部队出降。10 月 20 日,缪团被调赴江西战场,参加马回岭之战。缪指挥所部与敌激战直至肉搏,与友部合力遏止了敌之反击,夺取了马回岭。继于 11 月 2 日参加了德安之战。江西光复后,缪因战功于 1927 年 1 月升任第十二师副师长。

1927 年 4 月,北伐军进军河南,讨伐奉军。缪培南指挥所部 5 月14 日在上蔡战役中击败奉军第六军于东西洪桥后进驻宋庄。奉系援军第十军来攻宋庄,缪待敌进至近时指挥所部发起猛冲,迅即击退来敌;继之率部攻击临颍,在十里头正面主攻守敌,激战不已,终因双方力量悬殊,缪部只能转攻为守,后得援军之助一举克敌,进据临颍城。6月,北伐军回到武汉,7 月 15 日缪升任第十二师师长。

大革命洪流在"四一二""七一五"两次政变后急转直下,8 月 1 日叶挺、贺龙等部在南昌起义,正驻九江的缪培南师奉命南下讨伐。其时第四军军长张发奎归附李济深回粤,缪乃率十二师驻扎广州市区整训。11 月 17 日,张发奎、黄琪翔听命汪精卫在广州发动政变,缪不赞拥张、黄之举,称病离开部队,师长一职被张另命吴奇伟代之。12 月政变失败后,张、黄被迫离职,第四军五个师交由缪培南指挥。12 月 18 日,缪任第四军军长,薛岳为副军长。缪深恐第四军如今已难以在广东立足,乃集中惠阳北去入赣。途中遭到桂军、粤军之不断追击,缪指挥所部左冲右突,损兵折将,减员甚众,直到翌年 1 月,经贝岭退入江西安远、会昌一带归附蒋介石。

1928 年 4 月,蒋介石指挥四个集团军北伐奉系张作霖,缪培南率第四军编入第一集团军北上。在攻克枣庄、滕县、界首、泰安等战役中,第四军均以急攻猛冲的战术取捷,后进至济南近郊,占领机场。"五三"惨案发生后,第四军退至界首,经东平、东阿渡黄河北上,攻略德州进至沧州。在奉军撤往关外后,缪培南率领第四军驻防德州。继后蒋介石编遣军队,第四军调泰安整编,缩编为陆军第四师,原有五个师的兵力被缩编成三个旅七个团,兵员减少三分之一,军费开支更被严格控制。缪大失所望,愤以称病赴沪,1929年3月去香港闲居。

1930年春,缪培南应陈济棠之邀,至梧州任讨逆军第八路军总指挥部总参议,翌年1月升参谋长。缪派员向张发奎、白崇禧游说,化解了他们与陈济棠之间的芥蒂,进而实现了两广合作。1931年5月,反蒋各派在广州举行中国国民党中央执监委员会非常会议,另立国民政府和军事委员会,陈济棠出任第一集团军总司令,缪培常为集团军参谋长,并兼第一教导师师长,嗣后教导师改为第五军,缪为军长。缪竭力召集原第四军之将领来粤共事。"九一八"事变后,宁、粤双方在"团结御侮、共赴国难"的口号下在上海举行"和平统一会议"达成妥协。缪培南在广州召开的国民党第四次全国代表大会上当选为中央候补监察委员。后来在国民党第五、第六次全国代表大会上当选为中央执行委员。

1936年5月,陈济棠联合桂系李宗仁谋议以出师抗日之名反蒋。缪培南认为两广之军力难以与蒋抗衡,极力劝阻,但难以说服陈、李。"六一"事变发生后,陈济棠部许多将领纷纷投蒋,陈无力挽回颓局,在缪劝说下下野去港。蒋介石于7月13日任命余汉谋为广东绥靖公署主任兼第四路军总指挥。余与缪培南是保定军校第六期同学,毕业后在边防军、粤军、第四军前后共事八年,关系密切,乃邀缪出任第四路军副总指挥兼参谋长,后又任第五军军长兼广州警备司令。

抗日战争爆发后,缪培南任广东第三军区司令官。缪嫌余汉谋对自己信任不够,先称病回家,1938年5月弃职闲居。1939年4月,缪应第四战区司令长官张发奎之邀,至韶关出任第九集团军副总司令兼第六十五军军长。12月,日军沿粤汉路向粤北进犯,缪指挥第六十五军和六十二军集结于翁源、青塘,在横石、佛岗攻击日军,切断了日军后方联络线,迫使敌军撤退,为第一次粤北大捷做出贡献。后因胃病复发,于 1940 年 3 月改任粤赣向边区总司令,指挥潮汕地方团队抵抗日军。1945 年 1 月调任支江行署副主任、代主任。

1945 年 8 月,日本无条件投降,缪培南在惠州受降,侵至东江的日军第一〇四师俯首缴械。1946 年春,张发奎出任广州行营主任,缪为联勤总司令部第三补给区司令,负责两广地区部队的后勤补给。1947 年 5 月起,缪升任广州行辕副主任,翌年 8 月改任广州绥靖公署副主任。1949 年 6 月,国民党统治濒临崩溃,广州一时成了"首都",缪见势不可挽,乃辞职,于 9 月离粤去港寓居。

缪培南在香港专注于医药研究,1952 年冬著成《医学简要》十卷二十五万字,1953 年著成《药性新编》五卷十二万余字。

1970 年 5 月 9 日,缪培南在香港病逝。

主要参考资料

邹瑛编选:《缪培南先生年谱》,(香港)穆园书舍 1971 年版。

张发奎编:《第四军纪实》,沈云龙主编《近代史料丛刊续编》第 49 辑,台北文海出版社 1978 年版。

戴仰明:《缪培南》,中国社会科学院近代史研究所民国史研究室编《中华民国史资料丛编·人物传记》第 6 辑,中华书局 1980 年版。

缪 云 台

熊尚厚

缪云台,名嘉铭,号云台,1894年3月23日(清光绪二十年二月十七日)生于云南昆明。祖父和父亲都经营酱园,家境小康。缪云台七岁入塾读书,清廷废科举兴办学堂后,1905年改入公立小学学习,三年后考入昆明方言学堂英语班(后改名云南高等学堂)。辛亥革命爆发后,云南高等学堂解散,1912年他入留学预备班。翌年6月获官费前往美国留学,先入康萨克斯州的西南大学,一年后转入伊利诺大学,嗣又转入明尼苏达大学,均学矿冶。1916年春,他曾回国参加护法,同年秋返美继续学习。缪云台1918年毕业,供职纽约王肯钢铁公司年余。

1919年10月,缪云台回国,次年春返回昆明。他立志兴办实业,走西方富国之路,乃向当时云南省都督唐继尧提出整理锡矿意见书,11月被派为个旧锡务公司总理。时个旧锡矿财务亏损,债台高筑,他大刀阔斧进行整顿。首先清理债务,向法国东方汇理银行和富滇银行借款,然后厉行节流,裁汰冗员,进而改革技术,采用西方新法开采,以重金聘请英国专家,重用技术人员和经过短期培训的技工,改造熔炼设备和技术,短短年余时间,公司面貌大为改观。1922年春,唐继尧打败顾品珍复任云南省省长,免去缪的锡务公司总理,改任云南省政府高等顾问,因无事可做而滞留上海。

次年11月,他应北京政府农商总长李根源之邀去北京,曾任农商部佥事、商标登录处处长等职。1924年初,缪云台将亡母灵柩由沪运回昆明安葬毕,唐继尧派他任富滇银行会办,负责视察海防、香港、上海分行业务。1928年1月,龙云任云南省政府主席后,曾派任富滇银行总办,他未应允而留在香港。翌年5月回到昆明,出任新设的云南农矿厅厅长,11月改任省政府委员。1930年秋,云南省整顿金融委员会成立,他任常务委员,负责主持实际工作,12月复兼农矿厅厅长。任内他提出成立进口特捐局,不顾外商的反对,对进口商品征收特捐,使云南的财政和经济得到好处,龙云十分高兴。次年夏兼任新设的云南劝业银行总经理。

缪云台一面主持劝业银行业务,一面负责农矿厅工作,开始大显其经济组织和管理方面的才能。他认为要发展云南的经济,必须着重出口贸易,而出口贸易的发展首要发展锡矿,在其建议下于1932年冬成立云南炼锡公司,担任总经理。由于农矿厅和劝业银行并归建设厅,所以他专任炼锡公司之职,聘请英国专家亚迟迪克主持炼锡。经过改良提高了产品质量。翌年初,炼锡公司投产,年产达两千吨,后增至一万零五百吨,锡条纯度达百分之九十九点七五,达到国际市场的标准。接着解决直接外销问题,使云南和国际市场间的电讯及滇币与外币问题得到解决,产品直销伦敦市场。炼锡公司业务成绩显著,缪云台被称为云南"锡大王"。

1934年春,缪云台任富滇新银行行长,仍兼炼锡公司总经理,但他把主要精力用于银行业务。接任后首先采取两项措施:(一)清除特货(鸦片)寄存、抵押等业务。(二)除上海、香港、海防等三个分行外,省内外办事处一律撤销;接着清查账目。为在短期内能够支付汇兑而实施外汇管理,又采取:(一)全部购进炼锡公司的外汇,使其汇兑业务正常化。(二)推行跟单押汇和省政府机关汇兑全由该行包办,不代理省金库、不为省府举债,使该行具有独立性。(三)发行新滇币贬低币值,挤走法国的越币。从此银行业务走上轨道,奠定了云南的金融基础。

缪云台以富滇新银行为依托,建议省政府成立云南省经济委员会,以提倡基本建设事业,发展云南经济,使政企分开,成为一专门管理企业的企业机构。1934 年 12 月,云南全省经济委员会成立,他任常务委员会主任委员,主持云南的经济政策,对省内的经济复苏起了极大作用。在人事及事业管理上采用分权制,实行间接管理,纵的方面用单位责任制,横的方面用分层负责制,注重延揽管理和技术人才,引进先进技术和管理经验,因地制宜发展地方实业。除经营锡务公司外,在战前先后创办了云南纺织厂、云南五金厂、昆明电力厂、云南金属工具公司,以及开蒙垦殖局、明家地马料河水利工程处等,拥有三十八个企业,还鼓励农民种植棉花、茶叶等经济作物。

抗日战争时期是云南工业的大发展时期,缪云台抓住有利时机,与中国银行、资源委员会及其他民营企业合资,又先后投资合办了裕滇纺织厂、昆明水泥厂、云南锡业公司、云南百特矿务公司、云南化工厂、裕云机器厂、中国电力制钢厂、云丰造纸厂、华新水泥公司、昆明水利工程处、云南缫丝厂、蚕业新村有限公司等等。在战时大后方工商界中,缪云台有较高地位和声誉,曾任工业协会理事长、经济建设研究会理事长等职。在抗战初期,他被云南省政府派为修筑滇缅公路的中方代表,前往仰光与缅方商定协议,并亲自勘探地形催促动工,于 1939 年初通车。之后又与法国商定输入军火和大米。翌年夏,任中国访缅代表团副团长,就滇缅公路恢复交通事宜进行协商。

1943 年春,缪云台应美国总统罗斯福的特使助理居里之邀,与之讨论国际问题,他认为战后维护和平应着重解决社会经济问题,须立即策划,受到美方重视。7 月,他应美国总领事馆和居里的邀请访美,讨论战后善后问题。同时还应英国昆明领事的邀请访英。在英、美两国进行了一年的考察,1944 年 9 月始回国。

抗日战争胜利后,龙云被迫辞去云南省主席,由卢汉继任,以李宗黄代理民政厅长(后任省主席)。缪云台辞去云南省政府委员等职务,暂居重庆。1946 年 1 月以社会贤达身份出席重庆政治协商会议,在会上主张和平建国,反对内战,态度公正。会后他回到昆明,眼见蒋介石下令冻结云南经济委员会及云南省企业局的资产,封闭了富滇新银行的库存,重组民生企业公司,使云南地方经济受到严重威胁。为了抵制国民党官僚资本及地方政权的侵吞,缪云台积极筹组云南人民企业公司,企图运用宪法约束当局,以保护云南地方企业,并实现"民有"、"民营"、"民享"的理想。次年5月,云南人民企业公司正式成立,卢汉任董事长,他任常务董事兼总经理,对所属三十八个企业进行整顿,努力在困难中求发展。始初将公司决策程序和管理原则制度化,使公司获得盈利,恢复和稳定了云南地方经济;在政治上支持卢汉的统治。在此期间,他曾任国民政府行政院政务委员、行政院处理美国救济物资委员会主任委员、"国大"代表,1948年5月任立法委员。

1949年7月,缪云台辞去人民企业公司总经理,前往广州出席立法委员会议。不久,卢汉在昆明起义,他遂移居香港,次年7月去美国,长期侨居于纽约。在美期间,他在一家美国矿业咨询公司和李国钦的华昌贸易公司任顾问,并做点股票生意维持生计。因其拒绝去台湾出任经济部长,1952年被台湾驻纽约领事馆吊销了护照。1955年经美国国会专案通过,获得美国永久居留权。

1972年中美关系改善,缪云台应国务院的邀请,于1973年和1976年两次回国观光。他为祖国的巨大变化和取得伟大成就深受鼓舞,毅然决心放弃美国国籍回国定居。1979年6月,缪云台及夫人赵佩玱回到北京定居,历任第五届全国人大常委、全国政协常委;第六届、第七届全国政协副主席,以及对外贸易经济部特约顾问、中国国际信托投资公司董事等职。

1988年9月3日,缪云台病逝于北京,著有《缪云台回忆录》。

主要参考资料

缪云台:《缪云台回忆录》,中国文史出版社1991年版。

李希泌:《爱国老人缪云台先生》,《人物》1984年第1期。

　　郭垣:《云南省经济问题》,正中书局 1940 年版。

　　张魁堂、陈理:《出国归来的缪云台先生》,中国人民政治协商会议云南省委员会文史资料委员会编《云南文史资料选辑》第 43 辑(风雨同舟专辑),云南人民出版社 1994 年版。

莫　荣　新

李伟中

莫荣新,字日初,化名高崇民,汉族,1853 年 11 月 20 日生于广西桂平县宣一里盘石村,岭南第一状元莫宣卿之孙莫平米后裔①。莫荣新出身贫寒,祖上均以务农为业。童年时仅读了一年半蒙馆,因家贫辍学,在家务农兼做短工。十五岁到姑丈张仕达的万泰号食杂店帮工,一年后离开,以贩卖食盐和苎麻为生,往来于桂平县山区。1871 年,莫荣新投靠时任百色协镇的族兄莫昆甫(字火生),开始了行伍生涯②。

莫荣新的族兄莫昆甫行伍出身,以镇压太平军余部和会党有功,累迁为百色协镇。莫荣新先在莫昆甫部下充当伙夫,不到半年就被补充为哨兵。1872 年,莫荣新随莫昆甫开赴贵州镇压苗族起义军;1884 年,又在中越边境参加了中法战争。第二年,因作战勇敢,积有战功,升充毅新营右哨副哨。战争结束后,广西边防督办苏元春调莫荣新为督办署亲兵右哨哨官,长达十余年之久。

19 世纪末年,会党和游勇活动遍布整个广西,社会动荡不安。1900 年,莫荣新奉命率队进攻百色一带的游勇和会党,积功升充镇南营帮带。1901 年,莫荣新又带队进攻归顺州一带的游勇、会党,事后升

---

①　王纪成:《中华百家姓谱》,112,http://read.cuiweiju.com/files/article/html/68/68792/.

②　李静生、刘震霖整理:《关于莫荣新的回忆》,此系莫荣新侍妾罗氏 1963 年口述,见中国人民政治协商会议广西壮族自治区委员会文史资料委员会编《老桂系纪实》,广西人民出版社 2003 年 5 月版,第 803 页。

充管带。同年,莫荣新被派驻防龙州布局,兼任布局对讯官,兼理外事。1903年,苏元春被革职,丁槐接充广西提督兼边防督办后,调莫荣新为贵字右营管带,令其率队进攻十万大山的会党、游勇。自1905年至1910年的五六年间,莫荣新先后在玉林、陆川、桂平、昭平、平乐、东兰等地进剿会党、游勇,1907年积功升为两营督带,旋又升游击衔,赏戴花翎。1909年,晋升为广西巡防队帮统,驻兵梧州。1910年,参与镇压了岑溪县崇正团大城圩民众抗议地方官吏加征契税的斗争。1911年6月,莫荣新奉新任广西提督陆荣廷之命,率部驻守庆远。

辛亥武昌起义后,梧州、平南、桂林、柳州、南宁等地先后响应独立。莫荣新在柳州同盟会党人王冠三等人的劝说下,于1911年11月中旬在庆远宣布独立。其后,广西军政府委莫为庆远府长。11月下旬,陆荣廷继任广西都督以后,为消除广东惠军统领王和顺(原南宁会党首领)对自己广西都督职位的威胁,派龙觐光率军进驻梧州,并于1912年5月19日委派莫荣新任梧州府长①,以隔断王和顺同梧州、藤县民军的联系。

莫荣新在梧州忠实执行陆荣廷的意旨,大肆捕杀民军和会党成员,深得陆荣廷的赏识。时居梧州的前清翰林梁廷栋记其事说:"四月初三,新任府长莫荣新到任。莫本以军士起家,于政治未深讲究。……专整顿地方,大加搜缉,清除匪类,无日不有枪毙,甚至日杀四五十人者,行之月余,匪类已去十之七八,将及半载,则四境安靖,经月不闻一案矣。"②不到半年,莫荣新兼任了梧州关监督的肥缺;不一年,又擢升广西中区第一正司令,后授陆军中将。1914年,又升任广西陆军第一师第二旅旅长兼苍梧道道尹;1915年9月,任桂平镇守使,掌管桂平、梧

---

① 《广西公报》1912年5月12日。

② 梁廷栋:《梧城风鹤记略》,中国人民政治协商会议广西壮族自治区委员会文史资料研究委员会编《辛亥革命在广西》(下集),广西人民出版社1962年版。

州等十余县军政大权,陆荣廷"倚之如左右手"(《莫荣新墓碑文》)①。

1916年初春,陆荣廷密谋响应讨袁护国,莫荣新与督军署参谋长李静诚、第一师师长兼桂林镇守使陈炳焜、第二师师长兼龙州镇守使谭浩明等参与密议。3月15日,陆荣廷、梁启超、莫荣新等人通电宣布广西独立,参加讨袁护国运动,莫荣新率部进驻广东肇庆,会同在广东响应的肇罗阳镇守使李耀汉及护国军各部对付亲袁的广东督军龙济光。5月1日,护国军两广都司令部成立于肇庆,举岑春煊任都司令,梁启超任都参谋,李根源任副都参谋。

1916年5月8日,作为南方统一政府的军务院在肇庆宣告建立,以唐继尧为抚军长,由副抚军长岑春煊代行。军务院的建立,是西南军阀集团登上中国政治、军事舞台的开始,唐继尧、刘显世、陆荣廷等人在组织军务院及其活动中扩张了自己的势力,膨胀了自己的野心,从而加速了以他们为代表的西南军阀集团的形成。尤其是桂系集团,势力扩张极为迅速。陆荣廷任副抚军长,其手下谭浩明、莫荣新所率领的桂军第四、第五军均为军务院护国军的骨干。其中莫荣新任护国军第三师师长兼肇庆卫戍司令,该师下辖两旅四团,以邓文辉、申葆藩为旅长,稳玉廷、莫正聪(莫荣新长子)、江永隆、刘志陆(莫荣新义子)为团长,其余多是莫的老部下。

1916年6月6日,袁世凯病死,黎元洪继任总统,段祺瑞继掌国务院。府院之争一现端倪,桂系为了自身的利益,倾向于支持黎元洪,与投靠段祺瑞的龙济光争夺对广东的控制权。6月9日,龙济光宣布撤销广东独立,并密电段祺瑞政府请求派兵援粤。6月18日,龙济光密令韶州镇守使朱福全炮击驻扎韶关城外的护国军李烈钧部,挑起与滇军的冲突,并让北京政府任命他暂署广东巡按使。陆荣廷为夺取广东,命莫荣新趁驻粤滇军与龙济光开战之机向广州进军,配合滇军夹攻龙

---

① 《广东督军莫荣新》,广西辛亥革命史研究会编《民国广西人物传》,广西人民出版社1983年版。

军。7月6日,北京政府调龙济光为两广矿务督办,驻海南;任命陆荣廷为广东督军,陈炳锟为广西督军。然而,龙济光并不想退出广东,同一天,在段祺瑞的支持下又被任命暂署广东督军。桂系为了巩固在广东的地位,令莫荣新加紧向龙济光进攻。7月18日,莫荣新军等各路护国军在狮子头等地与龙军激战,先占领三水,与龙军战于广州外围,屡败龙军。10月,龙济光败退琼崖,陆荣廷接任广东督军,由谭浩明代任,陈炳锟任广西督军,莫荣新兼广惠镇守使。谭浩明无法应付广东复杂的政治局面,即与陈炳焜对调。12月,莫荣新又兼任广东第二混成旅旅长。从此,莫荣新与谭浩明、陈炳锟成了陆荣廷统治两广的三根台柱,开始了桂系据粤的时代。

　　1917年4月10日,陆荣廷接受黎元洪的任命,升任两广巡阅使,以陈炳锟为广东督军,谭浩明为广西督军。7月17日,孙中山到达广州。9月1日,孙中山就任陆海军大元帅,中华民国军政府正式诞生。陈炳锟以桂人治粤,既要"自主"于北京政府之外,又要和护法军政府对抗,还遭到在粤各方反桂势力的强烈反对,无法处理好广东事务。同时,段祺瑞在驱逐张勋以后重掌北洋政府大权,并于11月8日委任龙济光为两广巡阅使,李耀汉为广东督军,唆使龙、李率部进攻广州。形势危急,陆荣廷只得将陈调回广西,11月21日擢升莫荣新为广东督军。

　　莫荣新就任广东督军以后,面对复杂的政局,为了不重蹈谭、陈覆辙,着实动了一番脑筋。为了处理好各方面的关系,莫荣新首先坚持以郭椿森为督军署参谋长。郭椿森,武宣人,清拔贡,留学日本,善言词,好交际,是陆荣廷的亲信。郭椿森还是同盟会会员、国会议员,又是政学系分子,莫荣新可以通过他的活动联络在广东的晚清遗老、同盟会会员、国会议员以及滇军实力派中的政学系分子(如李根源等)。其次,莫荣新祖上是广东人,落籍广西不久,便以原籍广东相标榜,利用乡土观念与广东地方实力派周旋。莫荣新生活俭朴,经常身穿陈旧布衣,手执旱烟袋,与本地人称兄道弟。第三,莫荣新极力扩大桂系在粤的军事势力。他请求陆荣廷任命马济、林虎、沈鸿英为广东第一、二、三军总司令,还成立了第四军,以义子刘志陆为总司令,又以心腹申葆藩、邓文辉为游击司令。为了使部属为自己效力,莫荣新通过各种方式收买人心。在督军署设立"军警同袍社",少校以上军官和巡官以上警官均可参加。每逢周末,莫荣新与他们在社内尽情宴乐或赌博,有时也替他们解决一点实际困难。第四,注意处理好与粤籍军人的关系。他先后推荐了粤籍军人、地方实力派李耀汉、翟汪、张锦芳、杨永泰任广东省长,魏邦平为第五军总司令兼广东警务处长及广州警察局长,李福林为广惠镇守使。正是由于莫荣新处事圆滑,惯于手段,才能督粤长达四年之久。

　　对于孙中山的护法军政府,莫荣新遵照陆荣廷的意旨,采取了比陈炳焜更为严厉的限制方针。孙中山南下护法三阅月,外而西南群帅意见不一,内而以莫荣新为首的广东当局不听号令,事事听命于武鸣,视军政府为无物,对军事及财务更是多方掣肘。大元帅府成立以后,莫荣新密令所属军政机关阻挠孙中山的大元帅府在广东招兵买马,并大肆捕杀孙中山派往各地的招兵人员,仅增城一县被捕者就达六十九人。孙中山曾痛心地说:"当陈炳焜督粤时,曾致电唐继尧,谓听军政府自生自灭。果其听之,犹可言也。今则愈逼愈紧,只许自灭,不许自生。如欲行其职志,而事事掣肘。"①决意对莫荣新进行惩戒。1917年11月中旬,孙中山密令所属海军驻省河舰只做好战斗准备,同时并令听命帅府各陆上部队等海军发炮后即起而响应。命朱执信直接指挥驻河南之李福林部,罗翼群分别秘密联络驻在河北的黄明堂、魏邦平等部及林虎部的梁鸿楷营,约期出动进攻莫荣新之督署。晚上,孙中山临时改为亲自到中流砥柱炮台指挥台兵发炮,奈因炮弹为三十年前彭玉麟抗法遗留之存货,因药包潮湿而轰不着火,第一次炮轰莫荣新流产②。

---

　　①　孙中山:《在广州各界茶会上的讲话》,中国社会科学院近代史研究所民国史研究室等编《孙中山全集》第4卷,中华书局1985年版,第291页。
　　②　罗翼群:《记孙中山南下护法与讨伐老桂系》,中国人民政治协商会议广东省委员会文史资料研究委员会编《广东文史资料》第25辑(孙中山史料专辑),广东人民出版社1979年。

　　1917年底，为了对抗龙济光与北洋军阀段祺瑞的四面围堵，莫荣新等在林虎的劝说下拨二十营省长亲军给陈炯明，成立了援闽粤军，开拔福建进攻李厚基。准备期间，军政府派大元帅卫队连、排长往石龙招兵数十人，被莫荣新以"剿匪"为名逮捕，孙中山专函保释，莫荣新收信后，为报复朱执信民军之前在顺德、香山对其子莫正聪部的打击，将这些人就地枪决。孙中山赫然震怒说："如果做过土匪的，便要枪毙，那就怎样去处理现在的广东督军和省长（莫荣新和李耀汉）？"①便命朱执信指挥陆上军队，许崇智、罗翼群协助陈炯明响应举事，决意进行第二次惩戒。1918年1月3日晚，孙中山命令军舰开炮轰击莫荣新的观音山督军署。然而，此次行动遭到了海军总长程璧光的坚决反对，陈炯明等也因对此次行动持有不同意见而并未响应，当晚仅有李安邦小舰响应向桂军机关扫射。莫荣新事前已从李福林及翟汪处得知了这个消息，商之与参谋长郭椿霖，郭谓："还击则彼众我寡，决无胜算，不还击，人将谓曲在中山，彼将更成孤立。"莫采纳了郭的建议，下令熄灯灭火，不许所部还击。第二天，莫荣新主动到大元帅府向孙中山请安问好。事后，陆荣廷在南宁对盘珠祁说："孙文呀，满清推倒，就应出洋去，不应东捣乱，西捣乱，他竟敢炮击督军署，日初（莫荣新字）忍得下，如果是我，我一定要还枪，一定要结果他。"在处理与大元帅府的关系上，莫荣新表现出了圆滑的一面。但孙中山炮击督军府也促使桂系走向驱孙、粤桂彻底反目的极端。

　　1917年12月10日，龙济光通电就任两广巡阅使，率部二万余人分三路进攻粤桂系：李嘉品为第一路，段云源为第二路，马存发为第三路，分别从阳江登陆准备攻取广州，从雷州半岛登陆准备攻取南宁。潮梅镇守使莫擎宇也同段祺瑞勾结，进兵东江。另外，粤军实力派李耀汉也受到了段祺瑞政府的鼓动，蠢蠢欲动。为了稳固自己在广东的统治，12月30日，莫荣新任命钦廉镇守使沈鸿英为讨龙军第一军司令，

---

　　①　陆丹林：《莫荣新破坏军政府募兵》，《老桂系纪实》，第366—369页。

令其率所部在石城至化州一线阻击龙军;以原高雷镇守使林虎为讨龙军第二军司令,令其率警卫军在恩平方向迎敌。同时,派刘志陆的第四军开赴潮梅防堵莫擎宇,陈炯明率领二十营粤籍的省长亲军"援闽"。对粤军李耀汉则采取拉拢和分化并用的手法,一方面多方设法邀李耀汉从肇庆来广州会晤,一方面分化李部,争取李的部下翟汪等拥护桂系。李耀汉被莫所迫,不敢轻举妄动。1918年3月7日,莫荣新又任命军政府总参谋长李烈钧为讨龙军总指挥,率部反攻。3月16日,攻克恩平;3月25日,又攻占阳江;4月12日,占领电白,逼龙济光主力退缩到高州、化州、石城一带。讨龙军分水、陆两路进击龙军,4月25日收复化州,4月27日攻克石城,4月28日拿下遂溪。龙济光进退失据,被迫弃军逃走,讨龙战争成功。

广州护法军政府除了在南面受到龙济光的进攻之外,北面也受到北洋军的进攻。1918年4月,江西督军陈光远遵照段祺瑞的指令,攻占南雄。护法军政府陆军总长、靖国军第五军军长张开儒(云南巧家人),急调驻韶关等地兵力,增援南雄。由于援兵立足未稳,被赣军击溃,南雄陷落。莫荣新急调李根源为粤赣湘边防军务督办,率所部滇军从讨龙战场疾速北进。5月初,李烈钧也奉命率讨龙部队北上增援,会同李根源整顿部队,分三路于6月3日发动全面进攻,激战四昼夜,逼使赣军向江西败退,靖国军克复南雄。是役史称为南雄之战。

为了与孙中山主持的军政府相对抗,由岑春煊倡议西南各省自主军阀在广州组织"护法联合会"。1918年1月15日,"中华民国护法各省联合会"在广州成立,推岑春煊为议和总代表,伍廷芳为外交总代表,唐绍仪为财政总代表,唐继尧、程璧光、陆荣廷为军事总代表。20日,莫荣新等联衔通电公布《中华民国护法各省联合会议条例》,明确规定对外对内执行政务,职权有:办理共同外交,订立契约;监督共同财政,办理内外公债之募集;统筹军备,计划作战,议决停战议和事件;议决与各省之争议事件等,还规定联合会议置军事、财政、议和各参赞若干员,由各总代表分别聘任之。联合会议条例从内容上看"隐然与军政府取对峙之势",因此遭到了非常国会和孙中山的坚决反对,加之西南军阀之间内部矛盾重重,实际上未能发挥作用。

为了解决莫荣新和孙中山的矛盾,1918年2月,广东实力派魏邦平、李福林、翟汪等曾电请陆荣廷调莫为讨龙军总司令,推荐海军总长粤籍程璧光为广东督军,广东省议会也通电附和。这一倡议遭到陆荣廷的坚决反对。2月2日,在伍廷芳的邀请下,莫荣新又和孙中山集议改组军政府事。4月10日,莫荣新命郭椿森等积极拉拢国会议员中的政学系分子和益友社分子如汤漪等人,以改组军政府为名,向非常国会提出"修改军政府组织法"案,非常国会通过将改组军政府案交付审查的动议。5月4日,非常国会通过了《修正军政府组织法案》,孙中山愤然辞职,并发表通电,指出:"南与北如一丘之貉。"①5月18日,非常国会通过《修正中华民国军政府组织大纲》,将大元帅制改为合议总裁制。20日,非常国会选举孙中山、唐绍仪、伍廷芳、唐继尧、林葆怿、陆荣廷、岑春煊为总裁,岑为主席总裁。21日,孙中山离开广州,经汕头与陈炯明会晤后转往上海,第一次护法运动亦告结束。

由于军政府陆军总长滇军将领张开儒拥护孙中山,莫荣新大力支持滇军将领李根源夺取滇军军权。1918年5月孙中山离开广州后,莫荣新突然发布命令,解散陆军部警卫队,通令各县解散陆军部所设的招兵机关,并以侵吞军饷的罪名在韶关将支持孙中山的张开儒逮捕,囚禁于督军署。接着,又枪毙了代理陆军部次长崔文藻以"示威"。同年8月,岑春煊充任军政府主席总裁,以莫荣新兼任军政府陆军部长。

1919年,"五四"爱国运动在北京爆发,迅速席卷全国。5月11日,广州各界在东堤东园广场举行十万人的国民大会,声讨帝国主义侵略和北洋军阀的卖国罪行,坚持废除中日密约,收回青岛。29日,广州各界约三万人再次游行示威,烧毁先施、真光、大新三大公司的日货。莫

---

① 孙中山:《辞大元帅职通电》(1918年5月4日),《孙中山全集》第4卷,第471页。

荣新指示警察厅长魏邦平派出军警,逮捕一批学生。各界人士大愤,酝酿罢课、罢工、罢市,魏邦平被迫释放被捕学生。7月10日,广东各界又举行国民大会,工人罢工,商人罢市,学生罢课,主张废除不平等条约,反对桂系在广东的反动统治。运动的深入引起了桂系的恐慌,莫荣新令军、警镇压群众,拘捕多人。7月中旬,孙中山从上海致电广东政府,要求立即释放被捕的工人、学生代表。广州的《国民报》等报刊,刊登军警殴捕工人和学生的消息报道,魏邦平竟拘捕报社人员二十余人。

桂系清除了支持孙中山的在粤滇军势力之后,在广东更加有恃无恐。将骄兵乱,包烟包赌,贪污勒索,走私牟利,无所不为。莫荣新的儿女姻亲沈鸿英,贪污搜括之多,骇人听闻。为了解决桂军的军饷问题,莫荣新还派曾彦、杨永泰等多次向日、英、美等国银行乞求借款,以广东的税收或矿产作抵押,从而激起广东人民的极大愤怒。加之联省自治的风潮日益强盛,莫荣新感到自己难以支撑广东局势,便于1920年初以年老力衰(莫比陆荣廷长六岁)为由,屡请陆荣廷准其辞职,并推荐其儿女姻亲沈鸿英继任广东督军。陆荣廷的义子马济与沈鸿英不和,屡向陆密报沈部军纪废弛及贪污搜刮。因此,陆对沈鸿英的印象不佳,不同意莫荣新的推荐,拟以马济继任督军。但马年轻任性,不负众望,陆于是一再慰留莫荣新。个中消息为沈鸿英所知,与马济及陆荣廷之间的矛盾急剧增长。

同时,由于莫荣新支持李根源夺取滇军的控制权,桂军与在粤滇军的矛盾也急剧激化。1920年2月10日,云南督军唐继尧下令免除李根源驻粤滇军总司令兼第六军军长职,令驻粤滇军由其直辖,广州军政府参谋总长李烈钧就近统率。岑春煊、陆荣廷则仍令李根源统率滇军,广东督军桂系莫荣新令滇军各师旅团长,拥李根源为统帅,并派兵助李根源,导致滇桂双方武装冲突。2月15日,莫荣新委任李根源督办粤赣湘边防军务兼南韶镇守使,节制驻粤滇军,以对抗李烈钧。李烈钧取得驻粤滇军统率权后,受桂系军阀的排挤攻击,在广州难以立足,于2月24日李托言巡视江北防务离开广州率部北上。莫荣新即派沈鸿英、邓文辉等五十余营,水陆并进,进行截击,多次发生战斗。3月11日,云南督军唐继尧,以李烈钧部在粤滇军遭受桂军沈鸿英、粤军魏邦平等部攻击,任命唐继虞为援粤总司令,率兵东进。陆荣廷则自广西出师阻遏,并驻兵龙州,声援莫荣新,共击滇军。16日,李烈钧率驻粤滇军突围,进入始兴,25日进占南雄。军政府政务总裁岑春煊到韶关调解。4月1日,李烈钧又由韶关返回广州。4月13日,李根源部将赵德裕借口追查逃兵,在莫荣新的支持下包围参谋部,入内搜查;同时,警备队长进入赣军司令部搜查,两处都是李烈钧常住之处。李逃往海珠岛海军部躲避,27日秘密离开广州。

1920年春天,孙中山积极筹划讨伐桂系,指示驻闽南的粤军陈炯明部准备返回广东,驱逐桂系。7月15日,李绮庵策动驻粤海军"江大"、"江固"、"江巩"、"淮捷"、"安北"、"新安"、"雷震"等十六艘军舰起义,反抗桂系军阀,事被澳门葡萄牙驻军得知,以至舰艇被桂系军队和葡军围攻。起义被莫荣新镇压,十三人死难,二十三人被俘。7月21日在孙中山积极策划下,徐绍桢等率数千人在江门起义,号称"救粤军",分五路进攻广州。同时,李耀汉策动肇庆、钦廉一带旧部起而响应,意图与陈炯明的粤军里应外合,驱逐在粤桂军,从而掀开了讨桂序幕。

莫荣新得知消息,转达于陆荣廷。8月11日,陆在龙州召集会议,委任沈鸿英为总司令、刘志陆为中路司令、浙军吕公望为右路司令、靖国军方声涛为左路司令,分路向漳州粤军阵地进攻,并派林葆怿率海军开往诏安配合作战,莫荣新以广东督军兼军政府陆军部长的身份指挥桂军作战。战争开始,粤军发布宣言,痛斥桂系"残害吾民,无所不至",并提出"粤人治粤","广东人不打广东人"的口号,获得广大群众的同情和支持。桂军中路司令刘志陆是广东人,部下官兵亦多粤籍,他们受粤军政治攻势的影响,军心不稳,不肯为桂系卖力。8月中旬,刘部桂籍统领张驻云向莫荣新密报其粤籍副统领兼营长车渭英动摇通敌,莫电复立即就地枪毙。于是,刘部的粤籍官兵人人自危,纷纷倒戈相向。沈鸿英则因得不到广东督军位置,对陆荣廷不满,也不肯卖力作战。如是,刘、沈两军先后被粤军击败。莫荣新急调林虎、马济及李根源海疆军增援。由于马济以督军名义发布军令,引起久已觊觎督军之位的沈鸿英的强烈不满,将前线部队违令撤退,让开大路。粤军长驱直进,桂军节节溃败。

9月26日,广州警察厅长魏邦平、广惠镇守使李福林在广州河南宣告独立,响应粤军讨伐桂军,所有内河兵舰及广三铁路,均为其收复。魏邦平、李福林致函莫荣新,促其解除兵权,"以粤省治权还之粤人,率师回桂,俾息兵祸"。① 10月,莫见败局已定,扬言撤兵,向广东各界索取开拔费二百万元。10月下旬,开拔费尚未交出,粤军已逼近广州。26日,莫荣新急电徐世昌、靳云鹏,宣布取消自主,并声称:"为保全粤民、减免战祸起见,于中央政府未任专员以前,先率将士让出广州市区,所有维持地方治安事宜,应由粤民选举的新督军负此责任。"次日,粤军攻占增城,莫荣新炸毁广州兵工厂,将督军印信交海军总长汤廷光。29日,粤军陈炯明、许崇智和李绮庵部合攻广州,莫荣新、马济等在勒索广州商民付给的若干开拔费后,率残部向北江方向退却。11月21日,粤军继续西进,桂军大败。陆荣廷被迫于是日通电:"所有驻粤各军,现在已经一律调出粤境,以后粤省地方治安,即由粤人负责。"桂系在广东的统治宣告结束。

莫荣新兵败后到达清远县境与沈鸿英会晤,担心回到广西会受陆荣廷责备,便由沈鸿英派人护送,取道江西,到上海居住,化名高崇民。1922年2月25日,北洋政府授莫荣新"腾威将军"职,中将军衔,莫荣新去函致谢。1928年秋,莫荣新离开上海回到广西桂平,1930年3月30日在桂平病故。

---

① 广州市地方志编纂委员会编:《广州市志》卷1,"大事记",广州出版社1999年版。

莫觞清　蔡声白

张守愚

莫觞清，浙江吴兴县双林镇人，1877年12月21日（清光绪三年十一月十七日）生于一个开土丝行的小商人家庭，幼年曾入私塾。入学堂后，为寻找日后出路，曾努力学习英语。

1900年，莫觞清经人介绍至苏州延昌永丝厂工作，因办事能干，并能说一口洋泾浜英语，深得经理杨信之的赏识，派他在丝间工作兼翻译，两年后莫到上海勤昌丝厂任总管车。1903年，莫觞清伙同王笙甫、杨孚生等人开设久成丝厂，拥有丝车二百四十部，所产生丝商标为"玫瑰"和"金刚钻"。同年，上海宝康丝厂刘桂增聘莫兼该厂经理，从此奠定了莫在上海发展缫丝业的基础。

1910年，莫觞清又在卢家湾自建厂房，置丝车五百一十二部，是为久成二厂。同年并在唐家弄租厂，有丝车一百三十六部，厂名又成。旋在日晖港建久成三厂，置丝车六百二十四部；又在恒丰路租设恒丰丝厂。综计在1913年第一次世界大战前，莫投资开设的丝厂和担任经理的丝厂有：久成一厂、二厂、三厂、德成丝厂、又成丝厂、余成丝厂、云成丝厂、云成二厂、元利丝厂、元元丝厂、大有利丝厂等十余家，共有缫丝车二千五百八十八部，执上海缫丝工业的牛耳，煊赫一时。莫设总管处于江西路，其邻即为美商兰乐璧洋行，那时他已担任兰乐璧洋行的买办。

莫觞清兼做洋行买办之后，深知缫丝厂制丝外销的命脉完全操纵在洋商手里，厂丝国际市场投机性强，价格波动大，外汇汇率变动也大，盈亏毫无把握,朝夕之间就可倾家荡产。莫乃于1917年与汪辅卿及美国人兰乐璧(Robert Lang)合资开设美亚织绸厂,以增加自产的生丝在市场上的回旋余地。美亚织绸厂置有兰乐璧洋行经销的美制织绸机五十台和捻丝车,技术由兰乐璧主持。但机器装好之后,技术问题始终未能解决,开不出工达两年之久。直到1919年,在杭州工业学校毕业生蔡品珊、童莘伯、刘祖农等协助下,才制出绸匹。但这一年国际生丝市场价格涨跌互起,汇率波动亦很大,而莫所经营的各丝厂的原料与成品大量抵押在银行、钱庄里,仅生丝一项即有二千四百担之多,还有干茧两千多担,价值二百三十万银元。由于丝价跌落,亏折不赀,到年终无法弥补,乃不得不将美亚织绸厂厂房售与日商康泰绒布厂,机械设备分别售与锦云绸厂及杭州天章绸厂,以抵偿债务。第一个亚美织绸厂,竟如昙花一现。莫虽受此挫折,然对于开办织绸厂的意愿并未动摇,于1920年春与天生锦绸庄合作,再度开设美亚织绸厂于马浪路(现马当路),置有织机十二台。当时蔡声白从美国留学归国,不久到美亚任职。莫看到蔡精明干练,善于经营管理,于1921年春聘蔡为美亚织绸厂经理,自己退居幕后,其后又将长女怀珠嫁与蔡。不数年,莫又辞去兰乐璧洋行买办职务,让他的亲戚张惠生继任,自己过寓公生活。1938年莫觞清病逝于上海,终年六十一岁。

　　蔡声白,原名雄,字声白,以字行,与莫觞清是同乡,1894年11月14日(清光绪二十年十月十七日)生于一个知识分子家庭。1900年,蔡七岁时进他父亲蔡旬宣(举人)担任校长的双林学堂读书。1905年入杭州府中学堂,1911年考入北京清华学堂,1915年被保送赴美国麻省理工学院深造,攻习地质,1919年获工学士学位归国,旋入美亚织绸厂任职。

　　蔡声白在美国学习期间,很注意资本主义的经营管理和经营方式,以及在市场上进行竞争和增加剩余价值积累资金的手腕。1921年春,蔡任美亚织绸厂经理后,"即着手添置机械,罗致人才,革新管理,扩大营业"①,锐意经营。

蔡声白初进美亚时,只有织绸机十二台,规模甚小。由于蔡经营得法,1924年他就在闸北交通路开设美亚第二厂,1925年并进小沙渡路(现西康路)天纶美记分厂,1926年并进斜土路东庙桥路(现东安路)天纶美记总厂,1930年又并进久纶绸厂及南新绸厂,到1933年2月1日,改组为美亚织绸厂股份有限公司时,已拥有织绸机共一千二百台。隶属美亚公司的有:美亚织绸总厂、美亚第二厂、天纶美记总分厂、美孚织绸厂、美成织绸厂公司、美生织绸厂、美利织绸厂、南新织物公司、久纶织物公司、美经经纬公司、美艺染炼整理工厂股份公司、美章纹制合作社和美兴、美隆两绸庄,美纶绸缎布匹局等。1933年美亚公司资本达法币二百八十万元,拥有职工三千多人。30年代,美亚织绸厂的规模不但在江南地区织绸业中首屈一指,就是在全国范围内亦是独一无二。

蔡声白为了笼络高级职员为他的企业尽力,让一些厂长、技师、会计等投资经营美成织绸厂。他还曾想以"美工"为厂名来诱引工人投资,后因抗日战争爆发而中止。蔡为了掩饰劳资雇佣关系,以出租的名义将工厂租给厂长,而自己却在幕后操纵。如美亚苏州分厂租与厂长宋保林,而实际厂内员工工资都由上海美亚总管理处会计科支付。蔡不允许他控制的公司所属各厂高级职员在外面另开设织绸厂,一旦有人这样干,他就借故把这个人辞退。可是美亚的许多高级职员,看到办厂的利润比工资高得多,便不顾当"股东"的诱惑,而纷纷离厂自己去开设绸厂。

蔡声白对产品的推销也有一套办法,上海各丝织厂的绸缎产品外销,一般都是售与绸庄,再由绸庄贩卖给洋行辗转出口,而美亚厂则直接与国外联系销售。蔡曾亲赴新加坡、巴达维亚(印度尼西亚),视察那里的人民喜爱穿着哪些绸衣。他除了在新加坡设立分公司,委他的妻

---

① 引自蔡声白1929年为"西湖博览会"丝绸馆特刊所撰之专文。

弟莫如德为经理外,并与巴达维亚富商订立销售合同。他看到南洋一带对输入用英国制人造丝原料织造的绸缎所纳关税特别低,便把美亚香港分厂所用原料人造丝全部改用英国货,产品的售价随着关税的降低而低廉,输往南洋各地颇受欢迎。这样,蔡把过去被日本绸缎排挤出南洋的中国丝织品市场,重又夺了回来。

当时上海海关对人造丝进口税率系从量征收,估本达百分之二百以上,因此提高了产品的成本,阻碍了人造丝织品的外销。蔡声白通过在美国留学时的同学、中国银行总裁张嘉璈的关系,经国民政府财政部关务署批准,把上海美亚十厂改为"关栈厂"①,进口原料人造丝和产品出口均无须缴税。这样,他就利用了国内廉价劳动力的有利条件,在国际市场的竞争中打开了销路。这是其他丝织同业无法与之抗争的。

1932年及1936年,蔡声白两次派美亚厂副总经理兼营业主任高事恒率领南洋考察团,携带了美亚厂出品的绸缎及时装表演影片,分赴南洋群岛以及国内宁波、杭州、福州、广州、厦门、青岛等地,举办产品展览会,放映电影,广泛宣传。蔡在广告宣传方面不惜工本。

蔡声白对经济活动与金融调度,主要是靠与国民党政府官僚拉关系。他以美亚织绸厂全部机械设备、原料和成品,向中国银行抵押,由中国银行派两个管理员驻在美亚厂总管理处,算是监督。这样美亚织绸厂就可以长期向中国银行透支一百万元。

蔡声白善于利用各种关系随风应变。在日伪统治时期,上海美亚厂房上高悬意大利国旗,算是意商。而到1941年12月9日军队占领租界后,美亚厂随即"聘请"日本律师冈本为法律顾问,并将"法律顾问证书"悬挂在出入要道。

1944年,蔡声白招股组织的中国丝业股份有限公司,资金为伪储

---

① "关栈厂"就是美亚十厂织制出口丝织品所需原料人造丝,进口后堆存海关仓库,无需缴纳进口税。惟海关派驻监督的关员工薪由厂方支付,类似现时所称"加工区"的工厂。

备券五千万元。他企图仿照美国"托拉斯",准备日后与美亚绸厂合并,成为从缫丝、织绸到印染出厂的全能企业,达到垄断丝织业的宿愿。

缫丝厂原料是蚕茧,一年的原料要在鲜茧上市时一次收足,这需要很多资金。蔡声白于1944年邀请江浙同业来沪开会商议办法,当即组成丝绸业联合会,他被举为理事长。蔡以丝绸业联合会的名义,通过当时中国银行经理潘久芬、李祖莱的关系,向汪伪储备银行联系贷款,结果由中国、交通、上海、浙江兴业、浙江实业、新华、垦业等银行组织银团,以承兑汇票方式,贷给"丝茧贷款"伪储备券五亿元,而蔡声白的中国丝业公司在这笔贷款中得到了一半。在日伪时期,物价飞涨,伪储备券不断贬值。因此这笔"丝茧贷款"到期之时,只要若干担厂丝就可清偿,中国丝业公司就此成了抗战期间的暴发户。至抗战胜利前夕,仅厂丝已拥有五千担之多。

蔡声白曾先后担任美亚织绸厂股份有限公司总经理、中国丝业公司总经理、中国国货联营公司总经理、利亚实业公司总经理、美恒纺织公司经理、铸亚铁工厂经理、美兴地产公司董事、劝工银行董事,以及上海市电机丝织厂业同业公会主席、丝绸业联合会理事长、商业统制联合委员会委员等职,成为上海丝织工业界的领袖人物。

1945年抗日战争胜利后,蔡声白曾赴美国考察,对美国丝织厂的自动化设备深有感慨。他感到"中国丝织业很难与之抗衡",因此去香港后,将大部分精力花在做地产买卖上。

1951年蔡声白曾与吴蕴初一同回上海,并去东北参观。当年又去香港,后侨居澳大利亚。1977年4月14日,蔡偕次婿香港巨商杨元龙从澳大利亚旅游返港,当晚蔡还谈笑自若,精神饱满,讵料翌晨10时尚未起床,家人进房探视,蔡已经故去。

穆 藕 初

陈正书

穆藕初,名湘玥,上海浦东人,1876 年 6 月 18 日（清光绪五年二月二十七日）出生[1]。世代以植棉为业。其父穆琢庵在上海十六铺开设"穆公正花号",家境尚好。藕初幼年体弱多病,六岁入塾,读诗书八年。十三岁时父亲破产,家道中落,十四岁入棉花行学徒。艰辛的生活磨炼了他的体魄和意志,丰富了他的知识。

甲午战败,马关签约消息传来,他与同时代青年一样,"心中之痛苦大有难以形容者",从此,他决心求西学以便将来报效祖国。他白天劳动,晚上又以充当工役代替学费,在夜校学习英语,三年后以优秀成绩考入海关。他工作之余仍如饥似渴地在海关图书馆遍览群书,对他影响最深的是赫胥黎的《天演论》。同时,他还追随马相伯、黄炎培等人投身社会改良活动,参与发起沪学会。1905 年,他以海关华职员俱乐部名义召集海关、邮电华职工集会,抗议美国虐待华工暴行,遭到美籍副税务司忌恨,他愤怒弃职而去。他的爱国行动深受张謇等知名人士赏识,先后受聘于龙门师范和江苏铁路公司。在任苏路警察长之际,目睹农村破败、交通梗阻、工商凋敝,他更坚定了求实学、兴实业、救中国的决心,于是开始积极筹划出洋留学。

1909 年夏,在朱志尧等人资助之下,他告别了妻子,远涉重洋到美

---

[1]　穆湘玥:《藕初五十自述》卷首简史,商务印书馆 1926 年版;朱信泉:《穆藕初》,《民国人物传》第 1 卷,中华书局 1978 年版。

国求学。先后在威斯康星大学、伊利诺斯大学和德克萨斯农工专修学校攻读声、光、化、电各科,专修纺织、制皂两门专业。在寒暑假期去工厂、农场劳动,不光为赚几个钱,而是对机器设备的性能、特征、操作要领等进行细心考察;对管理体系,人际关系以至民俗、风情,处处注意调查。他访问过的人中,上至经理、工程师以至著名学者泰罗,下至工农。1914 年获农学硕士学位,学成归国。

穆藕初归国途中便着手翻译泰罗的《科学管理原理》,并结合在美考察访问所得,做了大量笔记,与国内状况作了比较研究。归国以后,立刻筹划办厂。1914—1920 年,七年之中昼夜奔忙,一举而创办了三家各具特色的纱厂。

德大纱厂的特色是以小克大,以质取胜。该厂于 1915 年开工,资本仅二十万两,纱锭只有一万余枚,与当时上海英商、日商规模相比仅及八分之一左右,与华盛纺织总局相比,也只及六分之一左右。德大厂广觅各厂产品,做细致的实验分研,集各家之长创出宝塔牌棉纱,质量远胜中外各厂产品,在 1916 年北京产品质量比赛会上一举夺魁,名震中外。

厚生纱厂的特色是厚集资本,流程规范化,管理系统化,成为华商办厂者参观、派员实习之基地。该厂于 1918 年开工,有三万纱锭。穆藕初据各国流程设计之短长,设计了规范化工艺流程,亲自把关安装;设计了国内前所未有的厂内各部门统计报表和成本核算体制,创技工夜校,亲自授课,开了华商纱厂生产高支纱之先河,且质量上乘。一时之间参观者、派员实习者络绎不绝。

郑州豫丰纱厂的特色是规模大,设施完善。受著名教育家蒋梦麟启发,穆藕初在厚生厂正常投产后即奔赴河南考察,确认郑州办纱厂有三利:原料集中价廉;交通依陇海、京浦两路便捷;劳动力充沛而价廉,于是拟定规划回上海集资。上海多数投资人视为畏途,应者寥寥,后获贝润生等支持,集资二百万元,经过两年辛劳,一座拥有三万纱锭,自备水厂、电厂,设轻便铁路与陇海线接轨的宏伟纱厂于 1920 年开工投产了。

穆藕初在这一时期还为发展高支纱生产,长年主持植棉改良工作;为抵制日商控制市场,参与发起创办上海华商纱布交易所并且连续七届被举为理事长。为华商工业资金融通,参与发起创办中华劝工银行;为团结华商与外商竞争,参与发起组织华商纱厂联合会。他在实业救国中获得的成就在国内外享有盛誉;美国著名学者艾萨克·马可逊评价说:当时"任何一个美国企业大王要能超过这个纪录都是值得怀疑的"①。

穆藕初在实业上的成功虽然使他"由无产而跻身有产",但他始终不忘救国初衷,生活俭约,把大量金钱用于支持教育、文化事业。1917年中华职业教育社成立,他不仅出任校董,向职教社和中华职业学校捐赠巨资,以后还常年给予资助,有"校董中最热心之一人"的美称②。1920年夏,他捐赠白银五万两,在蔡元培等著名学者主持下,遴选了罗家伦、段锡朋等五人出洋留学;以后,又先后捐款资助了张纯明、韩朝宗、方显廷、万云骏等二十余人出国深造。1937年,罗家伦等十位曾获得穆藕初资助的著名归国学者发扬穆先生的精神,集资设立"穆藕初先生奖学金"。在1940年首次获得该奖学金的学者之中就有后来成为华人第一批诺贝尔奖获得者的杨振宁博士。最能反映穆藕初远见卓识的还在于捐资创办位育小学和位育中学,因为他在资助著名教育家李楚材先生时就提出:一个国家不仅需要高级人才,也必须具备良好的中等人才和初级人才,而高级人才也必须具备良好的初、中等教育基础。尽管1931年、1937年两次捐款时他的处境已很困难,但他还是以个人名义向新华银行借了巨款给以资助。

穆藕初以巨资挽救当时已濒于危亡的昆曲艺术是有口皆碑的。他

---

① 《藕初五十自述》,第10页;及孙毓棠编:《中国近代工业史资料》第1辑,科学出版社1957年版,第455—456页。
② 穆湘玥:《藕初五十自述》,第52页。

在1921年捐款创办了苏州昆剧传习所,招收培养七十余名小学员。他们就是当今著名的传字辈老艺术家。同一年,他还付了"一笔相当可观的费用"请法商东方百代唱片公司为已故俞振飞先生的父亲、著名的清曲传人俞粟庐先生灌制了录有十三个剧目的八张唱片。已故昆曲大师俞振飞先生说:昆曲艺术能"获苟延一脉","得存于后世,则(穆)先生之功,固已不朽"。

穆藕初怀着满腔爱国热情希望实现实业救国的夙愿,但是,随着第一次世界大战的结束,大环境发生根本逆转。不平等税制、中外经济实力对比悬殊、军阀混战,给他(以及整个民族工业)以沉重打击,虽然,穆藕初、聂云台等多次代表上海企业界进京,要求禁止原棉出口,要求改革不平等税制、要求举办棉业借款和发行纱业公债,但是,北洋政府始终置之不理。外部的巨大压力造成企业内部分裂,一部分股东拒绝追加资本,一些在穆藕初管理改革中失势的工头起而造谣攻讦。1923年4月,他愤而辞去厚生纱厂总经理之职;同时,他被迫变卖了所有财产去维持豫丰纱厂。可是,杯水车薪无济于事,1924年豫丰被迫由美商慎昌洋行接办。1925年,他又被迫辞去德大纱厂总经理之职。穆藕初于这一年重病一场,在病中抚躬反思,作《藕初五十自述》,追忆了实业救国的成败得失。

穆藕初坚强地挺了过来,以其正直的人品、杰出的才能、爱国主义精神在上海工商界保持着很高的威望。他在1925年以后,继续出任上海华商纱布交易所理事长,同时,逐步地由实业界转向政界主持商政。1928年11月,他应孔祥熙聘请,出任工商部常务次长,希望为民族工业开拓市场,实现税制改革,然而,客观上却总是事与愿违。因此,当1929年冬工商部、农矿部合并为实业部,再次聘请他出任次长时,他拒绝了。不久,他被改聘为中央农业实验所筹备主任。任职期间开始了农业改良工作,邀集了一批农业专家,开展发展农业机械、改良农作物品种等工作。但是,当他提出在中国"复兴农业计划"以后,如同石沉大海,这就使他陷入了更深的沉思。1932年"一二八"事变爆发,他立刻亲赴前线慰问十九路军①。1933年他又致书农业复兴委员会,揭露农村封建势力的黑暗,提出民主改良建议,再次遭到了冷遇。

　　1937年"八一三"事变爆发,穆藕初立刻出任上海市救济委员会给养组主任,奔走操劳,积劳成疾,不久辗转内迁重庆。1938年5月,他出任农产促进委员会主任,主持后方农业、手工业技术推广事业。鉴于抗日战争中民族棉纺织工业遭到严重破坏,穆藕初上任以后便组织专家亲自参与设计,创造了七七手工棉纺织机,在后方农村广为推广,对于推进后方生产做出了重要贡献。1941年,他被任命为农本局总经理,负责调整后方花纱布的购销供应。1942年冬被解除农本局总经理职。1943年3月,肠癌发作,经多方治疗无效,于1943年9月19日病逝。在他不幸病逝以后,中共在重庆《新华日报》发表《悼穆藕初先生》,指出:"穆先生一生奋斗的历史,正是中国民族工业的一部活的历史。"穆先生的逝世"是我国民族工业界的一个损失"。号召"我们国内的民族工业家应当继承他的遗志","替我们国家建下一个工业国家的基础"。老一辈无产阶级革命家董必武同志出席了追悼会,董老在挽联中称:"才是万人英,在抗战困难中,多所发明,自出机杼;功宜百代祀,于举世混浊日,独留清白,堪作楷模。"②

---

① 　毕云程:《穆藕初先生传略》,《农业推广通讯》第5、11期。
② 　《悼穆藕初先生》,《新华日报》1943年9月21日。